淘宝天猫开店从入门到精通

开店、装修、推广、管理、安全一本就够

三虎 编著

人民邮电出版社
北京

图书在版编目（CIP）数据

淘宝天猫开店从入门到精通 ：开店、装修、推广、管理、安全一本就够 / 三虎编著. -- 北京 ：人民邮电出版社，2017.7（2021.10 重印）
ISBN 978-7-115-44999-3

Ⅰ. ①淘… Ⅱ. ①三… Ⅲ. ①电子商务－商业经营－中国 Ⅳ. ①F724.6

中国版本图书馆CIP数据核字（2017）第038108号

内容提要

本书全面、系统地介绍了在淘宝网和天猫上开店、经营和管理的基本方法和技巧，旨在为网店卖家，尤其是新手卖家提供最实用的开店指导，使得卖家能快速上手，少走弯路。

全书紧紧围绕“店铺开张→照片拍摄与处理→店铺特色装修→网店营销与推广→网店管理与售后服务→网店安全”这条线索展开内容，采用图解及案例的方式详细地讲解了开店过程中的具体操作方法与运营技巧。同时本书还汇集了网店经营过程中的各类成功经验，为新手卖家提供了宝贵的实战经验。

本书配套光盘内容丰富、实用，不仅有与书中内容同步的电脑操作视频演示，还有皇冠卖家运营实战经验的 PPT 演示，能有效帮助网店卖家，尤其是新手卖家快速掌握如何在淘宝、天猫与手机淘宝上开店运营。此外，本光盘还提供了《宝贝拍摄基础与技巧》手册、《淘宝美工从入门到精通》视频教程、《可视化营销》手册、《社交媒体营销技巧》手册、《模特摆姿密码》手册和《宝贝拍摄十大用光技法》视频教程，全方位帮助零基础店家轻松搞定营销推广、宝贝拍摄与淘宝美工（涵盖网店装修、图片处理、图文排版等）。

本书特别适合想要全面了解店铺经验各个细节的初学者，也适用于已经在经营网店，还想进一步提升的网店店主，也可作为各类院校或培训机构的电子商务相关专业的参考书。

◆ 编　著 三　虎
责任编辑 马雪伶
责任印制 彭志环

◆ 人民邮电出版社出版发行　　北京市丰台区成寿寺路 11 号
邮编 100164　　电子邮件 315@ptpress.com.cn
网址 http://www.ptpress.com.cn
北京七彩京通数码快印有限公司印刷

◆ 开本：787×1092 1/16
印张：23.75
字数：618 千字　　2017 年 7 月第 1 版
印数：31 501-32 000 册　　2021 年 10 月北京第 25 次印刷

定价：59.80 元（附光盘）

读者服务热线：(010)81055410　印装质量热线：(010)81055316
反盗版热线：(010)81055315
广告经营许可证：京东市监广登字20170147号

◎ 为何要写这本书

"21世纪，要么电子商务，要么无商可务。"比尔·盖茨十多年前的预言，如今已经渐渐变成了现实。随着互联网普及到千家万户，网上购物已成为人们一种新的生活方式，网上开店做生意也成为越来越多人的创业首选。据统计，2016年上半年中国电子商务交易规模达10.5万亿元，同比增长37.6%；电子商务服务企业直接从业人员超过 500 万人，由电子商务间接带动的就业人数，已超过 2000万人。

对于大多数缺少资金或只是将开网店作为业余兼职的人来说，在网上开店投资较少且风险较小，是创业初期的不二之选。然而，创业是艰难的，成功需要付出代价。事实上，只有少部分人尝到了淘宝的甜头，更多人体会到的是创业的艰辛。只有先系统全面地掌握淘宝、天猫开店的知识，随时给自己充电，才能在日益激烈的市场环境中站稳脚跟。因此我们精心策划并编写了本书，旨在为网店卖家，尤其是新手卖家提供最实用、专业的开店指导，使卖家能够快速上手，少走弯路。

◎ 本书适合哪些读者

如果读者属于以下人群，可以选择购买本书。

◆ 在校学生：想学习一些网上开店创业的经验，但又不知该从何做起。

◆ 上班族：想利用业余时间开网店增加收入，但又没有时间系统地学习开店知识。

◆ 自由职业者：想通过开网店创业，但缺乏相关的技能和知识。

◆ 实体店经营者：想结合网店扩大经营范围，寻求新的商机。

◆ 淘宝店新手：已经有了网店，但希望进一步了解网店经营的知识，把网店做大做强。

◎ 本书内容

本书作为一本全面的网上开店创业指南，涉及开店准备、网店货源、店铺装修、网店营销与推广、网店经营与售后、物流发货交易、网店安全及手机淘宝等内容，具体安排如下。

第1部分开店篇：介绍了开店之前的准备工作、网店货源的寻找与甄选技巧、注册淘宝与支付宝账户、发布商品、设置店铺、使用淘宝助理、用千牛沟通卖家完成交易等内容。

第2部分装修篇：介绍了商品的拍摄方法、商品图片的后期处理及美化、网店装修基础知识、设计装修素材、使用淘宝旺铺等内容。

第3部分推广篇：介绍了网店营销推广的各种方法，包括在淘宝平台上宣传与推广、在淘宝平台外进行推广、网店促销策略等内容。

第4部分管理篇：介绍了商品的包装和物流、用完善的售后打造金冠级店铺、培养专业的客服团队、网店资金与账目管理技巧等内容。

第5部分安全篇：介绍了网店安全的相关知识，保障自己网店以及资金的安全。

第6部分手机淘宝篇：介绍了手机淘宝的基本概况，手机淘宝店铺的设置、手机淘宝的推广及引流等内容。

◎ 本书特色

◆ 系统讲解，全面细致

本书对网上开店的全过程都进行了细致的讲解，旨在教会读者从开店准备到运营网店。对令众多网店卖家头疼的推广、售后、物流及货源等问题，也从各个角度加以分析并给出应对方法，真正做到一册在手，开店不愁。

◆ 功能更新，切实可用

本书安装2016最新改版的淘宝页面进行讲解，所有内容都在淘宝店铺中得到了实际证实，更加适合新手卖家学习与借鉴使用。

◆ 图解操作，易读易学

本书涉及操作的部分皆以详细、直观的图解方式讲解，使读者容易理解。读者只需要根据这些步骤操作就可以开设起自己的网店。

◆ 技巧解答，贴心提点

为了更好地指导读者开店，本书还对内容做了进一步解析，并将解析后的重点标记为“高手支招”及“专家提点”，这些都是在实践中总结和提炼出的一些宝贵技巧和经验，不仅能加深读者对重点内容的理解和把握，还指导读者以一种新的思维方式去感悟网店经营与管理的方法。

◆ 真实案例，举一反三

在每章末尾都融入了真实的案例，读者可运用学习到的理论对案例进行分析消化，从根本上掌握开店的技巧。

◆ 配套光盘，互动学习

本书配备了全套网店开张与经营DVD多媒体语音教学光盘，光盘中不仅有与书中内容同步的电脑操作视频演示，还有皇冠卖家运营实战经验的PPT演示、《宝贝拍摄基础与技巧》手册、《淘宝美工从入门到精通》视频教程、《可视化营销》手册、《社交媒体营销技巧》手册、《模特摆姿密码》手册和《宝贝拍摄十大用光技法》视频教程。这样，读者可以采用“书盘结合”的方式，在短时间内快速地学会网上开店与经营技巧，并最终为自己的网店提升直接的经济收益。

最后，真诚感谢读者购买本书。读者的支持是我们最大的动力，我们将不断努力，为读者奉献更多、更优秀的图书！由于编者水平有限，书中错误之处在所难免，敬请广大读者批评指正。

编　者

将光盘放入光驱中，光盘会自动开始运行，并进入演示主界面，即“首页”板块。若不能自动运行，可在“我的电脑”窗口中双击光盘盘符，或在光盘的根目录下双击“Autorun.exe”文件图标。

提示：打开可执行程序后，如果发现程序界面跑出屏幕外，说明你的显示器的分辨率不是1280×960，请将显示器的分辨率调整到1280×960大小（或者大于此分辨率）。

其方法是首先按键盘上的“Esc”键退出程序，然后在桌面上单击鼠标右键，在弹出的右键菜单中选择“屏幕分辨率”选项，最后在弹出的对话框中将分辨率调整为1280×960（或者大于此分辨率）即可。

光盘“首页”如图1所示，分为“图书同步”和“超值赠送”两部分内容。

图1 “首页”板块

下面分别介绍各个板块的功能。

1. “网店操作视频”板块

该板块主要包括与本书操作相关的一些视频讲解，单击某一按钮，即可选择相应内容学习，如图2所示。

2. “本书PPT教程”板块

本板块提供了与书配套的PPT电子讲稿，以便读者特别是老师进行重点知识的梳理和学习与授课，如图3所示。

图2 “本书操作教学视频”板块

图3 “本书PPT教程”板块

3. “宝贝拍摄基础与技巧”板块

本板块提供了与淘宝宝贝拍摄相关的一些基础知识与必备技巧，单击该按钮便可打开其电子图书进行阅读，如图4所示。

4. “《网店美工从入门到精通》视频教程”板块

本板块分类别收集整理了有关网店美工最常用的一些软件操作技能，便于读者针对自己的情况进行学习，提高实战能力，如图5所示。

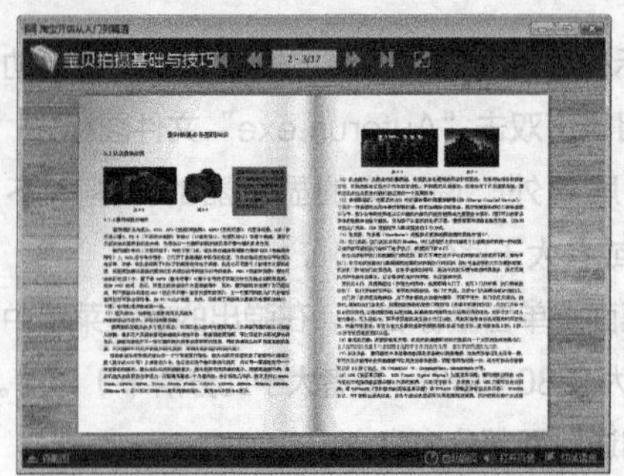

图4　“宝贝拍摄基础与技巧”板块

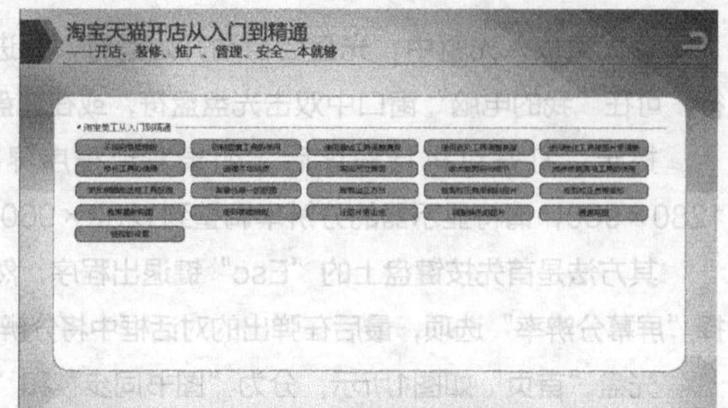

图5　“《网店美工从入门到精通》视频教程”板块

5. “《可视化营销》手册”板块

本板块收集了有关可视化营销相关的一些实用知识，读者可以了解可视化营销的方法与技巧，如图6所示。

6. “《社交媒体营销技巧》手册”板块

本板块收集了常见的网络社交平台的一些营销技巧，包括微信营销技巧、微博营销技巧、QQ营销技巧和社区论坛营销技巧，如图7所示。

图6　“《可视化营销》手册”板块

图7　“《社交媒体营销技巧》手册”板块

7. “《模特摆姿密码》手册”板块

本板块收集了有关模特摆姿的一些方法与技巧，如图8所示。

8. “《宝贝拍摄用光十大技法》视频教程”板块

本板块收集了宝贝拍摄用光的一些常用技法，如图9所示。

图8　“《模特摆姿密码》手册”板块

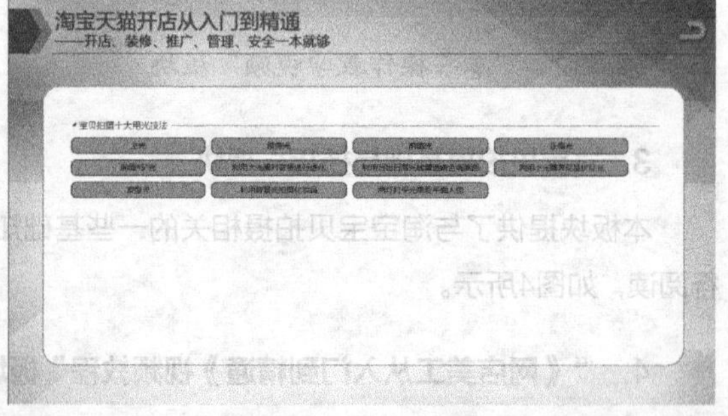

图9　“《宝贝拍摄用光十大技法》视频教程”板块

目录

CONTENTS

第1部分

开店篇

很多人想开设自己的淘宝店，但却被各种问题难住了，如找不到货源，不了解店铺类型，不知道怎么选购为商品拍照的相机，商品上架时频繁出错……当遇到这些问题时，请不要焦躁，深呼吸一下，然后翻开本书的第一部分“开店篇”，所有难题即可迎刃而解，开店从未如此轻松！

开店很轻松
赚钱很简单

第 1 章

开店之前要做的那些事

本章导言

网上购物越来越热门，很多经常上网的朋友都有兴趣尝试开一家网店，不仅能赚取外快，还能积累做生意的经验。不过，在开网店之前，还需要了解有关网上开店的一些知识，做好各方面的准备。本章将详细介绍网上开店的优势，以及如何选择经营方式和如何做好软硬件方面的准备。

学习要点

- 了解各个开店平台
- 选择经营方式
- 选择销售模式
- 了解开店流程
- 做好开店前的自我评定

1.1 为什么选择网上开店

随着互联网的普及，网上娱乐、网上消费极大地改变了人们的生活方式。其中，网络购物成为一种时尚，逐渐被越来越多的人接受。消费者在电脑上下订单购物，商品随后就可以被配送到消费者家里或公司，这种方便的购物方式能让人们足不出户就享受到购物的乐趣，也将消费者的宝贵时间从逛街中节省下来，因此受到大众的广泛欢迎。

网络购物在为消费者带来方便的同时，也为人们提供了一条创业新思路——网上开店。相比于传统的商业模式，网上开店资金投入不大、经营方式灵活，可以为经营者提供不错的利润空间，因此，越来越多的人选择这种方式进行经营。

1.1.1 什么是网上开店

网上开店是一种在互联网大普及的前提下诞生的新的销售方式，具体来说就是经营者在互联网上注册一个虚拟网上商店并出售商品。

经营者将待售商品的信息以图片和文字的形式发布到网页上，对商品感兴趣的消费者在线浏览商品信息后，通过网上或网下支付的方式向经营者付款。经营者通过邮寄、快递等方式将商品实物发送给购买者，图1-1所示为某店主在淘宝网开设的网店主页。

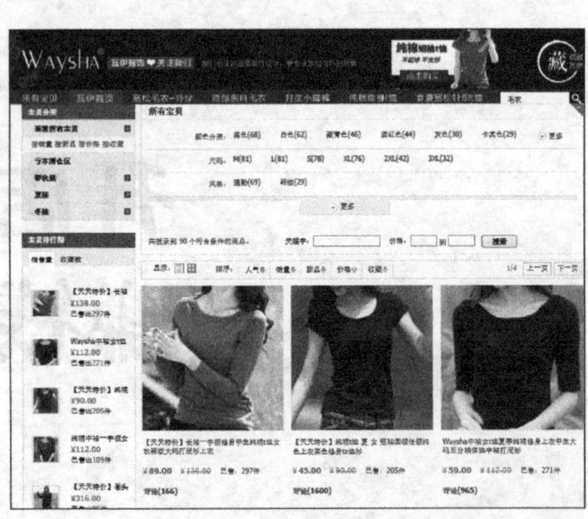

图1-1

1.1.2　实体店、手机开店、网上开店大比拼

网上店铺作为一种在互联网深入发展的时代背景下诞生的新的销售方式，和传统的销售方式相比有着许多不同，同时也有许多传统销售方式无可比拟的优势，随着移动网络的兴起，更加方便快捷的手机开店也在逐渐被更多的人接受，三种开店方式的异同具体表现在以下几个方面。

1. 开店投资

网上开店和开实体店相比，综合成本低，而使用手机开店的成本更低。

从店面租金来说，现在大型的购物平台网站都提供免费的网店空间，比如淘宝网，在这些网站上开店只要申请就可以得到一个店铺位置，手机店在现阶段开店也是免费的。

从进货来看，网店可以更加灵活地控制成本，因为网店卖家可以边卖边进货，灵活方便，减少库存积压；而手机店大多数是代销，进货成本约等于零。相比之下，实体店则要积压不少现货，这就降低了资金流转速度，加大了进货成本。

还有一个重要的方面就是，网店和手机店的日常经营主要通过网络运作，可以减少税费、店铺装修、员工雇佣等各种开销。对于手头没有太多资金，却想尝试开店的朋友来说，这两者无疑是一个很好的选择。

在开店投资方面，三者的具体优势可以参考表1–1。

表1–1

成本明细	网店/手机店	实体店
铺面租金	无	有，而且好的铺面位置需要非常高昂的费用
店铺担保金	1000元	无
招牌广告费	可无	需要制作费，有时甚至要采用雇人发单等方式宣传
店铺专修费	可无	请装修公司装修需要付出一定的装修费
员工工资	可无	每月要支付给雇员一定的工资
电、税等杂费	很少	或多或少需要缴纳一定数目
进货及库存费	无或者少量	视具体库存数目和商品情况，有时需要非常庞大的资金

在新开的网店中，很多费用都比实体店少，如店面费用、员工工资或库存费等；有些费用是可以投入，也是可以暂缓投入的，如装修费和广告费。而在网店做大之后，有些费用可能就和实体店差不多了，比如办公费用、员工工资、各种税费等。总的来说，网店的初期投入要比实体店少很多，对于没有多少经验，资金也不充裕的新人来说，开网店是一条不错的创业之路。

2. 营业时间、地点、面积

实体店铺往往要受到营业时间、地点、面积等因素的制约。比如，在某个时间段打烊可能会错过很多生意；店铺位置如果人流量小，生意也不会景气；遇上生意爆好时，又有可能因为店面太小而失去许多本该属于自己的生意。

网店和手机店则完全不受这些条件的限制。买家在任意时间浏览了网店，并且看上了店中商品，都可以直接下单，卖家只要在收到订单之后抽时间据单发货即可。网上店铺也不必考虑实际店铺位置和买家身在何方，只要根据订单信息发货即可。在网店中，卖家可以尽情地将自己所有的宝贝摆放出来，不必考虑店铺是否够大的问题。

三者在时间、地点和面积方面的具体比较可以参考表1–2。

表1–2

比较项目	网店/手机店	实体店
营业时间	24小时全天候接受买家订单	正常的开门营业时间
营业地点	不受限制，选择买家较多的购物平台网站就好	店铺位置与客流量、投入资金有非常密切的关系
店铺面积	店铺实际销售额一般不受店面大小的影响	面积大小影响商品展示，扩大面积需要投入资金

3. 经营方式的自由度

上网开店可以全职经营也可以兼职经营，不一定要专人看守，不需要办理严格的注册登记手续，想要转换经营方向也非常方便。正因为如此，许多学生和上班族都利用自己的业余时间投身其中。

手机店则更加自由，店主只需带着能上网的手

机，随时随地都可以处理店内业务，这也就是所谓的“碎片化”管理店铺。

4．销售范围

实体店铺的门槛人口基本上局限于店铺周边的人群。而网店则打破地域限制进行经营，只要是网民都有可能成为商品的浏览者和购买者。其购买群体可以是与自己同在一个城市、同一省份、同一个国家，甚至全世界对自己商品感兴趣的人群。而且卖家提供的商品越是物美价廉，特色鲜明，服务优质，那么店铺的销售范围也就越广泛。

手机店的买家则既可以是万里之外素不相识的网民，也可以是家附近一些有共同兴趣爱好的手机玩家。这是因为手机店的营销对象多是微信、QQ等熟人圈，因此同区域、同城的买家较多，然而也会有慕名而来购买的陌生网友。

5．资金流转速度

由于实体店铺要积存大量的现货，因此资金积压较大，流转速度较慢；而网店则可以现卖现进货，资金积压较小，流转速度较快；手机店一般都是“短平快”的代销店，发货、结算都很快，很多是日结日清，店主不仅没有积压资金的忧虑，而且也几乎不用担心卖了商品收不到佣金。

1.1.3 你是否适合网上开店

网上开店有赚钱的，也有不赚钱的。其实，并不是每个人都适合开网店，也就是说，不是每个开网店的人都能赚到钱。而若是想把网上开店当成自己的第一职业，就更加需要根据实际情况而定。那么，究竟什么样的人更适合网上开店呢？

1．企业管理者

对于小型企业，网上开店无可厚非是一种必然选择，过去，那些名不见经传的中小企业，要想把产品送进大百货店的大门简直比登天还难，可如今网络店铺给他们提供了一个广阔的天地，解开了中小企业产品“销售难”的死结。中小企业在网络上开店销售产品，不仅可以直接面对上千万的潜在客户，而且还大大减小了全国铺货、各地库存等方面的压力，可谓一举多得。

2．拥有货源的人

无论是网上开店还是实体店，货源都是最主要的。拥有货源的商户可以通过网上商店进行更好的销售推广，一次投资，多方推广，可以得到立竿见影的效果。

3．需要处理手中旧货的人

每个人都会有一些像鸡肋的物品，食之无味，弃之可惜。对于他们来说，网上商店就像以往的跳蚤市场，只不过是用来交易各种旧东西而已。当然以前的跳蚤市场是面对面，而现在科技进步了，跳蚤市场改称网上商店，开始采用网上交易。在所有的网上开店的卖家中，这类人群应该占有不少的比例。

4．初次创业者

现代社会中，很多人都梦想自己创业，但面对形形色色的压力和风险，往往又望而却步。对于这类人群而言，通过网上开店开始自己的创业生涯，无疑是个很好的选择。

网上开店资金要求低，风险小，经营十分灵活，经营得好不但会赢得第一桶金，而且有可能真正利用网络闯出一番天地。即使无法通过网上开店获得理想的利润，也可以从中获取宝贵的创业经验，为将来的发展奠定基础。而且，经过一段时间的网上开店，会结识很多人，获得很多信息，可能还会对以后发展有所帮助。

5．全职企业白领

每天有固定工作时间的企业白领，也是可以在网上开店的。在晚上或休息时间照顾自己的网店，是一件非常有意义的事情，不仅可以给自己多赚些零花钱，还可以缓解白天紧张的情绪。并且在这里可以体会当老板的感觉，结识更多志趣相投的朋友。

6．拥有自己实体店的人

许多拥有实体店面的经营者在网上开家分店，能够把潜在客户拓展到网上，增加一个销售渠道。网上开店为这类人群提供了一个广阔的天地，不受地理位置、经营规模、项目等因素制约，只要上网就能资源共享，实体店在网络上与知名大品牌实现了平等，而且还可以开展以前想都不敢想的全球经营模式。

7. 大学生

一些大学生平时的功课比较轻松，有较多的空余时间，而利用这些时间上网玩游戏的人不在少数，其实，与其将时间浪费在玩游戏上面，还不如在网上尝试一下创业的滋味。由于大学生接受新事物的能力较强，对网络的应用更是得心应手，所以上网开店不失为赚钱的另一种手段。现在很多大学生在做网络销售，而通过网上开店获得人生第一桶金的更是数不胜数。

8. 绝对“网虫”型

假如你是一个绝对的“网虫”，那也是一种有利的资源，有时间又努力，就一定会有所收获。通过网络可以学到更多先进的技术，可以把自己的网店打理得更好，花大量的时间来推广自己的网店是绝对值得的。

网上购物是未来发展的一个必然趋势，如果你喜欢网络，有精力长时间面对电脑，并希望过着属于自己的IT白领生活，那么开网店绝对是一个很不错的选择。

9. 自由职业者

年轻人越来越追求独立自主的生活方式，不喜欢被束缚，希望通过自身的奋斗，摆脱给他人打工的状况，即所谓的自由职业者。现在不少的自由职业者喜欢上网冲浪，他们开设网络店铺并不在意自己的东西能卖多少钱，而是希望那些平时逛街所购买的东西同样会有人欣赏和喜欢，其目的是通过开店来充实生活，寻找一些志趣相投的朋友。通常这类朋友会将此作为拓宽社会圈子的一种有利方式，为今后的发展打下坚实的基础。

1.2 选择一个合适的开店平台

网上开店需要一个好的平台，一般是通过大型网站注册会员进行售卖，创业者通过注册成为网站会员，然后依靠其网站开设店铺。在人气高的网站上注册建立网店是目前国内最火的开店方式，目前常见的网上开店几大平台分别是淘宝、易趣、拍拍网和京东、一号店等，下面分类进行介绍。

1.2.1 国内最大的电子商务平台——淘宝（个人店/企业店/天猫店）

淘宝网是阿里巴巴集团于2003年5月10日投资创办的网上开店平台，如今已经发展为亚太地区较大的网络零售商，淘宝网首页如图1-2所示。

目前，淘宝网拥有近10亿的注册用户数，日活跃用户超过1.2亿，同时每天在线商品数达到10亿件。随着淘宝网规模的扩大和用户数量的增加，淘宝也从单一的C2C网络集市变成了包括C2C、团购、分销、拍卖、直供、众筹、定制等多种电子商务模式在内的综合性零售商圈。已经成为世界范围的电子商务交易平台之一。

图1-2

专家提点 什么是C2C

电子商务商业模式按照交易对象分为三类：商业机构对商业机构的电子商务B2B，商业机构对买家的电子商务B2C，以及个人对个人的电子商务C2C。

C2C即Consumer to Consumer的缩写，其中Consumer（买家，或称个人）简写为“C”；英文中的2的发音同to，所以to简写为2。所以C2C意即“个人对个人的电子商务”，或“买家对买家的电子商务”。

在淘宝，可以开设个人店铺、企业店铺和天猫店铺。个人店、企业店和天猫店三者之间有很多区别，如表1-3所示。

除此之外，还有一些具体的区别，这里就不一一列举了。各位想开网店的读者可以根据自己的实际情况选择淘宝个人店、淘宝企业店或者天猫店。

表1-3

比较项目	个人店	企业店	天猫店
店铺认证注册条件	公民有效身份证进行注册店铺认证	认证企业营业执照	入驻企业要有100万元以上注册资金、2年以上经营时间、品牌注册商标和纳税身份等限制
适用对象	个人商家	小企业商家	大品牌、大企业商家
开店成本	个人开店是免费的，只须缴纳少量的保证金	企业开店也是免费的，但申请认证时需要缴纳一定的手续费和少量的保证金	天猫商家需要向平台缴纳保证金和技术服务费年费等费用，且金额比淘宝店高出很多
店铺评分体系	评分体系为星级、钻级、皇冠级	评分体系与个人店相同	采用动态评分体系
消费者保障服务	商家可自行选择加入	与个人店相同	所有保障天猫卖家都必须强制加入
店铺显示标	个人店没有店铺显示标	企业店拥有“企”字样的显示标	天猫店拥有天猫特有标志
店铺名称	个人店名称不得包含让用户混淆的词汇，如特许经营、特约经销、总经销、总代理、官方、代理、加盟、授权、直营、经销等词汇。另外“旗舰”与“专卖”是天猫特有词，不得出现在除天猫以外的店铺名中	企业店铺的名称可以使用公司、企业、集团、官方、经销这五个词，但不得使用天猫特有词“旗舰”与“专卖”	天猫店铺名称必须注明店铺类型，包括旗舰店、专卖店、专营店

1.2.2 曾经的C2C霸主——易趣网

1999年8月，易趣在上海创立。2002年，易趣与eBay结盟，更名为eBay易趣，并迅速发展成国内最大的在线交易社区。秉承帮助几乎任何人在任何地方能实现任何交易的宗旨，不仅为卖家提供了一个网上创业、实现自我价值的舞台，品种繁多、价廉物美的商品资源，也给广大买家带来了全新的购物体验。

2010年2月，易趣正式推出海外代购业务，为买家提供代购美国和加拿大购物网站商品的服务。2012年4月，易趣不再是eBay在中国的相关网站，所有的业务由eBay剥离，易趣成为Tom集团的全资子公司，网站的经验方向和提供的各项服务均不受影响，图1-3所示为易趣网首页。

图1-3

1.2.3 大卖家大品牌的聚集地——京东、当当、亚马逊

淘宝和易趣是以C2C为主，如果准备开店的读

者已经拥有了公司，即可以B2C或B2B的方式在网上开店，作为一个商业机构，在网上将商品销售给个人或其他商业机构。

前面介绍的淘宝“天猫”商城就是一个典型的B2C平台，除开天猫商城之外，其他著名的B2C平台还有京东、当当、亚马逊、新蛋、1号店等。这些平台均要求进驻的商家具有一定的资质，否则是不接受的。

至于B2B平台，也就是商业机构对商业机构的平台，目前较为著名的有阿里巴巴和慧聪网等，这些平台的作用主要是撮合商家之间的交易，当然，对于来自个人的小批量采购也是支持的。

1.2.4 各平台特点比较

前面介绍了各平台的一些信息，下面就以表格的形式来做一个清晰的对比，这样读者可以直观地了解哪个平台最适合自己（因为淘宝和天猫的类型不同，所以分开来进行对比），见表1-4。

表1-4

比较项目	人气	适合对象	平台特色	入驻难度
淘宝	很高	个人网店	投入低、服务好	很小
天猫	很高	公司网店	投入较高、服务好	中
易趣网	中	个人、公司	主营代购	中下
京东、当当、亚马逊	高	公司	商品质量普遍较高	高
阿里巴巴	中上	公司	商家之间的交易平台	中

总地来看，淘宝是最适合新手试水的平台，投入少、门槛低，人气很高，只要掌握好装修、宣传等技能，很快就能够有所收获。

1.3 选择经营方式

读者应该根据个人的实际情况，选择一种适合自己的经营方式。网上开店的经营方式主要有以下三种。

1.3.1 网店与实体店相结合

如今，越来越多的消费者尤其是年轻人开始选择在网上购买商品。不用出门、不用排队、价格实惠、送货到家。网上购物渐渐成为主流消费方式之一，不少传统商店也开始在网上开店，抢占市场。

一些商家表示，虽然网购在价格上确实要比现实购物便宜一些，但因在线购物无法看到真实的商品，它只能展示一些图片或简短的视频影像，让一些消费者不放心商品的质量。因此，通过网上浏览了解商品的人要比真正买的人少一些。

就现在的市场环境来看，开个实体店，最好也同时开个网店，彼此相辅相成，网上和网下的销售渠道同时打通，这样生意才能更快的做大做强。网店结合实体店的好处如下。

- 网店是实体店的很好补充，让店里的产品没有淡季和夜晚。24小时不间断的在互联网上展示，吸引更多的潜在买家。
- 网店能帮助实体店完善客户群。结合实体店能更好地服务于本地市场的用户。
- 网店可以帮助实体店自动统计热销产品，从而方便店主有针对性的进行产品调整。
- 由于有实体店铺的支持，货源比较稳定，店主能快速了解市场行情。
- 业内人士认为，网络销售最大的缺陷是消费者的认可度比较低。因此，实体店和网店结合经营在本地销售中具有很大的优势。本地消费者在网上了解到产品之后再到实体店看货，购买的可能性就会很大。

1.3.2 全职经营网店

全职经营网店是指经营者将全部的精力都投入网站的经营上，将网上开店作为自己的全部工作，将网店的收入作为个人收入的主要来源。

想做全职无非有两种情形：一种是一开始就打算做全职，或多或少都有准备豁出去的感觉，还有不成功便成仁的雄心壮志包含其中；另一种是先兼职，等做到一定良好状况后而转为全职。

经营者一开始就决定做全职的原因应该是多

方面的，有的是工作上高不成低不就，有的是不愿受到束缚而喜自由，有的是不甘认命平庸而进行的自我挑战，有的是看到别人做的有声有色而心生艳羡，不管什么原因，全职做网店是需要很大的坚强斗志和良好心态的，因为不管最后的结果是赢是输，切断自己后路，一往无前，无论有多少苦难险阻摆在前面，而不顾一切的去尝试、去挑战、去证明自己的全职卖家，就是值得大家钦佩和褒扬的。

全职的付出是最大的，卖家除了上卫生间，连吃饭都恨不得在电脑旁，没有周六、周日和节假日，虽然比兼职有更多的收获，但也有更多的辛劳和疲惫。

全职在经营上的投入大多是全情和彻底的，因为选择了这条路，所以没有必要左顾右盼，只有勇往直前，目的只有一个，付出全部心血把店铺做好、做大、做强，所以在资金投入、在时间精力上事无巨细围绕其展开；每天牵挂着每一次信用的升级、关注着商盟的加入、等待着消保的通过，该做的一个不漏，可以说达到了为小店忧而神伤、乐而开怀的地步。

1.3.3 兼职经营网店

兼职经营网店是指经营者将经营网店作为自己的副业。比如，现在许多在校学生利用课余时间经营网店，也有一些职场人士利用工作的便利开设网店，增加收入来源。

想做兼职无非有两种情形：一种是试探的兼职，本身工作谈不上好、也谈不上坏，钱足以糊口却不至于奢侈他用，想要改变这样一种不痛不痒的“尴尬状况”，但又不敢一下割舍依靠、切去后路；另一种纯粹是业余爱好或者说精神寄托，工作上得心应手、没有里忧外患，既不紧张也不繁忙，只想有意义的打发空余时间，只想尝尝朋友遍天下的感受，只想让自己变得更加自信和充实，不在乎赚钱的多少，惬意享受着进步成长中的每一步细节。

虽然兼职的经营心态稍微轻松，但在时间上并不一定比全职的投入少，一部分想要做出成绩的人，除了工作外，会把全部的精力都奉献给网店。

兼职的投入一方面因为是兼顾而做，另一方面想要多投入，却会受到一定客观条件的限制，因为还要正常上班，甚至有的要兼顾学业，有的有家庭、孩子的牵挂等，因此兼职并没有人们想象的那么轻松和潇洒。可以说在兼职的问题上，以什么角度、什么心态、什么目的去看待、去评判、去期待，就会有与之相对应的投入产生；当然淘宝也有很多兼职做的是相当不错的，只是他们在投入上的付出并不一定比全职的少。

1.4 选择销售模式

从属性上来分，目前网上商店出售的商品可以分为虚拟商品和实物商品两类。但如果从功能上分，则还有一种全新的代理商品。下面就一起来看看这几种不同的销售模式。

1.4.1 虚拟商品

虚拟商品一般是指没有实物的商品，在淘宝中是指网络游戏点卡（用于计算游戏时间的卡）、网游装备（网络游戏中得到的装备，如宝剑、盔甲等）、QQ号码、Q币（用于购买QQ服务的虚拟货币）、手机话费等。淘宝网对虚拟商品的定义为：无邮费，无实物性质，通过数字或字符发送的商品，如图1-4所示。

图1-4

由于虚拟商品无实物性质，所以一般在网上销售时默认无法选择物流运输，通常是自动发货。也正因此种原因，一般销售虚拟物品的网店店主，通常都能快速累积较高的店铺信誉等级。许多本身销售实物的商家前期都是先开虚拟店铺来累积信誉的。

虚拟商品主要有如下几类。

- 网络游戏点卡、网游装备、QQ号码、Q币等。
- 移动/联通/电信充值卡等。
- IP卡/网络电话/软件序列号等。
- 网店装修/图片存储空间等。
- 电子书，网络软件等。
- 网络服务等，比如网站服务、邮箱服务和加密传输服务等。

1.4.2 实物商品

所谓实物商品，就是目前市场上能够看到，并且能够通过交易进行正常接触使用的商品。它的范围更广，基本覆盖了人们生活的方方面面。大到汽车、电器，小到螺丝刀、缝衣针等，衣食住行都囊括其中，图1-5所示的衣服即为实物商品。

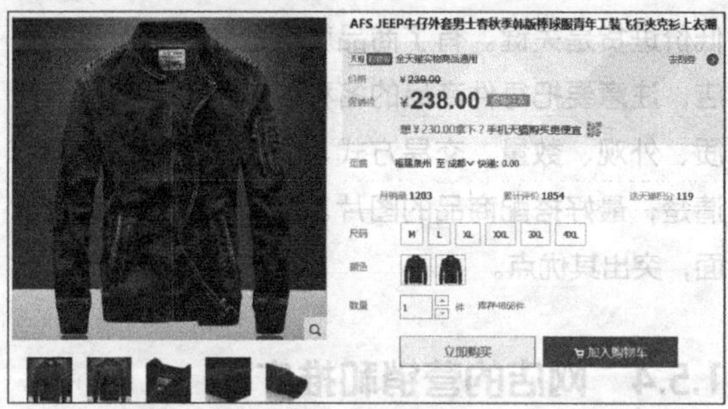

图1-5

1.4.3 代销商品

卖家也可以替供应商销售商品，也就是作为分销商，从销售中赚取差价利润。这是一种全新的销售模式，目前非常红火，图1-6所示为代销流程。

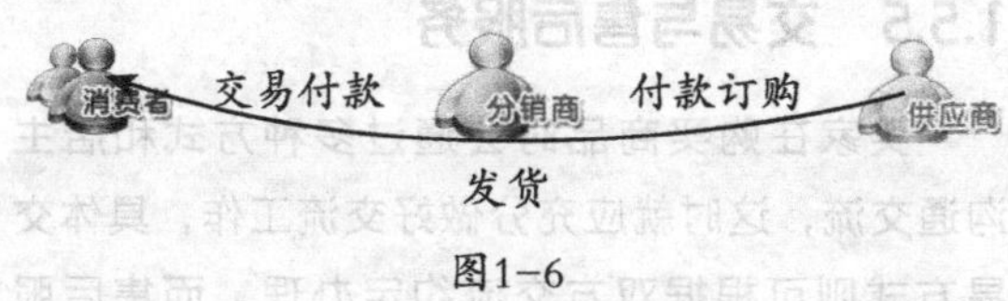

图1-6

代理销售属于零投资、零库存的销售方式，专门的供应商为代销卖家们提供了商品货源、商品发货以及商品售后的服务，代销卖家只要在自己的店铺中发布所代理商品的信息，当有买家下单后，代销卖家与供应商同步下单，供应商就会根据代销卖家提供的地址将商品发送给买家。而这个过程中产生的利润差价，就是代销卖家所能够赚取的利润。

在众多货源方式中，网店代销更适合以下人群采用。

- 上班人士：固定的工作场所与工作时间，能够经常上网，但没有足够的时间寻找货源以及发货的上班人士。
- 货运不便的地区：城市郊区、小县城等快递不愿去接件或接件费用较高的地方。
- 不具备商品拍照条件的卖家：网店中商品拍照是非常重要的，如果卖家没有相机、不具备拍照技术以及不会处理图片，那么就无法展示出逼真的商品图片。而代理销售就不用考虑这个问题，卖家只要将代理商提供的图片放到自己网店中进行宣传就可以了。

虽然代理销售使得卖家无需投入任何成本，但代理销售还是存在一定风险的，因为在销售过程中，货物是不经过卖家的，卖家同样只能通过供应商提供的商品图片和描述来了解产品，而无法看到最终发给买家的商品实物，因此代理销售中，卖家可能对自己销售的商品不是很了解。

另外，一些不稳定的供应商可能让卖家网店无法经营下去，如卖家根据供应商提供的商品信息在网店中上架后，有买家对指定商品下单购买，但卖家联系供应商时却被告知缺货，或者商品质量与图片上相差非常大。这些事件造成的后果对卖家来说都是非常致命的，不但需要和买家解释协商，而且可能因此获得差评，卖家需要明确的是，在网店中出现差评，将意味着买家的流失，这是网店经营中的大忌。

1.4.4 各类商品特点比较与选择

前面介绍了三类商品的基本信息和特点，相信大部分读者对实物商品没有什么疑问，对于虚拟商品和代销商品的运作方式，则可能还有一些不解之处。为了帮助读者理解，下面给出一个对比表格（表1-5），从表1-5中，可以看到这三类商品的异同之处。

表1-5

比较项目	有无实体	进货渠道	物流方式	投入成本	耗费精力
虚拟商品	无	商品官方申请	网络发送	很小	少
实物商品	有	批发市场等	物流发送	大小皆可	多
代销商品	有	网络供应商	供应商直接物流发送（不通过卖家）	很小	一般

严格来说，虚拟商品也是代销商品，卖家从官方申请代销资格后（如Q币代销可以在腾讯网上进行申请），再在淘宝上进行销售，这是一种典型的代销行为。不过，为了和实物商品进行区别，还是把虚拟商品单独划分为一类。

读者可以根据表1-5选择适合自己的销售模式，特别注意参考“投入成本”和“耗费精力”两项。例如，北京的张先生有一家实体服装店，拥有稳定的进货渠道，但在夏季即将过去的时候，还有部分夏装在仓库积压，为了解决库存问题，张先生决定开一家网店，与实体店一样销售服装，这样就可以把仓库积压的夏装销售给仍有购买需求的南方地区的买家。由于网店的成本低于实体店，再加上张先生拥有实体店的操作经验，通过网店很容易成功地销售自己的商品。

1.5 弄清网上开店的流程

虽然现在互联网上有多个网购平台，不过在这些网购平台上开设网店所要进行的流程操作是大同小异的，主要包括店铺定位规划、提出开店申请、进货与登录商品、营销推广、交易与售后服务这五大方面。

1.5.1 网店的定位与规划

要在网上开店，首先就要有适宜通过网络销售的商品，这就是对自己网上店铺定位的先期规划；并非所有适宜网上销售的商品都适合个人开店销售。比如可以利用地区价格差异来赚钱，因为许多商品在不同的地区，价格会相差很多。

1.5.2 网店的申请和装修

确定开店平台以后，就需要了解该平台的开店申请规则。比如淘宝网就规定，注册账号并通过考试与实名认证，即可免费开店。同时，还应该通过各种手段，学习如何装修自己的店铺，将自己的店铺打造得更有特色。

1.5.3 进货与登录商品

最好是从熟悉的渠道和平台进货，控制成本和低价进货是关键。有了商品就准备登录到自己的网店，注意要把每件商品的名称、产地、所在地、性质、外观、数量、交易方式、交易时限等信息填写清楚，最好搭配商品的图片。商品名称也要尽量全面，突出其优点。

1.5.4 网店的营销和推广

为了提升店铺的人气，在开店初期适当进行营销推广是非常必要的，而且要网上和网下多种渠道一起推广。比如，通过购买“热门商品推荐”的广告位、与其他店铺和网站交换链接等方式，来扩大店铺被消费者关注的可能性。当然，如果有条件的话，最好的推广方式还是使用如淘宝网提供的直通车、阿里妈妈推销等手段。

1.5.5 交易与售后服务

买家在购买商品时会通过多种方式和店主沟通交流，这时就应充分做好交流工作，具体交易方式则可根据双方交流约定办理。而售后服务则是体现店铺形象的无形资产，需要店主在建店初期即规划到位，力争为买家提供最好的售后服务。

1.6 做好开店前的自我评定

了解网店的开设流程后，还有一点需要考虑，那就是自己适合开网店吗？虽然网店开张很简单，但要想通过网店获取收益，那就得用心经营网店，这需要占用店主一定的时间和精力来寻找货源以及与快递公司打交道。

1.6.1 进货渠道是否稳定

当决定开网店并选择好商品后，就应该考虑所寻找的货源是否稳定，在日后的经营过程中是否会影响网店销售。货源是否稳定，主要因素有缺货、供货不及时、货物质量是否参差不齐、售后服务是否完好等，这些因素对网店的经营有着至关重要的影响。

准备开网店之前，往往货源已经基本确定下来，这就需要进一步对供货商家进行分析考察，供货商的规模与能力在一定程度上决定了货源是否稳定，如果要长期经营其商品，那么供货商的发展与前景也是需要关注的。

所以，即使已经联系好了供货商，在开店之前，也要对供货商进一步了解才行，如果没有稳定的货源支持，只有延缓网店的开张时间，并继续寻找新的供货商了。

高手支招 关于存货量

一般某一个商品，至少要有3件以上的货源才能够正常销售，否则很可能出现断货、供应不及时等问题，影响店铺的正常经营。

商品货源是网店的根本，如果无法找到稳定的货源，那么即使其他方面具备再好的条件，也是无法开网店的。

1.6.2 在线时间是否充足

网店是在网上经营的，在经营过程中，必不可少地要与各种买家进行网上交流，这就需要店主有足够的时间上网。所以开网店之前，必须要考虑自己上网是否方便，以及是否有足够的上网时间。

网店的进货、发货也需要占用一定的时间，尤其是网店生意好起来之后。这就需要店主有足够的时间寻找货源、进货、打包商品以及联系快递公司发货等。

以上这些因素也是开网店前需要考虑的。举个简单的例子，如办公室在职人员，多数具备长时间上网的条件，而且可以利用休息日去进货，但发货就成为最大的问题。一是因为在公司上班期间，一般不允许员工经常发货；二是快递服务的工作时间和我们上班时间大致相同，所以考虑下班后发货又不大可能。所以开店之前，一定要考虑时间因素，而不能等店铺开张并有买家下单后，才发现自己时间不足。

那么，是不是这类人群就不适合开网店了呢？答案是否定的，是否有充足时间只是一个方面，我们需要结合其他条件综合分析，如没有足够时间发货的办公室在职人员，可以选择网店代销的方式，这样就无需为货源、发货而费事、费神了。

1.6.3 物流是否便捷

物流是网店经营中非常重要的一个环节，如果自己进货并在网店中销售的话，那么快递的方便与否就是必须要考虑的。目前快递服务在一些大中城市市区是非常方便的，但对于一些小县城和边远地区而言，快递服务并不是那么发达，一般有以下两种情况。

- 快递无法到达：如果店主所在地快递无法上门服务，那么发货就是非常麻烦的事情了。所以，如果自己不在各大快递公司的服务范围，那么开网店销售实物可能就比较麻烦，对于这样的店主而言，可以考虑做代销或虚拟商品，也可以考虑和邮政EMS合作，因为邮政EMS的配送速度虽然赶不上快递，但网点分布要比快递多得多，可以解决一些偏远地区店主发货的问题。
- 快递费用高昂：对于城市郊区等偏远地方，有些快递上门是可以加价的，但这也就意味着买家需要支付更多的费用，在充满竞争的购物网站中，如果自己的运费高于其他卖家，那么多半是无法留住买家的，除非商品利润非常高，可以通过高利润来抵消快递费用的高出部分。

同时，对于货物快递而言，自己最好拥有一个固定的联系地址，便于快递上门取货，并且最好能够在众多快递公司中选择一家服务信誉均良好的建立长期合作关系，这样不但以后发货及时方便，而且货物一旦发生损坏、丢失等情况，解决起来也会轻松很多。

1.7 开网店所需的软硬件及其使用技能

尽管网上开店投资少，操作简单，但是也需要具备一些最基本的条件。比如，需要电脑、网络和打印机等硬件设备，需要阿里旺旺、美图秀秀等软件，并熟练掌握其使用方法。

1.7.1 电脑与便捷的网络

拥有一台电脑是进行网上开店最基本的条件。网上开店最好能拥有一台方便携带、随时随地都能投入工作的笔记本电脑。用笔记本电脑可以更加快速、方便地与客户和厂家进行沟通，还可以及时查看和回复买家的留言，此外，它还可以起到移动硬盘的作用。当然，如果没有条件，也可以配一台台式电脑，只要时间分配适当，同样可以达到事半功倍的效果。图1-7所示为笔记本电脑，图1-8所示为台式电脑。

图1-7

图1-8

拥有了电脑后，便捷的网络也是非常重要的。网上开店，顾名思义，就是需要选择一个提供个人或企业店铺平台的网站进行开店。同时，需要利用网络查询一些资料，也需要利用网络与客户或厂家收发电子邮件，所以，便捷的网络也是进行网上开店的条件之一。

1.7.2 联系电话

有时网上联系并不能解决全部问题，还需要手机来帮忙。电话也是网上开店常用的工具，因为网络联系有时受制于电脑的限制而无法随时进行，而固定电话、手机则可以解决这个问题，尤其是手机。

客户打电话来询问关于商品的情况，那就说明客户有一定的购买意向，客户也希望老板能很好地解答自己的问题，所以提供一个方便联系客户的移动电话，对于售前是很重要的；在客户使用商品时，如果有什么不懂的地方，通过电话联系，店主也可以方便地进行指导和解答；在商品出现问题时，也可以通过手机进行售后沟通，其效率要比在网上联系高得多。

1.7.3 数码相机

对于很多店铺而言，数码相机也是基本的装备。因为大部分的买家都是通过图片和文字叙述了解商品的。有了自己的数码相机，就可以自由地将商品多角度地反映在买家面前，使买家更加直观地感受和了解物品。如果没有货物的实物图片，商品就很难引起买家的注意和购买欲望，而且还会让买家怀疑该物品存在的真实性。

因此，好的数码相机和娴熟的拍摄技巧就显得尤为重要。当然，在拍摄技术方面，可以多请教一下相关的专业人士，也可以通过网络搜索一些拍摄方面的技巧，帮助自己快速掌握，以免出现高质量的数码相机拍摄出低水准图片的尴尬。

店主不必纠结于是否购买高档相机。使用卡片机，甚至好一点的手机摄像头，配合良好的光线，都可以拍出美观大方的商品说明图片来。当然，有购买单反相机的预算那就更好了，毕竟好的相机可以更多地将商品的细节呈现出来，更能引起消费者的购买欲。图1–9所示为价格平易近人、效果也不错的卡片相机。图1–10所示为效果很好，但价格也不菲的单反相机。

图1–9

图1–10

专家提点 也可以考虑其他类型的相机

有的店主担心卡片相机的拍摄效果不够好，但预算又不足以购买昂贵的单反相机，那么可以考虑最近出现的微单相机、单电相机，效果不错，而且价格也不太贵，有兴趣的店主可以去网上详细了解一下，然后选择一款适合自己需要的相机。

1.7.4 打印机

在开店前期，打印机可能并不常用，但业务发展到一定程度时，可以选择使用打印机打印发货单，相对于手写的发货单更为方便快捷，更加正规和专业。图1–11所示为专门打印票据的“针式平推式票据打印机”（注意必须是针式打印机，而不能用激光打印机或喷墨打印机），图1–12所示为打印的快递单，从图中可以看到，打印的快递单比起手写的快递单来更加工整快捷，更能给人一种专业和上档次的感觉。

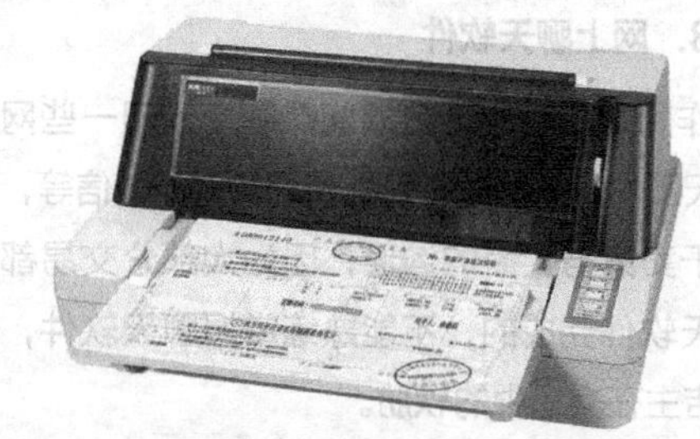

图1–11

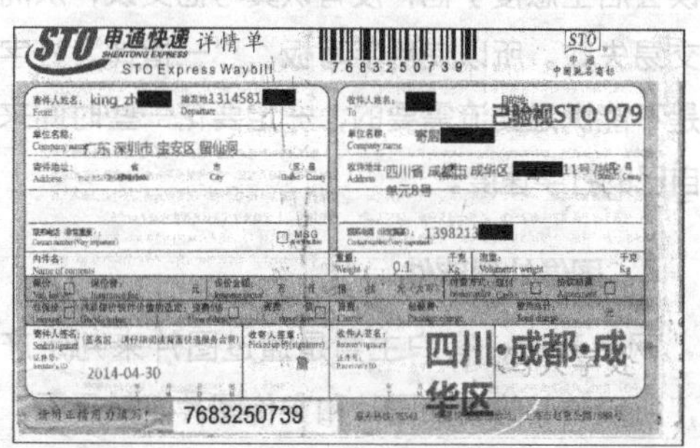

图1–12

1.7.5 常用软件和使用技能

除了硬件设施外，卖家还要掌握一些常用的软件技能和技巧，简单说来包括以下几种。

1. 熟练的网上操作

熟练的网上操作有利于开展网上销售，如果连自己网店的网页都不会打开，那么即使具备了开网店的一切硬件条件，也没有能力把生意做好，网上开店也将成为空谈。

相信想在网上开店的人，对网络已经不算是陌生了，只是在网络知识的深度和广度上，还有一定的提升空间，不过这也没有什么好担心的，只要平时多注意积累，变成网络高手其实并不是什么难事。

2. 收发电子邮件

电子邮件是Internet应用最广泛的服务，它是一种通过网络与其他用户进行联系的简便、迅速、廉价的现代通信方式。它不但可以传送文本，还可以传递多媒体信息，如图像、声音等。在通常情况下，一个独立的网络中邮件在几秒之内就可以送达对方邮箱。同时，还可以得到大量免费的新闻、专题邮件，轻松地实现信息搜索。

3. 网上聊天软件

作为网店店主，必须能熟练地运用一些网上即时聊天工具，如阿里旺旺、腾讯QQ和微信等，这将有助于卖家与买家的沟通，因为大部分交易都是通过聊天软件完成的，不能熟练掌握聊天软件，将会成为店主在交易中的软肋。

另外，在与买家聊天时打字要熟练，否则买家会误会店主怠慢了他，没有认真与他交谈，从而导致交易失败。所以使用手写板、“一指禅”打字，都是不能满足交流需要的，一定要花一些时间来提高自己的打字速度。

4. 图像处理软件

网上开店，客户主要是通过图片来判定产品的，所以精美的商品图片和宣传图片尤其重要。精美的图片往往会吸引客户的眼球，而质量差的图片将会使买家望而却步。通过数码相机拍摄的照片，可能会出现拍摄中的各类问题，如曝光不足、反差过高等情况。因此是否能做出漂亮的商品图片，对网店店主来说也是一个至关重要的因素。

现在的作图软件有很多种，店主并不需要都学会。这里推荐两款，一款是使用简单方便，常用功能都具备的“美图秀秀”，另一款是专业的图像处理软件“Photoshop”，它功能强大，能够处理出非常精美的图片，但使用也较为复杂，适合有一定软件基础的人。

如果读者不会图像处理软件，也不用着急，在本书后面的章节中会向大家详细讲解如何使用图像处理软件来处理商品照片的方法，读者可以从中学习到很多实用的技巧。

5. 网站设计软件

用户学会使用网站设计的相关软件，可以为自己的店铺设计几个漂亮的广告宣传页面。通常，为自己的店铺添加一些人性化的页面，效果会更好。网站设计软件主要是Dreamweaver，它是一款有着十来年历史的软件，使用方便，功能强大，深受网页制作者的喜爱。当然，不会Dreamweaver也没什么关系，仅仅使用淘宝默认的模板也能够让店铺看起来井井有条。只不过学会Dreamweaver以后，可以让店铺更加好看、更加专业，吸引更多的买家来浏览和购买。

1.8 秘技一点通

技巧1 ——如何在不懂电脑的情况下买到质量过关的电脑及配件

对于要开网店的人来说，一台质量好、性能稳定的电脑是必不可少的，但可惜的是，大部分人都不懂电脑硬件，不知道如何买到货真价实的电脑。

很多人可能都听说过，在电脑城购买电脑容易遇到奸商，以次充好，乱抬价格，使买家多花很多冤枉钱。要避免这种情况的发生，大家第一时间想到的就是请熟悉电脑硬件行情的高手和自己一起去购买，这固然是个好方法，但也有不足之处，一个是熟悉电脑硬件行情的人不一定能够找到，另一个是要欠下一笔人情债，很不划算。

其实，不懂电脑的人，也可以在不找人帮忙的情况下买到质量过关、价格合适的电脑。方法很简单：不要去电脑城，而是从网上京东商城选择并下单，即可买到。

京东商城中出售的商品种类繁多，其中电脑类商品包括台式电脑主机（仅主机，不含显示器、键盘鼠标等外设）、台式电脑整机、笔记本电脑、电脑配件以及电脑周边设备。由于京东的电脑大部分是自营，非自营也经过严格审核，因此基本不会出现假冒伪劣商品，在价格上也基本和电脑城齐平，部分特价商品甚至比电脑城更便宜。

其实，不仅电脑，数码相机和打印机等设备也可以在京东上购买，质量和售后都有较好的保障。

在购买时，不要去网吧等公共场合的电脑上进行购买操作，这样不安全，可以借用亲戚或朋友的电脑来操作。购买时可以采用货到付款的方法，这样就不会在电脑上遗留银行卡信息了。

技巧2　——如何区分京东自营产品与非自营产品

京东的产品大体来说分为自营与非自营两种。自营产品是指京东从采购到销售全程参与的产品；非自营产品是指加盟京东的商家，借用京东平台出售的产品。

京东自营的产品由于全程监管，质量上一般来说还是有保证的；当然，对于非自营产品，京东还是会进行质量检查，以免损坏平台的声誉，不过，由于非自营产品数量太多，京东也不可能面面俱到地进行检查，这就决定了非自营产品质量水平要略低于自营产品。而且京东自营的产品，售后由京东平台负责，无论退换都比较方便；非自营的产品，售后服务水平参差不齐，有时候会让用户感到很不满意。

作为在京东购买电脑、相机等产品的用户，自然希望购买到京东自营的产品，这样在质量和服务上更为保险一些。那么，如何区分京东自营产品与非自营产品呢?

京东自营产品，在“服务”一栏中都会写上“由京东商城发货并提供售后服务”，如图1-13所示。

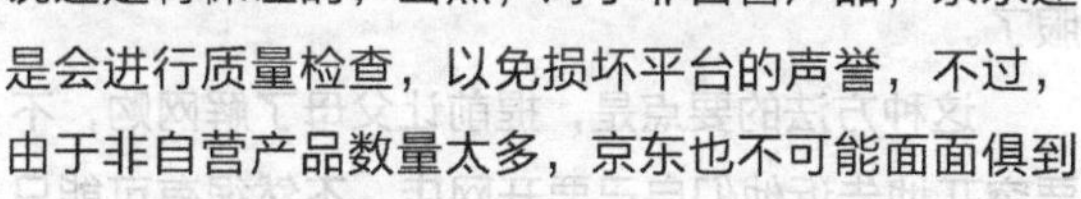

配 送 至：	北京朝阳区四环到五环之间 ∨	有货，下单后立即发货
服　　务：	由 京东商城 发货并提供售后服务。	

图1-13

京东非自营产品，在“服务”一栏中写的是商家名称，如图1-14所示。

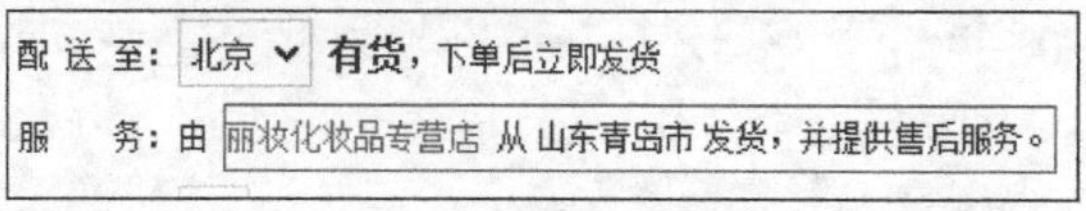

配 送 至：	北京 ∨	有货，下单后立即发货
服　　务：	由 丽妆化妆品专营店 从 山东青岛市 发货，并提供售后服务。	

图1-14

技巧3　——如何从虚拟商品经营中赚更多的钱

很多人都知道，出售游戏点卡、Q币以及手机充值等虚拟商品，其利润是非常小的，比如一个Q币只有几分钱的利润，如果销量上不去，就赚不了多少钱。那么，怎样才能增大销售虚拟商品的利润呢?

很多虚拟商品的销售是使用软件平台来自动实现的。这种软件平台一般购买费用在数百元左右，功能很强大，可以保证自动收款发货，免去手工操作的麻烦。做虚拟商品一般都会购买这么一套软件平台来管理、销售商品。

其实，在购买这种软件平台时，可以和上家商谈好，让自己成为这种软件平台的代理商，销售一套软件大约有200~400元的利润，如果宣传得力，每个月卖上几套并不是非常困难的事情，这一部分的收入要比单纯出售点卡、Q币高多了。

在淘宝里，有不少卖家在出售软件平台，有的是一级代理，有的是二级代理。尽量找一级代理进行商谈，这样利润会高一些。

技巧4　——网店的定位和规划的技巧

部分店主可能对怎样定位与规划网店感到茫然、无从下手，这里向大家介绍一些定位与规划的技巧，希望能对新手店主们有所帮助。

定位网店，其实就是确定自己的店铺打算卖什么样的商品。在考虑卖什么商品的时候，一定要根据自己的兴趣和能力而定。尽量避免涉足不熟悉、不擅长的领域。同时，要确定目标买家，从他们的需求出发选择商品。

那么，对于将要开网店的卖家来说，应该选择什么商品来销售呢？下面就来分析一下具体的网点定位方法。

1. 以卖家为导向进行定位

这种方式也就是根据直接的专业技能来选择开店方向，比如一家专业的电脑维修公司开设的网上店铺，那么其所销售的商品，也就是专门为电脑有问题的买家提供专业维护、故障排除服务，这就是典型的专业对口。

2. 切合时尚又风格独特的商品

目前主流网民有两大特征：年轻化和白领化。了解了这个就可以根据自己的资源、条件，甚至是爱好来确定是随大流考虑最大的消费群体，还是独辟蹊径寻找一些特色或鲜见的商品。当然，特色店铺到哪里都是受欢迎的，如果能寻找到切合时尚又独特的商品，如自制饰品、玩具DIY、服饰定做等商品或服务，就是不错的网店定位。

3. 充分挖掘网购人群的需求

先确定主要面向哪类消费人群，然后再把人群细分，寻找这类人群的物质需要：从衣、食、住、行、乐等方面开始挖掘。

为了让网店有更好的定位，不仅要满足这些消费人群的物质需求，还要多多关注他们的心理需求，比如对有实惠心理的买家而言，就要用“特价”来应付；更看重方便的买家，那出售的商品在使用和保养上一定要尽量简单。

技巧5 ——如何说服家人同意自己开网店

其实，有很多人解决了开网店的各种问题，如决心、资金、货源等，最后还是没有开成网店，这是为什么呢？原来，最大的阻力来自于家庭成员。

父母作为老一辈，对于新生事物不了解，一听说网上做买卖，下意识地就会反对；而妻子或丈夫，往往希望过上稳定有序的生活，听说对方想辞职去开网店，很可能会感到不满意（原本就没有工作的例外），觉得这个举动太轻率，丢掉了稳定工作，万一网店又失败怎么办？生活费、房贷、小孩开销是每个月都省不了的支出，全靠一个人的收入来支撑，实在是困难。

如果已经充分评估了开网店的风险和收益，并且非常有信心的话，面对家人的困惑，就要耐心地和他们解释。

那么，如何打消老年人对于网络的疑虑呢？老年人一般只相信“眼见为实”，要说服他们相信，最好的方法是在宣布自己准备开设网店之前，在他们面前进行网购，让他们不知不觉了解网购，享受网购带来的好处，再有意识地和他们聊聊网络开店的风潮和规模，让他们在不知不觉间认同网购，再在合适的时候，告诉他们自己准备开设网店，他们也不会有太多的反感，就比较好说服了。

这种方法的要点是，提前让父母了解网购，不要突兀地告诉他们自己要开网店，不然很有可能只会获得反对意见。

对于妻子或丈夫，一般来说对方担心的是开店失败带来的财物危机，而不是因为对网店不了解而反对。要说服配偶支持自己，最好的办法是给出一个比较全面的计划，其中最重要的部分就是“开店失败如何处理”，以及“获利如何提高生活质量”，只要在这两步上做好功课，让对方信服，说服对方支持自己应该就不会很困难了。

开店小故事

开网店选对平台，90后靠淘宝变身高富帅

大多数90后还在校园内读书的时候，同为90后的丁强已经在经营网店的道路上走了很远。他带领着自己的小团队注册公司、建立品牌，最好时一个月能有几十万元进账。他关注的话题和同龄人不同，不是那些最潮最炫的东西，也不是韩流日系，而是品牌怎么推广、公司如何运营，任谁都无法小看这个90后创业者。

和其他很多90后一样，丁强对新鲜事物相当好奇，所以当网购逐渐为大家所熟知的时候，他动了开网店的念头，并积极说服家人，准备开设属于自己的网店。

当时的个人网店平台——淘宝和易趣都各有可取之处，淘宝用户多，活力十足；易趣资格老，有很多固定用户。因为想到淘宝网上商家众多，竞争激烈，为了减少同行竞争，作为新手的丁强经过再三考虑，最后决定在易趣网上试水。

很快丁强就在易趣网上安了“家”，开设了一个网店。丁强通过家人认识了附近的一家玩具厂的经理，于是开始从工厂直接拿货，经营毛绒玩具。他采用卖出一个再向工厂订货的方法，不需要成本，也没有库存，所需要的只是时间和人力而已，成本相对于实体店来说，是比较小的。

丁强兢兢业业地经营着自己的小店，到处推广。QQ群、论坛、贴吧、微博、微信……凡是丁强能想到的地方，他都去混了个脸熟。但让丁强郁闷的是，广告发了不少，店铺的流量增长却始终很缓慢，成交量也始终上不去。丁强一开始认为是自己推广做得不够好，可是很快他就发现并非如此——他在他表哥身上找到了原因。

丁强的表哥，当初见丁强开了个网店，觉得很有意思，也跟着开了一个。虽然丁强只先开了两个多月，可很多入门的东西都已经上手了，表哥有什么问题都咨询他，推广的方式也向丁强学习。可是丁强在为销量问题忧心时，表哥的销量却在稳步上升，这种奇怪的现象很快就引起了丁强的注意。

丁强专门抽出时间，到表哥家里仔细观摩了半天，发现表哥的推广方式和强度与自己如出一辙，甚至连常去的论坛、贴吧都差不多，店铺的装修也没有什么出奇的——甚至卖的宝贝也是一样的绒毛玩具，这也是搭了丁强的顺风车去工厂拿的货。当初表哥说自己也卖绒毛玩具时，还说为了不和丁强抢生意，特地把网店开在淘宝，当然丁强倒是没往心里去，很爽快地就把进货渠道介绍给了表哥。

丁强在回家路上一直琢磨，到底是哪里的问题才导致表哥的后来居上？想来想去，排除了所有可能的因素，唯一的区别就在于平台不同——自己在易趣网，而表哥在淘宝网。想到这一点，丁强有种豁然开朗的感觉：难道这就是问题的根源所在？

丁强越想越觉得有可能。回到家里，丁强赶紧在淘宝网上注册了账户，并申请开店。两天后，店铺正式批准了。丁强把现成的资料上传到淘宝网店，并开始着手把推广重心转移到淘宝店上。

别说，差距还真是明显，不到一个月，淘宝店铺流量就赶上了易趣网上的店铺，而日销量还略超过易趣网上的店铺——其实易趣网上的店铺的日销量一直没什么起色，而淘宝店铺的流量和销量却在稳步上升。不久之后，丁强就关闭了易趣网上的店铺，因为推广的精力主要放在淘宝网店，在易趣网的少数几个固定客户，也被丁强拉到淘宝网店里面。

经营网店的日子是辛苦的，上产品、弄描述、做客服、处理订单、发货，整个环节所有的事情都要自己一个人完成，有时候也会觉得累，但丁强从来没有想过放弃，“总能感觉到一种希望在眼前”，当然他的努力也得到了回报，第四个月即有三四千元的进账，生意最好的时候能月入十几万元。

丁强用一年半的时间成为皇冠卖家，生意越来越好，规模也越来越大，从一个人的“光杆司令”到组建四五个人的团队，不过他并不满足于目前的规模，他立志要打造一个生活家居产品的品牌，还计划走出网络发展到线下。

第 2 章 找好货源迈出成功第一步

本章导言

货源是开网店之前要解决的第一个大问题。如果没有熟悉、经济的进货渠道，那么就很难找到合适的货源，没有货源网店就难以开张。那么，如何寻找价廉物美的进货渠道呢?下面就来介绍网店主要的寻找货源途径，以及寻找适合自己的货源的方法与经验。

学习要点

- 了解什么宝贝在网上比较热销
- 了解并选择不同的进货渠道
- 如何在阿里巴巴网上主动寻找货源
- 如何在阿里巴巴网上发布商品需求信息

2.1 什么宝贝在网上能卖火

要在网上开店，首先要了解适合在网络上销售的商品有哪些特点，其次，要了解热销商品的相关信息，这样才能找到适合自己网店销售的商品。

2.1.1 适合在网上销售的商品

理论上来说，任何商品（虚拟类、实物类）都可以在网店中进行销售，但实际上寻找网店销售商品时，还需要综合各种因素进行分析，尽量选择适合在网上销售的商品。下面简单分析一下在选择进货时需要考虑哪些因素。

1. 商品的体积与重量

网店销售的商品多是通过邮寄或快递方式发送到买家手中的，因此卖家在选择销售的商品时，商品的体积是必须要考虑的。网店销售的商品体积不宜太大，而且要易于包装，从而方便快递运输，以及节约运输费用。

如果是一些异形商品，就要根据形状和性质来进行特殊包装。图2-1所示的古筝就是这样的商品，由于其长度较长，普通的纸盒是无法包装的，需要定制特别的包装，这些也是额外的投入，要计算在成本之中。

图2-1

同时，一般商品的体积与重量是成正比的，而快递运输计费是将商品重量核算到其中的，我们知道，网店商品总价=商品实际售价+运费，如果商品太重、运费过高，而导致商品总价与买家在网下购买悬殊不大的话，那么很多买家就没必要在网上购买了。

2. 商品价格和附加值

如今在淘宝上购物，图的就是便宜，同样一件衣服，其中一家卖50元，你要是卖55元，买家怎么选？这答案很明显，因此在选货时一定要选择利润率高的商品，以便把利润让给买家，把商品的售价降下来。

3. 商品的独特与时尚性

在网上销量较好的商品，基本都具有各自的独特性与时尚性，所谓独特性，就是商品本身独具特色，有亮点，这样才能吸引买家的注意，如果商品太过普通或大众化，或者现实中随处可见，那么其在网上销售的价值就会很低。

所谓时尚性，就是商品能跟得上时代主流，是当前所热门追捧的类型，如服装类的商品是否流行、数码类商品配置是否为当前主流等，很多买家在网上购买商品时，也都会对商品的时尚性非常关注，尤其是一些具备很强时尚型的商品，如服装等。

广大卖家在选择商品时，必须分析所选择商品是否具备一定独特性与时尚型，如果商品太过平庸，则应分析网上买家的需求、该商品在网上是否有销路。

4. 能引起买家购买欲望

网上交易过程中，买家都是通过卖家所提供的商品图片和描述来选择与确定购买商品的，这就要求卖家所销售的商品，必须通过图片与描述就能让买家对商品产生一定了解，并引起买家的购买欲望。如果商品是买家必须亲自见到实物并进行检测才会购买的，那么就不太适合在网上销售。

5. 只能在网上买到的商品

如果条件具备的话，尽可能选择消费者在网下买不到，而只能在网上才能买到的商品，如外贸订单商品，或者从国外带回来的商品等。这类商品的特点是：首先，购买者只能在网上买到，其次是竞争度相对较小，更容易销售。

2.1.2 网上热销商品的种类和特点

选择合适的商品是网上开店成功的第一步，只有选择合适的商品，才能有更大的发展空间。在网店中热卖的商品，客户群都很巨大，做得好的话，利润相当可观。目前，网上热卖产品主要有以下几类。

- 服装类。在众多从事开店的个体户中，赚钱最快的当数服装店。五彩缤纷的时装在给人们生活带来美和享受的同时，也给店主带来了不菲的收入。中国网购品类市场份额报告显示服装是网上最畅销的商品。

专家提点 服装类商品的照片

服装店铺的商品图片不仅要吸引人、清晰漂亮，还要向买家传达丰富的商品信息，如商品的相对大小、穿着感觉等。

商品货源是网店的根本，如果无法找到稳定的货源，那么即使其他方面具备的条件再好，也是无法开网店的。

- 手机。随着移动网络的迅速发展，手机在人们日常生活中的地位已经越来越重要了。如今手机不再是简单的通信工具，它还包含很多更智能便捷或者娱乐性的功能。所以，网上推出的最新款式且功能强大的手机，往往会受到很多买家的追捧，并由此带动相关配件和充值卡等商品的销售。

专家提点 要有价格优势

网上卖手机类商品，一定要有价格优势。一般买家在网上购买此类产品时都很谨慎，在网上搜索比较以后才会去购买，对于同样品牌的商品来说，其价格是很重要的因素。

- 美容护肤品。女人天性爱漂亮，喜欢使用各种化妆品，因此，化妆品市场的前景非常广阔。越是富有的女性，越是想要留住青春年华，越是舍得消费化妆品；对普通女性来说，化妆品也是天天要用的东西，所以会常常买。一般来说，女性一旦觉得某个店里的一款化妆品比较好用，会重复在该店购买。据了解，网上化妆品店“80%的利润来自于20%的老客户”，因此，在经营时应该努力去抓住每一个买家，让买家踏踏实实地做个回头客。

- 箱包类商品。箱包类也是淘宝上热销的商品。每个女孩至少有两个包包，如上课上班用的大包包，逛街的斜跨包包，约会的精致小包包等。箱包运输方便，不会过期，优势和服装差不多一样，而且将箱包作为礼物的人也有很多，这也是其优势所在。
- 数码家电产品。在网上购买数码家电及相关配件的人也越来越多。因为此类产品一般都具备一定的品牌因数，所以，大家只要选好品牌后，参考价格，就可以选择是不是要购买。而不需要去考虑其他诸如生产日期和尺寸大小之类的问题。一般买家在网上购买此类产品时都很谨慎，比较以后才去购买，对于同样品牌的商品来说，其价格是很重要的因素。

专家提点 网购数码产品的现象越来越多

目前，越来越多的买家选择在网上购买数码家电类产品，一方面反映出买家网上购物行为逐步成熟；另一方面也反映了主要网上零售厂商产品策略的调整方向。另外，数码家电类生产商对于新零售渠道的重视程度逐步升级，也给市场带来了积极的影响。

- 电脑整机及配件。很多人认为电脑价值不菲，邮寄也不方便，应该不适合网上销售。这样想就错了，事实上，电脑（包括台式电脑、笔记本电脑以及平板电脑）的销量一直都在各C2C平台上排在前列，其相关配件和外设的销量也非常可观。

高手支招 需要一些专业知识

电脑产品的进入门槛相对较高，需要具备一定的专业知识，如清楚产品的功能特点、辨别产品的优劣，以及帮助买家排除一些小故障。

- 流行饰品。流行饰品的市场非常大，女性的饰物数量更是数不胜数。在女性购买的同时，男性也会购买这些饰品作为礼物，当然也有少许男性喜欢佩戴饰品。打算做饰品网店的卖家，一定要紧跟时尚的步伐，不可脱离最新、最流行等字眼。只要商品款式够新颖、够时尚，买家一般只要看上就会念念不忘，最终会掏钱购买。

高手支招 无需担心高价值首饰的交易安全

对于高价值首饰，由于有了安全的支付宝，因此交易保障也不成问题。无论是在易趣网还是在淘宝网，首饰（尤其是水晶、翡翠类首饰）一直都是卖得最好的商品之一。

2.1.3 学会分析商品优势

现在看来，了解选择商品的依据、分析购物网站的卖家分布很有必要，但这些只能作为我们选择自己所销售的商品时的参考。具体该选择什么商品，最终还要根据自己拥有的资源来决定。

开店之前，要分析自己现有货源下的商品具有什么优势。一般来说，常见的优势有以下几种。

- 品牌上的优势。要清楚自己所选择商品是否是在社会上影响比较大的品牌商品，因为商品的品牌在网上购物中的影响比现实中更为重要。由于无法看到商品实物，很多买家在选购商品时，对品牌的依赖非常大，毕竟一个影响力大的品牌，在一定程度上代表了其产品的优良性。
- 价格上的优势。自己的商品在该类商品的卖家中有没有价格优势，价格优势有多大对于商品的选择非常重要。绝大多数买家选择网上购物，是因为网上销售的商品价格要明显低于实体店中的价格。在选购商品时，也会在该商品的卖家中进行对比，如果商品其他方面都一致，只是价格存在差异的话，那么价格较低的商品无疑更具有优势。
- 售后质保上的优势。商品的售后服务也是非常重要的，尤其对于一些在售后质保上要求较高的数码产品，如手机、电脑等。购买这类商品的买家，在选购商品的同时，也会将商品的售后服务考虑进来，如果卖家能提供更加周到的售后服务，让买家能够更放心，那么在竞争中自然更具有优势。当然，一般情况下，商品的售后服务来自卖家进货渠道商所提供的服务，因此在选择货源时，要关注渠道商所能提供的商品售后服务。常见商品的售后服务如：服装类的退换；数码电器类产品的包退、包换以及质保时间等。

2.1.4 学会分析买家心理

如果卖家经销的商品能满足买家的需求，那么成交的概率就会大增；而要想满足买家的需求，就需要将买家的心理摸透，选择正确的商品，如此才能“对症下药”，提高销售业绩。

什么东西能够促进买家的购买行为呢？从其购买动机表现来看，可以归纳为两大类：理智动机和感情动机。

1. 理智动机

（1）实用

实用即求实心理，是理智动机的基本点，即立足于商品的最基本效用。买家在选购商品时不过分强调商品的美观悦目，而以朴实耐用为主，在适用动机的驱使下，买家偏重产品的技术性能，而对其外观、价格、品牌等的考虑则在其次。

（2）经济

经济即求廉心理，在其他条件大体相同的情况下，价格往往成为左右买家取舍某种商品的关键因素。折扣券、拍卖之所以能牵动千万人的心，就是因为“求廉”心理。

（3）可靠

买家总是希望商品在规定的时间内能正常发挥其使用价值，可靠实质上是“经济”的延伸。名牌商品在激烈的市场竞争中具有优势，就是因为具有上乘的质量。所以，具有远见的卖家总是在保证质量前提下打开产品销路。

（4）安全

随着科学知识的普及，经济条件的改善，买家对自我保护和环境保护意识增强，对产品安全性的考虑越来越多地成为买家选购某一商品的动机。“绿色产品”具有十分广阔的前景就是适合这一购买动机来促进销售。

（5）美感

爱美之心人皆有之，美感性能也是产品的使用价值之一。买家在选购商品时，不以使用价值为宗旨，而是注重商品的品格和个性，强调商品的艺术美。

（6）使用方便

省力省事无疑是人们的一种自然需求。商品尤其是技术复杂的商品，使用快捷方便，将会更多地受到买家的青睐。带遥控的电视机、只需按一下的“傻瓜”照相机以及许多使用方便的商品走俏市场，正是迎合了买家的这一购买动机。

（7）售后服务

产品质量好，是一个整体形象。有无良好的售后服务往往成为左右买家购买行为的砝码。为此，提供详尽的说明书，进行指导，及时提供免费维修，实行产品质量保险等都成为争夺买家的手段。

2. 感情动机

感情动机。感情动机主要是指由社会的和心理的因素产生的购买意愿和冲动。感情动机很难有一个客观的标准，但大体上来自于下述心理。

（1）好奇心理

所谓好奇心理，是对新奇事物和现象产生注意和爱好的心理倾向，或称之为好奇心。古今中外的买家，在好奇心理的驱使下，大多喜欢新的消费品，寻求商品新的质量、新的功能、新的花样、新的款式。

（2）求新心理

买家在选购商品时，尤其重视商品的款式和眼下的流行样式，追逐新潮。对于商品是否经久耐用，价格是否合理则不大考虑。

（3）炫耀心理

买家在选购商品时，特别重视商品的威望和象征意义。商品要名贵，牌子要响亮，以此来显示自己地位的特殊，或炫耀自己的能力非凡。这多见于功成名就、收入丰盛的高收入阶层，也见于其他收入阶层中的少数人。他们是买家中的尖端消费群。购买倾向于高档化、名贵化、复古化，几十万乃至上百万美元的轿车，上万美元的手表等的生产正是迎合了这一心理。

（4）攀比心理

买家在选购商品时，不是由于急需或必要，而是仅凭感情的冲动，存在着偶然性的因素，总想比别人强，要超过别人，以求得心理上的满足。人家有了大屏幕彩色电视机、摄像机、金首饰，自家没有，就不管是否需要，是否划算，也要购买。

（5）从众心理

女性在购物时最容易受别人的影响，例如许多人正在抢购某种商品，她们也极可能加入抢购者的行列，或者平常就特别留心观察他人的穿着打扮，别人说好的，她们很可能就下定决心购买，别人若说不好，则很可能就放弃。

（6）尊重心理

买家是卖家的争夺对象，理应被奉为“上帝”。如果服务质量差，即使产品本身质量好，买家往往也会弃之不顾，因为谁也不愿花钱买气受。因此，卖家应该真诚地尊重买家，如此一来，尽管有的商品价格高一点，或者质量偶尔有不尽如人意之处，买家感到盛情难却，也乐于购买，甚至产生再光顾的动机。

仔细分析买家的心理需求，察觉到买家想要什么，然后投其所好地选择商品和设置出售策略，便能大大激发买家的购买欲望。

2.1.5 了解不能在网店中出售的商品种类

在寻找自己的货源之前，要了解哪些商品不能在网店出售，哪些商品必须要有特殊执照才能出售。

一般来说，违反国家法律法规的商品肯定是不能在网店出售了，比如枪支弹药、盗版游戏、罂粟种子之类。

其次，很多商品虽然国家不禁止在实体店售卖，但禁止在网店中出售，比如卫星电视接收设备、刀剑匕首等管制刀具以及食用盐等。

还有一些商品虽然能够在淘宝店售卖，但需要申请特别执照，如书籍、印刷品以及药品等。

如果不能确认自己出售的商品是否违规，可到淘宝网上搜索同样商品，如果没有符合的结果，那么就要仔细考虑了。比如搜索“卫星电视接收器”，结果全是各类遥控器，此时就应该引起注意了。

2.2 去哪儿进货才靠谱

确定了卖什么之后，就要开始寻找货源了。网上开店之所以有利润空间，成本较低是重要的因素。拥有了物美价廉的货源，便取得了制胜的法宝。不管是通过何种渠道寻找货源，低廉的价格是关键因素。找到了物美价廉的货源，网上商店就有了成功的基础。

2.2.1 大型批发市场进货

批发市场产品多样、地域分布广泛，能够小额批发，更加适合以零售为主的小店。批发市场的商品价格一般比较便宜，也是经营者选择最多的货源地，图2-2所示为广州白马服装批发市场。

从批发市场进货一般有以下特点。

- 进货时间、数量自由度很大。
- 品种繁多、数量充足，便于卖家挑选。
- 价格低，有利于薄利多销。

批发市场是最主要的进货渠道之一，和批发商建立起长久的供应关系，有助于网店的稳定运转。

图2-2

专家提点 和批发商搞好关系

有的批发商货物进出量很大，对于一些少量进货的零售买家，态度上可能有些冷淡。其实这是正常的，买家不要有过于敏感的想法，要主动和批发商搞好关系，多次来往以后，甚至可以和批发商达成先拿货再付款的协议，这样会省下不少周转资金，用于购买别的货物，这对扩大网店经营规模是非常有利的。

2.2.2　厂家进货

一件商品从生产厂家到买家手中，要经过许多环节，其基本流程是：原料供应商→生产厂家→全国批发商→地方批发商→终端批发商→零售商→买家。

如果是进口商品，还要经过进口商、批发商、零售商等环节，涉及运输、报关、商检、银行和财务结算。经过如此多环节、多层次的流通组织和多次重复运输过程，自然就会产生额外的附加费用。这些费用都会被分摊到每一件商品上，所以，对于一件出厂价格为30元的商品，买家往往需要花两三百元才能买得到。

如果可以直接从厂家进货，且有稳定的进货量，无疑可以拿到理想的价格。而且正规的厂家货源充足，信誉度高，如果长期合作的话，一般都能争取产品调换和退货还款。但是，能从厂家拿到的货源商品并不多，因为多数厂家不屑与小规模的卖家打交道，但有些网下不算热销的商品是可以从源头进货的。一般来说，厂家要求的起批量非常大。以外贸服装为例，厂家要求的批发量至少要在近百件或上千件，达不到要求是很难争取到合作的。

2.2.3　关注外贸尾单货品

外贸尾单货就是正式外贸订单的多余货品。众所周知，外商在国内工厂下订单时，一般工厂会按5%～10%的比例多生产一些，这样做是为了万一在实际生产过程中有次品，就可以拿多生产的数量来替补，这些多出来的货品就是常说的外贸尾单货了。这些外贸尾单货价格十分低廉，通常为市场价格的两三折，品质做工绝对保证，这是一个不错的进货渠道。

外贸尾单货有个优点就是性价比高，出口后都是几十美元或是更高的价格，但在国内却只卖几十或上百元人民币。要注意的是，尾单货的颜色和尺码有的不成比例，不像内销厂家的货品那样齐码齐色。

2.2.4　引进国外打折商品

无论国内、国外在换季或节假日前夕都可能开展打折销售活动。如果在国外有亲戚朋友，可以让他们趁这些时候买进一些打折商品，由自己放到国内网站上的网店来卖，即便这些商品仍然有着较高的价格，仍然能够吸引大量国内喜欢国外品牌的买家，毕竟按折扣价拿到的这些商品在国内同类商品中还是会有一定的优势。因而，经营该类商品也会有较大的利润空间。不过，网店开起来之后，要保证能够从国外源源不断地供货，否则会给买家以不稳定的印象，从而减少买家进店浏览的次数。

在国外，一些日用品牌都有所谓的“工厂店”，英文叫做“Outlet”，这些店铺是厂方直接开设的，省去了很多中间环节，因此价格上要比商场优惠不少，款式也更加丰富一些，在国外生活过的人，很多都知道工厂店，也很乐意去购买，特别是打折商品，价格上更是非常优惠。如果把这些打折商品批量购买运回国内销售，利润也是非常大的。图2-3所示为某全球知名时装品牌的工厂店。

图2-3

2.2.5　寻找库存与清仓商品

随着社会经济的进步和物质生产的高速发展，新技术、新产品层出不穷，更新速度加快，库存商品及闲置物资越来越多，而地区间、国际间的经济发展不平衡为库存积压商品的发展提供了广阔的市场，“旧货”“库存货”市场得以迅速发展。当前传统意义的“旧货”概念正在被打破，很多崭新的商品在市场的更新换代中积压下来，但仍具有完善的使用价值，“旧货”成为多品种、多层次、数量巨大的各类库存商品及闲置物资的代名词，其交易额已占到各旧货市场交易额的60%以上。

有些品牌商品的库存积压很多，一些商家干脆把库存全部卖给专职网络销售卖家。不少品牌虽然在某一地域属于积压品，但由于网络覆盖面广的特性，完全可使其在其他地域成为畅销品。如果能经常淘到积压的品牌服饰、鞋等货物，拿到网上来销售，一定能获得丰厚的利润。品牌积压库存有以下自身优势。

- 质量好，竞争力强。
- 需求量大，市场前景看好。
- 利用网络的地域性差异提高价格。

2.2.6 0元开店做代销

网上代销，也就是在代销者自己的店里展示其他商家的产品，但代销者并不进货。当买家下单后，代销者扣下差价部分，剩余货款转给商家，商家即向买家发货。在整个过程中，代销者没有接触到货物实体，货物也不从代销者手里流转，而是直接从商家发送到买家。代销者实际上赚的就是广告宣传费用。

代销形式有以下特点。

- 几乎没有什么资金投入，适合新卖家和小卖家。
- 由于商品不经过代销者转手，因此代销者无需准备仓库、物流，也无需承担售后的责任，相对来说比较轻松。
- 代销者直接使用商家提供的商品照片和描述，因此省去了自己拍照写描述的麻烦，而且商家提供的照片与描述一般都比较精美精致，比起新手卖家的作品来，更能够吸引买家的目光。
- 由于代销者不能接触商品实物，因此对商品的细节和质量其实不是很了解，因此常常在买家询问细节时，只能含糊其辞，往往不能让买家满意。
- 由于代销的投入小，因此利润也很微薄，需要把量做大，才能有较好的收入。

对于缺乏流动资金的卖家，或者纯粹是“玩票”性质的卖家，可以考虑代销的方式。

2.2.7 搜寻本地特产和民族特色商品

作为民族工艺品，其价值很高，由于其民族特色足以使它在琳琅满目的商品中鹤立鸡群。网络店主之所以愿意让这类产品来充实自己的店铺，不仅是因为它们稀有、能吸引人的眼球，而且还拥有其他产品无法取代的特点。

- 具有很强的个性。
- 具有丰富的文化底蕴。
- 富含淳朴气息。
- 具有奇特的特点。
- 富有民族特色和地域特色。

如图2-4所示的店铺的工艺品就富有民族特色，销售状况很好。

图2-4

2.2.8 二手市场里淘宝

虽然二手物品具有不合时宜、无法保证品质、价格低廉、不可退换以及售后不便等缺点，但它还是具有许多适合在网上销售的特点。

- 二手闲置商品不用担心压货。
- 货源广，成本低。
- 会识货、会侃价的话，利润可能非常高。

闲置物品不会一直增加，卖掉一件就少一件。那么，卖光这些闲置二手货后，怎样保持现有的经营特色继续经营下去呢？其实有一个地方能收集到便宜的二手货，那就是跳蚤市场。

“跳蚤市场”是欧美国家对旧货地摊市场的别称，它由一个个地摊摊位组成，市场规模大小不等，所售商品多是旧货，如多余的物品及未曾用过但已过时的衣物等。小到衣服上的小件饰物，大到完整的旧汽车、录像机、电视机、洗衣机，一应俱全，应有尽有，价格低廉，仅为新货价格的10%～30%。

在国内的城市里，由于有市容市貌方面的要求，很多夜市、二手市场等已经被撤销了，不过在二手交易网上，如赶集网和58同城网，倒是可以找到很多价廉物美的二手货，作为自己网店的货源之一。

如果有亲朋好友在国外，也可以委托他们在当地的跳蚤市场里购买一些价格低廉，利润较高的二手商品，打包发送回国进行销售；或者淘一些有意义、有价值的艺术品或收藏品发回国内进行拍卖出售，也是一个方法（由于收藏品、艺术品的门道很多，新手容易受骗，建议不了解的人谨慎进入）。

2.2.9 B2B电子商务批发网站

全国最大的批发市场主要集中在几个城市里，而且很多卖家没有条件千里迢迢地去这几个批发市场，即使去购买，加上差旅费，导致商品成本也很高。所以，阿里巴巴、生意宝等作为网络贸易批发的平台，充分显示了其优越性，为很多小地方的卖家提供了很大的选择空间。它们不仅查找信息方便，也专门为小卖家提供相应的服务，并且起批量很小。图2-5所示为阿里巴巴1688批发网站。

图2-5

网上批发是近几年开始兴起的新事物，发展还不成熟，但网络进货相比传统渠道进货的优势已经很明显，主要有以下几点。

- 成本优势。可以省去来回批发市场的时间成本、交通成本、住宿费、物流费用等。
- 时间优势。选购的紧迫性减少，由于时间所限亲自去批发市场选购，不可能长时间慢慢挑选，也许并未相中有些商品，但迫于进货压力不得不赶快选购，网上进货则可以慢慢挑选。
- 批发数量限制优势。一般的网上批发基本上都是10件起批，有的甚至是1件起批，这样在一定程度上增大了选择余地。
- 其他优势。网络进货不但能减少库存压力，还具有批发价格透明、款式更新快等优点。

2.2.10 虚拟货源

游戏点卡、Q币以及各种充值卡，是虚拟商品的重要组成部分。这些商品都有各自的进货货源。游戏点卡可以找游戏官方联系代销；电话充值卡或在线充值代理可以找当地的移动、联通和电信营业厅协商；Q币、泡币、微币等虚拟货币也可以找各自的官方客服联系代销。

以上是淘宝官方定义的虚拟商品。从广义上来讲，没有实物的商品都可以算是虚拟商品。这样的商品在淘宝上还有很多，不少归为生活服务类，比如网店装修、室内设计、同城电脑维修等。其实，具有各种技能的人也可以在淘宝上开店提供服务，赚取劳务费。另外，各种电子资料也可以出售，如电子书、学习教程等，当然前提是不能侵犯版权。

2.3 足不出户找好货源

全国的大型批发市场并不是很多，在没有批发市场的地方，要进货的卖家怎么办呢?

就算卖家身处有批发市场的城市，去批发市场也并不是一件令人愉悦的事情，因为批发市场是一个鱼龙混杂的地方，对于身怀货款的进货者来说，并不是很安全，尤其是有些货源需要凌晨甚至半夜就得去市场里等候，更加增加了危险性。至于冒着酷暑或严寒去市场拉货的辛苦，就更加不足为外人道了。

其实，利用好网上的B2B电子商务批发网站，就可以避免掉这些麻烦。下面就详细讲解一下如何在前面提到过的阿里巴巴1688批发网站中进货的方法。

2.3.1 注册阿里巴巴1688批发网

要在阿里巴巴1688批发网上进货，首先要注册一个账号，具体的注册步骤如下。

第1步 打开浏览器，在地址栏输入1688网站的网址并按下回车键，进入1688网站的主页，单击“免费注册”超级链接，如图2-6所示。

图2-6

第2步 进入新页面，单击“切换成个人账号注册”超级链接，如图2-7所示。

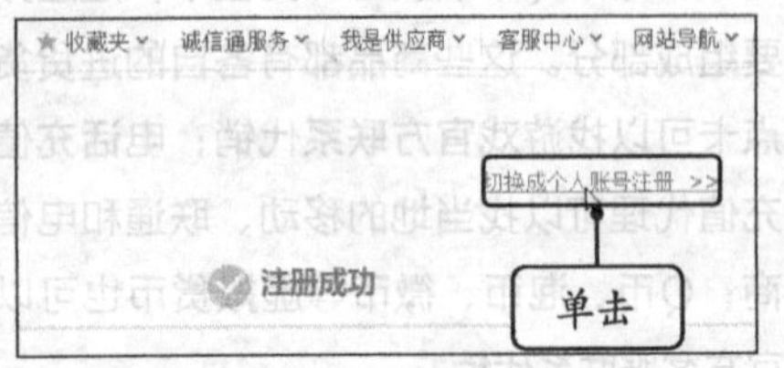

图2-7

专家提点 注册账户类型

默认注册类型是企业账户，这里需要切换成个人账户。

第3步 进入新页面，❶选择国家或地区，并输入手机号码，通过验证；❷选择同意《1688服务条款》和《支付宝服务协议》；❸单击“下一步”按钮，如图2-8所示。单击“下一步”后，1688网站会向这个手机号发送一封短信，短信中包含一个验证码，用户请注意查收。

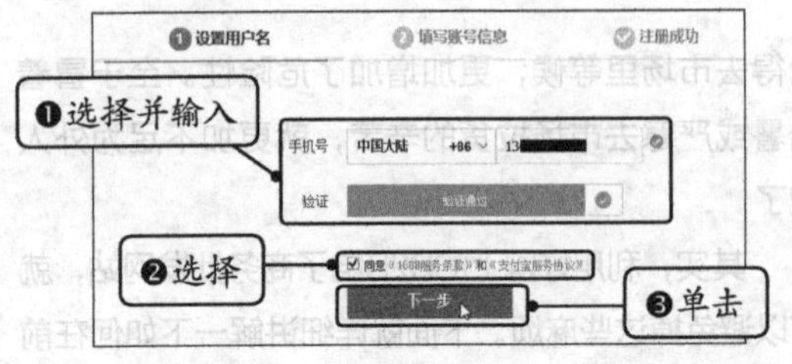

图2-8

第4步 弹出一个对话框，❶输入手机短信中的验证码；❷单击“确认”按钮，如图2-9所示。

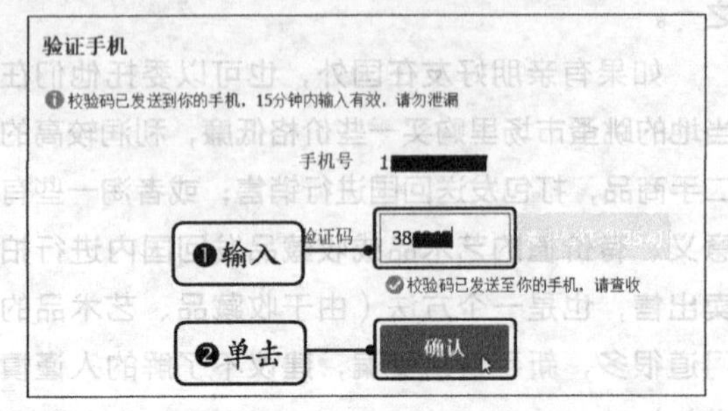

图2-9

第5步 进入新页面，❶输入会员名和密码等注册信息；❷单击“提交”按钮，如图2-10所示。

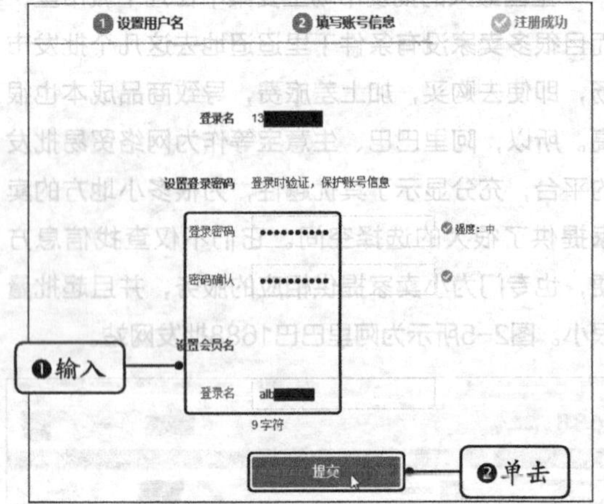

图2-10

第6步 进入新页面，显示注册成功，如图2-11所示。

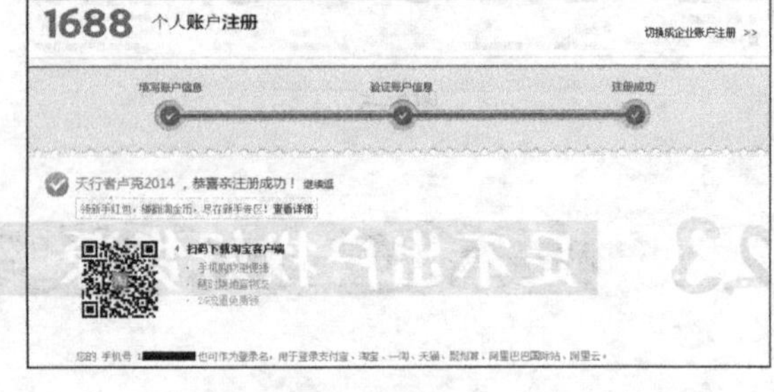

图2-11

2.3.2 主动寻找货源

主动寻找货源的操作方法很简单，也就是在1688首页的搜索栏里输入货源的名称，比如“望远镜”，就可以找到很多有关望远镜的货源信息，选择一个信用较高、销售量比较好，以及距离自己较近的卖家（可以节省运费），与他商谈细节之后，就可以下单进行采购了。

第1步 打开浏览器，进入1688网站主页，❶在搜索框内输入关键词“望远镜”；❷单击“搜索”按钮，如图2-12所示。

图2-12

第2步 进入新页面，单击满意的货源，如图2-13所示。

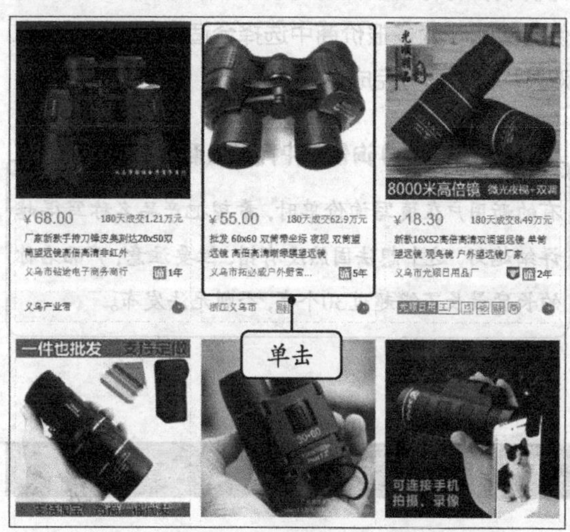

图2-13

第3步 进入新页面，查看货源详细信息，❶输入购买数量；❷单击“立即订购”按钮，如图2-14所示。

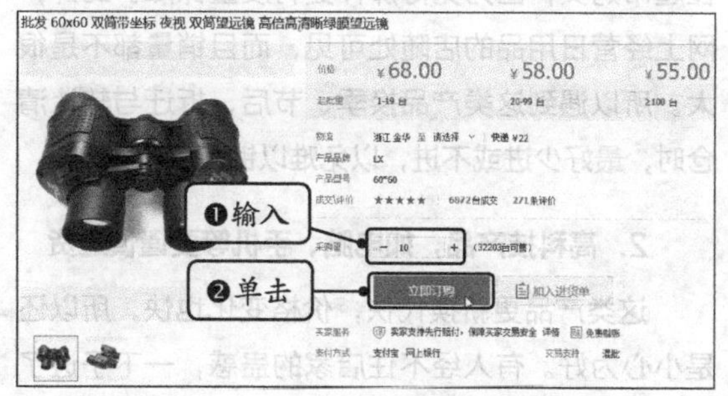

图2-14

专家提点 下订单之前最好先和商家沟通

下订单之前最好先和商家进行必要的沟通，询问一些关于商品的细节，如产地、包装、发货方式等，以做到心中有数。和商家沟通的方法很简单，直接单击页面上的“联系卖家”按钮，就会自动弹出阿里巴巴和淘宝通用的聊天软件“阿里旺旺”的登录界面，用户登录之后，向商家申请成为好友，商家同意后，双方成为好友即可开始交谈。

关于阿里旺旺的下载、安装和使用方法，在后面章节里将会进行专门的讲解。

第4步 进入新页面，❶输入地址和联系电话；❷单击“确认收货信息”按钮，如图2-15所示。

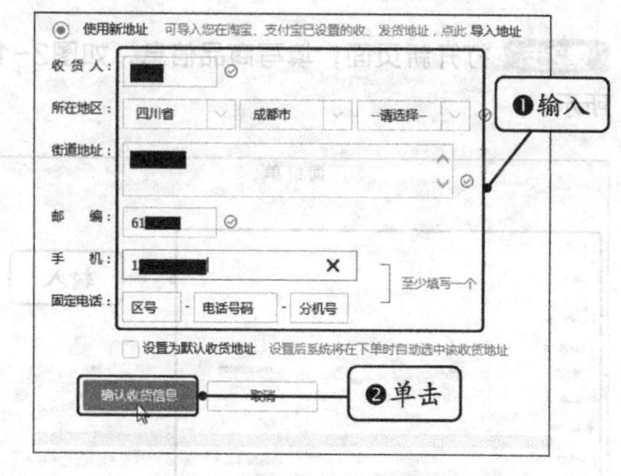

图2-15

第5步 收货地址和联系信息会被保存起来，用户确认之后，单击“提交订单”按钮，如图2-16所示。

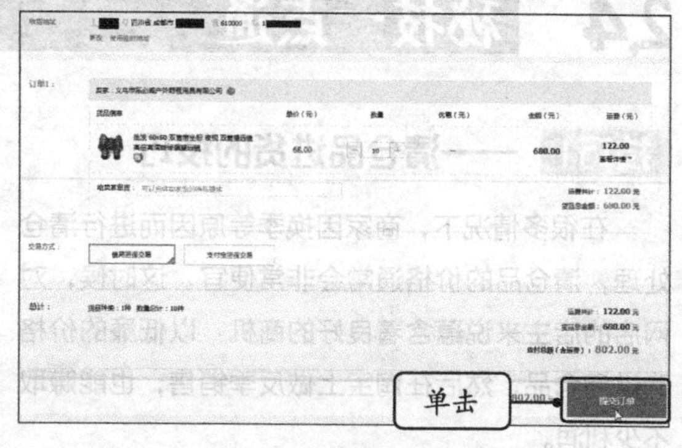

图2-16

第6步 系统随后会跳转到支付宝网站，用户登录进去后，按照提示绑定银行卡，即可支付货款了（已经登录并且绑定了银行卡的用户，可以直接支付货款）。后面的章节中将讲解更多关于支付宝的使用方法和支付宝绑定的内容。

2.3.3 发布货源需求信息

买家也可以在1688网上发布需求信息，在信息中填写好商品名称、截止时间等信息后，发布到1688网站上，相关的供应商看到信息后，会向买家进行报价，买家再选择其中价格适合（并非越低越好）、距离较近以及信誉较好的商家联系进货。

第1步 打开浏览器，进入1688网站主页，单击“发布询价单”超级链接，如图2-17所示。

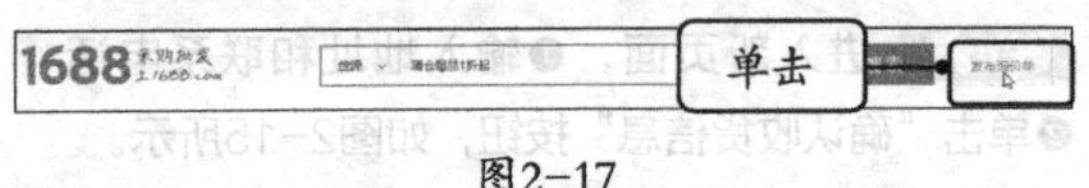

图2-17

第2步 打开新页面，填写商品信息，如图2-18所示。

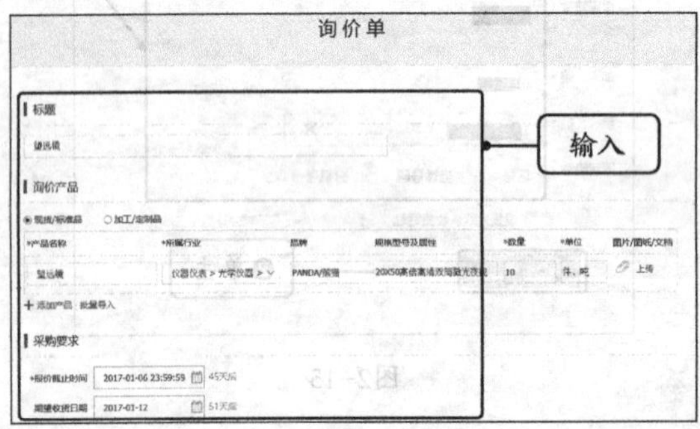

图2-18

第3步 确认商品信息无误后，❶选择“我已经阅读并同意《询价单发布以及违规处理规则》”复选框；❷单击“确定发布”按钮，如图2-19所示。

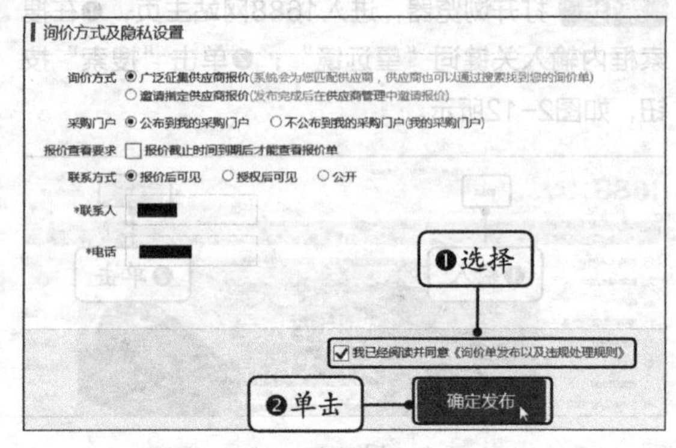

图2-19

发布后，相关商家就可以通过搜索看到自己的询价表，有符合条件的商家可以填写价格向买家报价，买家在众多报价商中选择合适的进行沟通，如双方均满意即可完成交易。

高手支招 询价单中产品名称的长度

有的新用户在填写询价单时，希望把产品名称写得越详细越好，这个想法固然没有错，但要注意，产品名称的长度最长不能超过30个字，否则无法发布。

2.4 秘技一点通

技巧1 ——清仓品进货的技巧

在很多情况下，商家因换季等原因而进行清仓处理，清仓品的价格通常会非常便宜。这时候，对网店的店主来说蕴含着良好的商机：以低廉的价格购进清仓品，然后在淘宝上做反季销售，也能赚取不少利润。

清仓品价格虽然便宜，但也不要没有选择地进货，须知清仓品进货也是有技巧的。

1. 日用品要少进或不进

日用品随处可见，在超市也很容易买到。若在网上购买加上邮寄费用后和在超市购买的成本差不多，买家肯定是不愿意在网上买的，他们更愿意在超市购买，因为觉得那样更有质量保障。此外，网上经营日用品的店随处可见，而且销量都不是很大。所以遇到这类产品换季、节后、拆迁与转让清仓时，最好少进或不进，以免难以销售出去。

2. 高科技产品，如电脑、手机等要谨慎进货

这类产品更新换代快，价格变化也快，所以还是小心为好。有人经不住店家的蛊惑，一下子进了几十部手机，以为自己能大赚一笔，结果赔得一塌

糊涂。因为游说他进货的卖家是知道这种产品不久会降价的信息才处理的，一时贪小便宜的店主接了个“烫手山芋”。毫无疑问，烫到的终究是自己。所以在购进这类产品时一定要非常谨慎，免得一不小心就被套进去了。

3. 有效期限短的商品要慎进

有些产品有效期短，若进多了还没有等卖完就过期了，肯定是不适合多进的，如某些食品、化妆品等。而像服装、装饰品则可以考虑在处理时多进一些，因为保质期长，但也要注意款式和成色，明显过时的、陈旧的就应该放弃。

技巧2 ——七招防范进货陷阱和骗局

网络进货不比批发市场进货，因为网络毕竟存在着一定的虚拟性，所以选择商家时一定要谨慎小心，选择比较可靠的商家进行交易。在网络上批发进货时应注意如下事项。

1. 注意批发商提供的地址

一般来说，批发商会有一个固定的地址，如果是个人供应商的话，那进价可能就要贵一些了。所以网上还是以公司作为批发商居多，而且他们都会有一个固定的地址。你可以在百度或其他搜索网站搜索一下，这样可以找到更多信息，仔细看看有没有漏洞。如是否和供应商提供的公司名称相符等。

2. 观察网站的营业资格

一般的骗子网站都没有营业执照，可以要求他们出示营业执照等证明。不过需要注意的是，一些比较高明的骗子网站也会用图片处理软件伪造一份营业执照，在观察营业执照时需要仔细辨认，查看是否有涂改痕迹；而正规的注册公司网站则会主动出示他们的营业执照。可以去各地的工商部门官方网页查询。但是，不是所有地区的工商部门官方网站都可以查，即便这样，也可以打电话去当地的工商部门查询。

3. 注意批发商的电话号码

其实，通过电话号码可以发现很多问题，首先直接打批发商所在城市的114，查一下这个号码的归属；其次，也可以去网上搜索这个电话号码，这样也能发现问题，比如这个电话对应的公司名称、公司地址等。

4. 注意批发商提供的网址

如果供应商有自己的销售网站，那就要仔细看看了，首先可以多研究店铺里面的商品，然后对供应商提问题，通过询问，应该也可以了解一二，如果供应商连提出来的问题都没有办法好好回答的话，那么，其真实性就很值得怀疑的了，但是也有很多骗子训练有素，能够流利回答各种问题，所以问问题的时候，一定要问得细，是骗子总是会有漏洞的。

5. 注意批发商提供的汇款途径

如果从网络进货的话，就一定会存在汇款等问题。用什么方式汇款，也是可以查到很多疑点的。一般来说，实体公司进行网络批发的时候，要是很正规的话，提供的是公司账号，而不是个人账号。另外，多和供应商谈，有的供应商也是同意通过支付宝汇款的。还有一种办法，就是选择快递公司的货到付款服务。

6. 网站是否支持上门看货

如果某网店不能支持上门看货，那就要先考虑一下这个商家是不是骗子公司了。当然有些公司由于代理数量比较多，可能会对上门看货提出一定的要求，如有的公司会要求必须一次性批发50件并预交定金之后才支持上门看货。这样做的目的：一是为了最大限度地优化客服工作程序；二是最大限度地保证对每一位经销商的正常服务。当然，这样的要求也是可以理解的。所以在是否支持上门看货这一点上，还需要大家更加仔细地辨别、分析，不能一概而论。

7. 要看网站的发货速度

有些网站的发货速度非常慢，可能下了订单之后两三天甚至五六天才发货，严重影响了买家对卖家的信任，造成了客户资源的流失。所以，在选择批发网站时，一定要看网站对发货速度的承诺。发货以后还要看网站是否支持退换货，有些网站可以以次充好或者在产品发生质量问题时以各种理由搪塞并拒绝退换货。这一点也需要加以注意。

技巧3 ——多走一步有惊喜

有很多想开店的人，都准备将本地或附近地区的土特产作为销售商品，并亲自到县城或乡里去考察，和一些门市、厂家建立供销关系，以较低价格进货。

其实，有时候多走两步，有可能拿到更低价格的货。因为县、乡门市里的货物，很多都是从当地农民那里直接进的，再出售给网店店主，其实门市已经赚了一次转手钱了。要买到比门市里价格更低的货物，可以多走几步，直接去找货物的生产者——农民、农场、养殖基地、畜牧基地等，价格上应该还有优惠。

另外，直接找生产者进货，还可以杜绝其他人往货物里掺假，或者进行有毒加工的可能。比如蜂蜜是很容易掺假的，而且很难检测；银耳使用硫黄熏蒸漂白，但食用后对人体有害。如果从生产者处直接进货，就可以有效避免这样的问题。

技巧4 ——怎样进货才能有大利润

开店做生意，进货是很重要的一环。进货也是一门学问，如进货的数量、质量、品种如何确定，什么时候补货及如何确定补货的数量，作为网店的经营者都应该了解。在进货时需要掌握如下的方法和技巧，才能获取较大的利润。

1. 对店铺的经营了如指掌

店主要想将进货工作切实抓好，就要对店铺的经营洞悉分明。只有这样才能采购到买家喜欢的商品。这就需要店主尽量在短时间内积累大量的店铺经营经验，从而增加对所购商品的判断能力。

2. 货比三家

为了使进货价格最合理，可以向多家供货商咨询，并从中挑选出各方面都适合自己的店铺销售的商品来。

3. 勤进快销

勤进快销是加快资金周转、避免商品积压的先决条件，也是促进网店经营发展的必要措施。店铺经营需投入较少的资金，经营种类齐全的商品，从而加速商品周转，将生意做活。当然，也不是进货越勤越好，需要考虑网店的条件及商品的特点、货源状态、进货方式等多种因素。

4. 积累丰富的商品知识

一些店主在进货时通常会一味杀价，而对于其他交易条件从不考虑。这样一来，就十分容易陷入别人的圈套。倘若供货商知道进货者有这种习惯，一定会有所准备地提高价格，来等待进货人员砍价。因此店主在进货时应该洞悉市场动向，商品知识丰富，这样才不至于被欺骗。

5. 按不同商品的供求规律进货

对于供求平衡、货源正常的商品，少销少进，多销多进。对于货源时断时续，供不应求的商品，根据市场需求来开辟货源，随时了解供货情况，随时进货。对于采取了促销措施，仍然销量不大的商品，应当少进，甚至不进。

6. 注意季节性

新手往往不知道服装进货时间一般会比市场提前两到三个月，在炎炎夏季，批发市场的生产厂家已经在忙着准备秋衫了。如果不明白这个道理，还在大张旗鼓地进夏季尾货，还在为占了厂家清季而处理的便宜货得意时，乐的可是批发商，而你进的货也可能会因转季打折而卖不了好价钱，或因需求少影响到销售业绩；所以看准季节时机慎重进货也是一个重要方面。

7. 进货的数量

进货数量包括多个方面，如进货总额、商品种类数量等。确定进货金额有个比较简单的方法，即把整个店铺的单月经营成本加起来，然后除以利润率，得出的数据就是每月要进货的金额。

进货商品种类第一次应该尽可能多，因为需要给买家多种选择的机会。当对买家有了一定了解时，就可以锁定一定种类的产品了，因为资金总是有限的，只有把资金集中投入到有限的种类中，才可能单个产品进货量大，要求批发商给予更低的批发价格。

技巧5 ——批发市场进货实战技巧

一般批发商不会轻易地将最实在的价格告诉初次接触的客人，而是根据经验和标准去衡量，然后才酌情开价。这无疑给毫无经验的新卖家增加了一些难度，下面介绍在批发市场进货时的实战技巧，能够帮助新卖家多快好省地买到货物。

（1）进批发市场，先不要急着问价买东西，先把整个批发市场纵观浏览一遍，把各类款式、风格的店铺分类，做到批发时心中有数。

（2）如果进货不多，可以手上拿1～2个批发市场最常见的黑色大塑料袋。

（3）钱货要当面清点，避免遭受损失。这里所说的清点有两层含义：一是当面清点好钱款；二是当面清点好货品。钱款方面，要注意别收到假币，数额也别弄错；而货品方面则要不怕麻烦，并尽可能细致检查。在人头攒动的批发市场，特别是紧俏新品被人疯抢时，少发一件货，发错颜色、尺码、款型的事常有发生。对于数量大的批发货品，虽然厂家承诺有问题可以调换，但很多拿货的人是不会有耐心去一件件细致检查的，但这只是针对大买家而言，而网店店主这样的小卖家购买的数量不多，又没有时间常去，完全应该当面检查当面调换，把瑕疵和损失的可能性降到最低。

（4）因为批发市场主要针对的是批发客户，第一次进货量一般都不大，所以砍价力度要适中，不要太狠；否则店家不会太愿意跟这样的买家合作。还有，货比三家并不是以买到低价货为目的，更重要的是发掘优质供应商，这是以后合作中关键的一环。

（5）买好的货物，千万要不离左右。批发市场龙蛇混杂，什么样的人都有，隐藏着很多一般人无从察觉的陷阱。在批发市场，有些人专做偷拿别人货品，然后低价转卖的勾当。如果有人进店挑选时间较长而疏于看管货物，有可能转身货物就被偷走。所以，始终要记着货物不离自己左右，随时注意周围情况，最好是两三个人一起去，由专人负责看守货物较好。

（6）不要失去主张完全被批发商意见左右。有的新手去拿货时，因为一点儿也不了解和熟悉市场行情，所以看到别人拿什么自己就拿什么，批发商说什么好就按批发商的意见赶快掏钱，这样完全没有自我主张的进货态度往往造成货品混乱、不易搭配，更无从谈个人风格，所以去之前一定要分析好经营定向，到了批发市场不要轻易改变进货种类。

（7）第一次进货不要进太多，否则容易压货。对于初次进货，新手往往有些茫然，不知道拿多少、拿些什么合适，好像觉得这也行那也行；而有的人一旦开拿又往往收不住手，回家又发现拿货太多，这些都要注意。

（8）对中意的店铺，要留下联络方式。每个店铺都有不同的风格，所以淘货也会受到这样的主观影响，每次去批发市场专挑对口味的去看和选择，遇到比较满意的就要留下名片，并将之作为今后长期合作的考虑对象，留下名片是因为批发市场太大，没有名片下次不一定能很快找到，而且有了名片，能够叫出店家名字、知道电话，有事可随时联系，比较方便；卖家如果平时要货不多，又不想跑路时，就可与批发商联系，亲自去拿货或对方寄来都会很方便。

开店小故事

利用本地特产开网店，大学生迅速致富

吴晓云22岁时，从大学毕业后选择回乡创业，在网上开了家小店，专卖家乡土特产，目前月收入上万元，不但解决了自身的就业问题，还带动了不少人开设网店，让周围生产农副产品的农户获得更多的收入。

在四川西部一个不大的县城，时常看到一位充满活力，有着一双大眼睛的年轻女孩，忙碌地穿梭于邮政快递和快递公司之间。她就是大学毕业后回乡创业的22岁女孩吴晓云。

一位从大山里走出来的漂亮女大学生，不选择留在繁华的大都市，而选择回到相对闭塞的小县城开网店，这是很多网友难以理解的。

对吴晓云来说，其实一切都很自然。

“当初，我决定回家乡开网店经商并非一时冲动，我在大学读书时就和同学做过一些小生意，当时还小赚了一笔！”随时面带笑容的吴晓云在被采访时说道。

“当我回到家乡，意外发现人们大部分都到外地打工去了，在全国都很有名气的家乡土特产反而很少有人种了，部分偏僻地方的土特产甚至没人去收购，老乡们就将特产堆积在家里，有的就这样白白坏掉了。当时我就感觉不能及时卖出去放坏了好可惜。”吴晓云感觉可以把家乡土特产放到网上出售，于是她便决定开网店。

2013年9月中旬，吴晓云的网店开张营业。在她仔细调查后，选择了纯天然蜂蜜以及中药材等作为网店销售主打产品。白天在外收货和发货，晚上边查看网店边为买家们包装货，生意好的时候一天营业额有几千块，很多时候忙到凌晨一两点钟还在包货。天道酬勤，吴晓云的网店生意越来越红火，月收入很快就破万了。

有不少人看到吴晓云生意红火，都纷纷来求“真经”。吴晓云很大方，她指点了一些真正想开网店的同乡如何开店，“独乐乐不如众乐乐，我一个人富起来不算什么，要让大家都富起来，家乡才会变得更好！”这位开朗、聪明的姑娘如此说道。

第3章 在淘宝网上“安家落户”

本章导言

在淘宝网上开店，首先要做的工作就是开通相关的账户，包括淘宝账号、网上银行以及支付宝账号。其中，淘宝账号是管理个人网上店铺使用的账号，而支付宝账号则用于安全管理个人资金，提取货款、查询交易明细等都在此账号下进行；相比淘宝开店，天猫店稍微严格一些，需要了解开店的规则且提供相应的资质。另外，还需要安装千牛软件和淘宝助理这两样卖家必备软件，以提高管理店铺的效率。在本章中将为大家详细讲解这几方面的内容。

学习要点

- 开通网上银行
- 注册淘宝会员及申请支付宝
- 完成网店开张工作
- 完成天猫店申请和熟悉后台管理
- 下载并安装千牛软件和淘宝助理

3.1 开通网上银行

在互联网发达的今天，银行为了方便用户在网上办理收支钱款、查询账户信息等业务，开设了网上银行。用户需要先去银行办理“网上银行”功能，之后就可以在网上的虚拟银行中方便地办理各种业务，而无需到银行去现场办理。

作为淘宝卖家，肯定是需要开通网上银行的，如此才能在家中方便地接收货款，或者处理为买家退款、赔款等手续。

3.1.1 银行卡与网上银行的关系

网上银行与银行卡在实际操作中，虽然无需到柜台上办理，但其使用上的区别还是很大的，具体来说有如下几点。

- 银行卡存取款时，只需要一个简单的银行卡密码，网上银行则需要更复杂的登录密码，并且还需要U盾或电子银行口令卡等支付工具。
- 银行卡存钱和取钱都需要到银行存、取款机前，亲手输入银行卡密码完成。网上银行存钱和取钱则只需在任何一台联网的计算机前，用鼠标和键盘操作完成。
- 银行卡存的是现金、取的也是现金。网上银行存的是现金数字，取的也是现金数字。但这个数字一定要在银行卡中有对应现金。

从网上银行和银行卡的操作特点中，可以清楚地看出网上银行的电子钱，就等于银行卡中的实际现金，网上银行的账户就等于银行卡的账户。

3.1.2 办理网上银行

网上银行是支持在网络上进行交易的虚拟银行，使用网上银行可以方便地实现支付宝充值、商品付款、转账等功能。下面就以在工商银行网站开通网上银行业务为例讲述如何开通网上银行。

第1步 登录工商银行网站，单击“个人网上银行”下面的“注册”超级链接，如图3-1所示。

图3-1

专家提点 小心假冒的银行网站

有些网上的骗子使用假冒的银行网站来骗取用户的账户信息，以盗取资金。他们常用的方法就是使用和真银行网站很相似的网址来欺骗用户进入，用户进入后看见熟悉的页面就习惯性地输入账户和密码来办理业务，结果就被骗子窃取了这些信息，将账户里的钱款盗取出来。

预防这样的假冒网站其实不难，只要在银行里拿一份简介，按照上面的介绍进入该银行主页即可。进入后马上将该主页收藏起来，以后只从自己的收藏夹中登录网上银行，就安全了。

第2步 进入新页面，❶完善身份证和手机号码等信息，便于后面接收短信验证码；❷单击“确定”按钮，如图3-2所示。

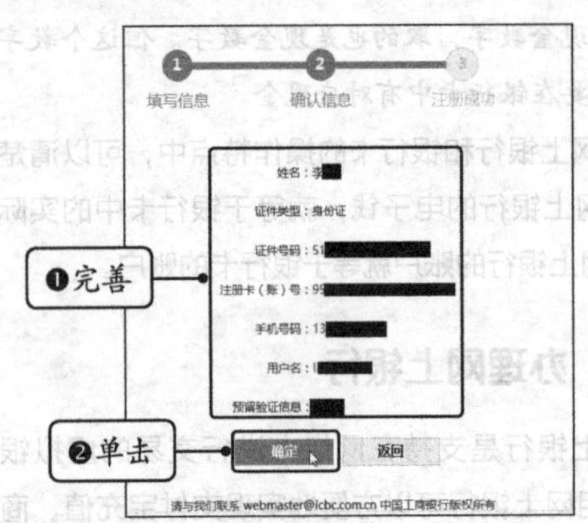

图3-2

第3步 进入新页面，❶完善银行卡信息和登录密码的设置等信息；❷勾选“同意并接受”协议；❸单击“提交”按钮，如图3-3所示。

图3-3

第4步 系统跳转新页面，显示网银注册成功，单击“完成”按钮即可，如图3-4所示。

图3-4

高手支招 关于网银的一些小贴士

有的银行需要去柜台上填表才能开通网银，在网上是不能开通的；有的网银开通后，还需要去柜台上领取一个U盘（一般叫做U盾），当登录网银时，必须把这个U盘插在电脑上才能正常操作，不然是没有办法进入网银的，因此，一定要保管好这个U盘，不能交给任何人。

3.2 注册与登录淘宝账号

没有淘宝账号是无法在淘宝上开设店铺的，因此，开店前必做的一项工作就是注册一个淘宝账号。

注册淘宝账号又需要一个手机号作为联络工具，这样，在淘宝账号出现问题时（如忘记密码、账号被盗），淘宝用户可以通过这个手机号，取回自己的账号和密码。另外，电子邮箱在淘宝中也至关重要，有很多功能需要用到电子邮箱，因此，在注册淘宝账号之前，需要注册一个属于自己的电子邮箱。

3.2.1 注册电子邮箱

邮箱是网络交易中的重要信息工具，建议用户注册像网易邮箱、QQ邮箱或TOM邮箱之类由比较稳定的大服务商提供的免费邮箱，比较不容易出现服务问题，更有利于在开设网店过程中使用。下面就以申请网易163免费邮箱为例进行讲解，其具体操作步骤如下。

第1步 用IE浏览器访问网易163邮箱主页，并单击“去注册”按钮，如图3-5所示。

图3-5

第2步 ❶输入注册信息；❷输入验证码和手机短信验证码；❸勾选“同意‘服务条款’和‘隐私权相关政策’”；❹单击“立即注册”按钮，即可创建163邮箱账号，如图3-6所示。

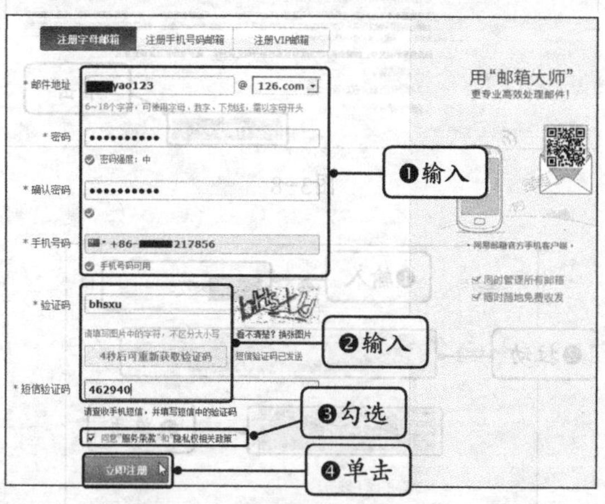

图3-6

3.2.2 申请与激活淘宝账号

如果没有淘宝账号，可以用手机号注册为淘宝网会员。使用手机号注册淘宝网会员的具体操作步骤如下。

第1步 启动浏览器，在地址栏中输入打开淘宝网首页，单击“免费注册”超级链接，如图3-7所示。

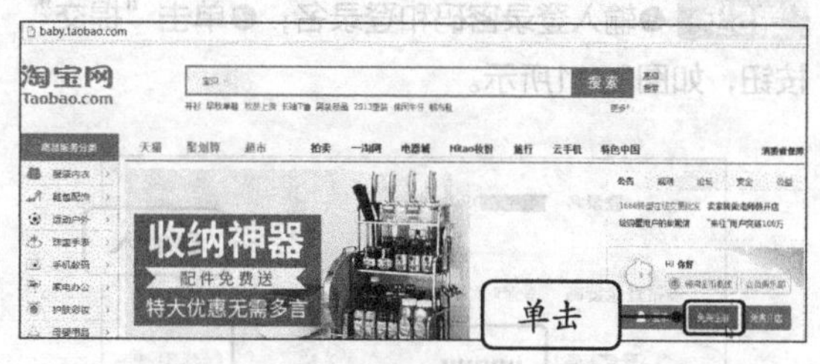

图3-7

第2步 单击“同意协议”按钮，如图3-8所示。

第3步 ❶在弹出的对话框里输入自己的手机号码以便获取验证码；❷拉动滑块通过验证；❸单击“下一步”按钮，如图3-9所示。

第4步 这时手机会收到一则短信，❶将短信里面的验证码记下来，输入“验证码”后面文本框中；❷单击“确认”按钮，如图3-10所示。

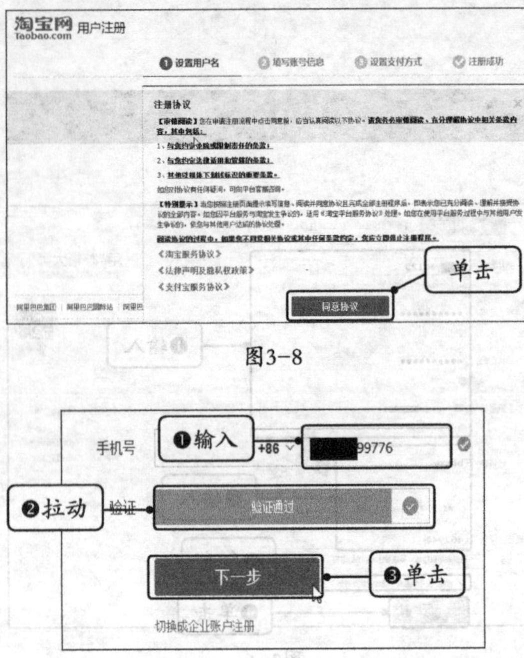

图3-8

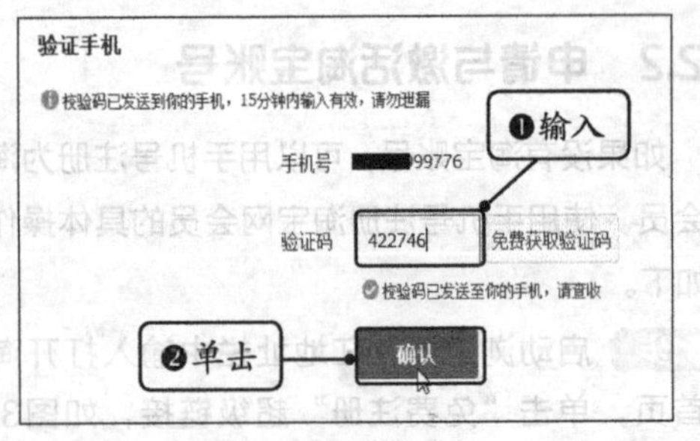

图3-9

图3-10

第5步 ❶输入登录密码和登录名；❷单击"提交"按钮，如图3-11所示。

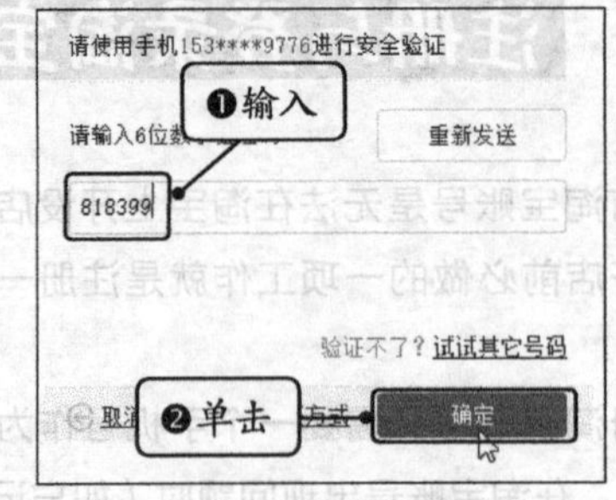

图3-11

第6步 使用手机验证的方式进行安全验证，❶输入手机短信里收到的数字验证码；❷单击"确定"按钮，如图3-12所示。

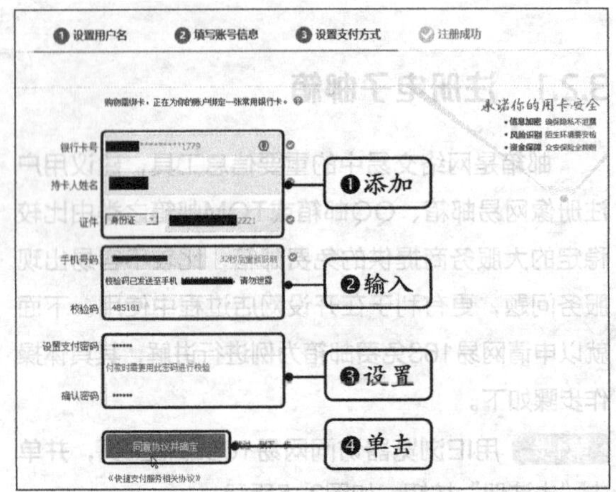

图3-12

第7步 ❶按照提示添加银行卡等信息，以此完成支付方式的设置；❷输入手机号及手机接收到的短信验证码；❸设置支付密码；❹单击"同意协议并确定"按钮，如图3-13所示。

图3-13

第8步 系统跳到淘宝页面，即可看到注册已经成功，如图3-14所示。

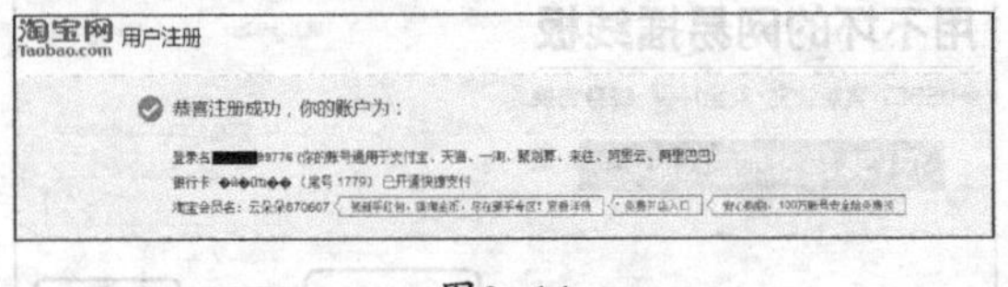

图3-14

专家提点 邮箱注册淘宝账号

在淘宝账号注册过程中，收到提示"手机号1500821****已被**账户使用，请确认该账户是否为你本人所有"时，则说明该手机号已经注册过淘宝账号。此时可以选择使用QQ邮箱、163邮箱或其他邮箱注册淘宝账号。

3.2.3 使用账号登录淘宝网

注册成为淘宝网会员后，即可登录淘宝网，登录淘宝网的具体操作步骤如下。

第1步 进入淘宝网首页，单击"亲，请登录"超级链接，如图3-15所示。

图3-15

第2步 ❶输入用户名和密码；❷单击"登录"按钮，如图3-16所示。

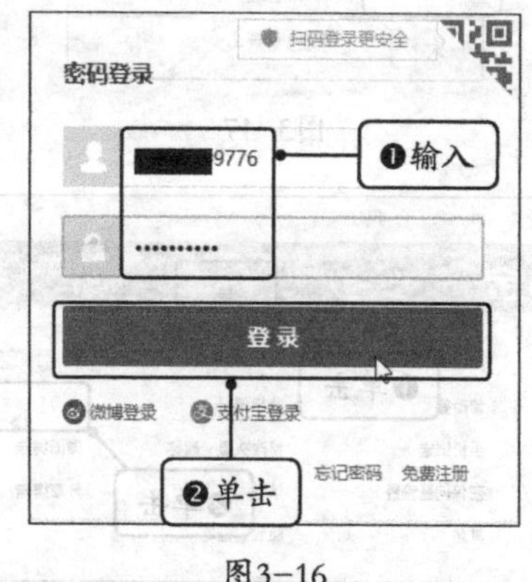

图3-16

3.3 开通支付宝账户

支付宝作为国内领先的独立第三方支付平台，致力于为中国电子商务提供简单、安全、快速的在线支付解决方案，也是淘宝网及其他在线交易的重要媒介。

3.3.1 了解支付宝

支付宝是淘宝网用来支付现金的平台，买家看中商品以后，把网上银行里的钱打到卖家的支付宝账户，然后淘宝通知卖家发货，买家收到货后，通知淘宝，淘宝再把钱转给卖家的支付宝。

用支付宝进行交易，用户就可以放心地在网络上进行商务活动。支付宝庞大的用户群吸引了越来越多的互联网商家主动选择集成支付宝产品和服务，目前除淘宝外，使用支付宝交易服务的商家已经超过几十万家；涵盖了虚拟游戏、数码通信、商业服务、机票等行业。这些商家在享受支付宝服务的同时，更是拥有了一个极具潜力的消费市场。

支付宝实际上相当于交易的中介人，买方先通过网银把钱打入支付宝，卖方才会发货；买方收到货品确认没有问题之后，经过确认，卖方才会收到货款。支付宝为买卖双方提供了安全保障，给网络买卖提供了诚信保证。

专家提点 关于支付宝的一些信息

支付宝在电子支付领域稳健的作风、先进的技术、敏锐的市场预见能力及极大的社会责任感赢得银行等合作伙伴的认同。目前国内工商银行、农业银行、建设银行、招商银行、上海浦发银行等各大商业银行以及中国邮政、VISA国际组织等各大机构均和支付宝建立了深入的战略合作，不断根据客户需求推出创新产品，成为金融机构在电子支付领域最为信任的合作伙伴。

3.3.2 激活支付宝账户

注册为淘宝网会员时，用户可以选择自动创建支付宝账号。淘宝网将为用户自动创建一个以手机号为账户名的支付宝账号。

支付宝账号分为个人支付宝和企业支付宝，支付宝账户激活之后才可以使用，其具体操作步骤如下。

第1步 登录淘宝网以后，单击"我的淘宝"超级链接，如图3-17所示。

第2步 进入"我的淘宝"页面，❶单击"账户设置"选项卡；❷从弹出的文本框里单击选择"支付宝绑定"超级链接，如图3-18所示。

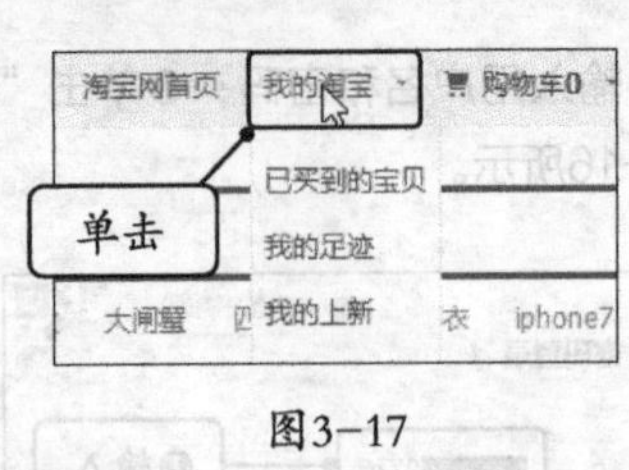

图3-17

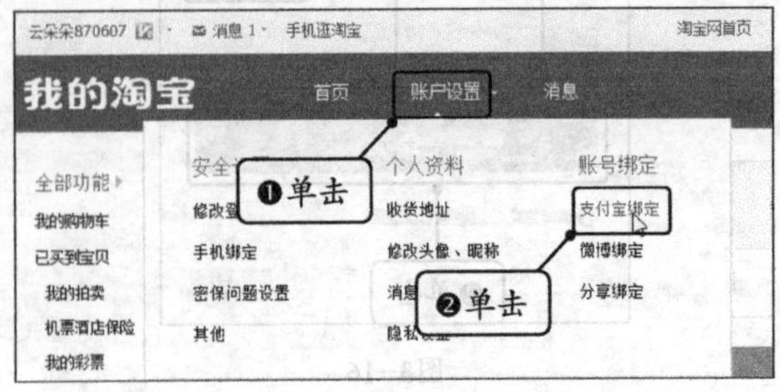

图3-18

第3步 在注册淘宝账号的时候支付宝已经一并注册个人支付宝，现在只需要单击“进入支付宝”即可，如图3-19所示。

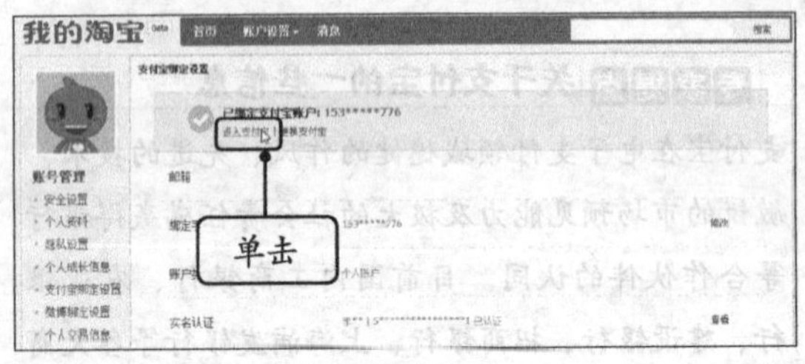

图3-19

专家提点 关于支付宝的密码

支付宝密码有登录密码和付款密码两种，对于这两个密码，不要因为贪图方便而设置成一样或者相近的，这样即使被人破解出登录密码，对方也不知道付款密码，无法盗取资金。

第4步 完成注册，提示支付宝账户名是注册淘宝会员时所用手机号码，如图3-20所示。

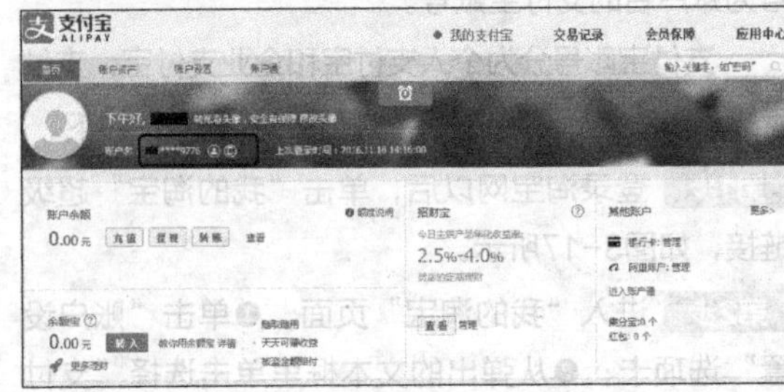

图3-20

3.3.3 进行实名认证拥有更多功能

支付宝认证后，相当于拥有了一张互联网身份证，可以在淘宝网等众多电子商务网站开店、出售商品。新的支付宝认证系统的优势有如下几点。

- 支付宝认证为第三方认证，而不是交易网站本身认证，因而更加可靠和客观。
- 由众多知名银行共同参与，更具权威性。
- 除身份信息核实外，增加了银行账户信息核实，极大提高其真实性。
- 认证流程简单并容易操作，认证信息及时反馈，用户实时掌握认证进程。

对于普通淘宝买家而言，不进行实名认证也不影响购买商品，但是一旦需要使用支付宝收取卖家的退款（这是常有的事），就必须经过实名认证；而对于淘宝卖家而言，更是必须经过实名认证后，才能申请开店。因此实名认证很重要，是一定要完成的操作。

下面将介绍申请支付宝实名认证的方法，具体操作步骤如下。

第1步 登录淘宝网以后，进入“我的淘宝”页面，❶选择“账户设置”选项卡；❷在跳出的文本框里单击“支付宝绑定”超级链接，如图3-21所示。

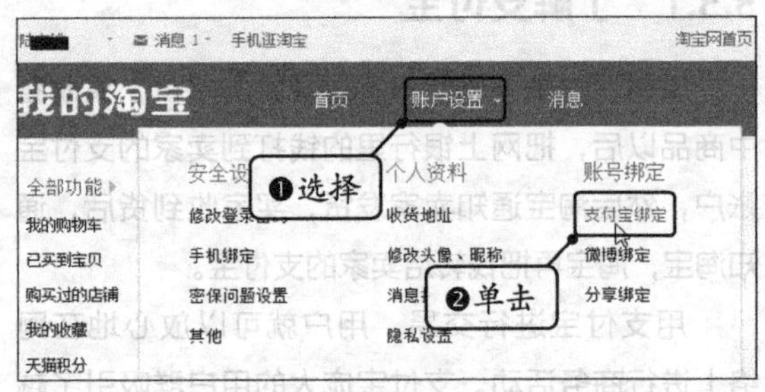

图3-21

第2步 进入支付宝页面，单击账户名后面的人像按钮，如图3-22所示。

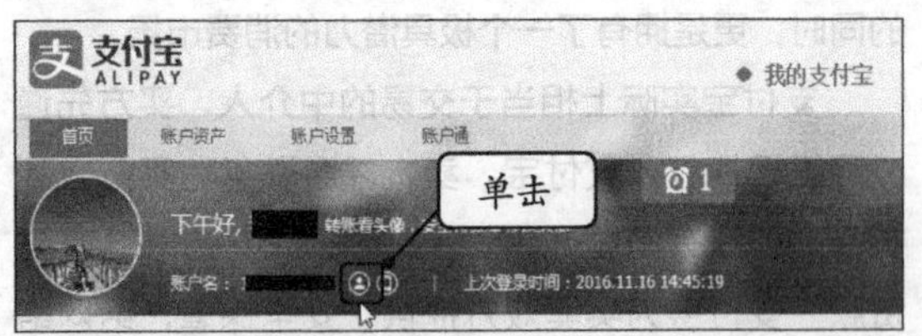

图3-22

第3步 由于注册淘宝账号的时候已经填写了银行卡信息，这里还需要完善身份信息，如图3-23所示，单击“点此完善”按钮。

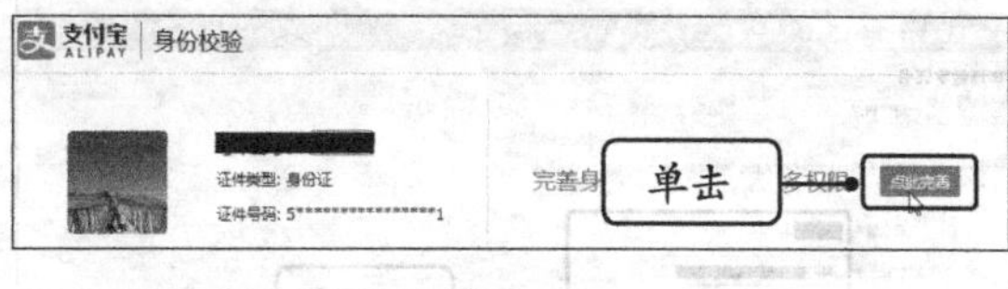

图3-23

第4步 ❶上传身份证正反面扫描图片；❷单击“确定提交”按钮，如图3-24所示。

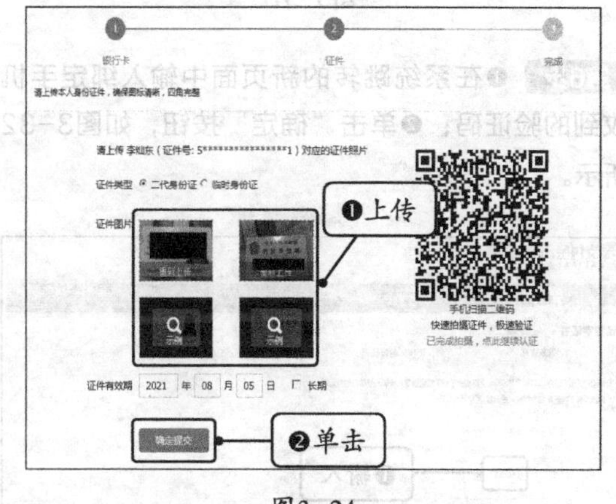

图3-24

第5步 系统跳转到支付宝身份校验的信息，显示“证件审核中”，如图3-25所示。

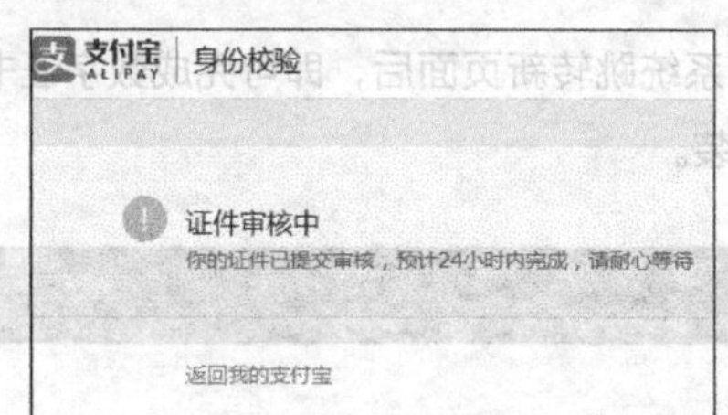

图3-25

第6步 系统提示用户已经通过实名认证，如图3-26所示。

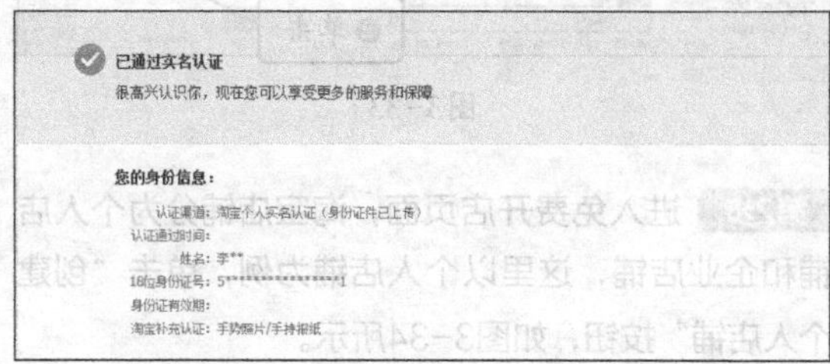

图3-26

专家提点 实名认证需要时间

支付宝实名认证并不是在提交资料后的第一时间就能通过，通常需要1～2个工作日。证件照片清晰度越高，通过认证的时间就越短。如果想尽快通过验证，可提前准备好完整、真实的资料。

3.3.4 申请支付宝数字安全证书

无论是天猫卖家还是淘宝卖家，在与买家交易过程中都要经过支付宝。由此可见，支付宝的安全不容忽略，虽然支付宝本身的安全性已经值得信赖，但商家还是应该更加小心、仔细，避免支付宝发生问题带来经济损失。支付宝的保护资金安全包括支付密码、余额支付、无线支付、支付宝风险监控、数字证书、支付盾和宝令几种。

在经济条件允许的情况下，卖家可以考虑申请支付盾。在激活支付盾后，必须在插入支付盾的情况下，账户才能进行付款、提现等涉及金额支出的操作。

当然，也有免费的插件可以很好地保护支付宝的资金安全。例如数字证书的申请，在数字证书申请后，必须在安装该数字证书的电脑上才能完成支付。所以，即使账号被盗，也无法完成支付。下面详细介绍数字证书的申请步骤。

第1步 ❶打开支付宝官方网站，输入账号名称和密码；❷单击“登录”按钮，如图3-27所示。

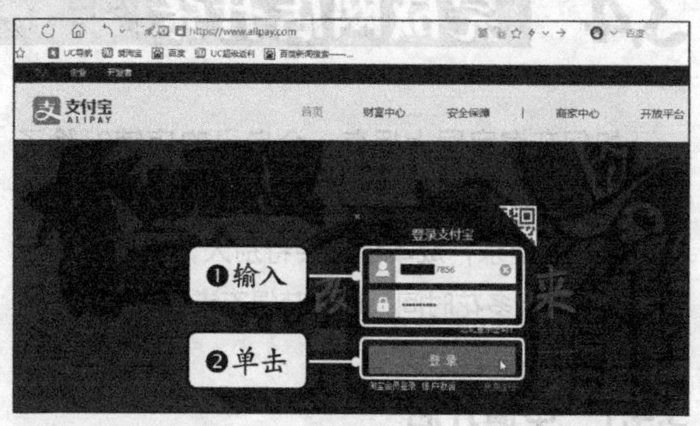

图3-27

第2步 在系统跳转的新页面中，单击“安全中心”超级链接，如图3-28所示。

第3步 单击新页面中数字证书后面的“申请”超

级链接，如图3-29所示。

图3-28

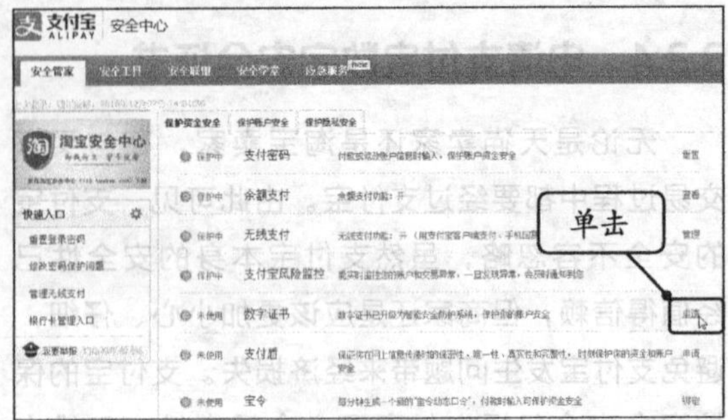

图3-29

第4步 单击“申请数字证书”按钮，如图3-30所示。

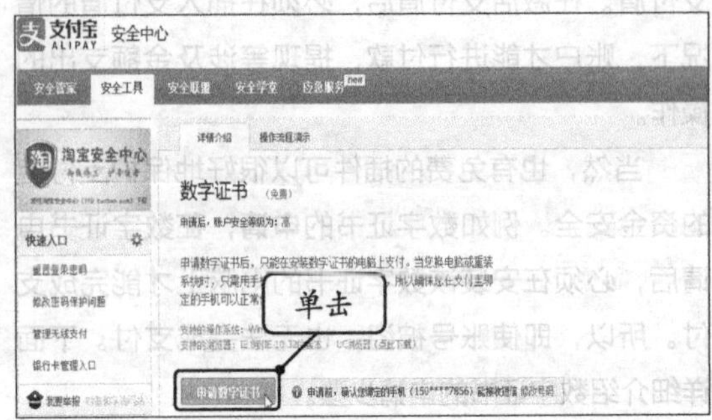

图3-30

第5步 ❶完善真实姓名、身份证和验证码等信息；❷单击“提交”按钮，如图3-31所示。

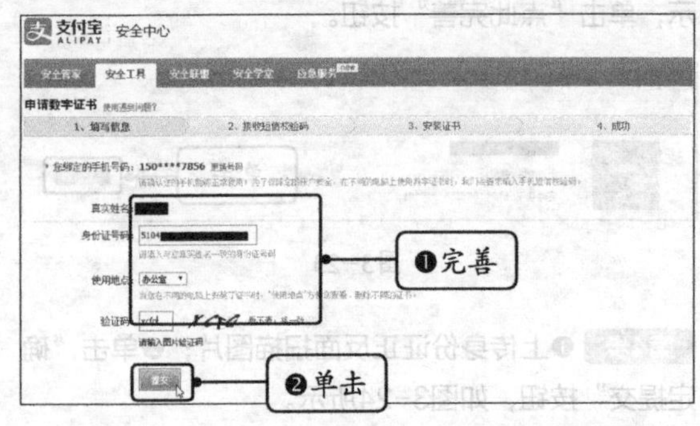

图3-31

第6步 ❶在系统跳转的新页面中输入绑定手机收到的验证码；❷单击“确定”按钮，如图3-32所示。

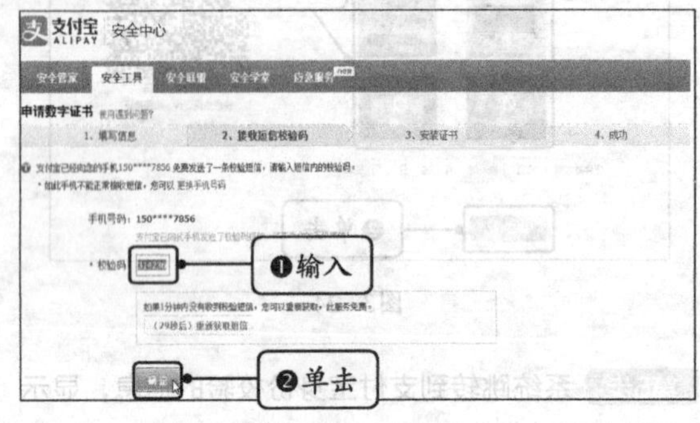

图3-32

在系统跳转新页面后，即可完成数字证书的申请和安装。

3.4 完成网店开张

如何在淘宝网上拥有一个自己的店铺？除了创建一个网店外，还需要完善店铺信息。其实开店的过程并不复杂，成本也不会特别大，只要用心经营，在网店上多花时间，也能获得不错的成绩。

3.4.1 申请开店

根据淘宝规定，凡申请新开店，必须完善信息，且通过支付宝身份验证及淘宝开店验证。免费开店的具体操作步骤如下。

第1步 登录淘宝网，❶单击“卖家中心”选项卡；❷在弹出的文本框里单击“免费开店”按钮，如图3-33所示。

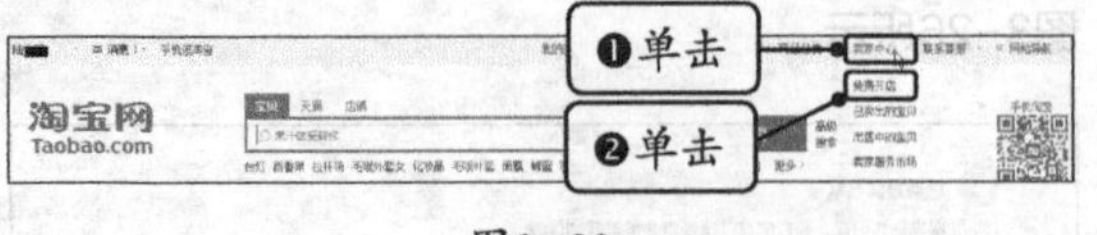

图3-33

第2步 进入免费开店页面，淘宝店铺分为个人店铺和企业店铺，这里以个人店铺为例，单击“创建个人店铺”按钮，如图3-34所示。

第3步 仔细阅读开店须知，单击“我已了解，继续开店”按钮，如图3-35所示。

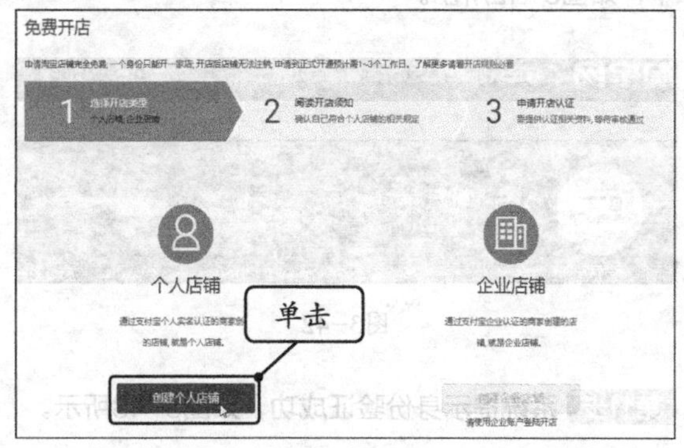

图3-34

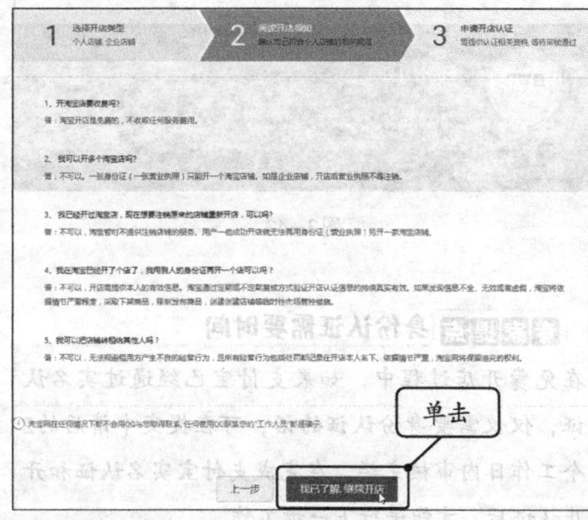

图3-35

第4步 进入申请开店认证页面，因为该账号已进行过支付宝实名认证，现在完成“淘宝开店认证”即可，单击“立即认证”按钮，如图3-36所示。

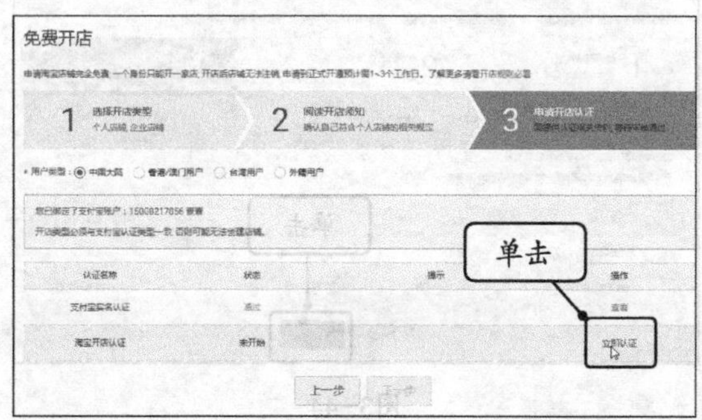

图3-36

第5步 如图3-37所示，当前淘宝开店认证较为严格，需要在手机上安装“钱盾”进行扫描认证，继续完成验证手机号、填写联系地址、上传手势照和上传身份证照等内容。

图3-37

专家提点 反诈神器：钱盾

“钱盾”是阿里巴巴集团开发的“反诈神器”，它覆盖了手机端、PC端、Pad端，是一个解决用户资金安全、防止信息泄露的技术平台。

第6步 打开手机端的“钱盾”APP，单击右上方扫描二维码的符号，如图3-38所示。

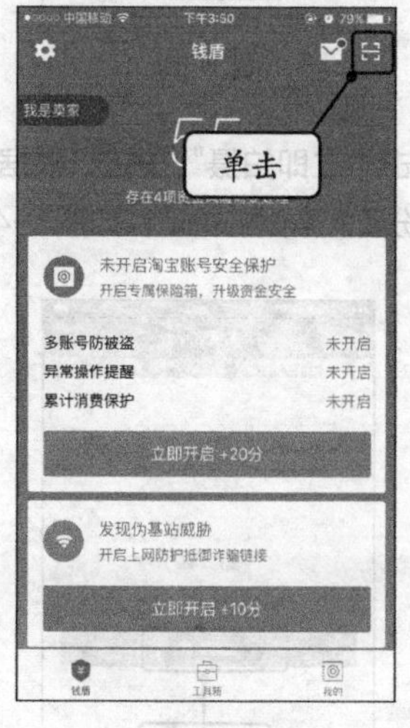

图3-38

第7步 跳转淘宝账户登录的页面，❶输入账号和登录密码信息；❷单击“登录”按钮，如图3-39所示。

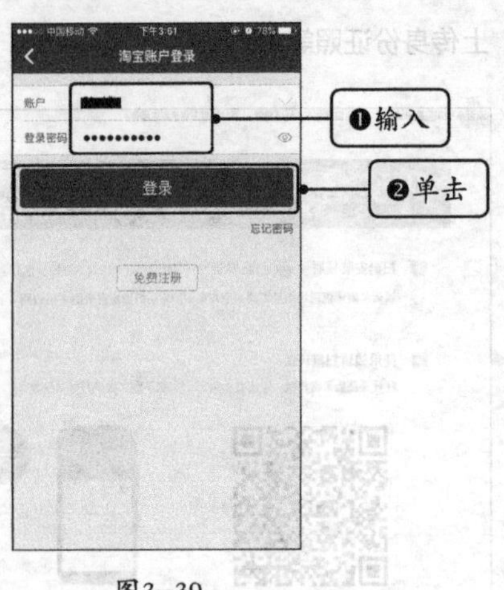

图3-39

第8步 单击“开始验证”按钮，根据提示做动作，完成人脸验证，如图3-40所示。

图3-40

第9步 单击“立即拍摄”按钮，根据提示完成拍摄，获取身份证人像面的验证，如图3-41所示。

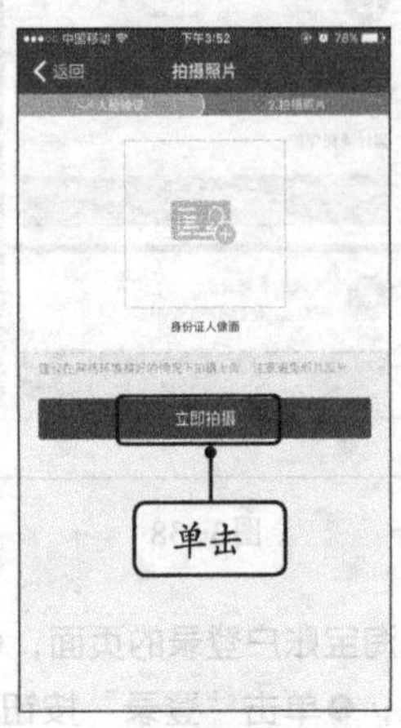

图3-41

第10步 回到验证页面，系统提示信息正在验证中，如图3-42所示。

图3-42

第11步 系统提示身份验证成功，如图3-43所示。

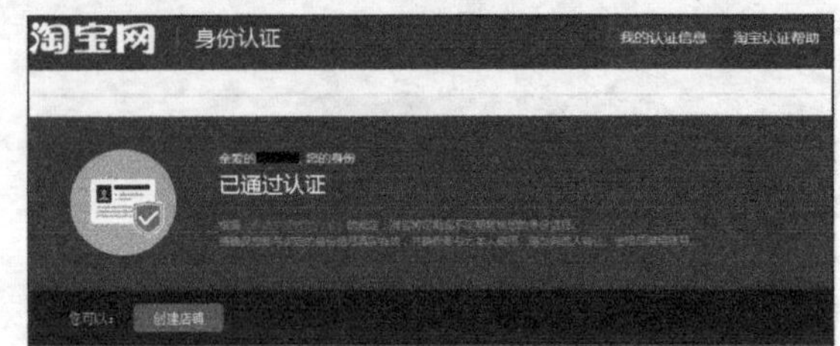

图3-43

专家提点 身份认证需要时间

在免费开店过程中，如果支付宝已经通过实名认证，仅仅需要身份认证的话，可在提交申请后的2个工作日内审核完毕。在完成支付宝实名认证和开店认证后，才能进行下一步工作。

第12步 回到申请开店认证的页面，完成“支付宝实名认证”及“淘宝开店认证”，单击“下一步”按钮，如图3-44所示。

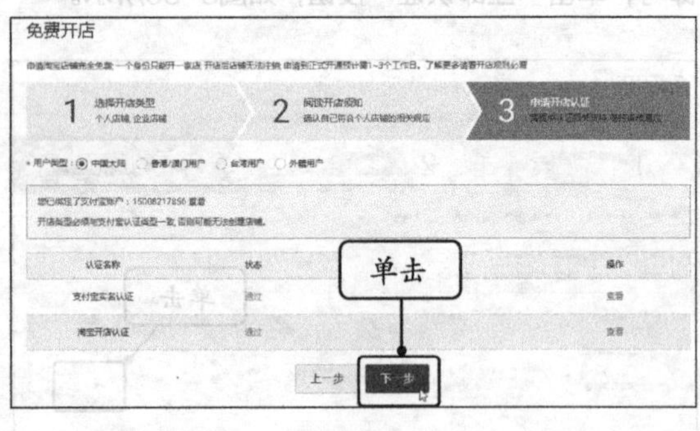

图3-44

第13步 阅读四大协议条款并单击“同意”按钮，如图3-45所示。

第14步 系统跳转页面，提示店铺已经创建成功，如图3-46所示。

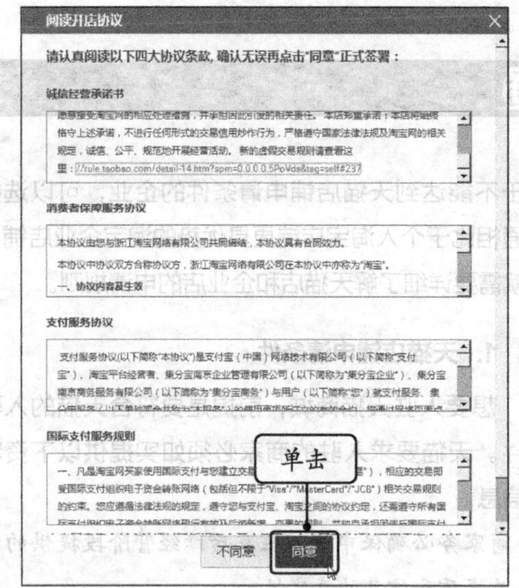

图3-45

图3-46

3.4.2　店铺开张

店铺创建成功，下一步就是完善信息让店铺开张了。

第1步 登录淘宝账号，❶单击“卖家中心”选项卡；❷在弹出的文本框里单击“免费开店”超级链接，如图3-47所示。

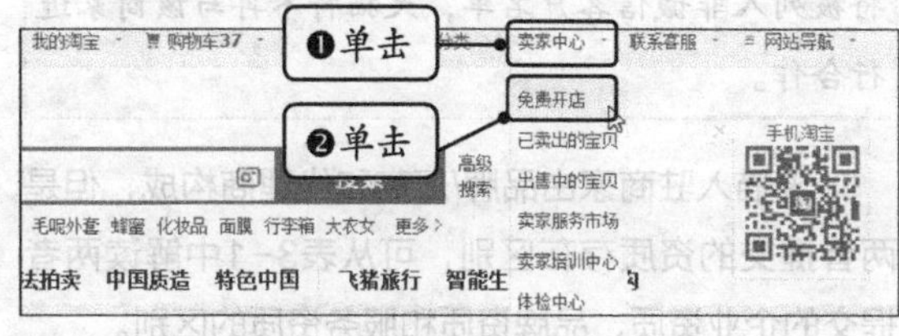

图3-47

第2步 在系统跳转的页面中即可看到如图3-48所示的新手工作台，包括店铺名、支付宝账号、店铺简介等信息。单击“店铺名”后面的“修改”按钮，可对店铺名称做修改。

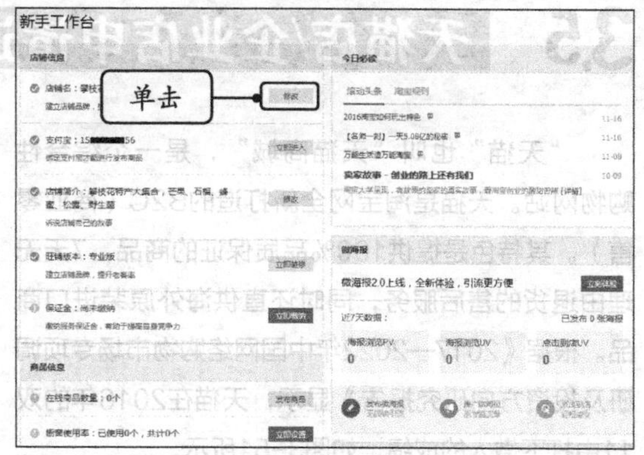

图3-48

第3步 ❶输入店铺信息（带*符号的项目必须填写）；❷单击“保存”按钮，如图3-49所示。

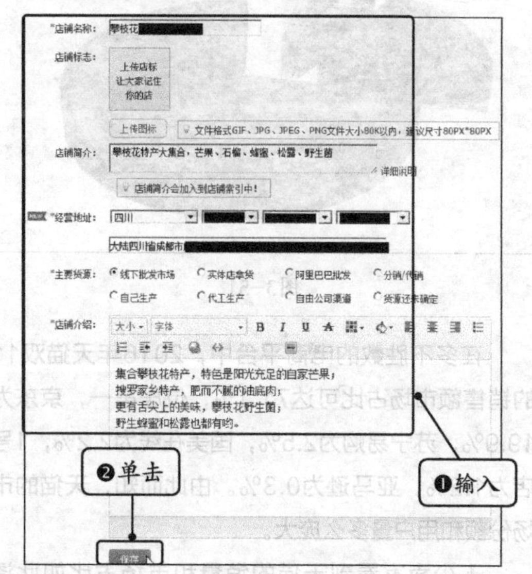

图3-49

第4步 根据自身情况，将需要修改的信息逐一修改后，一个属于自己的淘宝店铺就创建成功了，如图3-50所示。

图3-50

3.5 天猫店/企业店申请速通

“天猫”也叫“天猫商城”，是一个综合性购物网站。天猫是淘宝网全新打造的B2C（商业零售）。其特色是提供100%品质保证的商品，7天无理由退货的售后服务，同时还直供海外原装进口商品。根据《2017—2022年中国网络购物市场专项调研及投资方向研究报告》显示，天猫在2016年的双11中打下傲人的成绩，如图3-51所示。

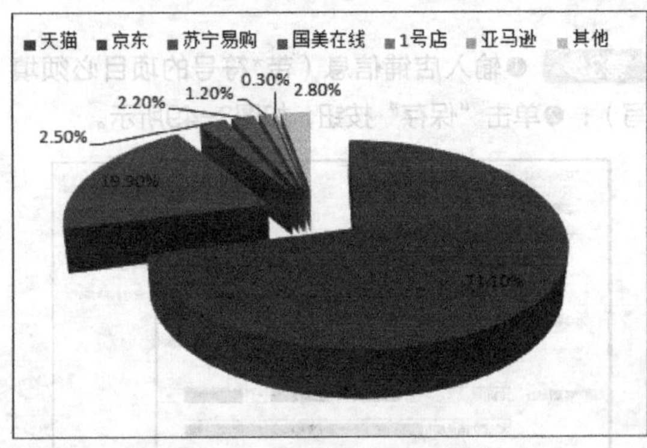

图3-51

在多不胜数的电商平台中，2016年天猫双11的销售额市场占比可达71.1%，位居第一，京东为19.9%，苏宁易购为2.5%，国美在线为2.2%，1号店为1.2%，亚马逊为0.3%。由此而知，天猫的市场份额和用户量多么庞大。

不少卖家看到天猫的销量和市场占比如此诱人，可能有入驻天猫售卖自己的商品的打算。那么，如何才能入驻天猫商城呢？如果企业的条件达不到天猫店的申请标准，只能开通淘宝个人店铺吗？当然，相对个人淘宝店，企业淘宝店铺是更好的选择。下面详细为大家解答天猫商城的相关内容。

3.5.1 了解天猫店/企业店申请条件

天猫不仅仅是大卖家和大品牌的聚集地，周到的服务也是其亮点。因此，天猫的特色概括起来就是优质的商品质量、服务质量和庞大到扩展海外的货源。但是，为了规范商城的交易秩序，加大买家和卖家的有效沟通，天猫店在申请时就较为严格。对于不能达到天猫店铺申请条件的企业，可以选择开通相比于个人淘宝店铺更具优势的淘宝企业店铺。这就需要详细了解天猫店和企业店的申请规则。

1. 天猫店铺申请条件

想要入驻天猫商城，前提是要符合天猫的入驻条件。天猫要求入驻的商家必须如实提供以下资料和信息。

- 商家务必确保申请入驻及后续经营阶段提供的相关资质和信息的真实性。
- 商家应如实提供其店铺运营的主体及相关信息，包括但不限于代理运营商、实际店铺经营主体等信息。
- 天猫关于商家信息和资料变更有相关规定的从其规定，但商家如变更第二款所列信息，应提前15天以书面的形式告知天猫。
- 天猫暂不接受个体工商户的入驻申请，亦不接受非中国大陆企业的入驻申请。
- 天猫暂不接受未取得国家商标总局颁发的商标注册证或商标受理通知书的品牌开店申请（部分类目进口商品除外），亦不接受纯图形类商标的入驻申请。

专家提点 资质和信息真实的重要性

如果商家提供的相关资质为第三方提供，包括但不限于商标注册证、授权书等，请务必先行核实文件的真实有效性，一旦发现虚假资质或信息，该公司将被列入非诚信客户名单，天猫将不再与该商家进行合作。

天猫入驻商家由品牌/厂商和代理商构成，但是两者提交的资质存在区别，可从表3-1中解读两者提交的企业资质、品牌资质和服务资质的区别。

此外，为了规范市场，天猫对商家进行了规定，违规行为包括一般违规和严重违规两种。两者的违规程度不一样，有时也会进行调整，因此具体的违规及处理方式可参考天猫当时的招商细节。

表3-1

资质分类	品牌/厂商	代理商
企业资质	申请企业需持有大陆企业营业执照、税务登记证	申请企业需持有大陆企业营业执照、税务登记证
品牌资质	申请企业需持有中国商标权证书或者商标受理通知书	正规品牌授权书（如果同时代理多个品牌并在一家店铺销售，可以提供正规的进货渠道证明）
服务资质	申请企业需遵守"天猫"7天无理由退换货、提供正规销售发票、积分活动等服务标准	申请企业需遵守"天猫"7天无理由退换货、提供正规销售发票、积分活动等服务标准

2. 企业店铺申请条件

天猫店铺在申请方面较为严格，很多企业不能满足申请规则。针对这类企业，是否只能开通淘宝个人店铺呢？其实还有个店铺类型可以推荐给这类完全体现工厂和品牌影响力的商家——淘宝企业店铺。

淘宝企业店铺相比淘宝个人店铺更具优势，如何才能申请入驻淘宝企业店呢？相比天猫点的申请规则，淘宝企业店简单得多。企业店铺不需要注册资金，无需出示品牌注册商标。严格来说，只需要认证营业执照、企业支付宝和身份证等资料即可开通淘宝企业店铺。

对于已经是个人淘宝店铺的卖家，可通过升级成为企业店铺，在升级前需要检查个人企业账号的以下信息。

- 账号申请人必须是个人。
- 账号需通过淘宝实名认证。
- 账号尚未存在拖欠保证金的行为。
- 账号未拖欠保险费。
- 账号不存在淘宝贷款行为。
- 账号退出淘宝客至少15天，不存在拖欠淘宝客任何费用。
- 处在A/B/C类处罚中的个人账号，不得升级。
- 账号不存在阿里巴巴1688的经营行为。
- 账号里已完结全部订单，无正在交易中的订单。
- 账号从来没有在速卖通开过店。
- 账号是否退出货到付款服务，已退出该服务的账号才能升级。
- 账号未处于聚划算、淘抢购等活动期。

当然，个人店铺同样也要准备好营业执照、身份证与企业支付宝等，才能升级。

3.5.2 天猫旗舰店、专卖店、专营店哪个更适合

天猫目前店铺类型共分为旗舰店、专卖店和专营店三种。卖家在入驻天猫之前，就应该仔细思量什么店铺类型适合自己，下面通过对旗舰店、专卖店和专营店的概念、资质等内容的分析，让卖家更加清晰地看到自己适合经营什么类型店铺。

1. 旗舰店

天猫旗舰店指的是商家以自有品牌（商标为R或TM状态），或由权利人独占性授权入驻天猫开设的店铺。如图3-52中的"佰草集官方旗舰店"，店铺里售卖的全是"佰草集"这个品牌旗下的商品。

图3-52

2. 专卖店

天猫专卖店指的是商家持他人品牌（商标为R或TM状态）授权文件在天猫开设的店铺，如图3-53中的"佰草集优购专卖店"。

图3-53

3. 专营店

天猫专营店指的是经营天猫同一经营大类下两个及以上他人或自有品牌（商标为R或TM状态）商品的店铺。如图3-54中的"王乃松化妆品专营店"

就是专营店，相比上述两种店铺类型，最大的区别就是这个店铺经营的品牌多了起来，不仅仅是佰草集这个品牌。

图3-54

专家提点 申请天猫开店提交的资质

无论是申请旗舰店、专卖店还是专营店，都需要提交以下资质。

（1）企业营业执照副本复印件（根据2014年10月1日生效的《企业经营异常名录管理暂行办法》，需确保未在企业经营异常名录中且所售商品属于经营范围内）。

（2）企业税务登记证复印件（国税、地税均可）。

（3）组织机构代码证复印件。

（4）银行开户许可证复印件。

（5）法定代表人身份证正反面复印件。

（6）联系人身份证正反面复印件。

（7）商家向支付宝公司出具的授权书。

通过店铺的名称可以直观地看到旗舰店、专卖店和专营店的区别，但三者之间是不是只有这些区别呢？通过表3-2可以对旗舰店、专卖店和专营店的入驻资质和情形等内容做详细对比。

表3-2

区别	旗舰店	专卖店	专营店
经营主体	自有品牌企业（品牌须为申请开店的企业所有或企业法定代表人所有）	取得该品牌所有者或公司正式授权的企业法人	在中国大陆注册的企业法人
经营范围	同一品牌、同一个一级类目下的所有产品	授权品牌下同一级类目内的所有产品	没有明确规定
提供品牌资质	① 由国家商标总局颁发的商标注册证或商标注册申请受理通知书复印件 ② 由权利人授权开设旗舰店，需提供独占授权书 ③ 如果经营出售多个自有品牌的旗舰店，需提供品牌属于同一实际控制人的证明材料，此类店铺主动招商 ④ 若申请卖场型旗舰店，需提供服务类商标注册证或商标注册申请受理通知书，此类店铺主动招商	① 由国家商标总局颁发的商标注册证或商标注册申请受理通知书复印件 ② 商标权人出具的授权书	自有品牌：商标注册证或商标注册申请受理通知书复印件 代理品牌：①商标注册证或商标注册申请受理通知书复印件 ② 上一级的正规品牌授权文件或正规采购合同及进货发票，若上一级的授权方或供货商为自然人，则需同时提供其亲笔签名的身份证复印件
情形	① 经营一个自有品牌商品的旗舰店 ② 经营多个自有品牌商品且各品牌归同一实际控制人 ③ 卖场型品牌（服务类商标）所有者开设的旗舰店	① 经营一个授权销售品牌商品的专卖店 ② 经营多个授权销售品牌的商品且各品牌归同一实际控制人的专卖店（仅限天猫主动邀请入驻）	一个招商大类下专营店只能申请一家

大家可根据自己的具体情况与条件来选择经营哪种店铺。一般来说，旗舰店受信任度最高，当然条件也是最不容易达到的。

3.5.3 申请企业营业执照和支付宝

众所周知，无论是天猫店还是企业店的开通都需要完成企业资质认证和注册企业支付宝。已有营业执照的卖家仅通过企业支付宝的申请开通即可；对没有任何公司资质的卖家而言，则需要注册公司，以获取营业执照为前提，才能有序进行后期的入驻工作。

1. 企业营业执照

在入驻天猫和企业店铺之前，需要有一个公司提供相关的资质才能完成店铺的申请入驻。公司指的是依法设立的、有独立的法人财产、以营利为目的的企业法人。

根据《中华人民共和国公司法》的规定，公司主要分为以下几种。

- 国有独资公司，指的是国家单独出资、由国务院或者地方人民政府授权本级人民政府国有资产监督管理机构履行出资人职责的有限责任公司。
- 有限责任公司，指的是公司全体股东对公司债务仅以各自的出资额为限承担责任的公司，最低注册资本为3万元。
- 一人有限责任公司，又称“一人公司”“独资公司”或“独股公司”，指的是由一名股东（自然人或法人）持有公司的全部出资的有限责任公司，最低注册资本为10万元。
- 股份有限公司，指的是公司资本划分为等额股份，全体股东仅以各自持有的股份额为限对公司债务承担责任的公司，其最低注册资本为500万元。
- 私营合伙企业，指的是在中国境内设立的由各合伙人订立合伙协议，共同出资、合伙经营、共享收益、共担风险，并对合伙企业债务承担无限连带责任的营利性组织，其对注册资金实行申报制，没有最低限额的要求。

在卖家确定好自己需要注册的公司类型后，需要提交以下资料便于完成公司的注册。

- 身份证、法人户口簿复印件或户籍证明、居住地址。
- 注册公司名称。
- 注册资金。
- 经营范围。
- 公司住所。
- 股东名册及股东联系电话、地址。
- 公司的机构及其产生办法、职权和议事规则。
- 公司章程。

完成了公司注册的步骤，接下来还需要办理营业执照。营业执照是工商行政管理机关发给工商企业、个体经营者的准许其从事某项生产经营活动的凭证。营业执照需要登记的事项包括：名称、地址、负责人、资金数额、经济成分、经营范围、经营方式、从业人数、经营期限等，如图3-55所示。

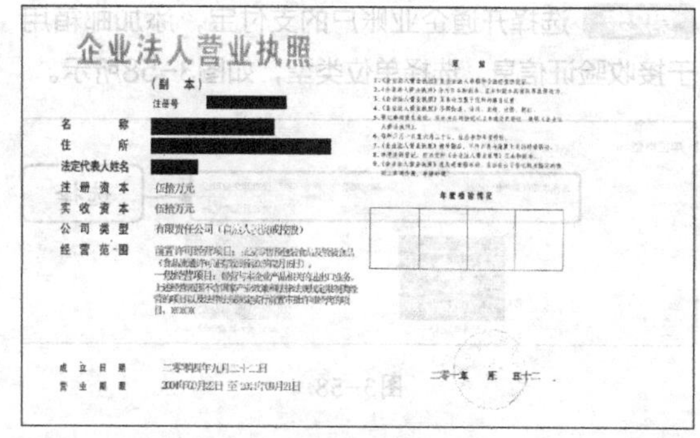

图3-55

办理营业执照的步骤如图3-56所示。

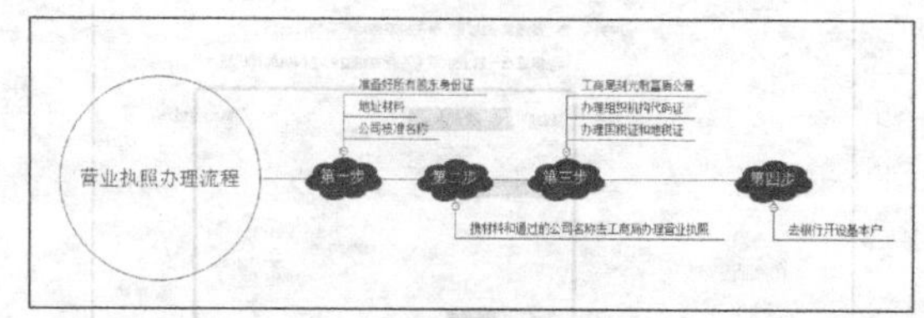

图3-56

2. 申请企业支付宝

想要入驻天猫或淘宝企业店铺，必须开通企业支付宝。相比个人支付宝，企业支付宝有着明显的优势。

- 企业支付宝费率统一为0.55%，支付宝清算秒到账。
- 在企业支付宝中，发生真实交易，支付宝次月将返还商家交易额的0.2%金额。
- 企业支付宝，从余额宝、零钱等提现至银行卡免手续费。
- 企业支付宝可参加有支付宝扫码付款，随机立减999元等活动。

申请企业支付宝的重点在于提交公司资质，在验证邮箱和手机号后，需要执行以下步骤完成企业支付宝账号的申请。

第1步 登录商家支付宝首页，单击“注册”超级链接，如图3-57所示。

图3-57

第2步 选择开通企业账户的支付宝，添加邮箱用于接收验证信息，选择单位类型，如图3-58所示。

图3-58

第3步 填写企业信息和法定代表人的信息，如图3-59所示。

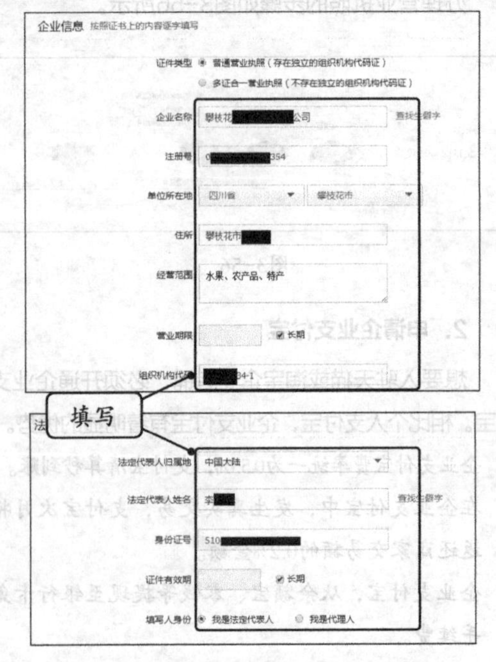

图3-59

第4步 ❶完善实际控制人信息和联系方式的填写；❷单击“下一步”按钮，如图3-60所示。

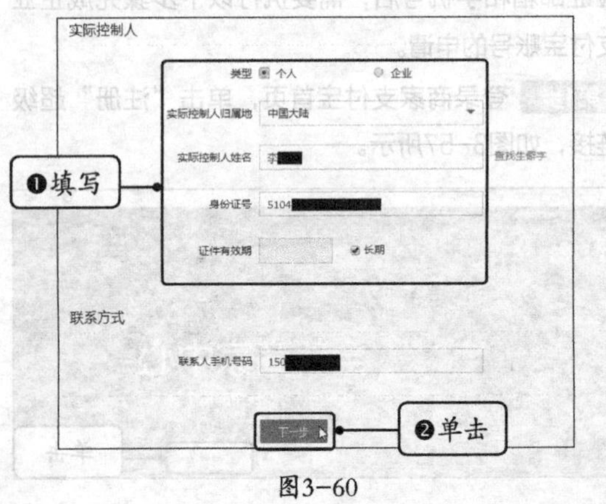

图3-60

第5步 如图3-61所示，❶上传企业法人营业执照及组织机构代码证和法定代表人的证件照片；❷单击“下一步”按钮，完善下一步的银行信息，即可成功注册企业支付宝账号。

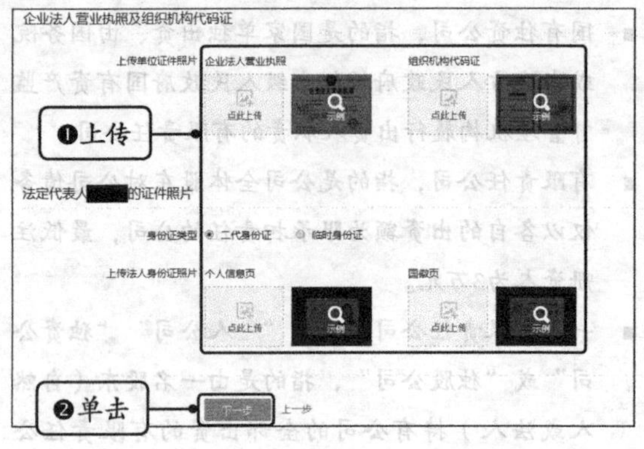

图3-61

高手支招 提前准备好申请资料

在申请企业支付宝账号前，可以提前准备好以下材料，加快申请效率。

- 营业执照影印件。
- 对公银行账户，可以是基本户或一般户。
- 法定代表人的身份证影印件。
- 如果是代理人申请，还需准备以下证件或复印件。
- 代理人的身份证影印件。
- 必须盖有公司公章或者财务专用章的企业委托书。

3.5.4 入驻天猫店/企业店

卖家有了相关的资质和企业支付宝后，接下来可有序展开天猫店和企业店的入驻工作。天猫店的入驻条件除了有相应的资质外，还需要一定的资金作为后盾；相比天猫店，淘宝企业店的资金要求就低得多。

1. 入驻天猫店

天猫店的申请并非一两天就能完成的，它需要一个资质审核的过程。此过程包括四个阶段：提交入驻资料、商家等待审核、完善店铺信息、店铺上线，如图3-62所示。

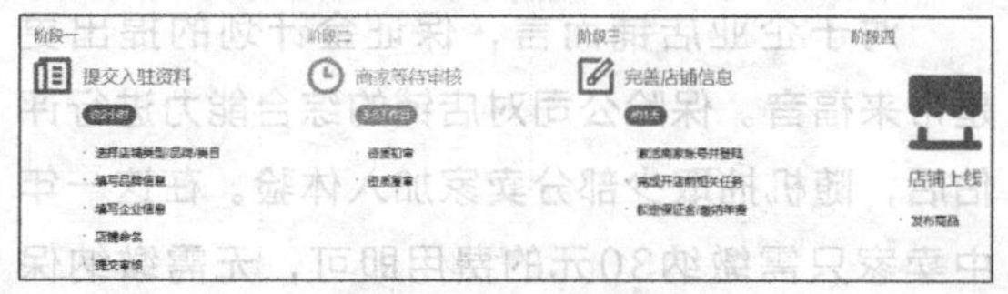

图3-62

在天猫开店的都是企业，经济实力当然也就比个人店强很多。这也是在天猫开店难度较大的原因。在天猫开店需要缴纳保证金、软件服务年费和软件服务费三种金额，根据开店经营的类目不同，缴纳的金额也有着差别。

其中，保证金根据不同的店铺类型收取的费用不同，具体店铺类型缴纳费用可参考表3-3。

其中，软件服务年费也根据商品类目的不同而不同，表3-4是服务年费计算详细的说明，可供各大卖家参考。

表3-3

店铺类型名称	所需缴纳保证金金额	
品牌旗舰店	带有TM商标的10万元，全部为R商标的5万元	
专卖店	带有TM商标的10万元，全部为R商标的5万元	
专营店	带有TM商标的15万元，全部为R商标的10万元	
特殊类目	卖场型旗舰店	保证金为15万元
	经营未在中国大陆申请注册商标的特殊商品的专营店	保证金为15万元
	天猫经营大类“图书音像”	旗舰店、专卖店5万元，专营店10万元
	天猫经营大类“服务大类”	保证金为1万元
	天猫经营大类“保健品及医药”下的二级类目“OTC药品”和一级类目“隐形眼镜/护理液”、“精致中药材”和“服务大类”下的一级类目“医疗及健康服务”	保证金为30万元
	网游及QQ、话费通信及旅游经营大类	保证金为1万元
	天猫经营大类“汽车及配件”下的一级类目“新车/二手车”	保证金为10万元

表3-4

结算名称	详细说明	
软件服务年费	3万元或6万元	续签商家2016年度年费须在2015年12月26日前一次性缴纳 新签商家在申请入驻获得批准时一次性缴纳2016年度的年费
年费返回	50%或100%	为鼓励商家提高服务质量和壮大经营规模，天猫将对技术服务费年费有条件地向商家返还。具体标准为：协议期间内DSR平均不低于4.6分；且达到《2016年天猫各类目技术服务费年费一览表》中技术服务费年费金额及各档返还比例对应的年销售额。年费返还按照2016年内实际经营期间进行计算，具体金额以天猫统计为准
年费结算	因违规行为或资质造假被清退的不返还年费。根据协议通知对方终止协议，按照实际经营期间，将全年年费返还均摊至自然月，按照实际经营期间来计算具体应当返还的年费。如商家与天猫的协议有效期起始时间均在2016年内的，则入驻第一个月免当月年费，计算返年费的年销售额则从商家开店第一天开始累计；如商家与天猫的协议有效期跨自然年的，则非2016年的销售额不包含在年销售额内。年费的返还结算在协议终止后进行。“新车/二手车”类目，技术服务年费按照商户签署的《天猫服务协议》执行。非2016年的销售额是“交易成功”状态的时间点不在2016自然年度内的订单金额	
跨类目入驻	就高原则，年费按最高金额的类目缴纳；但实际结算按入驻到结算日期，成交额占比最大类目对应的标准返还。经营过程中增加的类目对应的年费与原有年费不一致，商家须补交差额部分	

图3-63是部分商品类目技术服务年费截图，卖家可以查阅需缴纳的费用。

《天猫2016年度各类目技术服务费年费一览表》 发布时间：2015-10-12

2016年11月1日修订。

《天猫2016年度各类目技术服务费年费一览表》

备注：

1）涉及跨类目问题费用缴纳及返还，全部参照相对高的类目的标准，即入驻时缴纳年费的金额参照商户选择经营的类目中对应年费金额的最高档；结算时参照有效月份内销售额占比最大类目对应的返还标准；年费返还条件：除表格中规定的销售额条件外，商户店铺在协议期间（包括期间内到期终止和未到期终止，实际经营期间未满一年的，以实际经营期间为准）内各项DSR平均不低于4.6分。

2）由于类目划分较细，二级类目、三级类目仅列出与一级类目扣点或固定年费不同的类目，各一级类目下完整的二级类目、三级类目列表以商品发布页面为准。

3）该标准在法律允许范围内如需调整，天猫将依法提前公示并通知商家。

天猫经营大类	一级类目	技术服务费费率	二级类目	技术服务费费率	三级类目	技术服务费费率	四级类目	技术服务费费率	技术服务费年费（元）	返50%年费对应年销售额（元）	返100%年费对应年销售额（元）
服饰	服饰配件/皮带/帽子/围巾	5%							30,000	180,000	600,000
	女装/女士精品	5%							60,000	360,000	1,200,000
	男装	5%							60,000	360,000	1,200,000
	女士内衣/男士内衣/家居服	5%							60,000	180,000	600,000

图3-63

准备好企业资质、资金和企业支付宝账号等资料，即可在天猫招商首页单击“立即入驻”按钮，如图3-64所示，提交相关资料开设天猫店铺。

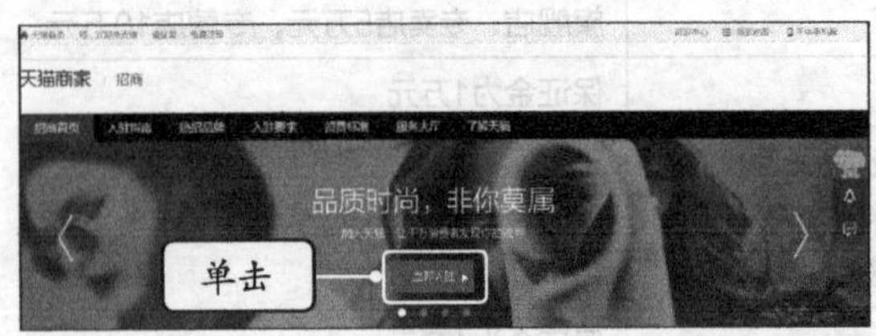

图3-64

2. 入驻企业店

目前开通淘宝企业店是免费的，唯一需要缴纳的就是保证金，该保证金在关闭店铺时可申请退回。如图3-65所示，除部分类目需缴纳5000~50000元不等的保证金外，其余类目缴纳1000元的保证金即可。部分类目商品可参加“三选一”活动，即在“订单险、保证金、账期保障”之间任选一个。

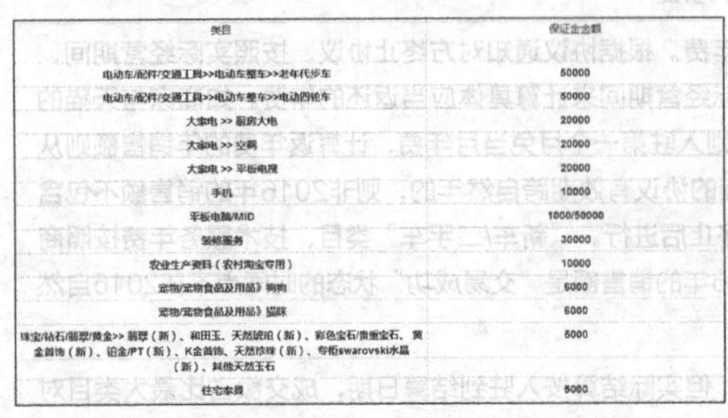

类目	保证金金额
电动车/配件/交通工具>>电动车整车>>老年代步车	50000
电动车/配件/交通工具>>电动车整车>>电动四轮车	50000
大家电 >> 厨房大电	20000
大家电 >> 空调	20000
大家电 >> 平板电视	20000
手机	10000
平板电脑/MID	1000/50000
装修服务	30000
农业生产资料（农村淘宝专用）	10000
宠物/宠物食品及用品》狗狗	6000
宠物/宠物食品及用品》猫咪	6000
珠宝/钻石/翡翠/黄金>> 翡翠（新）、和田玉、天然琥珀（新）、彩色宝石/贵重宝石、黄金首饰（新）、铂金/PT（新）、K金首饰、天然珍珠（新）、专柜swarovski水晶（新）、其他天然玉石	5000
住宅家具	5000

图3-65

对于企业店铺而言，保证金计划的提出更是带来福音。保险公司对店铺的综合能力进行评估后，随机抽取少部分卖家加入体验。在这一年中卖家只需缴纳30元的费用即可，无需缴纳保证金。

专家提点 个人店铺升级企业店铺的费用

企业店铺可通过个人店铺升级而来。在升级过程中，无论升级成功或失败，都需提交190元升级费用。

准备好法定代表人的身份证、营业执照和企业支付宝账号等资料，还需要注册一个淘宝企业账号。淘宝企业账号的申请入口与个人账号申请入口是一样的，在初始申请页面单击“切换成企业账户注册”超级链接，如图3-66所示，然后根据提示进行操作即可。

图3-66

登录企业账号后单击“免费开店”超级链接，在页面中单击“创建企业店铺”超级链接，如图3-67所示。继续完成身份认证和营业执照认证等步骤，即可完成淘宝企业店铺的开通。

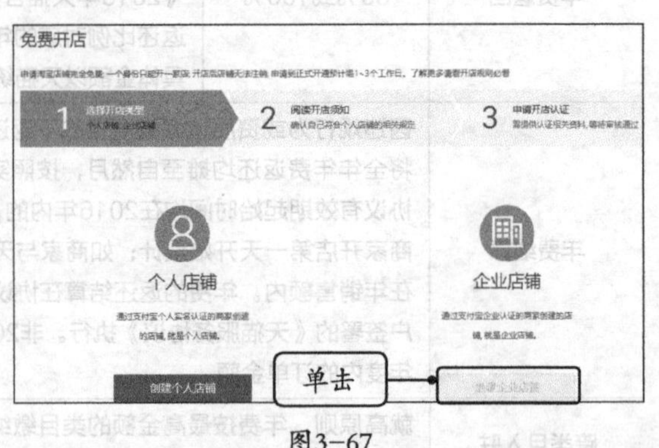

图3-67

3.6 天猫店后台管理

开通天猫店铺后，还需要对天猫后台进行管理，其中包括：品牌信息管理、商家保障管理和店铺品质管理。这是每个天猫卖家都必须完成的工作，通过完善自己店铺的品牌信息，更有利于品牌的宣传；商家保障和品质管理则是为了保证买家权益，减小买家在选购商品时的顾虑，促进转化率的提升。

3.6.1 管理品牌信息

作为一个企业或是店铺，都需要自己的专属品牌文化，才能在众多同行竞争对手中脱颖而出，才有被买家记住的可能。曾有人这样给品牌下定义：品牌是销售者向购买者长期提供的一组特定的特点、利益和服务。因此，品牌的指标包括知名度、认知度、美誉度、忠诚度、偏好率和占有率。

1. 如何做自己的品牌

特别是对于网店来说，很多老顾客是因为品牌的关系才产生的。因为在网购时可以选择的范围更广，对于没有品牌的商品而言，可替代性更强。在天猫这个看中质量和口碑的平台中，品牌管理就显得十分重要了。那么，知道品牌管理的重要性后，怎么样才能更好的进行品牌管理呢？

首先，需要各大企业和商家明白这样一个道理：在对外宣传品牌之前，需要熟悉品牌的并不是顾客，而是自己。只有熟知并认可自己的品牌后，才能更好地对之进行宣传。所以第一步需要卖家对自己的品牌定位。比如这个品牌创立的目标是什么？消费人群的喜好、年龄等画像。

如图3-68中初棉旗舰店的品牌定位是偏好文艺、年轻、安静的姑娘，该品牌下的商品设计都很别出心裁。为适应品牌文化，拍摄出的模特图也十分安静、文艺，背景和颜色的选择都偏暖系，给人看上去很舒适的感觉。深得时尚年轻、文艺的女孩的喜爱。

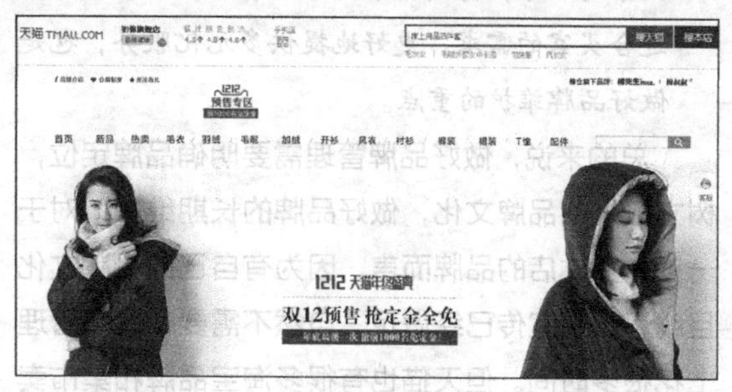

图3-68

有了品牌定位，其次就是品牌文化了。品牌文化如同一个品牌的灵魂，通过它可以向买家展示品牌的特别之处。一个好的品牌文化能深得人心，为品牌带来更多的粉丝。如图3-69是初棉旗舰店的品牌文化部分截图，它从品牌风格出发，吸引有着同类喜好粉丝的同时，也表达了品牌崇尚简单、自然的生活方式。

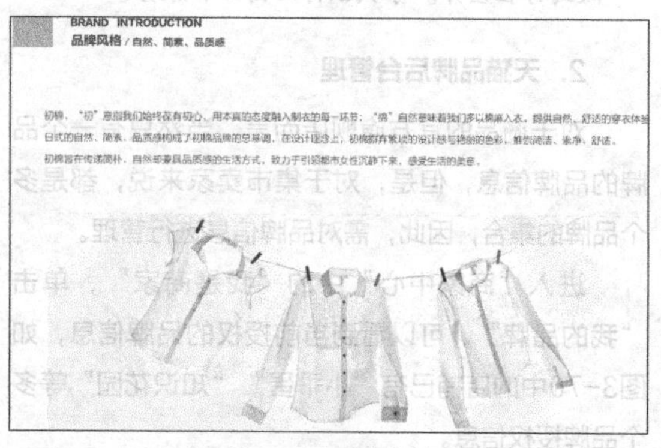

图3-69

品牌文化得到了全面的宣传和认可，达成成交后，是否无需考虑其他了呢？答案是否定的，虽然得到买家的认可，有了购买经历，但也不能排除自己品牌就被买家接受且只认定这一家。因此，品牌的长期维护就显得尤为重要。买家的需求和喜好是会发生变化的，企业需要做的是和买家保持联系，送上关怀的问候，留住老客户。

做好品牌的长期维护需要做到以下两点。

- 信誉是至关重要的，它既是卖家判断商品质量好坏的标准，也是拉近买家和品牌距离的重中之重。只有自己的商品和信誉达到买家的需要，才能被接受和认可，以及喜欢和追随。

■ 客户的需求是不断变化的，通过联系建立卖家和买家的联系，得到需求变化的方向，才能更好地迎合买家的需求。更好地提供多元化服务，也是做好品牌维护的重点。

总的来说，做好品牌管理需要明确品牌定位，树立极好的品牌文化，做好品牌的长期维护。对于一些有实体店的品牌而言，因为有自己的品牌文化且线下门店宣传已经做足，自然不需要在品牌管理上花很多时间。但天猫也有很多淘宝品牌和集市卖家，这类商家就需要结合自己的商品，做好品牌管理。因此需要做到以下几点。

■ 独特性。如何在众多竞争对手中脱颖而出？最重要的就是独特。

■ 关联性。任何事物都不是独立存在的，在其他商品或类目中体现独特的同时也需要一定的关联性。

■ 差异性。除了品牌和他人存在差异，商品也需要做到存在差异。寻找独特的商品和服务。

2. 天猫品牌后台管理

对于商品的官方旗舰店而言，当然只有一个品牌的品牌信息，但是，对于集市卖家来说，都是多个品牌的集合，因此，需对品牌信息进行管理。

进入“商家中心”中的“我是商家”，单击“我的品牌”，可以看到当前授权的品牌信息，如图3-70中的店铺已有“小乖蛋”“知识花园”等多个品牌授权信息。

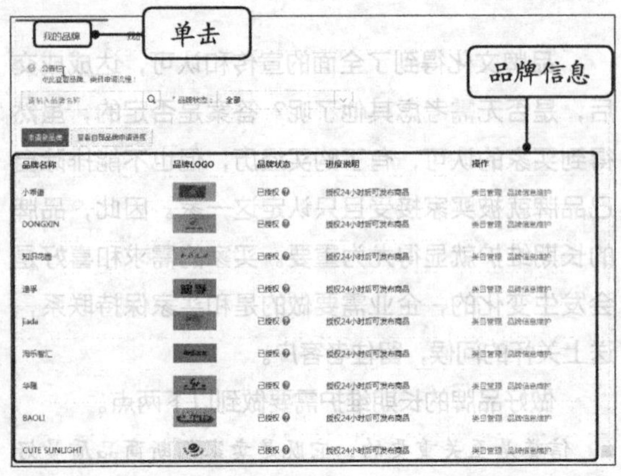

图3-70

如果想申请入驻其他品牌，可在单击“申请新品牌”超级链接，系统跳转到如图3-71所示的页面中，❶完善相关资料的填写；❷单击“立即申请”即可完成品牌的添加。

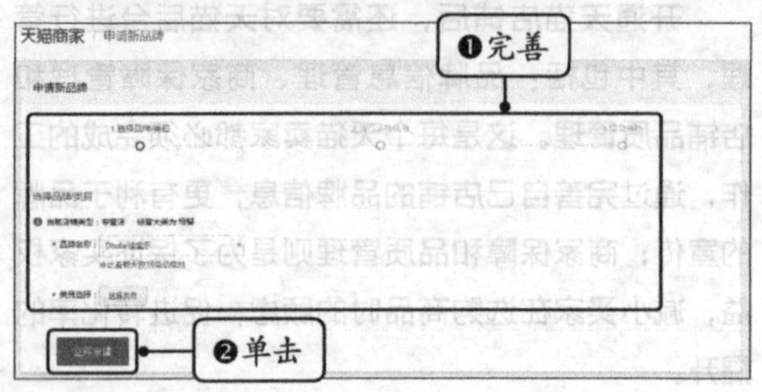

图3-71

如果想管理自己店铺的品牌信息，则可单击“我的资质管理”选项卡，如图3-72所示。

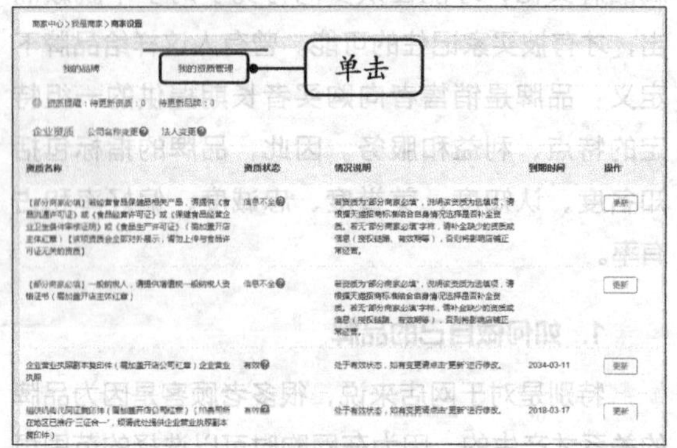

图3-72

3.6.2 管理商家保障

站在买家的角度，购买的商品能有质量保障实在非常重要。两件材质、颜色几乎相同的商品，即使价格稍有差距，但是能提供保障的卖家一定更容易得到买家的青睐。因为对于花钱购买商品的买家来说，既然大头的钱都花了，是不会在乎很小金额的差距的，更何况在质量上还得到了保障。

那么卖家是如何将商品保障展现在买家眼前的呢？简单来说，可通过卖家运费险和商品质量保证险等的开通来实现。图3-73是卖家运费险的收费规则和理赔规则。从图中介绍的功能来看，在加入运费险后，75%的卖家店铺销量平均上涨了47%，由此可知，运费险的开通增强了买家的购物信心，以此提升了转化率。

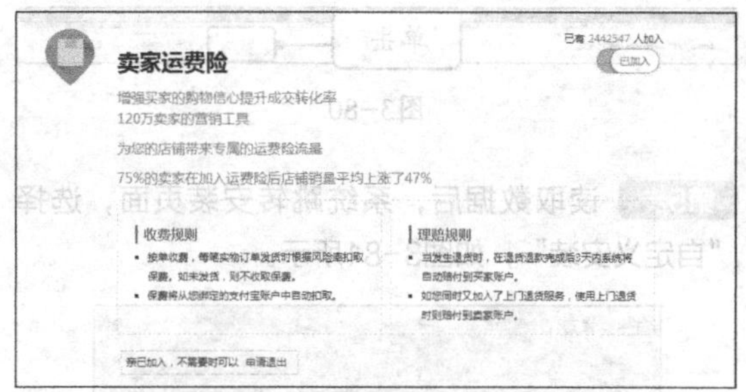

图3-73

除了卖家运费险，卖家还可以在“商家保障”的选项卡中加入“运动健身意外险”“天猫大家电大件运费险”“商品质量保证险”等，如图3-74所示。

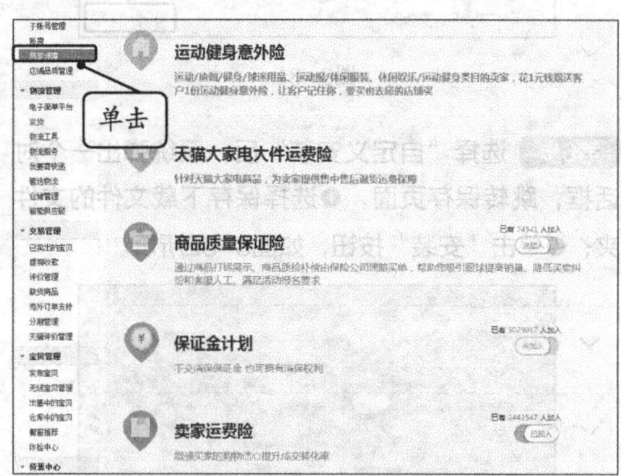

图3-74

3.6.3 管理店铺品质

如何完成对一个店铺的品质管理呢？可以从品质违规率和退款率来衡量。如果只是一两件商品的退换，可能说明买家对商品的要求过高或是其他原因。但是，如果一天下来就处理了多起退换货，卖家就要考虑自己的商品质量问题了。

进入天猫后台的工作台，在“店铺管理”中的“品质管理”选项卡里可以看到如图3-75所示的品质违规率，以此判断是否有违规行为。

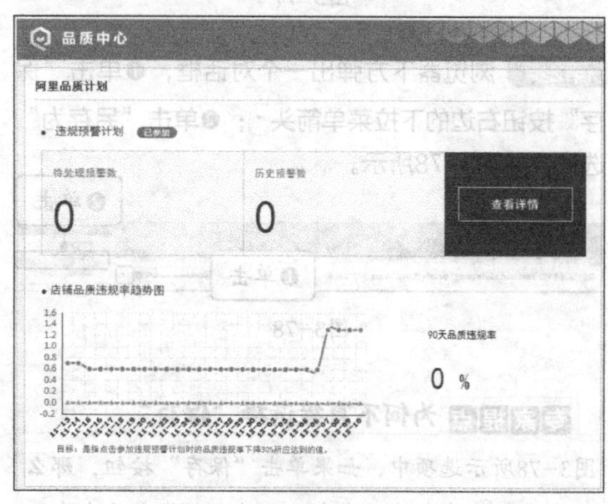

图3-75

通过图3-76还能查看商品退款率，单击“品质退款明细数据”能看到退款率较高的商品信息。

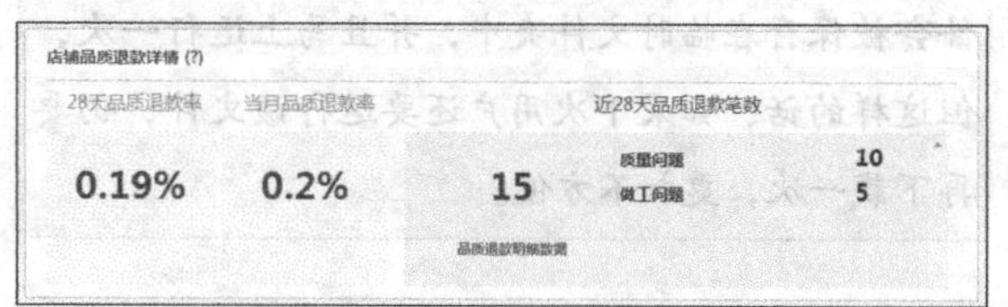

图3-76

3.7 下载并安装淘宝工具软件

卖家的店铺开张后，马上就会用到两款淘宝工具软件——阿里旺旺和淘宝助理。阿里旺旺是一款即时通信软件，卖家和买家之间可以通过它来交流；淘宝工具软件则可以帮助买家批量上传并管理商品信息，免去逐个上传的麻烦。下面就来看看如何下载并安装这两个软件。

3.7.1 下载并安装卖家版聊天软件——千牛

千牛是淘宝卖家使用的软件，淘宝卖家、天猫商家均可使用。包含卖家工作台、消息中心、阿里旺旺、订单管理、商品管理等主要功能。目前千牛分为电脑版和手机版，其中电脑版又分为“Windows版”和“Mac Beta版”，由于“Windows版”使用较为广泛，这里以在电脑上下载并安装“Windows版”为例进行讲解。

第1步 打开千牛下载页面，单击“Windows版”按钮，如图3-77所示。

图3-77

第2步 浏览器下方弹出一个对话框，❶单击“保存”按钮右边的下拉菜单箭头▾；❷单击“另存为”选项，如图3-78所示。

图3-78

专家提点 为何不直接选择“保存”

图3-78所示选项中，如果单击“保存”按钮，那么下载的文件将会被保存在默认的IE下载文件夹中，不方便分类管理（保存并运行也是同理），因此，一般选择“另存为”按钮，存放到用户指定的文件夹，便于管理。如果单击“运行”按钮，下载的文件会被保存在临时文件夹中，并且马上运行一次，但这样的话，如果下次用户还要运行该文件，仍要再下载一次，更加不方便。

第3步 弹出一个对话框，❶选择保存下载文件的文件夹；❷单击“保存”按钮，如图3-79所示。

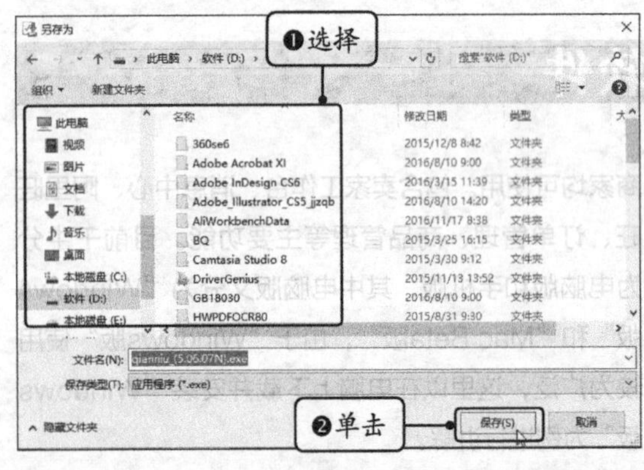

图3-79

第4步 下载完成后，单击“运行”按钮，如图3-80所示。

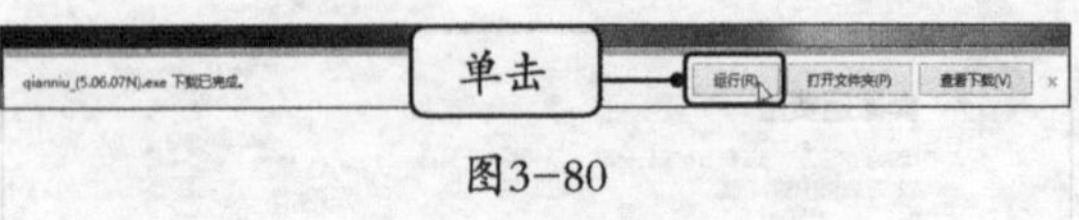

图3-80

第5步 读取数据后，系统跳转安装页面，选择“自定义安装”，如图3-81所示。

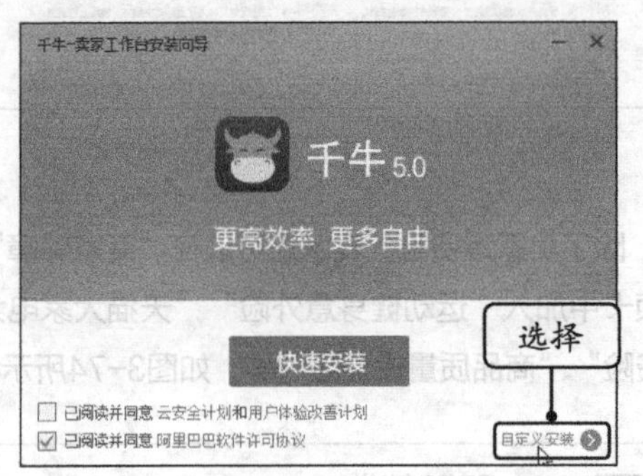

图3-81

第6步 选择“自定义安装”后，系统弹出一个对话框，跳转保存页面，❶选择保存下载文件的文件夹；❷单击“安装”按钮，如图3-82所示。

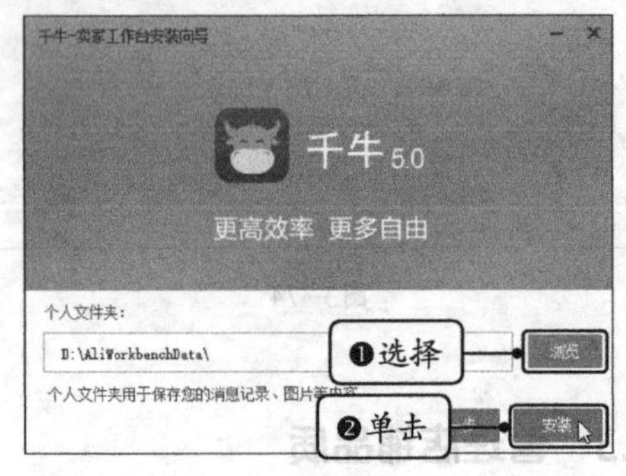

图3-82

专家提点 自定义安装和快速安装

与快速安装不一样的是，自定义安装可以更改安装路径，对安装的插件也有选择性。而快速安装只能默认安装路径、安装程序和安装插件。如果电脑空间不是特别大，建议选择自定义安装，这样做可以避免安装插件占用过多电脑空间。

第7步 ❶选择“立即运行千牛工作台”（需要安装浏览器的卖家也可以勾选安装浏览器）；❷单击“完成”按钮，如图3-83所示。

第8步 运行千牛软件，弹出登录对话框，❶输入淘宝账户名和密码；❷单击“登录”按钮即可登录，如图3-84所示。

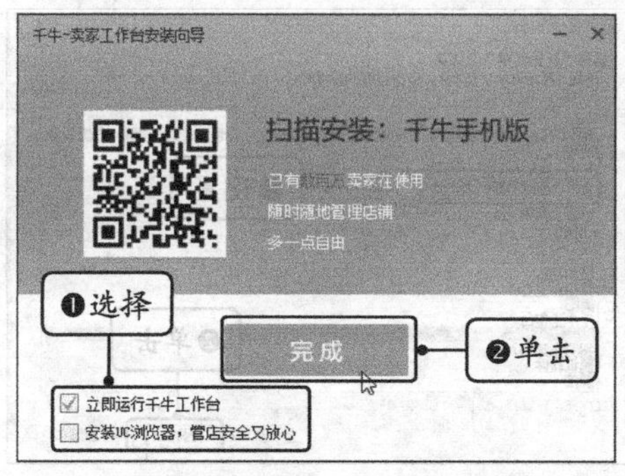

图3-83

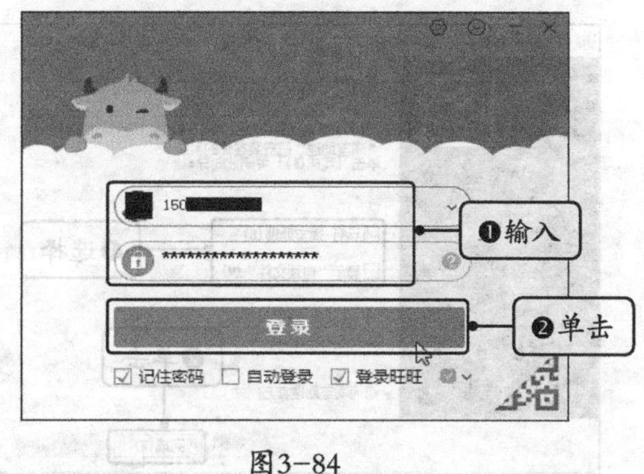

图3-84

至于千牛软件的具体使用方法，将会在后面进行详细的讲解。

3.7.2　下载并安装批量管理商品软件——淘宝助理

淘宝助理是一个功能强大的免费客户端工具软件，它可以帮助卖家批量编辑与上传商品信息，并提供方便的管理界面。淘宝助理可使卖家在未登录淘宝网时直接编辑宝贝信息，快捷批量上传宝贝，因此，它也是一个店铺管理工具。

目前淘宝助理分为淘宝试用版、淘宝版和天猫版。如果是淘宝卖家，建议下载"淘宝版"，因为"淘宝试用版"虽然更新更快，但不排除不稳定的情况；如果是天猫卖家，可选择"天猫版"。下面通过"淘宝版下载"为例，来看看淘宝助理的下载与安装方法。

第1步 打开淘宝助理下载页面，单击"淘宝版下载"按钮，如图3-85所示。

第2步 浏览器下方弹出一个对话框，❶单击"保存"按钮右边的下拉菜单箭头；❷单击"另存为"选项，如图3-86所示。

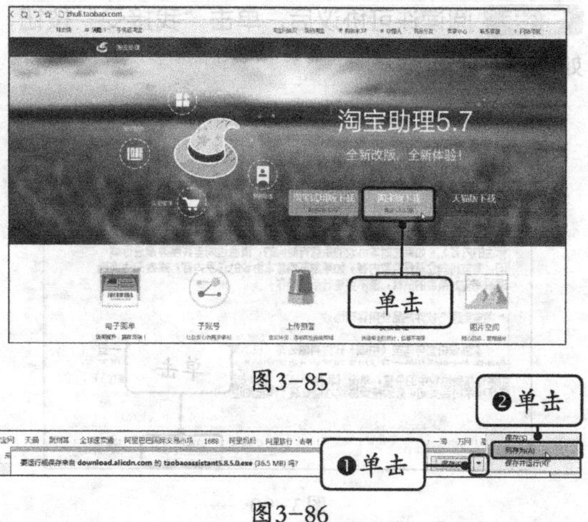

图3-85

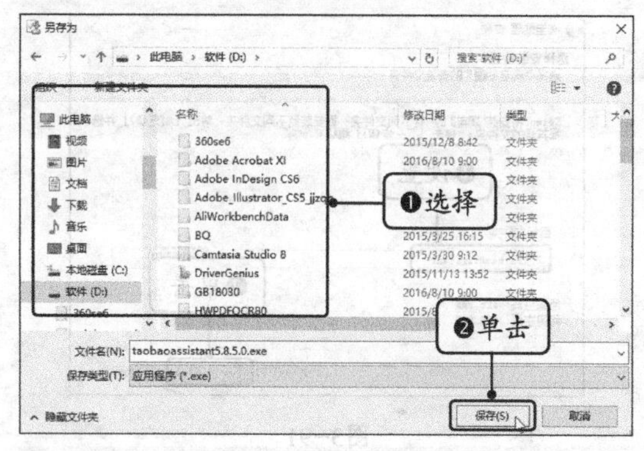

图3-86

第3步 弹出一个对话框，❶选择保存下载文件的文件夹；❷单击"保存"按钮，如图3-87所示。

图3-87

第4步 下载完成后，单击"运行"按钮，如图3-88所示。

图3-88

第5步 弹出安装对话框，单击"下一步"按钮，如图3-89所示。

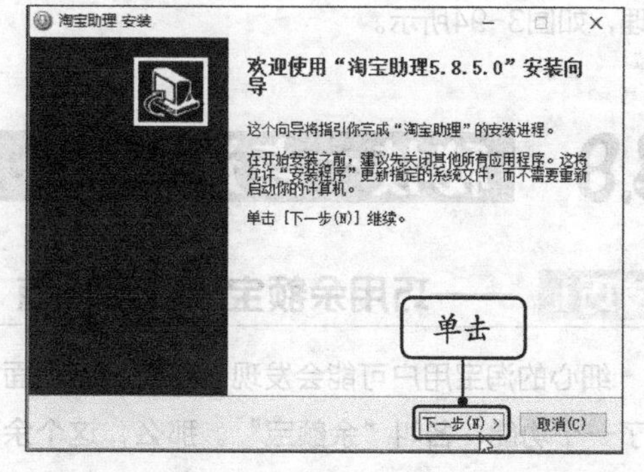

图3-89

第6步 阅读许可协议后，单击"我接受"按钮，如图3-90所示。

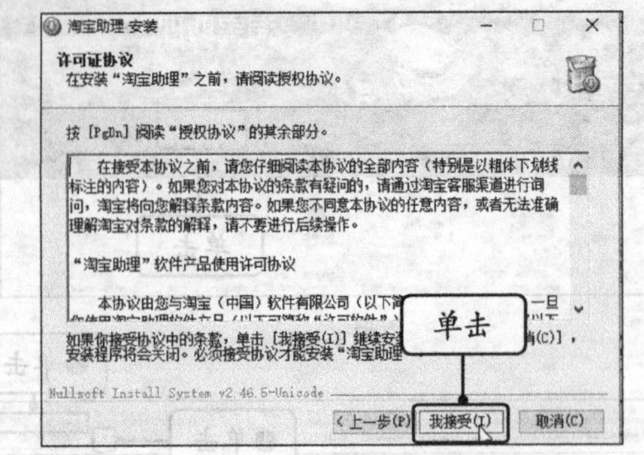

图3-90

第7步 ❶设置安装文件夹；❷单击"下一步"按钮，如图3-91所示。

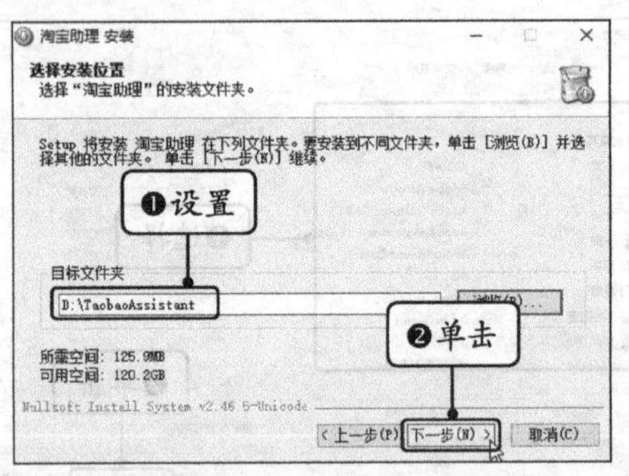

图3-91

第8步 ❶设置淘宝助理在"开始"菜单中的名称；❷单击"安装"按钮，如图3-92所示。

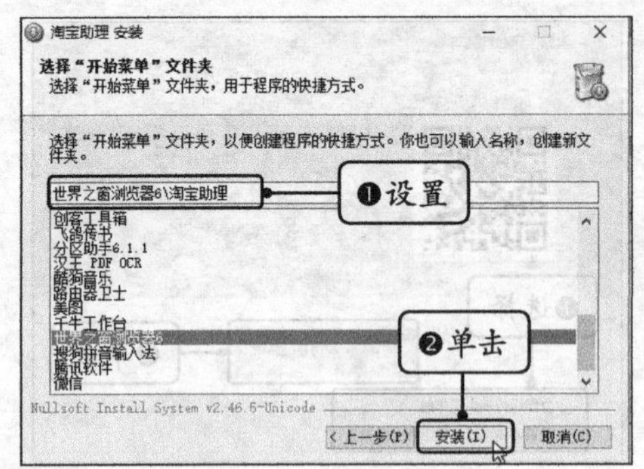

图3-92

第9步 ❶选择安装完成后是否自动运行淘宝助理，以及是否显示"自述文件"内容（本例中选择的是自动运行但不显示"自述文件"）；❷单击"完成"按钮，如图3-93所示。

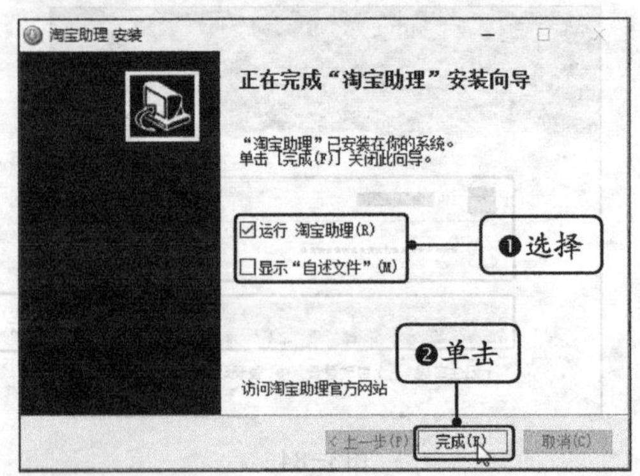

图3-93

第10步 弹出淘宝助理的登录窗口，❶输入淘宝用户名和密码；❷单击"登录"按钮，即可进入淘宝助理，如图3-94所示。

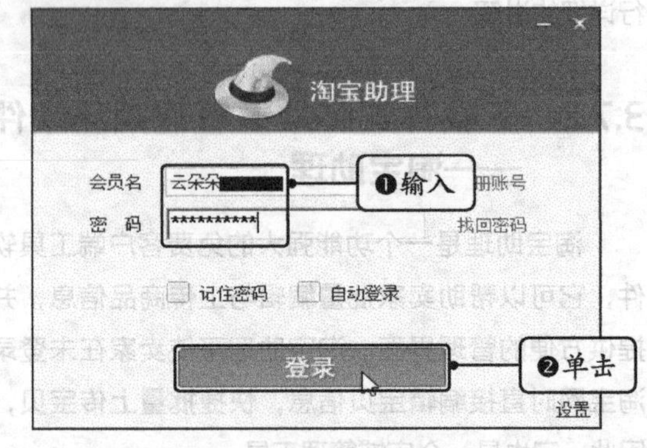

图3-94

至于淘宝助理软件的具体使用方法，将会在后面章节进行详细的讲解。

3.8 秘技一点通

技巧1 ——巧用余额宝让资金增值

细心的淘宝用户可能会发现，在支付宝页面又多了一个功能，名叫"余额宝"。那么，这个余额宝是个什么东西呢？又有什么功能呢？

大家都知道，支付宝是用于网购支付的一个工具，不少用户都习惯在支付宝里放上一定数目的钱款，以方便随时购物付款。由于支付宝用户众多，存放在支付宝里的钱款汇总起来是一个很大的数字，如果能够把这笔钱集中起来进行投资，将会获得一定的收益。

基于这个思路，支付宝公司于2013年6月13日推出了"余额宝"功能。支付宝用户可以把支付宝里的钱款转入余额宝里面存放，而支付宝公司将余额宝里的钱款用于投资并获得收益后，将按照比例把收益的一部分返还给余额宝账户。余额宝的收益通常要比银行活期存款来得高一些。

余额宝还有以下几个特点。

■ 购买金额没有限制

无论是几块或几十块钱都可以直接转入余额宝获取收益，相对于炒股、炒房或者其他投资来说，起点比较低，安全度比较高，一般的用户都可以参与，这也让大家多了一个理财的方法。

■ 安全有保障

由于余额宝的操作是在支付宝界面内进行的，因此余额宝的安全性实际上等同于支付宝的安全性。而支付宝的安全性是有目共睹的，值得用户信赖，因此余额宝也是很安全的。

■ 资金结算灵活

余额宝里的资金可以随时用于网上购物、网上支付等，没有任何限制，不存在必须要存满多少天的规定。而且余额宝的收益是每天发放，即使存一天，也有一天的收益，比起按月结算收益的方式来，最大限度地减少用户提款的损失。

■ 目前收益比活期存款高

目前余额宝的利息收益要比银行活期存款收益高一些，这也是吸引用户们将资金暂时存放在余额宝里的原因。

■ 有一定的风险

相比银行，余额宝的收益稍高。伴随着高收益的同时，风险也存在。虽然亏本的情况很少见，但也不完全排除。

■ 收益不固定

由于余额宝的资金实际上是用于购买基金进行投资，因此其收益不是固定的，有一定的浮动，但大致上还是能估算出来。

因此，对于常年在支付宝内存放钱款的淘宝用户（包括卖家）来说，不妨试试将资金转入余额宝，既不影响支付，又赚取了高于银行活期存款的收益，是一件轻松增加收益的好事。

技巧2 ——面向海外的小店需要什么网络收支工具

现在越来越多的淘宝卖家把眼光转向了海外市场，其原因不外乎是海外市场收益率高、空白点多、竞争较小。

那么，如果想成为一个面对海外的淘宝卖家，需要使用什么样的收支工具来收取或支付钱款呢?

贝宝（Paypal）是一个类似于支付宝的网络金融工具，可以用来在国际间收支货款，支持20多种货币。它可以即时支付、即时到账，具有全中文的操作界面，能通过中国的本地银行轻松提现。贝宝对于买家来说，是完全免费的，对于卖家则只需要收取少量的服务费用。

贝宝是目前最方便和热门的国际支付工具，如图3-95所示。通过简单的几步即可注册，然后添加自己的银行卡，即可开始国际收支之旅了。

图3-95

技巧3 ——如何设置安全性高的支付宝密码

支付宝是直接支付钱款的工具，一旦密码被盗，会有非常严重的后果。在常见的盗取密码的手段中，有一种叫做暴力破解的方法，也就是俗称的"猜"密码。"猜"密码的方法有以下两种。

穷举法：也就是把所有数字、字母等组合挨个尝试一遍，理论上可以猜出用户的密码，但实际上受限于各种条件，穷举法的成功率是很低的，因为支付宝、淘宝等网站不允许有人无限次数地尝试密码。

社会工学法：也就是测试一些特殊的数字和字母的组合，比如生日、电话号码、宠物名字等。这种方法成功率比较高，常常被黑客们使用。因此，用户应设置不带有上述信息的密码，才能确保安全。

可见，密码不能设置得太简单，如“11111112”“12345678”等密码都是很容易被猜解出来的，而且也不能设置得太短，六位以下的密码都很容易被穷举出来；但同时又不能把密码设置得过于复杂，到最后自己都忘了，那就悲剧了。

那么，如何设置一个又复杂，又好记，而且又安全的密码呢？注意以下几点就可以了。

- 长度：密码的长度至少要在六位以上，且越长越安全（不考虑记忆方便性的话）。
- 排列组合：安全密码应该是数字、大小写字母以及特殊符号的组合。如果各项交叉排列的话，即使专门的破解软件针对一个密码破解也需花费很长时间，使攻击者不得不放弃。例如用数字、大小写字母的组合，6位密码的可能性有62的6次方，破解时间太长，所以使用穷举法破解没有规律的密码是很困难的。
- 统一密码：不能把QQ号、邮箱以及其他账号的密码设置为同一个密码，这样做非常危险，因为一个密码被破，所有其他账号密码等于都丢失了。不能为了方便而使用同一个密码。
- 规律：密码不让人猜出来的最好方法就是不能有规律，比如特殊的数字、英语单词、汉语拼音等。像以电话号码、生日、单词或姓名及其他组合形成的密码都非常危险。
- 方便记忆：比较好的方法是记住一个规律，然后用这个规律来创造密码，这样就能在保证复杂性的同时，又能轻松记住。比如“师夷长技以制夷”这句话中，每个字的首字母是“sycjyzy”，这就能作为一个密码。比如“36884286”的密码，只需记住开头的“36”，后面的数字是前两位数字乘积的最后一位，依次推算出即可。

技巧4 ——如何组建高效的天猫运营团队

所谓团结就是力量，天猫店铺运营中肯定不是单一的个人即可完成目标。但是高效的团队并不是靠数量来取胜，而是相互配合。为了更好地运营天猫店铺，商家可详细划分各个岗位职能，明确各自职责，以此完成企业定制的目标。

一个高效的运营团队包括以下几个部门。

- 运营部：这是公司的一个综合职能部门，对公司经营管理的全过程进行计划执行和控制。主要负责整个团队管理、经营店铺、规划发展等。
- 市场部：这是一个企业中营销组织架构的重要组成部分。主要负责推广计划的制订和活动策划等。
- 技术部：主要负责网站维护、编辑产品、美工和文案编辑等。
- 客服部：主要负责售前售后咨询和处理，配合市场部工作等。
- 物流部：主要负责订单的处理，打包、发货，配合客服部工作等。

高效的运营团队不能离开任何一个部门的支持，不然难以保证工作的有序进行。时间充裕的时候，可以多多促进各部门之间的交流，相互学习。

技巧5 ——怎样起淘宝账号才能不和别人重名

有人在注册淘宝账户名时，会发现被提示“重名”，即使一连申请七八个，都是一样的情况，从而无法完成注册。这是因为淘宝用户太多，平常使用的账户名都被注册了，所以在起名时，要使用一定的“后缀”技巧，来避免重名。

一般来说，准备开店的卖家总是倾向以主营商品的拼音或英文单词来作为账户名，比如“茶具（chaju）”“零食（lingshi）”“服装（fuzhuang）”等，毫无疑问这样的账户名已经被注册了，那么卖家可以在后面加上自己所在城市的缩写，中间加上一个注册年份或者自己的出生年份，这样重复的可能性就会很低，而且又好记，也容易被买家理解。

比如在北京卖茶具，可以起名为“chaju 2015 bj”，在上海卖零食可以起名为“lingshi 1989 sh”，在广州卖手机可以起名为“phone 2011 gz”，这样的名称，是不是又好记，又不会重名呢？

有的读者可能要问，为什么不把数字放在最后，这样看上去可能要顺眼一些？其实把数字放中间是起一个间隔的作用，把主营产品和地名缩写分开，不然，两者连在一起就难以辨别是什么意思了。

开店小故事

淘宝卖家与骗子擦身而过

新手使用网银、支付宝，参与网上销售，最担心的就是安全问题。确实，网购日渐流行，针对淘宝买卖双方的骗局也越来越多，由于淘宝卖家的账户上通常存放着很多货款，所以淘宝卖家成了骗子重点“关注”的对象。

实际上，新手卖家们无须太过担心，只要抱着谨慎、不贪的宗旨，即使是新手也不容易被骗。

一日，在淘宝开店的新手卖家王先生遭遇了网上骗子，幸亏他一向谨慎，及时发现了骗子的异常之处，才没有被骗上当。

事情的经过是这样的：王先生在淘宝开了一家衣帽店，经过半年多的精心经营，已经成了三钻卖家。2014年3月20日这天，他像往常一样坐在电脑前等待买家光临。突然阿里旺旺闪烁了起来，有个陌生的ID向他发来消息。

陌生人：老板，在吗?

王先生：亲，在的，有什么能帮助您的吗?

陌生人：我刚才在你的店铺里发现一款帽子，就是“春季特价 牛仔布特款 包邮”这个，我觉得还不错，我想给我的员工买上三十顶，春游的时候用，不知道你有足够的货吗?

王先生看见买家一下子就要买三十顶，心里不禁很是高兴，于是笑眯眯地回复道：有货，您尽管拍下吧。

陌生人：我现在拍下，下午能给我发货吗？我需要尽快拿到……

王先生向陌生人详细讲解了发货的时间，以及预估到货时间等，不知不觉20分钟已经过去了。两个人聊了一会，气氛上感觉比较轻松随意，此时陌生人发来一条信息，说道：老板，不对啊，我点了“立即购买”，怎么没有动静呢?

王先生也不知道对方的操作情况，于是按照最常见的处理方法询问了几句，也没有发现对方有什么操作上的错误。正在不知道怎么办的时候，陌生人又发来一个链接，说道：你看看，你这个宝贝的页面是不是出问题了。

由于阿里旺旺一般都有对假冒网站自动报警的功能，王先生也就没有怀疑，随手打开了这个链接页面，看了一下，尝试着点了一下“立即购买”按钮，此时就弹出了要求用户登录淘宝的窗口。

王先生随手输入了用户名和密码，就要按下回车键的时候，他突然迟疑了。他想起之前自己已经登录了淘宝，正在浏览别人的店铺，并没有退出，此时是不应该要求自己再次登录的。

王先生切换到之前的网页，进行了一些操作，比如浏览账户信息等，都成功实现了，也没有登录提示，说明自己一直都处于登录状态，那么，这个新出现的登录窗口一定是有问题的！这个买家一定是使用“钓鱼网站”来骗取自己的淘宝信息！

“钓鱼网站”是一种网络欺诈行为，一些不法分子制作一些和淘宝、支付宝或银行网页一模一样的网页，以此来欺骗用户，让用户输入账号与密码，然后盗窃用户的存款，而且盗窃者非常精明，常常只盗取几百元的小额钱财，对于这种数目的损失，一般人都不会去报案（实际上报了案，警方也很难有足够警力来调查这种几百元的案子，因此报了案通常都不会有后续结果），从而让盗窃者逍遥法外。所以用户在网上一定要谨慎，对于来源可疑的网址，一律不要点击，以免财货两空。

王先生脑海里回想起关于“钓鱼网站”的信息后，马上就关闭了那个可疑的网页，然后礼貌地对陌生人说道：对不起，经过我检测，宝贝页面是没有问题的。您可以换台电脑再尝试购买。

之后，那个陌生人就再也没有发消息过来了。

王先生事后在论坛上和大家分享了这件事，网友们一起总结了几点。

一是不要随便打开网上传来的网址、文件和图片等，以免进入钓鱼网站，或者中木马，从而被骗子盗取信息。

二是不要无条件相信阿里旺旺。阿里旺旺不报警的网页链接，未必就一定是安全的。现在的软件技术一日千里，骗子们利用软件漏洞发送一些钓鱼网站的链接而不触发阿里旺旺的警报，完全有可能。

三是谨慎、谨慎、再谨慎。涉及账户安全，无论怎么谨慎都不为过，只有谨慎，才能保证少受骗，不受骗。

第 4 章

宝贝上架全攻略

本章导言

开通店铺后，接下来的工作就是发布自己的宝贝到网店中进行销售。在商品发布过程中，需要先准备商品的实物图片与资料，然后逐步发布商品，同时为了使自己的商品更加吸引买家，卖家应该掌握一些商品命名的技巧，以及合理地对商品定价、优化、推荐等方法。卖家还可以使用淘宝助理批量管理宝贝信息，提高工作效率。

学习要点

- 设置店铺信息
- 学会宝贝的发布与管理
- 掌握宝贝优化、推荐的方法
- 掌握使用淘宝助理批量管理宝贝信息的方法

4.1 网店设置就这么几下

淘宝网提供的“店铺基本设置”功能可以帮助卖家快捷方便地完成各项店铺设置操作，如店铺的介绍、店铺店标的更换、手机淘宝店铺信息等，下面分别进行介绍。

4.1.1 设置店铺基本信息

卖家在申请网店时，就需要设置店铺的相关信息，但却无法修改店铺名称，而在店铺开张以后，既可以在店铺设置中对店铺名称进行修改，也可以更换以前填写的其他店铺信息。

第1步 在“卖家中心”选项中的“店铺管理”栏目下，单击“店铺基本设置”超级链接，如图4-1所示。

第2步 进入新页面，❶重新设置店铺名称；❷单击“上传图标”按钮，如图4-2所示。

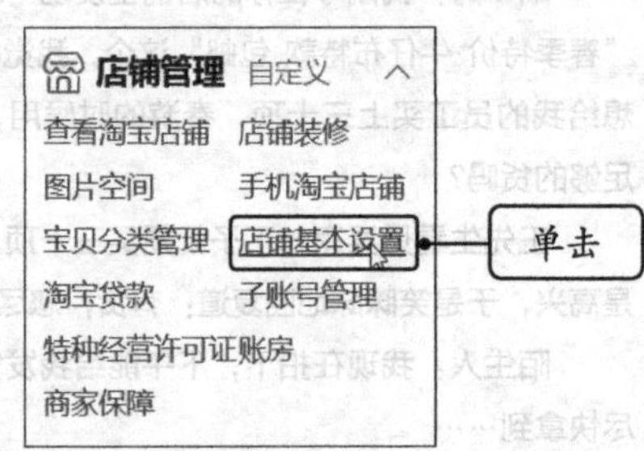

图4-1

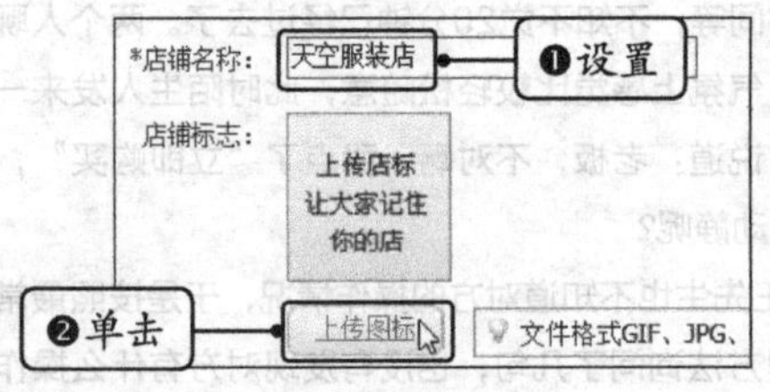

图4-2

第3步 ❶打开“选择要加载的文件”对话框，选择电脑中保存的店铺Logo标志文件；❷单击“打开”按钮，如图4-3所示。

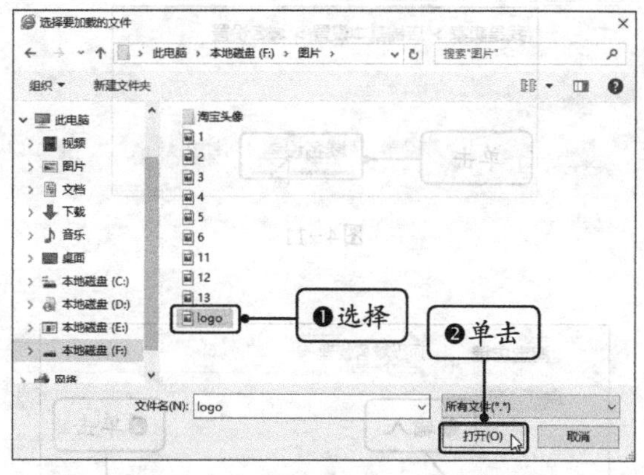

图4-3

第4步 系统开始自动上传所选择的图标文件，上传成功后会在网页上即时显示图标，如图4-4所示。

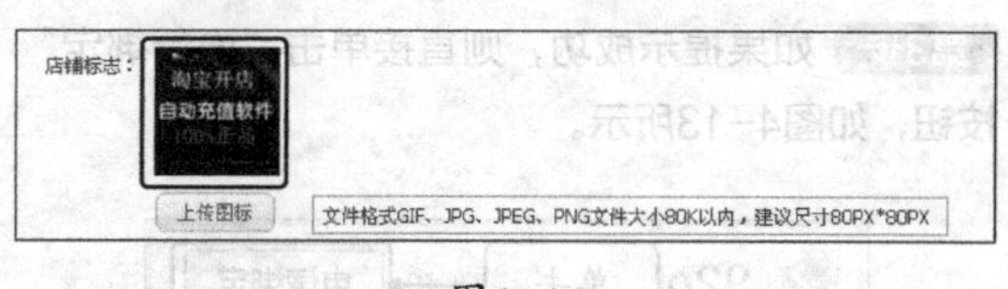

图4-4

第5步 设置店铺简介、经营地址、主要货源等信息，如图4-5所示。

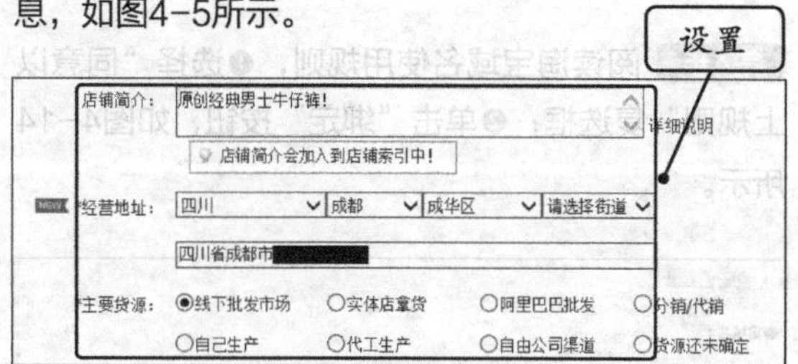

图4-5

第6步 ❶在“店铺介绍”中输入介绍店铺的相关文字；❷单击▣按钮，如图4-6所示。

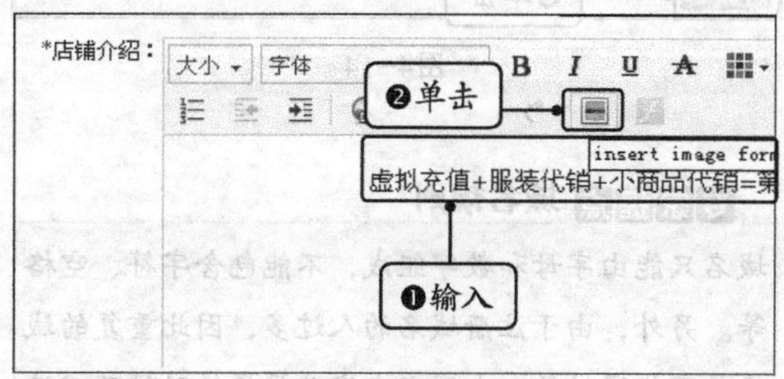

图4-6

第7步 打开图片上传对话框，❶单击“上传新图片”选项卡；❷单击“添加图片”选项，如图4-7所示。

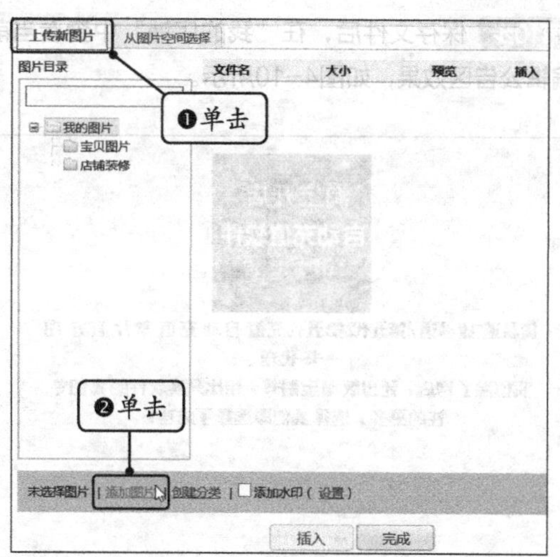

图4-7

第8步 ❶选择电脑中保存的介绍店铺的图片；❷单击“打开”按钮，如图4-8所示。

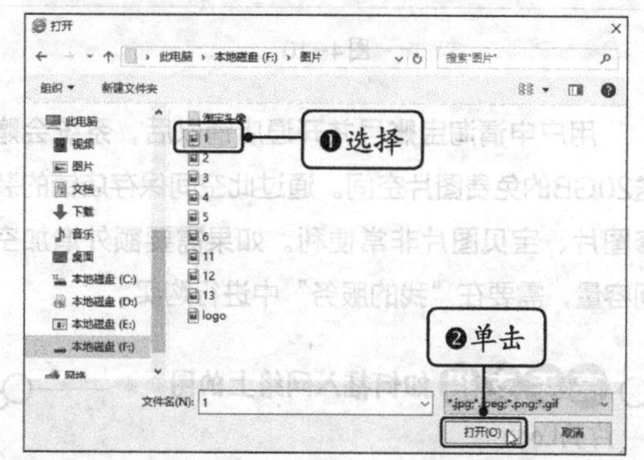

图4-8

第9步 系统开始自动上传所选择的图片，上传完毕后，单击“插入”超级链接将当前上传图片插入店铺介绍中，如图4-9所示。

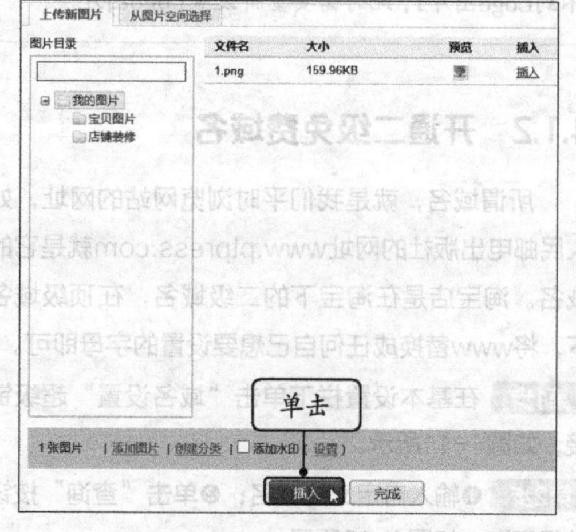

图4-9

第10步 保存文件后，在“我的店铺”中查看当前编辑公告区效果，如图4-10所示。

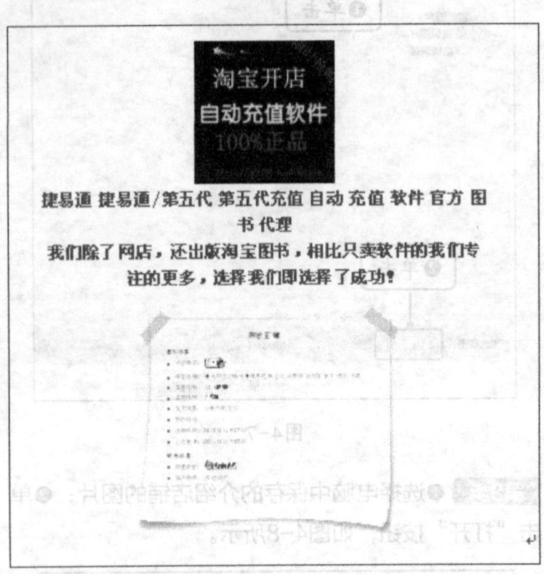

图4-10

用户申请淘宝账号并开通店铺以后，系统会赠送20GB的免费图片空间。通过此空间保存店铺的装修图片、宝贝图片非常便利。如果需要额外增加空间容量，需要在“我的服务”中进行购买。

高手支招 如何插入网络上的图片为Logo

本例所示为上传本地图片后再插入为Logo，也可以添加网络中的图片为Logo，方法很简单，直接选择“插入网络图片”，然后输入该图片的网络地址即可。不过要注意，网络图片的地址有时候会失效，一旦失效就看不到Logo图片了，此时需要重新设置Logo图片。

4.1.2 开通二级免费域名

所谓域名，就是我们平时浏览网站的网址，如人民邮电出版社的网址www.ptpress.com就是它的域名。淘宝店是在淘宝下的二级域名，在顶级域名下，将www替换成任何自己想要设置的字母即可。

第1步 在基本设置栏下单击“域名设置”超级链接，如图4-11所示。

第2步 ❶输入自定义的域名；❷单击“查询”按钮进行查询，如图4-12所示。

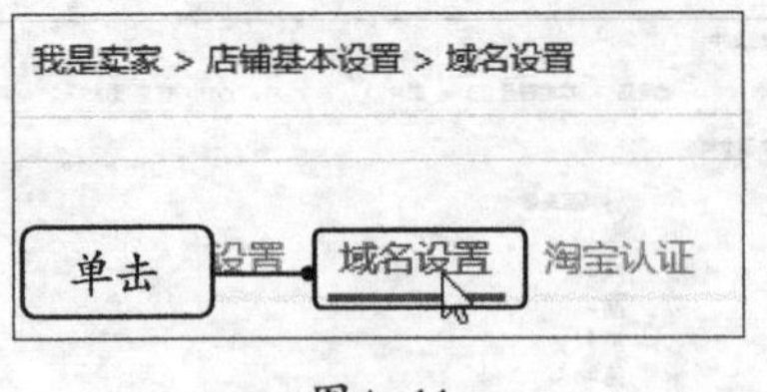

图4-11

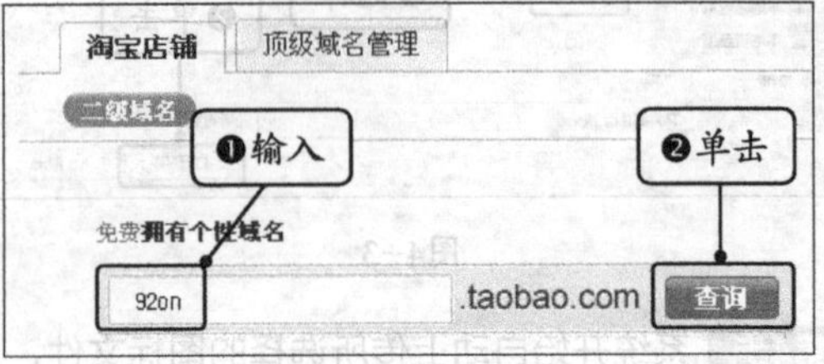

图4-12

第3步 如果提示成功，则直接单击“申请绑定”按钮，如图4-13所示。

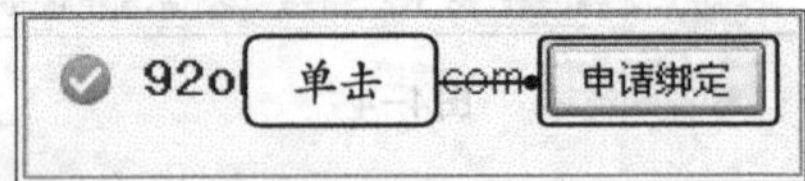

图4-13

第4步 阅读淘宝域名使用规则，❶选择“同意以上规则”复选框；❷单击“绑定”按钮，如图4-14所示。

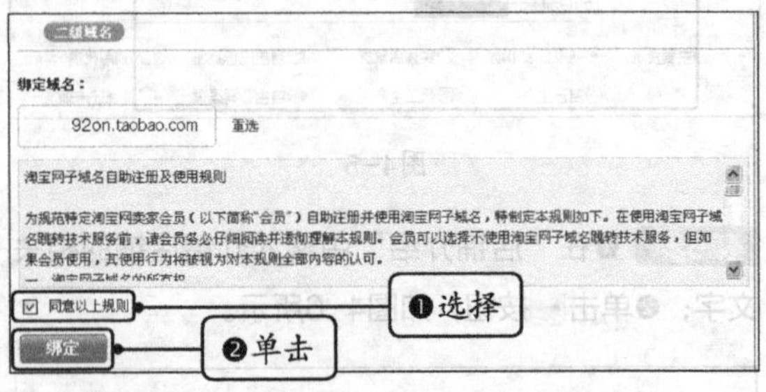

图4-14

专家提点 域名规则

域名只能由字母和数字组成，不能包含字符、空格等。另外，由于注册域名的人过多，因此重复的域名是不能通过的，大家在自定义设置的时候可以选择一些特别的域名。

第5步 稍等片刻，系统提示绑定域名成功，卖家通过访问这个网址就可以浏览店铺了。

4.1.3 设置客服子账号

子账号业务是淘宝网及天猫提供给卖家的一体化员工账号服务。淘宝卖家使用主账号创建员工子账号并授权后，子账号可以登录阿里旺旺接待买家咨询，或登录卖家中心帮助管理店铺，并且主账号可对子账号的业务操作进行监控和管理。

第1步 在“卖家中心”选项中的“店铺管理”栏目下，单击“子账号管理”超级链接，如图4-15所示。

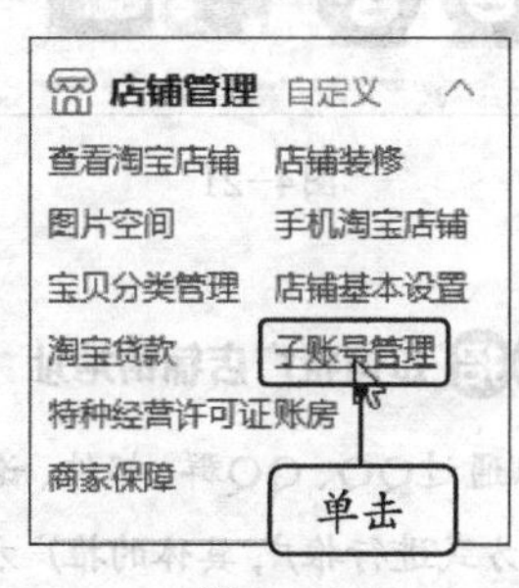

图4-15

第2步 进入子账号管理页面中，可以直接看到您已经拥有的子账号，还可以创建子账号的数量，如图4-16所示。

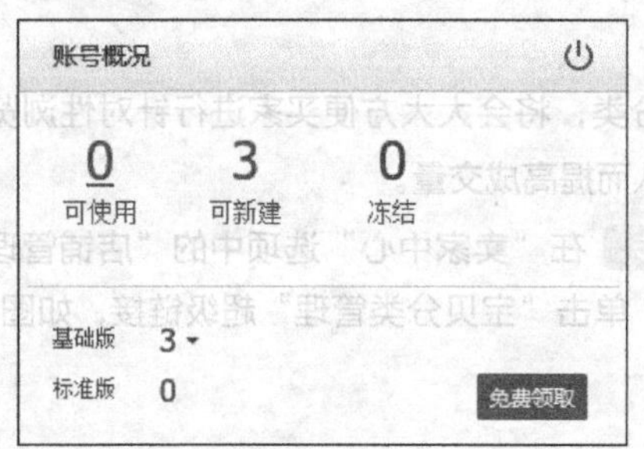

图4-16

第3步 在子账号后台，❶单击“员工管理”选项；❷在“部门结构”选项下单击“新建”按钮新建子部门；❸单击“新建员工”按钮，如图4-17所示。

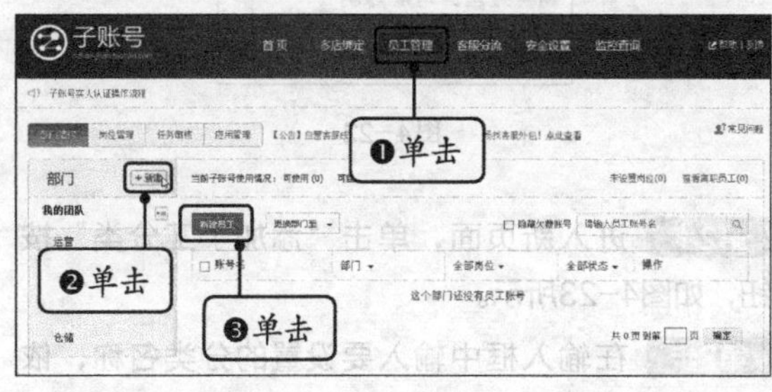

图4-17

第4步 进入新页面，❶按提示输入员工和子账号信息；❷输入完毕后，单击“确认新建”按钮，如图4-18所示。

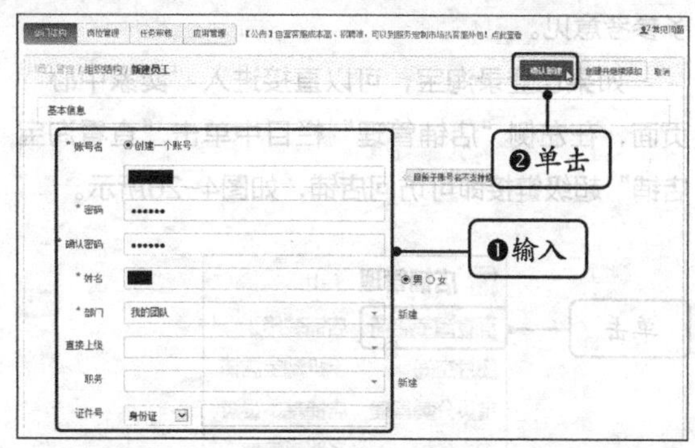

图4-18

第5步 返回“员工管理”页面，❶单击“岗位管理”选项；❷单击“新建自定义岗位”按钮；❸输入新建岗位信息；❹单击“保存”按钮，如图4-19所示。

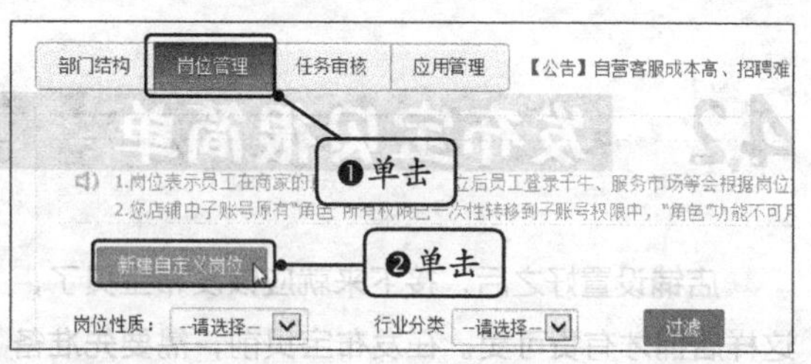

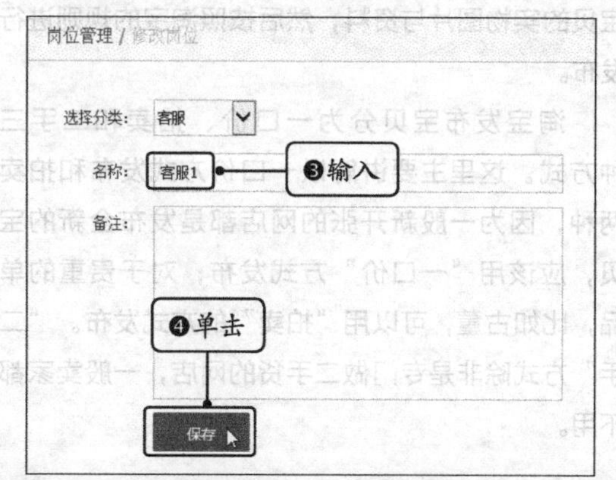

图4-19

在设置子账号时，为了子账号的安全，还可以为子账号设置安全保护。子账号设置完成以后，员工就可以使用子账号登录卖家中心进行店铺管理的相应操作，也可以登录阿里旺旺进行沟通交流。

4.1.4 查看自己的店铺

填写好店铺资料以后，就可以进入自己的店铺进行查看，同时也可以让其他好友来光顾店铺，给予参考意见。

如果已登录淘宝，可以直接进入“卖家中心”页面，在左侧“店铺管理”栏目中单击“查看淘宝店铺”超级链接即可访问店铺，如图4-20所示。

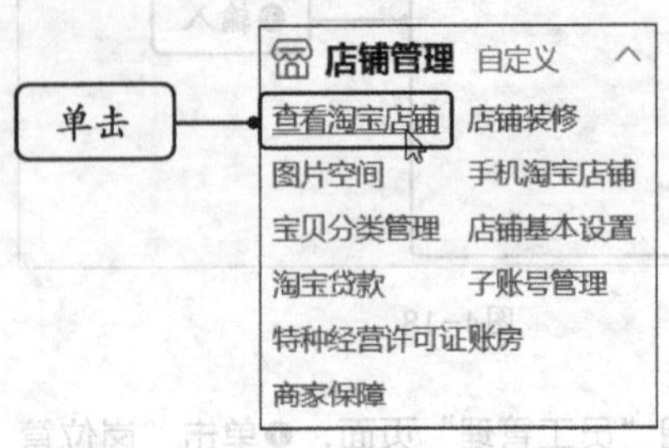

图4-20

如果没有登录淘宝，或者想让其他好友、买家打开自己的店铺，可以让其直接在浏览器地址栏中输入自己的店铺地址，按下回车键即可打开店铺，如图4-21所示。

图4-21

高手支招 如何推广店铺的地址

店铺地址可以通过QQ、QQ群、邮件、论坛、微博以及微信等多种方式进行推广，具体的推广方式和策略，将在后面进行详细讲解。

4.2 发布宝贝很简单

店铺设置好之后，接下来就应该发布宝贝了，这样店铺才有货可卖。在发布宝贝前，需要先准备宝贝的实物图片与资料，然后按照淘宝的规则进行发布。

淘宝发布宝贝分为一口价、拍卖和二手三种方式。这里主要讲解以一口价方式发布和拍卖两种，因为一般新开张的网店都是发布全新的宝贝，应该用“一口价”方式发布；对于贵重的单品，比如古董，可以用“拍卖”的方式发布。“二手”方式除非是专门做二手货的网店，一般卖家都不用。

4.2.1 添加商品分类

新开的淘宝店铺，卖家在上传完宝贝之后，需要对宝贝进行分类。合理的宝贝分类可以使店铺的商品类目更加清晰，使卖家和买家能够更方便快速地浏览与查找店铺中的宝贝。如果店铺发布的宝贝数目众多，那么合理的分类显得尤为重要。好的店铺分类，将会大大方便买家进行针对性浏览和查询，从而提高成交量。

第1步 在“卖家中心”选项中的“店铺管理”栏目下，单击“宝贝分类管理”超级链接，如图4-22所示。

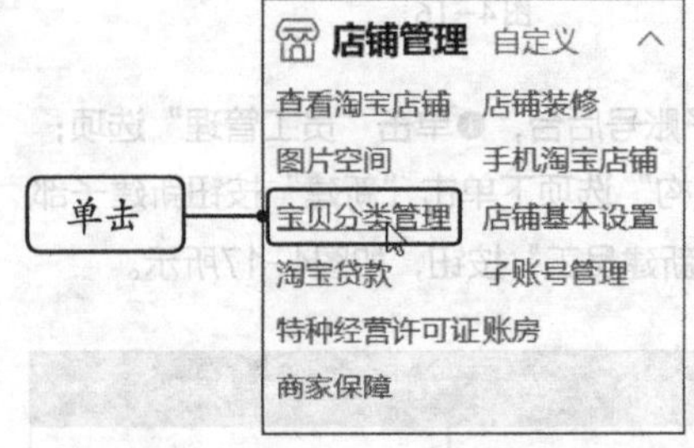

图4-22

第2步 进入新页面，单击“添加手工分类”按钮，如图4-23所示。

第3步 在输入框中输入要设置的分类名称，依次单击分类的下面子类，即可添加一个子类，如

图4-24所示。

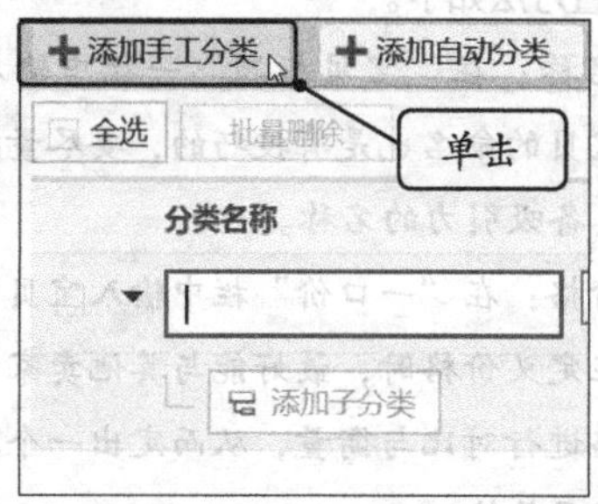

图4-23

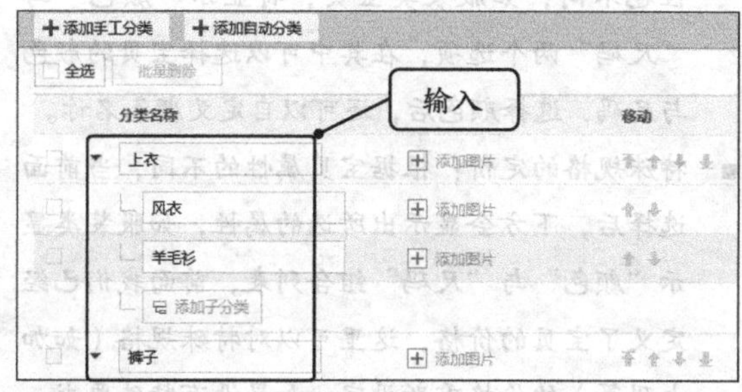

图4-24

第4步 设置完成单击“保存更改”按钮，即可保存更改的分类设置，如图4-25所示。

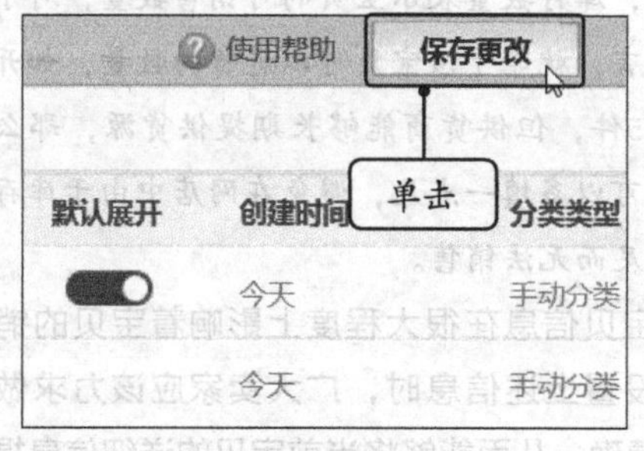

图4-25

专家提点　如何自动添加分类

淘宝店铺除了对宝贝进行手工分类外，还可以进行自动分类。在“宝贝分类管理”中单击“添加自动分类”，进入自动分类条件设置。自动分类是固定的分类方式，目前可以按照类目、属性、品牌、时间等要素划分，一般按类目归类，也可以自己选择。分好后一定要在类目名称前打勾，然后单击“确定”按钮。分类成功后，单击页面右上角的“保存更改”按钮即可。

4.2.2 准备宝贝信息资料

发布宝贝时，会涉及很多因素，如销售方式、宝贝分类、宝贝规格、宝贝价格、宝贝图片与描述、运费以及宝贝附属信息等，在发布宝贝的过程中，必须同时了解各种宝贝发布知识，下面就介绍一些宝贝的发布过程以及相关的发布知识。

无论是网店代销，或者是自己进货在网店中销售，开店之前首先需要准备10件以上的宝贝资料，用于先在淘宝网发布宝贝。宝贝的资料包括：已经拍摄并处理过的宝贝实物图片、对应的宝贝描述内容、宝贝的规格信息等。

宝贝图片的拍摄与处理方法，在本书上一章节已经进行了详细讲解，这里只要了解即可，最好将图片保存为JPG或GIF格式，宽度控制到500像素左右（高度可以根据比例自由控制），大小控制到120KB以下，为了使得宝贝页面排列更加整齐，建议将同一宝贝的图片尺寸统一。

在一个店铺中，往往需要上架很多宝贝，而每个宝贝又包括多张实物图片，为了避免宝贝图片的混乱，在电脑中存放宝贝图片时，也应该按照合理的结构进行保存。至于宝贝描述信息，建议使用Word文档将对应的宝贝图片保存到一起，宝贝规格信息需要在发布宝贝时逐个选择，只要在发布前了解自己所销售宝贝的相应规格即可。

1. 宝贝类别

宝贝类别也就是宝贝的分类情况，卖家在发布宝贝时可以在分类列表区域中选择自己所销售宝贝的详细分类，方式为从左到右，一般先选择宝贝大类，然后进一步选择小的分类、品牌等，如图4-26所示。

图4-26

要注意，绝大多数买家在淘宝网中选择宝贝时，都会通过宝贝类别来一步步进行浏览，因此广大卖家在设置宝贝类别时，必须要设置得细致、准确，这样被买家搜索到概率就会大大增加，同时也在一定程度上增加了宝贝的销售概率。

相反，如果宝贝的类别没有设置准确，那么在买家浏览过程中，会很直接地将宝贝排斥到购买意向外，如我们将“男士西服”分类到“女装”中，那么浏览女装的买家，就会完全忽略这件宝贝。而且淘宝也对分类有硬性规定，随便安排类目是会被下架宝贝甚至被扣分的。

2. 宝贝属性

选择宝贝类别后，接下来要选择的是“填写宝贝信息”页面，在页面中首先需要对宝贝的基本信息进行设置，不同类别的宝贝，可供选择的属性是不同的。在宝贝类型中，需要选择宝贝是全新还是二手。在接下来的选项中，根据自己的宝贝情况，正确选择关于宝贝的各个属性即可，如图4-27所示。

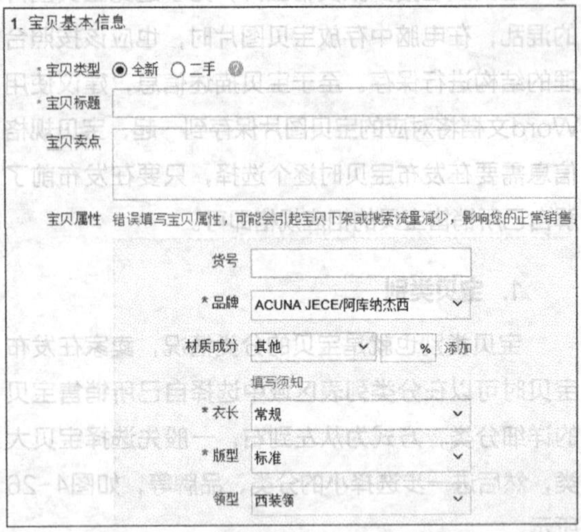

图4-27

这里所选择的各项属性，最终将以表格形式显示在宝贝销售页面的上方，买家也会在一定程度上根据卖家所提供的宝贝属性决定是否购买宝贝，因此，卖家必须对自己的宝贝全面了解后，再设置宝贝属性，从而避免以后由于宝贝与描述不符而造成交易纠纷。

3. 宝贝信息

设置宝贝属性后，接下来输入宝贝的名称、价格、颜色、规格以及库存信息，在该区域中，不同信息的设置方法如下。

- 宝贝名称：在“宝贝标题”一栏中输入宝贝名称，宝贝的命名也是有技巧的，要尽量赋予宝贝一个具备吸引力的名称。
- 销售价格：在“一口价”栏中输入宝贝的销售价格，在定义价格时，最好能与其他卖家相同宝贝的价格进行对比与衡量，从而定出一个具备竞争力的宝贝价格。
- 详细宝贝规格：对于不同的宝贝，下面显示的属性也不同，如服装类宝贝，将显示“颜色”与“尺码”两个选项，在其中可以选择宝贝的颜色与尺码，选择颜色后，还可以自定义颜色名称。
- 特殊规格的定价：根据宝贝属性的不同，当前面选择后，下方会显示出所选的属性，如服装类显示“颜色”与“尺码”组合列表，前面我们已经定义了宝贝的价格，这里可以对特殊规格（如加大码等）的价格重新设定，如果没有特殊要求，则可以保持默认。
- 宝贝库存：卖家可以根据“颜色”与“尺码”组合列表来设定不同颜色、不同尺码宝贝的库存数量，库存数量表示宝贝的可销售数量，对于卖家而言，就等于该宝贝可以进货的数量，如开始进货5件，但供货商能够长期提供货源，那么这里就可以多填一点儿，避免在网店中由于库存数目不足而无法销售。

宝贝信息在很大程度上影响着宝贝的销售，因此设置上述信息时，广大卖家应该力求做到细致、精确，从而能够将当前宝贝的详细信息提供给买家。

高手支招 填写的细节

在宝贝信息区域中，“货号”与“商家编码”两项内容可以任意填写，只要能便于区分宝贝与商家来源即可。如果是网店代销，那么货号就最好与代销商提供的货号一致，这样便于以后联系代销商发货或询问是否有货等。

4. 宝贝描述

宝贝描述是发布宝贝过程中最重要的一个环

节，将要销售的宝贝的特色完全是在这里体现的，其中包括设置电脑端宝贝图片、宝贝长图、宝贝视频以及电脑端和手机端具体的宝贝描述等。

高手支招 图片大小可调整

在宝贝描述中插入图片后，如果图片大小不合适，那么可以拖动图片边框对图片大小进行调整。

宝贝描述区域是让宝贝与买家面对面接触的地方，前面精心拍摄处理的各种宝贝图片，都会在这里进行展示，因此一定要引起足够的重视。

专家提点 关于宝贝描述的建议

在做宝贝描述时，最好不要超出三种颜色；字体可以选择最适合阅读的宋体，并且只用一种大小的字号；标题可以用颜色来突出显示；如果描述比较琐碎，可以采用表格来规范；最重要的是，宝贝描述一定要做到真实。

5. 物流信息

网上交易的宝贝，都是通过物流来进行的，因此需要根据自己宝贝的情况（主要取决于重量与体积）来设置相应的运费。为了提升买家购物体验，淘宝要求全网商品设置运费模板。使用运费模板可为某类宝贝设置专门的运费模板，以后发布宝贝时，只要选择此模板即可，无需再进行价格设置，如图4-28所示。

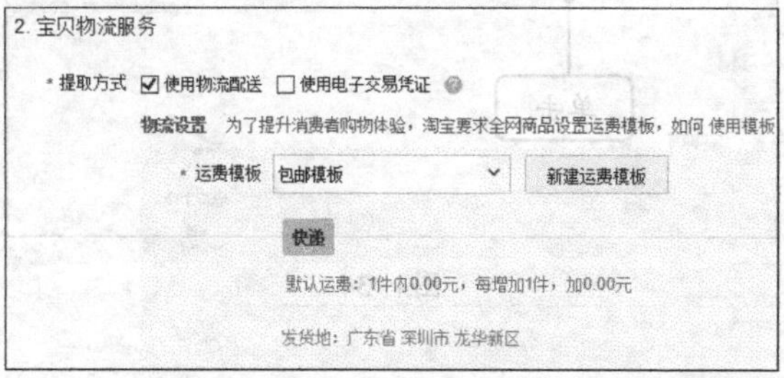

图4-28

物流运费的价格，可以在网上查询，或者到邮局、快递公司进行咨询，然后根据当地的价格来设置，也可以参考其他同类宝贝卖家的运费价格。毕竟“宝贝总价=销售价+运费”，所以在运费的精确度上，不必太过深究，只要保证了宝贝的利润，就算运费少一点儿也没有关系，这样反而会吸引买家购买。

6. 售后保障信息和宝贝的其他信息

最后需要设置的是关于宝贝发布与销售的售后保障信息和其他信息。

- 售后服务：当前宝贝在销售时，是否能提供发票和保修服务以及退换货承诺，需如实填写。
- 库存计数：用于计数宝贝的库存数，包含“买家拍下减库存”和“买家付款减库存”两个选项可供卖家选择。
- 开始时间：包含“立刻开始”“定时上架”以及“放入仓库”三个选项，“立刻开始”表示发布宝贝后马上上架销售；“定时上架”表示并不会立即上架销售，卖家可以在右侧设置宝贝发布后的自动上架时间；“放入仓库”表示宝贝发布后不上架销售，而是放入仓库中，当需要上架时，卖家可进入仓库中将宝贝上架。
- 橱窗推荐：普通店铺拥有5个橱窗推荐位，将宝贝放到橱窗推荐位，买家可以优先看到宝贝信息，可以将最合适的宝贝放到橱窗推荐位中。也可以先不设置，以后需要时再进入“我的淘宝”中进行设置。

4.2.3 以一口价方式发布全新宝贝

淘宝网中提供了“一口价”与“拍卖”两种销售方式，其中一口价是指提供固定的宝贝价格，买家可以以此价格立即购买宝贝。一口价适合普通的、价格容易估计的商品，比如服装、厨具、文具等，方便计价，过程也简单；拍卖则适合价格不好估计的商品，如古董、玉器、字画等，也适合大批量的普通商品批量拍卖，不过其过程较长、较复杂。

当然，一口价的商品也不是说就不能讲价了。买家如果和卖家讲价，而卖家又愿意将价格下降一些来出售的话，可以临时修改商品的价格，让买家买下后再恢复原价。不过这样的方式不推荐常用，因为修改次数太多的话，会引起淘宝的注意，可能导致店铺被扣分、降级。

最好的优惠方法是：在买家按原价买下商品，但尚未付款时，修改买家的付款价格。这种改价方法将在5.3.2小节进行讲解。

下面来看一口价发布宝贝的具体操作方式。

第1步 进入淘宝网，单击“卖家中心”超级链接，如图4-29所示。

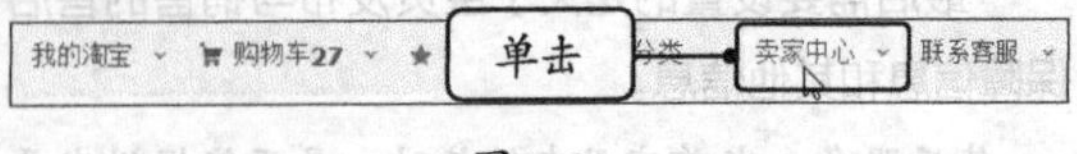

图4-29

第2步 进入“卖家中心”后，单击“发布宝贝”超级链接，如图4-30所示。

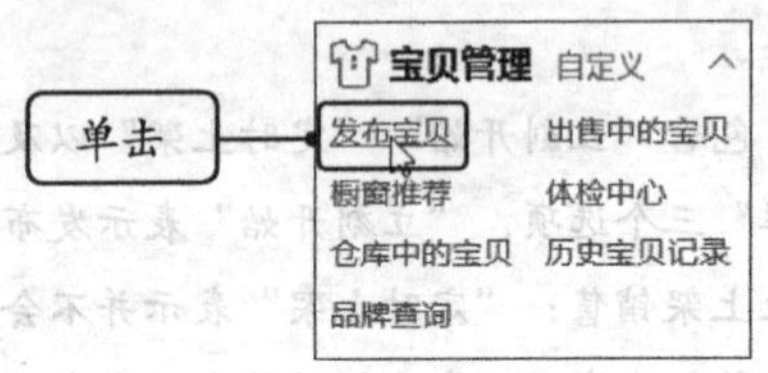

图4-30

第3步 ❶在默认的“一口价”选项卡下为自己发布的宝贝选择正确的类别；❷单击“我已阅读以下规则，现在发布宝贝”按钮，如图4-31所示。

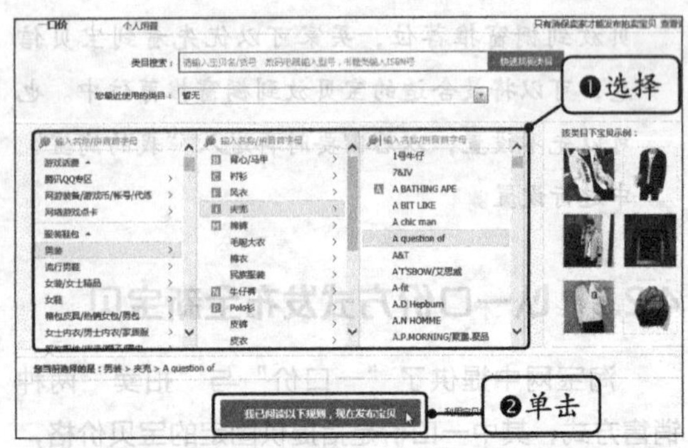

图4-31

第4步 ❶选择宝贝类型为“全新”；❷设置宝贝的相关属性，如图4-32所示。

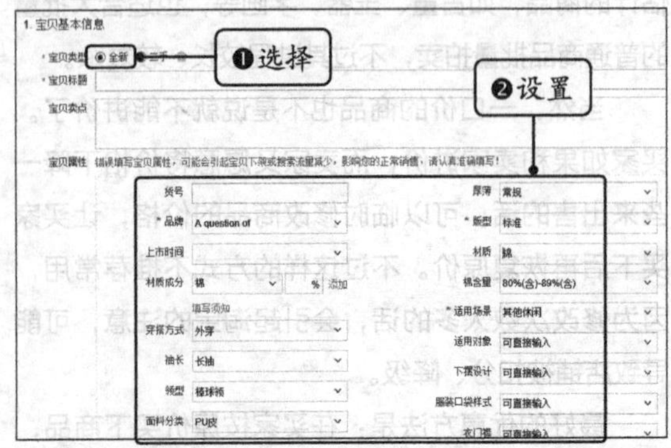

图4-32

专家提点 关于宝贝类型

这里的宝贝类型一般选择“全新”，如果销售的是二手宝贝，则可以选择“二手”，对于闲置的宝贝，则可以到淘宝闲鱼网上进行销售。

第5步 设置宝贝的销售价格、颜色（可同时上传宝贝颜色图片）、尺码、数量等信息，如图4-33所示。

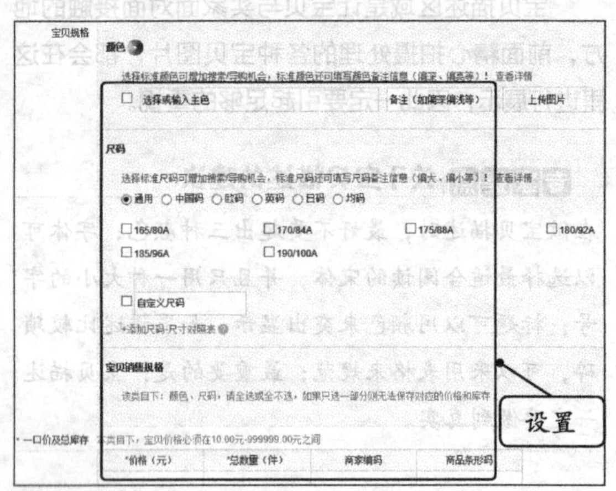

图4-33

第6步 单击“上传新图片”按钮上传宝贝图片，如图4-34所示。

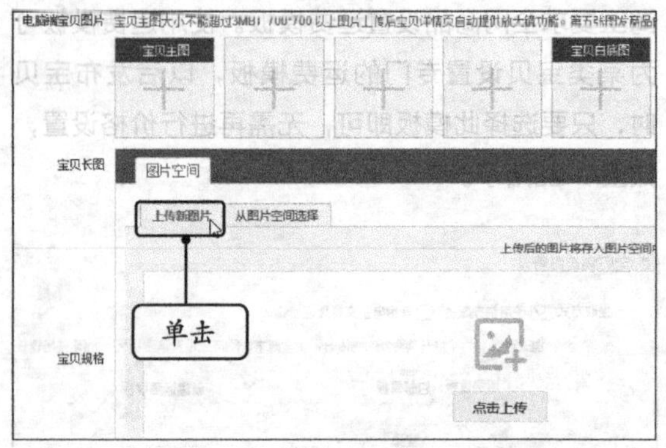

图4-34

专家提点 如何设置品牌

如果销售的服装不是品牌，可以选择“其他”类型。如果是自己创建的品牌，可以在其他下方输入自己创立品牌的名称。

第7步 ❶选择宝贝的图片；❷单击“打开”按钮，如图4-35所示。

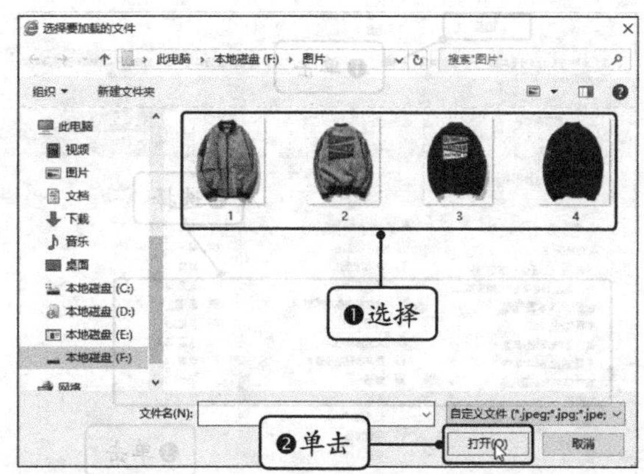

图4-35

第8步 上传拍摄的其他宝贝图片，最好是正面、反面、细节等都上传，如图4-36所示。

图4-36

专家提点 可以上传宝贝的视频

淘宝还支持视频显示宝贝，但一般情况下不建议上传这种视频，因为目前国内的带宽还不算很高，上传视频的话会拖慢某些买家打开自己宝贝页面的速度，不仅会让用户体验下降，还可能让买家失去耐心，关闭页面，从而失去一桩生意。

第9步 ❶输入宝贝的描述信息；❷单击“插入图片”按钮，如图4-37所示。

图4-37

第10步 弹出上传新图片界面，选择上传新图片后，单击“点击上传”按钮，如图4-38所示。

第11步 ❶在打开的对话框中选择电脑中拍摄的宝贝图片；❷单击“打开”按钮，如图4-39所示。

第12步 设置其他宝贝销售信息，确认无误后，直接单击下方的“发布”按钮，如图4-40所示。

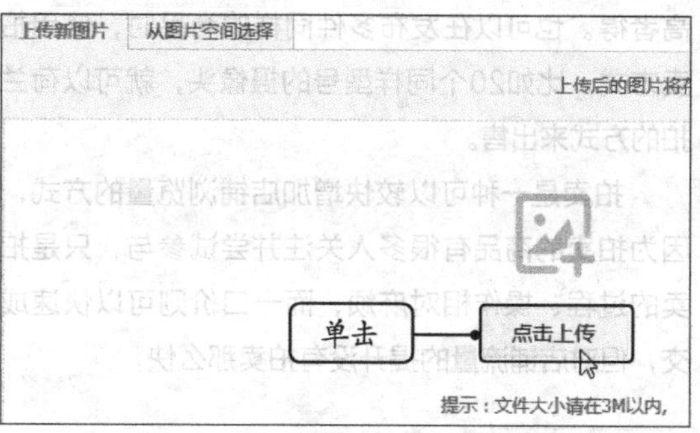

图4-38

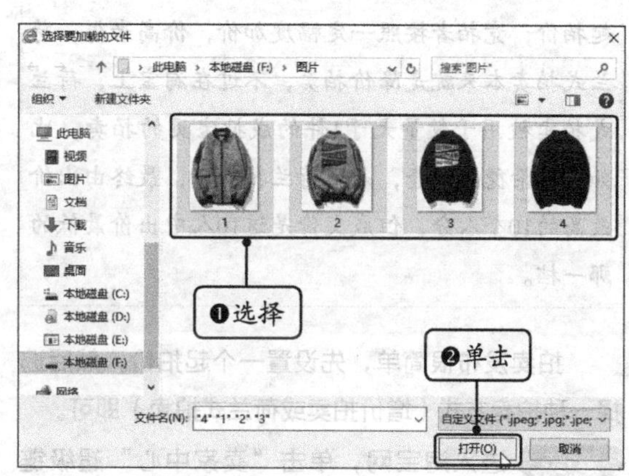

图4-39

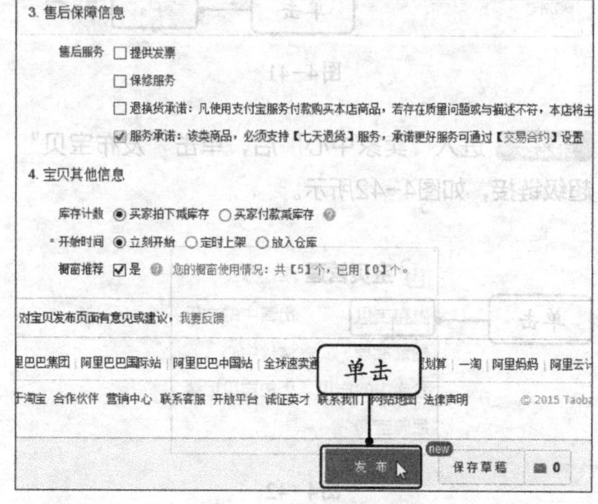

图4-40

第13步 稍等片刻，系统提示宝贝发布成功，并自动放入在线仓库。

4.2.4 以拍卖方式发布贵重宝贝

当卖家发布一些贵重的、不好估价的商品时，不妨采用拍卖方式进行发布，由买家竞相出价，价高者得。也可以在发布多件同样的商品时，使用拍卖方式，比如20个同样型号的摄像头，就可以荷兰拍的方式来出售。

拍卖是一种可以较快增加店铺浏览量的方式，因为拍卖的商品有很多人关注并尝试参与，只是拍卖的过程、操作相对麻烦；而一口价则可以快速成交，但对店铺流量的提升没有拍卖那么快。

专家提点 两种拍卖的区别

增价拍卖是大家最熟悉的，也就是设置一个较低的起拍价，竞拍者按照一定幅度加价，价高者得；荷兰式拍卖本来就是降价拍卖，不过在淘宝上，荷兰式拍卖被用于数量大于1件的成批宝贝的拍卖，比如10只景德镇茶壶，采用荷兰拍的话，最终由出价最高的10个人分，但成交价是这10人中出价最低的那一档。

拍卖发布很简单，先设置一个起拍价，然后选择一种拍卖方式（增价拍卖或荷兰式拍卖）即可。

第1步 进入淘宝网，单击“卖家中心”超级链接，如图4-41所示。

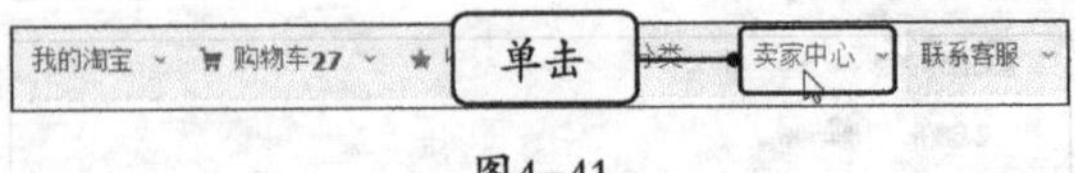

图4-41

第2步 进入“卖家中心”后，单击“发布宝贝”超级链接，如图4-42所示。

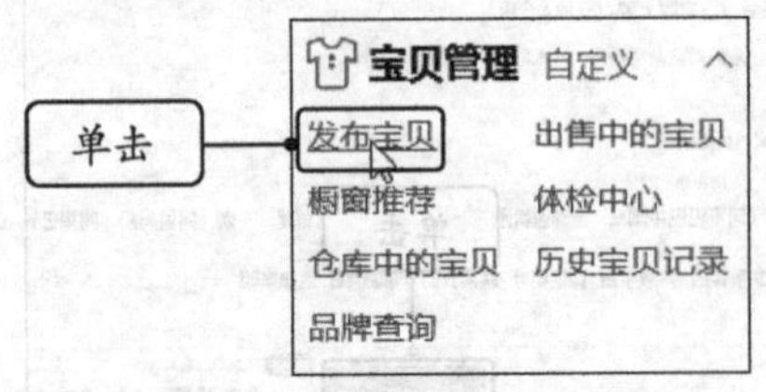

图4-42

第3步 ❶单击“拍卖”选项卡；❷选择宝贝的类别；❸单击“我已阅读以下规则，现在发布宝贝”按钮，如图4-43所示。

第4步 ❶选择拍卖类型；❷设置宝贝拍卖信息，如图4-44所示。

第5步 ❶设置宝贝信息；❷单击“发布”按钮，如图4-45所示。

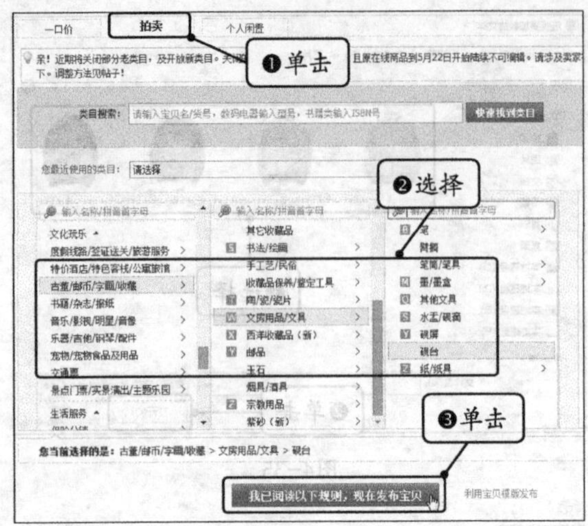

图4-43

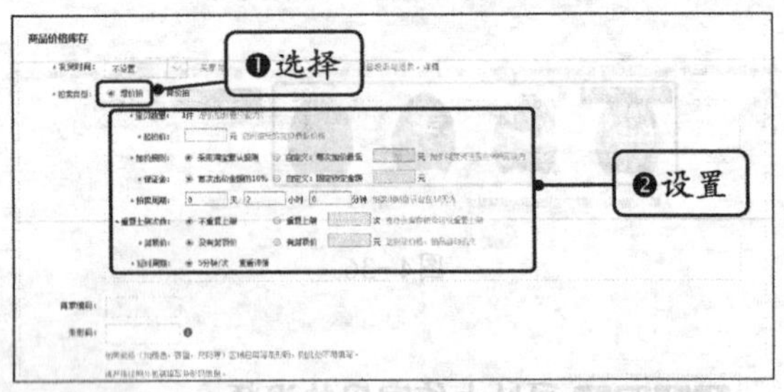

图4-44

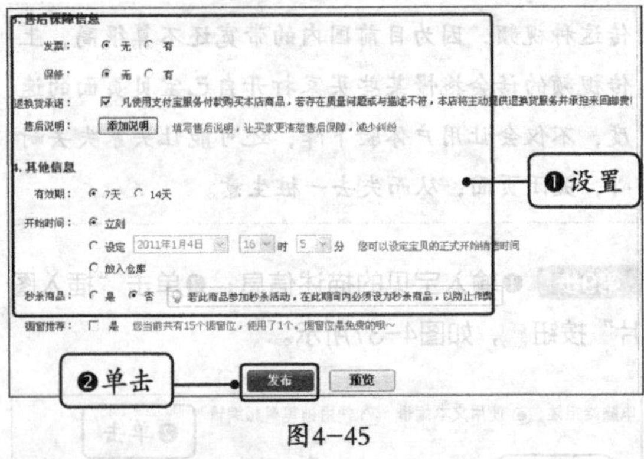

图4-45

专家提点 发布拍卖宝贝的条件

有的新卖家发现自己的卖家中心里面没有“拍卖”选项卡，其实这是淘宝做的限制，不允许没有加入“消保”的卖家发布拍卖宝贝。卖家加入“消保”之后，就可以解除这一限制了。

4.2.5 用运费模板发布宝贝

如果为每件宝贝都设置一次运费，那样工作量将会非常大。实际上，很多宝贝都使用同一个运费标准，在这种情况下，卖家可以预先设置一个运费模板，然后在发布宝贝时，指定该模板即可，这样就可以方便地为一批宝贝设置同一个运费。当运费模板被修改后，这些关联宝贝的运费将被一起修改。

网店刚开张时，还没有任何运费模板，此时需要新建一个，然后在发布宝贝时选中该模板。下面以设置快递模板为例进行讲解。

第1步 进入“卖家中心”后，❶单击“物流工具”超级链接；❷单击“运费模板设置”选项卡；❸单击“新增运费模板”按钮，如图4-46所示。

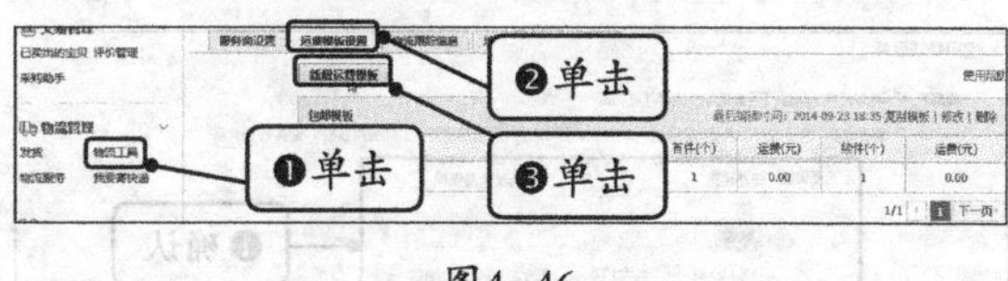

图4-46

第2步 ❶设置模板名称、宝贝地址以及发货时间等信息；❷选择“自定义运费”（如果选择“卖家承担运费”就是所谓的包邮）以及“按重量”单选项；❸选择“快递”复选框；❹单击“为指定地区城市设置运费”超级链接，如图4-47所示。

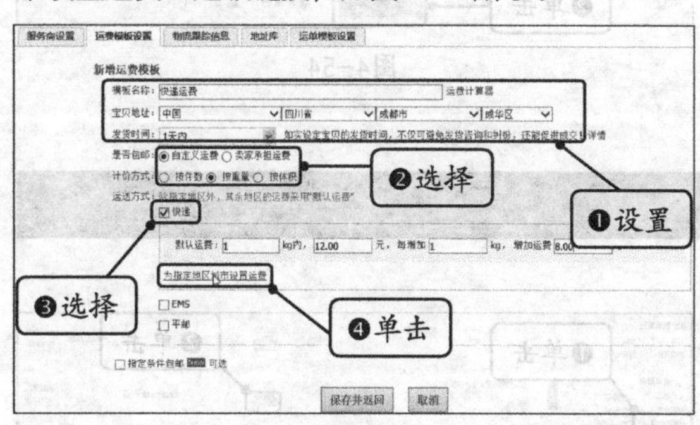

图4-47

第3步 出现快递设置框，❶设置默认运费，包括首重、首费、续重和续费；❷单击“编辑”超级链接，如图4-48所示。

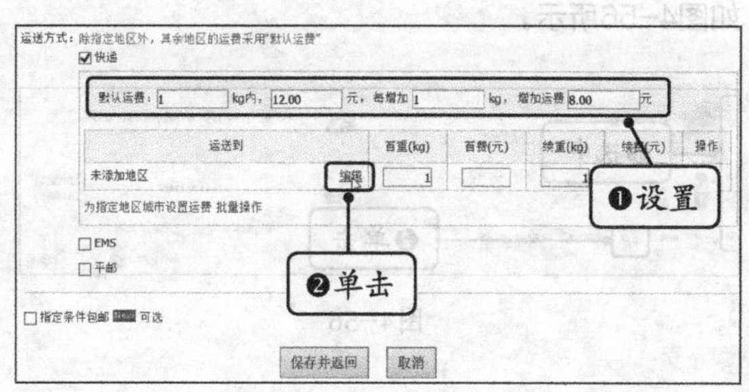

图4-48

专家提点 默认运费、首重和续重

默认运费就是指除指定地区以外，其他地区的运费标准。下一步操作就是为指定地区另设运费标准，不使用默认运费标准，这样方便于对偏远地区加收额外的运费。比如西藏、新疆和内蒙古的运费较高，那么就把它们排除在指定地区之外，使用默认的运费标准；而其余地区则使用较低的运费标准。首重费用是指最低的计费重量，一般快递公司首重是1公斤，收费约12元，体积大、重量轻的按折算公式折算。续重则指超过首重部分，每公斤计价多少钱（一般不足一公斤也算一公斤），收费约8元。

第4步 此时出现地区设置框，❶选择使用较低运费的地区；❷单击“确定”按钮，如图4-49所示。

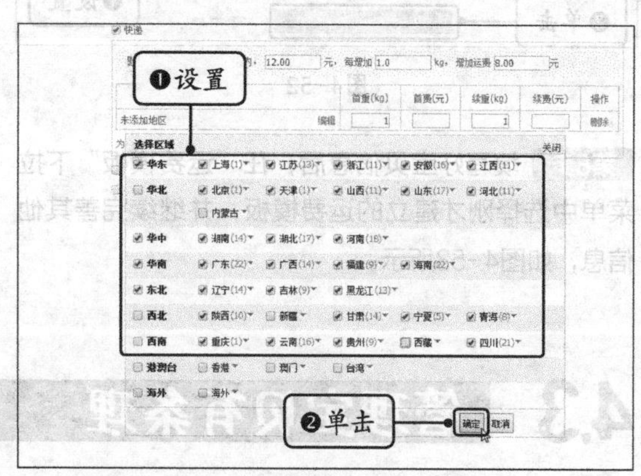

图4-49

第5步 ❶设置指定地区的首重、首费、续重和续费；❷单击“保存并返回”按钮，如图4-50所示。

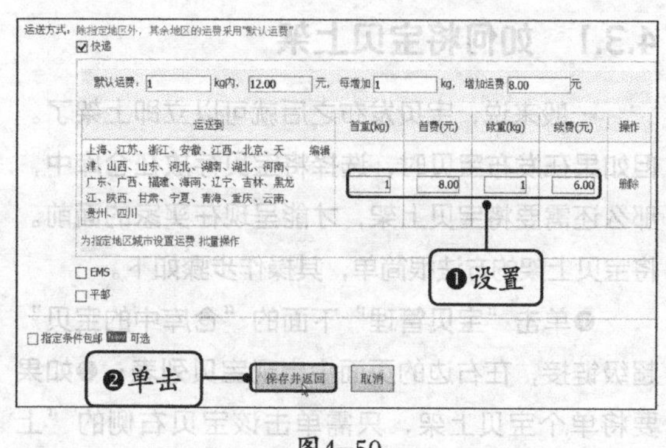

图4-50

第6步 此时可以看到设置成功的运费模板，如

图4-51所示。

服务商设置 运费模板设置 物流跟踪信息 地址库 运单模板设置

新增运费模板 使用帮助

快递运费 最后编辑时间：2016-11-18 09:53 复制模板 | 修改 | 删除

运送方式	运送到	首重(kg)	运费(元)	续重(kg)	运费(元)
快递	全国	1.0	12.00	1.0	8.00
快递	天津,江苏,江西,广东,贵州,宁夏,河北,辽宁,浙江,山东,河南,广西,云南,陕西,山西,吉林,安徽,湖北,海南,重庆,甘肃,北京,黑龙江,上海,福建,湖南,四川,青海	1.0	8.00	1.0	6.00

图4-51

第7步 按照4.2.3小节讲解的方法发布一个宝贝，❶设置宝贝的类型；❷单击“我已阅读以下规则，现在发布宝贝”按钮，如图4-52所示。

图4-52

第8步 填写好宝贝信息后，在“运费模板”下拉菜单中选择刚才建立的运费模板，并继续完善其他信息，如图4-53所示。

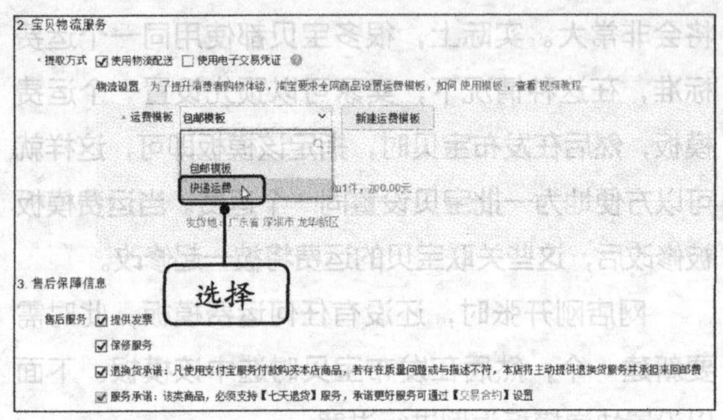

图4-53

第9步 ❶确认运费信息；❷单击“发布”按钮，即可把宝贝按照运费模板发布出去，如图4-54所示。

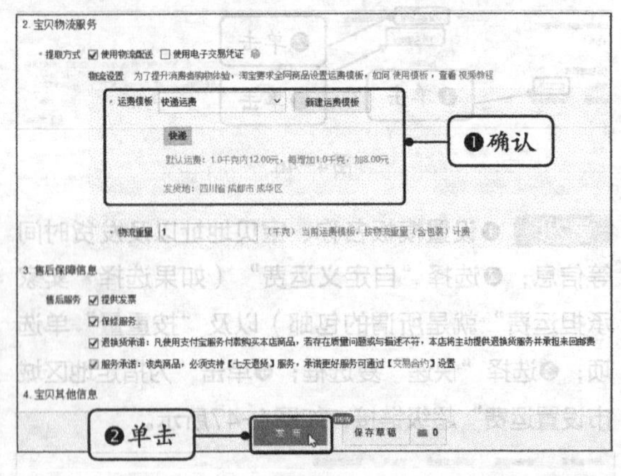

图4-54

4.3 管理宝贝有条理

卖家上传宝贝信息之后，马上就可以开始对它们进行管理，比如看看哪些信息需要修改、维护；或者管理宝贝的上架、下架等销售状态。

4.3.1 如何将宝贝上架

一般来说，宝贝发布之后就可以立即上架了。但如果在发布宝贝时，选择将宝贝存放在仓库中，那么还需要将宝贝上架，才能呈现在买家的面前。将宝贝上架的方法很简单，其操作步骤如下。

❶单击“宝贝管理”下面的“仓库中的宝贝”超级链接，在右边的页面中出现宝贝列表；❷如果要将单个宝贝上架，只需单击该宝贝右侧的“上架”按钮即可，如图4-55所示。

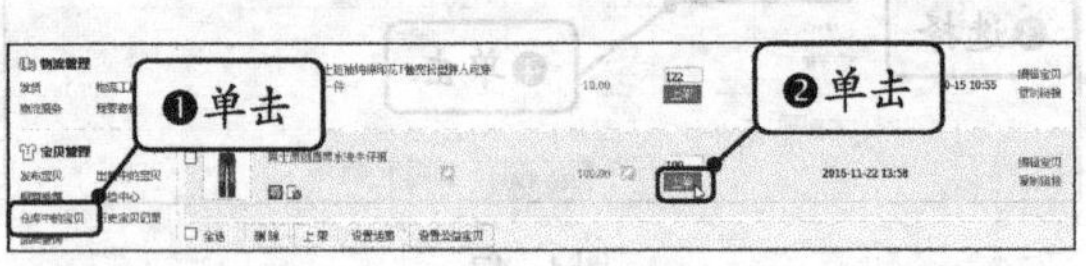

图4-55

如果要同时上架多个宝贝，❶选中相应宝贝前的复选框；❷单击宝贝列表下面的“上架”按钮，如图4-56所示。

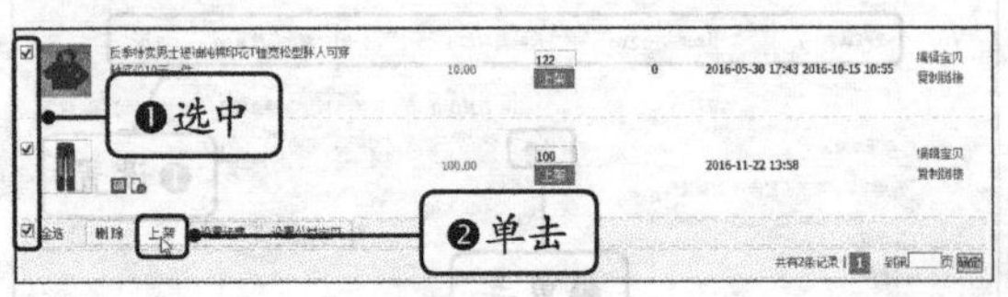

图4-56

4.3.2 在线下架出售中的宝贝

一般来说，宝贝发布后，过了七天会自动下架后再上架，不需要卖家来手工管理，但有时候因为一些意外，比如突然发现宝贝有些质量问题，或者宝贝供货跟不上，此时就需要手工下架出售中的宝贝了，其操作方法如下。

首先单击“宝贝管理”下面的“出售中的宝贝”超级链接，在右边的页面中出现宝贝列表，❶选中要下架的宝贝前的复选框；❷单击宝贝列表上方或下方的“下架”按钮即可，如图4-57所示。

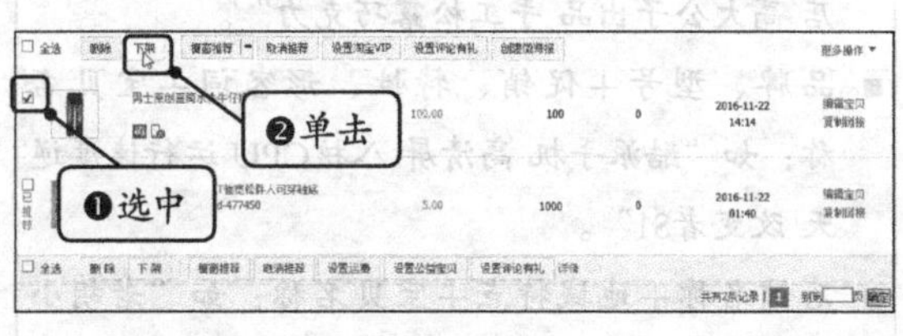

图4-57

4.3.3 在线修改出售中的宝贝

有时候需要修改出售中的宝贝的某些信息，比如颜色、数量或价格，则可以在“卖家中心”进行操作。

首先单击“宝贝管理”下面的“出售中的宝贝”超级链接，在右边的页面中出现宝贝列表，单击要修改的宝贝右边的“编辑宝贝”超级链接即可，如图4-58所示。

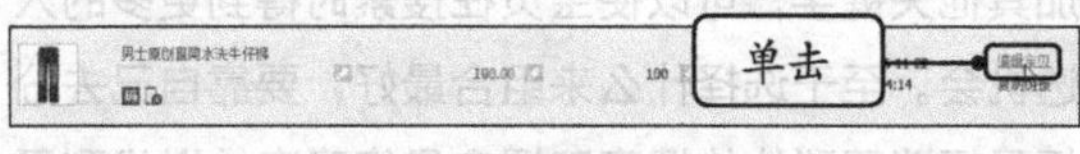

图4-58

随即系统会跳转到与发布宝贝时一样的页面，卖家可以对宝贝信息进行修改，修改完后单击“确定”按钮。

4.3.4 删除库存的宝贝

对于已经不再出售的宝贝，可以将之从仓库中删掉，其操作方法也很简单。

单击“宝贝管理”下面的“仓库中的宝贝”超级链接，在右边的页面中出现宝贝列表，❶选中要删除的宝贝前的复选框；❷单击宝贝列表上面或下面的“删除”按钮即可，如图4-59所示。

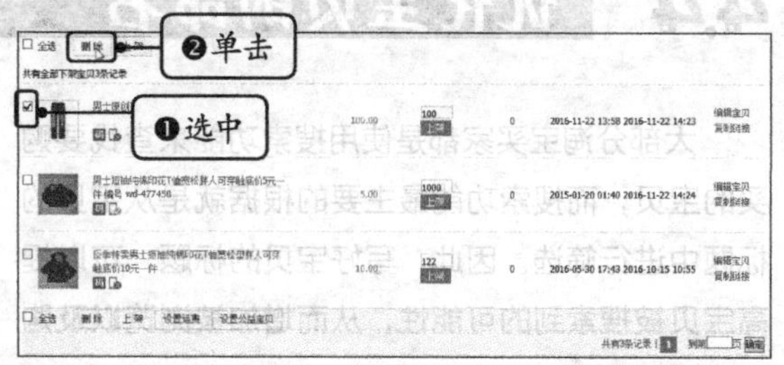

图4-59

4.3.5 让宝贝在指定时间自动上架

在发布宝贝时，可以指定让宝贝在某个时间自动上架，在上架之前，宝贝是存放在仓库中的。用户可能要问，为什么要让宝贝在某个时间自动上架呢？这样做的原因何在？

其实这关系到买家在淘宝搜索一件宝贝时的排名。简单来说，越是临近下架时间的宝贝，在搜索排名中就越靠前（在其他条件都相同的情况下）。卖家们自然想到，如果将某个宝贝的下架时间控制在上网高峰时段之后的一点儿，那么这个宝贝被买家看到的可能性就越大。因此，上架时间就显得特别重要了，因为从上架时间可以控制下架时间。

让宝贝在指定时间自动上架的操作很简单，在发布宝贝时选择相关选项即可，具体如下。

在宝贝发布页面，❶选择“定时上架”选项；❷设置宝贝上架时间；❸设置其他信息后单击“发布”按钮即可，如图4-60所示。

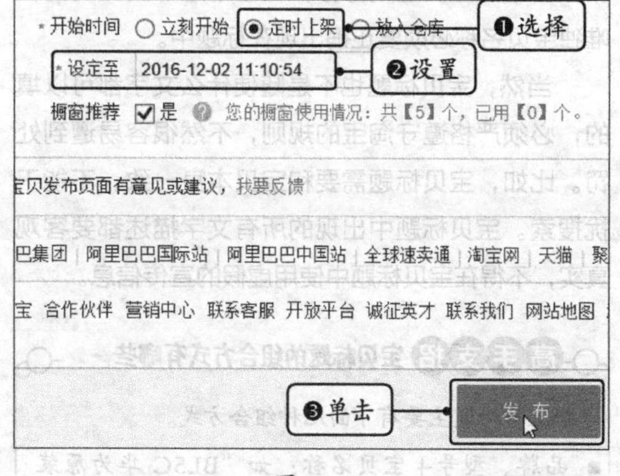

图4-60

4.4 优化宝贝的命名

大部分淘宝买家都是使用搜索功能来查找要购买的宝贝，而搜索功能最主要的根据就是从宝贝的标题中进行筛选。因此，写好宝贝的标题，可以提高宝贝被搜索到的可能性，从而增加被浏览以及购买的概率。

4.4.1 宝贝标题的结构和组合方式

为了尽可能多地增加宝贝被搜索到的概率，需要一个好的宝贝标题，这个标题不仅能吸引人，也能让买家一目了然地知道宝贝的特性，还能利于关键字搜索。

一个完整的宝贝标题应该包括三个部分。

第一部分是"宝贝名称"，这部分要让客户一眼就能够明白这是什么东西。

第二部分由一些"感官词"组成，感官词在很大程度上可以增加买家浏览这个宝贝的兴趣。

第三部分由"优化词"组成，可以使用与产品相关的优化词来增加宝贝被搜索到的概率。

这里举一个宝贝标题的例子来说明："【热销万件】2017春季新款男装正品修身外套"，其中"外套"是宝贝名称，"热销万件"这个词会让客户对产品产生信赖感，"男装""正品""修身"这3个词是优化词，它能够让买家更容易找到宝贝。

在宝贝标题中，感官词和优化词是增加搜索量和点击量的重要组成部分，但也不是非要出现的，唯独宝贝名称必须要正确出现在标题中。

当然，宝贝标题也不是随便什么文字都可以填的，必须严格遵守淘宝的规则，不然很容易遭到处罚。比如，宝贝标题需要和宝贝本身一致，不能干扰搜索。宝贝标题中出现的所有文字描述都要客观真实，不得在宝贝标题中使用虚假的宣传信息。

高手支招 宝贝标题的组合方式有哪些

一般宝贝标题主要有下面几种组合方式。

- 品牌、型号＋宝贝名称：如"BL5C 华为原装耳机"。
- 促销、特性、形容词＋宝贝名称：如"双11大减价纯牛皮 高帮女靴"。
- 地域特点＋品牌＋宝贝名称：如"新疆高温差培育××牌 甜枣"。
- 店铺名称＋品牌、型号＋宝贝名称：如"潮东店 高大公子出品 手工松露巧克力"。
- 品牌、型号＋促销、特性、形容词＋宝贝名称：如"酷派手机 高清屏 八核CPU 运行速度逆天 改变者S1"。
- 店铺名称＋地域特点＋宝贝名称：如"老胡小铺 四川特产 特辣朝天椒"。
- 品牌＋促销、特性、形容词＋宝贝名称：如"云天酒 买二赠一 浓香型 400毫升水晶瓶礼品装"。
- 信用级别、好评率＋店铺名称＋促销、特性、形容词＋宝贝名称：如"双皇冠 好评过万 蓝色数码 光棍节大促 双11疯抢 2万毫安超大容量 盖铁移动电源"。

这些组合不管如何变化，宝贝名称这一项一定是其中的一个组成部分。因为，在搜索时，首先会使用到的就是宝贝名称关键字，在这个基础上再增加其他关键字，可以使宝贝在搜索时得到更多的入选机会。至于选择什么来组合最好，要靠自己去分析目标消费群体的搜索习惯来最终确定，以找到最合适的组合方式。

4.4.2 如何在标题中突出卖点

在网店经营中，如何能够吸引买家点击宝贝是一个比较重要的问题，这和宝贝标题的编写密切相关，如果标题比较吸引人，那么被点击的次数就会较多，被浏览的次数也就较多，被购买的可能性也就增大了。

卖家在编写宝贝标题时，最重要的就是要把宝贝核心卖点用精练的语言表达出来。卖家可以列出四五个卖点，然后选择最重要的三个卖点融入宝贝标题中。下面是在宝贝标题中突出卖点的一些技巧。

- 标题应清晰准确：宝贝标题不能让人产生误解，应该准确而且清晰，让买家能够在一扫而过的时间内轻松读懂。比如："外贸 大码 纯棉男装T恤"就是一个很好的标题，特点和卖点都很清晰，而"高级工艺 原浆 超低价 云天酒"就是一个失败的标题，除了"超低价"以外，"高级工艺"和"原浆"都很难给访客留下什么印象，高级工艺高在何处，原浆又是什么，看了也不了解，当然也就谈不上被吸引了。
- 标题的充分利用：淘宝规定宝贝的标题最长不能超过60个字节，也就是30个汉字，在组合理想的情况下，包含越多的关键字，被搜索到的概率就越大。
- 价格信号：价格是每个买家关注的内容之一，也是最能直接刺激买家，形成购买行为的因素。所以，如果店里的宝贝具备一定的价格优势，或是正在进行优惠促销活动，如"特价""清仓特卖""仅售99元""包邮""买一赠一"等，完全可以用简短有力的词在标题中注明。
- 进货渠道：如果店铺的宝贝是厂家直供或从国外直接购进的，可在标题中加以注明，以突出宝贝的独特性，如"原厂直销""海外渠道"或"美国直邮"。
- 售后服务：因在网上不能面对面交易，不能看到实物，许多买家对于某些宝贝不愿意选择网上购物，因此，如果能提供有特色的售后服务，例如"七天无条件换货""全国联保"等，这些都可以在标题中明确的注明。
- 店铺高信誉度记录：如果店铺的信誉度较高，如皇冠、金冠级等，可以在宝贝标题中注明网店的信誉度，这些都会增强买家与卖家的交易信心，如"皇冠店信誉保证 正品虫草"等。
- 卖品超高的成交记录：如果店中某件宝贝销量在一段时间内较高，可以在标题中注明"月销上千""明星推荐"等文字，善用这些能够调动人情绪的词语，对店铺的生意是很有帮助的。这样会令买家在有购买意向时，极大降低对此宝贝的后顾之忧。
- 使用特殊符号：为了让标题与众不同，可以在宝贝标题中插入特殊符号，以起到强调作用，如"◆限量特价◆""☆新款☆"等。但是这些符号不能滥用，用太多反而会让人感到"眼花缭乱"，无法阅读。
- 适当分割以利于阅读：如果30个字的标题一点儿都不分割，会使整个标题看上去一团糟，比如"全场包邮2017秋冬新款冬裙羊绒毛呢加厚短裙半身裙包臀裙子"，这么多字没有一个标点符号，完全不分割，虽然有利于增加被搜索到的概率，但是会让买家看得很辛苦甚至厌烦，所以，少量而必要的断句是应该的。最好使用空格符号或半角进行分割标题。如"全场包邮！2017秋冬新款冬裙 羊绒毛呢 加厚短裙 半身裙 包臀裙子"。

4.4.3 选好关键词让流量滚滚而来

买家搜索宝贝时会在搜索栏输入宝贝的关键词，每个人的关键词都不一样。为了能够更好地让买家搜索到自己的宝贝，必须在宝贝标题中体现出关键词来，或者使关键词在搜索引擎允许的范围内。因此，在有限的关键字额度中，找到最合适的、利用率最高的关键词很重要。

下面先来看看如何获得正确的关键词，卖家可以通过以下途径收集关键词。

在淘宝主页面的宝贝搜索栏中，输入"电脑"，在下拉框中可以找到其他相关联的关键词。如"电脑桌""电脑椅""电脑主机"等，如图4-61所示。

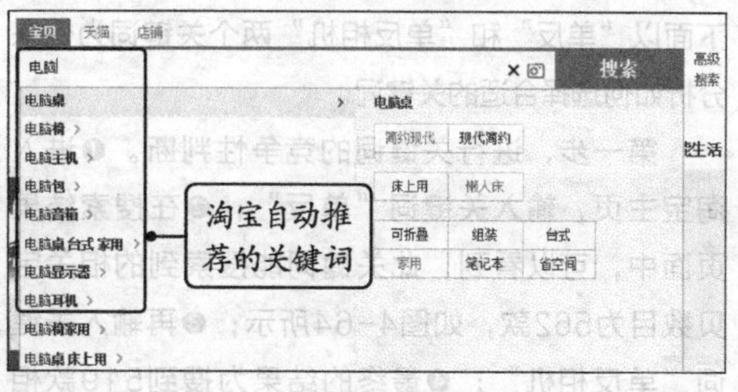

图4-61

卖家也可以使用一个关键词进行搜索，在搜索页面中，淘宝会给出比较热门的相关搜索词。这里用“男士外套”进行搜索，可以看到淘宝给出的其他匹配类似的关键词，如图4-62所示。

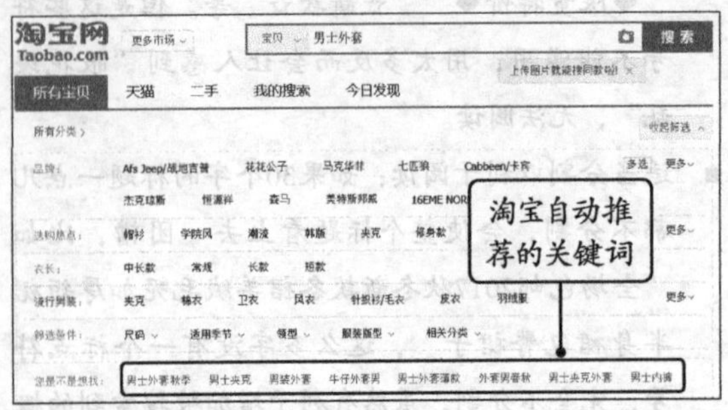

图4-62

卖家也可以参考其他同行的店铺，看一下他们的宝贝标题是怎么写的。这样有可能得到更多的关键词作为预选，如图4-63所示。

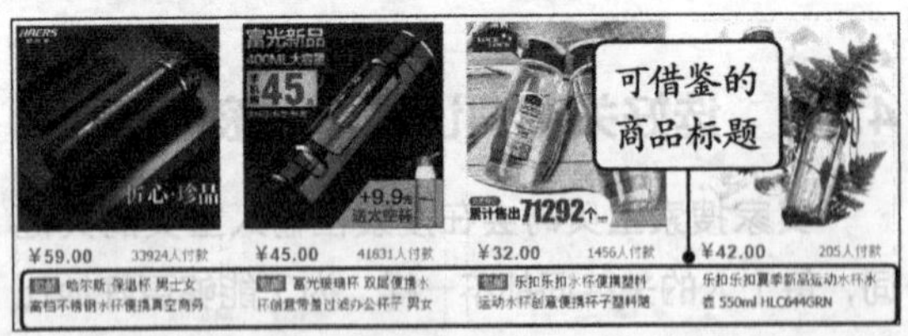

图4-63

在完成预选的关键词的收集后，要做的就是从中找到最好、最合适的那几个关键词。

那么怎样选择关键词呢？第一步，判断关键词的竞争性，把想要的几个关键词分别输入淘宝首页的宝贝搜索中，看看搜索结果得到相关宝贝数量，获得结果越多，竞争就越大，那么该关键词使用价值就越小。第二步，关键词的搜索量分析。没人搜索的关键词是没有任何使用价值的，而只有当有人搜索了自己的关键词后，才有可能让别人搜索到。下面以“单反”和“单反相机”两个关键词为例来分析如何选择合适的关键词。

第一步，进行关键词的竞争性判断。❶进入淘宝主页，输入关键词“单反”；❷在搜索结果页面中，可以看到，此关键词能搜索到的相关宝贝数目为562款，如图4-64所示；❸再输入关键词“单反相机”；❹最终的结果为搜到519款相关的宝贝，如图4-65所示。两者比较，由于“单反相机”搜索结果较少，因此竞争较少，优于“单反”。

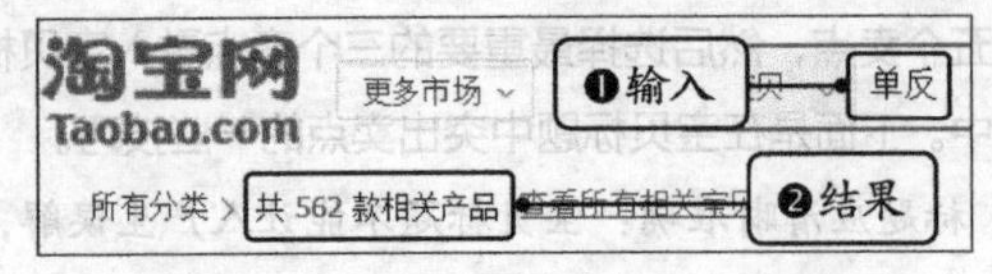

图4-64

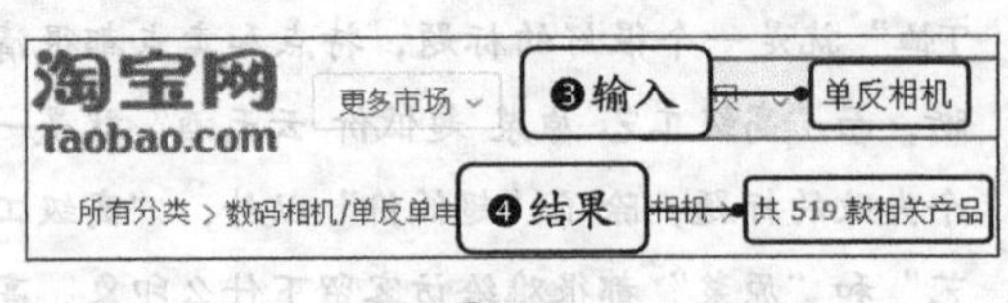

图4-65

第二步，进行关键词的搜索量分析。通过百度指数查询某个词的搜索趋势并看近期内的用户关注度，指数越高，证明这个词在近期用户的关注度越高，这也从另一个方面表明用户使用这个词语进行搜索的数量比较大，也可以认为使用搜索的量很大。

专家提点 什么是百度指数

百度指数是以百度网页搜索和百度新闻搜索为基础的免费海量数据分析服务，用以反映不同关键词在过去一段时间里的“用户关注度”和“媒体关注度”。

下面进入百度搜索指数主页网址index.baidu.com，如图4-66所示。

图4-66

只要输入关键词，就可以看到各类关于此关键词的分析指数。注意图4-67中的“用户关注度”，这是百度科学分析并计算出各个关键词在百度网页搜索中搜索频次的加权和，以曲线图的形式展现。

如果要比较两个关键词的数据，可以使用逗号隔开这两个关键词来搜索结果。❶首先输入“单反，单反相机”，❷然后单击“搜索”按钮，如

图4-68所示。

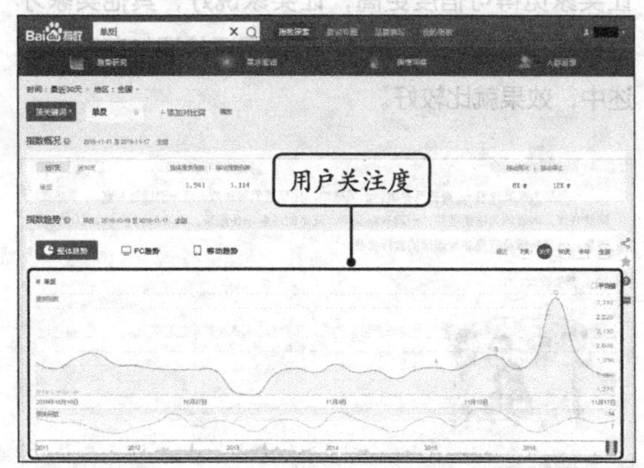

图4-67

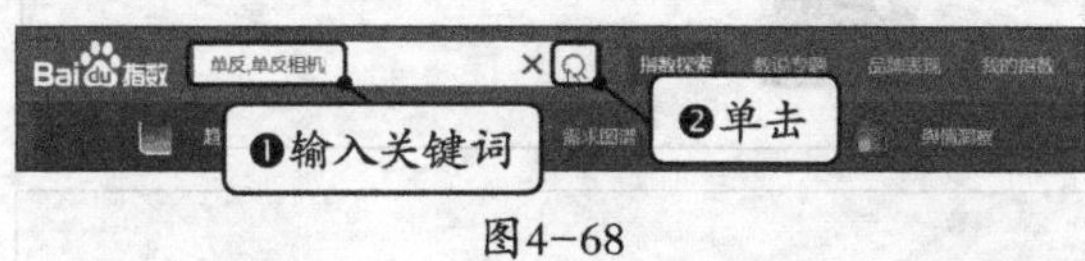

图4-68

在页面的下方将显示用户关注度趋势图，如图4-69所示，在同一时间段里，蓝色线的“单反”搜索次数平均值是每天1863次，绿色线的“单反相机”搜索次数平均值是每天2090次，“单反相机”搜索量高于“单反”。

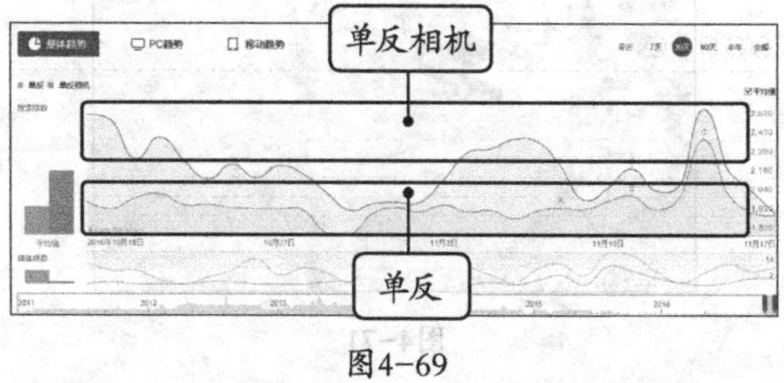

图4-69

通过比较发现选择关键词“单反相机”要好于“单反”。根据上面的方法依次分析准备进入标题的各个关键词，在总体规划取舍后，再侧重选择合适的关键词，即可达到较好的搜索效果。

4.5 做好宝贝的“自我介绍”

通过宝贝标题，吸引买家浏览宝贝，这是第一步。第二步则是要使用准确的、值得信赖的宝贝描述，来说服买家购买宝贝，因此做好宝贝的自我介绍也是很重要的。

4.5.1 撰写宝贝描述的步骤

在网上购物，影响买家是否购买的一个重要因素就是宝贝描述，很多卖家也会在宝贝描述上花费大量的心思，下面是撰写宝贝描述的步骤。

1. 做一个精美的宝贝描述模板

首先最好有一个精美的宝贝描述模板，卖家可以自己设计宝贝描述模板，也可以在淘宝上购买，还可以从网上下载一些免费的宝贝描述模板。精美的模板除了让买家知道卖家在用心经营店铺外，还可以对宝贝起到衬托作用，促进宝贝的销售量。图4-70所示为一个精美的宝贝描述模板。

2. 拍摄好宝贝照片

在发布宝贝描述前，还要拍摄处理好宝贝照片。图片的好坏直接关系到交易的成败，一张好的宝贝图片能向买家传递很多东西，起码应该能反映出宝贝的类别、款式、颜色、材质等基本信息。在这个基础上，要求图片拍得清晰、主题突出以及颜色还原准确，具备这些要素后，可以在上面添加货号、美化装饰品、店铺防盗水印等，图4-71所示为处理好的宝贝照片。

图4-70

图4-71

3. 吸引人的开头，快速激发客户的兴趣

宝贝描述的开头的作用是吸引买家的注意力，立刻唤起买家的兴趣，让买家不由自主地就想看下去。

不管写什么样的产品描述，必须首先了解客户的各类需求，了解他们的想法，找到吸引客户的东西，琢磨怎样把自己的宝贝和客户的兴趣点联系在一起。

比如卖中老年服装，面对的客户绝大部分是青年人和部分中年人（因为老年人很少上网，不会在网上为自己买服装），购买的目的是赠送给父母长辈。因此，在宝贝描述中，可以适当颂扬一下亲子感情，比如：“小时候，爸爸是参天大树，为我遮风挡雨，现在爸爸已经老了，在这个寒冷的冬天，我想亲手为他披上一件厚厚的羽绒服，然后说声谢谢你，爸爸”。

4. 突出卖点，给买家一个购买的理由

卖家可以找到并附加一些产品的卖点，并适当加以放大，很多产品细节与卖点是需要挖掘的，每个卖点都是增加买家说服力的砝码。描述能够吸引买家的卖点越多，就会越成功。如图4-72所示，一个小小的香菇，就被发掘出四个卖点，肯定要比单纯写上“绿色山珍，营养美味”好得多。

5. 通过建立信任，打消客户疑虑

卖家可以通过利用买家的评价，并附加在描述里，放些客户好评和聊天记录，增加说服力，与买家建立信任，打消买家疑虑。第三方的评价往往会让买家觉得可信度更高，让买家说好，其他买家才会相信。如图4-73所示，把信用评价添加在宝贝描述中，效果就比较好。

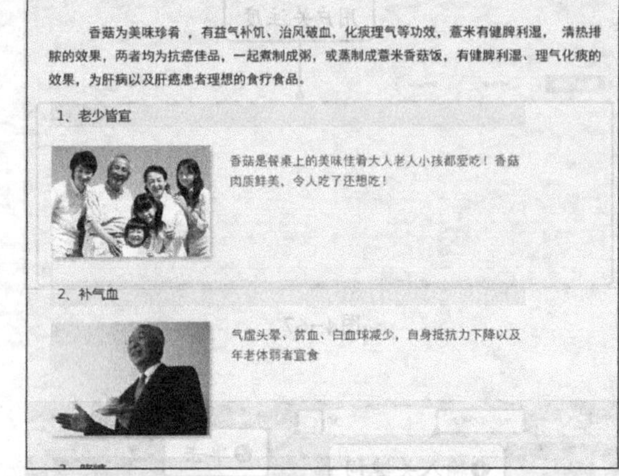

图4-72

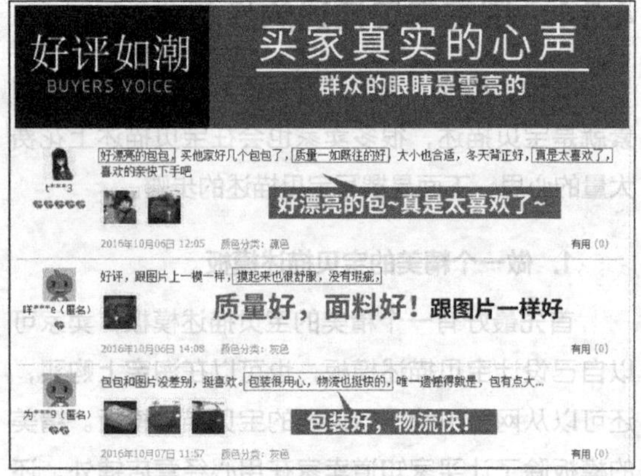

图4-73

6. 给买家一个购买推动力，让对方尽快采取行动

当买家已经对宝贝产生了购买兴趣，却还在

犹豫不决的时候，需要给他一个购买推动力，让他尽快采取行动。例如，在宝贝描述中设置免费的赠品，并且告诉买家，赠送赠品的活动随时都有可能结束。

4.5.2　如何撰写宝贝描述

宝贝描述是真正展示宝贝的地方，买家主要是通过宝贝描述获得宝贝的第一印象。许多卖家的宝贝描述非常简单，往往几十个字就没了。并不是卖家没有时间，也不是因为懒惰，只是觉得无话可写。因为这些卖家不知道从哪里收集描述资料，而这些资料往往就在日常生活中被忽略了。对于宝贝描述信息要做到简洁明了，这样可以节约买家的时间。

卖家在写宝贝描述时，应注意如下几个方面。

（1）要向供货商索要详细的宝贝信息。宝贝图片不能反映的信息包括材料、产地、售后服务、生产厂家、宝贝的性能等。相对于同类产品有优势和特色的信息一定要详细的描述出来，这本身也是产品的卖点。

（2）产品的基本属性描述，例如品牌、包装、规格、型号、重量、尺寸大小、产地等。这些都描述出来，会让买家更觉得店主在用心经营，在为买家着想，从情感上抓住买家的心，宝贝描述应对买家攻心为主，看完宝贝描述后，让买家与宝贝描述中的图片和文字产生共鸣，图4-74所示的产品的基本属性描述就是一个较好的范例。

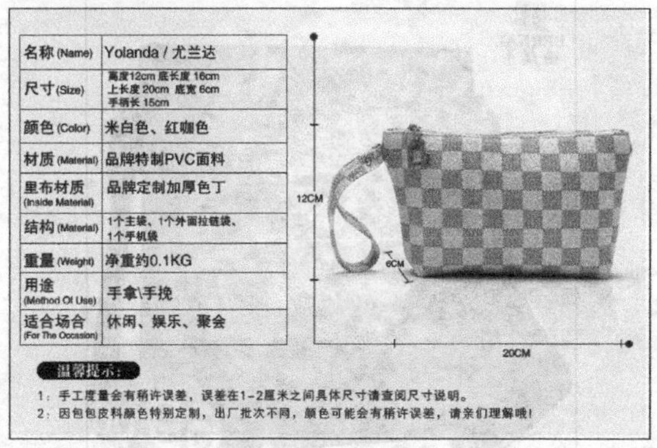

名称(Name)	Yolanda / 尤兰达
尺寸(Size)	高度12cm 底长度 16cm 上长度 20cm 底宽 6cm 手柄长 15cm
颜色(Color)	米白色、红咖色
材质(Material)	品牌特制PVC面料
里布材质(Inside Material)	品牌定制加厚色丁
结构(Material)	1个主袋、1个外面拉链袋、1个手机袋
重量(Weight)	净重约0.1KG
用途(Method Of Use)	手拿\手挽
适合场合(For The Occasion)	休闲、娱乐、聚会

图4-74

（3）为了直观性，宝贝描述应该使用“文字+图像+表格”三种形式结合，这样买家看起来会更加直观，增加了购买的可能性，如图4-75所示。

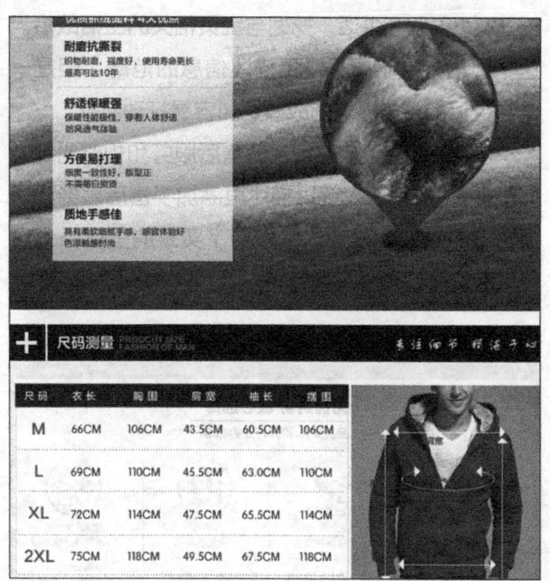

尺码	衣长	胸围	肩宽	袖长	摆围
M	66CM	106CM	43.5CM	60.5CM	106CM
L	69CM	110CM	45.5CM	63.0CM	110CM
XL	72CM	114CM	47.5CM	65.5CM	114CM
2XL	75CM	118CM	49.5CM	67.5CM	118CM

图4-75

（4）参考同行网店。可以去皇冠店转转，看看别人的宝贝描述是怎么写的。特别要重视同行中做得好的网店。

（5）在宝贝描述中也可以添加相关推荐宝贝，如本店热销宝贝、特价宝贝等，即使买家对当前所浏览的宝贝不满意，在看到商家销售的其他宝贝后，也许就会产生购买的欲望。另外即使已经决定购买现在所浏览的宝贝，在浏览其他搭配宝贝的同时，也会产生再购买另外宝贝的打算。让买家更多地接触店铺的宝贝，增加宝贝的宣传力度。如图4-76所示，下半部分为宝贝详情，而上半部分为其他相关推荐宝贝。之所以把推荐宝贝放在宝贝详情上面，是因为这样可以强迫访客浏览推荐的宝贝。

图4-76

（6）留意生活，挖掘与宝贝相关的生活故事。这个严格来说不属于宝贝描述信息的范畴，但是一个与宝贝相关的感人的故事更加容易打动买家。

（7）在宝贝描述中注意售后服务和规避纠纷。如图4-77所示，在宝贝描述里添加了售后服务和退换货的一些注意事项，既取消了买家的担忧，也可在以后发生纠纷时有理有据。

图4-77

（8）展示相关证书证明。如果是功能性宝贝，需要展示能够证明自己技术实力的资料。提供能够证明不是虚假广告的文件，或者如实展示人们所关心的宝贝制作过程，都是提高可信度的方法。如果电视、报纸等新闻媒体曾有所报道，那么收集这些资料展示给买家也是一种很好的方法。如图4-78所示的页面中展示了专业机构颁发的质量监测报告，买家看见此报告，就知道该店出售的商品是符合相关质量标准的，从而放心购买。

图4-78

4.5.3 优化宝贝图片做好视觉营销

宝贝图片的好与坏直接影响买家是否感兴趣并进行点击浏览，甚至影响买家是否付款购买。宝贝图片优化是对现有的宝贝图片进行优化处理，进而优化出好的图片，甚至优化出最能刺激买家产生购买行为的图片。优化图片可以从以下几个方面着手。

1. 首图的优化

假设通过关键词的优化，自己的宝贝已经能够成功显示在搜索结果的前几页。那么，如何吸引买家在这几十个结果中点击自己的宝贝呢？这取决于淘宝宝贝首图的“魅力”。在所有的宝贝展示图片中，首图决定了宝贝能否得到买家的关注。如图4-79所示的宝贝图片展示效果简洁美观，绝对能让它在宝贝中脱颖而出。

图4-79

淘宝宝贝首图优化原则如下。

（1）主体突出，宝贝清晰漂亮，从最佳角度展示宝贝全貌，不要有过于杂乱的背景。

（2）展示促销信息，让买家一看图片就知道这个店铺有优惠活动，从而产生点击的欲望。

（3）尽量把主图做成正方形。

2. 图片要处理好

图片的大小首先要调整好，要符合在网站上打开时浏览者的视觉感受，注意太大的图会影响网页打开的速度。修正构图，把因拍摄时不注意留下的构图问题，利用黄金分割法调整好，让人看上去觉得舒服，并产生美感。图片不能过亮，也不能偏暗，调整合适就可以。同时要加上店铺的防盗水印，彰显店铺的专业性，也要防止网络盗图行为，如图4-80所示。

图4-80

3. 应详细地展示宝贝

即使是同一件宝贝，随着颜色和尺寸的不同，人们的感觉也会有很大差异。对于买家想要了解的内容，不要一概而过，而是应认真、详细、如实地介绍给买家。只有这样，买家才能毫不犹豫地购买。如图4-81所示的宝贝展示中，使用多幅图片详细地展示了宝贝的不同部位。

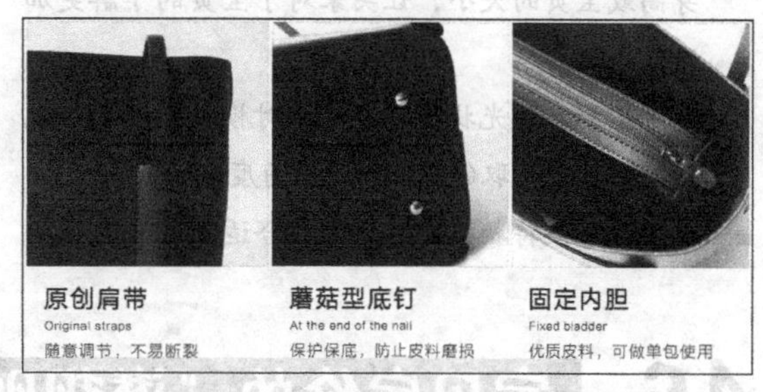

图4-81

很多新手卖家都不注重细节图的拍摄，甚至在页面上就没有细节图，这样是很难让买家信任的。所以，为了店铺的生意，细节图的拍摄一定不能少。细节图越多，买家看得越清楚，当然对卖家的宝贝产生好感及购买欲望也就越大。

4. 采用模特实拍

宝贝图片不仅要吸引人、清晰漂亮，还要向买家传达丰富的宝贝信息，如宝贝的大小、感觉等这些看不准、摸不着的信息。如果是想用心地经营一个属于自己的品牌店的话，采用模特实拍图片是必不可少的。建议经营服装、包包、饰品等宝贝的卖家用真人做模特拍摄图片，能给买家传达更多的信息。

相比平铺的衣服照片，使用真人模特的照片更能体现衣服的试穿效果。而且模特的姿势也要各式各样，这样才能显示出服装的板型和试穿效果，如图4-82所示。

图4-82

使用真人模特拍出来的宝贝图片，不仅能让买家更多地了解宝贝，还能美化店铺，吸引买家的眼球，店铺浏览量也会随之提高。

使用真人模特拍摄宝贝图片，应该注意以下几点。

- 使用真人做模特，最好在宝贝描述中标明模特的身高或宝贝的大小，让买家对于宝贝的了解更加透明。
- 尽量不要在逆光状态下直接面对模特，拍摄者或模特也可以采取斜45° 的拍摄角度。
- 使用真人模特拍摄图片，选择合适的背景也很重要。地点最好选择户外，自然光拍摄出来的效果更好。
- 要协调拍摄对象之间的关系，不能喧宾夺主。重点体现宝贝的特点，但是也要注意宝贝和模特之间的协调。
- 模特姿势要多些，同时动作要自然，不要太僵硬。

4.6 宝贝定价的“潜规则”

为网店里的宝贝定价应留心，定高了让买家望而生畏，定低了有可能让买家怀疑价廉质差。究竟以什么标准衡量自己产品的价格，并且还能够获得市场的认可呢?

4.6.1 宝贝定价必须要考虑的要素

宝贝定价是网上开店最简单的一件事情。然而，越是简单的事，如不加以考虑，办起来越有难度。有一些人自认为对定价了如指掌，不必再去费尽心思考虑，其实这样做往往会导致利润的大量流失。所以，武断地制定一个恒久不变的标准价格是个很严重的错误。因为在大多数情况下，这种价格往往不会带来任何利润。定价时需要考虑的因素很多，具体来说，要特别注意以下要素。

1. 市场竞争情况

为宝贝定价时应该考虑市场上其他宝贝是如何定价的，再仔细权衡，从而为自己的宝贝定价。宝贝诱惑力的高低，直接决定着买家购买的意愿及数量。如果宝贝具有一定的吸引力，此宝贝的销售数量会大大增加；如果宝贝没有吸引人的地方，那么不论如何促销、降价，都不能成功售出。

2. 市场的性质

首先考虑买家的消费习惯，一旦买家使用习惯了一种品牌的东西，就会形成一种购买习惯，不易改变。

其次要考虑销售市场的大小。销售一种宝贝时，要准确定位自己的买家群，要了解由这种买家群构成的市场走向。

3. 销售策略

卖家要根据宝贝的性质、企业形象以及店铺的特性制定宝贝销售策略。如销售品质优良的名牌产品，则需要定高价，人们才觉得物超所值。对于一些流行性非常强的宝贝，也需要定高价，因为一旦流行期过后，就会削价。如果销售过时的宝贝，则需要定低价，才会使宝贝顺利打开销路。

4. 宝贝形象

一些历史悠久、宝贝品质优良的品牌店铺。服务周到，已经闯出了名号，奠定了根基，使得买家在逢年过节要买礼品送人时，一定会想到它，因此定价可以稍高。

4.6.2 宝贝定价的诀窍

宝贝价格是买家十分敏感的事，如果商家在定价上能玩出什么新的花样来，必然得到买家的垂青。一些成功的经营者，都是善于用定价吸引买家的高手。他们各出奇招，都收到了意想不到的效果，在满足买家的同时，也使自己得到了收获。

定价方法直接影响买家的消费意向，奇特的定价方法会给买家带来心里刺激。不同的定价方法对买家产生的心里影响也不相同。一般来说，网店常使用以下五种定价方法。

1. 批量购买引导定价法

买家都想在价格最便宜时购买宝贝，但必须保证买到。宝贝八、九折时买家的兴趣不太大，七折时会担心别人将自己心爱的东西买走，五、六折时买家会迫切想要买走宝贝，否则将会失去廉价的机会。批量购买引导定价法，是根据买家购买量的差异来制定不同的价格，随着买家购买量的增加，单位宝贝的价格在不断降低。

2. 成本加成定价法

成本加成定价法又叫毛利率定价法、加额法或标高定价法。这是多数商家通常采用的一种定价方法，其优点是计算方便。而且在正常的情况下，即在市场环境的许多因素趋于稳定的情况下，运用这种方法能够保证商家获取正常利润。同时，同类宝贝在各商店的成本和加成率都比较接近，定价不会相差太大，相互间的竞争不会太激烈。此外，这种方法容易给买家带来一种公平合理的感觉，很容易被买家接受。

3. 习惯定价法

这是利用市场上已经形成的习惯来定价的方法。市场上有许多宝贝，销售时间长，形成了一种定价的习惯。定价偏高，销量不易打开；定价太低，买家会对宝贝的品质产生怀疑，也不利于销售。这种方法对于稳定市场不无好处。

许多日用品，由于买家时常购买，形成了一种习惯价格，即买家很容易按此价格购买，其价格大家都知道，这类宝贝销售应遵守习惯定价，不能轻易变动价格，否则买家心里会产生不满，如果原材料涨价，需要提价时，要特别谨慎，可以通过适当减少分量等方法来解决。

4. "特价品"定价法

商家将少量的宝贝价格降低成本，为此来招揽买家，增加对其他宝贝连带式的购买，以便达到销售的目的。运用这种方法要采用一些多数家庭需要的"特价品"，而且市场价格要为广大买家所熟悉。这样才能让买家知道这种宝贝的价格比一般市场价格低，从而招来更多的买家。

5. 安全定价

安全定价是一种很稳妥的定价策略。宝贝定价适中，会减少市场风险，可在一定时期内收回投资，并有适当的利润。买家有能力购买，经营者也便于销售。

宝贝定价是一门很深的学问。在商海缤纷变幻的时代，经营者要把自己的宝贝成功地销售出去，掌握奇特的定价方法是必然趋势。

4.6.3　宝贝高价定位与低价定位法则

同一件宝贝，可能定出很高的价格，也可能定出平易近人的价格。高价未必就不好卖，低价也未必就能赚大钱，这中间其实有很多技巧。

1. 高价定位法则

高价定位法，是针对一些买家攀高心理而实施的。采用高价策略，将宝贝的价格定得很高，以便在短期内获取尽可能多的利润。同时，高价格又满足了买家求新、求异和求品位的心理。

（1）从买家角度进行的高价定位

许多买家追求的是自己独占某些奢侈品，所以有时高价也是需求增加的重要原因之一，而削价则会导致需求下降，因为削价意味着有社会声誉的物品的贬值。当店铺的目标买家是那些社会阶层比较高的人士时，商店必须高价定位宝贝。

（2）标志宝贝高品质而进行的高价定位

在宝贝价格与需求的关系中，存在一种质价效应，即买家通常把高价看作是优质宝贝和优质服务的标志，因而在宝贝价格较高的情况下，也能刺激和提高需求的效应。在许多情况下，许多买家往往以"一分价钱，一分货""好货不便宜，便宜无好货"等观念去判断宝贝的质量，因此，高价能给人们产生高级宝贝、优质宝贝的印象。

（3）标志高水平服务而进行的高价定位

如同高价位能显示宝贝高品质一样，高价位同样能显示服务的高水平。对于以高价定位的商店，除了要时刻注意买家对宝贝的反应，不断提高宝贝质量，增加宝贝功能，创造更新的款式外，还要搞好服务工作，增强买家对宝贝使用的安全感和依赖感。高价位所标志的高水平服务，也能满足一些人的需求。

在采取高价策略时应十分慎重，只有具有独特功能、独占市场、仿制困难、需求弹性小的宝贝，才能在较长的时间内保持高价，否则价格太高会失去买家。

2. 低价位定价法则

现在许多商家都在采用每日低价的法则，此类法则强调把价格定得低于正常价格，但高于其竞争对手大打折扣后的价格。最成功的零售商沃尔玛就是使用这一低价策略。

低价法则在通常情况下是具有竞争力的，但是并非“价格低廉”就一定好销售。这是因为过于低廉的价格会造成对宝贝质量和性能的“不信任感”和“不安全感”。买家会认为，“那么便宜的宝贝，恐怕很难达到想象的质量水平，性能也未必好”。要卓有成效地运用这一策略，商店必须具备以下条件。

（1）进货成本低，业务经营费用低，低费用才能支撑低价格。

（2）存货周转速度快，所有宝贝都能被卖掉。经常降价尽管利润受损，但可以尽快把宝贝销售出去。

（3）买家对宝贝的性能和质量很熟悉，价格便宜会使卖家大量购买。例如，日常生活用品、食品等。

（4）能够向买家充分说明价格便宜的理由。

（5）商店必须在买家心目中享有较高的信誉，不会有经营假冒伪劣宝贝之嫌。

4.6.4 利用数字定价技巧

宝贝定价必须懂“数字”，不会计算的人不会富有。万事都要做到心中有数，才能知道事情的重要程度，才能有效衡量盈亏。

1. 非整数法

“差之毫厘，失之千里。”这种把宝贝零售价格定成带有零头结尾的做法被销售专家们称为“非整数价格法”。很多实践证明，“非整数价格法”确实能够激发买家良好的心理呼应，获得明显的经营效果。如一件本来值10元的宝贝，定价9.8元，肯定更能激发买家的购买欲望。

把宝贝零售价格定成带有零头结尾的非整数的价格，是一种极能激发买家购买欲望的做法。非整数价格虽与整数价格相近，但它给予买家的心理信息是不一样的。

比如，一家网上服装店进了一批货，以每件100元的价格销售，可购买者并不踊跃。无奈之下，商店只好决定降价，但考虑到进货成本，只降了2元钱，价格变成98元。想不到就是这2元钱之差，买者络绎不绝，货物很快销售一空。

2. 整数法

美国的一位汽车制造商曾公开宣称，要为世界上的富人制造一种大型高级豪华轿车，价格定为100万美元的整数价。为什么？因为高档豪华品的购买者，一般都有显示其身份、地位、富有、大度的心理欲求，整数价格正好迎合了这种心理。

对于高档宝贝、耐用宝贝等宜采用整数定价策略，给买家一种“一分钱一分货”的感觉，以树立品牌形象。

3. 定价时用小单位

定价时采用小单位，会让买家感觉宝贝的价格比较便宜，如将每市斤100元茶叶定成5元/两。或用较小单位宝贝的价格进行比较，如“使用这种电冰箱每天只耗半度电，才0.26元钱！”而不是“使用这种电冰箱每月只耗15度电，才7.8元钱！”

4. 选易被买家接受的数字定价

据调查发现，宝贝定价时所用数字的频率，依次是5、8、0、3、6、9、2、4、7、1。这不是偶然的，究其根源是买家消费心理的作用。带有弧形线条的数字，如5、8等比不带弧线的数字有刺激感，易为买家所接受；而不带有弧形线条的数字，如l、7、4等比较而言就不大受欢迎。

在价格的数字应用上，应结合国情。很多中国人喜欢8这个数字，并认为它会给自己带来发财的好运；因中国有六六大顺的说法，6也比较受欢迎，4因为与“死”同音，被人忌讳；250则有骂人之嫌疑，最好减一两元以避开。

4.7 推荐优势宝贝

店里出售的宝贝可能有几十上百个甚至数百个，其中有一些应该是比较受欢迎的，原因可能是性价比高，或者很难买到，以及其他因素。总之，这些宝贝值得进行重点推荐，让它们的“出镜率”更高，不仅可以提高销售量，还可以为店铺带来更多的访问量。

4.7.1 宝贝推荐原则

在推荐宝贝时，需要正确选择推荐的宝贝以及推荐的时间，充分合理地安排推荐位置。宝贝推荐的原则有以下几种。

1. 选对宝贝

推荐的宝贝可以说是店铺的橱窗，除了展示宝贝本身外，也有助于带动店内其他宝贝的浏览量。

- 性价比高的宝贝，在同类产品中具有一定优势。
- 命名很完善的宝贝、有着好名字的宝贝在淘宝网上被搜索到的概率更高，得到的展示机会也更多。
- 图片精美的宝贝、漂亮的宝贝可以吸引更多买家的注意，同时也给店铺的其他宝贝争取了展示的机会。
- 低价的宝贝，根据买家喜欢按照价格搜索宝贝的习惯，将得到优先展示的机会。

2. 选对时间

将快要下架的宝贝设置为橱窗推荐，因为淘宝是按照剩余时间由少到多显示宝贝的，剩余时间越少的宝贝排得越靠前。

4.7.2 使用橱窗推荐位

橱窗推荐宝贝会集中显示在店铺首页的“橱窗推荐”列表中，同时，当买家在淘宝通过搜索或者单击“我要买”根据类目来进行搜索时，这里设置的橱窗推荐宝贝就会出现在页面中，让在橱窗推荐位中的宝贝获得更多的浏览量及点击率。如果能合理利用这些推荐位，对增加店铺的客户流量，提高宝贝销售量是非常重要的。

在“卖家中心”页面中的“宝贝管理”下面，❶单击“橱窗推荐”超级链接，页面右边会显示出售中的宝贝列表；❷选中要推荐的宝贝前面的复选框；❸单击列表上面或下面的“橱窗推荐”按钮，如图4-83所示。

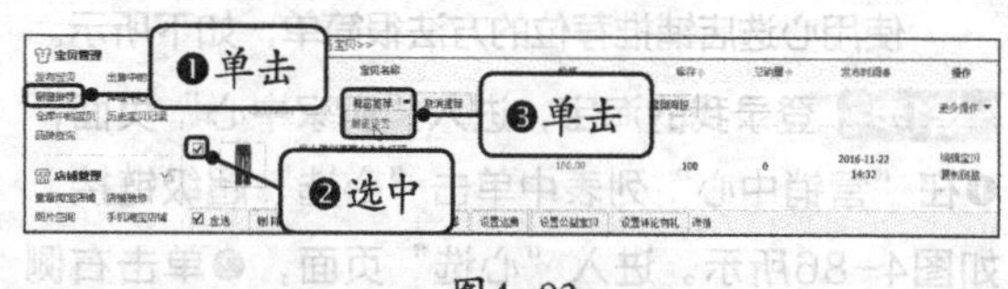

图4-83

设置完毕后，可以看到出售中的宝贝列表里，左侧有“已推荐”字样的就是已经加入了橱窗的宝贝，如图4-84所示。

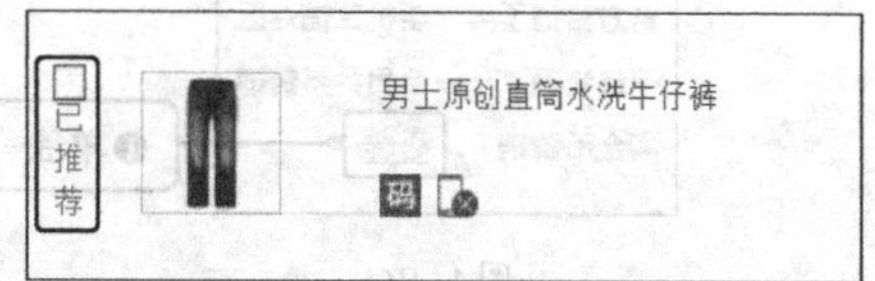

图4-84

专家提点　橱窗的数量

每个卖家都可以根据信用级别和销售情况获得不同的橱窗推荐位。每一位正常申请开店且成功拥有店铺的卖家都会有五个橱窗推荐位，随着交易量的增加以及信誉的提高，橱窗位的数量会渐渐按照橱窗位的相关规则递增，其他规则也会增加橱窗位，比如加入消保可增加五个橱窗位等。

4.7.3 使用店铺推荐位：心选

淘宝心选，即“用心选择商品，打动每一个买家”，它是一款淘宝官方开发的、能在“宝贝详情页官方区域”进行“自由搭配”的工具，卖家可以通过“心选”功能，在详情页设置店铺的搭配推荐、跨店的商品互换推荐，来实现店铺关联营销和跨店流量互换。“心选”在淘宝店铺中的展示位置如图4-85所示，也就是“掌柜推荐”栏目。

图4-85

使用心选店铺推荐位的方法很简单，如下所示。

第1步 登录我的淘宝，进入“卖家中心”页面，❶在“营销中心”列表中单击“心选”超级链接，如图4-86所示。进入“心选”页面，❷单击右侧“新建计划”进行设置，如图4-87所示。

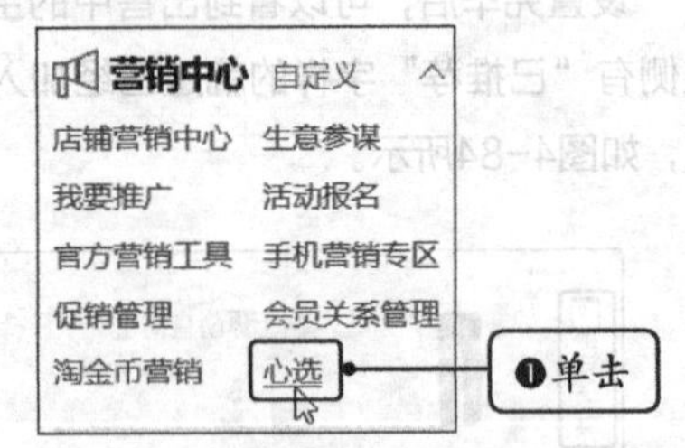

图4-86

图4-87

第2步 进入编辑页面，填写基本信息，❶输入计划名称，可按照产品的类型来填写；❷单击“选择主商品”按钮进行商品选择，如图4-88所示；选择好商品后，❸单击“确定”按钮，如图4-89所示。

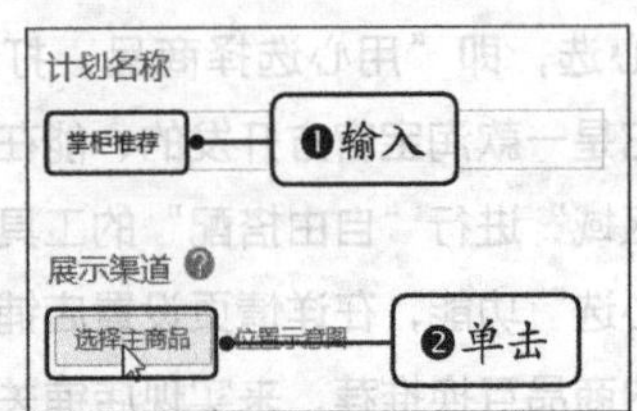

图4-88

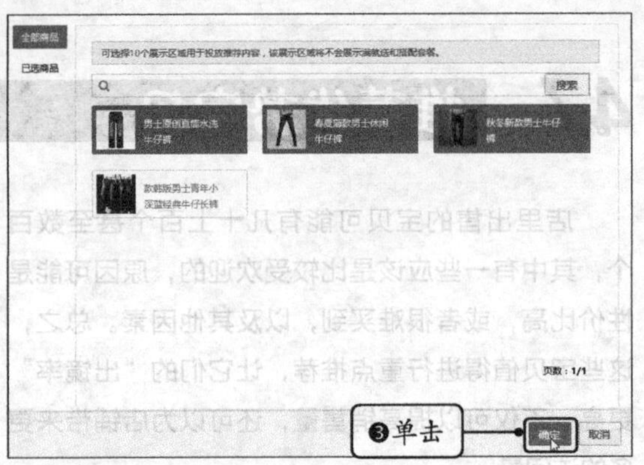

图4-89

第3步 在“心选”页面里面选择产品展示的样式，如图4-90所示。

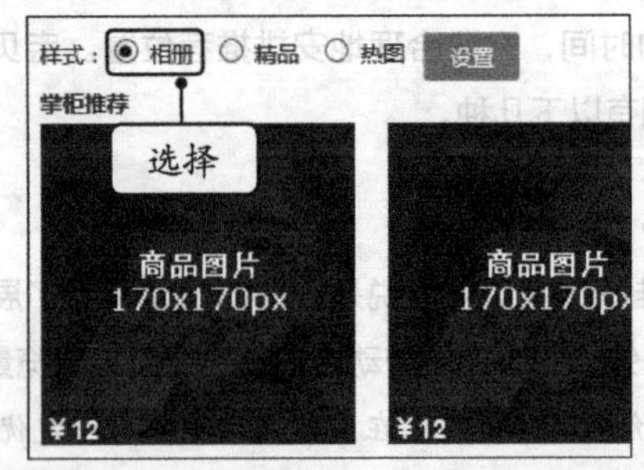

图4-90

第4步 单击其中一张图片弹出一个窗口，❶输入要推荐的产品的超级链接；❷单击“获取信息”按钮；❸单击“确定”按钮就可以添加进去了，如图4-91所示。

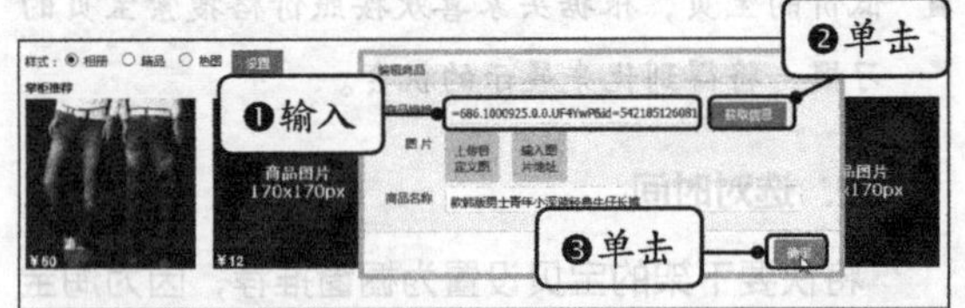

图4-91

第5步 发布成功的心选活动会在设置页面显示，如图4-92所示。

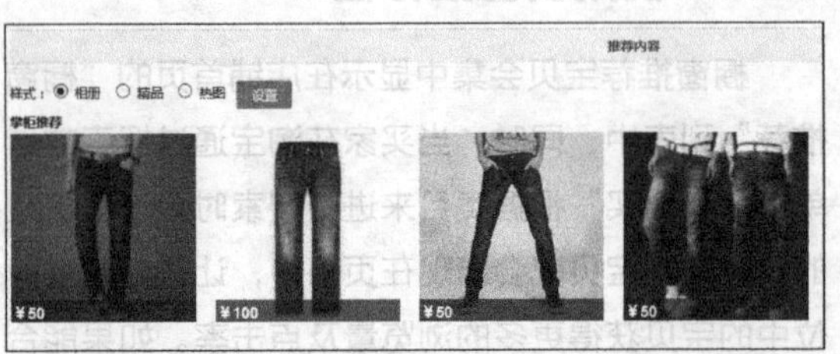

图4-92

4.8 使用淘宝助理批量发布宝贝

店铺开张后，卖家需要发布的宝贝会越来越多，而且宝贝多了之后，还需要对宝贝进行各种管理。这时若登录到店铺中逐个发布、管理宝贝就比较麻烦。淘宝网为此提供了淘宝助理工具，方便卖家们直接批量发布、管理宝贝。

4.8.1 创建并上传宝贝

淘宝助理软件可以实现网店宝贝的离线编辑和上传，同时也可解决在线上传宝贝时容易出现的断线、网络故障等问题，不至于把辛苦编辑的宝贝资料弄丢，其具体的操作方法如下。

第1步 按照第3章讲解过的方法登录淘宝助理，❶单击“宝贝管理”选项卡；❷单击“创建宝贝”按钮，如图4-93所示。

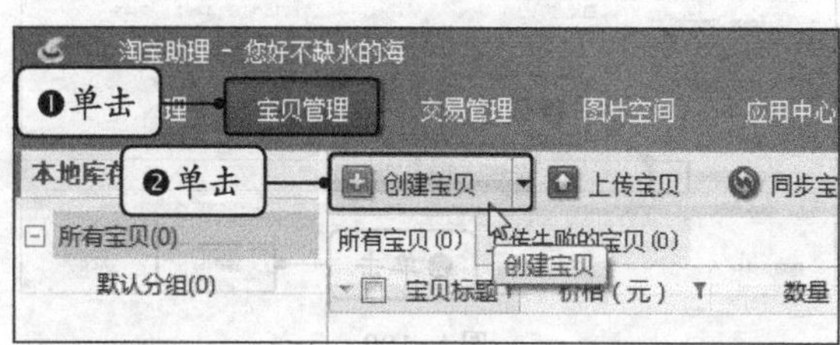

图4-93

第2步 弹出新对话框，❶依次填写“基本信息”“扩展信息”“销售属性”和“宝贝描述”等选项卡内的信息；❷单击“保存”按钮，如图4-94所示。

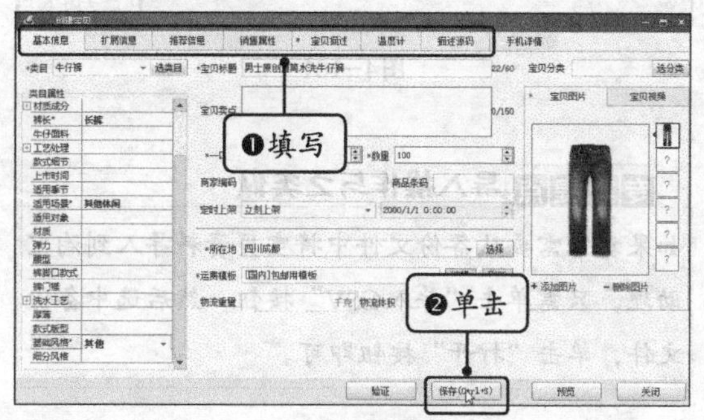

图4-94

专家提点　必填项目和选填项目

带有星号（*）的项目是必填项目，如不填写则无法上传；没带星号的项目可填可不填，但建议还是填上为好，可以让宝贝资料变得更加完善，更容易被买家接受。

第3步 ❶单击“宝贝管理”选项卡下的“上传宝贝”按钮；❷弹出新对话框，确认宝贝信息后单击“上传”按钮即可，如图4-95所示。

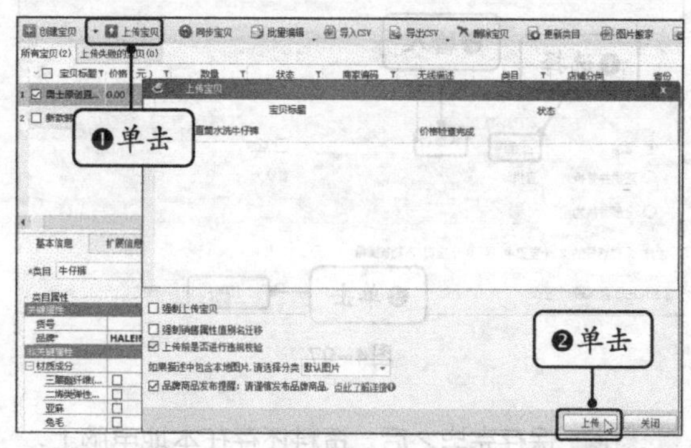

图4-95

卖家也可以在第二步单击“保存”按钮，将宝贝信息保存在本地电脑上，待所有宝贝信息编辑完毕后，再单击“宝贝管理”选项卡下的“上传宝贝”按钮，将本地资料上传。淘宝助理不会将之前已经上传过的宝贝资料再上传一次，而仅仅上传新添加的宝贝资料。

4.8.2 批量编辑宝贝

如果要对店里的宝贝做同样的修改，比如为所有宝贝的标题加上“热卖”的前缀，可以使用淘宝助理来批量编辑，免去逐一修改的麻烦。

当然批量编辑还有很多其他功能，这里就以为宝贝标题统一添加前缀为例进行讲解。

第1步 登录淘宝助理后，❶单击“宝贝管理”选项卡；❷选择要批量修改的宝贝；❸单击“批量编辑”下拉菜单按钮；❹选择“标题”菜单中的“宝贝名称”选项，如图4-96所示。

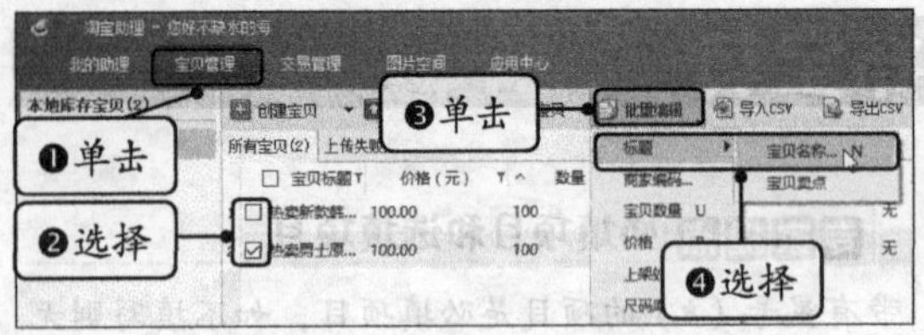

图4-96

第2步 弹出新对话框，❶选择“前缀”复选框；❷在文本框中输入要添加的前缀；❸单击“保存”按钮，如图4-97所示。

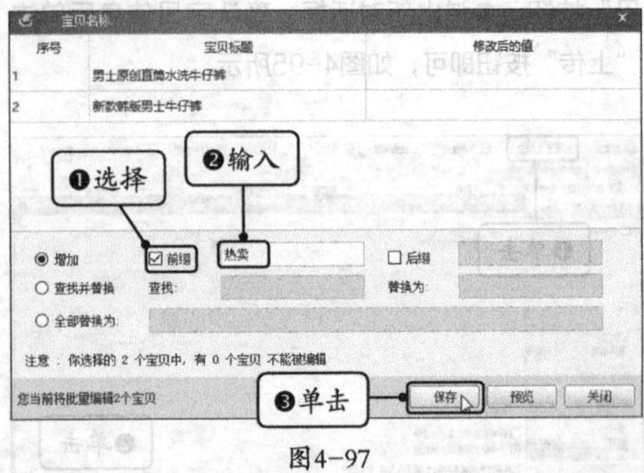

图4-97

第3步 保存完毕之后，资料还存在本地电脑上，还需要进行“同步”操作，单击“同步宝贝”按钮即可将修改后的资料同步到淘宝网店中，如图4-98所示。

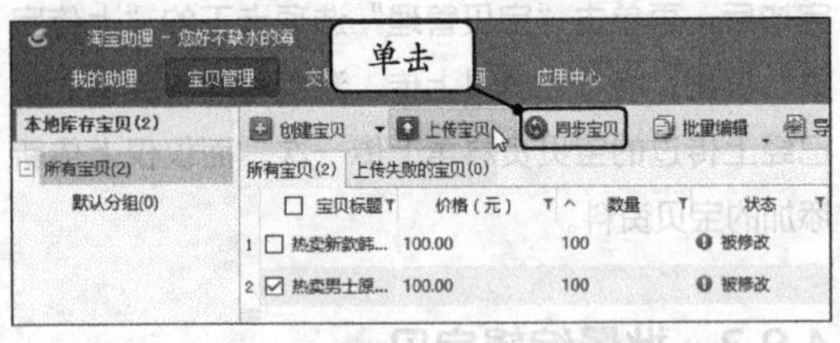

图4-98

4.8.3 备份宝贝

电脑会因为各种问题而崩溃，如病毒、黑客或电源不稳定等，一旦出现问题，就有可能造成硬盘损坏，导致宝贝资料丢失。因此备份宝贝资料是很有必要的，在数据出现问题后，可以从备份文件中恢复宝贝资料（前提是备份文件没有存放在出问题的硬盘中）。

第1步 登录淘宝助理后，❶单击“宝贝管理”选项卡；❷单击“导出CSV”下拉菜单；❸选择“导出所有宝贝”选项，如图4-99所示。

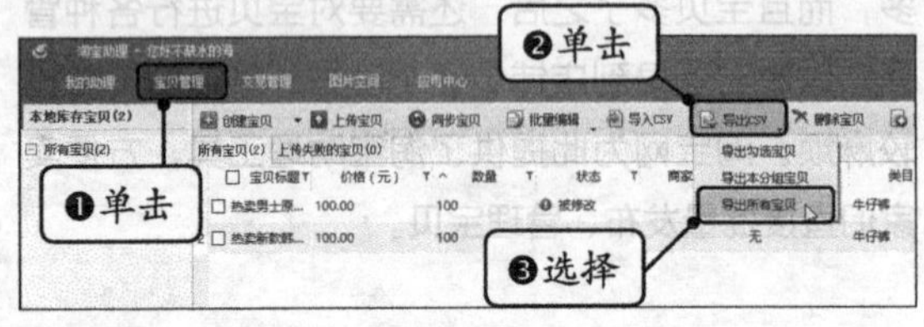

图4-99

第2步 弹出保存对话框，❶设置存放文件夹和文件名；❷单击“保存”按钮，如图4-100所示。

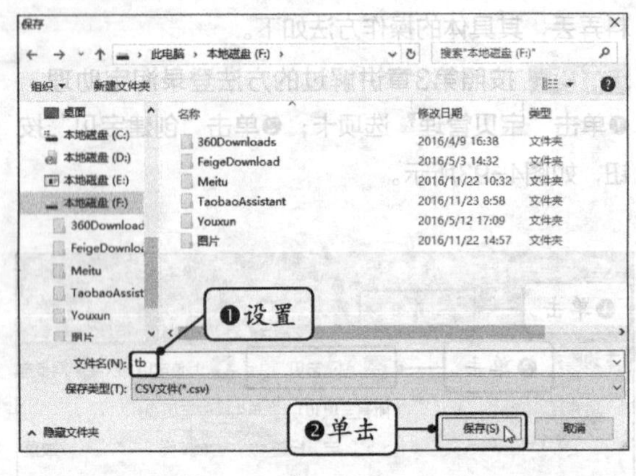

图4-100

第3步 导出完毕后单击“关闭”按钮，如图4-101所示。

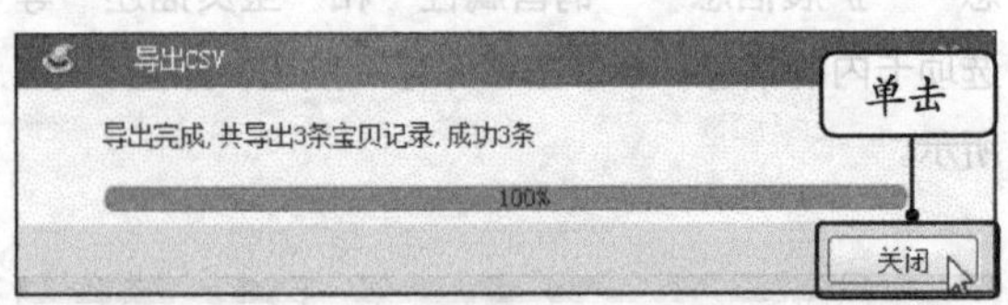

图4-101

专家提点 导入操作与之类似

如果卖家需要从备份文件中将宝贝资料导入到淘宝助理，只需单击“导入CSV”按钮，然后选中备份文件，单击“打开”按钮即可。

4.9 秘技一点通

技巧1 ——让宝贝名称一字两用

在宝贝的名称中，多个关键词是连在一起的，这就可以让有些字“复用”，也就是说，如果“ab”是一个词，“bc”是另外一个词，可以把它们安排在一起组成“abc”，这样就用三个字安排了两个词，而这两个词原本需要四个字，在寸字寸金的宝贝标题中，使用这样的技巧可以多安排两到三个关键词，增加了宝贝标题的竞争力。

举例来说，“中元 健德正品牌修身女裤加厚夹棉裤 冬季保暖羽绒裤2017女装137”这个标题中，有“中元”“健德”“正品”“品牌”“修身”“女裤”“加厚”“夹棉”“棉裤”“冬季保暖”“羽绒裤”“2017”“女装”“137”（货号）14个关键词，其中有商家名关键词一个，品牌关键词一个，属性关键词7个，品名关键词2个，类目关键词2个。细心的卖家可能发现了，30个关键词的位置却放了32个关键字，这就是“正品牌”“夹棉裤”这两个关键词复用的好处了，因为“正品牌”既可以被“正品”关键词搜到，也可以被“品牌”关键词搜到，“夹棉裤”也是如此。

类似的关键词还有很多，例如“男裤子”“加大码”“秋冬季”“新品牌”等，相信用户还可以发明更多适合自己宝贝的复用关键词。

技巧2 ——如何分割标题又不影响搜索效果

通过前面的学习，大家已经知道如果不分割宝贝标题的话，会严重影响访客的阅读感，耐心不好的访客可能直接就跳过这种“一气呵成”的宝贝不看，这样就失去了潜在的客户。因此，标题分割是必要的。

由于淘宝规定宝贝标题不能超过60个字节，也就是30个汉字（一个汉字占两个字节，一个英文字符占一个字节），因此有的卖家喜欢用英文逗号来分割标题（英文逗号也归属于英文字符），这样就比使用中文逗号要节省，因为两个英文逗号的占位才等于一个中文逗号的占位。

不过，经测试，使用英文逗号的话，搜索引擎会将逗号前后分割开来，视为完全不相连的两个词，这样的情况下，会减少标题被搜索到的可能性。

例如“珠海家园，火星湖电影票5.5折，双钻信誉”这样的标题，如果搜索“家园火星湖”就不能被搜到。

这样的情况下，应该使用其他被搜索引擎忽略的英文符号，比如“/”和“\”，这样既方便分割，又不会影响搜索效果。比如“珠海家园/火星湖电影票5.5折/双钻信誉”，既分割了关键词，便于阅读，又不影响搜索效果。

技巧3 ——宝贝页面常见布局的使用诀窍

在网店交易中，买家是无法看到宝贝实物的，只能通过卖家提供的宝贝实物图片以及宝贝信息来对宝贝产生认知。同理，宝贝展示得越细腻、详尽，那么能够带给买家的认知度越高，买家的购买概率也就越大。因而对于网店卖家来说，宝贝的展示效果是非常重要的。

宝贝展示的内容，也就是当买家查看宝贝页面时，宝贝页面中所展示出的宝贝图片与关于宝贝的描述内容，这些内容在发布宝贝时就需要编辑。当图片与描述内容固定时，展示页面的布局以及设计就成为重点，在宝贝布局上，一般采用以下三种布局方式，其结构如图4-102所示。

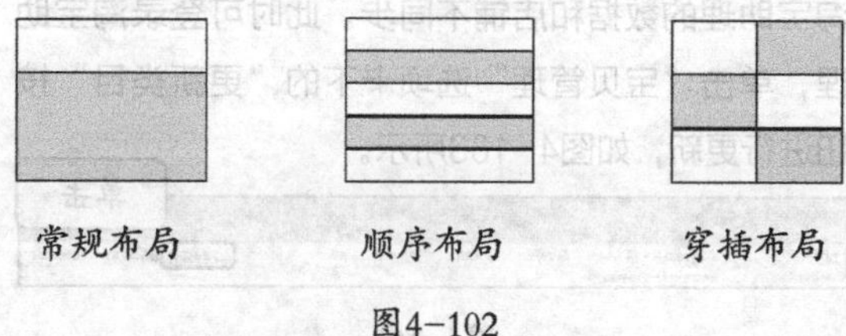

图4-102

1. 常规布局方式

该布局方式是多数网店宝贝所采用的布局，在页面上方显示关于宝贝的描述内容，而在页面下方依次排列宝贝的各种实物效果图片，在宝贝全景图展示时，多采用该方式。

2. 顺序布局方式

该布局方式为图文混排，首先显示宝贝的描述内容，下方同步搭配宝贝实物图，接下来继续显示局部或细节描述内容，并同步搭配实物图片……这种布局方式便于买家在查看图片的同时，通过相应的说明内容，对宝贝更进一步地了解。采用该方式时，可以一侧编排，也可以双侧编排，如果仅一侧编排，那么与常规布局基本相同，双侧编排则多用于展示细节图。

3. 穿插布局方式

该布局方式的功能与顺序布局方式相同，不同的是将上下顺序调整为左右顺序，而且采用该布局时，可以调换图文的左右顺序，让图文对应更加直观，但是，采用该布局方式会限制图片的大小，因而多适用于展现宝贝局部效果。

高手支招 简化布局的妙招

如果卖家想采取比较复杂的页面布局，但又无法在淘宝助理上实现时，可以将所有的图片文字信息在Word里排好版，然后用截图软件截图，把图片放到宝贝描述页面上即可。

技巧4 ——淘宝助理中无法选择店铺分类的解决方法

有时候在网店中设置了新的分类，但在淘宝助理上却无法选择该分类，出现这种情况的原因是用户没有对淘宝助理的数据进行更新所致，也就是淘宝助理的数据和店铺不同步。此时可登录淘宝助理，单击“宝贝管理”选项卡下的“更新类目”按钮进行更新，如图4-103所示。

图4-103

技巧5 ——怎样提升宝贝搜索排名

搜索排名对店铺的流量来说是至关重要的，排名越靠前，就越有机会让自己的宝贝被搜索到，对生意就越有帮助。下面介绍几个提升宝贝搜索排名的招数。

1. 多开店铺

用家人的银行账户再开一个店铺，发布同名商品，就可以保证这种商品连续排名靠前，即使前面宝贝的剩余时间到了，后面商品的剩余时间因为已经足够少而排在前面。增加店铺和商品，就意味着增加了被搜索到的概率。唯一的缺陷是，要经营多个小店、多种商品，需要花费大量的精力，需要权衡付出的精力和销售量上涨之间的关系。

2. 多重发布宝贝

淘宝规则不允许重复发布商品，否则会被管理员删除，我们可以围绕主要关键字来构造同一个商品的不同名称进行发布，只要保证关键字和实际的商品对应就可以获得买家的访问。间隔一定时间，发布不同名但实质相同的产品，就可以带来点击率的增加。每隔一天发布一种同样不同名的宝贝，就能使这宝贝每天都在搜索结果中占据有利排名，从而规避因为7天时长带来的大部分时间宝贝排名靠后的情况。当然，重复商品名称和内容需要构造得巧妙，否则会被删除。

3. 冲销量排名

越是热销的宝贝，在搜索排名中就越领先，就越有可能被买家浏览，这样会增加店铺的流量，同时也会带动店内其他宝贝的销售。那么，如何把一个宝贝的销量短时间内“冲”上去，就成了众多卖家研究的课题。

冲销量的常规做法是参加各种淘宝活动，比如直通车和钻石展位，或者参加一些淘宝站外的销售网，效果都还不错。

当然也有非常规的冲销量方法，比如“刷”销量，也就是虚假交易。网络上有很多提供刷销量和信誉的QQ群和YY群，只要搜索“刷信誉”就能搜到。在里面观察一段时间就能了解如何“刷”。不过这种“刷”的行为是淘宝严格禁止的，一旦发现，店铺会被扣分，店铺级别会下降，严重的话店铺甚至会被惩罚性停业一段时间。所以，不建议使用这种非常规的冲销量方法。

开店小故事

退伍兵哥的网店心得：宝贝发布有绝招

小杨是一名退伍的义务兵，回到家乡在物流公司工作了一段时间后，小杨有了点想法。他见物流、快递的业务如此繁忙，其中电子商务的单子占了不小的部分，可见电子商务正处在一个蒸蒸日上的时期，于是他兴起了开网店的念头。

当过兵的小杨雷厉风行，马上着手考察了当地的物产，最后他决定依托本地的棉纺织业，从厂家进各种棉麻制品到网上进行销售。短短两周，小杨的网店就开始小有盈利了。小杨在网上认识的一些新手卖家都觉得他做得不错，纷纷询问小杨有什么心得。小杨也不藏私，说自己目前的成功主要在于宝贝发布，并专门发帖讲解了自己的“绝招”。

第一点：拍照取片。

这是尤为重要的！淘宝上的宝贝成千上万，同行竞争数不胜数。卖家可以试着站在买家的立场，用买家的思维逻辑想一想，我们在网购的时候，输入关键字搜索后一堆宝贝显示出来，我们仅是扫一眼，只有发现图片漂亮、有吸引力时才会去点击查看详情。所以宝贝的图片务必夺目，吸引人眼球，但不能做得跟牛皮癣一样。修改图片可以使用美图秀秀、Photoshop等软件，以及淘宝网自身的编辑图片工具等。

第二点：详情描述。

一个产品，就算你的图弄得多么有吸引力，买家即使点击了，但是少了详情描述就好比玩游戏的时候走进一个空房子似的迷宫一样，没有吸引力，买家马上就会离开。流量有了点儿，但订单却一点儿也没有。因此详情描述里面最好要有宝贝的细节图、高清图，宝贝的属性、特点、尺寸、颜色等都要描述清楚，运费说明也可以放进去说明白，这样才能让买家充分了解宝贝，下单的可能性才会增加。

第三点：标题优化。

这是影响淘宝免费流量的一个关键。如果设置的标题过于简单、缺少关键字、字数太少，都会直接影响同类宝贝的排名，那么你的宝贝浏览点击的机会就会变少，举个例子，假如你是卖女装牛仔裤的，就要注意几个关键词——季节（秋装）、牛仔裤（蓝色）、包邮、促销等，所以大家写标题的时候一定要注意，这是我们新手唯一免费引流量的机会。据统计，80%的流量都是来自淘宝站内免费搜索。

第四点：上下架时间和橱窗推荐。

上下架时间是决定宝贝排名的一个重要因素，不用多说，黄金时间大家都知道，我设置的是8:00～11:30，13:30～16:00，20:00～22:30。橱窗推荐有多少个就用多少个，全部用满。

就写这么多，因为这仅是自己开店两周的经验，虽然仅仅是关于宝贝发布的，不是很全面，但也可以给新手一点参考吧！写得不好，望大家包涵。开店之前，说实话我连怎么写宝贝描述、怎么上传宝贝都不会，但用了一个星期的时间就全搞定了，其实一切都很简单：遇到不懂的就“百度”，新手有的就是时间，你还怕什么?

第5章 轻松完成第一笔交易

本章导言

在淘宝网创建了店铺，便可以进行第一笔交易了。在进行交易时，卖家需要熟练运用淘宝网的交流工具千牛与买家沟通，还要掌握确认付款、修改价格、发货与评价等方法。

学习要点

- 掌握在千牛软件中设置个人信息和店铺信息的方法
- 掌握在千牛软件中查找、添加联系人的方法
- 掌握在千牛软件中加入群、建立群的方法
- 掌握查看聊天记录的方法
- 掌握网上交易的流程，包括确认买家付款、修改价格、发货以及评价的方法

5.1 设置千牛给买家一个好印象

千牛是淘宝网为卖家设计的网店管理与沟通平台，它的下载与安装方法在第3章中已讲解过了，此处不再赘述。卖家使用千牛软件不仅可以随时监管自己的店铺，还可以和买家进行即时交流，因此网店掌柜们要重点掌握其使用方法。

5.1.1 登录并设置千牛

千牛软件安装完成后，会在桌面生成一个软件图标，双击该图标即可打开千牛，之后就可以登录进去，并进行必要的设置。

第1步 在桌面上双击千牛启动程序图标，如图5-1所示。

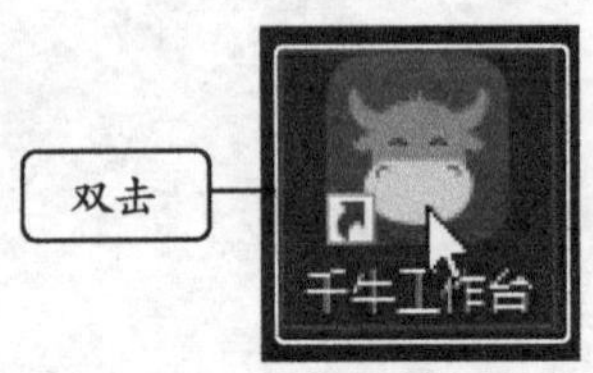

图5-1

第2步 打开软件登录界面，❶输入用户名和密码；❷选择同时“登录旺旺”复选框；❸单击“登录”按钮，如图5-2所示。

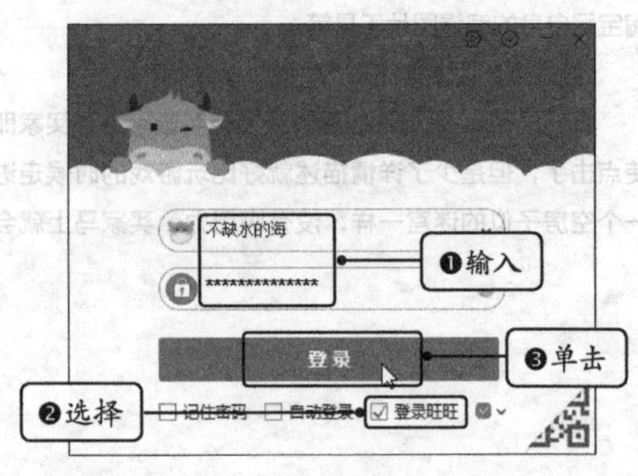

图5-2

第3步 单击千牛软件右上方的“设置≡”按钮下的“系统设置”选项，如图5-3所示。

第4步 ❶单击“个性设置”下的“个性签名”选项；❷单击“新增”按钮；❸输入个性签名；❹单击“保存”按钮，如图5-4所示。

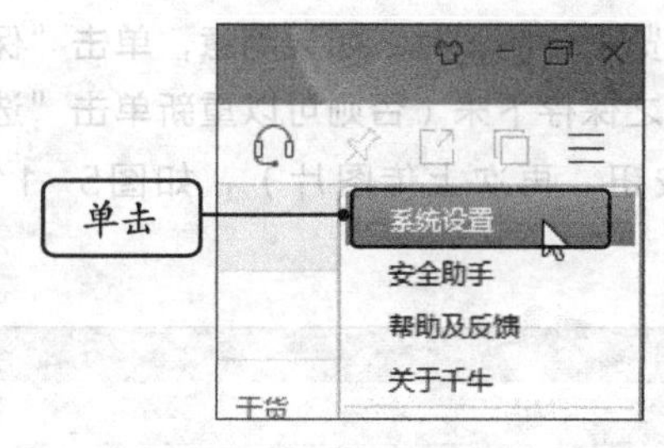

图5-3

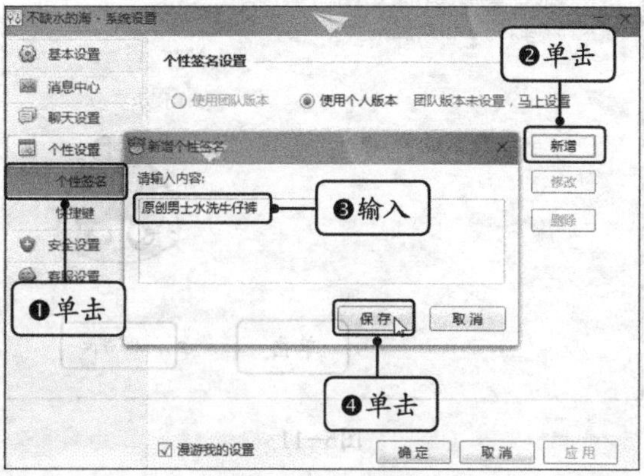

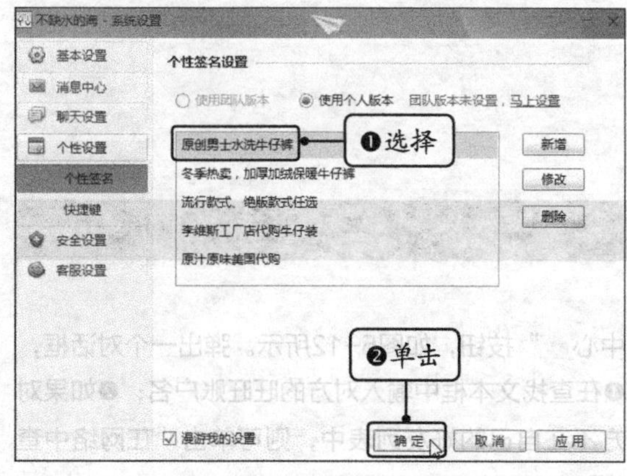

图5-4

第5步 反复单击"新增"按钮，添加几个个性签名之后，❶选择个性签名；❷单击"确定"按钮退出，如图5-5所示。

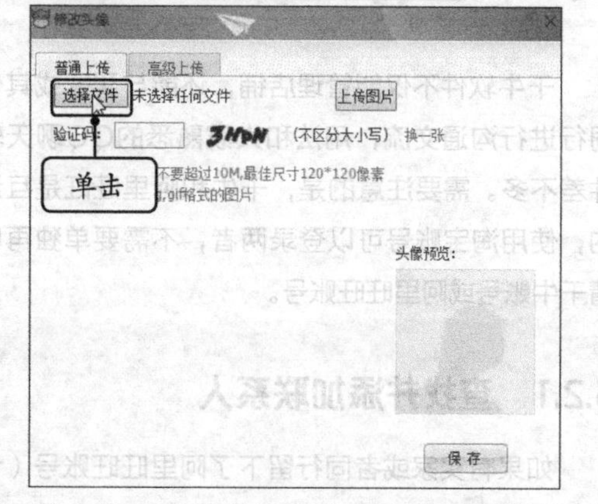

在"系统设置"对话框下，可以就文件传输、聊天记录的保存、消息提醒的方式等多个运行选项作具体的设置，这都需要根据实际的使用情况来调整。这样才能让千牛真正的成为有助于自己的工具。

5.1.2　编辑店铺个性名片

千牛中的个人资料也是自己网店的重要宣传阵地，比如可以将签名信息改为自己的网店地址，将个人头像修改为网店店标等。

第1步 在千牛主面板，单击个人头像，如图5-6所示。

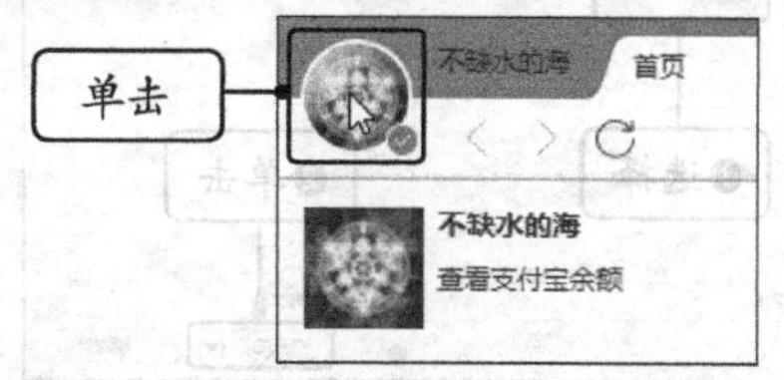

图5-6

第2步 系统弹出个人资料编辑对话框，❶设置备注信息等个人资料；❷单击"修改头像"按钮，如图5-7所示。

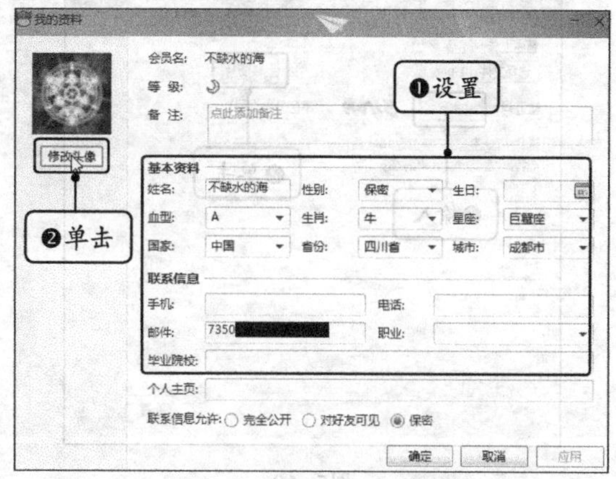

图5-7

第3步 系统弹出"修改头像"对话框，单击"选择文件"按钮，如图5-8所示。

图5-5

图5-8

第4步 ❶选择要上传的图片；❷单击"打开"按钮，如图5-9所示。

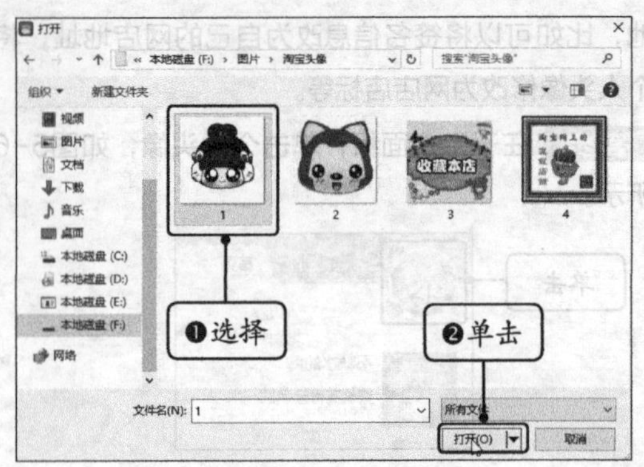

图5-9

第5步 返回头像修改对话框，❶输入验证码；❷单击“上传图片”按钮，如图5-10所示。

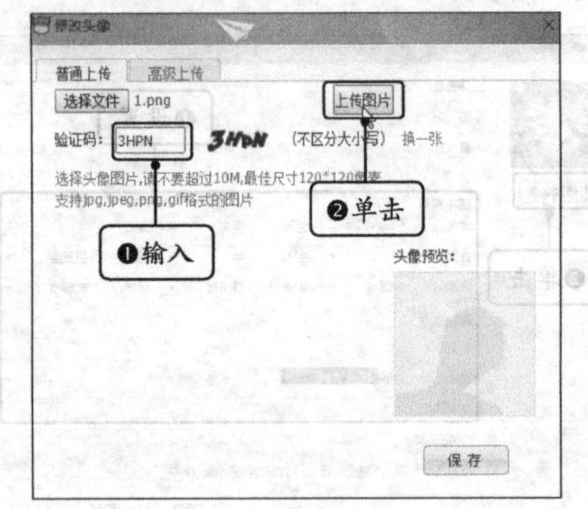

图5-10

第6步 预览上传的图片，如果满意，单击“保存”按钮将之保存下来（否则可以重新单击“选择文件”按钮，再次上传图片），如图5-11所示。

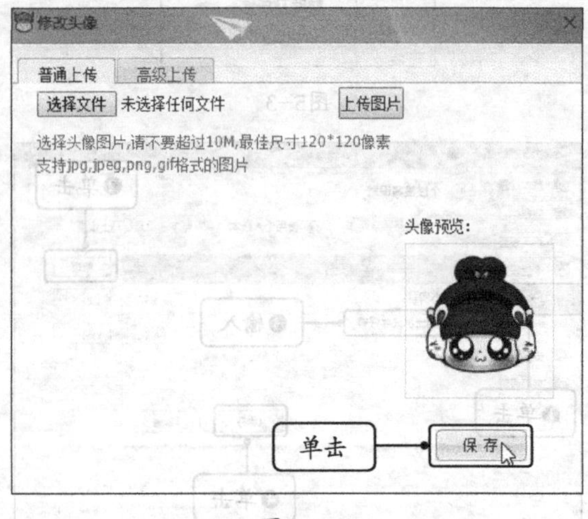

图5-11

返回千牛主界面，即可看到个人头像已经修改完成。

5.2 用千牛进行网上交流

千牛软件不仅能管理店铺，还能与买家或其他同行进行沟通交流，用法和大家熟悉的QQ聊天软件差不多。需要注意的是，千牛和阿里旺旺是互通的，使用淘宝账号可以登录两者，不需要单独再申请千牛账号或阿里旺旺账号。

5.2.1 查找并添加联系人

如果有买家或者同行留下了阿里旺旺账号（也就是淘宝账号），希望自己与他们联系，那么就可以在千牛上查找、添加该账号为好友，并发起谈话。

第1步 登录千牛，单击千牛主界面上部的“接待中心”按钮，如图5-12所示。弹出一个对话框，❶在查找文本框中输入对方的旺旺账户名；❷如果对方不在自己的好友列表中，则可单击“在网络中查找”按钮，如图5-13所示。

图5-12

第2步 查找到对方的旺旺账号后，单击右侧的“加号”按钮+，如图5-14所示。

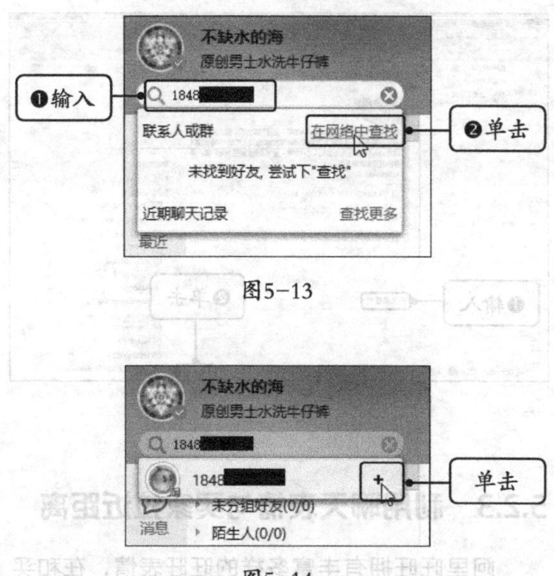

图5-13

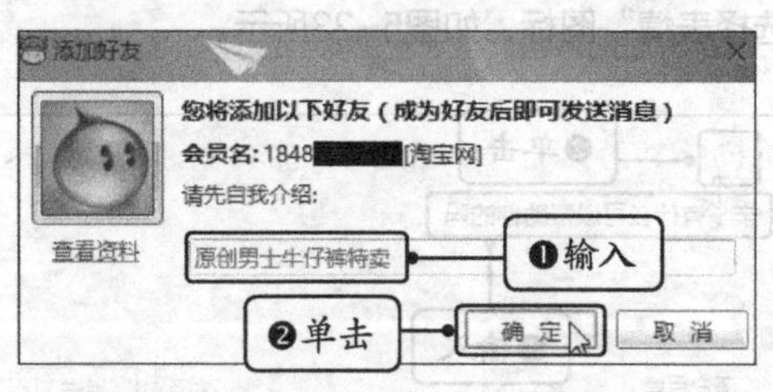

图5-14

第3步 弹出对话框，❶在文本框中输入自我介绍，以便让对方知道自己是谁；❷单击“确定”按钮，如图5-15所示。

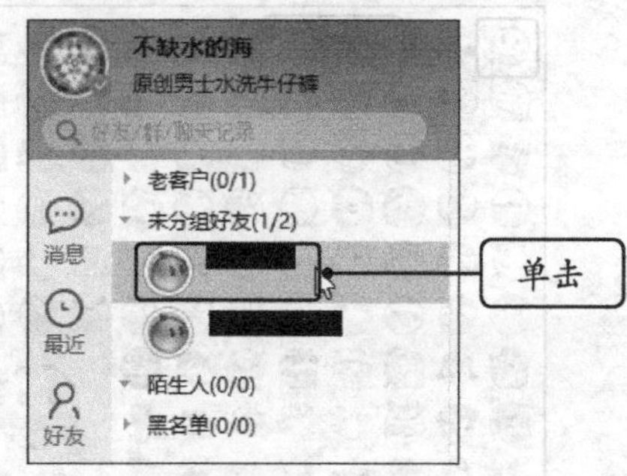

图5-15

第4步 对方同意成为好友后，就会出现在卖家千牛的好友列表中，单击该好友的名字，即可弹出聊天对话框，如图5-16所示。

图5-16

第5步 在弹出的对话框中，❶输入要说的话；❷单击“发送”按钮，即可将消息发送给对方，如图5-17所示。

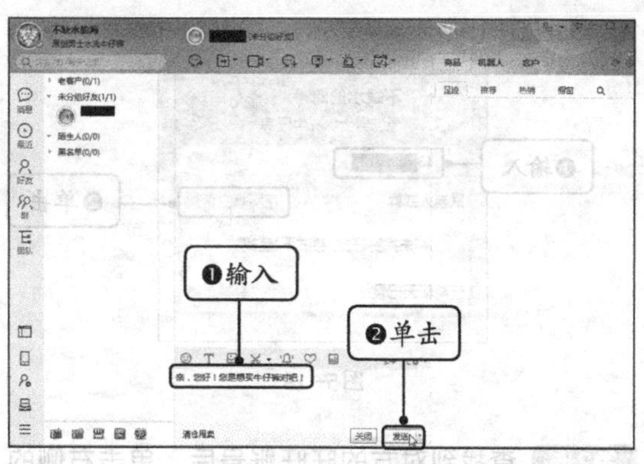

图5-17

以上是卖家主动寻找对方进行交流的情况。有时候，买家也会自己找上门来，询问卖家关于宝贝的一些问题。当买家发来信息时，电脑桌面右下角会浮起一个小对话框，提醒有新消息发来了，另外还会自动弹出一个不停闪烁的聊天对话框，省去卖家手动打开聊天对话框的麻烦，如图5-18所示。

图5-18

专家提点 定制消息提醒的方式

有的千牛用户可能会发现自己的千牛在收到新消息时没有出现浮动窗口，却有提示音，其实这是因为设置不一样导致的。要具体设置新消息的提醒方式，可以单击千牛软件右上方的“设置☰”按钮下的“系统设置”选项，在弹出的设置对话框中，选择“聊天设置”下的“消息提醒”选项，在该页面可以定制适合自己需要的提醒方式。

5.2.2 加入聊天群交流生意经

有很多买家和卖家都喜欢加入旺旺聊天群，互相交流购物心得或生意经。卖家也可以加入他人创建的旺旺群，多听听群里高手们的经营经验，有助于提高自身经营水平。

第1步 登录千牛进入接待中心，❶在接待中心对话框的查找文本框中输入旺旺群的号码；❷如果还没有加入该群，则可单击“在网络中查找”按钮，如图5-19所示。

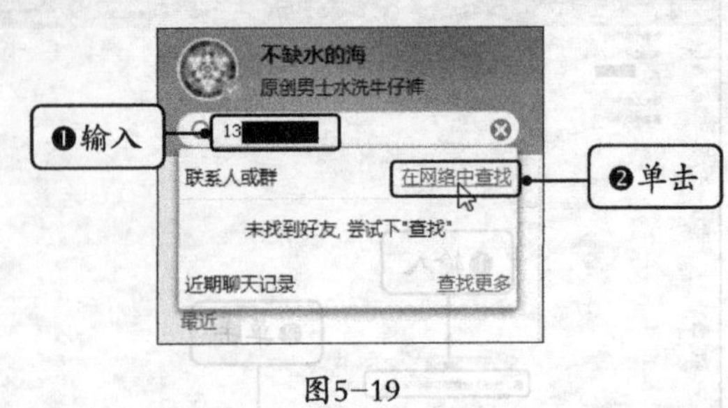

图5-19

第2步 查找到对方的旺旺账号后，单击右侧的"加号"按钮+，如图5-20所示。

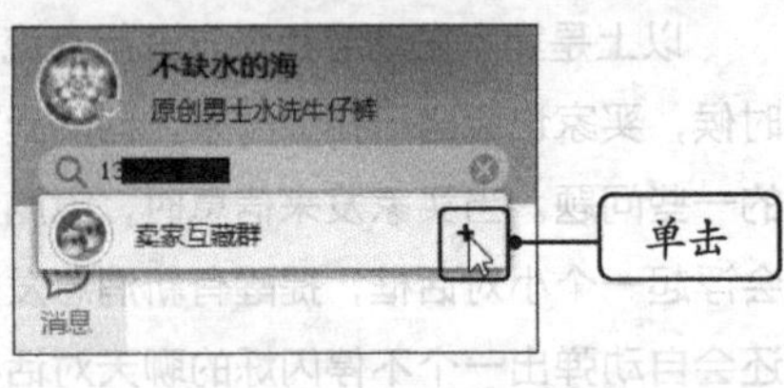

图5-20

第3步 添加成功后，❶在千牛接待中心界面单击"群"选项卡；❷在"我加入的群"下单击群名称，如图5-21所示。

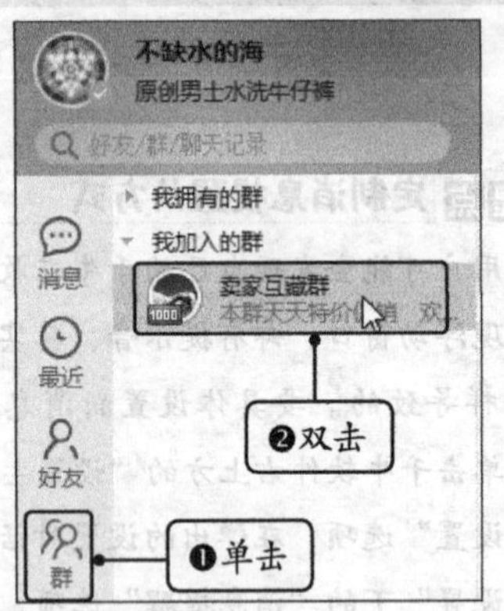

图5-21

第4步 弹出群聊天窗口，在该窗口右下方可见群成员列表，❶输入要说的话；❷单击"发送"按钮即可发送出去，让群内所有成员都看到，如图5-22所示。

高手支招 如何找到群

要加群，必须先知道群号码，可以到百度上面搜索诸如"旺旺 掌柜 交流群"之类的关键字，即可找到不少群；也可以在淘宝论坛里留意一些群的宣传，选择合适的加入。

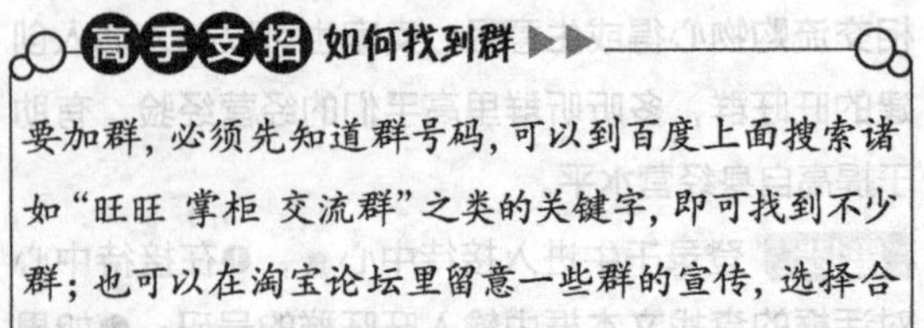

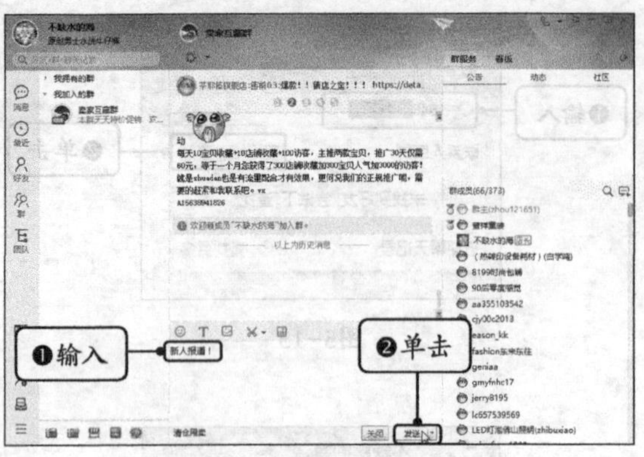

图5-22

5.2.3 利用聊天表情与买家拉近距离

阿里旺旺拥有丰富多样的旺旺表情，在和买家沟通的过程中，如果加入一些表情进行沟通，可以营造轻松温馨的气氛，或者强化卖家要表达的意思，让交流更加深入和有效。

第1步 ❶在聊天窗口中，输入聊天信息；❷单击"选择表情"图标，如图5-23所示。

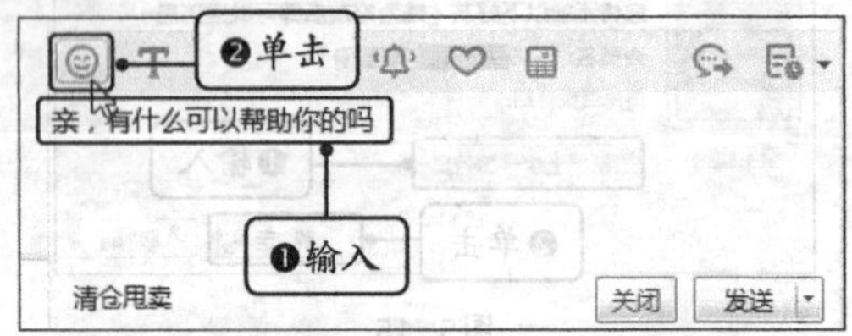

图5-23

第2步 在打开表情列表中，选择一幅表情图像，在右下侧会显示缩略图，如图5-24所示。

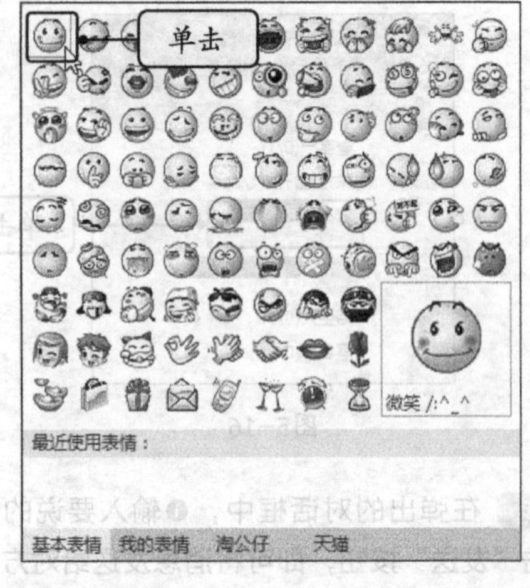

图5-24

第3步 输入完成并成功插入表情图像，单击“发送”按钮即可，如图5-25所示。

图5-25

高手支招 善于利用聊天表情

和买家聊天的时候，可以多插入一些表情来和买家进行沟通，这样可以拉近与买家之间的距离，让对方倍感亲切。对于不同类型的买家，要采用不同类型的表情。如对于女性买家，可以发送玫瑰、心等温馨表情；对于活泼型的买家，可以发送一些搞怪搞笑的表情。

5.2.4 快速查看聊天记录

当一个买家联系自己时，有必要先迅速查看一下关于他的聊天记录，做到心中有数，应对有据。

当打开聊天窗口时，可以看到几条过去的聊天记录，如果觉得还不够，可以单击“查看消息记录”按钮，在聊天窗口右侧即可显示出存放在本地的聊天记录，如图5-26所示。

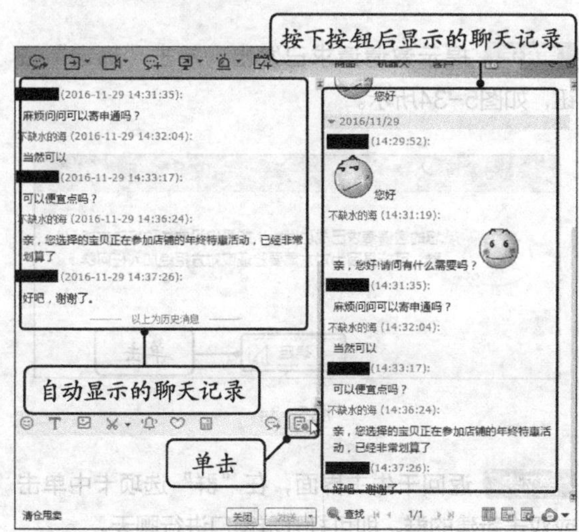

图5-26

如果想查看一个没有在交谈状态的好友的聊天记录，❶可使用鼠标右键单击该好友；❷在弹出的菜单中，将鼠标指针悬停在“查看消息记录”菜单；❸在弹出的子菜单里选择“本地消息记录”选项，如图5-27所示。

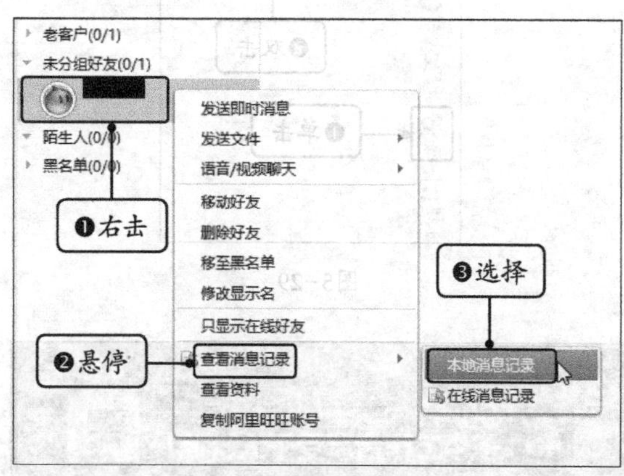

图5-27

弹出消息管理器，在里面可以查看所有的聊天记录，如图5-28所示。

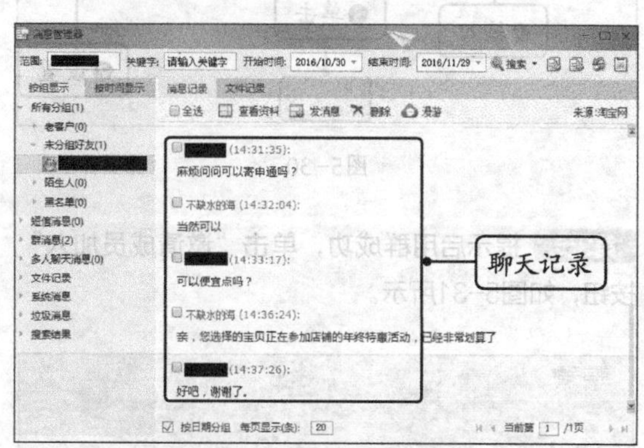

图5-28

5.2.5 创建属于自己的买家交流群

旺旺群可以帮助一些爱好相同，或者有某些共同目的的朋友聚在一起交流。通过这一功能，可以将自己的老买家都聚集起来，以便及时发布自己店铺的新动态以及打折促销信息。

第1步 ❶单击切换到“群”选项；❷双击“立即双击启用群”，如图5-29所示。

第2步 ❶输入群名称/群分类/群介绍等信息；❷设置其他人进群的验证方式；❸单击“提交”按钮，如图5-30所示。

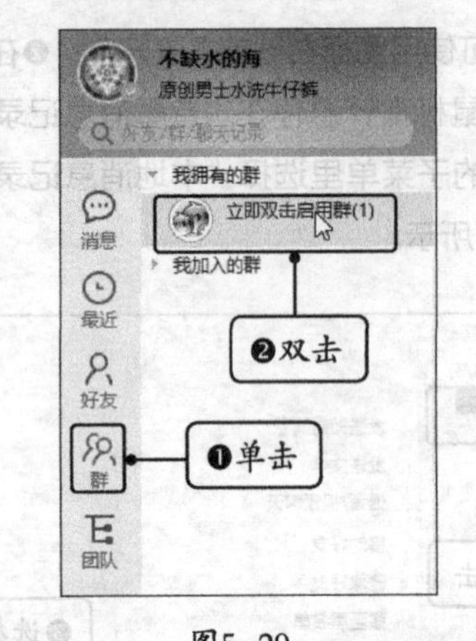

图5-29

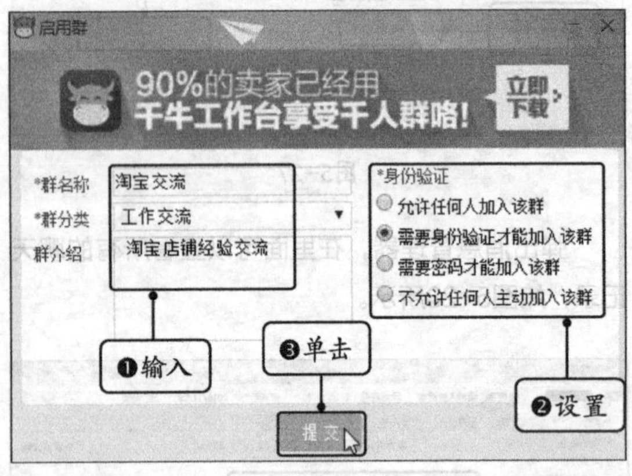

图5-30

第3步 提示启用群成功，单击“邀请成员加入”按钮，如图5-31所示。

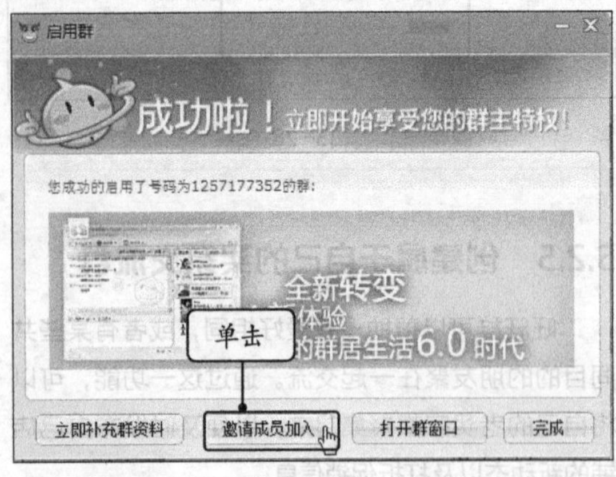

图5-31

第4步 进入“群管理”界面，单击“邀请成员”按钮，如图5-32所示。

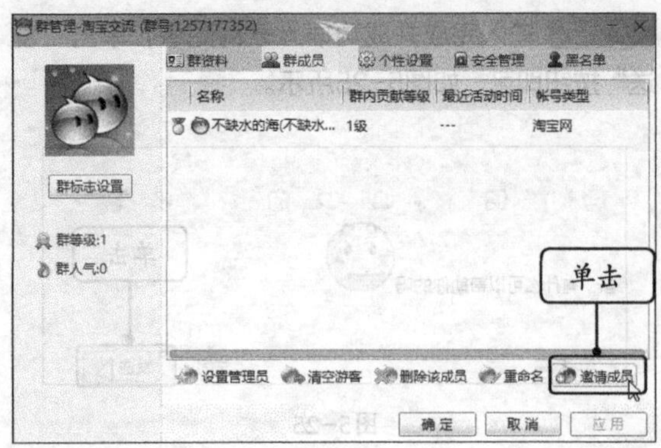

图5-32

第5步 ❶在左侧选择要邀请的好友；❷单击“添加”按钮；❸单击“确定”按钮，如图5-33所示。

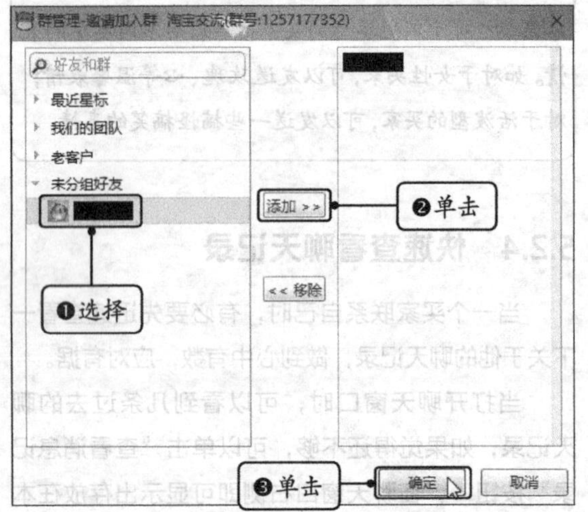

图5-33

第6步 提示邀请请求已发出，单击“确定”按钮，如图5-34所示。

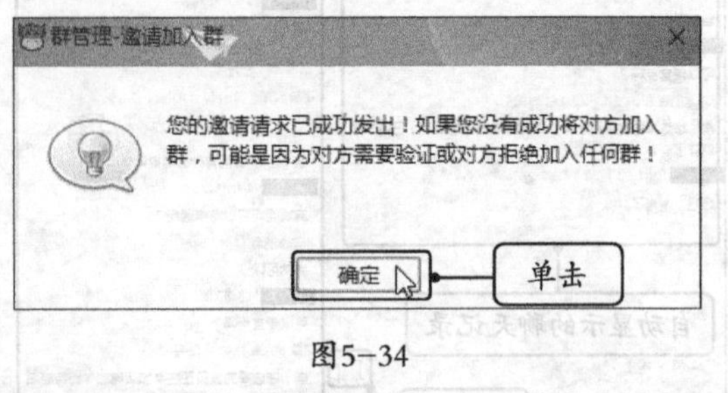

图5-34

第7步 返回千牛主界面，在“群”选项卡中单击或双击新建的群，即可打开群窗口进行聊天。

5.3 卖出宝贝的交易流程

当和买家达成一致后，即可让买家拍下此商品并等待对方完成付款操作（也有很多买家不作任何沟通就直接买下宝贝）。卖家此时的工作主要是根据之前交流约定修改交易价格、安排发货等相关事宜。

5.3.1 确认买家已付款

如果买家购买了自己的商品，就可以耐心的等待买家付款，直到买家付款以后自己的商品才算卖了出去。

进入“我的淘宝”，❶在“交易管理”一栏里单击“已卖出的宝贝”超级链接；❷可以看到“买家已付款”字样，如图5-35所示，即可确认买家付款。

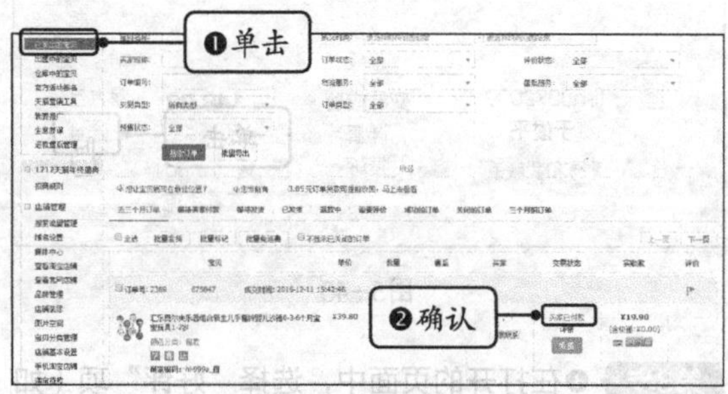

图5-35

5.3.2 根据约定修改价格

淘宝网上也存在议价现象，自己网店标的商品价格也可能因为种种原因而出现价格波动，比如买家要求同城见面交易、实际交易价格低于商品标价等。这就需要卖家修改交易价格后，买家才能付款。要修改原来商品的标价，可按如下步骤进行。

第1步 在“交易管理”选项下，单击“已卖出的宝贝”选项，如图5-36所示。

第2步 显示所有出售宝贝信息，单击选择要修改价格的宝贝，在宝贝标题最后方，单击“修改价格”超级链接，如图5-37所示。

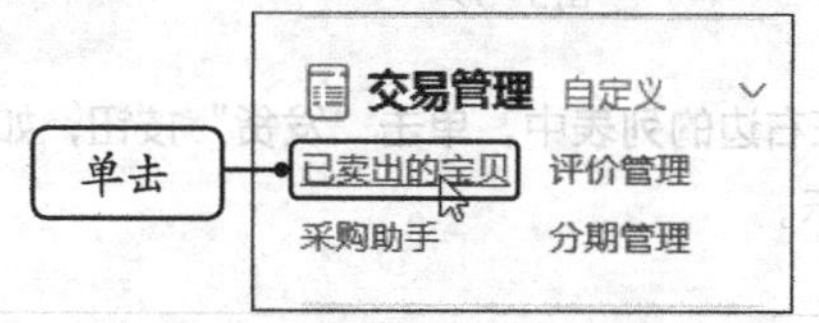

图5-36

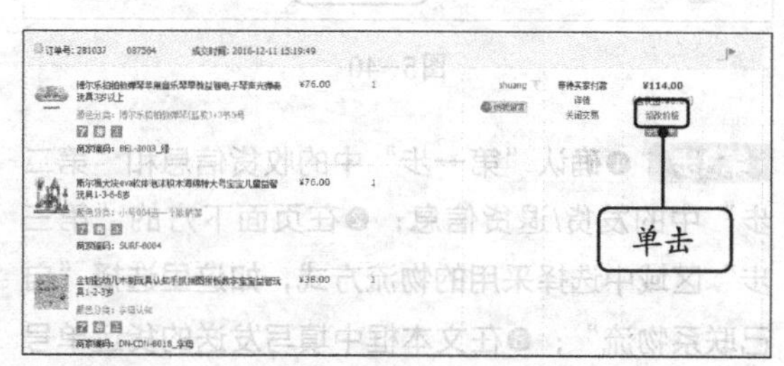

图5-37

第3步 进入修改页面，❶修改价格；❷单击“确定”按钮，如图5-38所示。

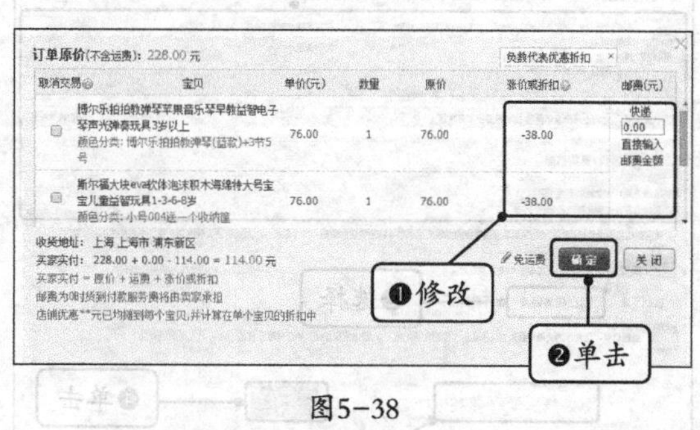

图5-38

通知买家刷新付款页面，对方就可以看到新的价格了。

5.3.3 确认发货

当确认买家付款后，卖家就需要根据买家的订单来对商品进行包装，并联系快递公司给买家发货了，在发货后，需要根据发货订单录入淘宝，以确认收货/发货信息，以便完成整个交易流程，其具体操作方法如下。

第1步 单击“交易管理”下的“已卖出的宝贝”选项，如图5-39所示。

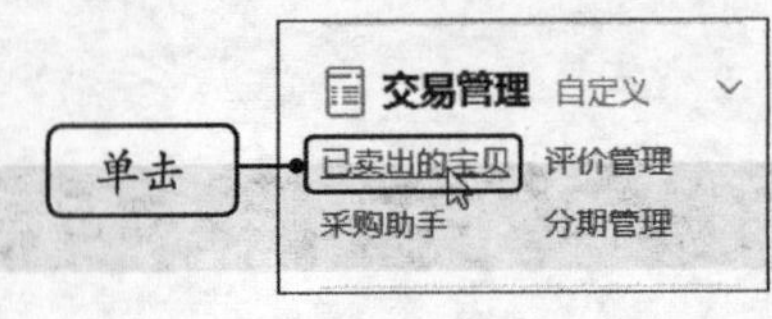

图5-39

第2步 在右边的列表中，单击“发货”按钮，如图5-40所示。

图5-40

第3步 ❶确认“第一步”中的收货信息和“第二步”中的发货/退货信息；❷在页面下方的“第三步”区域中选择采用的物流方式，如这里选择“自己联系物流”；❸在文本框中填写发送的货运单号以及选择对应物流公司；❹单击“发货”按钮，如图5-41所示。

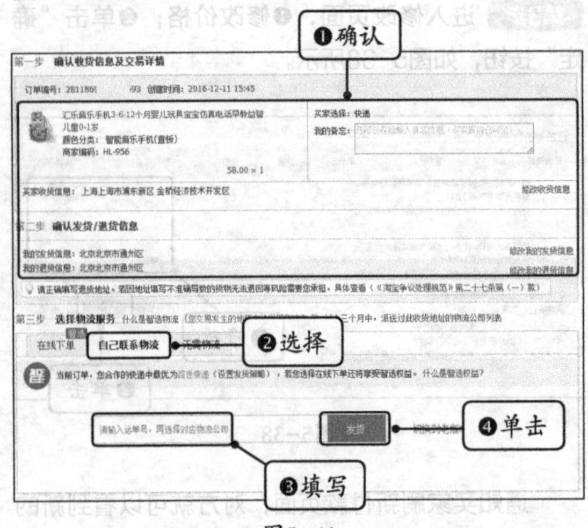

图5-41

第4步 当卖家发货并在淘宝网中完成发货流程后，买家可以在自己的“已买到的宝贝”页面下，查看每件商品的快递情况，包括委托的快递公司、运单号码以及运动情况等，买家可以根据这些情况大致估算收货的时间。

5.3.4 完成交易进行评价

当买家收到货并对商品比较满意时，通常会主动登录淘宝网确认收货并对卖家进行评价。对于卖家来说，只有当买家确认收货了，卖家才能拿到货款，同时买家的评价对卖家的影响也是至关重要的。

第1步 单击“交易管理”下的“已卖出的宝贝”选项，如图5-42所示。

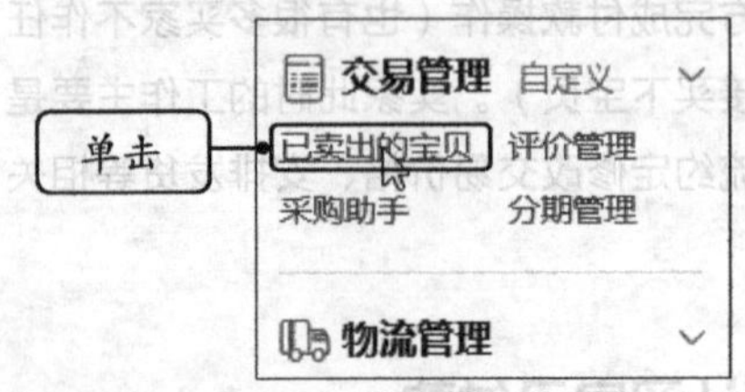

图5-42

第2步 进入“已卖出宝贝”页面，可以看到已经成功的交易列表右侧显示为“对方已评”，单击下方的“评价”超级链接，如图5-43所示。

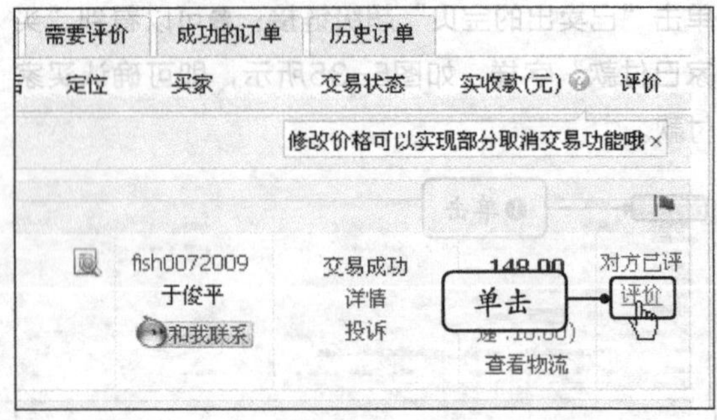

图5-43

第3步 ❶在打开的页面中，选择“好评”项（如非必要，尽量不要选择“中评”或“差评”）；❷在下方的文本框中输入评价内容；❸单击“提交评论”按钮，如图5-44所示。

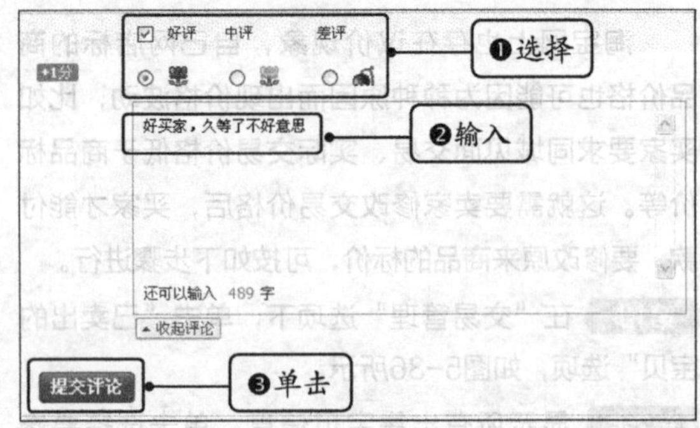

图5-44

第4步 在打开的页面中告知用户评价成功，并提示双方互评后需要等待30分钟才能看到评价内容，如图5-45所示。

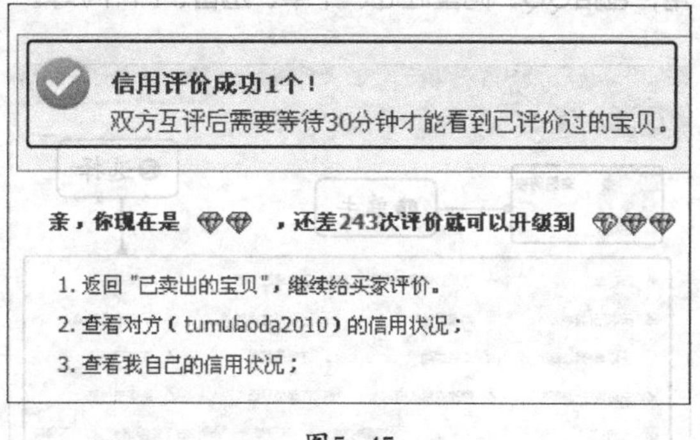

图5-45

买家在收货后，一直没有确认收货与评价，这时可以通过旺旺先联系买家并引导买家确认收货与评价，如果买家对商品无异议，但出于各种原因无法及时作出评价，那么淘宝在15天之内会自动将货款支付给卖家，同时自动给予卖家好评。

5.3.5 关闭无效的交易

有的买家下单之后，因为种种原因又不想买了，通常会联系卖家，希望关闭这笔交易。这是网店经营过程中难免要遇到的情况，对于这样的情况，应以平常心对待，对于这笔交易，将之关闭即可。

第1步 进入订单列表，单击需要关闭的交易商品后的"关闭交易"超级链接，如图5-46所示。

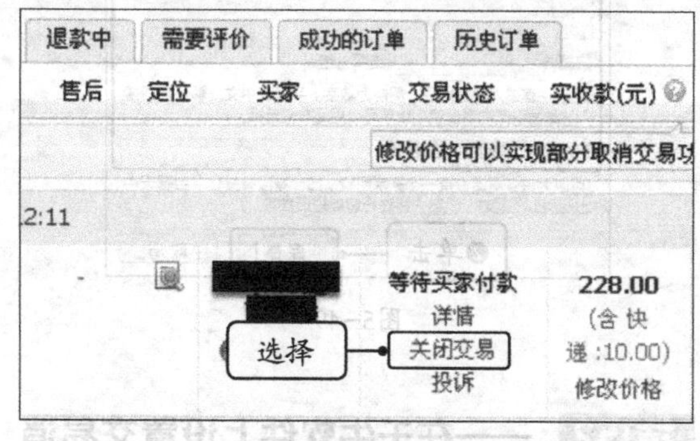

图5-46

第2步 ❶选择关闭理由；❷单击"确定"按钮即可，如图5-47所示。

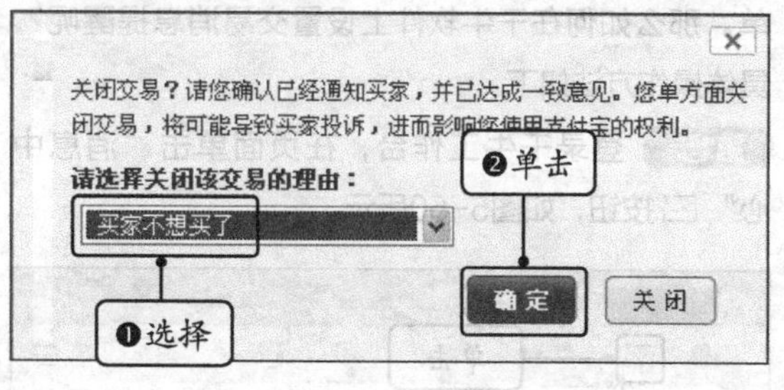

图5-47

5.4 秘技一点通

技巧1 ——在千牛软件上设置快捷回复短语

利用千牛软件和买家进行沟通交流的时候，很多卖家可能会因为询问的访客太多，忙碌的回复不过来。不同的买家反复提问类似的问题，如果一个字一个字的敲打键盘很浪时间，回复也许还会使买家不高兴。因此，为了提高工作效率，可以在千牛软件上设置快捷回复短语。

设置快捷回复短语，具体操作方法如下。

第1步 登录千牛工作台，进入"接待中心"，打开聊天对话框。❶单击对话框中的"快捷短语"按钮；❷单击右下方"新建"按钮，如图5-48所示。

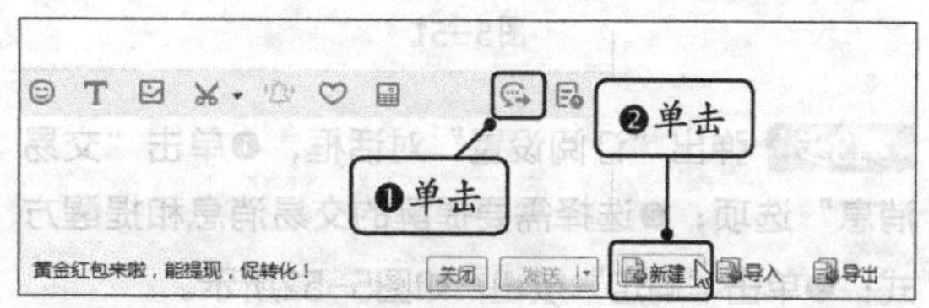

图5-48

第2步 弹出"新增快捷短语"对话框，❶设置快捷短语；❷设置完成后单击"保存"按钮即可，如图5-49所示。

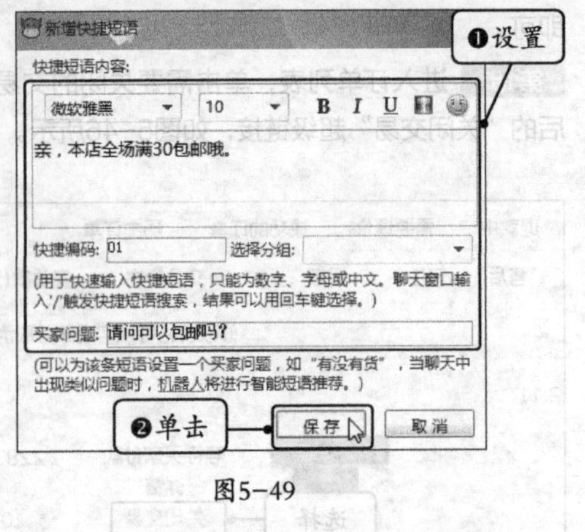

图5-49

技巧2 ——在千牛软件上设置交易消息提醒

如果千牛工作台没有设置交易消息提醒，会给卖家带来很多麻烦，使卖家不能及时处理交易订单。那么如何在千牛软件上设置交易消息提醒呢？具体操作方法如下。

第1步 登录千牛工作台，在页面单击"消息中心"✉按钮，如图5-50所示。

图5-50

第2步 进入"消息中心"页面，单击页面右上方"消息订阅"按钮，如图5-51所示。

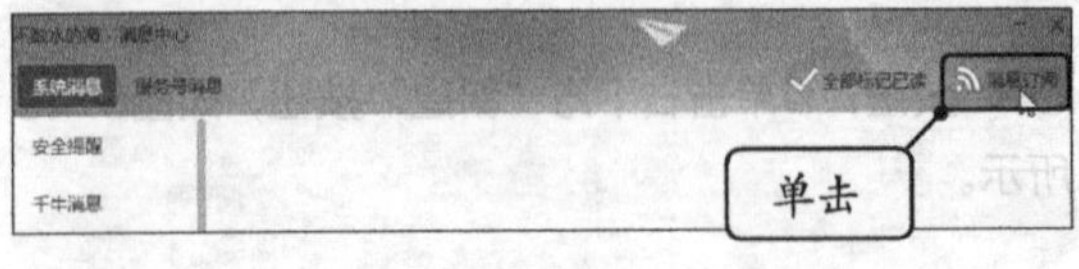

图5-51

第3步 弹出"订阅设置"对话框，❶单击"交易消息"选项；❷选择需要提醒的交易消息和提醒方式；❸单击"确定"按钮，如图5-52所示。

技巧3 ——在只能看网页的情况下使用千牛软件

有的兼职卖家在公司的电脑里安装了千牛软件，上班之余顺便处理一下网店的事情。但很多公司为了提高员工工作效率，封闭了网络端口，公司内部的电脑只能打开网页，除此之外什么网络软件都无法使用，包括QQ、阿里旺旺、千牛、迅雷、PPTV等。

图5-52

这样的情况下，要使用千牛软件也不是没有办法。千牛软件有个功能，即通过HTTP方式登录，也就是使用与网页同样的协议连接服务器，只要能看网页，就能连上千牛。

按照前面介绍的方法，单击千牛软件右上方的"设置☰"按钮下的"系统设置"选项，在弹出的设置对话框中，❶单击"基本设置"下的"网络"选项卡；❷选择"使用HTTP方式登录"复选框；❸单击"确定"按钮即可，如图5-53所示。

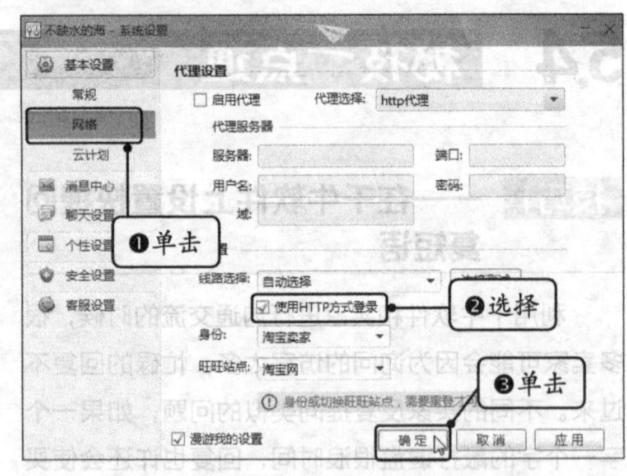

图5-53

技巧4 ——避免在不知情的情况下被加入聊天群

有的卖家在安装了千牛软件后，过了一段时间发现自己加入了一些群，而自己完全不记得何时加入的。其实，这是因为在千牛软件设置中，设置了允许任何人不经过自己的同意就可以把自己加入群的选项，只需把这个设置改掉，即可避免在不知情的情况下被别人拉进群了。

按照前面介绍的方法，单击千牛软件右上方的“设置≡”按钮下的“系统设置”选项，在弹出的设置对话框中，❶单击“安全设置”下的“验证设置”选项卡；❷在“群验证”下拉菜单中，选择“把我加入群，需要我验证”选项；❸单击“确定”按钮即可，如图5-54所示。

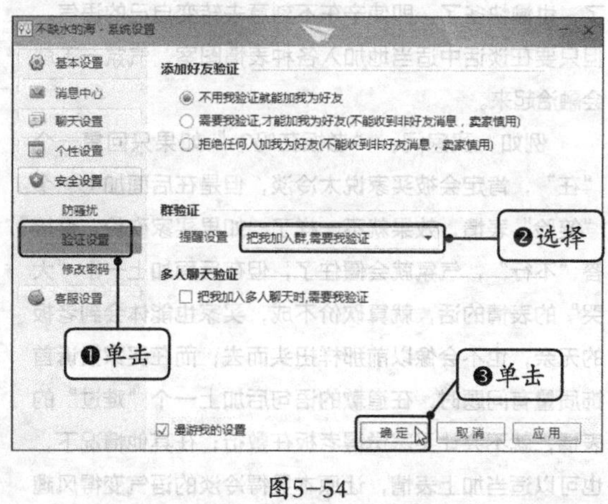

图5-54

技巧5　——不让千牛软件在电脑开机时自动启动

在安装了千牛软件后，每次打开电脑，进入系统后，千牛软件都会自动启动。这个设置本意是为了方便卖家，省去每次开机后手动启动千牛软件的麻烦。但有时候这个设置也会给人带来不便，因为有的人并不希望每次开机后就自动运行千牛软件，觉得会延长启动时间，他们更喜欢在电脑启动并进入平静期后，再打开各类软件，这样软件的相应速度会比较快。

那么怎样避免千牛软件在开机时自动启动呢？具体操作方法如下。

单击千牛软件右上方的“设置≡”按钮下的“系统设置”选项，在弹出的设置对话框中，❶单击“基本设置”下的“常规”选项卡；❷取消对“启动电脑时自动启动千牛工作台”复选框的选择；❸单击“确定”按钮即可，如图5-55所示。

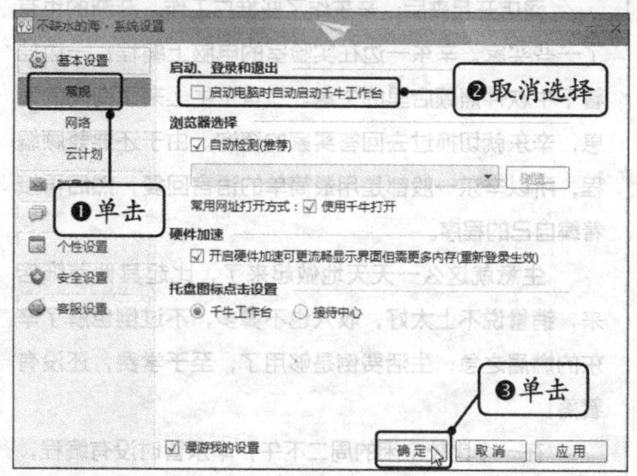

图5-55

开店小故事

研究生店主巧用表情活跃交流气氛

辛东是一名在读研究生，也是一名才入门没多久的网店店主。说起他开店的原因，其实和很多兼职工作的研究生一样，都是为了补贴生活费和学费。

辛东和很多学生一样，读研后没有再向家里伸手要过钱，都是靠着学校每月发给研究生的生活补助，以及一些兼职工作的收入来维持生活的。不过他的同学一般都是去做家教，或者去导师公司里做项目，而辛东则因为表叔在一家市郊首饰加工厂做会计，能够以出厂价拿到各种首饰，顺理成章地利用表叔的渠道，开了一家网店，专门销售各种款式新颖、价格适中的首饰。

网店开起来后，辛东作了些推广工作，渐渐的也有了一些买家。辛东一边在实验室的电脑上编程，一边挂着千牛软件照顾店里的生意。一旦千牛上来了询问的消息，辛东就切换过去回答买家的咨询。由于还要兼顾编程，所以辛东一般都是用最简单的语言回复，然后再接着编自己的程序。

生意就这么一天天地做起来了，比起其他首饰店来，销量说不上太好，收入也不算多，不过倒也解了辛东的燃眉之急，生活费倒是够用了，至于学费，还没有着落。

在一个比较空闲的周二下午，辛东暂时没有编程，千牛上也没什么动静，于是他打开自己的淘宝网店，浏览了一下商品评价，以及好久没看的店铺留言。没想到，有不少买家说老板太冷淡，让自己感觉不舒服；也有的买家说老板太古板，一点儿都不像卖首饰的……

看到这里，辛东若有所悟：原来自己只顾着编程，对千牛上的买家询问一向都是匆匆几句话就打发了，没想到竟然让买家这么不满，看来自己应改进这方面。

在之后的网上交流中，辛东开始留心和买家的交谈方式，尽量多用轻松活泼的语气，但他很快发现，用这种语气谈话并非自己所长，于是他干脆拿出QQ聊天时常用的招式——表情图片，这一下和买家聊天变得轻松多了，也愉快多了，即使辛东不刻意去转变自己的语气，但只要在谈话中适当地加入各种表情图案，气氛一下就会融洽起来。

例如，买家问：“老板在吗？”如果只回复一个“在”，肯定会被买家说太冷淡，但是在后面加上一个“笑脸”表情，效果就不一样了；如果买家砍价，直接答“不行”，气氛就会僵住了，但在后面加上一个“大哭”的表情的话，就算砍价不成，买家也能体会到老板的无奈，也不会像以前那样扭头而去；而在买家投诉首饰质量有问题时，在道歉的语句后加上一个“难过”的表情，就不会让买家觉得老板在敷衍；在其他情况下，也可以适当加上表情，让原本显得冷淡的语气变得风趣活泼起来。一个小小的表情，可以缩短店主与买家之间的距离。

“当然”，辛东总结说，“表情是不能滥用的，滥用反而让买家感觉自己在‘恶意卖萌’，让买家反感。”

自从活跃了与买家的交流气氛后，评论里面关于老板语气冷淡、态度古板的评价也绝迹了，相反还有买家说：“老板好有趣，下次还来买！”相应地，店里的销量也有了不少的提升，盈利除了能够填补生活费的空白外，还能攒下不少，估计下学年的学费也可以解决了。

第2部分

装修篇

有不少店主开店前以为只要自己的宝贝物美价廉，生意就一定会好，至于店铺装修、详情页优化等都可有可无，马马虎虎弄一下就可以了。开店后才发现，自己的店铺比起别人的店铺来，太难看了，完全没有吸引力，难怪店铺生意好不起来。

店铺装修真的很重要，“人靠衣装店靠靓装”，这是一句淘宝店主们总结出来的金句。高颜值的网店装修和商品详情页面，可以让买家“一见钟情”，感受到店主在经营上的用心，让买家更容易产生购买欲望。翻开本书第二部分“装修篇”，就可以轻松掌握网店装修的奥秘。

开店很轻松

赚钱很简单

第 6 章 让宝贝的“靓照”更诱人

本章导言

在网店中展示出售的商品时，最直观、最具有视觉效果的无疑是商品的展示图片。即使一件普通的商品，配上色彩鲜明、光线充足的照片，这件商品也会变得更加有吸引力，更加能让人产生购买的欲望。本章就专门讲解选择摄影器材、常见拍摄方法以及照片后期处理方法等内容。

学习要点

- 掌握选择适合的拍摄器材的方法
- 掌握常见宝贝的拍摄方法，包括服装类、生活类、数码类和首饰类
- 掌握使用Photoshop软件处理照片的方法

6.1 拍摄器材的选择

对于网店，买家主要是通过店里的展示照片来了解宝贝的，所以网店里的每一件宝贝，都需要配以多张图片，从不同的角度对宝贝进行细节展示和说明。要为宝贝拍出漂亮、悦目的图片，就需要准备好合适的拍摄器材。

6.1.1 选择适合自己的相机

一款合适的相机，能够极大地帮助网店店主拍好展示图片。目前，市面上比较流行的相机大致可分成3种：普通数码相机、高档数码相机和专业数码相机。

- 普通数码相机：普通数码相机的特点是价格低廉，这类相机适合于拍摄家人、朋友、宠物或旅行照的相片。在普通相机中，有很多比较轻薄，便于携带，因此这种薄型相机又叫作“卡片机”，是普通数码相机中的主流产品，价格集中在800～3000元之间，当然也有特别便宜和特别贵的。普通相机的像素一般在2000万左右，拍出来的照片效果相当不错，对于拍摄网店宝贝图片来说，已经足够了。图6-1所示为佳能（Canon）IXUS 285 HS 数码相机，2020万有效像素，3英寸液晶显示屏，12倍光学变焦，25mm超广角，支持Wi-Fi和NFC，时价为1500元人民币左右，比较超值。

图6-1

- 单反相机：现在一提到专业拍照，似乎都要说到“单反相机”。单反相机效果确实比较好，但价格也相对较高，一般都在数千元以上。单反相机的镜头和机身一般都可以分离，一个机身上可以

安装不同的镜头。如果店主希望完美展示自己宝贝的细节，不妨购买一台单反相机来进行摄影。图6-2所示为佳能（Canon）EOS 700D 单反套机，含EF-S 18～55mm f/3.5～5.6 IS STM 镜头，时价为4000元人民币左右，是一款入门级单反相机，购买者较多。

图6-2

■ 微单/单电相机：由于单反相机是采用了单镜头加反光板的取景结构，故名"单反"，但也因为这个结构，导致单反相机体积庞大，机身沉重。为了克服这个缺点，相机生产厂商又研发出单镜头加数码取景结构的相机，取消了反光板，导致其体积大大减小，摄影效果上只是略差于单反相机，但价格相对单反来说有大幅度减少，主要集中在2500～5000元之间。这种相机被称为"单电相机"或"微单相机"。对于一个追求较好拍摄效果，但资金预算又有限的店主来说，单电相机是一个不错的选择。图6-3所示为索尼（SONY）ILCE-6000L APS-C微单单镜套机，时价在4000元左右，从其较好的销售情况来看，比较受用户的欢迎。

图6-3

高手支招 自己动手丰衣足食

一些高档手机配备的摄像头拍摄效果也是比较不错的，用于拍摄宝贝照片绰绰有余，比如苹果六七代手机，三星galaxy系列手机的高端型号等。如果店主已经有了这样的手机，就可以省下购买相机的资金了。

有的店主可能认为，要拍摄出最好效果的宝贝图片，就必须买一个非常高档的相机，比如单反相机。其实，这是一种错误的理念。要知道在网店里展示的图片，受网页大小以及网速的限制，一般分辨率并不是很大，据笔者的经验来看，1024×768分辨率的照片已经足够了。拍摄这样的照片完全用不着单反相机出马，使用普通卡片相机，配上简单的摄影设备，如三脚架反光板等，再加上后期电脑处理，完全可以拍出同样效果的照片。

在选购数码相机时，要量力而为，不要一律以价高为好。其实，没有最好的相机，只有最适合自己的相机，根据自己的需要来选购才是最适合的。选购时通常要注意的要点有以下几个。

■ 品牌。影响相机的成像效果除了像素、镜头等因素外，主要的因素还是厂家在成像质量方面的整体技术水平，像佳能、尼康、索尼、三星等厂家在相机整体成像技术上做得就比较专业。因此，建议购买那些在市场上推出时间较长的成熟机型，不要购买那些刚推出的小厂家的新品，因为新的机型价格较高，降价空间大，而且成像技术水平也难有保证。

■ 像素。现在主流的数码相机都是上千万的像素。像素越高，照片质量会越好，但是网络图片适用800万像素相机就足够了。当然，如果店主平时外出游玩还要使用该相机的话，倒不妨选择高像素的型号。

■ 实际拍摄效果。在选购数码相机时，购买者一般都会随便拍几张，然后在数码相机的液晶屏上看过后觉得效果可以就行了，其实这种方法是不正确的，因为数码相机的液晶屏很小，效果好坏并不能看出来。正确的方法是拍出来后要在电脑屏幕上确认一下，并注意看照片里有没有偏色。因此，建议到配备电脑终端的经销商处购买，以便在电脑上查看拍摄效果。

- 画质。数码相机镜头往往比像素和CCD更加重要，尽量选择名牌的，比如佳能、尼康、索尼以及奥林巴斯等。如今的数码相机的光学变焦倍数大多在10倍，有些定焦的效果可能更好，因为镜头变焦越大，镜片数量就会越多，就越会影响画质，甚至造成更大的眩光、噪点、丢失暗部细节以及影响整个变焦范围的画质等问题。
- 微距拍摄。如果要拍摄宝贝的细节，就需要用到相机的微距拍摄功能。所谓微距拍摄，就是在极近距离（如4cm）内拍摄物体的功能。微距功能越好，成像就越清晰，拍摄出的宝贝细节的效果越好。
- 防抖。现在的主流机型都配备了光学防抖的功能，而不防抖的机型已经相当少见了。如果万一买到了不防抖的机型，也不要紧，再购买一个三脚架，将相机放置在三脚架上进行拍摄，也可以解决抖动的问题。

另外，购买的时候，还要注意商家是否是正规经销商，商品是否是正品行货，是否全国联保等，因为这关系到售后服务问题。

6.1.2 选择三脚架让相机拍摄更稳定

虽然现在的中高档相机都有防抖功能，但在拍摄宝贝的时候，有的人手抖得比较厉害，仍然会拍出一些模糊的照片。这个时候就需要使用三脚架，将相机放在三脚架上，拍出的照片将会非常清晰；有时候需要在光线不好的地方，或者在夜晚进行拍摄，就要进行长时间曝光，而人手不可能长时间保持静止不动，手拿相机进行长时间曝光会造成图像模糊，此时就必须使用三脚架辅助拍摄；另外有的店主自己做模特，没有人帮忙拍摄，这个时候也需要使用三脚架架好相机，设置延时拍摄进行自拍。

三脚架一般有三只支撑脚，每只脚由三节可伸缩调节的金属管组成。支撑脚上面还有可调节高度的中轴，中轴上面还有可以调节仰角和方向的云台。三脚架在收起来时如图6-4所示（不带云台），展开并安装好云台以及相机时如图6-5所示。

三脚架的各个调节螺杆都非常明显和直观，只需按照说明书操作，即可轻松将三脚架展开，将相机安装到云台上。

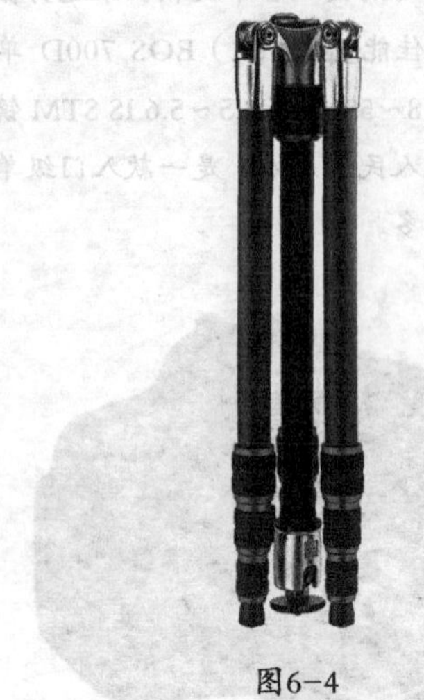

图6-4

图6-5

三脚架的档次有高有低，低的很便宜，四五十元就可以买到，高的要上千元。作为网店店主，一般只需购买一个百元左右的带有云台的三脚架就可以了。国产的名牌三脚架有百诺、思锐、捷宝和富图宝等，均能满足这样的功能需要。

专家提点 三脚架与相机的配合

在选购三脚架时，要注意好相机重量与三脚架重量的配合。三脚架越重稳定性越好，但如果相机很轻，则没有必要配很重的三脚架。一般来说，相机的重量主要集中在镜头上，比较重的三脚架适合400mm的镜头，而中型三脚架则适合100～300mm的镜头，小型三脚架则配合广角镜头使用。

6.1.3 选择适合的灯光器材获得更好的拍摄效果

拍摄宝贝照片时，光线很重要，太亮、太暗、反光都会使照片质量不佳。要获得曝光正确的照片，就要用到灯光器材以及摄影棚、反光伞等辅助拍摄装备。

1. 利用简易摄影棚调节光线

如果拍摄的宝贝对颜色要求很高，那就一定要使用摄影棚。摄影棚是在室内拍摄宝贝的最主要的工具。在淘宝拍摄器材店中，摄影棚的售价不高，如果宝贝不是很大，可以买一个现成的简易摄影棚。图6-6所示为淘宝上卖的简易摄影棚，价格并不昂贵。图6-7是某个简易摄影棚的构造细节，其实心灵手巧的店主完全可以使用白卡纸自己制作一个。

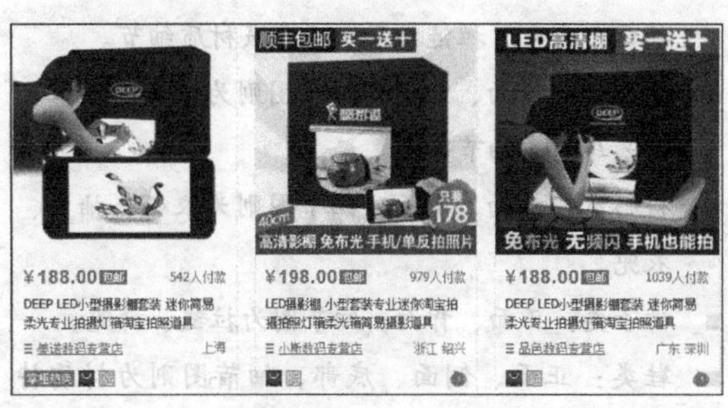

图6-6

图6-7

2. 利用反光伞/反光板调节曝光

反光伞通常是配合闪光灯使用的，它的作用是可以把闪光灯闪出的硬光变成柔和的漫射光。如果没有反光伞的话也可以使用反光板。反光板在室外拍摄时很有用，因为很多时候外景都是逆光拍的，但逆光拍摄时模特正面会有很暗的阴影，这时候用反光板补光可以减少阴影。

反光伞外形和雨伞差不多，不过伞的内面贴的是高度反光的材料，其价格在几十元到200元不等，如图6-8所示。反光板通常是一块轻巧的圆形或长方形的平板，一面贴有高度反光材料，其价格在20～80元不等，如图6-9所示。

图6-8

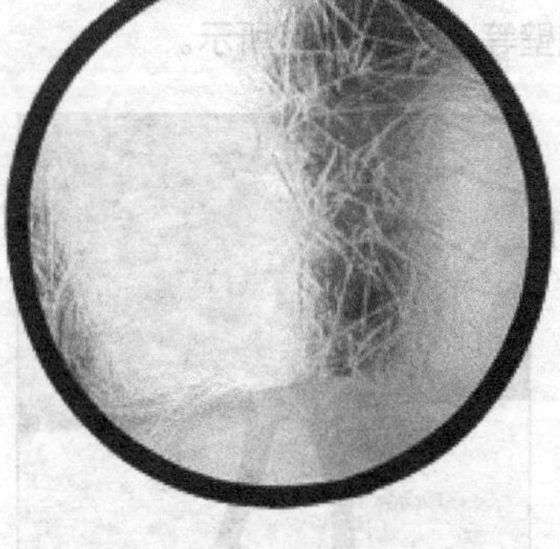

图6-9

高手支招 自己动手丰衣足食

动手能力强的店主，可以自行购买锡箔贴在旧雨伞的内面，做成一把反光伞，其效果并不比买的反光伞差多少。

另外，还有一些辅助拍摄器材，如独立闪光灯、摄影台等，但使用得不多，这里就不详细介绍了。

6.2 宝贝拍摄及上传

很多新手店主在拍摄宝贝照片时，由于拍摄方法不当，因此拍摄出的图片效果不尽如人意。其实，各种宝贝的拍摄都是有规律可循的，掌握这些规律就能快速拍出好看又有说服力的宝贝照片。

常见的网店宝贝，一般可分为服装类、生活类、数码类、首饰类四类。下面分别讲解这几类宝贝的拍摄方法。

6.2.1 服装类宝贝拍摄

服装类宝贝在拍摄时，一般选择两种拍摄方案，一种是真人试穿，另一种是将服饰水平摆放或挂好后拍摄。

对于真人试穿拍摄，建议在户外进行，因为一般户外的光照比较好，拍摄出来的衣服色彩还原度也比较高，图片看上去真实可信，如图6-10所示。如果选择在室内进行拍摄，则最好能够提供一面纯白色的背景，如较为光滑的白色墙面、铺上白色绘图纸的墙壁等，如图6-11所示。

图6-10

图6-11

如果仅拍摄服装，这就涉及衣服的摆放，一般情况下都是选择浅色的背景，然后根据衣服的特性进行摆放，要尽量让其显得修身、突出立体感。同时可以在拍摄衣服旁边，摆放一些其他物件，这样可以起到点缀的作用。

对于室内拍摄而言，为了光线更加充足，有条件的用户可以采用1～2盏布光灯。一般来说，细腻质料的衣服适合用柔和光，能突出细节，而粗糙质料的衣服适合直接打光，以挽回质料差的感觉。

为了全面、真实地展现实物效果，通常需要从各个角度进行拍摄。服饰的种类不同，所需拍摄的角度也不同。

- 外套类：正面、背面、内里，细节图则为衣领、袖口、衣兜、拉链扣子以及衣服材质细节。
- 毛衣类：正面、背面，细节图则为衣领、袖口、工艺与材质细节等。
- 衬衫类：正面、背面，细节图则为衣领、袖口、衣兜。
- 裤子类：正面、背面，细节图为拉链、裤兜。
- 鞋类：正面、侧面、底部，细节图则为材质特写、特色设计等。

无论哪种服饰，在拍摄时，均要考虑如何能够全面地将服饰的各个层面展现出来，具体如何拍摄，卖家可以结合自己的经验来操作。如果是品牌服饰，那么可以单独拍摄品牌Logo位置以及服饰吊牌。

6.2.2 生活类宝贝拍摄

生活类物品覆盖的范围比较广，材质体积也各不相同，在拍摄照片时，需要根据宝贝的特性进行不同的拍摄，如体积大的需要较大的拍摄空间、材质较亮的不宜采用闪光灯等。对于居家类生活用品，可以进行简单搭配后再拍摄，这样更容易展现出宝贝在实际使用中的装饰效果。

拍摄生活类宝贝最关键的是光线，合适的光线能将宝贝的特色在照片中充分展现出来，这就需要店主根据不同的宝贝、不同的环境来反复调整，图6-12所示为拍摄的玻璃茶具与毛巾。

图6-12

可以看到，茶具本身比较透明，如果使用纯白色背景，将很难体现出茶具的质感，因此店主将茶具中装上一些黄色茶水，并将茶壶放在深褐色的木质桌上进行拍摄，拍出来的照片就能够充分体现出茶具的轮廓和质感。

在毛巾的照片中，店主采用了侧逆光拍摄手法，光源从毛巾侧前方打过来，造成明暗对比效果，容易给人留下深刻印象，而且店主还将深浅色毛巾交错重叠在一起，让照片看上去更加富有韵律感，让人产生“我也买一些毛巾回来这样叠着，一定很好看”的想法，从而有了购买欲。

6.2.3 数码类宝贝拍摄

为何要把数码类宝贝单独列为一项呢？这是因为数码类宝贝一般都是塑料或金属外壳，外包装也基本都是印刷硬壳纸，表面反光现象很严重，在拍摄时如不注意光线，容易产生眩光或倒影，影响最终的展示效果。

在拍摄数码类宝贝时，建议采用简易摄影棚加上反光伞进行拍摄，这样拍摄出的照片布光均匀，能够展示出宝贝各个面上的细节，如图6-13所示。而如果用光源直接照射进行拍摄的话，则很容易产生眩光，如图6-14所示。

图6-13

图6-14

6.2.4 首饰类宝贝拍摄

首饰类宝贝有一个很大的特点，就是在特定光线的情况下，拍出来的照片效果非常好，带有各种炫目的光晕，让一些本来不怎么样的首饰也变得好看起来，使人忍不住想购买。笔者就在古玩市场看到过一款金发晶（一种含有金丝的水晶）手链，在强烈的灯光照射下散发出梦幻一样的光芒，非常吸引人，但拿到日光下观看时，效果就大打折扣了，甚至令人失望。所以在拍摄首饰时，要注意多方面测试光源，看看是直接用闪光灯好，还是用摄影棚好，或者用自然光线比较好，选择最容易出彩的光源进行拍摄。

图6-15所示的是在某网店中出售的水晶手链，在人造光线充足的拍摄环境下，看起来颜色饱满，晶莹剔透，很吸引人，但当笔者买到手，看到实物时，发现在普通光线下，这串手链并没有图片中那种通透感，感觉很一般。因此可以说这张照片是一个成功利用光线来增加宝贝魅力值的案例，值得学习。

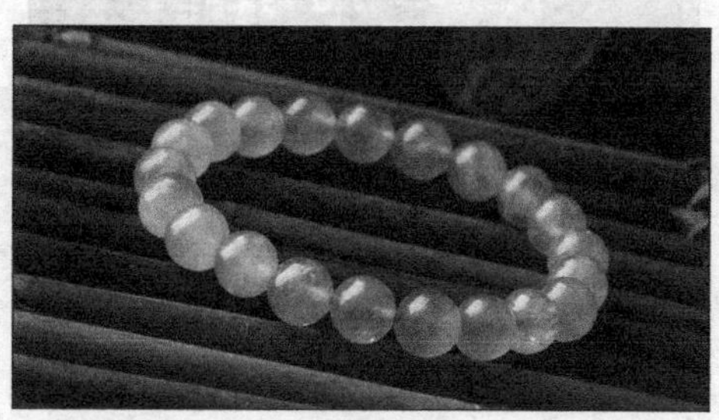

图6-15

因此，在拍摄首饰类宝贝时，一定要处理好光线，不妨多试试高光、柔光、侧光和逆光，看看哪种效果最好、最炫目，最后把最好看（但不失真）的照片呈现给买家。

6.2.5　将拍摄的照片上传到电脑中

使用数码相机拍摄好宝贝照片之后，接下来就需要将照片拷贝到电脑中，进而对照片进行修饰与美化，最后将照片上传到店铺中。

目前的数码相机多数是通过存储卡来进行数码相片的存储，而用户日常拍摄的照片都保存在这里。要读取内容，最为简单的方法就是直接将存储卡通过读卡器接入电脑。

第1步 取出数码相机底部的存储卡，如图6-16所示。

图6-16

第2步 将存储卡插入专用的读卡器设备，如图6-17所示。

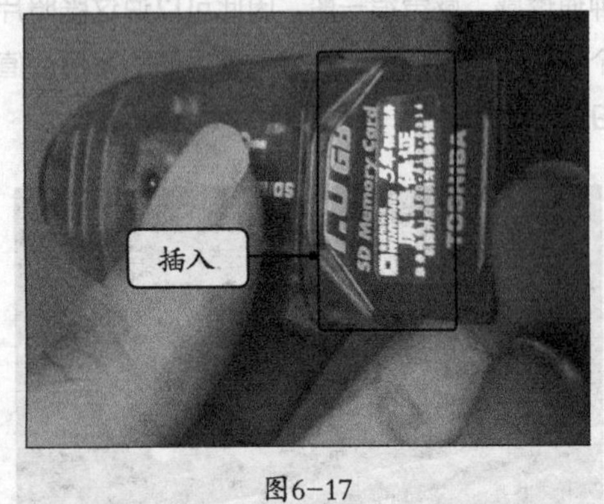

图6-17

第3步 将读卡器插入电脑的USB接口进行连接，系统会自动将存储卡识别为移动设备，如图6-18所示。

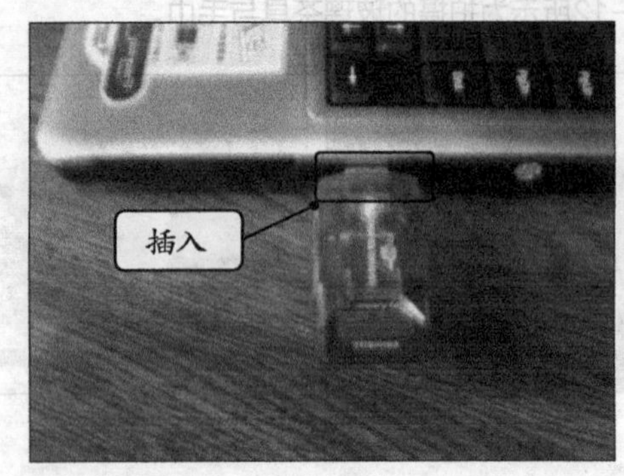

图6-18

第4步 存储卡通过读卡器连接笔记本电脑以后，会在“我的电脑”中显示为一个可移动磁盘，双击打开该磁盘，如图6-19所示。

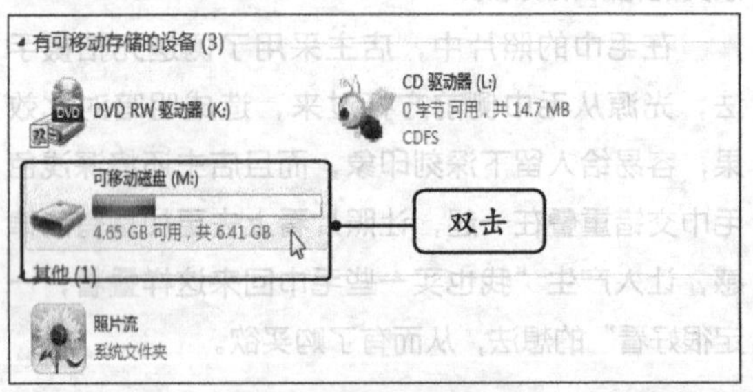

图6-19

第5步 打开磁盘中存放照片的图像文件夹，❶选择要进行传送的图像文件并用鼠标右键单击；❷选择“复制”命令，如图6-20所示。

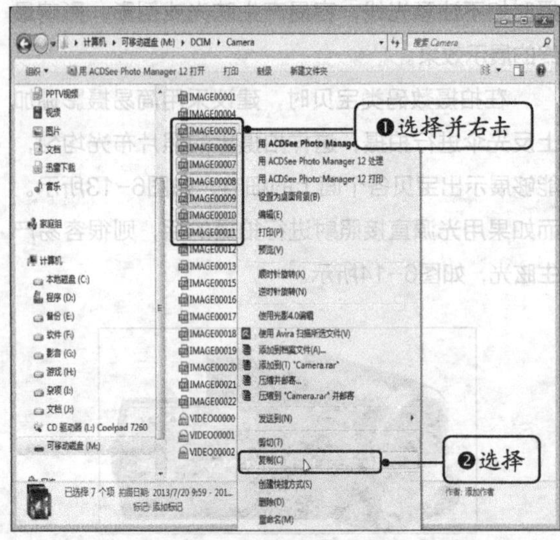

图6-20

专家提点 存放照片的文件夹的名称

不同品牌的相机，在存储卡中放置照片的文件夹的名称有所不同。比如佳能相机的文件夹是以"100CANON""101CANON"这样的顺序命名，每个文件夹中存放100张照片；而卡西欧相机则以"101CASIO""102CASIO"这样的顺序命名，其他品牌的相机各有不同的命名方法。

第6步 打开电脑上存放照片的文件夹，在空白处单击鼠标右键并单击"粘贴"命令，即可将照片文件复制到电脑，如图6-21所示。

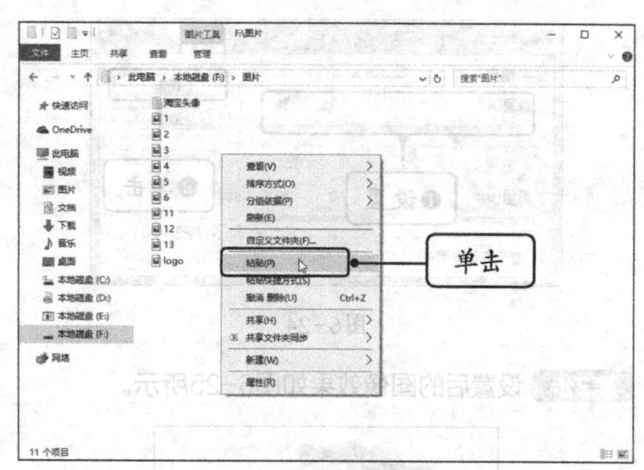

图6-21

6.3 照片的处理和美化

宝贝照片一般都需要经过后期处理，比如调整大小、改善曝光或添加水印等，之后才能变成一张合格的、适合在网店中浏览的漂亮图片。

处理照片的软件有很多，如Photoshop、光影魔术手、美图秀秀等。其中Photoshop功能较为齐全，而且启动快速，简单易用，即使是新手用户，使用它也能轻松制作出精美的相框、艺术照以及各种专业胶片效果，因此这里重点向大家介绍使用Photoshop处理宝贝照片的方法。

6.3.1 调整曝光不足的照片，让宝贝图片更亮

在拍摄照片时，如果曝光不足，则拍出来的照片整体偏暗，很多细节无法清晰看到；如果曝光过度，则照片显得太亮，同样也无法看清楚细节。当出现这两种曝光问题时，可以使用Photoshop软件进行处理。

下面就以为曝光不足的照片补光为例进行讲解。在本例中，一个毛绒玩具的效果图因为曝光不足，导致画面偏暗，如图6-22所示。这里就要把它的曝光度调亮，使之看上去明亮饱满，更能吸引人购买。

图6-22

第1步 在Photoshop CC中打开要调整的照片，❶单击"图像"菜单；❷单击"调整"下拉命令；❸单击"阴影/高光"命令，如图6-23所示。

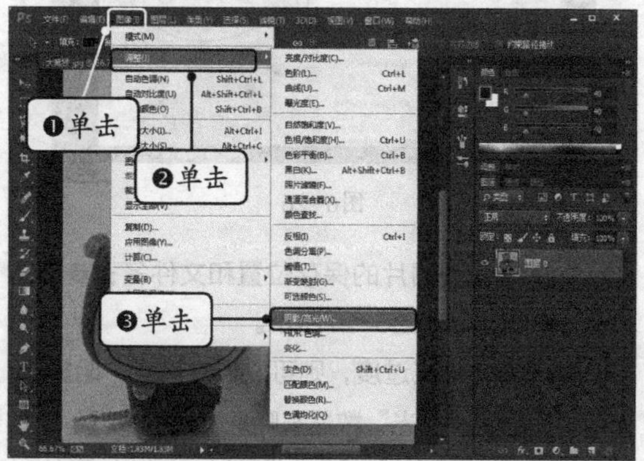

图6-23

第2步 打开"阴影/高光"对话框，❶设置"阴影"数量为35；❷单击"确定"按钮，如图6-24所示。

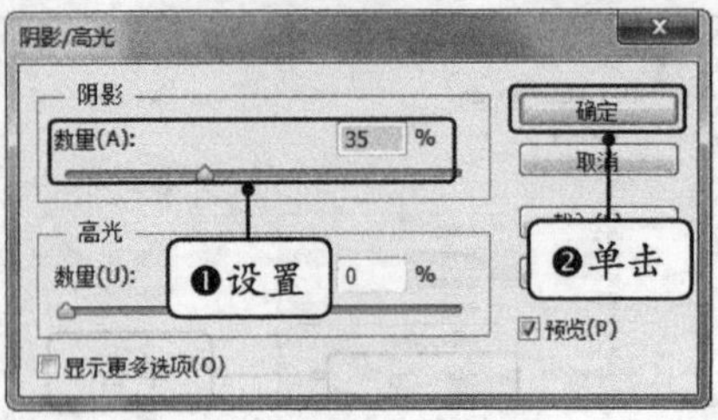

图6-24

第3步 设置后的图像效果如图6-25所示。

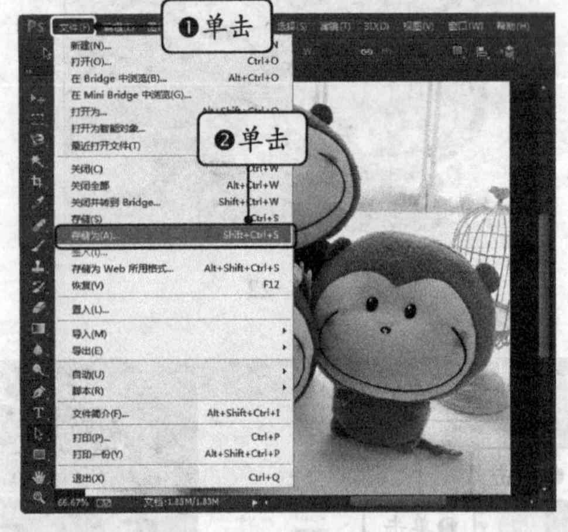

图6-25

第4步 ❶曝光调整合适后，单击“文件”菜单；❷单击“存储为”命令，如图6-26所示。

图6-26

第5步 ❶设置图片的保存位置和文件名；❷单击“保存”按钮，如图6-27所示。

如果照片曝光过度，则可以通过设置“阴影/高光”对话框的“高光”数量来降低曝光度。

用户也可以单击“保存”按钮来保存图片，不过这样一来，就覆盖了原始图片，万一以后要再次使用原始图片时，就不方便了，因此这里建议使用“存储为”命令把修改后的图片保存到其他地方（或者另命名保存）。

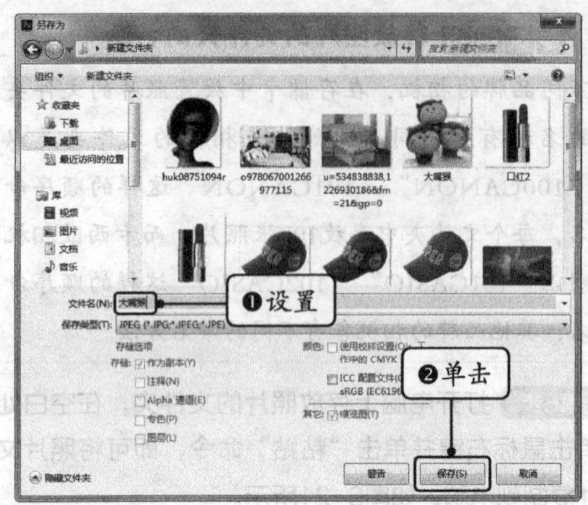

图6-27

6.3.2 制作背景虚化照片效果，突出宝贝主要特点

传说断臂维纳斯像是因为手臂做得太美丽，影响了主题，所以作者索性砍去维纳斯像的双臂，从而凸显出整个雕像的特点。这说明有时候无关的细节会影响作品要表达的主题思想。

在宝贝照片的拍摄中，有时候也会遇到这样的情况，背景过于精致美丽，夺去了买家的眼光，让宝贝显得可有可无。对于这样的照片，就需要对宝贝之外的部分进行虚化处理，让买家的注意力只集中在宝贝本身。

在本例中，店主本来想突出鞋本身的效果，但由于照片清晰度很高，作为背景衬托的人物，很大程度上夺去了观众的注意力，导致鞋本身的视觉效果下降，因此这里要把鞋以外的部分虚化，让其变得模糊，丢失细节，从而保证鞋能够获得视觉焦点，显示出本身的特色。

第1步 打开要修改的照片，按“Ctrl+J”键创建新图层，如图6-28所示。

图6-28

第2步 ❶单击"滤镜"菜单；❷单击"模糊"下拉命令；❸单击"高斯模糊"命令，如图6-29所示。

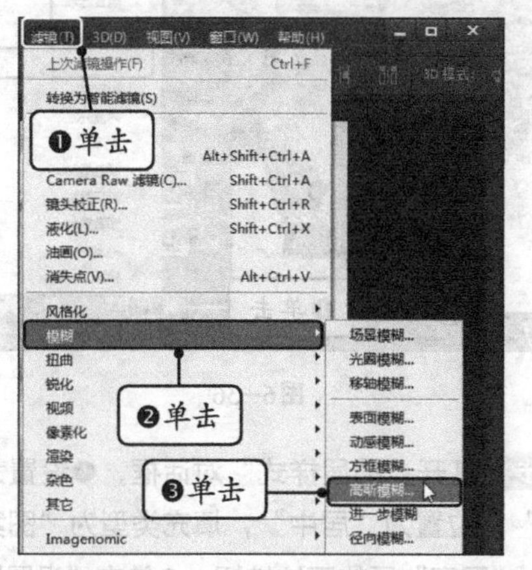

图6-29

第3步 打开"高斯模糊"对话框，❶设置"半径"为3；❷调节完毕后单击"确定"按钮，如图6-30所示。

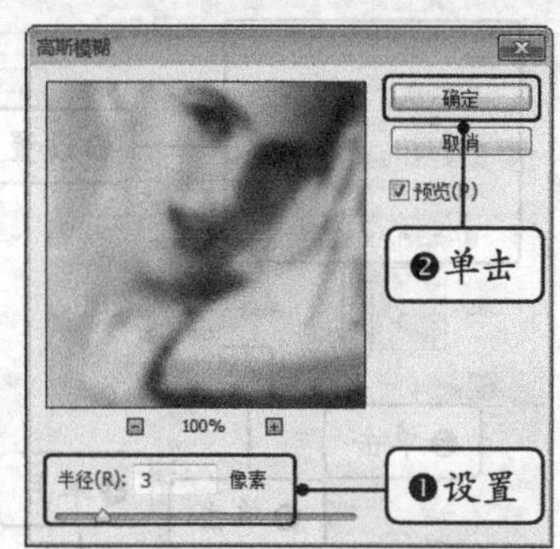

图6-30

第4步 图像变得模糊（虚化），这是可以调节的，❶在"图层"面板单击"添加蒙版"按钮；❷给"图层1"添加蒙版，如图6-31所示。

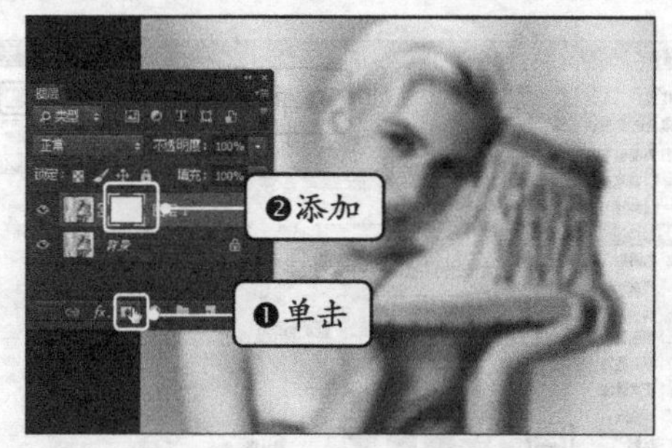

图6-31

第5步 按"B"键选择画笔工具，设置前景色为黑色，在图像中需要清晰显示的区域涂抹，如图6-32所示。

图6-32

高手支招 处理模糊照片

为了避免处理过程复杂，可以将原图层复制得到新图层，将新图层属性改为柔光，然后调整透明度即可。

6.3.3 添加图片防盗水印，让图片无法被他人使用

自己辛苦拍摄的宝贝照片，却被一些不劳而获的淘宝店主盗用，这种事情很是让人气愤。为自己店里的宝贝图片加上Logo水印即可避免出现这样的情况。另外，制作精美的Logo水印也能起到宣传自己店铺的作用。

需要注意的是，Logo图片最好不要放在宝贝的中心，以免影响买家查看宝贝的细节，但也不要放在空白处，否则很容易被擦除后盗用。

在本例中，将要为首饰加上店铺Logo，由于不能挡住首饰主体，因此把Logo放在首饰的链子上。

第1步 打开要添加Logo的照片，❶单击"文件"菜单；❷单击"打开"命令，如图6-33所示。

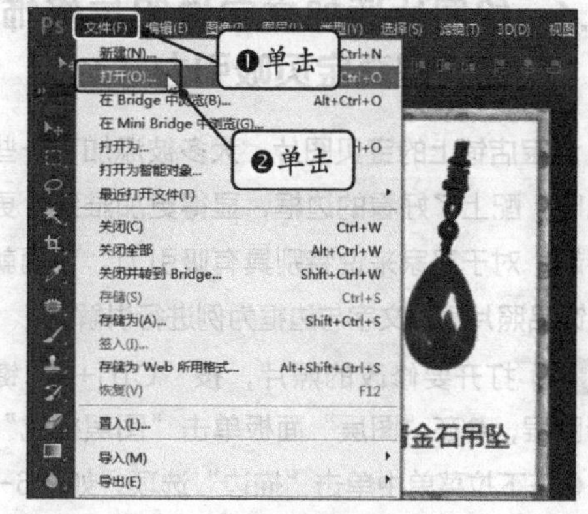

图6-33

第2步 ❶选择“Logo”图片；❷单击“打开”按钮，如图6-34所示。

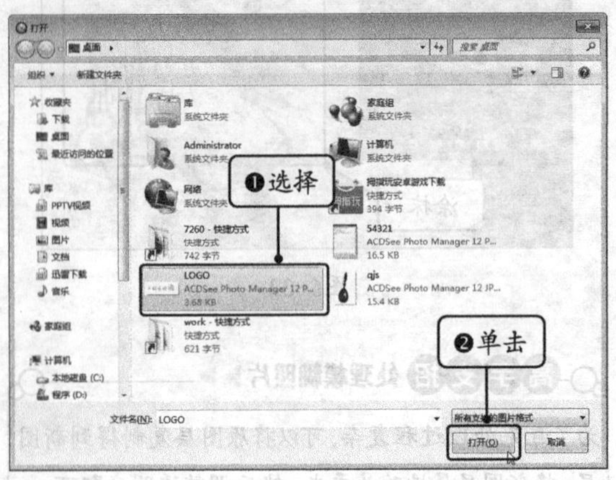

图6-34

第3步 ❶设置Logo图片的位置、倾斜度以及大小；❷设置Logo图片的透明度；❸单击“文件”菜单；❹单击“存储为”命令进行保存，如图6-35所示。

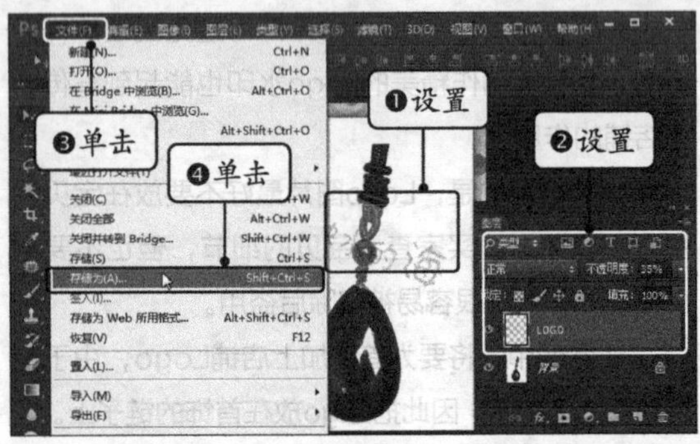

图6-35

6.3.4 给图片添加文字说明与修饰边框，提高宝贝吸引力

淘宝店铺上的宝贝图片，大多被添加了一些文字说明，配上了好看的边框，显得更加雅致，更加有情趣，对于买家来说特别具有吸引力。下面就以为装饰品照片添加文字与边框为例进行讲解。

第1步 打开要修改的照片，按“Ctrl+J”键创建新图层，❶在“图层”面板单击“图层样式”按钮；❷在下拉菜单中单击“描边”选项，如图6-36所示。

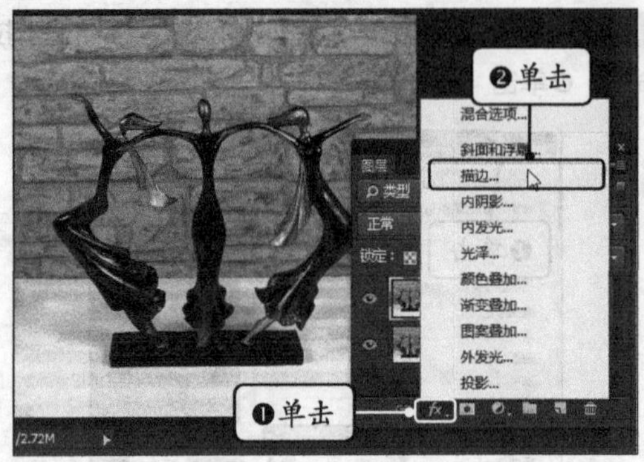

图6-36

第2步 打开“图层样式”对话框，❶设置大小为“80”，位置为“居中”，填充类型为“图案”；❷单击“图案”后的下拉按钮；❸单击“设置”下拉按钮；❹在下拉菜单中单击“自然图案”命令，如图6-37所示。

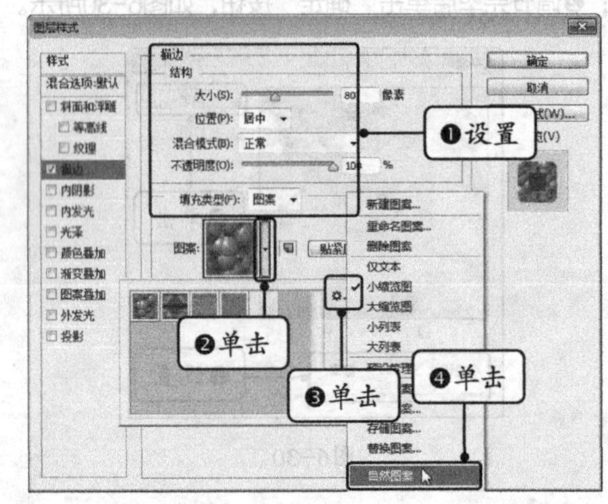

图6-37

第3步 在提示框中单击“追加”按钮；❶单击“叶子”按钮；❷单击“确定”按钮，如图6-38所示。

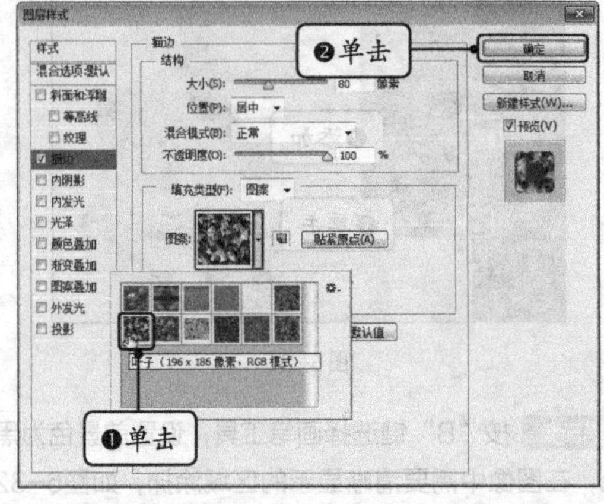

图6-38

第4步 按“T”键激活文字命令，❶设置字体为隶书，字号为30，颜色为黄色；❷单击指定文字位置并输入文字内容（此处输入的是店名“诺爱一生”），如图6-39所示。

图6-39

第5步 单击“文件”→“存储为”命令，将修改结果保存下来即可。

6.3.5 抠取宝贝主体，更换合适的背景以增加吸引力

对于背景过于复杂或过于单调的图片来说，可以把主体“抠”出来，把背景替换掉，换上其他合适的背景。

例如，很多玩具照片，背景可能不够富有感染力，就可以把玩具的图像“抠”出来，再放到其他更好看的真实的背景中，增加真实感。

第1步 打开要修改的照片后，❶单击选择“魔棒工具”；❷按住“Shift”键单击多次选择图像背景，如图6-40所示。

图6-40

第2步 按“Ctrl+Shift+I”键反向选择图像，❶按“Ctrl+J”键复制选区创建新图层；❷单击隐藏背景图层，如图6-41所示。

图6-41

第3步 打开背景图片，❶选择背景图片；❷单击“打开”按钮，如图6-42所示。

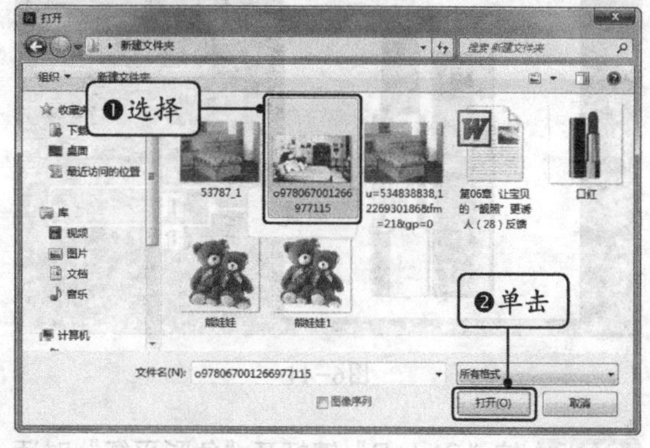

图6-42

第4步 ❶将新打开的图片拖动到“熊娃娃”窗口，调整图层位置，将“图层2”拖动到“图层1”下方；❷调整“熊娃娃”在背景中的位置和大小，如图6-43所示。

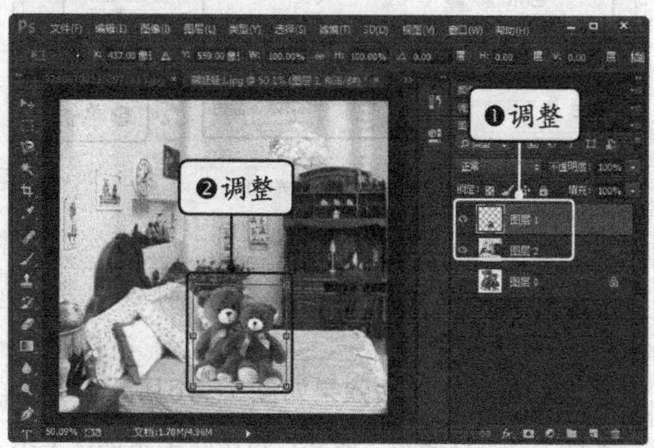

图6-43

第5步 单击“文件”→“存储为”命令，将修改结果保存下来即可。

6.3.6 调整偏色的宝贝效果，避免引起买家误会

如果拍摄的时候光线条件特殊，或者相机的白平衡没有设置准确，拍出来的照片就有可能偏色。使用Photoshop软件可以将偏色的照片纠正过来。

在本例中，口红照片的颜色比较偏暗红，不能正确反映口红的颜色（大红色），可能会引起买家的误会，因此需要先纠正偏色，再发送到网店中。

第1步 打开要修改的照片，按“Ctrl+J”键复制背景图层以创建新图层，如图6-44所示。

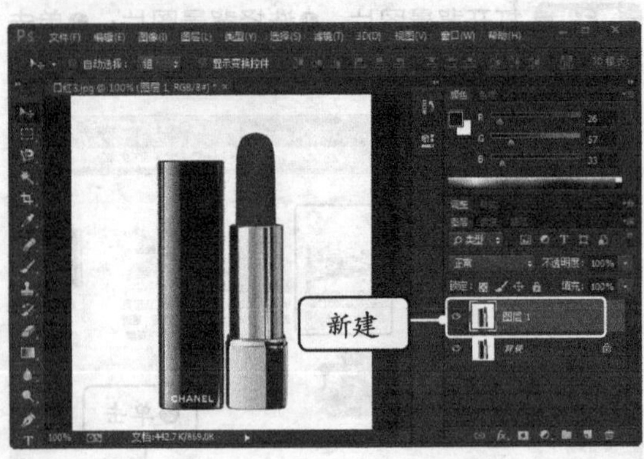

图6-44

第2步 按“Ctrl+B”键打开“色彩平衡”对话框，❶设置色阶参数；❷如果效果满意，则可以单击“确定”按钮返回主界面，如图6-45所示。

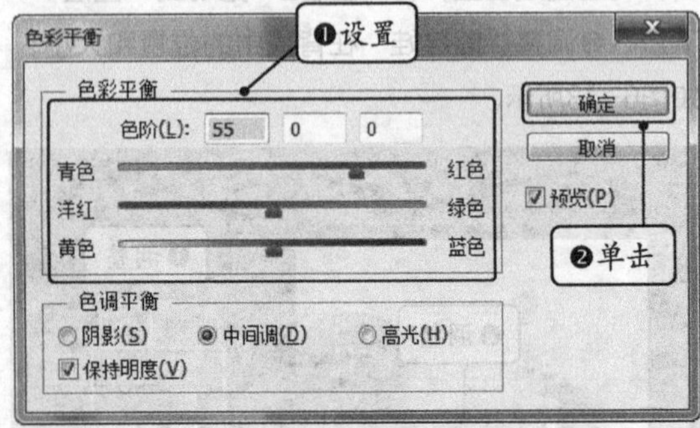

图6-45

第3步 设置完成后效果如图6-46所示。单击“文件”→“存储为”命令，将修改结果保存下来即可。

图6-46

6.3.7 锐化宝贝图片，让宝贝图片更清晰醒目

Photoshop CC也可以将轻微模糊的图片变得略微清晰一点儿。必须要说明的是，这种消除模糊的方法对于严重模糊的图片没有太好的效果，因为将过度模糊的照片变清晰，将造成图片失真，因此在拍摄时就把照片拍清晰才是最好的。

在本例中，因为光线的问题，图片稍显模糊，衣服的细节不能很好地展示出来，因此这里可以适当使用锐化功能，提高图片清晰度。

第1步 打开要修改的照片，按“Ctrl+J”键复制背景图层，创建新图层，如图6-47所示。

图6-47

第2步 按“Ctrl+L”键打开“色阶”对话框；❶在左侧的色阶输入框输入参数20；❷满意后单击“确定”按钮，如图6-48所示。

第3步 按“Ctrl+M”键打开“曲线”对话框；❶设置“预设”为“中对比度”；❷满意后单击“确

定”按钮，如图6-49所示。

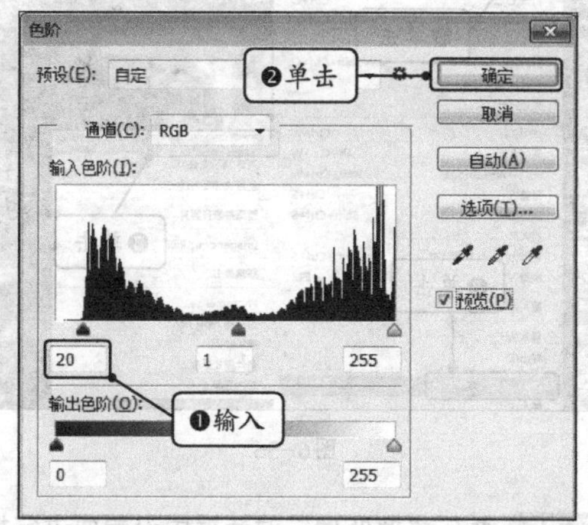

图6-48

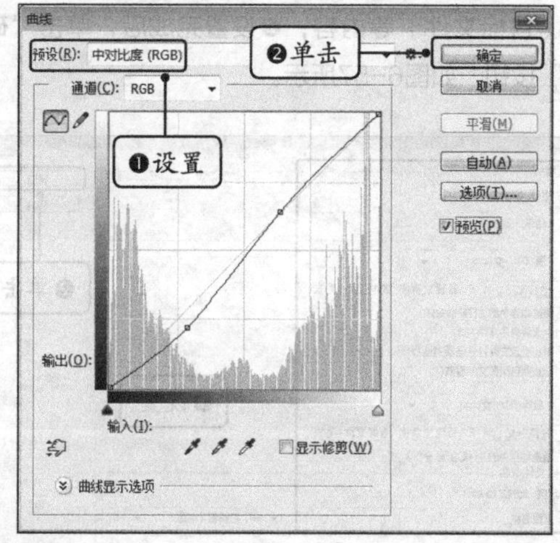

图6-49

第4步 设置完成后图像效果如图6-50所示。单击“文件”→“存储为”命令，将修改结果保存下来即可。

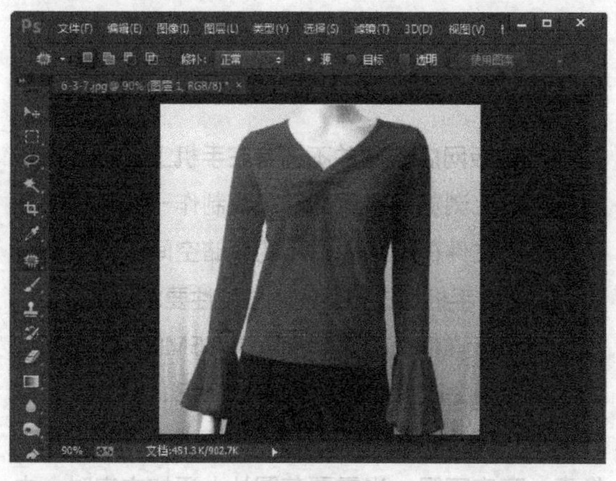

图6-50

6.3.8 批量处理产品图片，省去逐个手工操作的麻烦

有时候需要对一批图片做同样的操作，如将几十张产品图片同时缩小尺寸，或者为它们加上一样的水印以防盗版等。这样的批量操作也可以通过Photoshop CC来完成。下面就以批量为图片添加文字为例进行讲解。

第1步 在Photoshop CC中打开一张图片，❶在“动作”面板单击“创建新组”命令按钮；❷在“新建组”对话框输入新的组名“组1”；❸单击“确定”按钮，如图6-51所示。

图6-51

第2步 ❶在“动作”面板单击“创建新动作”命令；❷在“新建动作”对话框中输入设置内容；❸单击“记录”按钮，如图6-52所示。

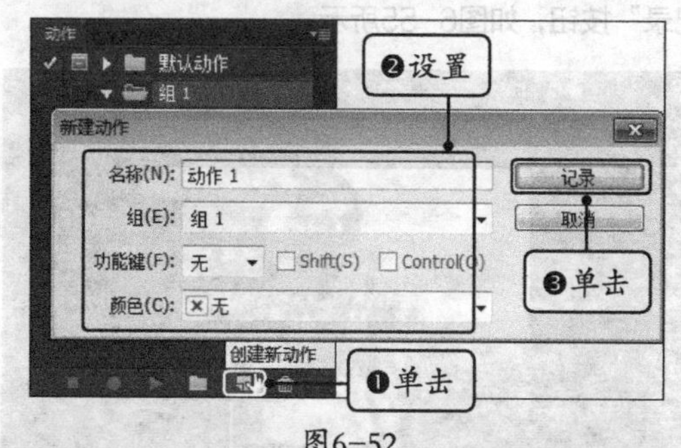

图6-52

第3步 新建文字内容并调整位置及大小，打开“另存为”对话框，❶指定存储位置；❷设置文件名及保存类型；❸单击“保存”按钮，如图6-53所示。

第4步 在弹出的“JPEG”选项对话框中，单击“确定”按钮，如图6-54所示。

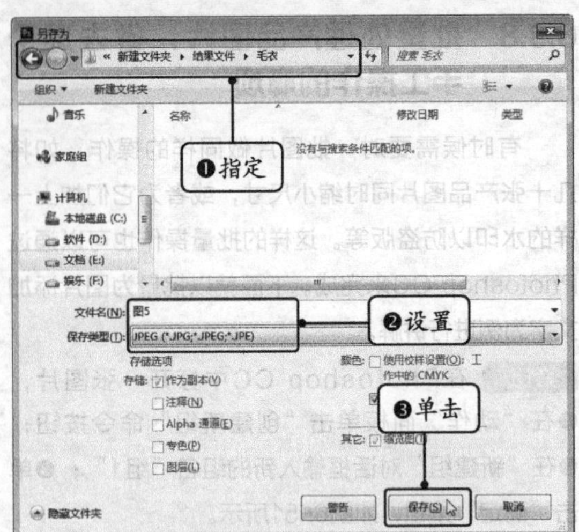

图6-53

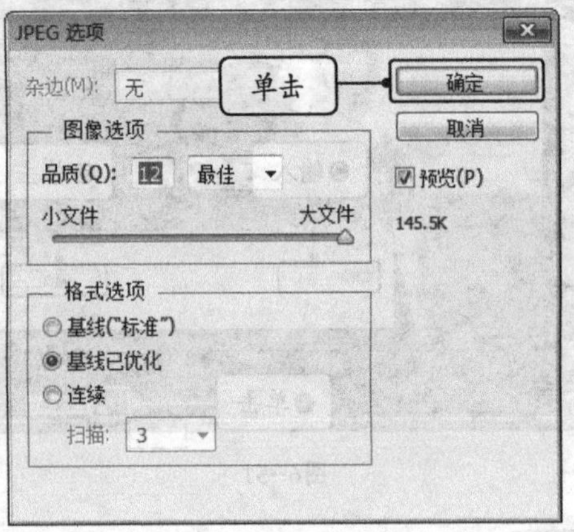

图6-54

第5步 设置完成后，在动作面板单击“停止播放/记录”按钮，如图6-55所示。

图6-55

第6步 ❶单击“文件”菜单；❷单击“自动”下拉命令；❸单击“批处理”命令，如图6-56所示。

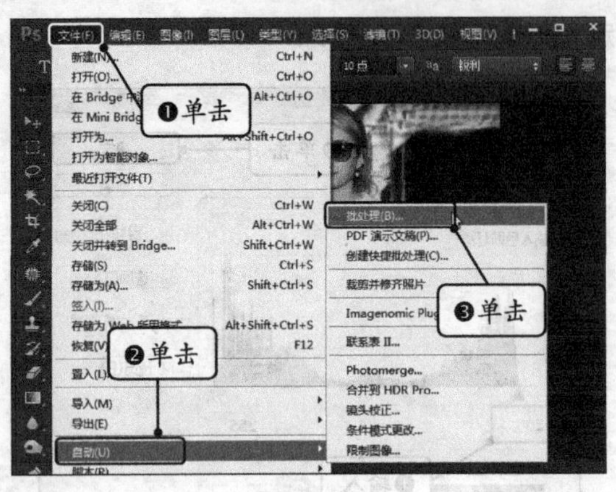

图6-56

第7步 ❶在“批处理”对话框中设置要进行批处理的图片文件夹（源文件夹）和处理后的文件夹（目标文件）等内容；❷设置完成后，单击“确定”按钮，如图6-57所示。

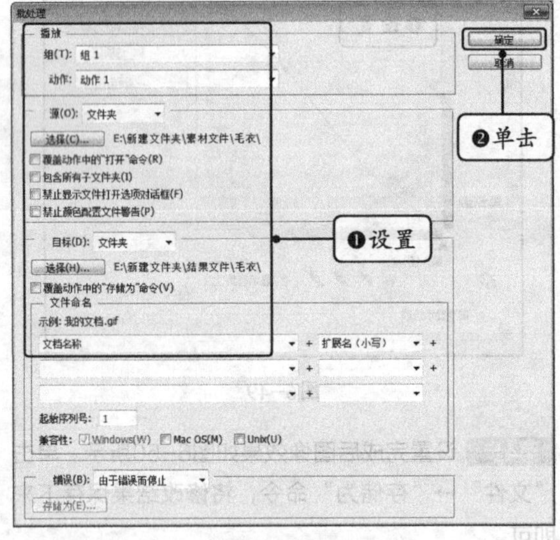

图6-57

6.3.9 为手机淘宝专门制作一些图片

电脑版网店页面并不适合在手机上浏览。如果要在手机上浏览网店页面，需要制作一些特别尺寸和大小（文件在电脑中占用的存储空间）的图片。淘宝官方对手机版详情页的一些硬性要求如下。

手机版详情页的大小不超过1.5MB，即图片、文字与音频之和应小于或等于1.5MB；图片仅支持JPG、GIF、PNG格式；图片的宽度为480～620像素，高度不限；当需要在图片上添加文字时，中文应使用30号以上的字体，英文和阿拉伯数字应使用20号以上的字体，不然字太小，难以看清。

前面已经讲解过了在图片上添加文字的方法，这里就来讲解一下如何把图片尺寸缩放到指定数字，具体的操作步骤如下。

打开图片，❶单击工具栏中的“尺寸”按钮；❷设置宽度与高度；❸单击“确定”按钮，如图6-58所示。

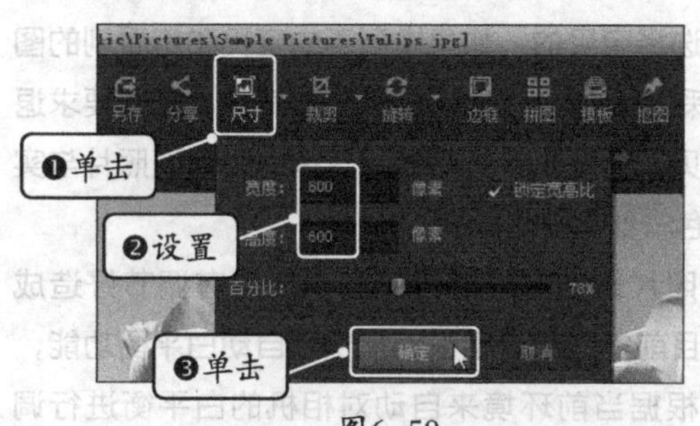

图6-58

另外，用户可以直接单击“尺寸”按钮右边的下拉菜单按钮“▾”，在下拉菜单中选择常用的尺寸，这样就可以较为快捷地调整图片了。

专家提点 关于宽高比

注意不要取消对“锁定宽高比”复选框的选择，否则可能会造成图像变形（除非有目的地制造图片变形的效果）。

调整了尺寸，但文件的大小（指文件在电脑中占用的存储空间的大小）不一定符合要求，有可能超出淘宝网的限制，因此可以在保存图片的同时调整图片的大小。

单击“存储为”按钮，弹出“另存为”对话框后，❶单击“修改大小”按钮；❷拖动滑块调整图片文件的大小；❸单击“保存”按钮即可，如图6-59所示。

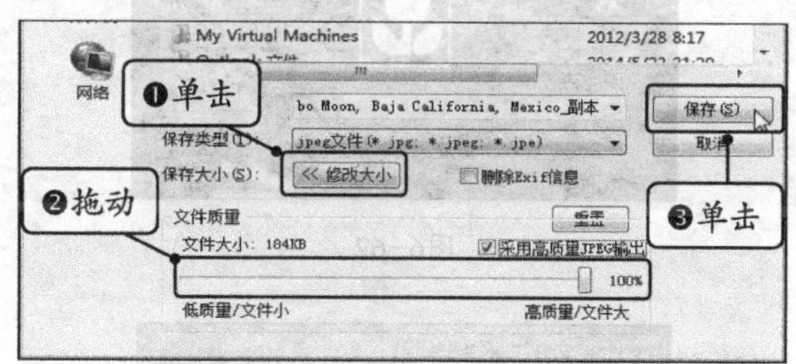

图6-59

6.4 秘技一点通

技巧1 ——使用微距拍摄展示宝贝的细节

淘宝店主在网店中展示自己的宝贝时，如果能够提供较多细节照片，一方面能够让买家更加了解宝贝的好处，增加买家的购买欲；另一方面也显示出店主用心经营网店的态度，能够更加打动买家。

要展示宝贝的细节，往往需要在极近距离内进行拍摄，这时要开启相机的“微距”拍摄，效果才好。

微距拍摄能够显示出肉眼难以观察到的细节，一张好的微距相片，能够给人以极为深刻的印象，例如，图6-60所示为用微距拍摄的雨后绿叶，给人的感觉是格外的翠绿、干净、漂亮；图6-61所示为淘宝网上出售的鹿茸切片，采用微距拍摄后，买家可以充分了解鹿茸的成色、结构等，更加有助于出售。

图6-60

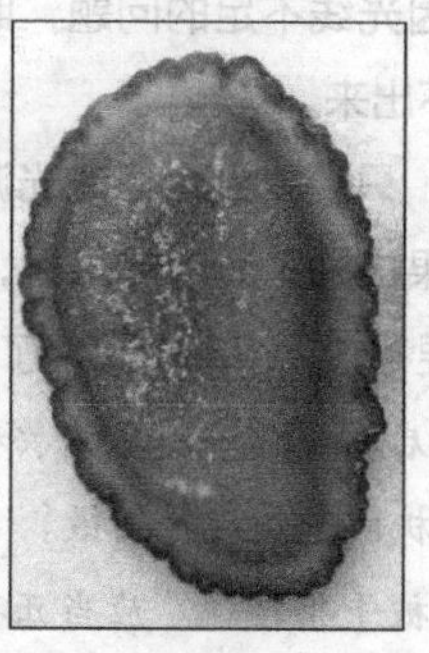

图6-61

在购买相机时，要注意相机的微距功能。一般来说，数码相机的微距功能可以在1～10cm范围内进行拍摄，这个数值当然是越小越好，因为越小说明拍摄距离越近，拍摄出来的细节也就越多。

在数码相机上通常都有一个“微距”按钮或选项，其代表图标是一朵花，如图6-62所示。当启动微距功能后，在数码相机的液晶屏上，可以看到右下角相应的花朵标志（不同厂商生产的相机，花朵标志的位置可能会有所不同），表示正处于微距拍摄状态，如图6-63所示。

图6-62

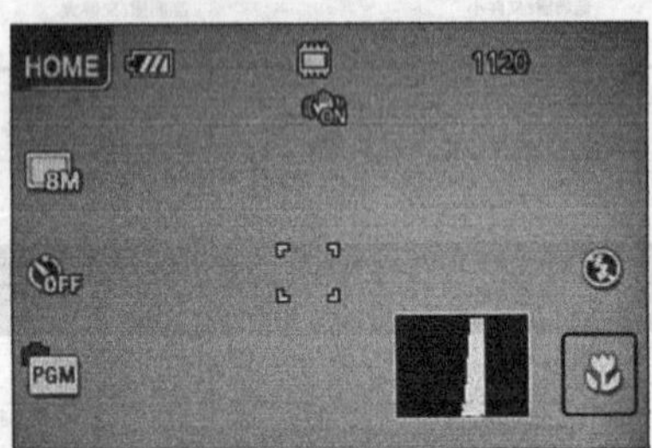

图6-63

技巧2 ——拍摄宝贝之四避免

1. 避免拍摄照片太暗

多数网店中的宝贝，都是在室内拍摄，这种场景下容易出现因光线不足的问题，照片显得很暗，宝贝细节表现不出来。

一般来说，只要找到合适的光源，就可避免这个问题，但如果排除了光源的原因，拍摄出照片还是太暗，就需要考虑以下几个因素了。

- 相机没有开启闪光灯。对于需要布光的环境，应当在开启相机闪光灯后再拍摄。
- 闪光灯是否被手指挡住。应当正确握住相机，不要让手指挡住闪光灯。
- 拍摄物位于闪光灯的有效范围之外，由于闪光不足而导致拍摄效果太暗，此时应当将拍摄物置于闪光灯有效范围之内。
- 拍照物太小且逆光。这种情况应当采用辅助闪光模式或使用定点测光模式。

2. 避免拍摄照片偏色

很多卖家发现拍出的照片与实际宝贝的颜色存在一些偏差，常见如偏红或偏黄。而买家是通过图片来选择宝贝的，如果拿到手的宝贝和所看到的图片色彩相差过大，肯定会感到不满意，轻则要求退换宝贝，重则直接打个差评。因此，保证照片与实物颜色一致是很重要的。

照片偏色主要是由于白平衡没有调节好造成的。目前多数数码相机都提供了自动白平衡功能，能够根据当前环境来自动对相机的白平衡进行调整。但自动白平衡功能并不一定适合所有拍摄环境，因而如果拍摄出的照片依旧偏色，就需要对白平衡进行手工调整。

调整相机白平衡时，可以先准备一张白纸或者纯白色的物体，然后将相机镜头对准物体，通过显示屏来对比显示出的色调，并逐渐调整相机白平衡，使得显示屏中显示的色调为纯白色。

调整好后，可以先拍摄白色物体，看看最终拍摄效果是否还存在偏差。如果存在偏差，继续调整，直到色差几乎不可分辨为止。

3. 避免拍摄照片太亮

卖家在拍摄照片后，发现宝贝图片太亮，甚至有曝光过度的现象出现。

照片亮度太高多是由于曝光过度导致，此时可以调整自然光线，或关闭闪光灯，或不将闪光灯直射拍摄物体。

另外，还有一个原因就是拍摄物体反光度较强。对于这类宝贝，宜尽量采用柔和的光源，或放在柔光箱内拍摄，而不宜使用闪光灯。

4. 避免照片上出现噪点

卖家在拍摄照片后，发现宝贝图片中出现密密麻麻的污点，严重影响宝贝的清晰度和美观性。这种情况多数出现在夜景的拍摄中，主要是由于相机感光度设置太高造成的，也称为噪点。图6-64所示为有噪点的夜景，特别是天空上面，噪点很多。图6-65所示为放大的天空部分，可以很清楚地看到很多麻点，也就是噪点。

图6-64

图6-65

感光度调整得越高，画面的质量就会越粗糙，而感光度的数值越低，画面的质量就会越细腻。但是感光度高意味着对光的敏感度高，所以在弱光拍摄的时候，常常要选择高感光度，此时如果相机本身的降噪系统不好，就会造成有噪点的情况。

要避免这样的情况发生，需要手动将感光度调得稍低一些。然后用相对较长的曝光时间来补偿光线的进入。这样拍出来的照片就会有层次，也就会更加细腻了。

技巧3　——拍出清晰的照片的诀窍

绝大多数卖家并不是专业的摄影师，因而拍摄出的宝贝照片有可能不是很理想，最常见的情况是拍摄出的照片不够清晰。其实只要尝试下面的技巧，就可以拍出清晰的照片。

1. 保证相机的稳定性

这是最基础的要求。手持相机按动快门的时候最容易晃动而造成画面模糊，因此，建议使用三脚架拍摄。三脚架的价格从几十元到几百元不等，可以根据实际情况购买。

2. 对焦要准确

“对焦”这个词对大多数朋友来说可能很陌生。简单来说，近视的人看东西要拿近了才能看清楚，不同程度的近视看清物品的距离不同，这个距离就是“焦距”。那么眼睛能看到的最清晰的距离就相当于相机的“正确对焦”。所有的数码相机都有自动对焦的功能，对于初学者来说，只需要将镜头的中心对着拍摄物的主要部位，在显示屏里看到显示最清晰的时候按下快门即可。

3. 不要完全相信自动模式

数码相机一般都有自动拍摄模式，它会根据当前拍摄的环境、光线来自动调节所需要的参数。不过，在一些复杂光线条件的室内或是夜晚，自动模式效果并不是很好。例如，在夜晚拍摄时，如果使用自动模式，相机往往会使用最高的感光度来保证快门速度，从而带来严重的噪点。其实完全可以根据当时的光线情况，适当调高感光度并开启内置闪光灯，甚至延长曝光时间，这样拍摄出来的效果会更好。

4. 镜头要擦干净

一些人在使用相机时，不注意保护镜头的清洁，以至于镜头上有好多灰尘和指纹，因此拍出的照片模糊不清。此时可以使用专用清洁布或者镜头纸对相机镜头进行清洁。清洁时一定要注意，用力要尽量小，不要让灰尘、沙砾等杂物划伤镜头表面，更不能使用各种有机溶剂来清洗镜头。另外，相机不用时，应及时盖上镜头盖，以免镜头被划伤。

技巧4 ——用手机给宝贝拍照的技巧

目前，手机的拍照功能越来越强大，不过要想使用手机拍出高品质的照片，也要掌握一些技巧。

1. 选准焦点

不同的焦点，能营造不同的效果。选择焦点时，应使被拍摄对象处于画面中间，一般情况下应该选取画面上最吸引人的部分。

2. 注意光线

光线充足，拍摄效果才好。相应改变拍摄角度，注意观察光线的照射方向，尽量使被拍摄物体能被光线自然地照射到。

3. 持稳拍摄

手机拍摄时，延迟现象比较明显，如果在按下快门的瞬间手出现抖动，拍出的照片就会发虚或模糊不清。所以在拍摄时一定要持稳手机，同时在按下拍摄键后一定要停顿一下，稍等一两秒再查看拍摄效果。

4. 随拍随设置

如果手机的内存不大，无法存储太多照片，最好随时拍随时挑选并复制到电脑中，之后再调整图像分辨率，上传到网店里。

技巧5 ——巧用遥控器进行自拍

不少店主为了节省模特费用，都是自己亲自上阵充当模特。在没有人帮忙拍摄的情况下，就必须使用相机延时拍摄功能进行自拍。不过自拍时常常出现一个很麻烦的情况：2秒延迟时间不够，往往还没有摆好姿势，自拍就启动了；而10秒延迟又太长，姿势和表情都僵化了，自拍才启动，这两种情况都会让拍出来的照片效果不好。

其实，现在不少相机都支持红外遥控功能，只要购买一个红外遥控器，就能从容地进行自拍。红外遥控器可以控制相机的快门，店主在摆好姿势后，按下遥控器就能让相机拍照。

红外遥控器价格都比较便宜，一般在10元左右，图6-66所示为一款尼康专用的红外遥控器。

图6-66

有的相机没有红外遥控功能，但是可以连接快门线，这就需要购买另外一种遥控器，接收端接在快门线上，发射端进行遥控，如图6-67所示。由于增加了接收端，所以这种遥控器价格要贵一些，在几十元到上百元不等。

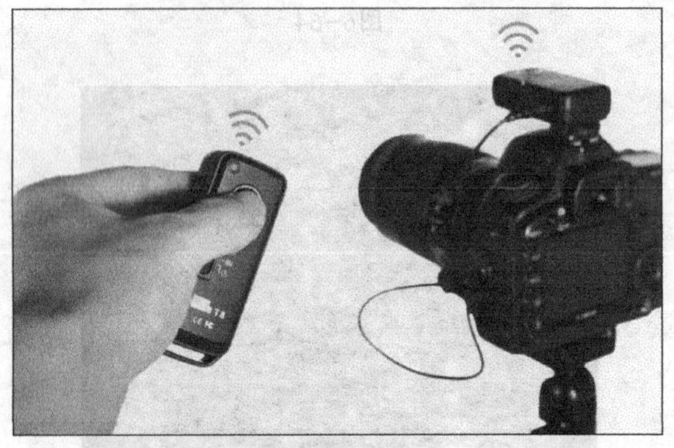

图6-67

如果使用手机拍照，则可以购买蓝牙拍照遥控器，如图6-68所示。该遥控器支持苹果系统和安卓系统，只需进行简单的配对就能实现遥控拍照。

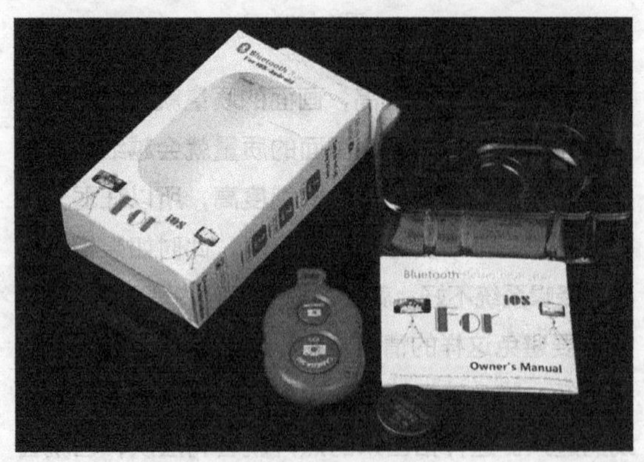

图6-68

开店小故事

网店催生职业摄影师，拍照也有高收入

1. 网店火爆，催生网店摄影师

决定宝贝是否好销的一个重要因素就是宝贝的照片。宝贝有靓照更能揽人气，为了拍出更好看的宝贝照片，有的店主买了高级照相器材来自学照相，而那些不善于照相的店主，或者忙不过来的店主，则委托专业的“宝贝摄影师”来为自己的宝贝照相。

高锋在北京中关村做数码产品生意，新学期学校开学的时候正是数码产品销售的旺季。这段时间，高锋每周都要进货，忙不过来时只好请摄影师给宝贝拍照。

高锋和中关村一家专业淘宝摄影店有合作，他说：“我每次都把样品拿过去，上次摄影师拍了两个小时左右，总共拍了70多张照片，花了1200元，还算是优惠了。”

由于网店市场繁荣，竞争变得很大，为了吸引人气，卖家总是想尽各种方法，对好照片的需求也就应运而生，这种需求，催生了“宝贝摄影师”这种新职业。

一些专业摄影人士，如婚纱摄影师、摄影记者以及一些业余摄影爱好者，都纷纷加入了“宝贝摄影师”行业，生意很是火爆，有人一天拍照200张，净赚5000余元。

2. 网店店主学摄影，提升宝贝销量

芸芸是一个由买家转变而来的店主，她本来是一个网购狂，后来想到，为何不自己开一家网店，以卖养买呢？于是她开了一家网上服装店。

一开始网店生意一般，芸芸到其他皇冠店取经，发现大多数网店的宝贝照片都非常有特色，产品有模特展示，照片背景不是自然美景就是温馨室内，很容易打动买家。而她只用普通数码相机拍衣服，照片拍出来效果不够好，对买家的吸引力不够。

为此，芸芸斥资1万多元买了单反相机，报班学摄影和图片后期处理，还请了闺蜜当模特。随着芸芸的拍照技术渐长，拍出的好照片也越来越多，网店点击率蹭蹭往上跳，每个月的销量与上年同期相比多了80%。

为了防止宝贝照片被盗用，芸芸在照片上打上自己的店名和水印，让买家认准自家的东西。“就算以后我不开网店，还可以去帮其他网店拍照，据说收入也是不错的。”芸芸很有自信地说道。

3. 婚纱摄影师转型拍宝贝

很多淘宝店主由于时间太紧，就把为宝贝拍照的事委托给专业的摄影师。

东哥在上大学时候就喜欢摄影，加入了学校的摄影协会。毕业后，他在广州开了一家摄影工作室，主拍婚纱和写真。2012年年初，广州一家服装网店找到东哥，希望他能为店里的服装拍照，包括模特展示照片，以及服装的细节照片，每套照片报酬80元左右。

这是东哥接的第一个网店订单。这家网店的上货率不错，每个月都会上一次新货，每次新货都有几十套服装。每套服装拍一套照片，半年时间，东哥就赚了七八千元。

随着这家服装网店的宣传，逐渐有其他网店上门来找东哥拍摄宝贝照片，东哥逐渐在本地的网店中出了名。现在，东哥已和多家大型网店达成合作，拍摄的产品类型多样，有服装、包、饰品等。

每当这些网店上新货，就是东哥“痛并快乐”的日子，从拍摄到修照片再到排版，他一个人全包了，有时忙的饭都顾不上吃，但收入也很可观。

由于宝贝拍摄的生意已经逐渐占了摄影工作室的大部分业务，东哥决定把这一块独立出来。今年6月，东哥另外开设了一个工作室，添置了数万元的摄影器材，专门从事淘宝产品摄影工作。

4. 宝贝摄影的行情

对于有志于从事宝贝摄影的人来说，肯定有个疑问，那就是干这一行能赚多少钱？比得过普通工作吗？

一般来说，宝贝照片要求不太高的3～4元/张，要求稍高一点的20～50元/张，而要求更高的则60～80元/张，最高的可达两三百元一张。

如果外拍的话，拍摄6小时起步价就4000元，一天赚上六七千元也是正常的。当然，前提是技术、口碑都要好，才能有生意上门。因此，宝贝摄影是一个以技术为基础，以知名度为台阶的行业，要打开自己的知名度，还需要宝贝摄影师平时多注重宣传。

第7章 人靠衣装，店靠“精装”

本章导言

在建立好店铺以后，为了吸引更多的买家前来浏览店铺的宝贝信息，装修店铺就显得特别重要了。店铺装修是艺术和技术的结合体现，一个好的网上店铺本身就是一件优秀的作品，同时给买家带来赏心悦目的感觉。本章将介绍淘宝店铺装修的方法和技巧。

学习要点

- 了解网店销售类型并收集装修素材
- 了解常见的店铺布局
- 掌握上传店标的方法
- 掌握编辑店铺模块的方法
- 了解网店装修要用到的工具

7.1 装修前期的准备工作

如同现实中装修房屋一样，网店的装修也不是说干就能干的，通常有一些准备工作要做在前面，简单说来包括两个方面：确定装修风格和收集装修素材。

7.1.1 根据商品销售类型确定网店装修风格

店铺风格包含多方面的内容，但最直接地体现在店铺装修的风格上。装修风格要和销售的商品的类型相匹配。

例如，一家出售休闲服饰的网店，装修得过于高档奢华，买家本来是通过搜索休闲服饰进来的，却被过于高档的装修给迷惑了，买家会有一种进错门的不适感，会认为这个店里商品价格很昂贵，很可能马上就去别的网店了。

其实，大卖场装修应该有大卖场的亲民风格，专卖店装修应该有专卖店的档次。一家店铺，不管它是网上店铺还是实体店铺，在确定自己的装修风格时，一定要从商品类型出发，贴近自己的消费群体，了解他们的喜好、顾虑，综合分析，最后形成自己店铺的装修风格。

例如，经营电子数码产品的网店，其销售对象大多数是成年男性，其理性和逻辑思维较强，因此网店装修应该以蓝、黑为主，以体现店铺的科技感与时尚潮流感，如图7-1所示。

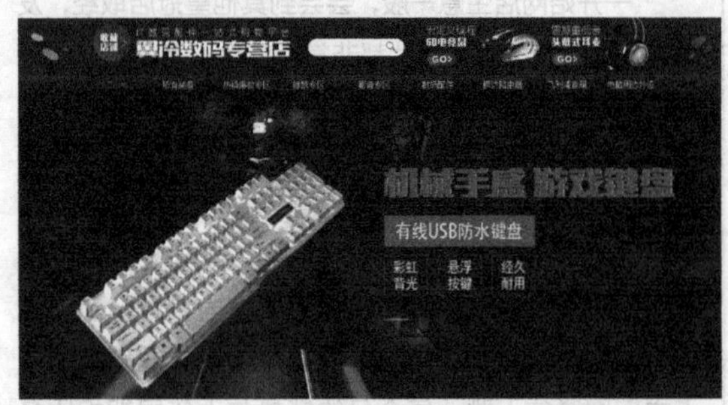

图7-1

又比如母婴用品网店，面向的对象都是初为人母的年轻女性，对于充满婴儿照片，以淡绿色、淡黄色等温馨色调为主的网店完全没有免疫力，一旦进入这样的店铺，其消费欲望就会高涨起来，如图7-2所示。

图7-2

下面给出一些常见的根据商品类别确定装修风格的装修经验。

- 数码类：蓝色、黑色主打，体现科技感、酷炫感、潮流感。
- 服装类：服装类商品的风格不好一言以蔽之，因为服装类还可以进行多级细分，如按年龄分，可分为童装、青少年装、成年人装、中老年装；按性别分可分为男装和女装；按层次分，可分为外衣、里衣、内衣；按价格分，又有高、中、低几档。一个店主的商品很可能同时具备几种分类属性，要根据具体的销售对象来规划装修。例如，经营青年女性休闲外衣的网店，可使用活泼明快的色调；经营中老年男装的网店，应使用庄重、肃穆的色调，也可以迎合中老年人喜欢喜庆的心理，使用红色背景、大灯笼等来装修店面。总之，要根据商品的销售对象来调整装修策略。
- 母婴类：多以浅色调为主，凸显温馨、亲情的感觉。
- 护肤品类：多用浅色、亮色、纯色，给人一种鲜亮、光洁、水润，充满青春活力的感觉。
- 食品类：食品类也和服装类的情况相似，因为种类繁多，不能一概而论。如海产类，可用浅蓝色、白色做基调，体现海洋感；而火锅底料、干锅炒料等产品，可以用大红色为基调，体现出麻辣感等，总之要根据具体的产品特点进行设计。
- 家装类：家装类也有几个风格可考虑，如粉色系的温馨风格、蓝白系的明朗风格、深红色的复古风格等。

实际上商品类别还有很多，这里不可能一一罗列，因此，下面仅选取几种典型类别来进行说明，希望对用户能有启发作用。

在淘宝网站中，商品的分类很细。卖家不仅要确定本店商品在淘宝中的分类，还应该在店铺中为自己的商品设置分类。分类有利于买家快速找到要购买的商品，因为买家不会很有耐心地在一堆没有分类的商品里面找自己想买的东西，遇上分类混乱或者没有分类的网店，通常是一走了之。

卖家店铺中设置的分类如图7-3所示。

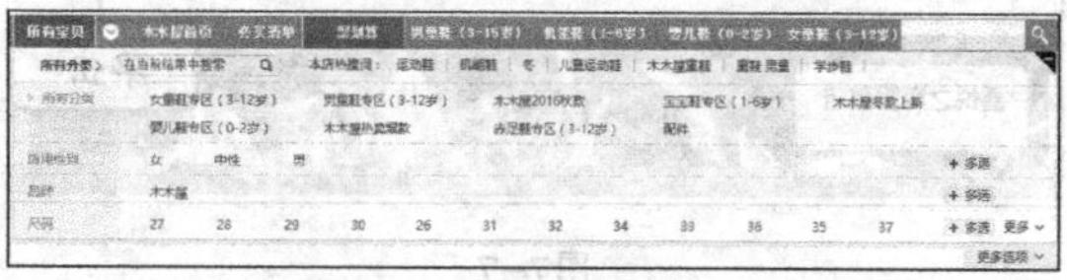

图7-3

在“卖家中心”的“店铺装修”选项中，可以选择店铺的基础色调，其方法如下。

第1步 登录淘宝网后，进入“卖家中心”页面，单击“店铺管理”下的“店铺装修”超级链接，如图7-4所示。

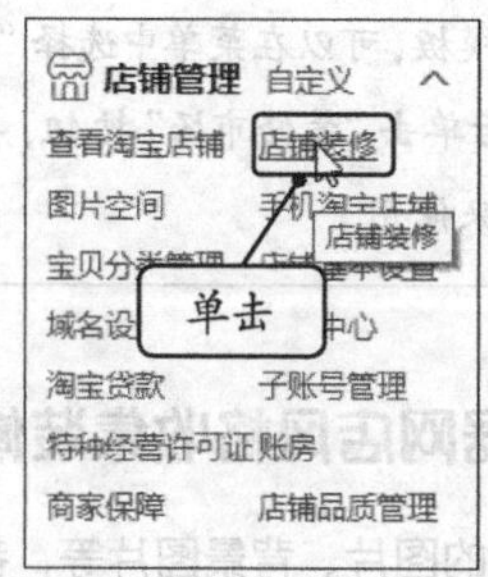

图7-4

第2步 进入新页面，单击页面左侧的“配色”选项，如图7-5所示。

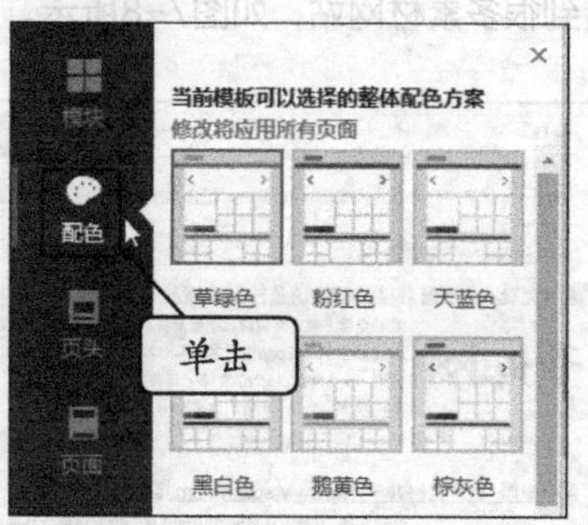

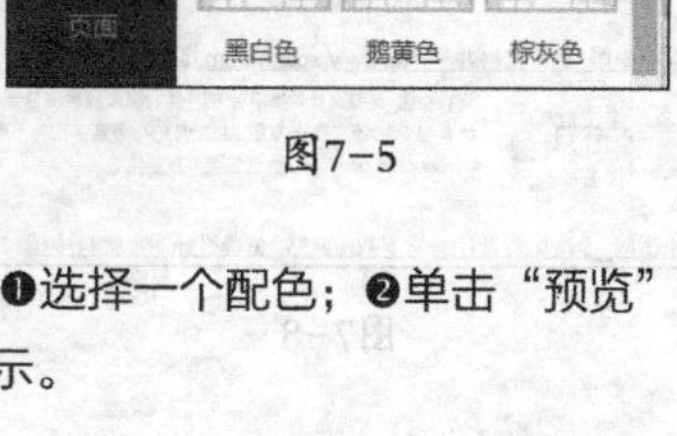

图7-5

第3步 ❶选择一个配色；❷单击“预览”按钮，如图7-6所示。

图7-6

第4步 配色效果满意后，单击“发布”按钮，如图7-7所示。

图7-7

高手支招 关于配色和模板

上例中讲解的是淘宝赠送的“基础版店铺官方模板”，卖家可以根据自己店铺的经营种类来选择。比如：经营数码类产品，可以选择代表科技的蓝色；经营年轻女性内衣，可以选择代表温馨的粉红色等。如果卖家还需要更多的模板，可以在菜单中选择“模板管理”选项，进入页面后单击“装修市场”按钮，去装修市场购买收费的模板来使用。

7.1.2 根据网店风格收集装修素材

装修用到的图片、背景图片等，都要使用大量的素材图片，也有可能用到一些声音素材，因此，必须在装修前就收集好各种素材。

在百度搜索引擎中搜索“素材”，即可在搜索结果中看到很多素材网站，如图7-8所示。

图7-8

打开其中一个网站，既可看到很多素材图片（主要是图片），卖家可以下载来使用，如图7-9所示。

图7-9

高手支招 购买图库

卖家可以去网上购买一些图库来使用，也可以到电脑城购买图库光盘来使用。需要注意的是，不要购买盗版图库，以免侵犯版权，有可能引起诉讼。

除了使用百度来搜索素材站，还可以在百度图片搜索引擎上直接搜索图片。用浏览器访问http://image.baidu.com/，然后输入搜索关键词，即可看到搜索结果，如图7-10所示。

图7-10

由于搜索结果是缩略图，因此对于喜欢的图片，可以单击一下，在新的页面将显示图片的“庐山真面目”，然后在图片上单击鼠标右键，在弹出的快捷菜单中选择“图片另存为”命令，将图片保存到电脑中，如图7-11所示。

如果卖家确定需要哪方面的素材，不妨以具体的素材类型名称来搜索。例如，需要网店的背景图片，不妨搜索“壁纸”，在结果页面，不仅可以选择壁纸风格，还可以选择尺寸，如图7-12所示。

图7-11

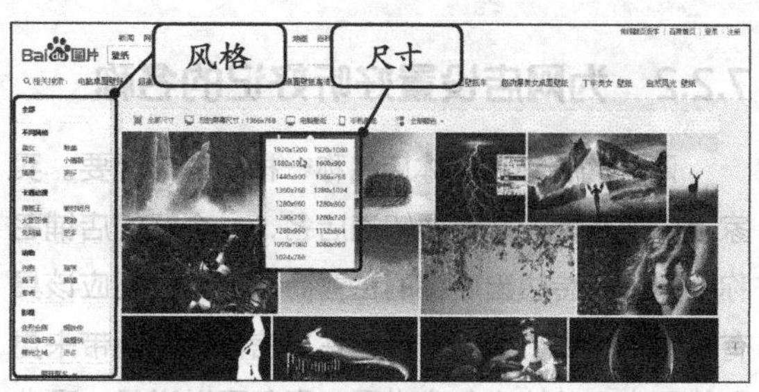

图7-12

7.2 店铺装修必知必会

淘宝网的店铺页面像QQ空间一样，可以根据自己的想法自行设计、装扮。我们形象地将这种装扮过程称为“装修”。普通网店拥有的装修权限相对较少，但店铺中的标志、风格、板块等基本的内容都允许卖家自行设计。本节将主要介绍店铺取名、店标设计、店铺风格控制等一些普通店铺的装修方法。

7.2.1 了解店铺布局才好规划装修

初次开店的卖家可能对淘宝网店页面还不是特别了解，因此，在装修店铺之前，先要对店铺的布局有一定的认识，这样才能更直观地从整体上规划装修。图7-13所示为淘宝店铺的基本布局。

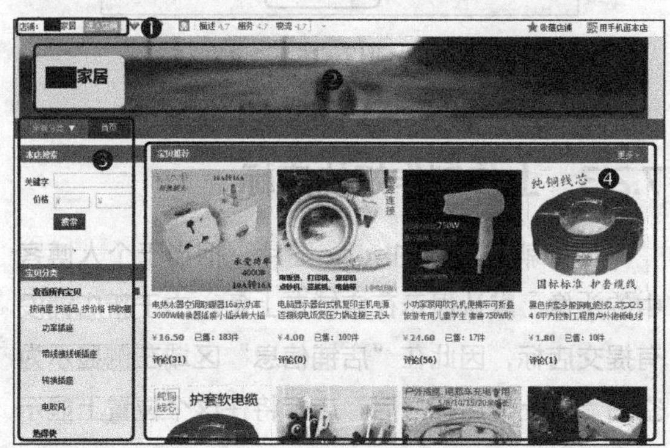
图7-13

❶店铺名称：位于店铺左上角，只能用文字命名，字数在1～30个字之间。

❷店铺信息：其中显示卖家的店铺招牌、淘宝账号、信用信息、创店时间以及店铺中销售商品的数量等。

❸导航栏：导航栏里可以添加多个模块，如本图中就有四个模块：本店搜索、宝贝分类、宝贝排行榜和友情链接。这些模块都可以在装修中进行增删。

❹宝贝列表：显示当前所有在售宝贝。通过上方的按钮和选项可以对宝贝进行排序和筛选。

以上是新开淘宝店铺的默认布局，除此之外，还有“掌柜推荐区”可以通过设置将其显示。也可以设计其他布局，比如，使用横向的导航栏，放在宝贝列表上面，如图7-14所示。

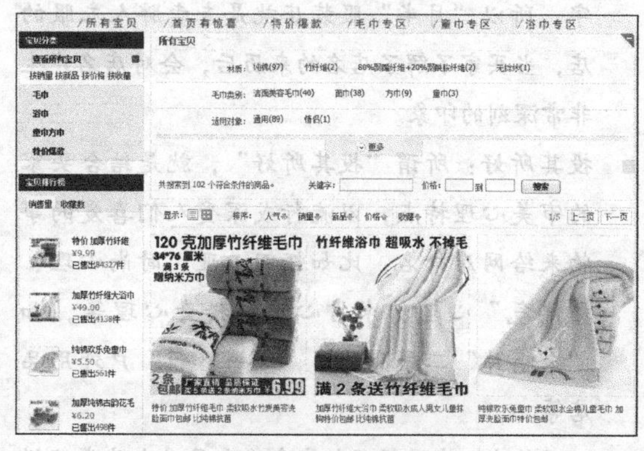
图7-14

在导航栏上面，可以是公告栏和店铺信息，也可以加入自定义的通栏广告。总的来说，网店的布局没有什么大的变化，都是从上到下安排，能够换位置的，无非是导航栏，以及自定义的通栏广告。

7.2.2 为网店设置好听好记的名称

网店的名称和实体店名称一样，非常重要。买家上门买东西，必定要知道店名，一个好的店铺名称，不仅要传达出店铺的主营商品内容，还应该具有一种吸引力，能够让人记住且信任，从而带来更多的买家。从这个角度来看，取名可以说是一项非常重要的网店装修和包装，太直白了不行，太抽象了也不行，最好有一定境界又容易理解。大家在为店铺取名时可以参照以下方法。

- 借名生辉法：所谓"借名生辉"，就是借助人名和地名来给自己的网店命名，例如老舍网上茶铺。而地方特产结合地名进行命名比较普遍，如峨眉山保健品店、蓉城麻辣原料坊等。
- 借典脱俗法：诗词歌赋以及典故中蕴含着很高的文学价值和文化境界，借用它们作为店名，能够有效提高网店内涵，如"云想衣裳"服装店，出自李白的名诗"云想衣裳花想容，春风拂槛露华浓。"熟悉古诗的人一看就会觉得有意境，而对于不熟悉古诗的人来说，也不会觉得这个店名有什么不妥的地方。
- 考虑商品特色：网店名称中标举特色往往能够收到非常好的效果。特色可以从商品本身特色和商品对应的消费人群特色两个角度来考虑，如"月半"服装店，"月"和"半"组成一个"胖"字，所以"月半"服装店就是专卖胖人衣服的店，当买家了解了店名的来历后，会对店名产生非常深刻的印象。
- 投其所好：所谓"投其所好"，就是结合买家的审美心理特点，以流行或深受人们喜爱的事物来给网店命名，比如怀旧心理、时尚心理、"洋气"心理、求吉心理、猎奇心理等，如"老唱片"二手交易店，"一路顺"户外用品店等。
- 巧用数字：有时候用数字命名也是一个非常不错的选择。一般来说，成功的以数字命名的网店都有易于识别、给人印象深刻的特点，如"520"巧克力店，"520"的谐音是"我爱你"，这就能给买家以较为深刻的印象。

店铺的名称可能在准备开店时就已经想好，申请开店时直接填上就可以了。如果暂时没有想到好的店名，也可以先随便填一个，等想到之后再到"店铺基本设置"中进行更换，更换方法如下。

第1步 登录淘宝网后，单击"卖家中心"超级链接，如图7-15所示。

图7-15

第2步 进入新页面，❶单击"店铺基本设置"超级链接；❷输入新的店铺名；❸单击"保存"按钮，如图7-16所示。

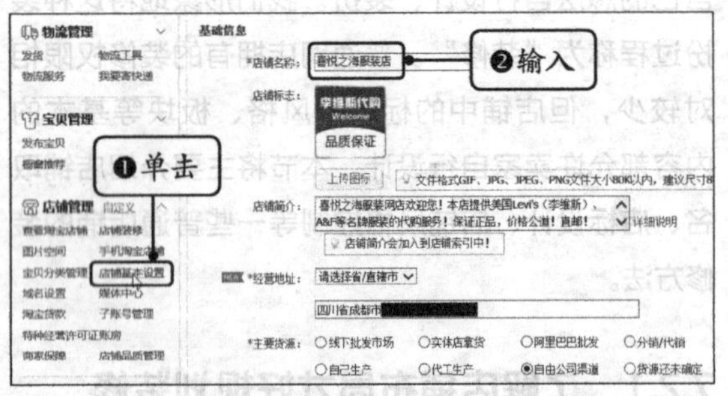

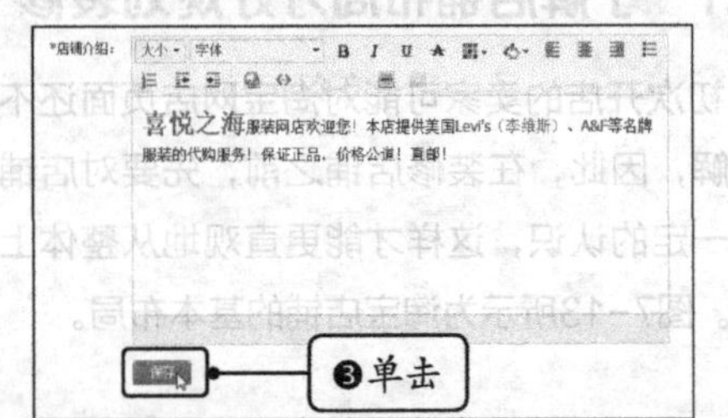

图7-16

7.2.3 上传制作好的店标

店标就是店铺的Logo图片，相当于个人博客中的头像，默认显示在店铺左上角。由于新店铺没有提交店标，因此在"店铺信息"区域左侧显示为空白。当上传店标之后，店标将在这个位置上显示出来。

店标大小最好为80像素×80像素，可以使用Photoshop、CorelRAW等图形处理软件来制作。就像其他媒体上的Logo一样，店标在设计过程中也应该溶入网店的文化作为内涵，结合店铺名称和这些内涵来施展创意。一般来说，店标不宜太花哨，在达意的基础上简约一些反而更能经得起推敲，易给人留下用心创作的印象。

店标制作好之后，就可以将其上传到店铺了，具体操作方法如下。

第1步 按照上一小节讲解的方法进入“卖家中心”页面的“店铺基本设置”选项，单击“上传图标”按钮，如图7-17所示。

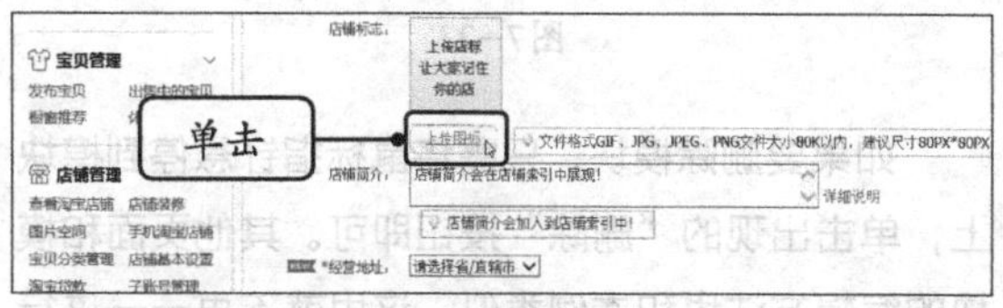

图7-17

第2步 打开图片加载对话框，❶选择店标图片；❷单击“打开”按钮，如图7-18所示。

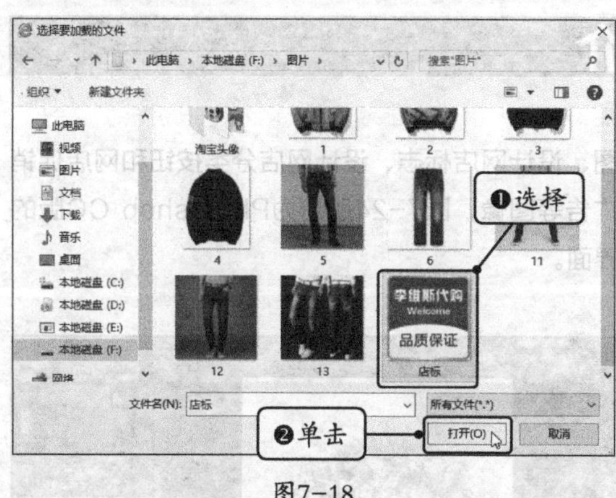

图7-18

第3步 返回店铺基本设置页面后，单击“保存”选项即可。

高手支招 在线制作店标

如果店主不太会制作店标，或者没有时间制作店标，可以到网上的在线店标制作网站去做一个店标，只需选择一个模板，输入必要文字信息即可生成店标，非常方便。

如果店主想亲手制作店标，可以参考下一章的内容。下一章将会详细讲解店标的制作要领和制作方法。

7.2.4　在装修页面中编辑店铺模块

通常一个网店中有几个基本的页面，如首页、宝贝列表页、宝贝详情页、宝贝分类页、店内搜索页等，每个页面又拥有不同的模块，比如之前介绍过的，在网店首页有店铺信息、店铺公告等模块，卖家可以对每个页面的每个模块自行进行增删和修改。

下面就以在网店首页中增加“友情链接”模块并编辑其内容的操作为例，讲解在装修页面中编辑店铺模块的方法。

第1步 登录淘宝网店，进入卖家中心，单击“店铺装修”超级链接，如图7-19所示。

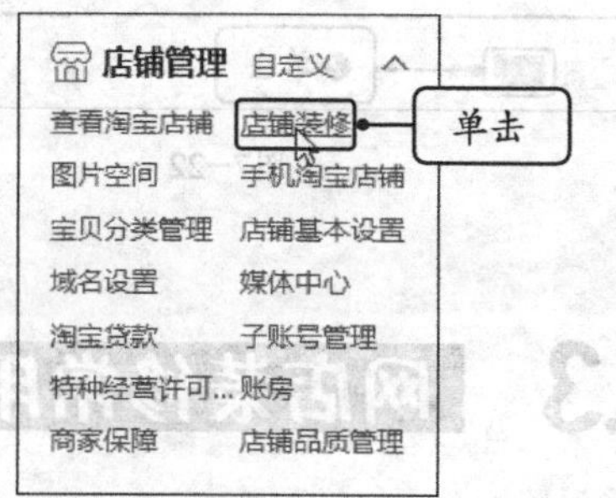

图7-19

第2步 进入新页面，在页面左侧的“模块”选项中找到“友情链接”模块，将其拖动到想要的位置，如图7-20所示。

图7-20

第3步 将鼠标指针悬停在模块上，单击“编辑”按钮，如图7-21所示。

第4步 弹出对话框，❶输入链接名称和地址等信息；❷单击“保存”按钮，如图7-22所示。

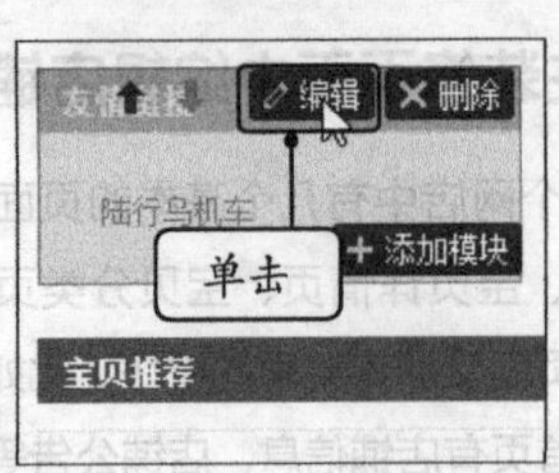

图7-21

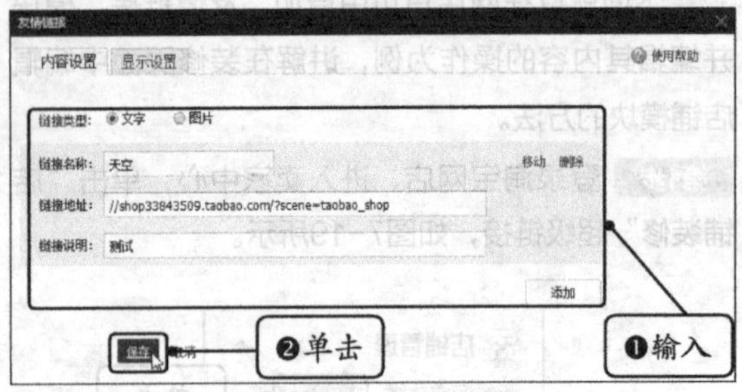

图7-22

第5步 打开店铺查看，可以看到新增加的友情链接，如图7-23所示。

图7-23

如果要删除模块，只需将鼠标指针悬停到模块上，单击出现的“删除”按钮即可。其他页面和模块的编辑方法也和本例类似，这里就不再一一进行讲解，用户可以自己尝试修改。

7.3 网店装修常用工具简介

把店铺装修好，让自己的网店更好看一点，更漂亮一点，这样就会在视觉上吸引买家，为店铺带来更多的生意。

网店装修准确来说属于网页设计的范畴。网店装修无外乎图片的编辑、网页制作。这样的工具有很多，推荐使用Photoshop、Fireworks和Dreamweaver等软件装修网店。其中，Dreamweaver是制作网页的专业软件，Photoshop、Firework是图片设计方面的专业软件。

7.3.1 广告图片设计工具Photoshop

Photoshop是一款专业的图像处理软件，它的强大功能能够帮助用户完成更多、更复杂的图片处理任务，比如精确抠图换背景、制作动态商品展示图等，对于开网店的卖家来说也非常实用。

Photoshop一直占据着图像处理软件中的领袖地位，它支持多种图像格式以及多种色彩模式，还可以任意调整图像的尺寸、分辨率及画布的大小。使用Photoshop可以设计出网店页面的整体效果图、设计网店标志、设计网店分类按钮和网店促销广告等图像，图7-24所示为Photoshop CC版的界面。

图7-24

1. Photoshop的应用领域

多数人对于Photoshop的了解仅限于“一个很好的图像编辑软件”，并不知道它的诸多应用方面。实际上，Photoshop是一款非常优秀的图像编辑软件，它的应用领域十分广泛，无论是平面设计、3D动画、数码艺术，还是网页制作、多媒体制作以及桌面排版，都有Photoshop的用武之地。

（1）在平面广告设计的应用

平面设计是Photoshop应用最广泛的领域，所有的VI系统、包装、手提袋、各种印刷品、写真喷绘、户外广告，包括企业形象系统、招帖、海报、宣传单以及发行量非常大的图书或报纸、杂志，都可以使用Photoshop进行设计和制作。可以说Photoshop已经完全渗透了设计、印刷、制版等各个环节，如图7-25所示，左图为包装设计，右图为电影海报设计。

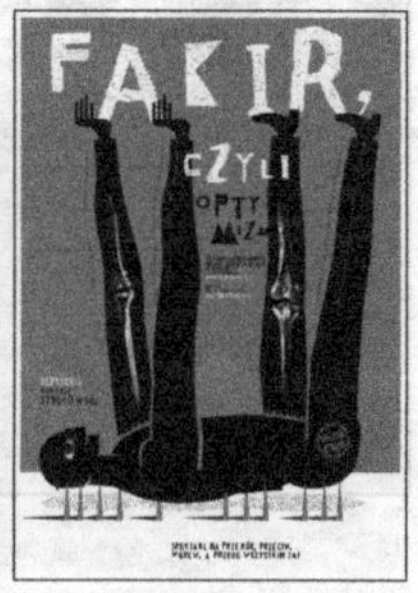

图7-25

（2）在网页设计的应用

网络的普及是促使更多人掌握Photoshop的一个重要原因。因为在制作网页时，Photoshop是必不可少的网页图像处理软件。将Photoshop制作完成的页面导入Dreamweaver中进行处理，再用Flash添加动画内容，便可生成互动的网站页面，图7-26所示为使用Photoshop设计的网页界面。

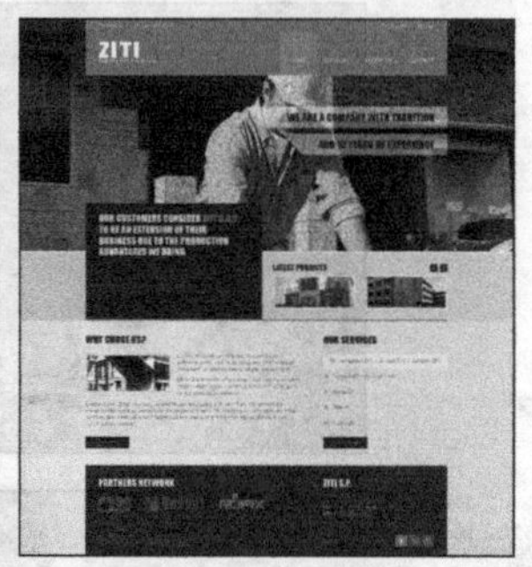

图7-26

（3）在插画设计中的应用

电脑艺术插画已经遍布于平面和电子媒体、商业场馆、公众机构、商品包装、影视演艺海报、企业广告甚至T恤、日记本、贺年片等领域。使用Photoshop可以绘制风格多样的插画，图7-27所示为插画与像素画。

图7-27

（4）在视觉创意中的应用

Photoshop拥有强大的图像编辑功能，为数码艺术爱好者提供了无限广阔的创造空间，用户可以随心所欲地对图像进行修改、合成，再进行加工，制作出充满想象力的作品，如图7-28所示。

图7-28

（5）在界面设计中的应用

界面设计是使用独特的创意方法设计软件或者游戏的外观，达到吸引用户眼球的目的，其重要性已经被越来越多的企业及开发者认识，如图7-29所示。界面设计的主流软件仍然是Photoshop CC，目前还未出现用于做界面设计的专业软件。

图7-29

（6）在绘画艺术设计中的应用

由于Photoshop具有良好的绘画与调色功能，许多设计者往往使用铅笔绘制草稿，然后用Photoshop填色的方法来绘制图像。近年来非常流行的像素画也多为设计师使用Photoshop创作的作品，图7-30所示为人物画与像素画。

图7-30

（7）在数码摄影后期处理中的应用

Photoshop可以完成从照片的输入，到校色、图像修正，再到分色输出等一系列专业化的工作。不论是色彩与色调的调整，照片的校色、修复与润饰，还是图像创造性的合成，在Photoshop中都可以找到最佳的解决方法，如图7-31所示。

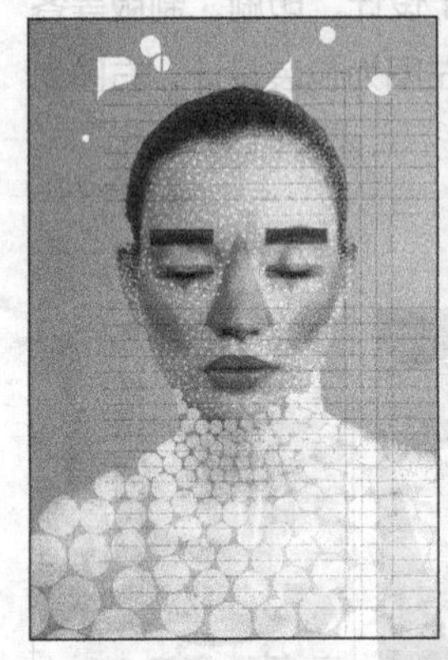

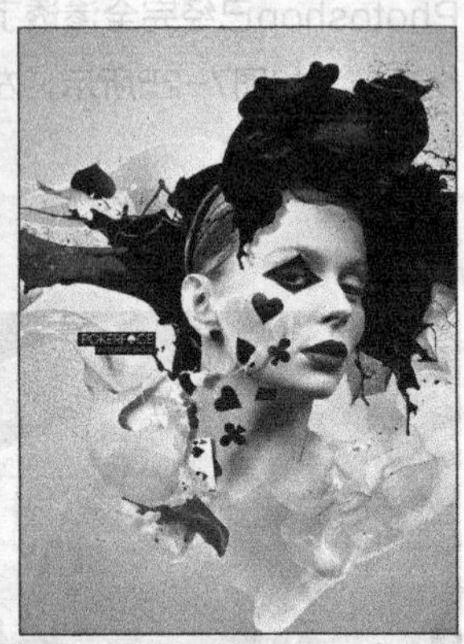

图7-31

（8）在动画与CG设计中的应用

目前市面上的三维软件的贴图制作功能都比较弱，模型贴图通常都要用Photoshop制作。使用Photoshop制作人物皮肤贴图、场景贴图和各种质感的材质，不仅效果逼真，还可以为动画渲染节省宝贵的时间。此外，Photoshop还常用来绘制各种风格的CG艺术作品。如图7-32所示，左图为Photoshop贴图，右图为Photoshop绘制的CG作品。

图7-32

（9）在效果图后期制作中的应用

制作建筑或室内效果图时，渲染出的图片通常都要在Photoshop中做后期处理。例如，可以在Photoshop中添加人物、车辆、植物、天空、景观和各种装饰品，可以增加画面的美感，也可以节省渲染的时间，图7-33所示为室内与建筑后期效果。

图7-33

2. 工作界面的组成介绍

Photoshop CC的工作界面中包含菜单栏、工具选项栏、文档窗口、状态栏，以及面板等组件，如图7-34所示。

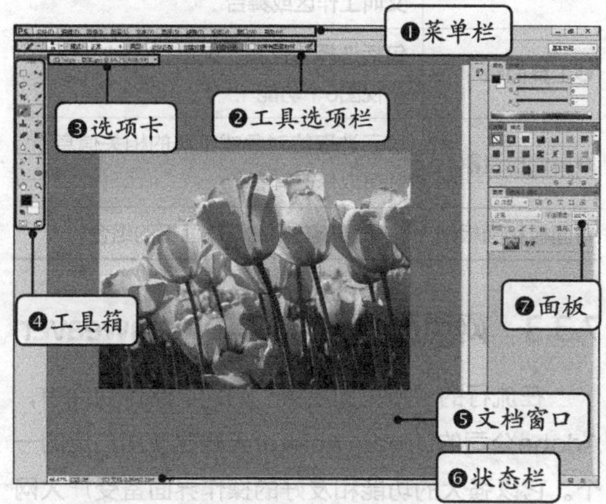

图7-34

图7-34中各部分功能说明如表7-1所示。

表7-1

功能区	说明
❶菜单栏	菜单栏中包含可以执行的各种命令，单击菜单名称即可打开相应的菜单
❷工具选项栏	用于设置工具的各种选项，它会随着所选工具的不同而变换内容
❸选项卡	打开多个图像时，只在窗口中显示一个图像，其他的则最小化到选项卡中，单击选项卡中各个文件名，便可显示相应的图像
❹工具箱	包含用于执行各种操作的工具，如创建选区、移动图像、绘画、绘图等
❺文档窗口	文档窗口是显示和编辑图像的区域，又叫工作区或舞台
❻状态栏	可以显示文档大小、文档尺寸、当前工具和窗口缩放比例等信息
❼面板	可以帮助用户编辑图像，有的用于设置编辑内容，有的用于设置颜色属性

专家提点 关于界面颜色

用户可能留意到图7-24和图7-34中，Photoshop CC的界面颜色不一样，一个是深色基调，另一个是浅色基调。其实要调整界面色调很简单，单击“编辑”→“首选项”→“界面”，在打开的对话框中选择深色或浅色的颜色方案即可。

7.3.2 网页动画设计工具Fireworks

Fireworks是一款用来设计网页图像的应用程序。它所包含的创新性解决方案解决了图像设计人员和网站管理人员面临的主要问题。Fireworks中的工具种类齐全，使用这些工具，可以在单个文件中创建和编辑位图和矢量图像、设计网页效果、修剪和优化图形以减小其文件大小，以及通过使重复性任务自动进行来节省时间。图7-35所示为最新版本的Fireworks 8的界面。

图7-35

作为一个图像处理软件，在绘图方面，Fireworks结合了位图以及矢量图的特点，不仅具备复杂的图像处理功能，还能轻松地把图形输出到Flash、Dreamweaver以及第三方的应用软件。

在网页制作方面，Fireworks 能快速地为图形创建各种交互式动感效果，不论在图像制作还是在网页支持上都有出色的表现。

随着版本的不断升级、功能的不断加强，Fireworks 受到越来越多图像网页制作者的青睐。

Fireworks 8中文版更是以它方便快捷的操作模式，在位图编辑、矢量图形处理与GIF动画制作功能上的多方面优秀整合，赢得诸多好评。

有的用户可能会问，Photoshop也是处理图像的软件，也可以做GIF动画，为什么还需要Fireworks呢?

这是因为Fireworks和后面要介绍的Dreamweaver原本是一家公司的产品，相互间支持很好，Fireworks处理的结果可以非常方便地导入Dreamweaver中制作网页，另外，Fireworks擅长处理矢量图，而Photoshop擅长处理位图。矢量图是一种无论如何放大缩小都不会变模糊的图片格式，而这一点位图是做不到的，位图一旦放大，就会变得模糊，放大越多就越模糊。这点就让很多人偏好用Fireworks来制作图片。

Photoshop这样的大型软件，启动和处理速度都比较慢，相对来说，Fireworks要“苗条”得多，而且功能上也不弱。

1. Fireworks的功能

Fireworks的功能很多，最常用的有以下几个。

- 能获得最高质量的设计结果，在集成的环境中灵活运用带有无缝矢量和位图编辑的创意控件。
- 生成无损于出色外观的高度优化的文件：在使用优化功能（如导出、预览、跨平台Gamma预览，以及选择性JPG压缩）提供的任何方案下，使图形呈现最佳的外观。
- 切割和导出页面排版：切割Fireworks页面布局，并导出整个页面，或将选定的片段（包括图形、HTML和翻转特效的代码）导出到HTML编辑器（如Dreamweaver或Microsoft FrontPage）。
- 创建复杂的Web导航：不必了解如何编写代码即可生成按钮、交互式界面、弹出菜单的图形和Javascript。

2. 工作界面的组成

Fireworks的工作界面中包含菜单栏、工具选项栏、文档窗口、状态栏，以及面板等组件，如图7-36所示。

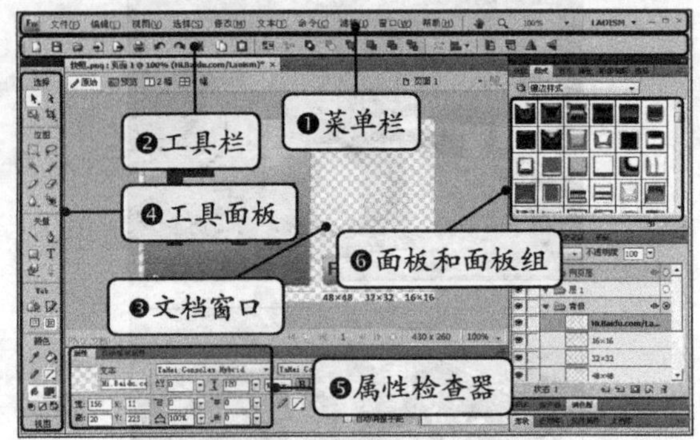

图7-36

图7-36中各部分功能说明如表7-2所示。

表7-2

功能区	说明
❶菜单栏	有文件、编辑和查看等10组菜单，包含Fireworks中的各种操作命令
❷工具栏	包括一些常用的工具按钮，如“打开”“新建”“保存”和“打印”等
❸文档窗口	文档窗口是显示和编辑图像的区域，又叫工作区或舞台
❹工具面板	包括选择、位图、矢量、Web、颜色和视图6个功能
❺属性检查器	显示选取的对象或工具的相关信息，并可以修改其参数
❻面板和面板组	位于窗口右侧的浮动面板的组合

7.3.3 网页页面设计工具Dreamweaver

在流行的“所见即所得”的网页制作软件中，Adobe公司的Dreamweaver无疑是使用广泛的一个。它以强大的功能和友好的操作界面备受广大网页设计者的欢迎，成为网店页面制作的首选软件。Dreamweaver是一款“所见即所得”的网店页面编辑工具，或称网店页面排版软件。Dreamweaver对于DHTML的支持特别好，可以轻而易举地做出很多炫目的网店页面特效，图7-37所示为Dreamweaver CC版。

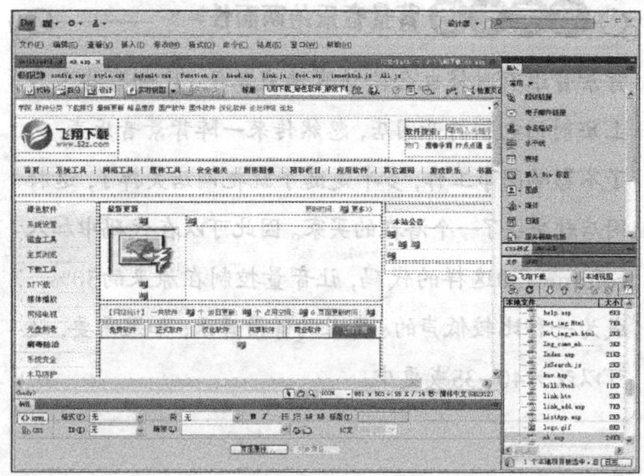

图7-37

Dreamweaver有很多优秀的特点，最主要的有以下几个。

- 不生成冗余代码。可视化的网页编辑器，都要把使用者的操作转换成html代码。一般的编辑器都会生成大量的冗余代码，给网页以后的修改带来了极大的不方便，同时还增加了网页文件的大小。Dreamweaver 则在使用时完全不生成冗余代码，避免了诸多麻烦。而且通过设置，还可用 Dreamweaver清除掉网页文件原有的冗余代码。
- 方便的代码编辑。可视化编辑和源代码编辑都有其长处和短处。有时候，直接用源代码编辑会很有效。Dreamweaver提供了html快速编辑器和自建的html 编辑器，能方便自如地在可视化编辑状态和源代码编辑状态间切换。
- 强大的动态页面支持。Dreamweaver能在使用者不懂javascript的情况下，往网页中加入丰富的动态效果。Dreamweaver还可精确地对层进行定位，再加上时间线功能，可生成动感十足的动态层效果。
- 操作简便。首先，Dreamweaver 提供的历史面板、html 样式、模板、库等功能避免了重复劳动，使用者不必重复输入相同的内容、格式。其次，Dreamweaver 能直接往页面中插入Flash、Shockwave等插件，经过设置后，还可直接调用相应的软件对这些插件进行编辑。最后，Dreamweaver与Fireworks集成紧密，可直接调用 Fireworks 对页面的图像进行修改、优化。
- 优秀的网站管理功能。在定义的本地站点中，改变文件的名称、位置，Dreamweaver会自动更新相应的超级链接。Check in和Check out功能可协调多个使用者对远程站点进行管理。
- 便于扩展。使用者可给Dreamweaver安装各种插件，使其功能更强大。使用者若有兴趣，还可自己给Dreamweaver制作插件，使Dreamweaver更适应个人的需求。

Dreamweaver的窗口布局和Fireworks差不多，因为两者都是一个公司出品的。用户可以看到，Dreamweaver的窗口除了没有工具面板外，其他组件的布局和功能和Fireworks几乎一样，这里就不重复讲解了。

7.3.4 其他辅助软件

前面介绍的三种软件功能固然强大，但也有不足之处，就是体积庞大，对电脑资源占用率较高，一些配置不太好的电脑，在运行Photoshop时仅仅启动就要花上一两分钟，使用起来很不方便。

其实如果仅仅是实现一些简单的功能，比如添加水印、压缩图片大小、增减曝光、调整色调等，可以通过一些小型软件甚至是绿色软件来快速实现，而无需启动如Photoshop、Firework之类的大型软件。下面就列举一些常用的辅助软件及其功能，供读者参考。

- 图片简单编辑：光影魔术手、美图秀秀。
- 图片瘦身、裁剪：Image Optimizer。
- 图片批量修改MD5值：tpMD5plxg_gr。
- 图片批量添加水印：MiniPhoto。
- 图章生成器：Sedwen、图章制作、电子印章生成器。
- 图片转文字：汉王OCR、Free Image OCR。

7.4 秘技一点通

技巧1 ——为网店添加背景音乐，提升吸引力

为网店添加合适的音乐，能够增加网店的吸引力。当访客打开网店页面时，会响起一段符合网店主题的，或悠扬或欢快的音乐，不仅提升了网店的品质，还能给访客留下深刻的印象，提升访客的购买欲。

要为网店添加背景音乐，应该在公告模块中进行操作。首先登录淘宝，进入卖家中心的网店装修页面。

第1步 单击店铺招牌模块的“编辑”按钮，如图7-38所示。

图7-38

第2步 ❶单击“自定义招牌”单选项；❷单击“源码”按钮↔，进入源码编辑模式；❸将背景音乐的HTML代码输入文本框中；❹单击“保存”按钮，如图7-39所示。

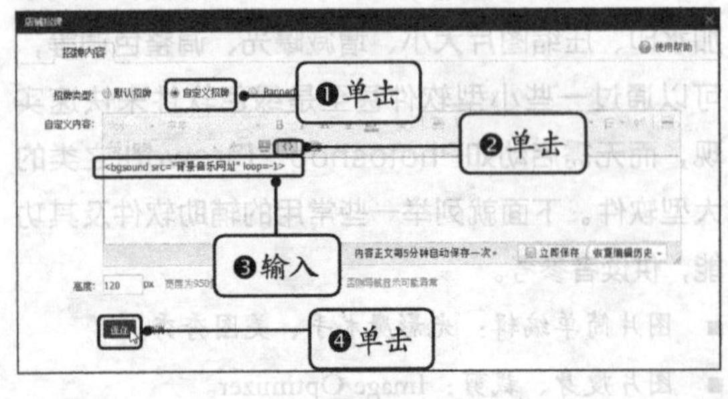

图7-39

图7-39中用到的背景音乐代码为：

```
<bgsound src="背景音乐网址" loop=-1>
```

其中，“loop”代表循环次数，设置为“-1”则表示无限循环。

高手支招 背景音乐的两面性

背景音乐有时候也会给访客造成不便，比如有些人在上班时用电脑打开网店，忽然传来一阵背景音乐声，为了不影响同事工作，多半是随手就把网店关掉了，这样网店就失去了一个潜在的买家。因此可以在代码中加入volume=50这样的代码，让音量控制在原来的50%，成为一种比较低声的、真正的背景音乐；如果需要，还可以改为40、35或更少。

技巧2 ——如何寻找好听的背景音乐

在上一个技巧中，到哪里去寻找“背景音乐网址”呢？互联网上有不少网站提供一种“外链”服务，也就是允许其他网站“引用”该网站上存储的歌曲，作为网页背景音乐。

“好多歌”就是一个这样的网站，获取该网站上的歌曲链接的方法如下。

第1步 ❶在文本框中输入背景音乐名字；❷单击“搜索”按钮，如图7-40所示。

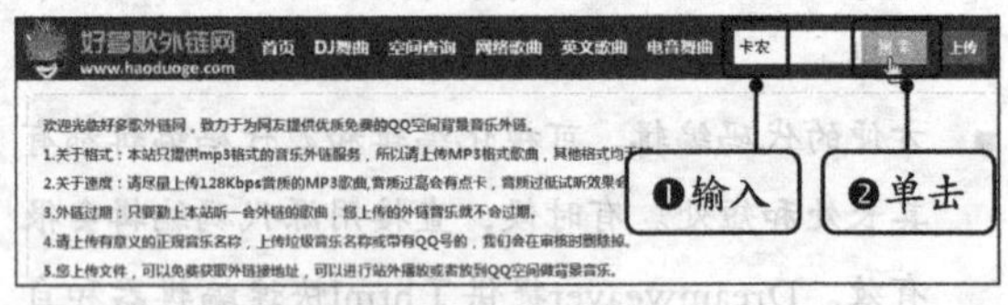

图7-40

第2步 单击要试听的歌曲，如图7-41所示。

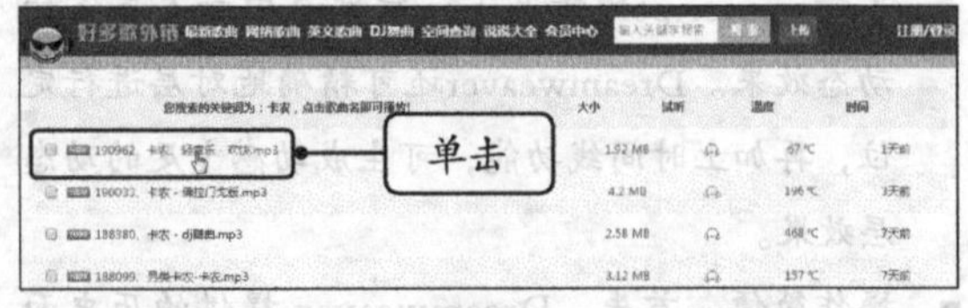

图7-41

第3步 试听歌曲，如果喜欢，❶在文本框选择全部地址，并在其上单击鼠标右键；❷单击“复制”

命令，如图7-42所示。

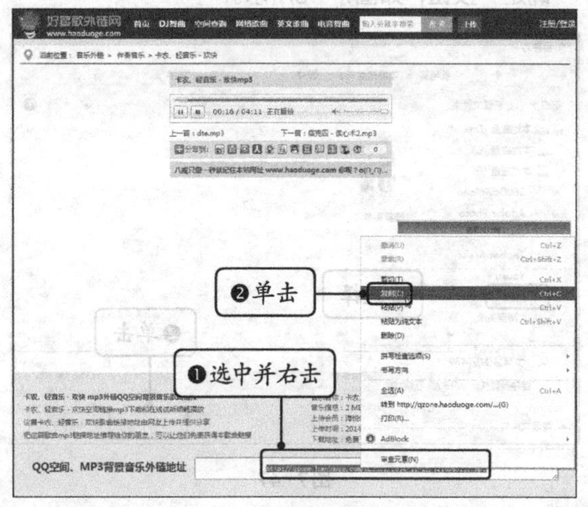

图7-42

复制歌曲地址后，就可以用来替代上一例中的“背景音乐网址”的部分，网店就可以播放背景音乐了。

如果没有搜索到需要的歌曲，用户还可以自己上传歌曲来获取音乐网址。不过要上传歌曲，首先要注册。在首页单击“注册/登录”超级链接进行注册，成功后，在首页单击“上传”按钮即可上传歌曲。

专家提点　如何保证上传的歌曲不被删掉

上传的歌曲要符合一定的规则，不然会被管理员删掉，歌曲网址也就失效了。首先，歌曲名称必须有意义，不能是QQ号码或者无意义的字母等。其次，歌曲名称必须是小写字母；歌曲格式必须是mp3；歌曲大小不能大于200MB；歌曲不能是与歌名不相关的内容以及违反法律道德的内容；歌曲上传后，用户需自己听一会儿，这样就不会被删除了。

技巧3　——为网店设置独特的鼠标动画

大家在日常浏览网页过程中可能会发现，有时候打开一些网页后，将鼠标指针移动到网页上面时，鼠标指针就会变为其他形状，是不是觉得很有趣呢？其实在淘宝店铺中也可以自行设定鼠标指针的样式，让店铺更加个性化，更具有吸引力，如图7-43所示。

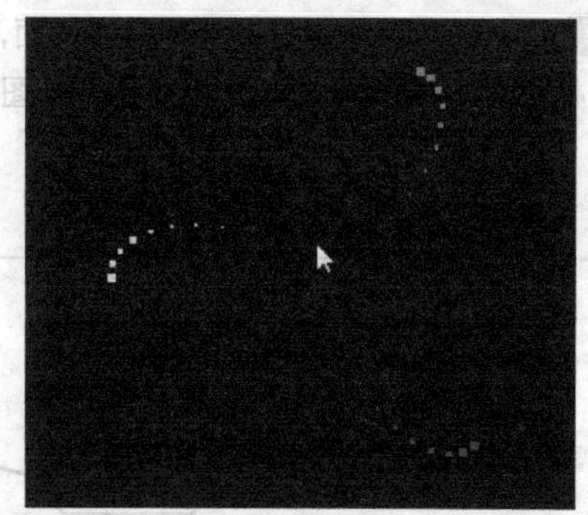

图7-43

要设置店铺页面鼠标指针的样式，首先需要通过图像软件或动画软件来制作鼠标指针图片，然后将图片上传到相册空间并获取图片的链接地址。接下来，就可以通过HTML代码来添加鼠标指针了。

鼠标指针HTML代码可以添加到店铺公告区，或者商品描述中，添加时，必须切换到HTML源文件编辑状态后输入代码。

公告区鼠标指针代码如下：

```
<table style="CURSOR: url('鼠标图片网址')">
<tr><td><table border="0" style="TABLE-LAYOUT: fixed">
```

商品描述区鼠标指针代码如下：

```
在源代码最前面添加<table width="100%" style="CURSOR: url('鼠标图片网址')"><tr><td width="100%">。
```

无论使用哪个代码，都要在末尾添加</td></tr></table>。

技巧4　——如何获取图片网址

代码中的“鼠标图片网址”，是指图片在互联网上的地址。如果懂HTML代码的话，其获得方法很简单，找到某个保存有鼠标图片的网页，查看其源代码，即可找到鼠标图片的真实位置。

不过，对于很多未学过HTML代码的用户，要自行找到鼠标图片的网络地址恐怕就有些困难了。这里有一个简单的方法，用户可以到“系统之家”网站的鼠标指针页面下载喜欢的鼠标指针，使用ACDSee软件将其转换为PNG格式的图片，然后上传到淘宝图片空间，再从淘宝空间中获取网址。

第1步 进入系统之家网站的鼠标指针页面，在选中的鼠标指针一栏单击“下载”按钮，如图7-44所示。

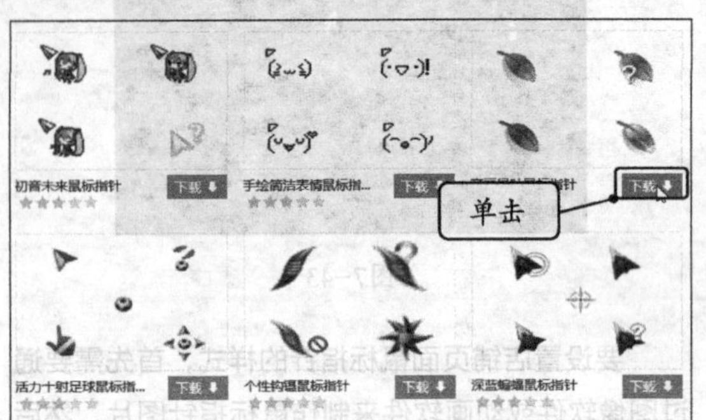

图7-44

第2步 进入下载页面，单击“立即下载指针”按钮，如图7-45所示。

图7-45

第3步 ❶单击“保存”按钮旁边的三角形按钮；❷单击“另存为”命令，如图7-46所示。

图7-46

第4步 ❶选择保存下载文件的目录；❷单击“保存”按钮，如图7-47所示。

第5步 下载完成后，打开文件，弹出WinRAR解压窗口，❶单击“解压到”按钮；❷弹出“解压”对话框，选择文件解压缩后保存的文件夹；❸单击“确定”按钮，如图7-48所示。

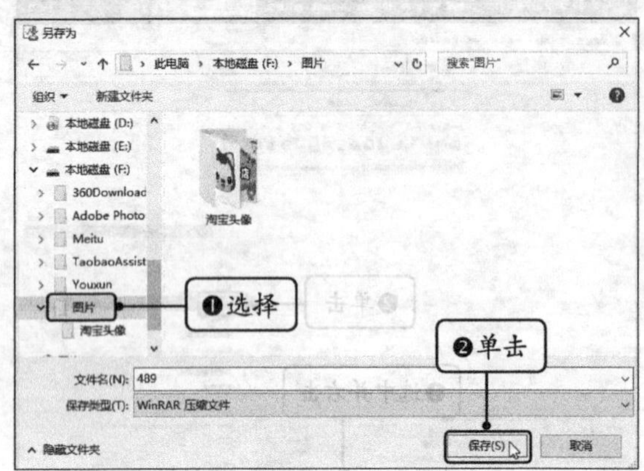

图7-47

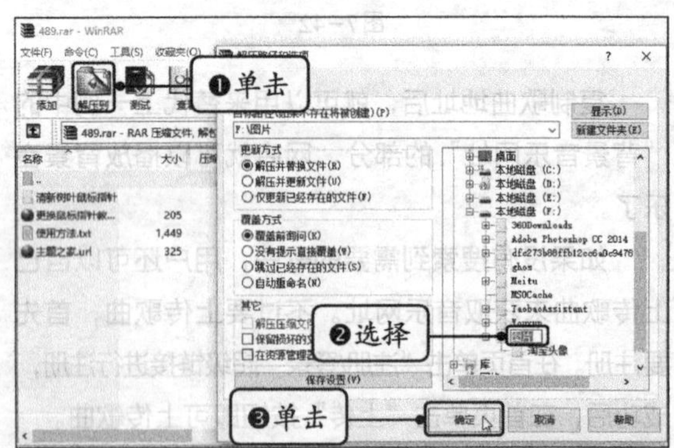

图7-48

第6步 ❶双击桌面的ACDSee软件图标；❷单击“文件”菜单；❸单击“打开”命令，如图7-49所示。

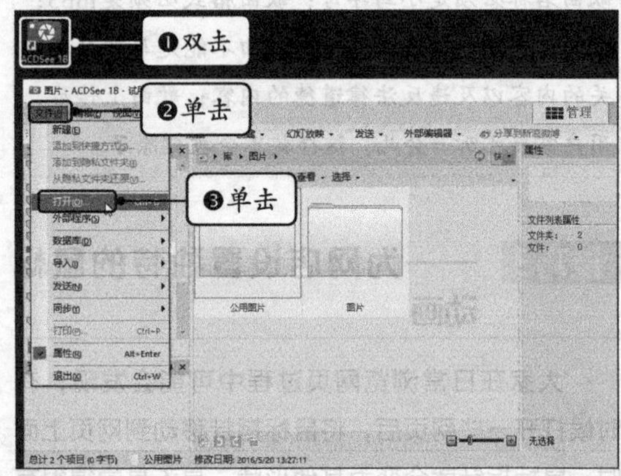

图7-49

第7步 ❶选择一个鼠标指针文件；❷单击“打开”按钮，如图7-50所示。

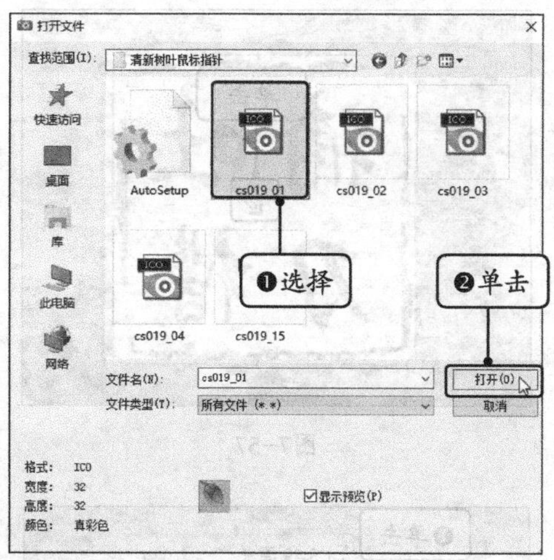

图7-50

第8步 ❶单击“文件”菜单；❷单击“另存为”命令，如图7-51所示。

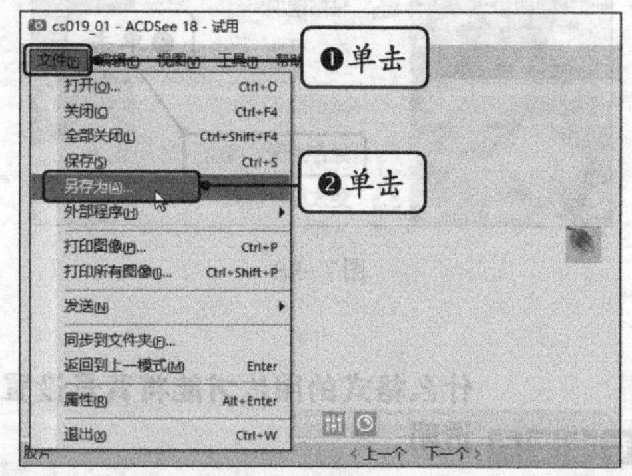

图7-51

第9步 ❶选择新的保存文件夹；❷将保存格式设置为“PNG”；❸单击“保存”按钮，将鼠标指针保存为PNG格式的文件，如图7-52所示。

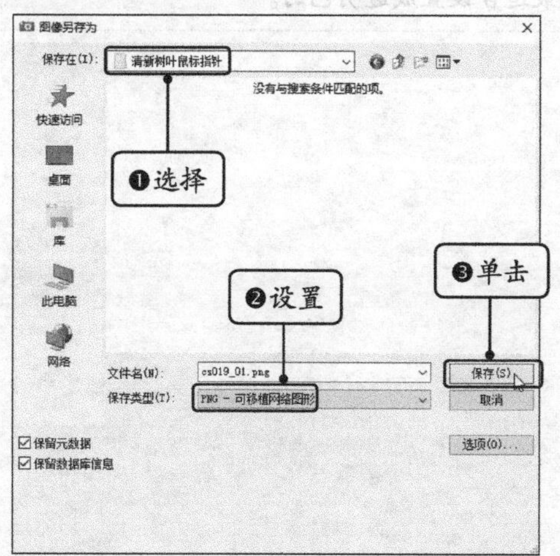

图7-52

第10步 将图片上传到淘宝图片空间，将鼠标指针悬停在图片上，图片下方会出现一个菜单栏，单击其中的“锚”按钮，即可将图片网址复制到粘贴板中，如图7-53所示。

图7-53

将图片网址复制到粘贴板中之后，再粘贴到模块的代码框内进行替换即可。

技巧5　——巧用Word把图片背景设置为透明

有时候，一些图片的空白部分（通常是背景）会把下面的图遮住，看上去是一个正方形，很不美观，如图7-54所示。

图7-54

其实，可以把图片的空白部分设置为透明，这样下面的图片就可以很自然地透过上面图片透明的部分显示出来，如图7-55所示。

图7-55

在网店装修中，也会遇到这样的情况，比如上一例中提到的更换鼠标图片，如果鼠标图片背景不透明，会形成一个方块，遮住下面的图片或文字，这时就需要将鼠标图片背景设置为透明的。

要把图片的背景设置为透明，在Photoshop中就可以办到。但Photoshop启动和运行都很慢，这种小型操作可以不必劳动它的“大驾”，使用常用的Word 2010软件就能实现。

第1步 ❶双击要设置透明背景的图片；❷单击“颜色”按钮；❸单击“设置透明色”命令，如图7-56所示。

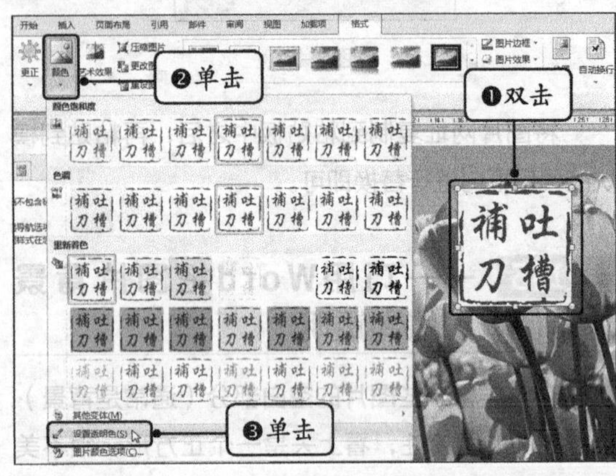

图7-56

第2步 此时鼠标指针变成一个笔的形状，用笔尖单击背景，将背景变为透明，如图7-57所示。

第3步 ❶在图片上单击鼠标右键；❷单击“另存为图片”命令，如图7-58所示。

第4步 弹出“保存”对话框，将图片保存起来即可。

图7-57

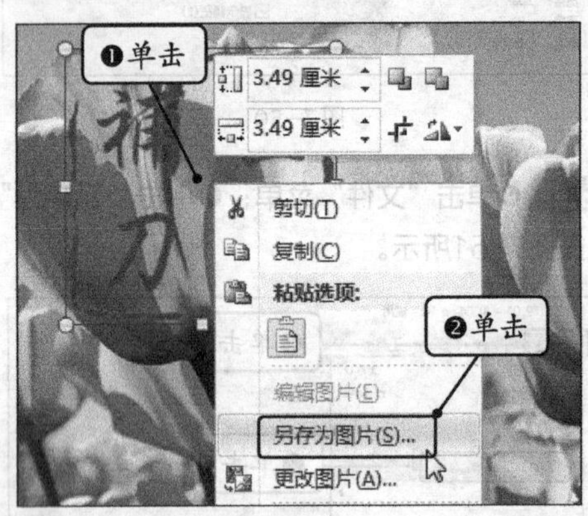

图7-58

专家提点 什么格式的图片才能将背景设置为透明

并非所有格式的图片都可以将背景设置为透明色，常见的格式中，只有PNG和GIF这两种格式的图片才可以设置成透明色，而某些GIF格式的图片设置透明色后，图像质量会下降，因此PNG格式的图片是最适合设置成透明色的。

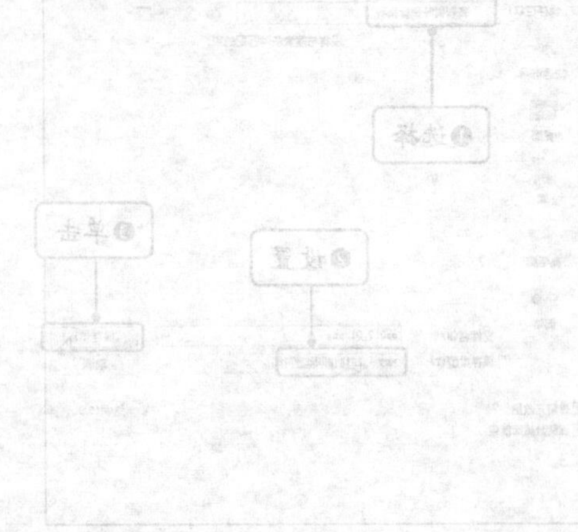

开店小故事

闷声发大财的网店装修师

随着网店的蓬勃发展，网店间的竞争越来越白热化。2014年，已经不是十年前随便开个店铺就有大把买家上门的时代了。网店的经营越来越专业，装修、分类、宣传、页面布局等因素都成了影响网店生意的要素，于是，一批“网店装修师”悄然而生。

霍小芬一天的工作，就是在网上帮各位网店老板“装修”店铺。和现实中的装修不太一样，她使用的工具不是刷子、电钻和灰浆、腻子，而是鼠标加键盘，图片和音乐。“生意好的时候一个月挣上万元都很正常，而且没有成本。”霍小芬说道。

霍小芬今年26岁，几年前从四川外语学院毕业。出于个人爱好，她一直喜欢研究Photoshop等各种图形软件，经常在网上查找资料，进行学习。在读大学时，同学们都把处理照片之类的事交给她练手，她也非常乐意干，并借此逐渐提高了处理照片的水平。

后来，班上一位同学开了个网店卖饰品，就找霍小芬帮她参考一下网店的“装修”。“我当时觉得没什么困难的，网店不就是照几张产品照片往店里一放嘛，太简单了。”

答应帮忙后，霍小芬才发现自己想得太简单了。“实物照起来如果不经过后期处理，效果很不好。”网店的图片大都需要经过后期处理，如果再做成动画，添加背景音乐，就会更具有吸引力。她帮同学的网店增添了新的导购动画，生意一下就好了很多。同学高兴之余，义务帮霍小芬做了很多宣传，逐渐就有新手店主来找她帮忙装修，报酬也给得不低。从那时起，霍小芬就发现网店装修有“钱途”。

大学毕业后，霍小芬进了一家外资公司做翻译。霍小芬在这个公司待了将近一年，白天上班，晚上就在论坛上发帖子，接网店装修的单子。霍小芬几乎每天都能接到新的单子，“服装店、户外店，什么都有。”由于只能利用业余时间，霍小芬做一个单子要花三四天，“一个单子大概两三百块钱，我做得很细，创意也都是自己的。”

由于口碑不错，霍小芬的生意越来越火，也越来越忙，忙得连节假日都没有了。“那时生意真是好，一个月光业余时间就赚过3000多元。”后来，霍小芬干脆辞职了，专门做网店装修。下海的第一个月，收入就达到8000元。

现在的网店“装修”市场日渐壮大，而淘宝上，也冒出了越来越多专门开网店“装修”的店主，对此，霍小芬并不觉得紧张，“做网店装修并不容易，工作量和难度并不小，需要很高的综合素质。同时，这一行收入不稳定，也没有社会保障，这些都是网店装修业的短板。”对网店装修业的现状，霍小芬知道得还是很清楚的。

第 8 章

利用素材让店铺焕然一新

本章导言

有的网店，买家光临一次之后就再不回头；有的网店却让买家一见难忘，多次购买，最终成为忠实粉丝。这中间的区别在哪里呢？其实，“第一印象”占有很大的分量，而装修，就是给买家留下良好第一印象的重要因素。本章专门讲解如何利用各种素材来装修店铺的方法，学会这些方法，可以极大地提高店铺给人的第一印象，获得良好的销售效果。

学习要点

- 了解制作公告栏的各种注意事项
- 掌握制作图片公告的方法
- 了解店标制作的基本方法
- 掌握设计店标的方法
- 掌握制作分类按钮图片的方法
- 掌握上传按钮图片并设置宝贝分类的方法

8.1 设置制作公告栏

公告栏是发布店铺最新信息、促销信息或店铺经营范围等内容的区域。通过公告栏发布信息，可以方便买家了解店铺的重要信息。如图8-1所示，在公告栏中加上了店铺信誉、商品的发布和物流等信息。

图8-1

8.1.1 公告栏制作的注意事项

卖家在淘宝网开店后，淘宝网已经为店铺提供了公告栏的功能，卖家可以在“店铺装修”页面中设置公告的内容。卖家在制作公告栏前，需要了解并注意一些事项，以便制作出效果更好的公告栏。

淘宝基本店铺的公告栏具有默认样式，如图8-2所示。卖家只能在默认样式的公告栏上添加公告内容。

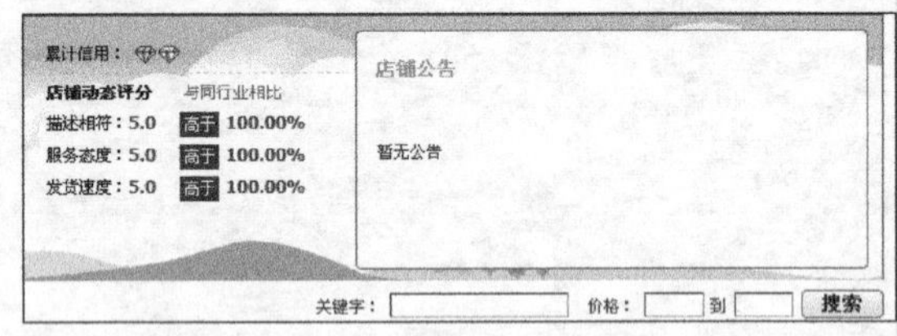

图8-2

由于店铺已经存在默认的公告栏样式，而且这个样式无法更改，因此卖家在制作公告栏时，可以将默认的公告栏效果作为参考，使公告的内容效果与之搭配。淘宝基本店铺的公告栏默认设置了滚动的效果，在制作时无需再为公告内容添加滚动设置。

公告栏内容的宽度不要超过480像素，否则超过部分将无法显示，而公告栏的高度可随意设置。如果公告栏的内容为图片，那么需要指定图片在互联网上的位置。

8.1.2 制作美观的图片公告

首先要使用Photoshop设计公告栏图片，要以图片作为公告栏的内容，就需要将图片上传到淘宝图片空间或互联网上。将图片上传以后，在店铺装修功能中插入图片或图片所在的网址即可。下面讲解使用Photoshop设计公告栏图片的方法。

第1步 启动Photoshop，选择"文件"→"新建"命令，弹出"新建"对话框，❶将"宽度"设置为450像素，"高度"设置为350像素，"背景内容"选择"背景色"选项；❷单击"确定"按钮，如图8-3所示。

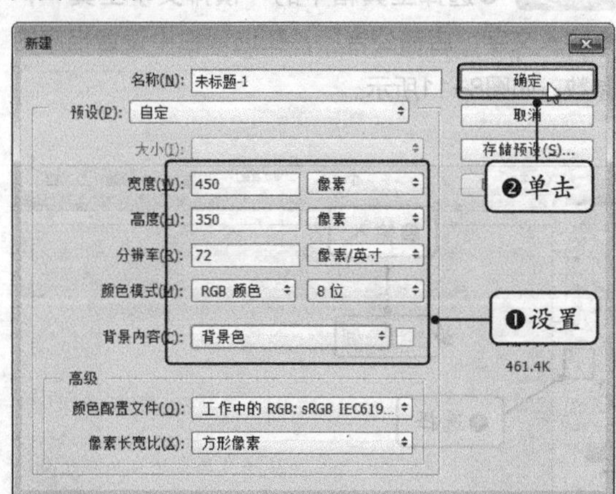

图8-3

第2步 出现新建的空白文档，如图8-4所示。

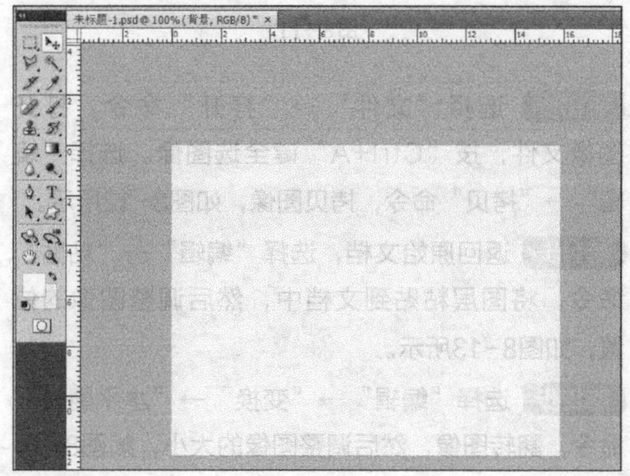

图8-4

第3步 ❶选择工具箱中的"椭圆工具"，在选项栏中将填充颜色设置为#ffffff；❷按住鼠标左键在绘图区域中绘制多个椭圆，如图8-5所示。

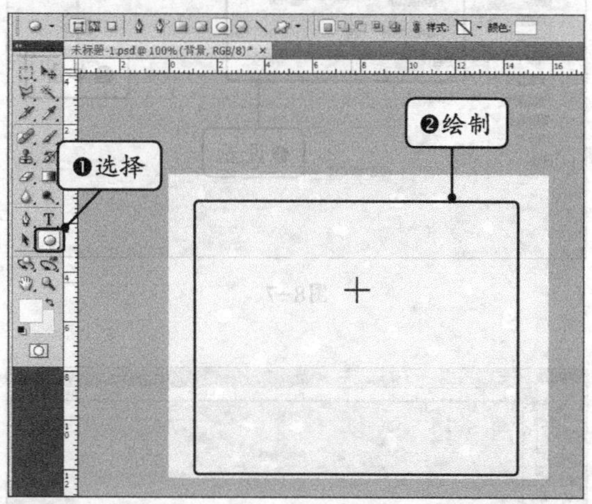

图8-5

第4步 ❶选择工具箱中的"圆角矩形工具"；❷按住鼠标左键在绘图区域中绘制圆角矩形，如图8-6所示。

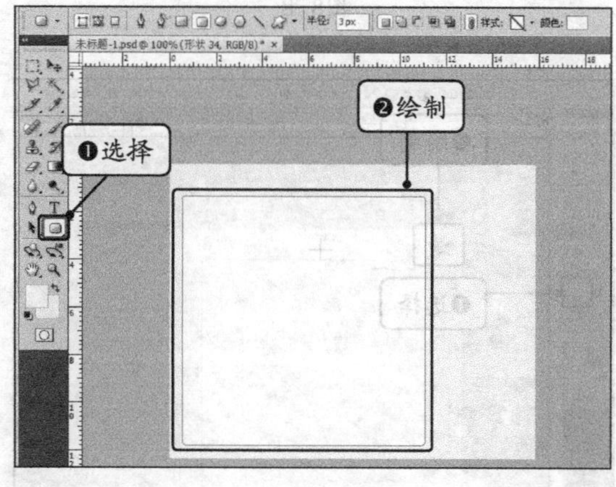

图8-6

第5步 选择"图层"→"图层样式"→"描边"命令，弹出"图层样式"对话框，❶在该对话框中将"大小"设置为1，"颜色"设置为#04bfb0；❷单击"确定"按钮，如图8-7所示。

第6步 设置图层样式后的效果如图8-8所示。

第7步 ❶选择工具箱中的"自定义形状工具"，在选项栏中选择相应的形状，将填充颜色设置为#cf0808；❷按住鼠标左键在绘图区域中绘制形状，如图8-9所示。

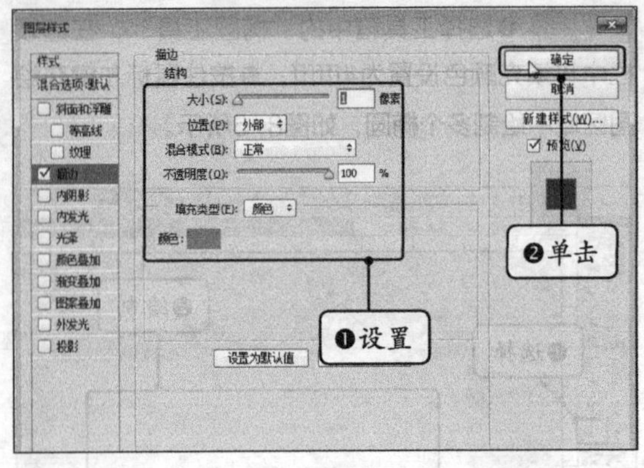

图8-7

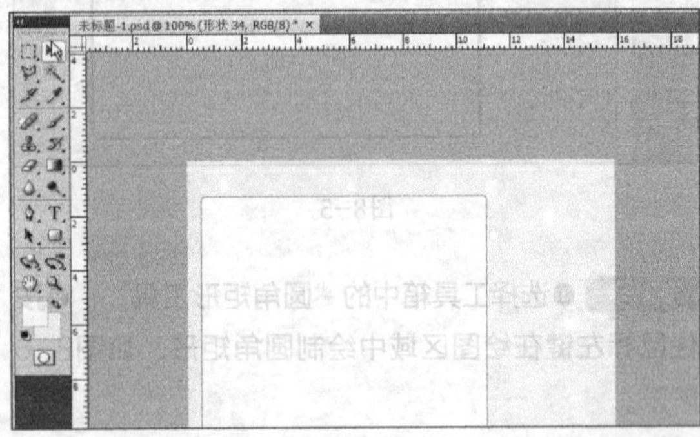

图8-8

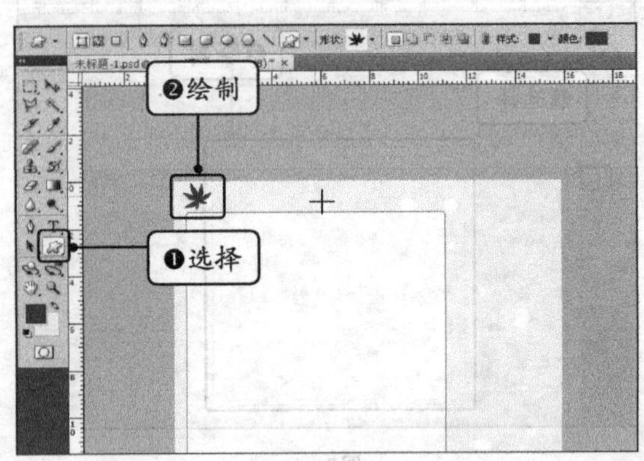

图8-9

专家提点 如何设置颜色

单击图8-7中"颜色"右边的小方框，会弹出颜色设置对话框，在右下方的#号后的文本框中输入"cf0808"即可设置颜色，注意不要输入#号本身。

第8步 选择"图层"→"图层样式"→"渐变叠加"命令，❶弹出"图层样式"对话框，在该对话框中设置相应的参数；❷单击"确定"按钮，设置图层样式，如图8-10所示。

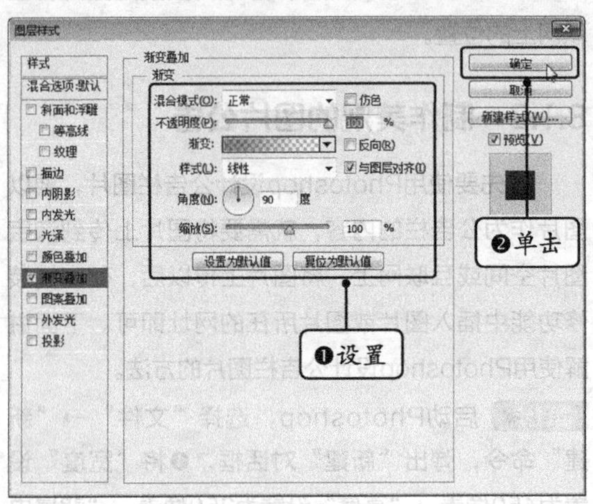

图8-10

第9步 ❶选择工具箱中的"横排文字工具"；❷输入文字"店铺公告"，在选项栏中设置相应的参数，如图8-11所示。

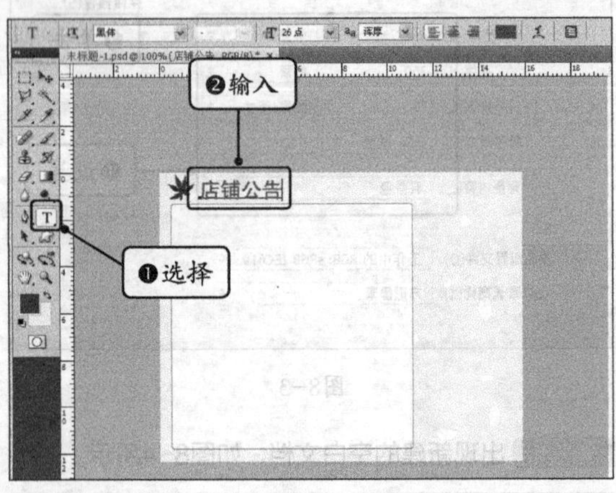

图8-11

第10步 选择"文件"→"打开"命令，打开图像文件，按"Ctrl+A"键全选图像。选择"编辑"→"拷贝"命令，拷贝图像，如图8-12所示。

第11步 返回原始文档，选择"编辑"→"粘贴"命令，将图层粘贴到文档中，然后调整图像的位置，如图8-13所示。

第12步 选择"编辑"→"变换"→"水平翻转"命令，翻转图像，然后调整图像的大小，如图8-14所示。

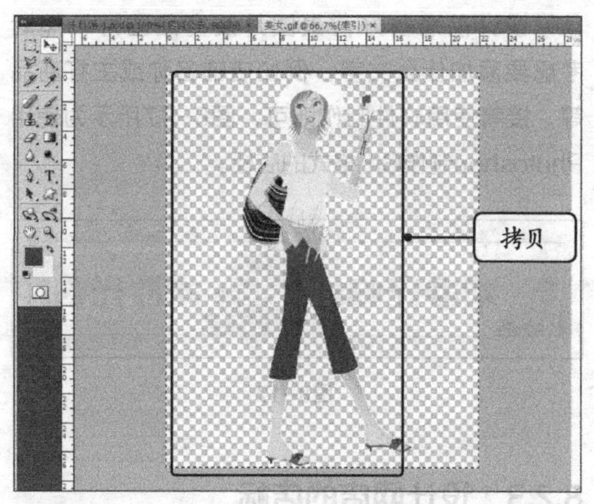

图8-12

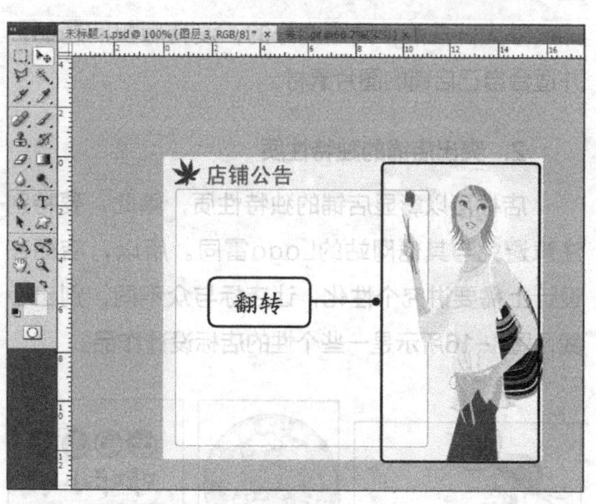

图8-14

图8-13

图8-15

第13步 选择工具中的“横排文字工具”，输入公告文字，并设置字体大小、颜色等参数，如图8-15所示。

保存图片之后，按照7.2.4小节介绍的方法，编辑店铺公告，将图片上传到公告栏即可。

8.2 设计具有视觉冲击力的店标

店标是店铺的标志。大部分是动态图片，可以由产品图片、宣传语言、店铺名称等组成。漂亮的店标与签名在社区的作用不小，可以吸引买家点击进入店铺。

8.2.1 店标设计的原则

一个好的店标设计，除了传达明确的信息外，还在方寸之间表现出深刻的精神内涵和艺术感染力，给人以静谧、柔和、饱满、和谐的感觉。要做到这一点，在设计店标时，需要遵循一定的设计原则和要求。

1. 选择合适的店标图片素材

店标图片的素材通常可以从网上或者素材光盘上收集，通过搜索网站输入关键字可以很快找到很多相关的图片素材。也可以登录设计资源网站，找到更多精美、专业的图片。选择图片素材时，要选择尺寸大一些的，清晰度好的，没有版权问题的，并适合自己店铺的图片素材。

2. 突出店铺的独特性质

店标可以彰显店铺的独特性质，因此，要特别注意避免与其他网站的Logo雷同。所以，店标在设计上需要讲究个性化，让店标与众不同、别出心裁，图8-16所示是一些个性的店标设计作品。

图8-16

3. 要让自己的店标过目不忘

设计一个好的店标，要从颜色、图案、字体、动画等几方面下手。在符合店铺类型的基础上，使用醒目的颜色、独特的图案、精心的字体，以及强烈的动画效果，都可以给人留下深刻的印象。

4. 统一性

店标的外观和基本色调要根据页面的整体版面设计来确定，而且要考虑在其他印刷、制作过程中进行放缩等处理时的效果变化，以便能在各种媒体上保持相对稳定。

8.2.2 店标制作的基本方法

对于网上店铺的店标，按照其状态可以分为动态店标和静态店标，下面分别介绍其制作方法。

1. 制作静态店标

一般来说，静态店标由文字、图像构成。其中有些店标用纯文字表示，有些店标用图像表示，还有一些店铺的设计既包含文字也包含图像。

2. 制作动态店标

对于网店而言，动态店标就是将多个图像和文字效果构成GIF动画。制作这种动态店标，可以使用GIF制作工具完成，如easy GIF Animator、Ulead GIF Animator等软件都可以制作GIF动态图像。

设计前准备好背景图片及商品图片，然后考虑要添加什么文字，例如店铺名称或主打商品等，接着使用软件制作即可，图8-17所示为使用Photoshop制作GIF格式的店标。

图8-17

8.2.3 设计网店的店标

下面讲述设计网店的店标，具体操作步骤如下。

第1步 启动Photoshop，选择“文件”→“新建”命令，弹出“新建”对话框，❶将“宽度”设置为100，“高度”设置为120；❷单击“确定”按钮，如图8-18所示。

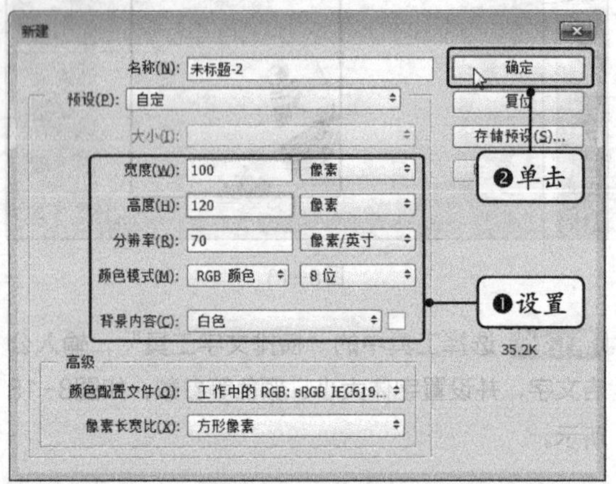

图8-18

第2步 新建一个空白文档，如图8-19所示。

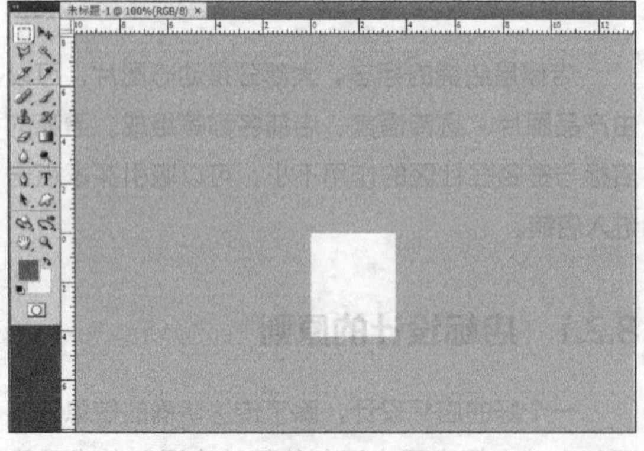

图8-19

第3步 ❶单击工具箱中的“圆角矩形工具”，在选项栏中将填充颜色设置为#ff16ba；❷按住鼠标左键在绘图区域中绘制圆角矩形，如图8-20所示。

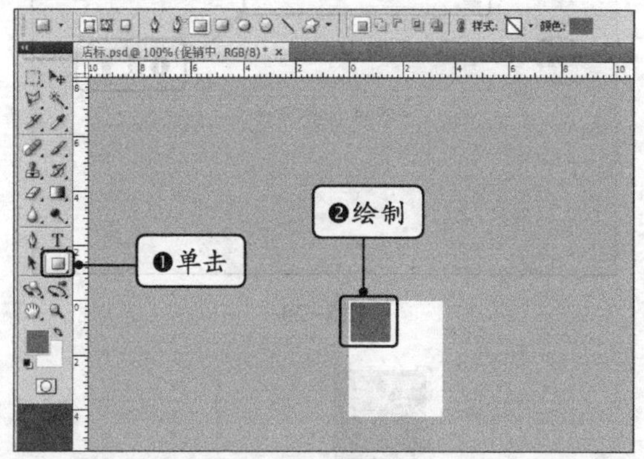

图8-20

第4步 选择“图层”→“图层样式”→“描边”命令，弹出“图层样式”对话框，❶在该对话框中将“大小”设置为1，“颜色”设置为#ff1e1e；❷单击“确定”按钮，如图8-21所示。

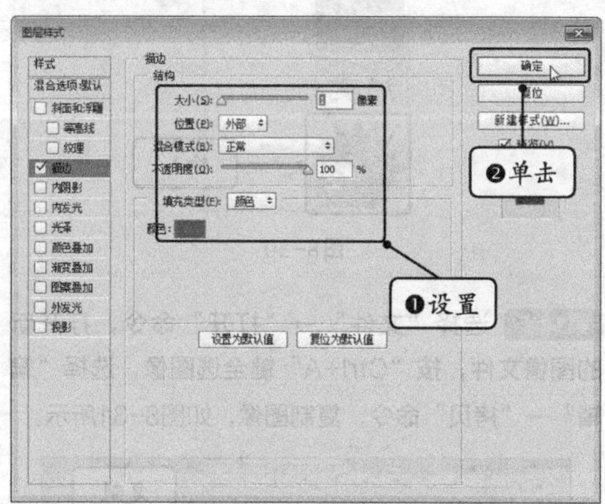

图8-21

第5步 设置后的图层样式效果如图8-22所示。

第6步 ❶单击工具箱中的“横排文字工具”；❷输入文字“时尚”，并设置颜色、大小等参数，如图8-23所示。

第7步 ❶单击工具箱中的“自定义形状工具”；❷在选项栏中设置形状和填充颜色为#93ff90；❸按住鼠标左键在绘图区域中绘制形状，如图8-24所示。

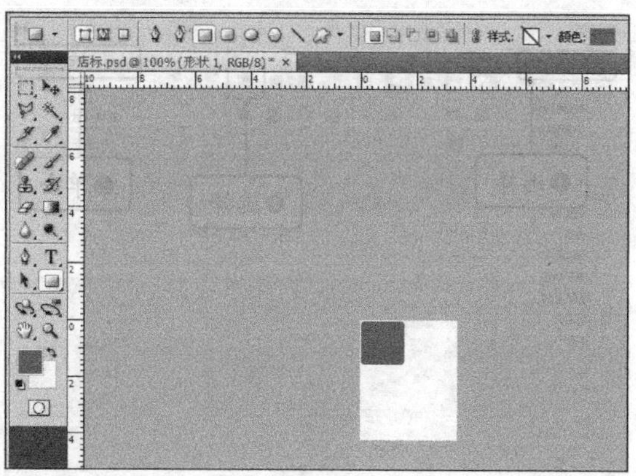

图8-22

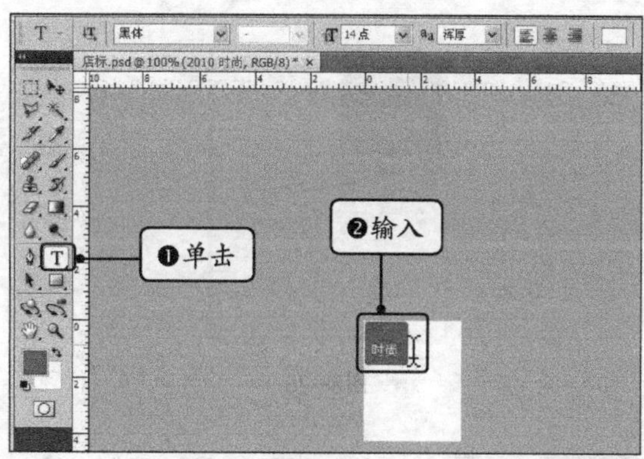

图8-23

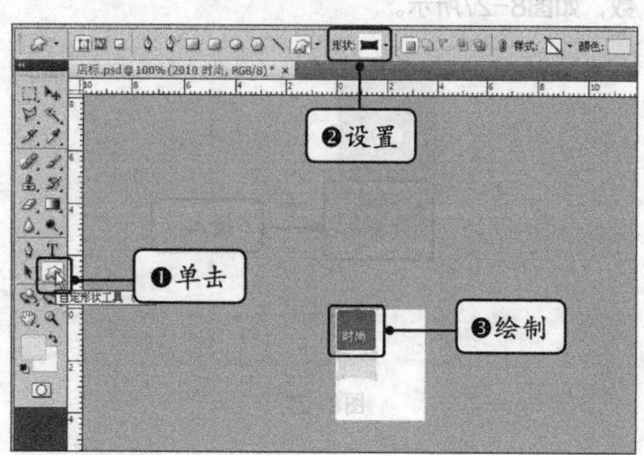

图8-24

第8步 选择“图层”→“图层样式”→“混合选项”命令，❶弹出“图层样式”对话框，在该弹出的列表中选择“样式”选项；❷在右侧的列表中选择相应的样式；❸单击“确定”按钮，如图8-25所示。

第9步 设置图层样式后的效果如图8-26所示。

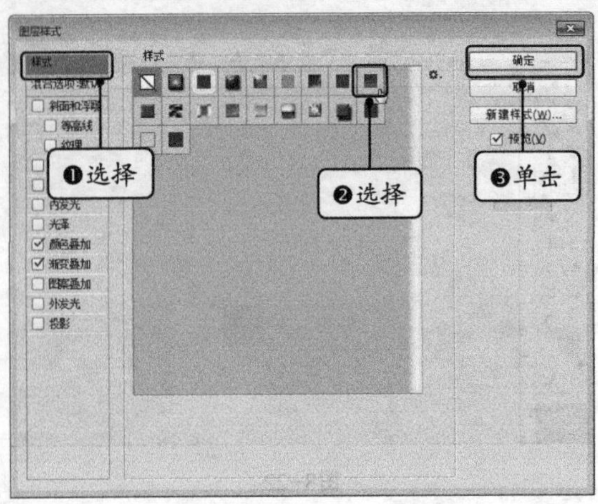

图8-25

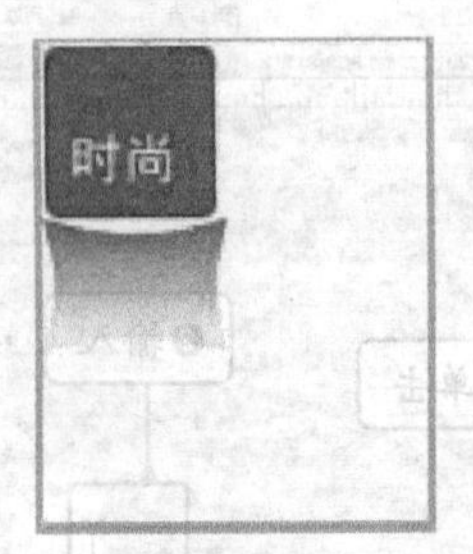

图8-26

第10步 选择工具箱中的“横排文字工具”，输入文字“热卖”，并在选项栏中设置大小、颜色等参数，如图8-27所示。

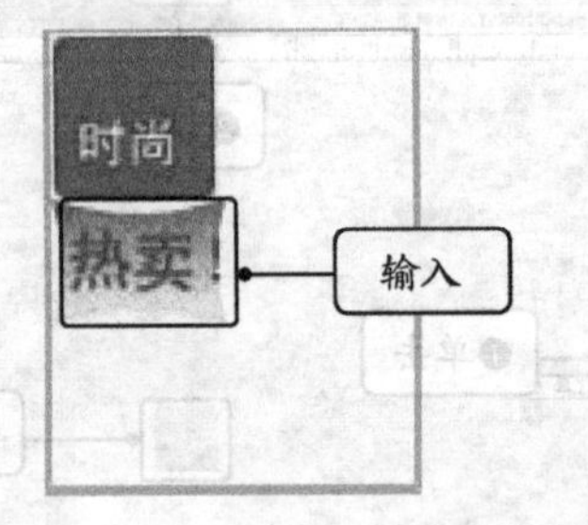

图8-27

第11步 选择“图层”→“图层样式”→“描边”命令，弹出“图层样式”对话框，❶在该对话框中设置相应的参数；❷单击“确定”按钮，如图8-28所示。

第12步 设置图层样式后的效果如图8-29所示。

第13步 选择工具中的“自定义形状”工具，在舞台中绘制相应的形状，设置图层样式，并输入相应的文字，如图8-30所示。

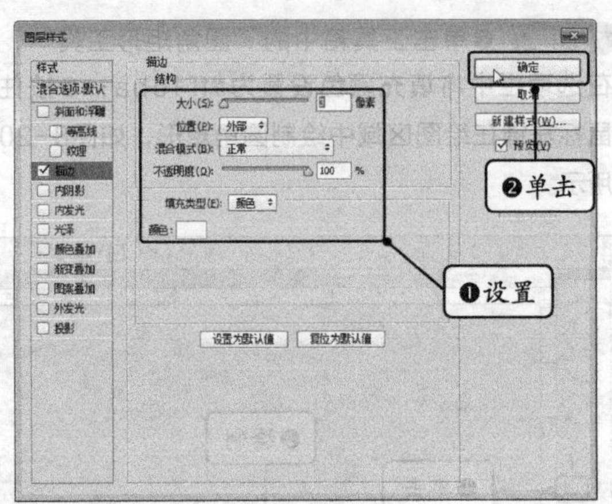

图8-28

图8-29

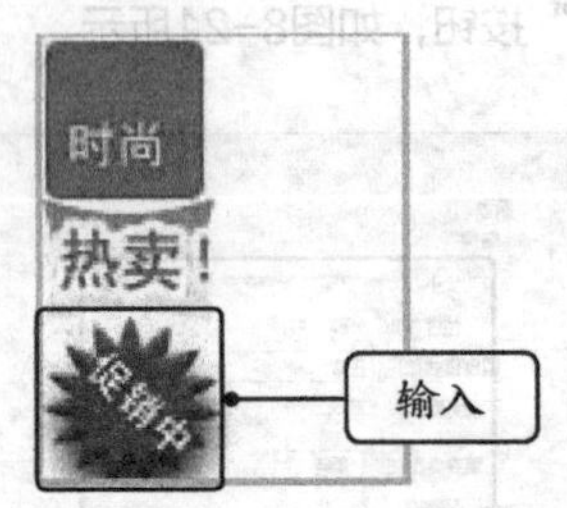

图8-30

第14步 选择“文件”→“打开”命令，打开新的图像文件，按“Ctrl+A”键全选图像，选择“编辑”→“拷贝”命令，复制图像，如图8-31所示。

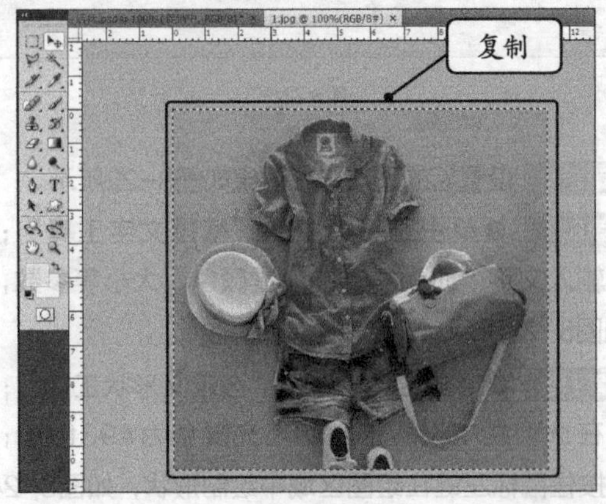

图8-31

第15步 返回原始文档，选择"编辑"→"粘贴"命令，将图层粘贴到文档中，然后调整图像大小并拖动到相应的位置，效果如图8-32所示。

图8-32

第16步 用同样的方法粘贴其他图像，并将其拖动到相应的位置，效果如图8-33所示。

图8-33

设计好店标之后，就可以按照7.2.3小节的内容，将店标上传到网店里了。

8.3 制作漂亮的宝贝分类按钮

为了满足卖家放置各种各样的商品需要，淘宝网基本店铺提供了"宝贝分类"的功能，卖家可以针对自己店铺的商品建立对应的分类。

在默认的情况下，淘宝网基本店只以文字形式显示分类，但卖家可以花一点儿心思，制作出很漂亮的宝贝分类图，然后添加到店铺的分类设置上，即可产生出色的店铺分类效果，图8-34所示为漂亮的分类导航按钮。

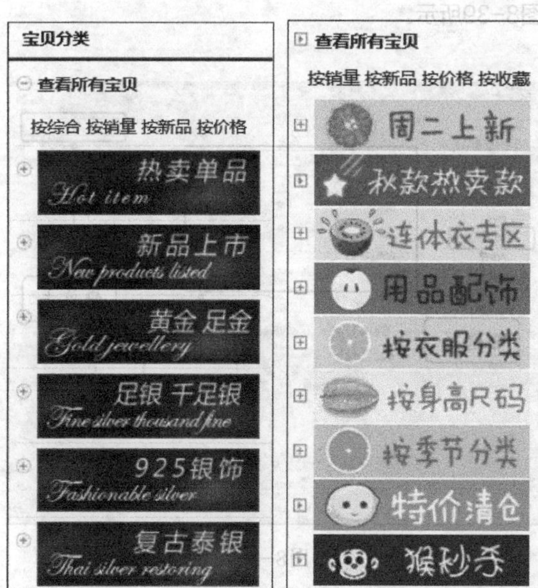

图8-34

8.3.1 制作宝贝分类按钮的重要事项

为宝贝分类，其目的是让进店的买家能够快速根据需要选择类别进行浏览，快速找到他要的宝贝，另外，也可以给买家提供类似产品作为参考，说不定买家会在同类产品中选择一些宝贝来进行购买，这就增加了销售量。

对于宝贝分类按钮来说，其目的很简单，就是提供一种赏心悦目的视觉效果，让买家看了觉得很专业，或者觉得很舒服（与网店的整体色调协调），在点击的过程中获得愉快的体验。

制作宝贝分类按钮时，要注意以下几点。

- 色调。色调要与网店整体色调相协调。所谓的协调，可以是相近的色调，也可以是相反的色调，要么让人看着觉得柔和，要么让人看着觉得鲜明，总之，一个原则就是"讨好观众"。
- 风格。风格也要与网店风格协调，与所售宝贝协调。该严肃的就不要弄得很卡通化，该小清新的就不要装深沉。
- 清晰度。注意字体一定要略大、要清晰，不然看上去影响视觉效果。字体的色彩不要和图片背景色相近，应采用反差较大的颜色，这样能使买家很轻松地看清楚。

8.3.2 制作分类按钮图片

制作分类按钮图片的具体操作步骤如下。

第1步 启动Photoshop，选择"文件"→"新建"命令，弹出"新建文档"对话框，❶将"宽度"设置为160，"高度"设置为68；❷单击"确定"按钮，如图8-35所示。

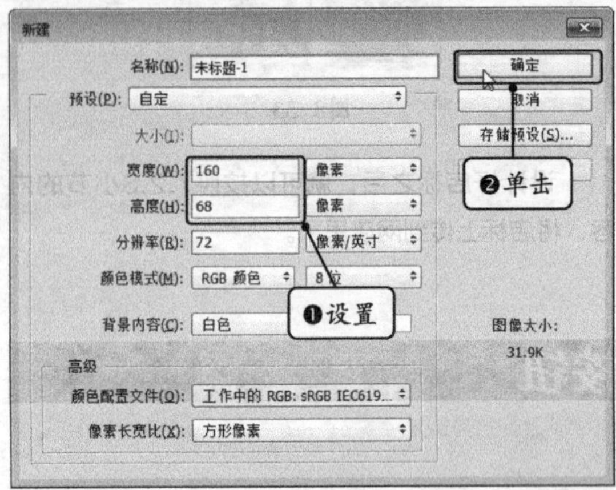

图8-35

第2步 新建一个空白文档，如图8-36所示。

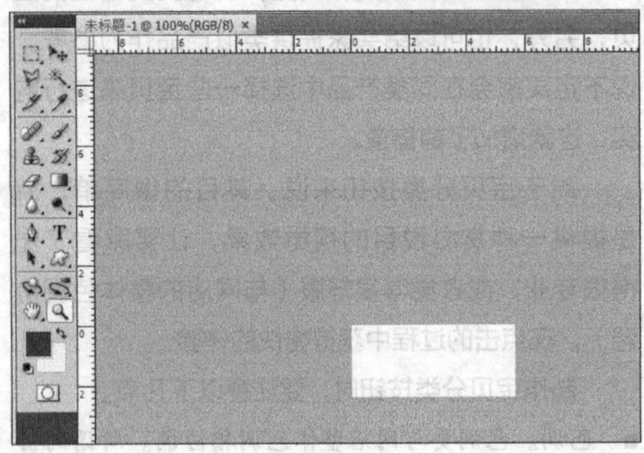

图8-36

第3步 选择工具箱中的"圆角矩形工具"，在选项栏中将填充颜色设置为#d3f2ad，按住鼠标左键在绘图区域中绘制圆角矩形，如图8-37所示。

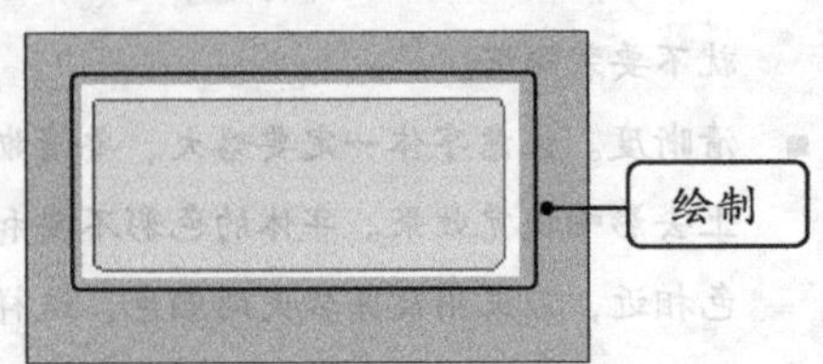

图8-37

第4步 选择"图层"→"图层样式"→"投影"命令，弹出"图层样式"对话框，❶将"颜色"设置为#1c4500；❷单击"确定"按钮，如图8-38所示。

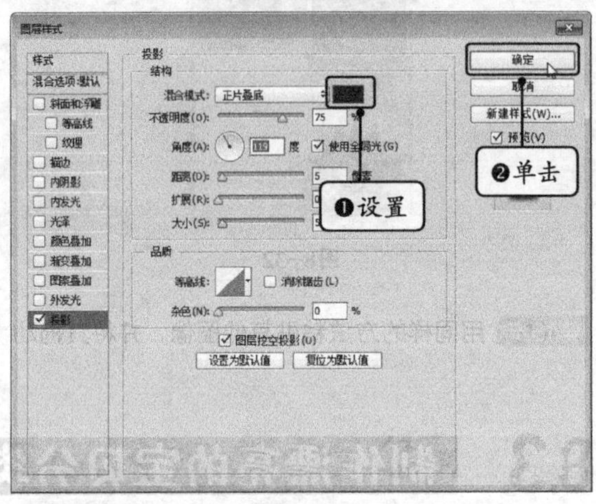

图8-38

专家提点 关于圆角矩形

圆角矩形比直角矩形好看，但使用中要注意，圆角的数值不宜设置得太大，不然会起到相反的效果，看上去不协调。

第5步 ❶在该对话框中勾选"内阴影"选项；❷设置相应的参数；❸单击"确定"按钮，如图8-39所示。

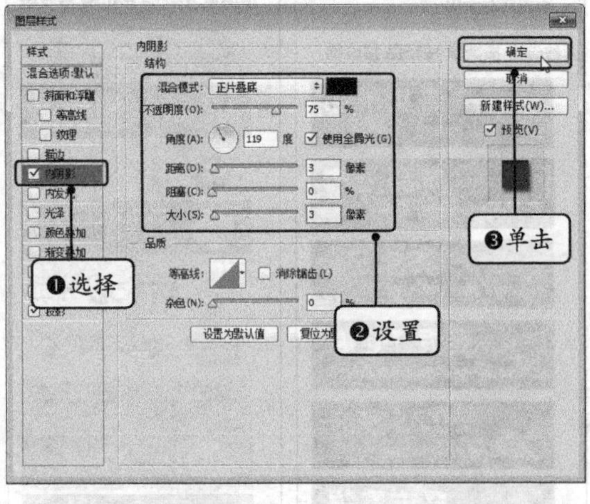

图8-39

第6步 设置图层样式后的效果如图8-40所示。

图8-40

第7步 选择工具箱中的“自定义形状工具”，在选项栏中选择相应的形状，将填充颜色设置为#cf0808，按住鼠标左键在绘图区域中绘制形状，如图8-41所示。

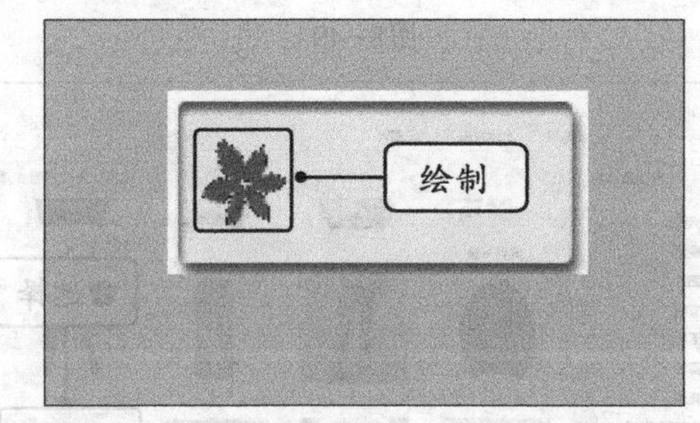

图8-41

第8步 选择“图层”→“图层样式”→“外发光”命令，弹出“图层样式”对话框，❶在该对话框中设置相应的参数；❷单击“确定”按钮，如图8-42所示。

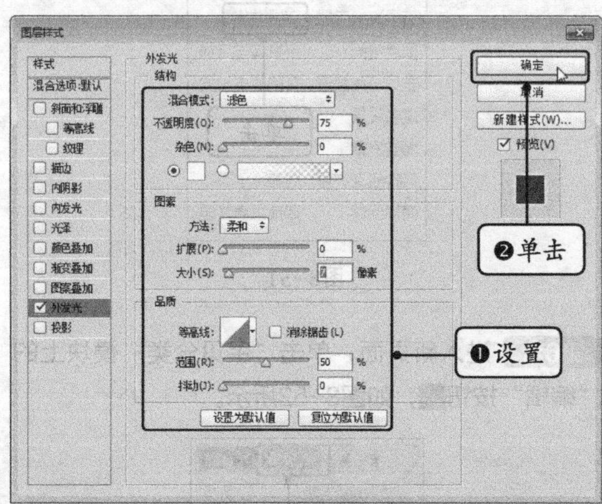

图8-42

第9步 设置图层样式后的效果如图8-43所示。

第10步 选择工具箱中的“横排文字工具”，在舞台中输入文字“促销产品”，在选项栏中设置相应的参数，如图8-44所示。

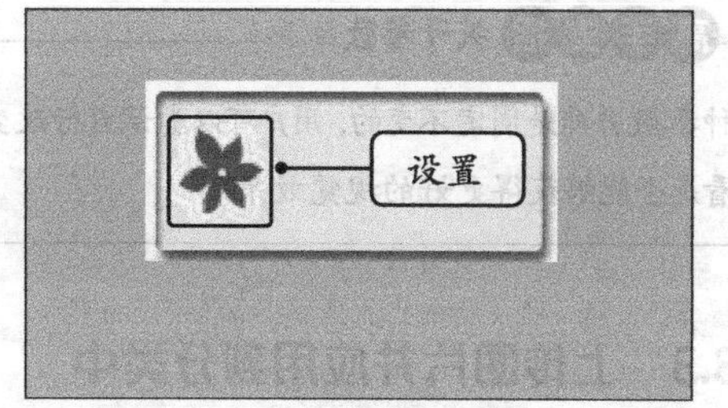

图8-43

图8-44

第11步 选择“图层”→“图层样式”→“描边”命令，弹出“图层样式”对话框，❶在该对话框中设置相应的参数；❷单击“确定”按钮，如图8-45所示。

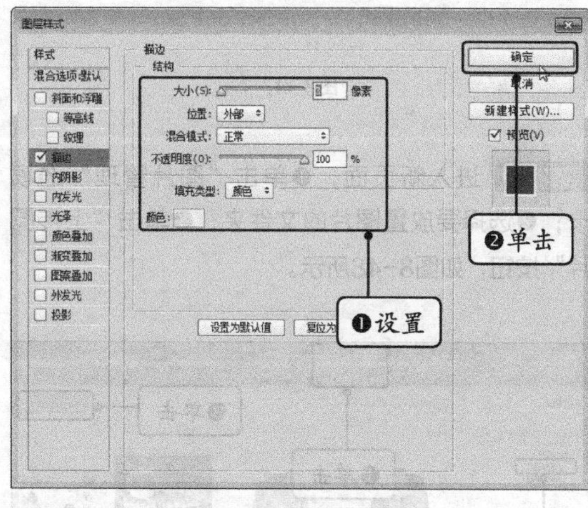

图8-45

第12步 设置图层样式后的效果如图8-46所示，用同样的方法可以制作其余的导航按钮。

图8-46

高手支招 关于参数

各种参数并非是固定不变的，用户可以尝试自行改变，看看是否能够获得更好的视觉效果。

8.3.3 上传图片并应用到分类中

设置好分类图片之后，就可以将之上传到淘宝图片空间，然后在店铺装修页面建立新的分类，并使用分类图片作为装饰。

第1步 登录进入淘宝的“卖家中心”，单击“图片空间”超级链接，如图8-47所示。

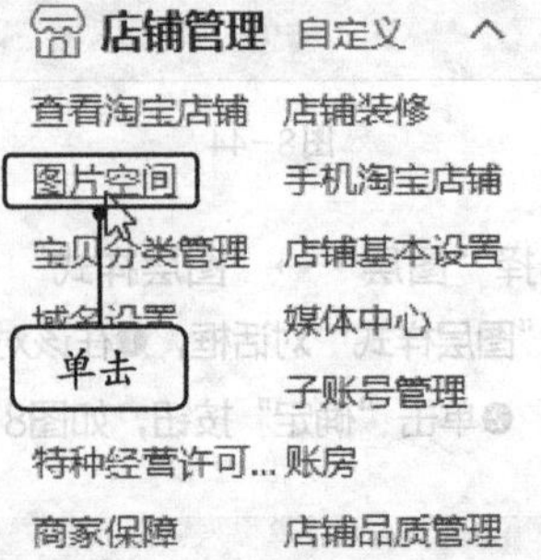

图8-47

第2步 进入新页面，❶单击“图片管理”选项卡；❷选择要放置图片的文件夹；❸单击“上传图片”按钮，如图8-48所示。

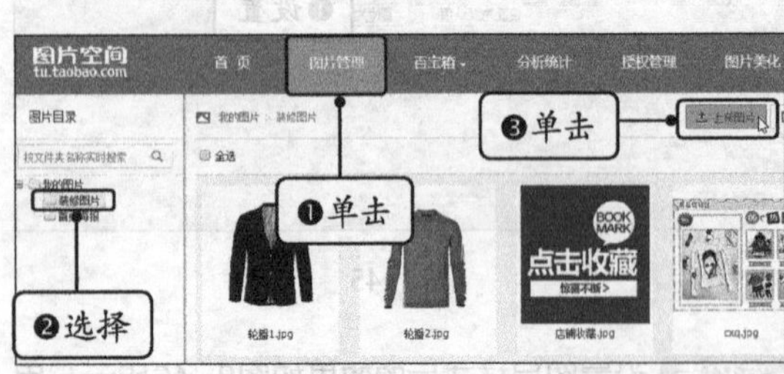

图8-48

第3步 弹出对话框，单击“通用上传”一栏里的“点击上传”按钮，如图8-49所示。

第4步 弹出对话框，❶选择要上传的分类按钮图片；❷单击“打开”按钮，如图8-50所示。

第5步 上传完毕后，再进入淘宝“卖家中心”，单击“店铺装修”超级链接，如图8-51所示。

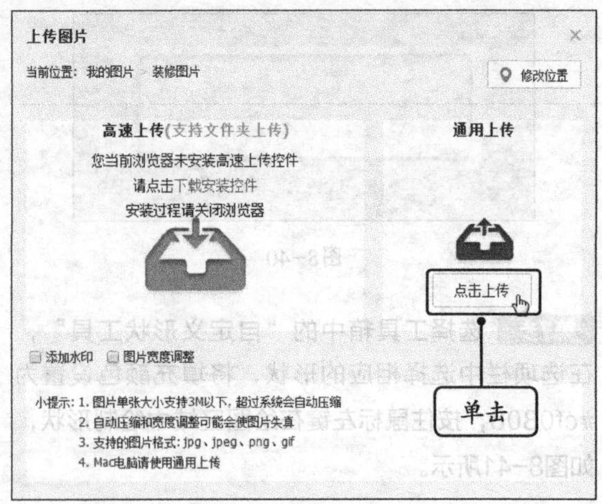

图8-49

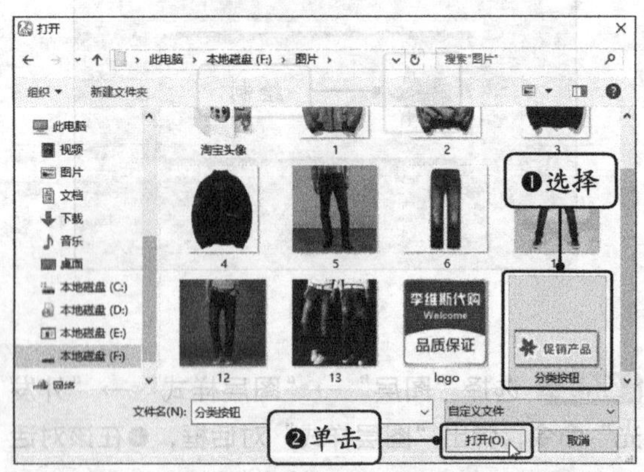

图8-50

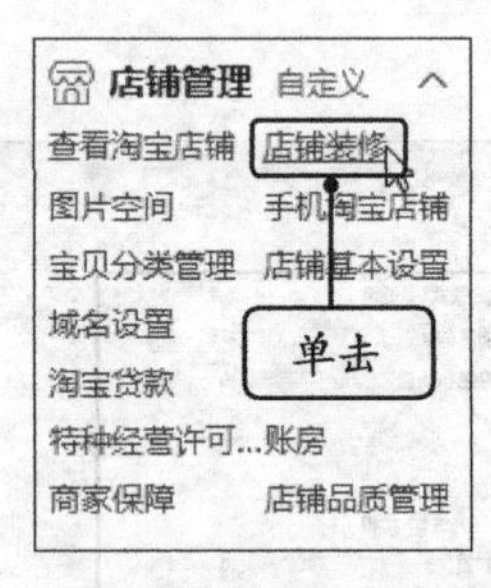

图8-51

第6步 进入新页面，单击“宝贝分类”模块上的“编辑”按钮，如图8-52所示。

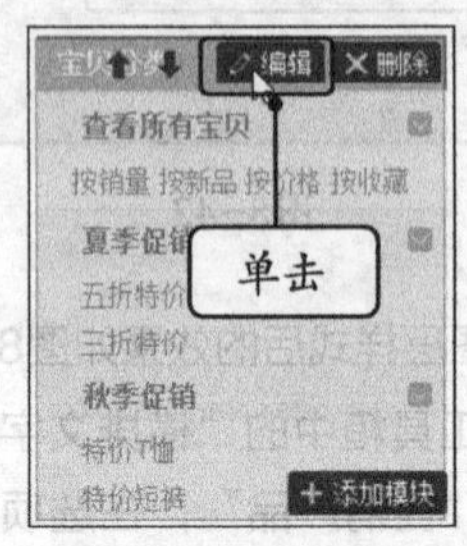

图8-52

第7步 进入新页面，❶单击“添加手工分类”按钮；❷输入分类名称；❸单击“添加图片”超级链接，如图8-53所示。

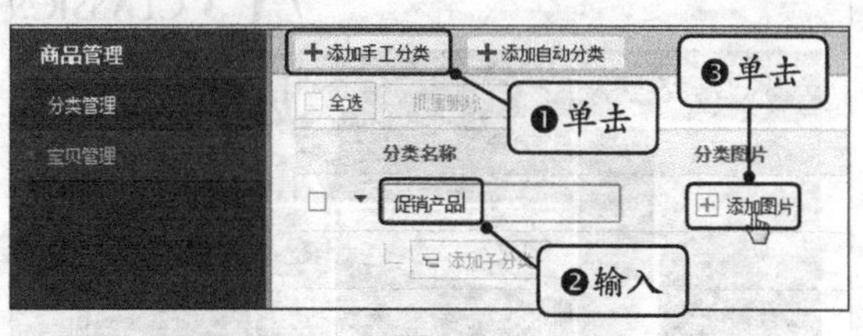

图8-53

第8步 弹出对话框，单击“插入图片空间图片”单选项，如图8-54所示。

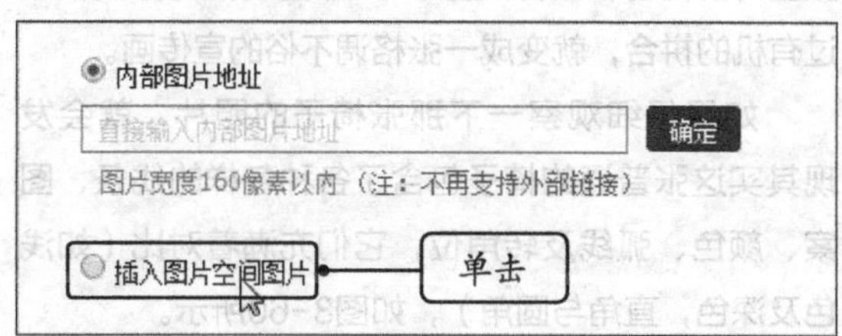

图8-54

第9步 弹出对话框，❶选择上传图片时存放图片的文件夹；❷单击分类按钮图片，如图8-55所示。

第10步 返回上一页面，单击“保存更改”按钮，如图8-56所示。

第11步 ❶单击“宝贝管理”选项；❷单击“未分类宝贝”选项；❸选择要移动到新分类中去的宝贝；❹单击“批量分类”按钮；❺在下拉菜单中选择新建的分类；❻单击“应用”按钮，如图8-57所示。

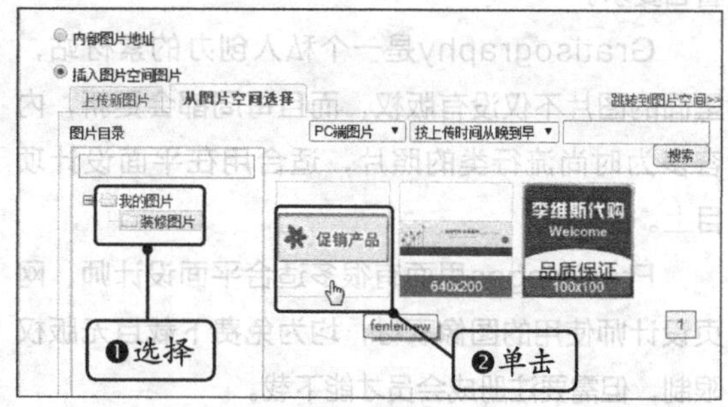

图8-55

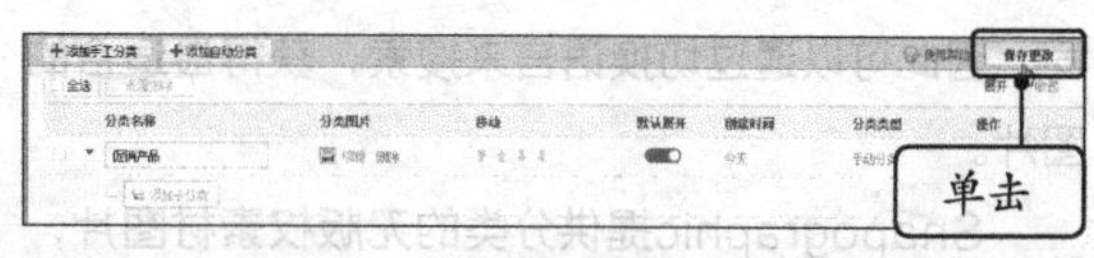

图8-56

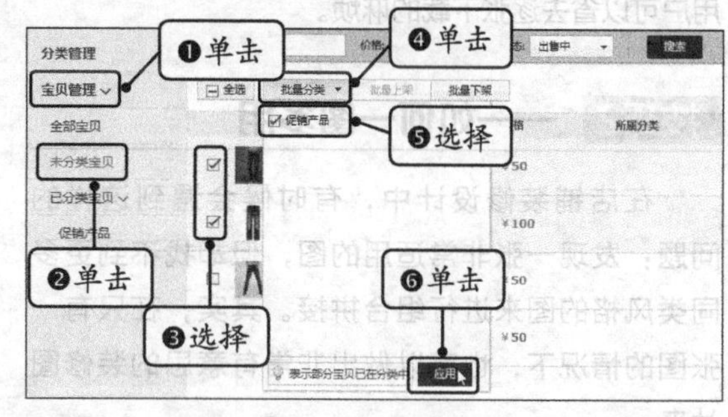

图8-57

过几分钟后刷新网店页面，就可以看到新增的分类，并且分类使用了漂亮的图片。

8.4 秘技一点通

技巧1 ——去哪下载精美且无版权的装修图片素材

网店的图片素材通常可以从网站上直接找到。在百度中输入关键字“素材”并查找，可以找到很多相关的图片素材，也可以去设计资源网站，找到更多的精美、专业的图片。但这些国内的素材下载网站通常存在两个问题：一是素材质量良莠不齐，不少素材达不到精度要求；二是绝大部分素材都没有版权说明，用户不知道是否可以免费使用这些素材，如果贸然使用这些素材会不会引发版权纠纷，令自己经济受损。

有鉴于此，笔者在网上大海捞针，找出几个素材站。这些素材站明确申明该站素材没有版权，任何人都可以使用，应用于个人用途还是商业用途皆可。而且这些素材站的素材都非常精美，用来装修网店，其视觉效果非常好。

Pixabay是一间超高质量无版权限制的图片的储藏室。不论数字或者印刷格式，个人或者商业用途，都可以免费使用它的任何图像，并且无原作者署名要求。

Gratisography是一个私人创办的素材站，里面的图片不仅没有版权，而且每周都会更新，内容多为时尚流行类的照片，适合用在平面设计项目上。

Freeimages里面有很多适合平面设计师、网页设计师使用的图像素材，均为免费下载且无版权限制，但需要注册成会员才能下载。

Photo Pin 图片搜索引擎的图片资源来自Flickr，可以使用英文和中文搜索，但结果会有所不同，因此可以通过切换语言来搜索，获得最适合的图片。

Snapographic提供分类的无版权素材图片，具有很高的解析度。网站甚至提供图片打包下载，用户可以省去逐张下载的麻烦。

技巧2 ——如何一图多用

在店铺装修设计中，有时候会遇到这样的问题：发现一张非常适用的图，但却找不到更多同类风格的图来进行组合拼接。其实，在只有一张图的情况下，也可以做出非常有意思的装修图片来。

图8-58所示是一张座椅的图片，如果要用这张图片制作出一整版的背景图片，可能会让很多人感到为难。其实，只要巧妙截取图片中的一部分，经过拼合，再加上文字、色块的调节，就能制作成一张布局紧疏适宜、色彩柔和统一、焦点突出，而又能看出细部的图片，如图8-59所示。

图8-58

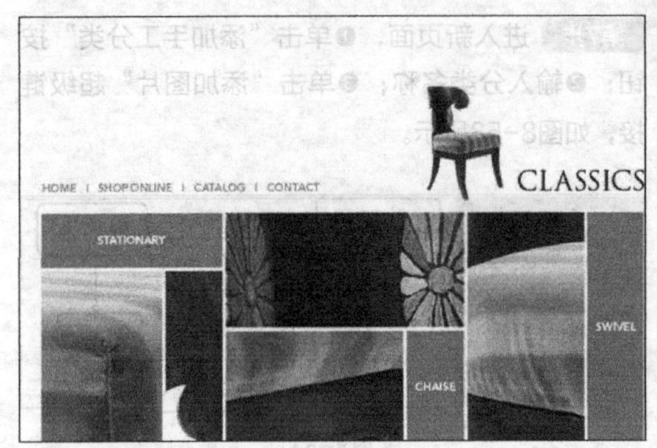

图8-59

细心的用户可以看出，图8-59中下半部分的五张图片的内容，全部是图8-58中座椅的局部图，经过有机的拼合，就变成一张格调不俗的宣传画。

如果仔细观察一下那张椅子的照片，就会发现其实这张普通的椅子包含了各种各样的线条、图案、颜色、弧线及转角位，它们充满着对比（如浅色及深色，直角与圆角），如图8-60所示。

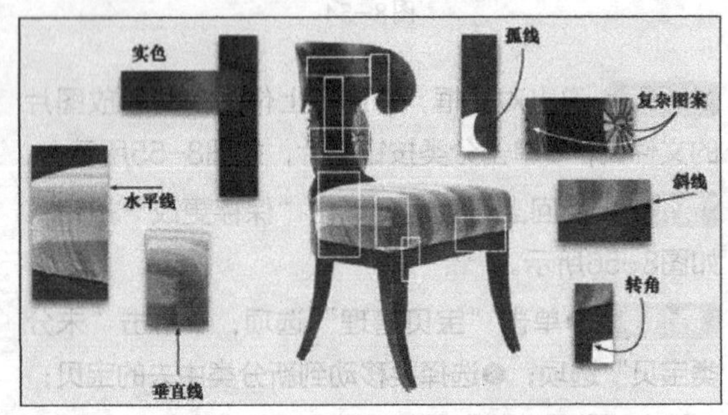

图8-60

在图8-59所示的成品图片中，整个版面中分为上下两部分，它们各自所形成的视觉效果并不一样。上面部分显得开阔平静，而下面部分则显得饱满充实。上面的开阔设计使得眼睛很容易就集中在那张椅子上，而下面显得很充实的版面则传达出一种极丰富的层次感。在这部分中并不存在一个视觉焦点，因为所有的图片都是在大小不一的矩形区域中，产生了不同的方向感。

这样，利用一张图片就可以使整个版面充满视觉对比，包括不同的尺寸、材料、图案、形状及方向的对比，给观众留下了深刻的印象。由此可见，只要有创意，即使素材不多，也能设计出好的作品来。

技巧3——添加了分类导航图片却不能立即显示的处理技巧

添加分类导航图片，或者进行其他店铺管理操作后，有时其效果不能立即在店铺中显示出来，很多店主对此感到很困惑。

其实，电脑系统都有一个"缓冲"的过程，需要的时间可能是几秒，也可能是几个小时。如果店主想要立即查看效果，可以删除自己电脑系统中的脱机文件和Cookies，刷新后再查看，就能看到新的效果了。

删除电脑中的脱机文件和Cookies的方法如下。

第1步 ❶单击"开始"按钮，弹出"开始"菜单；❷单击"控制面板"选项，如图8-61所示。

图8-61

第2步 进入控制面板，单击"网络和Internet"文字链接，如图8-62所示。

图8-62

第3步 单击"删除浏览的历史记录和cookie"文字链接，如图8-63所示。

图8-63

第4步 单击"删除"按钮，如图8-64所示。

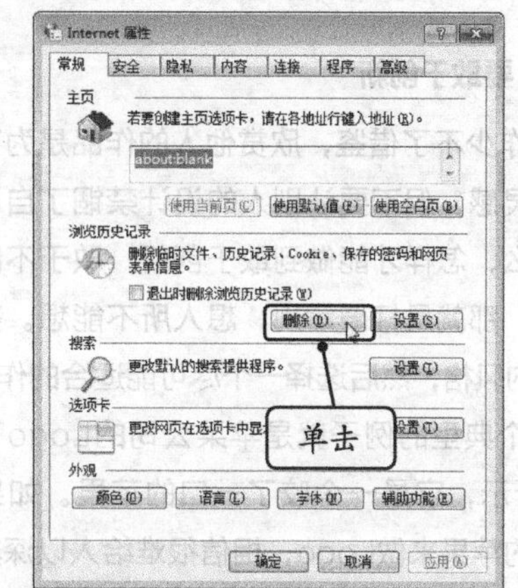

图8-64

第5步 ❶选择"保留收藏夹网站数据""Internet临时文件"以及"Cookie"三个复选框，❷单击"删除"按钮，如图8-65所示。

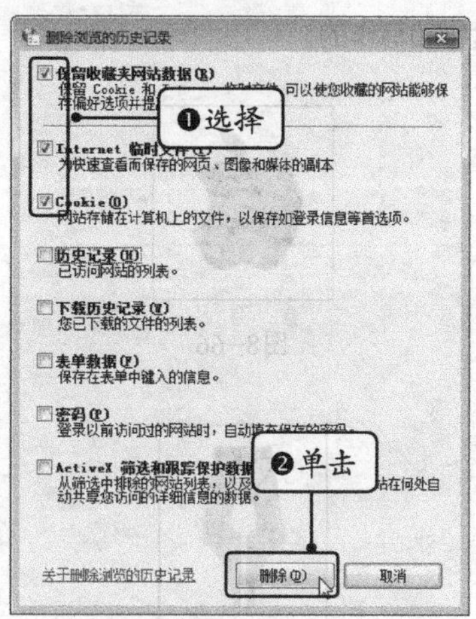

图8-65

删除完毕，在浏览器中刷新网店页面，就可看到修改后的页面了。

技巧4 ——无美术基础的店主如何设计让人印象深刻的店标

店标影响着访客对本店的认知度，好的店标能给访客留下深刻的印象，使访客“过目不忘”。店标是网店的无形资产，好看又好记的店标能使这笔资产增值。

网店的店主大多数没有学习过美术方面的知识，对于如何设计好看又好记的店标可能没有什么把握。其实，只要掌握几个小诀窍，就算是没有美术基础，也能设计出不错的店标来。

1. 要敢于创新

创作少不了借鉴，欣赏他人的作品是为了激发自己的灵感，但不要让别人的设计禁锢了自己的创造。那么，怎样才能做到敢于创新，敢于不同呢?很简单，那就是打破常规，想人所不能想。努力尝试不同的风格，然后选择一个尽可能适合的作品。

一个典型的例子就是苹果公司的Logo，如图8-66所示，它是一个咬了一口的苹果。如果用一个完整的苹果来做Logo，相信很难给人以深刻的印象，而咬了一口的苹果，呈现出一种“缺陷”，反倒是让人一见难忘。

另一个典型的例子就是有关“食物体验”写作的Logo，如图8-67所示，该Logo使用黑白二色，巧妙地将钢笔和勺子组合在一起，令人一看就知道是有关食物和写作的。

图8-66

图8-67

对于没有美术基础的店主而言，反倒是没有什么条条框框在脑袋中束缚着自己，可以大胆发挥想象力，创造出符合自己店铺风格的店标来。

2. 遵循K.I.S.S.原则

所谓K.I.S.S.，就是“Keep it Simple, Stupid”，意即让作品够简单、够傻瓜，这样它的辨识度才高，才能让人一眼看出是哪家的Logo。

一个典型的例子就是耐克公司的Logo，很简单的一个勾，可是全世界的人都认识它，如图8-68所示。

图8-68

而百事可乐的商标也相当简单，是一个由红蓝白三色组成的圆球。这个圆球的色彩和造型都让人印象深刻，一见难忘，如图8-69所示。

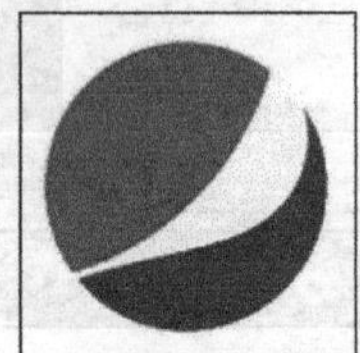

图8-69

这里并不是说复杂的图形就不好，而是说对于没有美术基础的店主而言，选取简单的图形来作为店标，比创作一个复杂的店标的效果要好得多，而且也容易得多。因为复杂的图形牵涉到大小、方向、比例、焦点等方面的因素，没有美术基础的人难以掌握，强行创作很可能会弄巧成拙。

3. 简单的色彩更适合新手

店主们都是设计新手，对于色彩学可能完全没有概念，更谈不上在店标设计中用上对比、互补等色彩原理了。其实，从苹果、“食物体验”写作和耐克的Logo中可以看出，即使纯粹使用黑白二色，也能创作出效果很好的作品来。所以建议店主们在色彩方面藏拙，不要设计多色彩图形店标，可以从简单的单色图形方面入手进行设计。

技巧5　——店标设计五大妙招

其实，每行每业都有一些诀窍。掌握这些诀窍，往往能起到事半功倍的效果。下面接着向没有设计基础的用户介绍店标、Logo设计上常用的五个招数，相信能够帮到大家。

（1）一笔连字。将图标中的全部或部分字符一笔连完，中间不断笔，不留口，可以在视觉上给人留下强烈的印象，如图8-70所示。

图8-70

（2）粗细对比。选择粗实的字体和纤细的字体，分别承担图标的一部分，可以起到刚柔相济的效果，给人一种由对比产生的美感，如图8-71所示。

图8-71

（3）笔画中空。选择粗体字，将字体中间进行镂空设计，可以考虑末端开口，以及相连部分切口。这样的设计能给人一种专业的感觉，如图8-72所示。

图8-72

（4）字母互扣。字母之间互相“侵入”，扣在一起，在相交处切口，看起来像套环的感觉，给人印象很生动，如图8-73所示。

图8-73

（5）飘逸潇洒。在设计中加入波浪形，整体会给人一种飘逸潇洒、活泼灵动的感觉，这样的设计在洗发用品中很常见，如图8-74所示。

图8-74

开店小故事

巧用色彩装修提高访客转化率

“转化率”是衡量网店能否吸引访客购买的一个指标。简单来说，如果今天有100个访客访问了某网店，其中有52人购买了商品，那么也就是说有52%的访客“转化”为“购买者”，因此该网店今天的转化率就是52%。如果写成公式，应该是这样：

交易量=访客量×转化率

其中，交易量是按人头计算的，不是按商品交易数计算的。也就是说，某位访客无论是购买了一件商品还是多件商品，都只算1的交易量。

从公式中可以看出，访客量和转化率这两个数字越高，生意就越好。访客量的提高主要来源于宣传得力，而转化率的提高又是怎样实现的呢?

实际上，转化率涉及很多方面的因素，如文案、风格、装修等。其中店铺装修是一个很重要的方面。访客感觉店铺装修有档次，有趣味，看着舒服，潜意识中就被店主给“说服”了，消费的可能性就比较高。

如何利用店铺装修提高转化率？淘宝服装店主李小姐有话要说。

李小姐是成都高新区某公司的平面设计师。公司生意很好，业务相当繁忙，李小姐每天加班到凌晨两三点才回家，有时甚至通宵工作。虽然收入不错，但是长此以往，这样的工作节奏让她渐渐感到难以胜任。在公司做了几年以后，李小姐萌生了转行做淘宝店的念头。经过一番市场考察，她决定经营服装。

李小姐联系好货源和快递后，很快就把网店开起来了。经过李小姐精心装修的网店，受到了访客的一致好评。网店的客户回头率相当不错，短短三个月时间，回头客就占到了购买量的53%，而新访客的转化率也高于平均水平。

李小姐在淘宝论坛上秀出自己的成绩后，众多新手店主表示非常钦佩。大家看了李小姐的网店后，纷纷认为装修得很有特色、很有水平。当大家得知李小姐是平面设计师出身后，都恍然大悟，连说李小姐的网店看上去总觉得大气、协调，又能给人以鲜明的印象，怪不得转化率这么高。

新手店主们七嘴八舌地要求李小姐透露一些使用色彩的秘诀，李小姐在狠狠地享受了一番恭维后，结合自己多年的平面设计经验，撰文总结了九点心得。

（1）女性更多喜欢蓝色、紫色和绿色。

35%的女性表示蓝色是她们最喜欢的颜色，其次是紫色（23%）和绿色（14%）。而女性受访者所不喜欢的颜色前三位则是橙色（33%）、棕色（33%）和灰色（17%）。

绝大多数人会认为女性所喜爱的颜色会是粉色，但现实却不是，仅有一小部分的女性会将粉色选做自己最喜欢的颜色。所以，建议大家在吸引女性的颜色上，选择一些粉色以外的颜色，例如蓝色、紫色和绿色，或许这能提高女性对自己网站的访问率，从而提高转化率。

（2）男性对蓝色、绿色和黑色更感兴趣。

若销售目标是男性买家，那网站一定不能规划成紫色、橙色和棕色。相反，选择蓝色、绿色和黑色更为贴切些。因为蓝色、绿色和黑色是传统意义上的男性色彩。

（3）蓝色有助于培养用户的信任感。

蓝色是一种代表着信任、和平、有序和忠诚的颜色。蓝色让人头脑冷静并带给人平静的感觉。经常被描述为和平、宁静、可靠和有序的代名词。像世界上最大的社交媒体网络Facebook使用的就是蓝色。

尽管蓝色是一种挑不出问题的颜色，但它一般不会被用到与食品相关的事物上。理论认为，蓝色是一种与毒素相关的颜色，会克制食欲。如果你是做食物销售行业的话，网站上就不要出现蓝色。

（4）黄色有警告的意思。

黄色能够刺激大脑的兴奋中心，但活泼的感觉可能只是一种情绪高亢的状态，并不是纯粹的快乐。因此，黄色有可能会让用户产生一些焦躁的情绪，从而促使访问者产生快速点击的感觉，在这个颜色的使用上一定要控制好量，否则会引起不必要的焦躁。

（5）绿色是环保和户外产品的理想颜色。

绿色是户外的颜色，代表着环保、自然和环境。绿色实质上是自然本身的颜色象征。如果网站专注于与自然、环境、有机或是户外有关的产品或信息时，绿色就是首选颜色。

（6）橙色是一种可引起匆忙或冲动感觉的颜色。

橙色能激发人们参与体育锻炼、进行比赛的欲望，是一种能使人变得更有信心的颜色。亚马逊在他们的限时优惠板块使用了橙色。这种颜色给人一种急迫的感觉，这种感觉使信息更加引人注意，并更具可操作性。另外，橙色象征着亲密无间。因为它是一种明亮且温暖的颜色。

（7）黑色给人一种奢华和有价值的感觉。

一般来说，色调越暗，奢华感越强。黑色可被视作奢华的颜色。黑色若使用得当，可以传递出有魅力、成熟、排他的感觉。如果网站上出售的是高附加值的奢侈消费品的话，黑色或许是个不错的选择。LV的网站就是如此。

（8）使用明亮的原色进行行动号召。

在严格的环境测试中，能够号召行动的转化率最高的颜色是明亮的原色和二次色，包括红色、绿色、橙色、黄色等。而黑色、深灰色、棕色或是紫色等深色的转化率却很低。

（9）不要忽略白色。

大量使用白色空间是一种很强大的设计方式。白色容易被人忘记，因为它的主要用途是作为背景色。现如今大多数设计良好的网站都大量使用白色空间，为的就是创造一种自由、空灵及透气的感觉。

第 9 章 开通淘宝旺铺让生意更旺

本章导言

有的店主发现，自己的店铺页面上，元素不够丰富，模块不够多元化，无论如何都装修不出有些店铺的那种风格和效果。其实这和店主的装修水平无关，而是因为店主没有为自己的店铺开通“旺铺”功能，因此缺少了很多模块、功能和装饰，自然也就达不到更好的装修效果。本章就专门讲解如何开通旺铺，并对旺铺进行装修的方法和技巧。

学习要点

- 了解什么是旺铺
- 掌握开通旺铺专业版和智能版的方法
- 掌握选择旺铺风格和模板的方法
- 掌握增加旺铺页面模块的方法
- 了解旺铺智能版带来的新功能

9.1 了解淘宝旺铺

2007~2011年，淘宝旺铺陆续推出旺铺扶植版、旺铺标准版、旺铺拓展版和旺铺旗舰版；2012~2016年，淘宝旺铺整合为淘宝旺铺基础版和专业版。在2016年6月，淘宝旺铺为顺应无线端和个性化展现的需求，旺铺智能版应运而生。

开通店铺以后，如果只具备创业扶植版旺铺功能，由于界面很简单，功能也不多，不方便做出各种有个性、有特色的界面，对买家的吸引力也不够。要想使用更为强大的店铺装修工具，还得使用淘宝的专业版旺铺。

图9–1

9.1.1 淘宝旺铺专业版与智能版

淘宝旺铺是淘宝开辟的一项增值服务和功能，它提供相比普通店铺更加个性豪华的店铺界面。使得买家购物体验更好，更容易产生购买欲望，图9–1所示是普通店铺装修效果，图9–2是旺铺的装修效果。

图9–2

淘宝旺铺是淘宝为卖家提供的一项收费的增值服务功能，它为卖家提供了区别于淘宝网一般店铺展现形式、更专业、更个性的店铺页面，并提供更强大的功能，对塑造店铺形象、打造店铺品牌起到了至关重要的作用，在吸引买家的同时，为买家营造良好的购物环境。

1. 认识淘宝旺铺专业版

淘宝旺铺专业版和基础版相比有以下优势。

- 在店铺装修方面，体现在首页的布局结构上。可选择通栏/两栏/三栏；可显示15个列表页面模板数；详情页宝贝描述模板数达25个；自定义页面可添加至50个；免费提供3个系统模板数；系统模板配色套数可达24个，如图9-3所示。

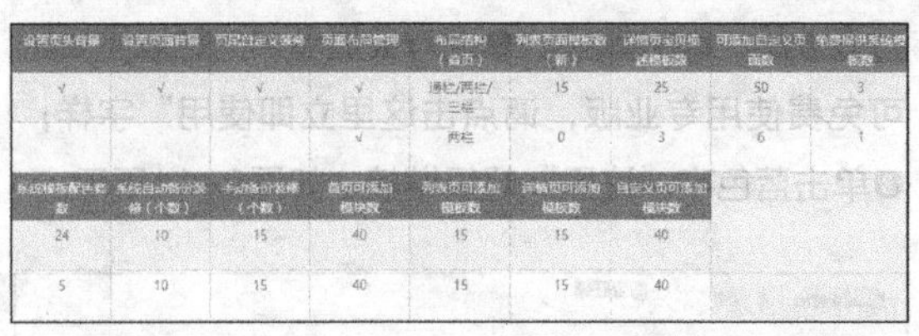

设置页头背景	设置页面背景	页尾自定义装修	页面布局管理	布局结构（首页）	列表页面模板数（新）	详情页宝贝描述模板数	可添加自定义页面数	免费提供系统模板数
√	√	√	√	通栏/两栏/三栏	15	25	50	3
			√	两栏	0	3	6	1
系统模板配色套数	**系统自动备份装修（个数）**	**手动备份装修（个数）**	**首页可添加模块数**	**列表页可添加模板数**	**详情页可添加模板数**	**自定义页可添加模块数**		
24	10	15	40	15	15	40		
5	10	15	40	15	15	40		

图9-3

- 功能方面的区别不大，主要体现在旺铺专业版允许关联推荐、允许店铺公告，如图9-4所示。

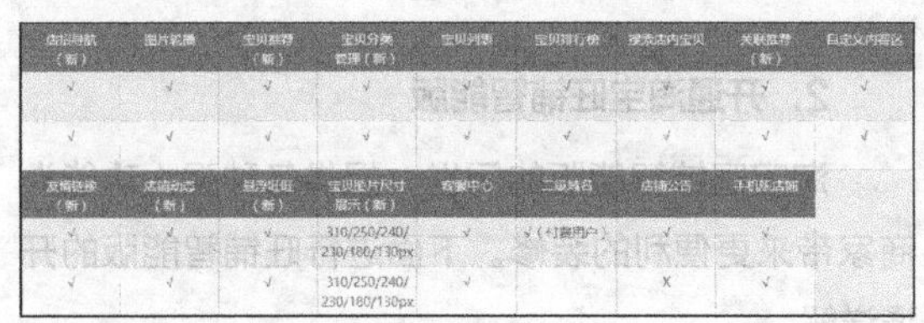

店铺导航（新）	图片轮播	宝贝推荐（新）	宝贝分类管理（新）	宝贝列表	宝贝排行榜	搜索店内宝贝	关联推荐（新）	自定义内容区
√	√	√	√	√	√	√	√	√
√	√	√	√	√	√	√	√	√
友情链接（新）	**店铺动态（新）**	**悬浮旺旺（新）**	**宝贝图片尺寸展示（新）**	**客服中心**	**二级域名**	**店铺公告**	**手机版店铺**	
√	√	√	310/250/240/230/180/130px	√	√（付费用户）	√	√	
√	√	√	310/250/240/230/180/130px	√		X	√	

图9-4

- 专业版的旺铺支持装修分析、模块管理、支持JS模板、支持旺铺CSS等，图9-5所示为旺铺店家的新增导航模块和CSS自定义编辑效果。

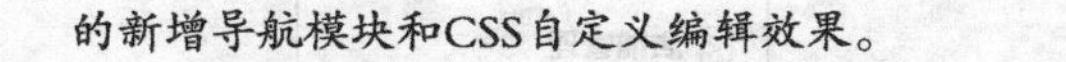

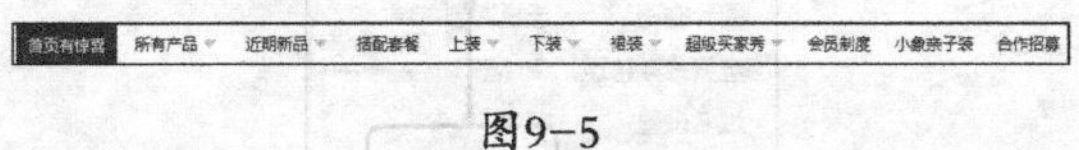

图9-5

- 旺铺可以直观地显示原价和折扣价及销量，抓住买家的价格心理和从众心理，加大购买力度，如图9-6所示。

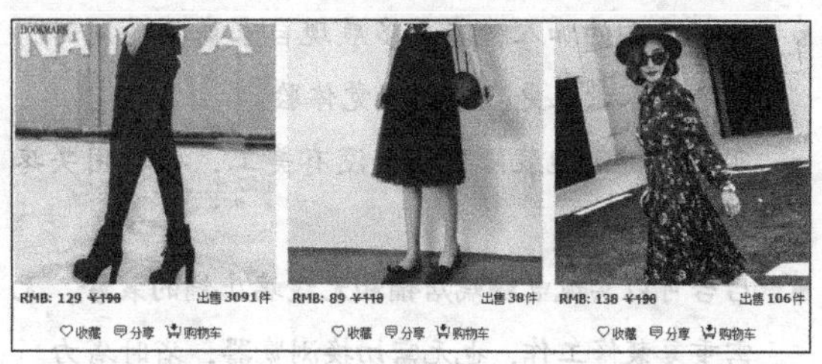

图9-6

> **专家提点　专业版费用**
>
> 旺铺基础版功能简单，上手容易，适合新手使用，完全免费；旺铺专业版订购费用为50元/月。旺铺专业版可由基础版升级而来。

2. 认识淘宝旺铺智能版

淘宝旺铺智能版将无线店铺和PC店铺的装修入口打通，实现一个后台两端店铺装修。在移动端淘宝销量递增的趋势下，旺铺智能版更多考虑无线端的功能，在店铺营销中突出无线模块；智能版中的千人千面用于提升店铺整体转化率；更多的运营工具用于提升整体店铺装修效率和效果。

相比淘宝旺铺专业版，淘宝旺铺智能版新加视频导购、切图模块、倒计时模块、新客热销、个性化搜索文案、自定义多端同步和千人千面等16个功能，如图9-7所示。

图9-7

具体而言，淘宝旺铺智能版的特点包括以下几点。

- 视频导购的加入，在更多展现自家商品的同时，也给买家带来更直观的视觉体验。
- 实现一键智能装修，即使没有美工，也不用头疼装修。
- 后台可以实现电脑端店铺和无线端店铺的装修，无需重复装修工作，也无需切换浏览器，省时省力。
- 大图热图切图，可选择自定义链接，提高装修质量，节约时间。页面布局不受网格限制，布局十分灵活。
- 千人千面的详情页，促进店铺商品的关联销售，加大销售量。
- 系统根据自定义买家分类，打造个性化商品库，经过智能筛选，更准确地命中目标用户。

在第6章中，讲解的都是旺铺基础版的使用方法，而本章主要是以旺铺专业版和智能版为例来进行讲解。

9.1.2 开通淘宝旺铺专业版与智能版

淘宝旺铺是淘宝提供的一种增值服务。使店铺能够更专业、更个性，并提供了更强大的功能，对塑造店铺形象，打造店铺品牌，推广促销商品，起到了至关重要的作用。只要拥有店铺，并且店铺没有被监管或者封店，都可订购淘宝旺铺服务。

1. 淘宝旺铺专业版

淘宝对新入驻的商家有一定的扶持，在装修方面而言，如果是一钻以下卖家，可免费使用专业版。因此，一钻以下卖家可以把握住机会申请免费使用旺铺专业版给自己的店铺装修加分。具体的操作步骤如下。

第1步 登录淘宝，进入“卖家中心”，单击“店铺管理”下面的“店铺装修”超级链接，如图9-8所示。

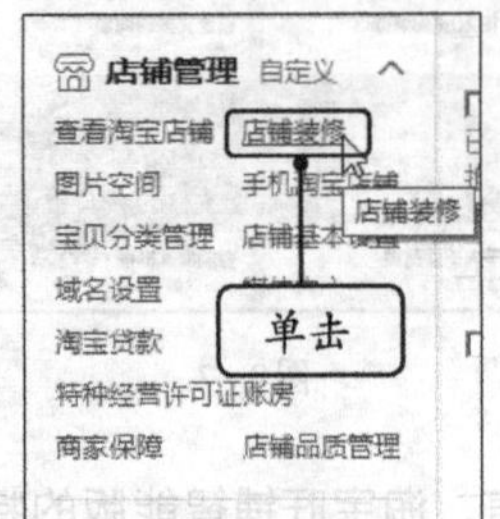

图9-8

第2步 进入如图9-9所示的店铺装修页面，单击“专业版”超级链接。

图9-9

第3步 在系统跳转的页面中，单击专业版前的“立即使用”按钮，如图9-10所示。

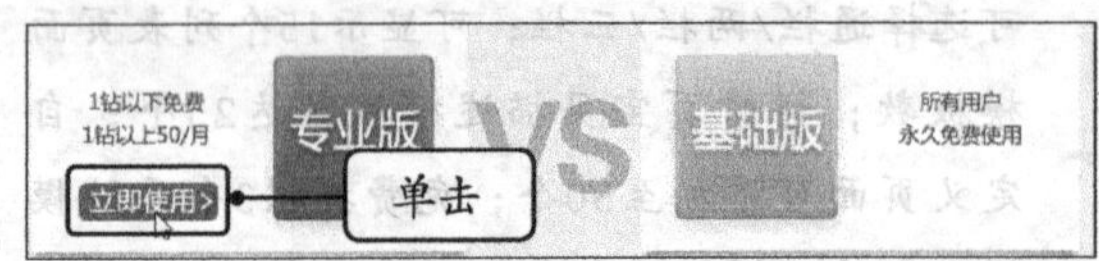

图9-10

第4步 系统跳转购买淘宝旺铺的页面，❶单击“专业版”超级链接；❷上方会显示“一钻以下卖家可免费使用专业版，请点击这里立即使用”字样；❸单击蓝色字“这里”超级链接，如图9-11所示。

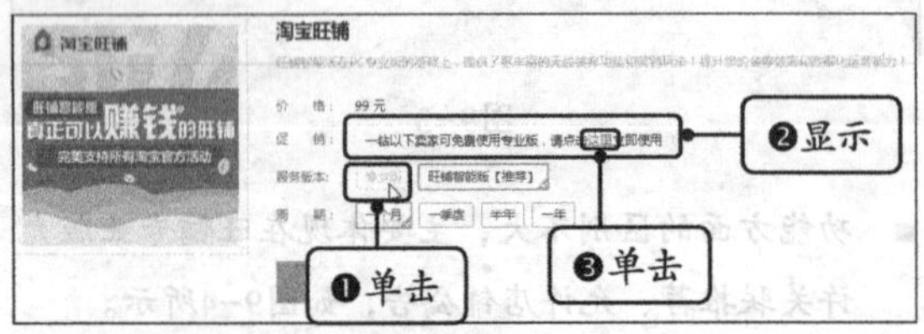

图9-11

2. 开通淘宝旺铺智能版

淘宝旺铺智能版的问世，提供各种强大功能为商家带来更便利的装修。下面进行旺铺智能版的开通详解。

第1步 登录淘宝，进入“卖家中心”，单击“店铺管理”下面的“店铺装修”超级链接，如图9-12所示。

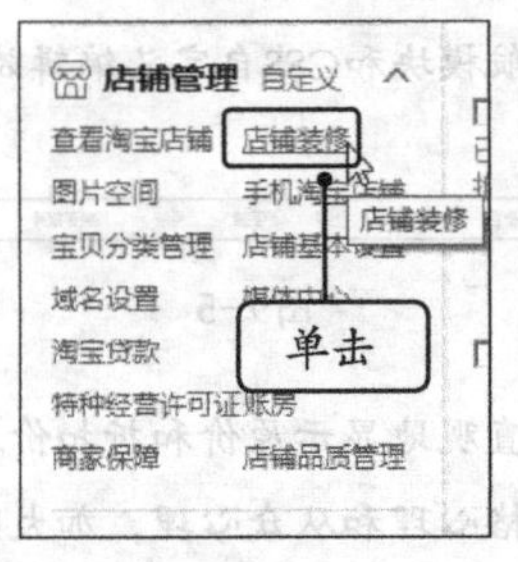

图9-12

第2步 进入如图9-13所示的店铺装修页面，单击“升级到智能版”超级链接。

图9-13

第3步 系统跳转新页面，❶选择旺铺使用时长（服务版本默认为旺铺智能版）；❷单击“立即订购”按钮，如图9-14所示。

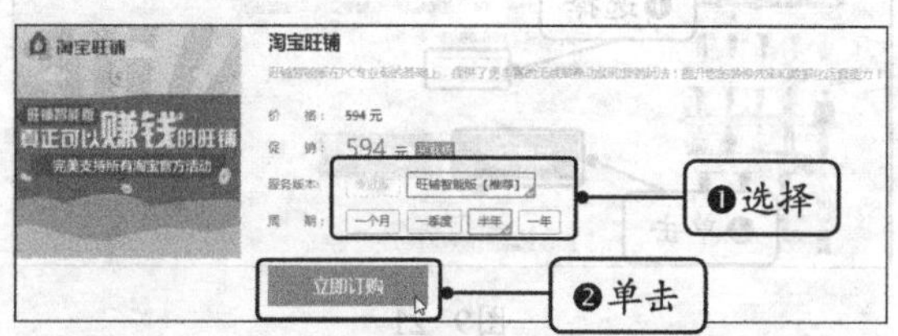

图9-14

第4步 系统跳转购买信息页面，❶选择自动续费以及到期提醒等参数；❷单击“同意协议并付款”按钮，如图9-15所示。

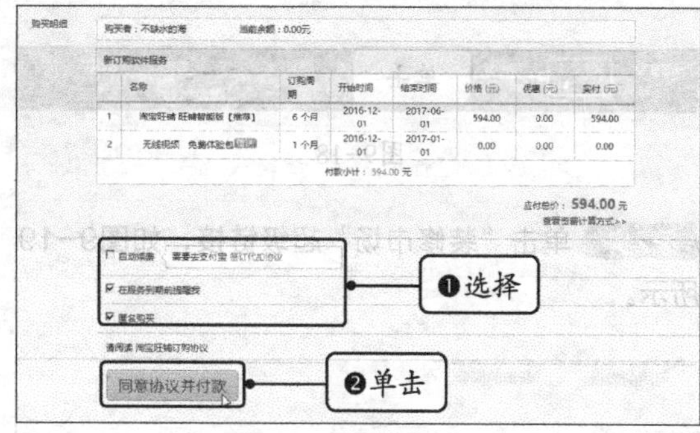

图9-15

系统之后跳转到支付宝页面付款，付款成功后，即可订购旺铺智能版。

专家提点　旺铺专业版升级智能版

已订购旺铺专业版的卖家不能退款，但是可以选择升级到智能版。专业版升级到智能版按照规则，补交部分差价即可。

9.2 美化淘宝旺铺

对店铺中各个页面的装修与设计，是旺铺设计中最重要的部分。我们可以灵活地对旺铺中的各个页面的布局、显示模块进行调整，同时针对这些模块进行装修与设计，使店铺视觉效果更好，更能吸引买家的眼球。

9.2.1 选择旺铺风格

淘宝网为卖家的网上店铺内置了多种界面风格，以方便卖家在不同节日促销、转换经营方向时更换，让自己的网店随时有一个新鲜的面貌。

第1步 进入店铺装修页面，单击“页面装修”超级链接，如图9-16所示。

图9-16

第2步 ❶单击“配色”按钮；❷选择一个颜色风格，这里以“天蓝色”为例；❸单击“发布站点”按钮，如图9-17所示。

图9-17

9.2.2 选择旺铺模板

旺铺的模板是可以改变的。在淘宝的“装修市场”里有很多人制作的模板，各有特色，不过基本上都是按月收费的，大多数模板的价格为30元/月。店主看上哪套模板，就可以在查看其详细解说后进行购买。

第1步 进入店铺装修页面，单击“模板管理”超级链接，如图9-18所示。

图9-18

第2步 单击“装修市场”超级链接，如图9-19所示。

图9-19

第3步 进入新页面，❶按旺铺版本、模板类型等条件进行筛选；❷在筛选结果中单击要购买的模板，如图9-20所示。

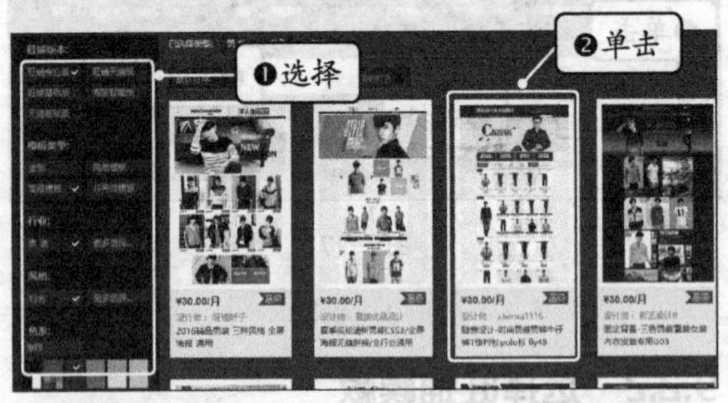

图9-20

专家提点 装修模板的三个类型

在装修市场里，模板分为三类，分别是简易模板、高级模板和JS特效模板。简易模板一般只要5元/月，高级模板一般为30元/月，而JS特效模板的价格就更贵一些。JS就是JavaScript的缩写，是一种网页语言，利用它可以实现很多特效，当然价格比其他模板要贵了。

第4步 进入新页面，页面上半部分是购买界面，下半部分是说明，店主可以在查看说明后，❶选择模板的使用周期；❷单击“立即购买”按钮，如图9-21所示。

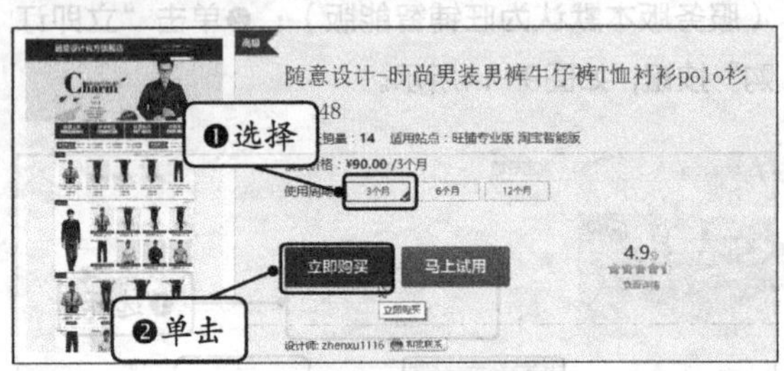

图9-21

第5步 弹出对话框，查看提示后单击“确定”按钮，如图9-22所示。

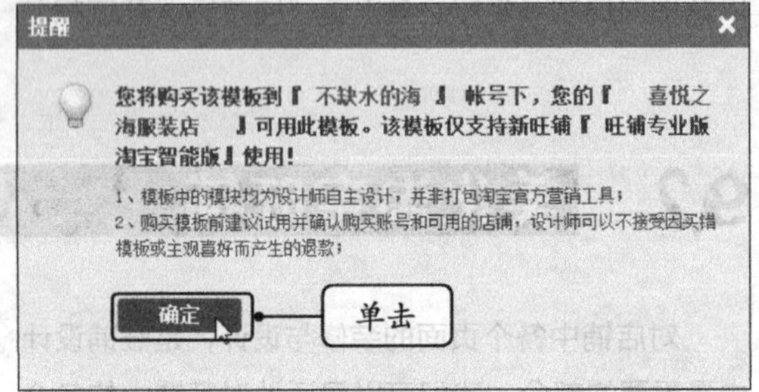

图9-22

第6步 ❶选择自动续费以及到期提醒等参数；❷单击“同意协议并付款”按钮，如图9-23所示。

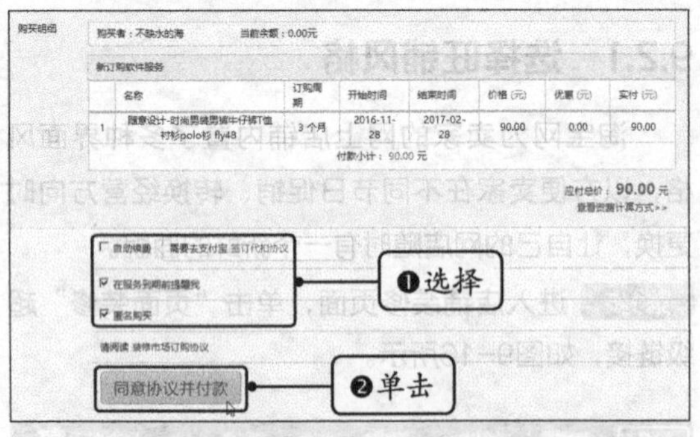

图9-23

系统之后跳转到支付宝页面付款，付款成功后，即可订购旺铺模板。

9.2.3　新增页面装修模块

淘宝旺铺允许用户添加多个自定义页面或者其他装修模块，这样可以让自己的店铺元素更加丰富，更加具有吸引力。

第1步 在搜索引擎中输入“服务市场 淘宝”，在搜索列表中单击淘宝服务市场的链接，进入淘宝服务市场，如图9-24所示。

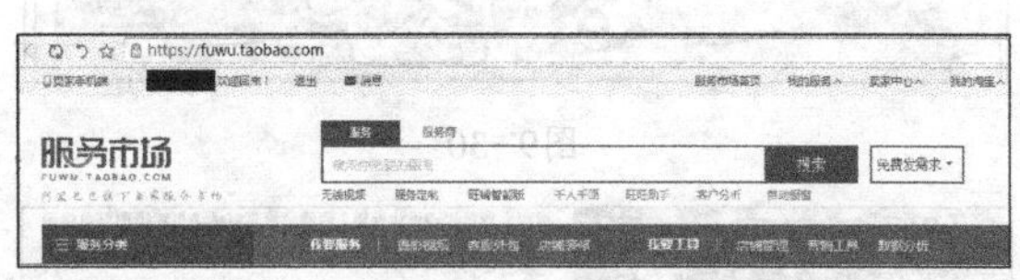

图9-24

第2步 找到需要的服务进行单击，如图9-25所示。

图9-25

第3步 进入新页面，❶选择模块版本和使用周期；❷单击“立即订购”按钮，如图9-26所示。

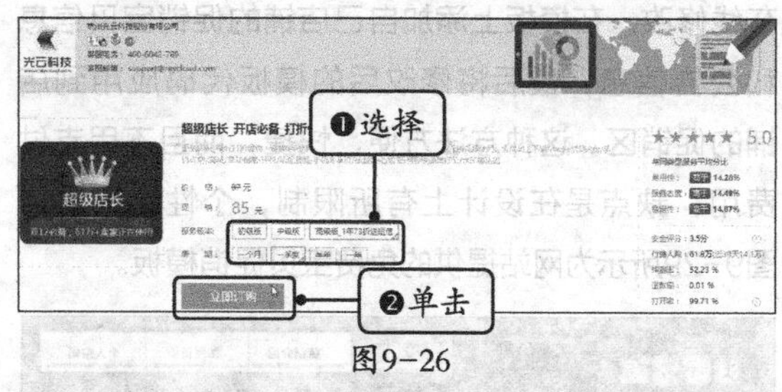

图9-26

第4步 ❶选择自动续费以及到期提醒等参数；❷单击“同意协议并付款”按钮，如图9-27所示。

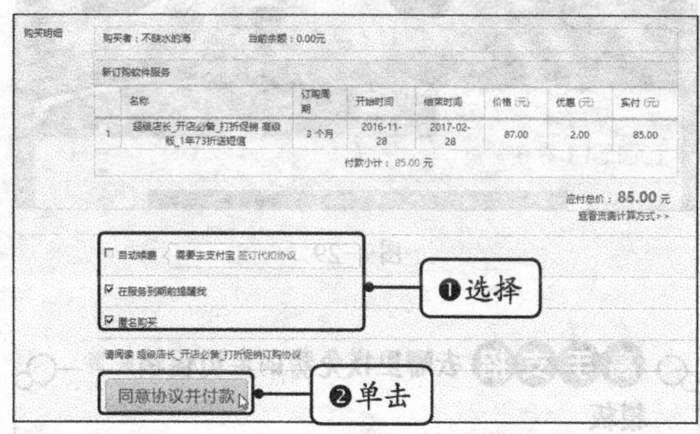

图9-27

9.3　设计个性化的旺铺促销区

宝贝促销区是旺铺非常重要的特色之一，它的作用是让卖家将一些促销信息或公告信息发布在这个区域上。就像商场的促销一样，如果处理得好，可以最大限度地吸引买家的目光，让买家一目了然地知道这个店铺在搞什么活动，有哪些特别推荐或优惠促销的商品，如图9-28所示。

图9-28

9.3.1　制作宝贝促销区的注意事项

旺铺的宝贝促销区包括基本店铺的公告栏功能，但比公告栏功能更强大、更实用。

卖家可以通过促销区，装点漂亮的促销宝贝，吸引买家注意。初次使用旺铺的卖家，制作宝贝促销区时，需要注意下面几点。

- 宝贝促销区支持HTML编辑，卖家可以通过编写和修改HTML代码制作宝贝促销区。
- 宝贝促销区字数限制为20000字符。
- 新旺铺取消了宝贝促销区高度为500像素的限制，但建议不要过高，同时宽度最好不要超过750像素，以获得最佳的浏览效果。

9.3.2　宝贝促销区的制作方法

目前，制作宝贝促销区的方法基本上有三种。

第一种方法是通过互联网找一些免费的宝贝促销模块，然后下载到本地并进行修改，或者直接在线修改，在模板上添加自己店铺的促销宝贝信息和公告信息，最后将修改后的模板代码应用到店铺的促销区。这种方法方便、快捷，而且不用支付费用；缺点是在设计上有所限制，个性化不足，图9-29所示为网站提供的免费宝贝促销模板。

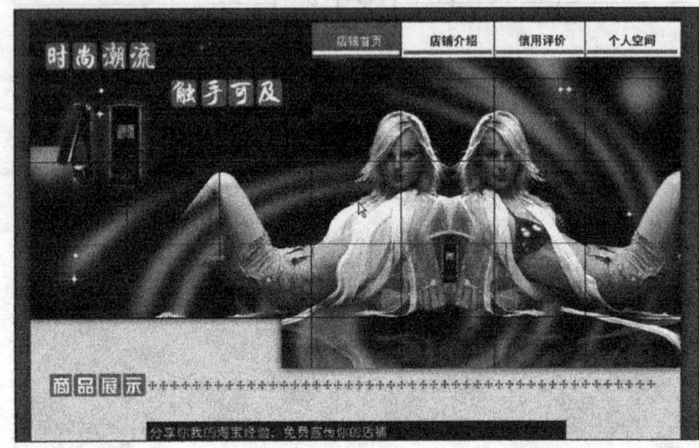

图9-29

高手支招 去哪里找免费的宝贝促销模板

使用百度搜索“促销模板 免费”，可以找到不少提供免费促销模板的网站，比如刚哥哥网站就是一个比较不错的淘宝资源站，除了提供免费促销模板以外，还提供团购、客服、套餐以及店铺公告等免费模板。

第二种方法是自行设计宝贝促销网页。卖家可以先使用图像制作软件设计好宝贝促销版面，然后进行切片处理并将其保存为网页，接着通过网页制作软件（如Dreamweaver、FrontPage）制作编排和添加网页特效，最后将网页的代码应用到店铺的宝贝促销区上。这种方法由于是自行设计，所以在设计上可以随心所欲，按照自己的意向设计出独一无二的宝贝促销效果；缺点是对卖家的设计能力要求比较高，需要卖家掌握一定的图像设计和网页制作技能，如图9-30所示。

第三种方法是最省力的，就是卖家从提供淘宝店铺装修的店铺购买整店装修服务，或者只购买宝贝设计服务。目前淘宝网上有很多专门提供店铺装修服务和出售店铺装修模板的店铺，卖家可以购买这些装修服务，如图9-31所示。

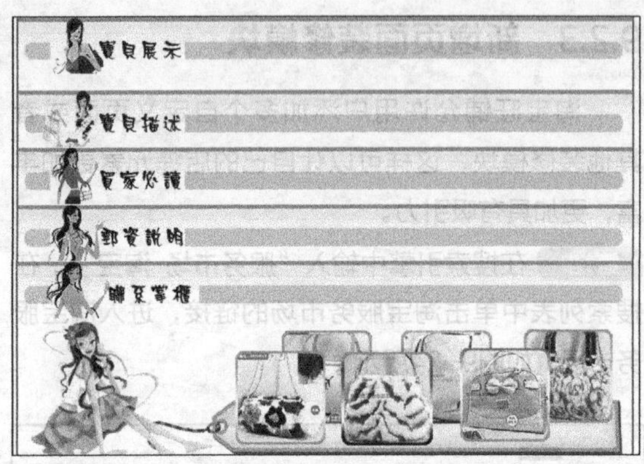

图9-30

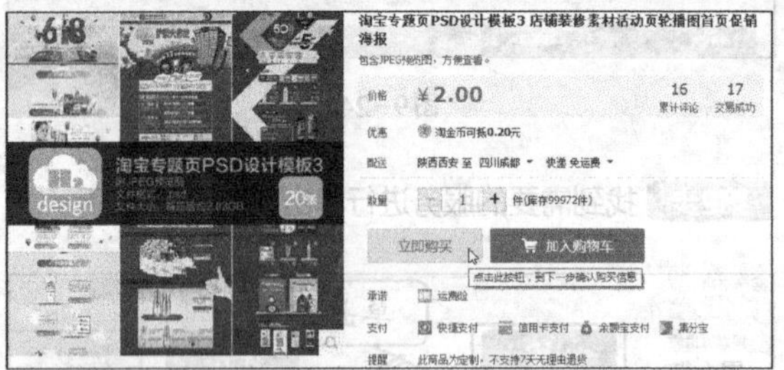

图9-31

就宝贝促销区设计而言，购买一个精美模板的价格大约在几十元。如果店主觉得现成的模板不够个性化，还可以让这些店铺为自己设计一个专属的宝贝促销模板，不过价格比购买现成模板稍贵一些。这种方法最省心，效果也不错，缺点就是需要花费一定的资金，财大气粗的卖家不妨考虑一下。

9.3.3 设计制作宝贝促销区

宝贝促销区是吸引买家关注并点击的一个区域，因此它的设计理念就是要醒目、好看，传达的信息要清晰明白，让买家一下子就知道促销产品是什么，有哪些代表样式以及促销价格是多少，这样买家才会快速知道这些促销产品是否符合自己的心理需求，以决定是否点击进入。

使用Photoshop设计宝贝促销区是很方便的，效果也不错，如图9-32所示。下面就一起来看看如何设计出这样的促销区图片。

第1步 启动Photoshop，选择“文件”→“新建”命令，弹出“新建文档”对话框，❶将“宽度”设置为500像素，“高度”设置为400像素，“背景内容”设置为“背景色”；❷单击“确定”按钮，如图9-33所示。

图9-32

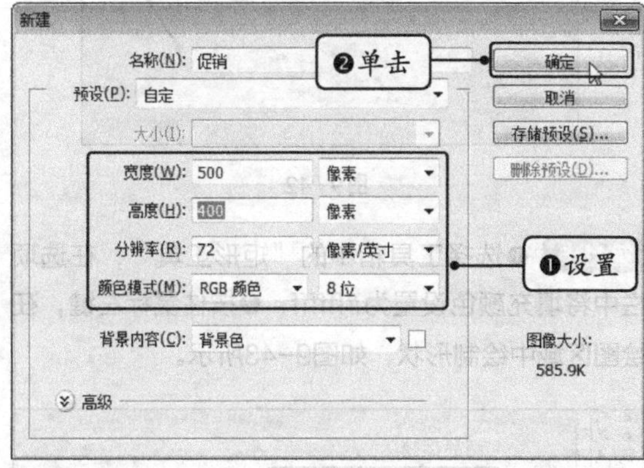

图9-33

第2步 新建一个空白文档，如图9-34所示。

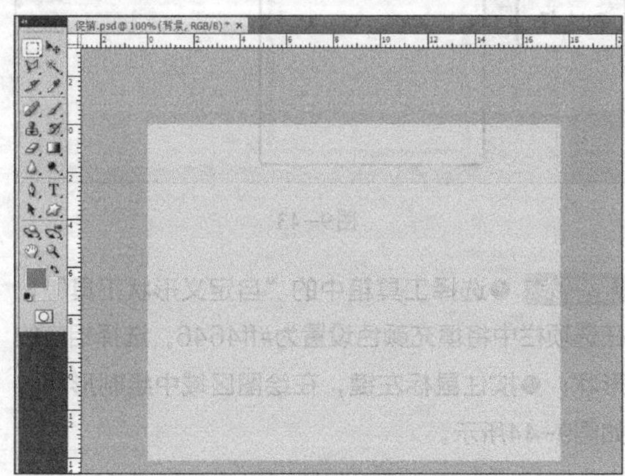
图9-34

第3步 ❶选择工具箱中的“自定义形状工具”，在选项栏中将填充颜色设置为#ff9024，选择相应的形状；❷按住鼠标左键，在绘图区域中绘制曲线装饰，如图9-35所示。

第4步 ❶选择工具箱中的“矩形工具”，在选项栏中将填充颜色设置为#ffffff；❷按住鼠标左键，在绘图区域中绘制形状，如图9-36所示。

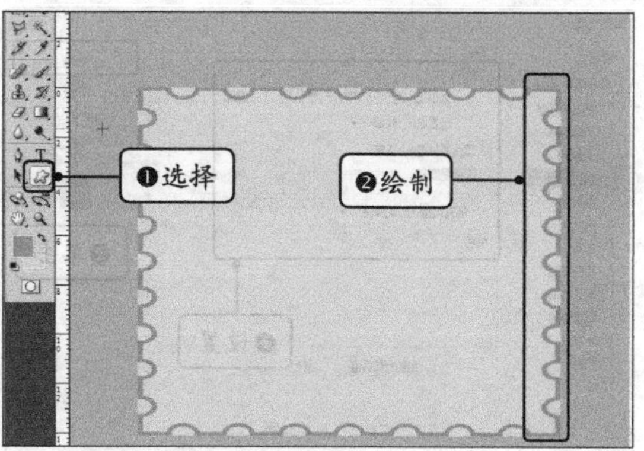

图9-35

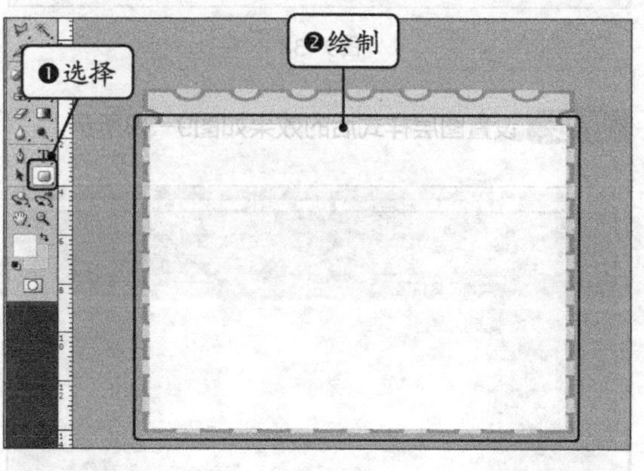

图9-36

第5步 ❶选择工具箱中的“横排文字工具”；❷按住鼠标左键在绘图区域中输入文字“商品促销区”，如图9-37所示。

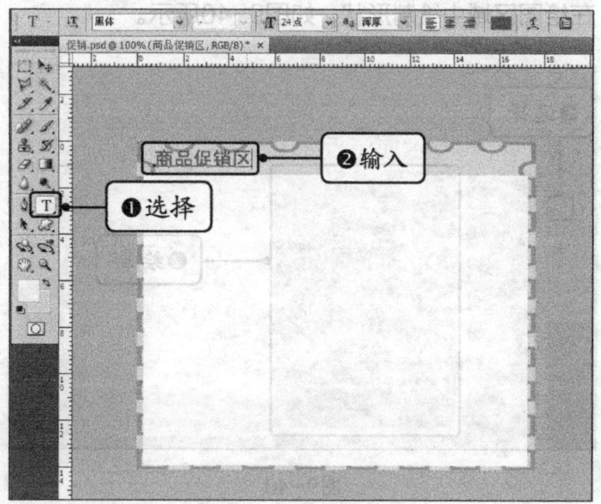

图9-37

第6步 选择“图层”→“图层样式”→“描边”命令，弹出“图层样式”对话框，❶在该对话框中设置相应的参数；❷单击“确定”按钮，如图9-38所示。

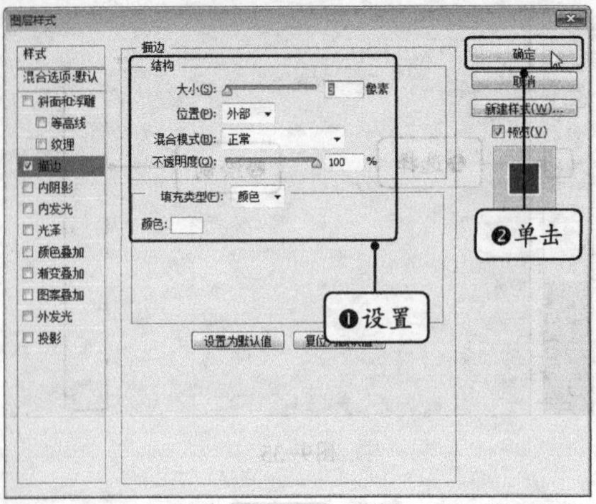

图9-38

第7步 设置图层样式后的效果如图9-39所示。

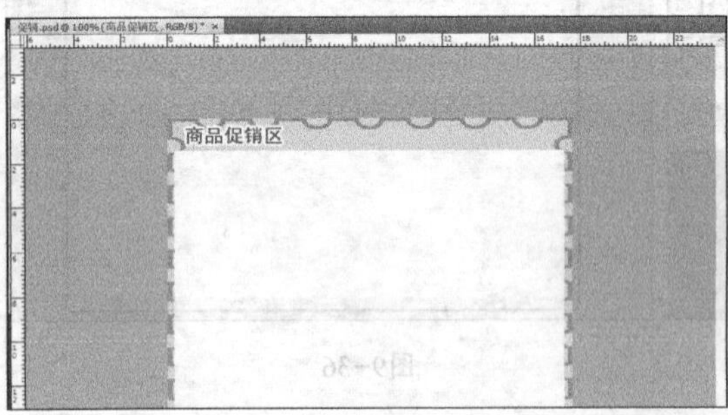

图9-39

第8步 ❶选择工具箱中的“矩形工具”，在选项栏中将填充颜色设置为#ffafda；❷按住鼠标左键，在绘图区域中绘制形状，如图9-40所示。

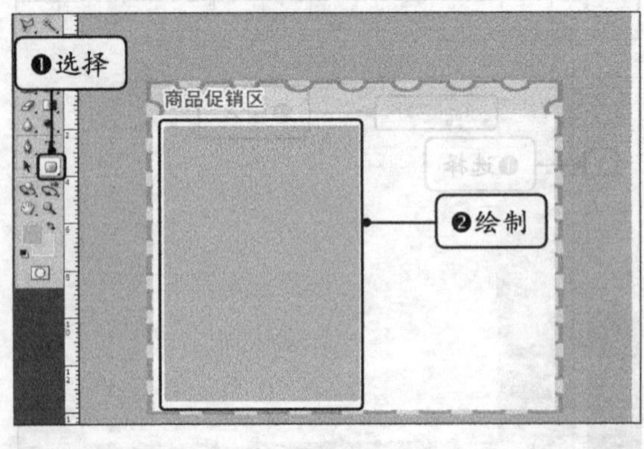

图9-40

第9步 在选项栏中单击“样式”右边的下拉按钮，在弹出的列表框中选择想要的样式，如图9-41所示。

第10步 选择以后的效果如图9-42所示（本例为“雨”的效果）。

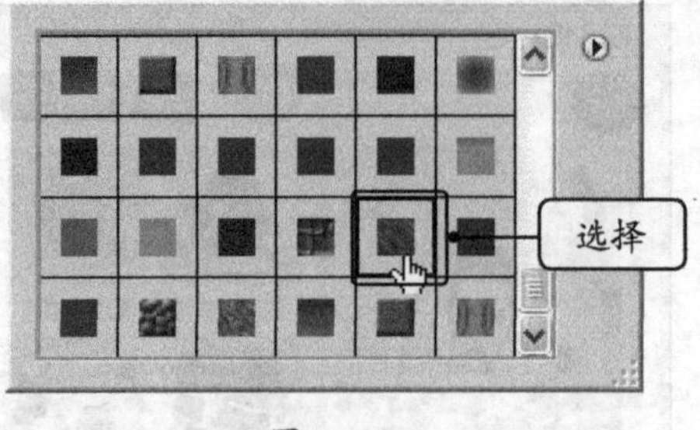

图9-41

图9-42

第11步 ❶选择工具箱中的“矩形工具”，在选项栏中将填充颜色设置为#ffffff；❷按住鼠标左键，在绘图区域中绘制形状，如图9-43所示。

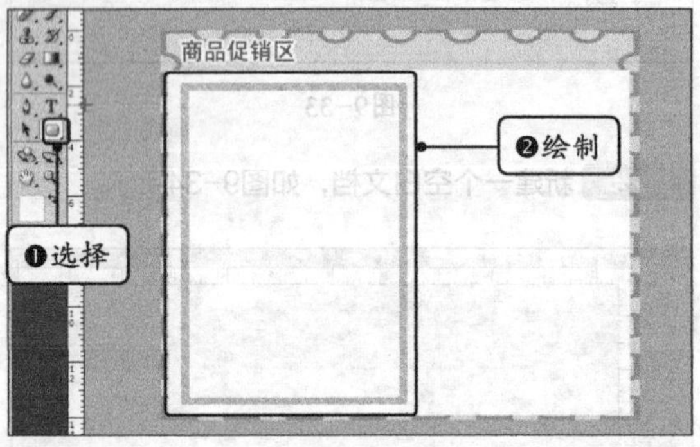

图9-43

第12步 ❶选择工具箱中的“自定义形状工具”，在选项栏中将填充颜色设置为#ff4646，选择相应的形状；❷按住鼠标左键，在绘图区域中绘制形状，如图9-44所示。

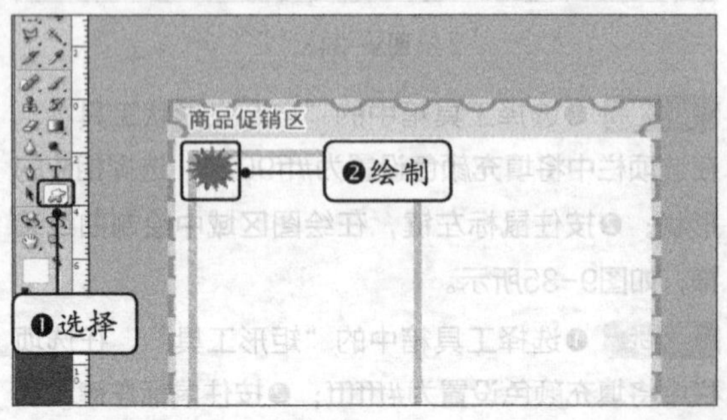

图9-44

第13步 在选项栏中单击“样式”右边的按钮，在弹出的列表中选择想要的样式，如图9-45所示。

图9-45

第14步 ❶选择工具箱中的“横排文字工具”，在选项栏中设置相应的参数；❷在绘图区域中输入文字“New”，如图9-46所示。

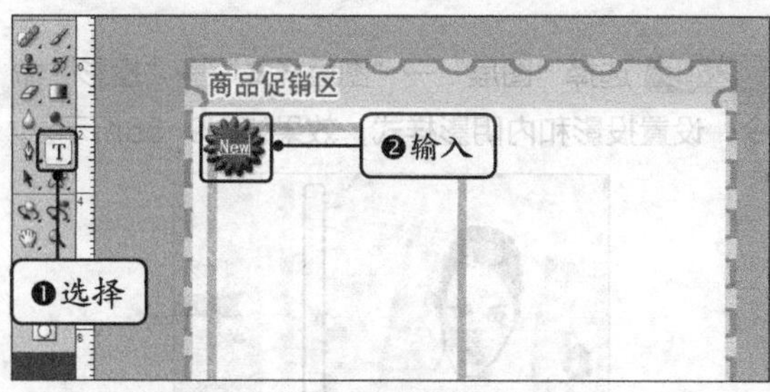

图9-46

第15步 ❶选择工具箱中的“椭圆工具”，在绘图区域中绘制椭圆；❷在椭圆上面输入文字“GO”，如图9-47所示。

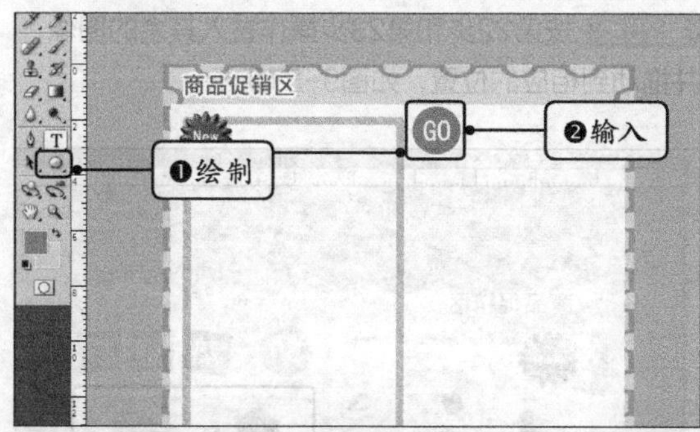

图9-47

第16步 ❶选择工具箱中的“圆角矩形工具”；❷在绘图区域中绘制圆角矩形，然后调整圆角矩形的形状，如图9-48所示。

第17步 ❶选择工具箱中“横排文字工具”；❷在舞台中输入文字“热”，如图9-49所示。

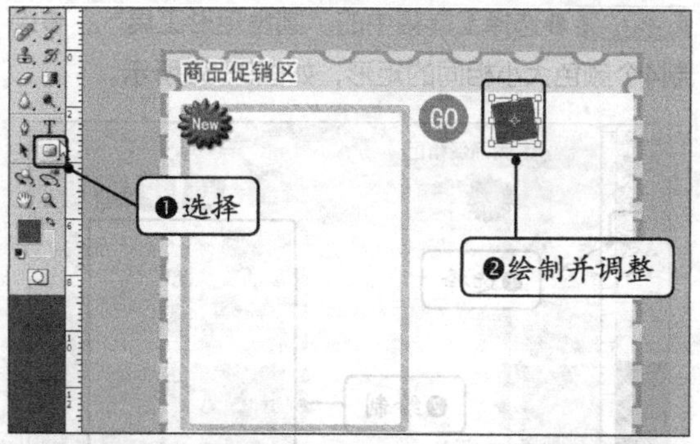

图9-48

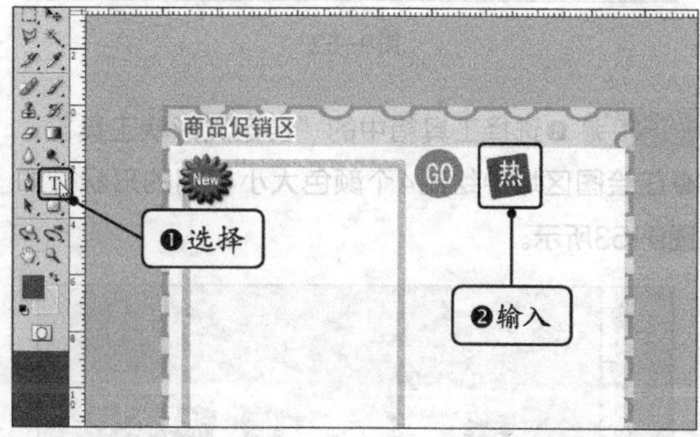

图9-49

第18步 绘制圆角矩形，然后在圆角矩形上面输入文字“销”和“榜”，如图9-50所示。

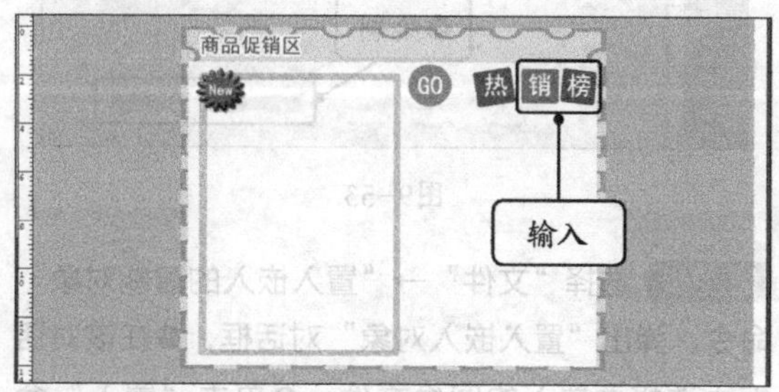

图9-50

第19步 ❶选择工具箱中的“自定义形状工具”，在选项栏中选择一个弯曲的箭头；❷按住鼠标左键，在绘图区域中绘制相应的形状，如图9-51所示。

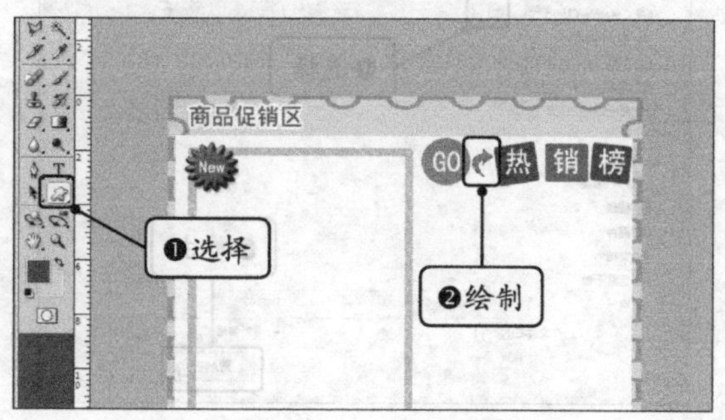

图9-51

第20步 ❶选择工具箱中的“圆角矩形工具”；❷绘制4个颜色大小相同的矩形，如图9-52所示。

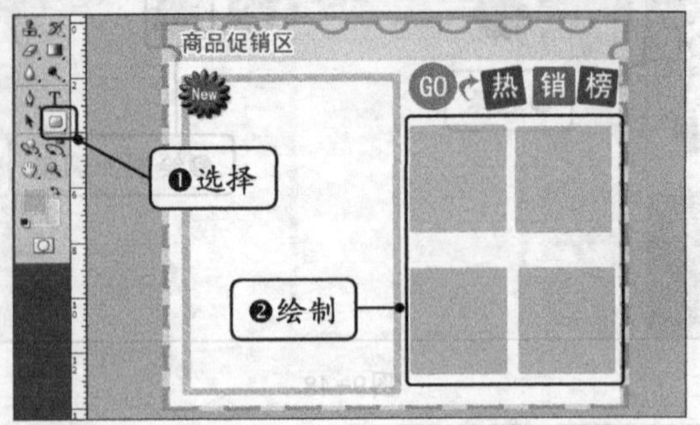

图9-52

第21步 ❶选择工具箱中的“自定义形状工具”；❷在绘图区域中绘制4个颜色大小相同的形状，如图9-53所示。

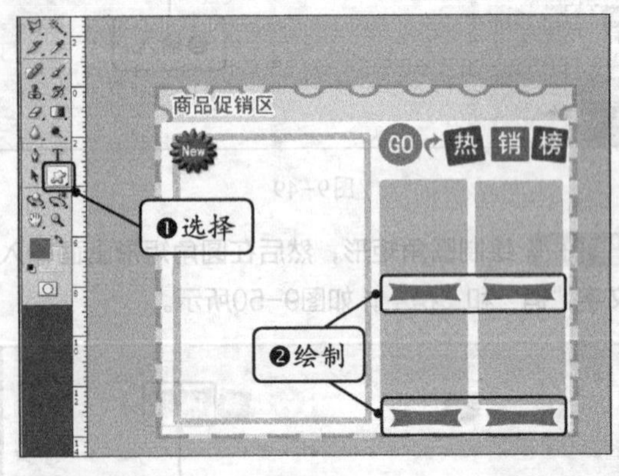

图9-53

第22步 选择“文件”→“置入嵌入的智能对象”命令，弹出“置入嵌入对象”对话框，❶在该对话框中选择要置入的图像文件；❷单击“置入”命令，如图9-54所示。

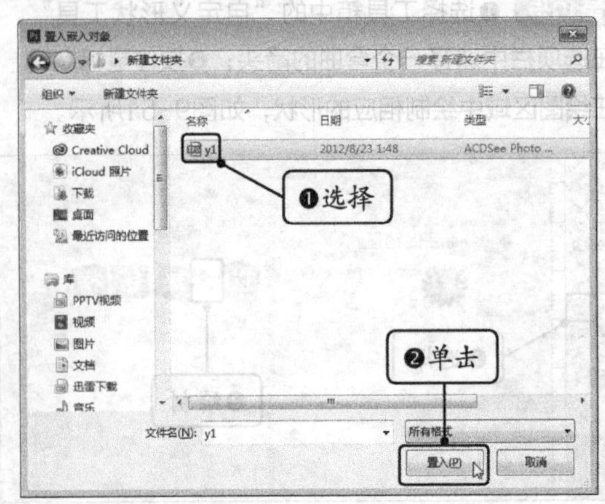

图9-54

第23步 置入图像后，将其调整到相应的位置，如图9-55所示。

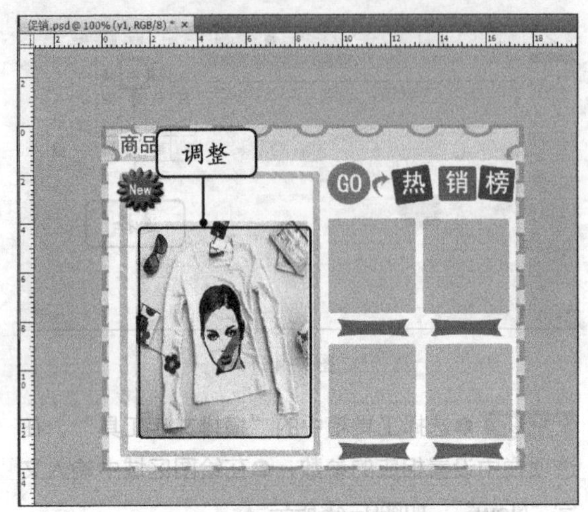

图9-55

第24步 选择“图层”→“图层样式”→“投影”命令，设置投影和内阴影样式，效果如图9-56所示。

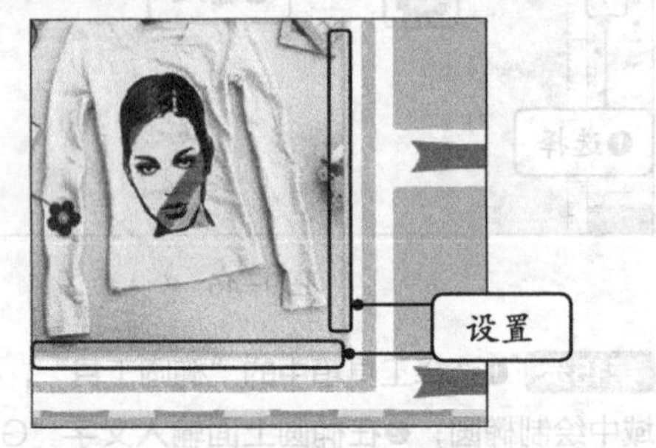

图9-56

第25步 按第22步和第23步操作置入其余的图像，并拖动到相应的位置，如图9-57所示。

图9-57

第26步 选择工具箱中的"横排文字工具"，在绘图区域中输入相应的文字，如图9-58所示。

图9-58

第27步 完成之后，将图片上传到淘宝图片空间，然后进入装修页面，将鼠标指针悬停在任意模块上，再单击"添加模块"按钮，如图9-59所示。

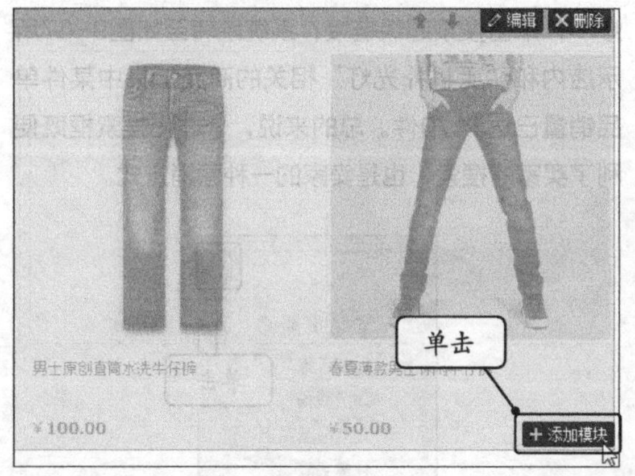

图9-59

第28步 单击模块列表中的"自定义区"按钮，如图9-60所示。

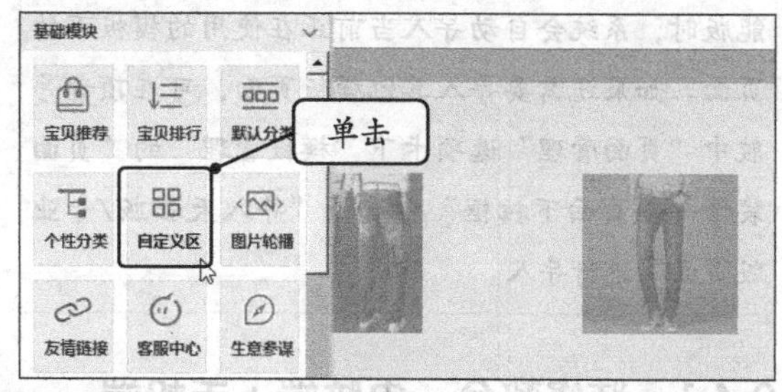

图9-60

第29步 拖动模块到合适的位置后，单击"编辑"按钮，如图9-61所示。

图9-61

第30步 弹出对话框，❶单击"插入图片空间图片"按钮，插入制作好的图片；❷单击"插入链接"按钮，将促销商品页面的地址插入图片上；❸设置完毕后，单击"确定"按钮，如图9-62所示。

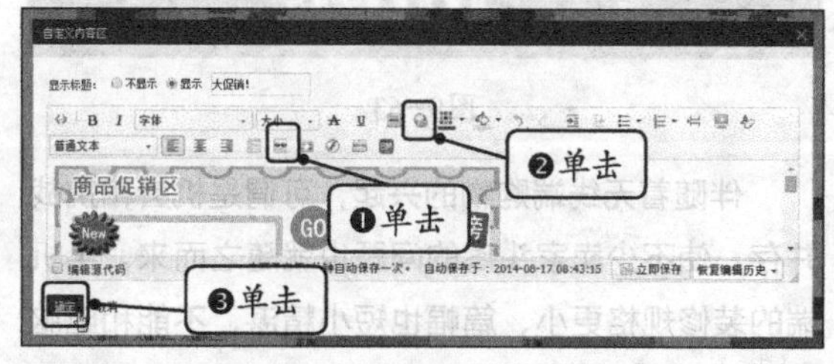

图9-62

系统退出装修页面，刷新网店首页，就可以看到新增的促销区了。单击促销区图片，系统就可以跳转到促销商品页面。

9.4 智能版如何智能

如同实体店中的门面装修一样，商品的风格和装修要搭配，给人以美感才能衬托出商品的视觉效果。传统的装修需要美工设计图片，万一装修不得体，白费运营人员的心血，即使做宣传也是无用功。2016年淘宝推出的智能版，实现一键装修，在整合电脑端和手机端的同时，还提供多种营销方式；给力的千人千面更是锁定买家的购买习惯；热图切图提高装修效率；更有A/B页面测试带商家寻找最优首页图吸粉。智能版旺铺简直给商家带来了福音，更是运营工作人员的得力小助手。

专家提点 一键导入旺铺专业版页面

卖家最初使用的如果就是旺铺专业版，在升级为智能版时，系统会自动导入当前正在使用的模板下的页面。如果还需要导入其他模板页面，可在顶部导航中"页面管理"选项卡下"模板管理"的"页面装修——页面下拉框"中选择"导入天猫版/专业版页面"进行导入。

9.4.1 装修整合：电脑端+手机端

根据中国经济网深圳2016年11月11日报道，在2016年11月11日18点55分36秒，天猫双11全球狂欢节交易额冲破1000亿元。数据统计未到24小时的时间里，已经超过2015年双11全天销量。也就是说，根据当时的数据统计显示，在这1000亿元的成交额中，通过无线端达成成交的占比达到82.42%，如图9-63所示。由此可见，近年来无线移动端的市场已经远远超过电脑端。

图9-63

伴随着无线端购物的兴起，可谓是机会和挑战并存，使不少卖家头疼的问题也就随之而来。手机端的装修规格更小、篇幅也短小精湛，不能和电脑端的装修一样。两者的装修存在差异，就必须分开来设计装修，花费更多的时间和精力。

旺铺智能版的问世，就给千万卖家带来福音，它将装修进行整合，实现电脑端和无线端的一键装修。如图9-64中，电脑页面装修和手机页面装修在一起，可以来回切换，避免了切换浏览器的麻烦。

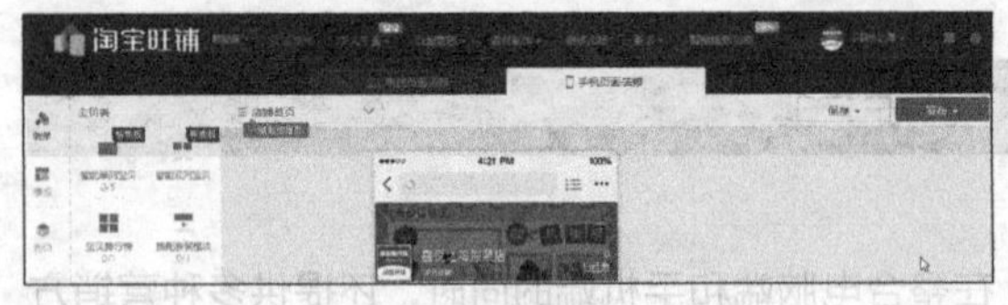

图9-64

9.4.2 营销方式多样化

所谓营销，不仅仅是从站外引流即可，在买家进入店铺之后，还需要一定的亮点来抓住买家的眼球和购买心理。旺铺智能版正好迎合了各大卖家的这一需求，扩展移动端的个性化搜索框、增加倒计时模块和标签图等功能，实现移动端的多样化营销。

1. 个性化搜索框文案设置

使用旺铺智能版的商家，可以对无线店铺内的搜索框进行个性化文案设置，不再是单调的商品关键词，更能吸引买家点击。如图9-65所示，除了淘宝有搜索框外，还设有店铺内搜索框。

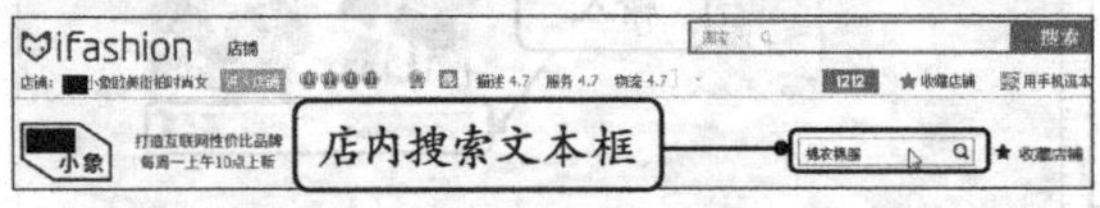

图9-65

店铺内的个性化搜索框的优点在于，它不仅仅便于买家搜索店内的商品，还可以在搜索框里设置主推商品的关键词，促进单品的销售。如图9-66中的搜索框内自动设置的关键字为："手机补光灯"，单击搜索超级链接；系统跳转至如图9-67所示店内和"手机补光灯"相关的商品，其中某件单品销量已达1170件。总的来说，个性化搜索框既便利了买家的搜索，也是卖家的一种营销方式。

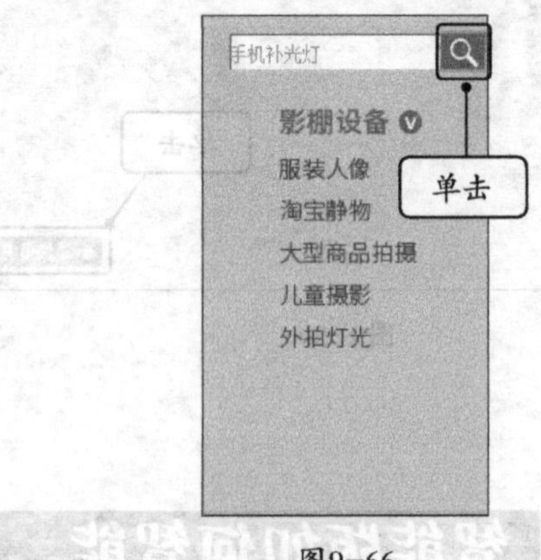

图9-66

用户也可在装修市场里的手机端完成个性化搜索框的设置，如图9-68所示。

2. 倒计时模块

卖场中经常用"最后3天""最后1天"这样的字眼搞促销活动。原因在于时间的紧迫感正好能促进处在购买边缘的买家下单。在淘宝中，这一技巧同样适用，利用时间这种买家关注的信息。因为害怕错过，更容易促进购买。

图9-67

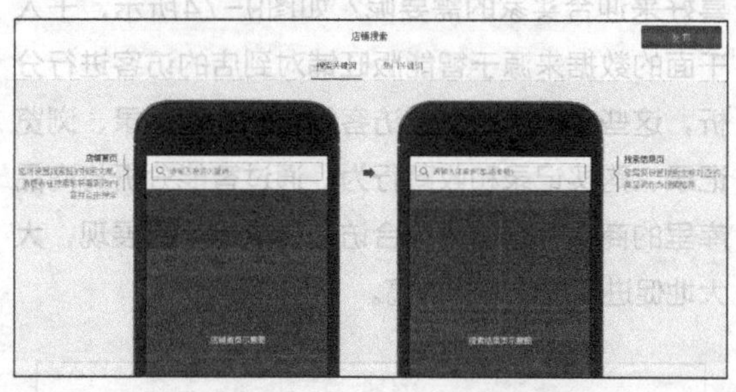

图9-68

在旺铺智能版问世之前，曾有卖家尝试使用代码的方式加入倒计时这一模块。不得不说，代码的方式比较麻烦，且容易出故障。智能版的这一功能可以说是营销一大亮点。用户可在手机端装修页面里操作具体的倒计时模块加入方式，如图9-69所示。用户可上传商品图片、添加相关链接及设置活动起始时间等。

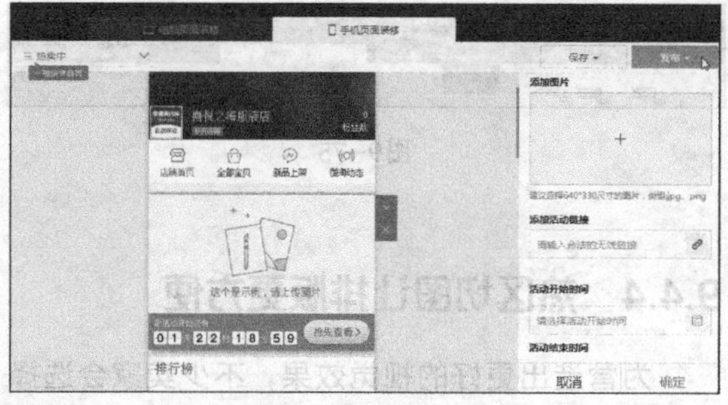

图9-69

专家提点 倒计时的时间建议

众所周知，一个活动的举办时间过长或过短都不是正确的营销方式。活动时间过长，无法给买家带来紧迫感；而时间过短则让买家失去购买心理。因此，为保证活动效果，建议活动时间控制在20天内。

3. 智能版标签图

可能有不少卖家发现，在同一模特拍摄商品图时，都是可以同步进行的，但是到了商品上架的时候就会把衣服、裤子、鞋子和配饰等分开。这样一来，明明是同一模特的同一图片却要被分开来展示。不但不利于商品的关联销售，也让商家进行了多个重复工作。

淘宝旺铺的智能标签图问世后，就很好地解决了这一问题。智能版标签图模块可以帮助卖家实现在一个模块中，对多个宝贝进行搭配展现销售。如图9-70所示，仅一张图片就能展现三个商品的信息，不仅能减少卖家的工作，也更容易促成联合促销，加大商品销售。标签图可在手机端装修页面中的“图文类”里找到，如图9-71所示。

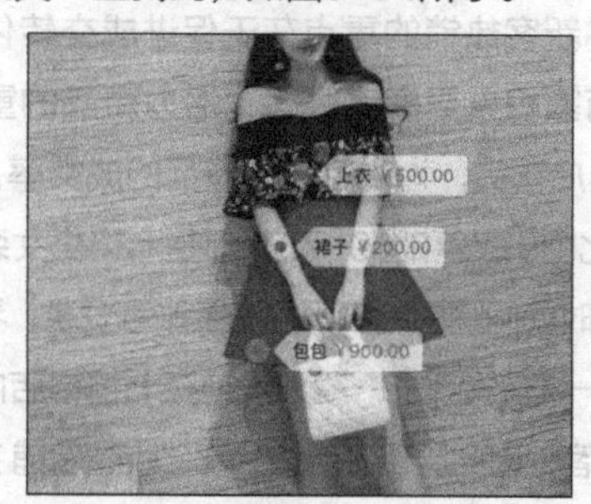

图9-70

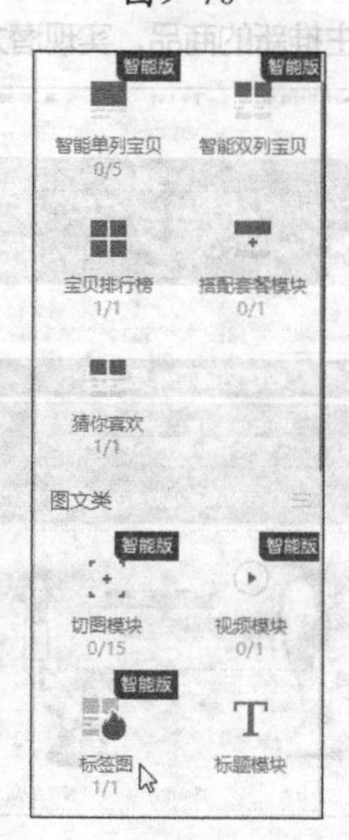

图9-71

专家提点 标签的颜色和数量

标签颜色如果选择不当，被背景图覆盖了，其效果就不能很好的展现。因此，如果是深色背景，建议选择使用白色标签；如果是浅色背景，则可以选择使用黑色标签。不要以为标签的数量越多越好，一张标签图最多可添加3个标签。

除了上述三种营销方式，智能版旺铺还加入移动端优惠券模块、店铺红包、电话模块、活动组件、专享活动和活动中心等模块加大营销互动。

9.4.3 千人千面定制个性化宝贝库

俗话说“萝卜青菜，各有所爱”，即使是同一店铺里的商品也有更细微的分类、颜色、风格或其他因素。为了迎合更多买家的需求，旺铺智能版推出了千人千面功能。千人千面指的是根据买家的特征和需求，在店铺内为每个人提供个性化的宝贝展示。这种做法的目的在于提高店铺访客转化率。

千人千面的功能分为两个模块：新客热销和潜力新品。新客热销的重点在于促进成交转化率的提高，为商家积累更多老顾客；潜力新品的重点在于新品的推广营销，为商家提高新品的成交率。

对比图9-72和图9-73，都是七格格女装的首页图。在短时间间隔内用不同的淘宝账号登录，看到的首页都是不一样的。图9-72为没有在七格格店内购买过商品的访客，因此展现了新人专享“收藏店铺 首单免运费”的字样，实现新客热销；而图9-73是已经有交易经历的老顾客，主推新的商品，实现潜力新品的销售。

图9-72

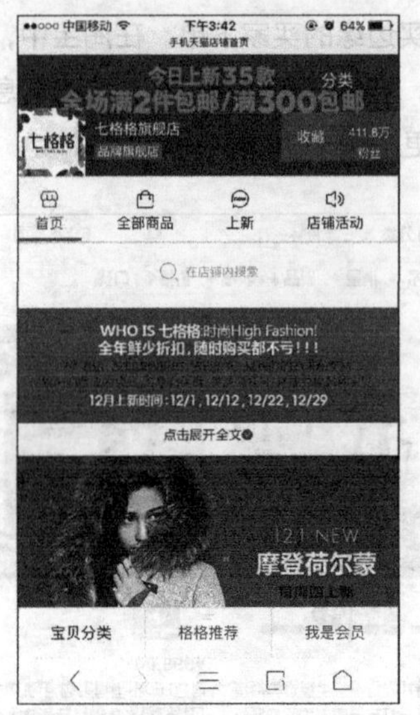

图9-73

那么，所谓的千人千面是如何区分各个买家的喜好来迎合买家的需要呢？如图9-74所示，千人千面的数据来源于智能版旺铺对到店的访客进行分析，这些分析包括这位访客的实时搜索记录、浏览记录、购买记录和收藏行为。通过智能分析将商品库里的商品，选出最符合访客需求的商品展现，大大地促进了成交率的提高。

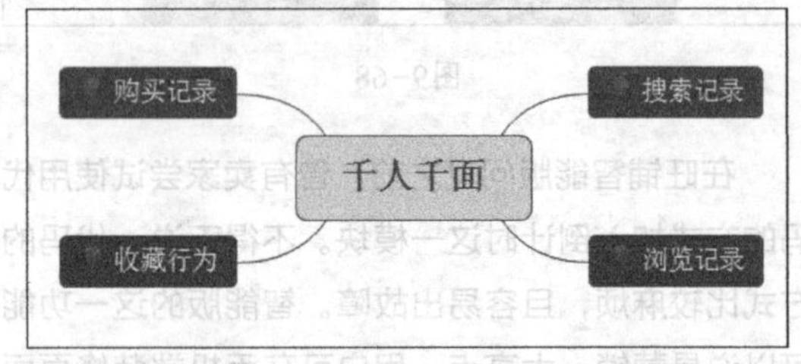

图9-74

智能版的千人千面可在如图9-75中的装修页面中完成。

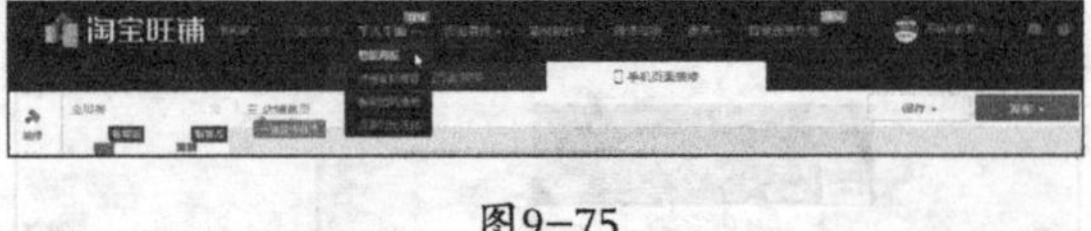

图9-75

9.4.4 热区切图让排版更方便

为营造出更好的视觉效果，不少卖家会选择切图的方式将图片加以装饰。在旺铺智能版上线之前，很多卖家都是选择自己动手用软件将单张设计图片进行编辑，虽然也能为商品加分，但不得不承认操作步骤较为烦琐。随着智能版的问世，卖家可以实现装修手机端和电脑端一样简单；实现快速完成热区切图，使用一张大图来圈定点击热区。

切图功能的使用方法如下。

第1步 打开店铺装修页面，❶单击“手机页面装修”选项卡；❷单击“切图模块”按钮，如图9-76所示。

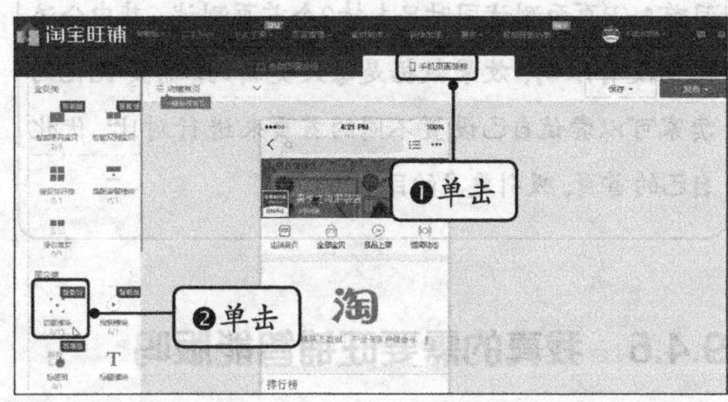

图9-76

第2步 ❶在右侧上传相关图片；❷在“添加点击热区”添加超级链接；❸单击“确定”按钮，如图9-77所示。

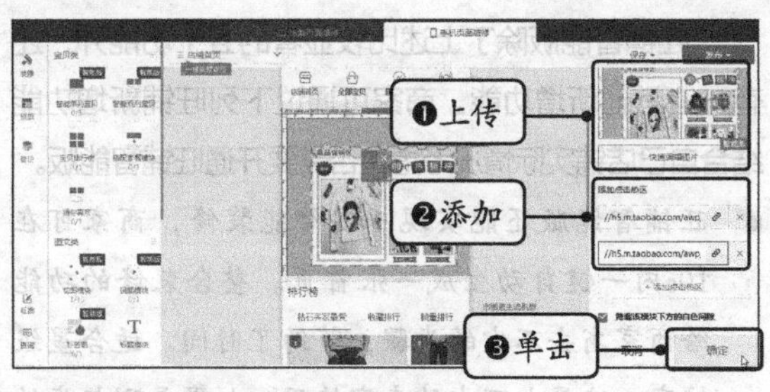

图9-77

高手支招 隐藏白色间隙

在图9-77的右下方有“隐藏该模块下方的白色间隙”的字眼，建议卖家在上传图片时就勾选该选项。这样做的好处是能使商品图片之间的间隙减小，更有完整海报的视觉效果，能为商品的宣传加分。

完成上述步骤后，单击右上角的“发布”按钮，即可完成热区切图工作。

专家提点 切图有学问

切图模块最快可添加15个；一个切图模块最多可添加50分热区；切图上传最大尺寸限制为高度2500、宽度640（固定），最小高度为336。

9.4.5 A/B页面测试提供优化数据

很多商家在运营中，在上新或打造爆款的时候需要通过对比相应数据来知道活动效果。在这之前可以通过生意参谋等工具来分析其中一些数据，但是总体来说分析不够详细，只能知道大概的对比。而旺铺智能版推出的功能——A/B页面测试，在旺铺智能版的手机页面装修中，可在首页添加分流测试的功能。

分流测试功能主要通过卖家同时设置多个首页，并且可以设置流量分配比例。如此一来，首页访客就会被随机划分为几个部分，对每部分的访客展示相应的首页。通过一定时间的测试，就会产生不同首页的数据，经过数据的分析，得出效果最好的首页方案，以此来提升店铺运营的效率。

如何设置A/B页面测试呢？首先，页面的测试需要两个页面（即A页面和B页面）才能完成，如果卖家目前只有一个页面，可通过如图9-78中的“新建页面”功能或如图9-79中的“复制”功能来创建第二个页面，并对第二个页面进行另外一种方案的装修。

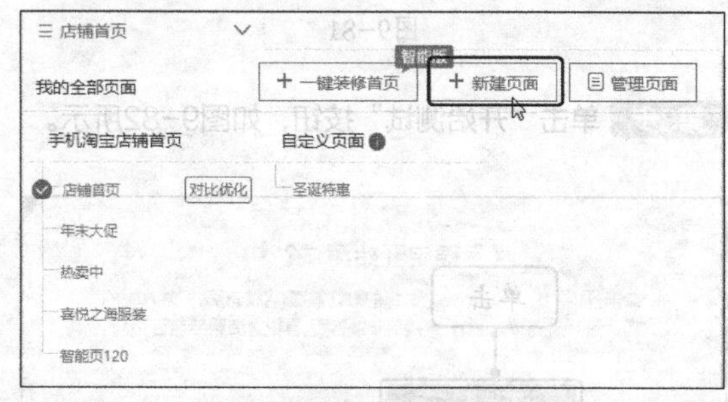

图9-78

页面名称	发布时间	页面类型	操作
店铺首页	2016-11-24 15:40:30 有修改未发布	【默认首页】	编辑页面 删除 复制
年末大促	从未发布	未设置为首页	编辑页面 删除 复制
热卖中	从未发布	未设置为首页	编辑页面 删除 复制

图9-79

第1步 有了两个不同装修方案的页面后，单击手机淘宝店铺首页中的“页面对比优化”按钮，即可看到对比结果。在进行对比的两个页面中，一定都是已经发布的页面才能进行比较，如图9-80中的“年末大促”是从未发布的页面，不能进行对比。

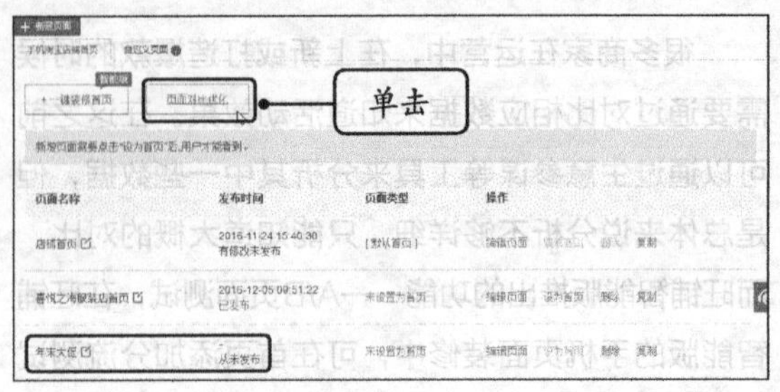

图9-80

第2步 在系统跳转的页面中，❶选择页面；❷设置好分流页面流量比例；❸单击“确定”按钮，如图9-81所示。

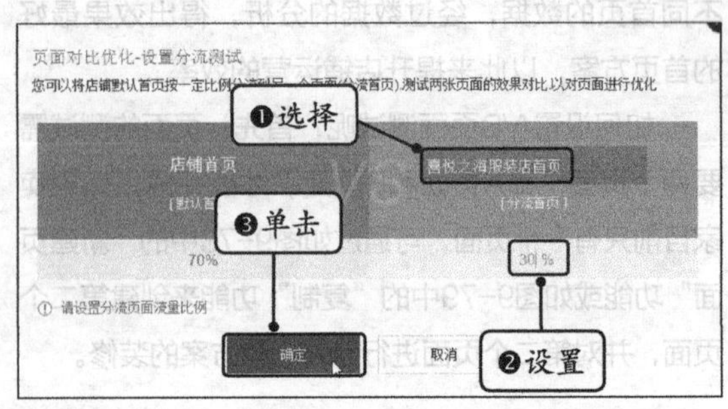

图9-81

第3步 单击“开始测试”按钮，如图9-82所示。

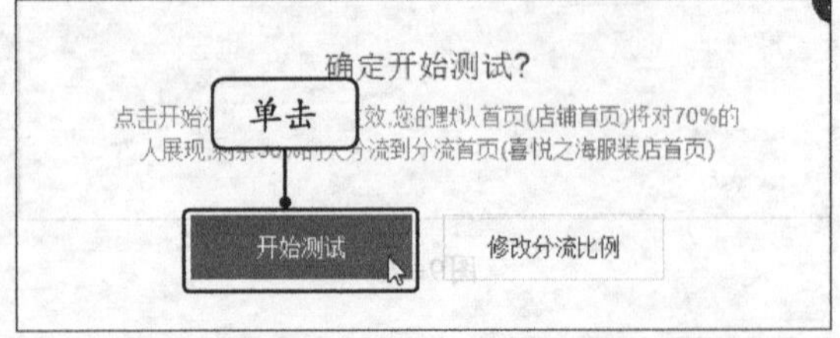

图9-82

第4步 在新建页面中，可以详细地看到两个页面的对比数据。如图9-83所示，可以看到“昨日访客数”和“昨日访客点击率”。在结束对比时，单击右上角的“关闭分流测试”按钮即可。

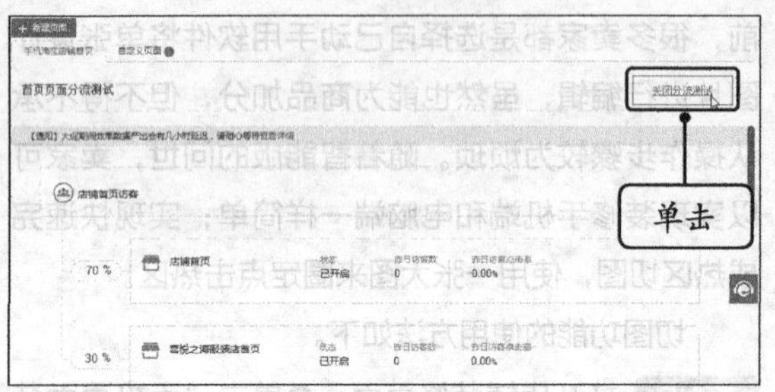

图9-83

高手支招 寻找最优首页

目前A/B页面测试同时只支持2个首页测试，其中分流比例没有限制，效果数据是每天更新的。需要优化的卖家可以尝试自己设置不同的首页来进行对比，优化自己的首页，吸引更多的目光。

9.4.6 我真的需要旺铺智能版吗

对于小卖家来说，每多出一分钱都是增加了成本压力；对于大卖家来说，更注重成本和收益的对比。基础版的旺铺是全免费的，也可以完成一些基础的装修；专业版已经符合很多商家的要求；作为需要支付更多费用的智能版就会引发商家的思考：是否需要旺铺智能版?

旺铺智能版除了上述比较显著的五个功能外，还有一些其他新增功能。商家可通过下列旺铺新增功能结合自己店铺实际情况考虑是否需要开通旺铺智能版。

- 旺铺智能版还能实现一键智能装修，商家可在10s内一键自动生成一张首页。整合装修的功能给商家省去不少的步骤，节约了时间。适合星级较高，流量也不少的卖家使用；如果是刚起步的小卖家，流量少，且淘宝有扶持的专业版免费使用，自己空余时间较多，可考虑自己花时间在装修上，不必增大成本开通智能版。
- 从营销方式来看，倒是不分大卖家和小卖家。个性化搜索、倒计时模块和标签的加入，能给商品润色的同时也抓住买家的购买心理，加大销售力度。需要尝试这些营销方式的卖家可以考虑购买旺铺智能版来尝试营销效果。
- 对于千人千面而言，流量较多的卖家非常适宜使用。因为流量大，说明对商品感兴趣的访客较多，同一个店铺的商品风格都有一定的特色，再将特色详细划分成访客喜欢的，必定能促进更多的销量。曾有官方对部分客户内测显示，使用千人千面卖家的访客成交转化率可提高30%～150%。

- 热图切图能提高装修效率，但是，对于刚起步的小卖家而言，如果时间较多，可以考虑亲自动手切图，无需花钱开通智能版。
- 页面测试功能非常适用于节假日的首页制作，无论是什么卖家，需要在节日做活动的都可以考虑开通智能版。通过数据分析得到最优的首页，才能吸引更多的人群，提高成交率。
- 对于访客较多的商家，考虑开通智能版的原因还有一个：智能单双列宝贝。它是基于阿里大数据提供的智能算法模块，系统能根据每个访问店铺的买家特征，推荐出本店中最有可能被购买的商品宝贝，以此提高成交率。
- 旺铺智能版可通过神笔详情编辑器直接发视频，让商品的宣传更到位。有需要用视频展现商品的卖家可以考虑开通旺铺智能版使用该功能。

通常来说，大卖家流量较多也相对稳定，智能版的开通能为自己添砖加瓦自然是好事；但是对于刚起步的小卖家，成本不大，周转资金也不是十分宽裕，就没有必要花钱在昂贵的装修上，等店铺的流量有了增长再考虑开通使用旺铺智能版。

总的来说，天猫或淘宝的卖家在资质、资金和人员配置等方面的情况都是千差万别的，因此卖家应根据自己的实际情况和自己商品的特点，认真思考自己是否需要开通智能版。

9.5 秘技一点通

技巧1 ——收费店招“改装”为免费店招

在阿里妈妈的“广告牌生成器”下线之前有很多精美店招，在它下线后，很多卖家会发现在淘宝装修后台也能看到较多的精美店招。这些店招制作精美，很多还具有动画效果，用于装修旺铺效果很好。不过这些店招都是收费的，虽说也不贵，但也是笔开销，而且还要经常续费，感觉很麻烦。

其实，只要简单的几个操作，就可以把喜欢的店招抓取下来，制作成图片，放到自己的淘宝图片空间，再发布到淘宝旺铺上，这样就免费了，也省去续费的麻烦。

找到自己喜欢的店招后，用抓图软件将之抓下来，并用Photoshop进行简单的编辑，如去掉原有文字，换上适合自己店铺的文字，然后保存为后缀名为“png”的文件，即可上传到旺铺专业版中作为店招了。

专家提点 关于尺寸和抓图

为什么要选择950×150的尺寸呢？因为这是旺铺专业版店招的标准尺寸。可能有的用户不知道怎么用抓图软件抓图，其实很简单，打开QQ并登录，然后同时按下“Ctrl+Alt+A”键，即可出现抓图界面，用鼠标划出抓图范围即可。抓图后，在Photoshop中新建一个空白文件，然后同时按下“Ctrl+V”键将图片粘贴进去进行编辑即可。

技巧2 ——突破旺铺全屏海报950宽度的限制

在旺铺中可以实现全屏海报，也就是其宽度占满大半个屏幕，高度自定。全屏海报对于力推热门商品非常有用，因为它能够一下子抓住访客的注意力，吸引访客点击。不过，旺铺的全屏海报宽度最大只能为950像素，如果用现在的高分辨率显示器来看，则显得太小了，起不到应有的作用，因为高分辨率显示器显示宽度为1920像素的图片，950像素的图片只占其宽度的二分之一强，显然达不到吸引注意力的效果。

那么，如何突破宽度为950像素的限制呢？方法很简单。

首先用户可以制作一个任意尺寸的图片，这里推荐其尺寸为1920像素×470像素，这个470的高度经过资深店主反复验证，是比较吸引人注意力，而又不太挤占其他图片显示的一个高度。用户可以按照第7

章中讲解的方法将此图片保存到淘宝图片空间。

然后进入网店装修页面，添加一个“自定义内容区”模块（注意不要在页头上添加，在页头上无法添加自定义内容区模块），❶将标题设置为“不显示”；❷单击“源码”按钮◇，进入源码编辑模式；❸将HTML代码粘贴到文本框中；❹单击“确定”按钮保存，如图9-84所示。

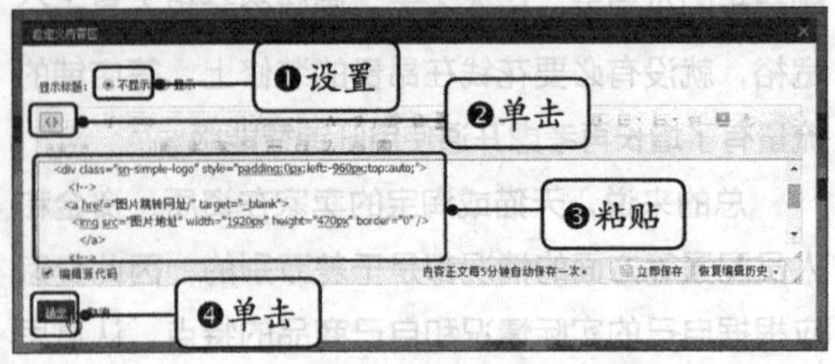

图9-84

图中使用的源代码如下。

```
<div style="height:470px;">
    <div class="footer-more-trigger" style="left:50%;
top:auto;border:none;padding:0;">
        <div class="footer-more-trigger" style=
"left:-960px;top:auto;border:none;padding:0;">
            <!-- >
            <a href="图片跳转网址" target="_
blank">
                <img src="图片地址" width=
"1920px" height="470px" border="0" />
                </a>
            <!-- >
        </div>
    </div>
</div>
```

需要说明以下几点。

- 代码中的“图片跳转网址”，是指访客点击全屏海报后系统跳转的网址。比如海报是为某件热销产品做广告，则点击海报后系统跳转到该产品的详情页面；如海报是为某活动做广告，则点击海报后系统跳转到该活动的详情页面。
- 如果用户的图片使用了其他尺寸，则应该在代码进行修改。将代码中原来的一处“1920”替换为新的宽度，将原来的两处“470”替换为新的高度即可。

技巧3 ——为旺铺设置固定背景

在没有将背景固定的网店里，当往上或往下滚动页面时，背景是跟着内容滚动的；而在固定背景的网店中，仅仅是内容在滚动，背景固定不动，这样就给访客一种前后景分离的感觉，整个页面看上去显得很灵动轻盈，视觉效果很好。

在网店装修页面中，如果不加以特殊的设置，是不能实现背景固定效果的。那么，如何操作才能将背景固定下来呢?

进入网店装修页面后，在导航模块上单击“编辑”按钮，❶选择“显示设置”选项卡；❷在文本框中输入HTML代码；❸单击“确定”按钮即可，如图9-85所示。

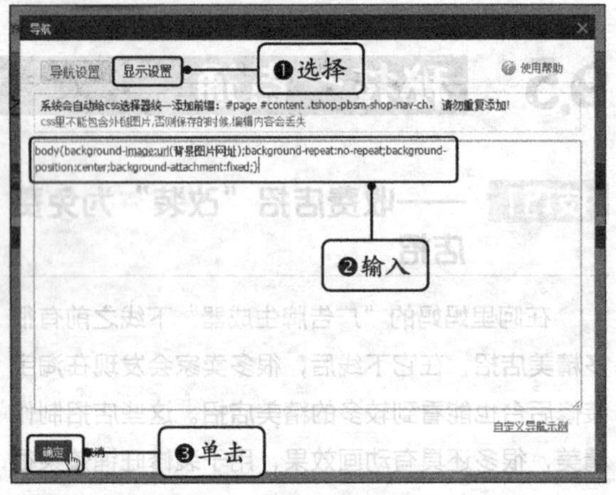

图9-85

图9-85中使用的源代码如下。

```
body{background-image:url(背景图片网址);
background-repeat:no-repeat;background-position:center;
background-attachment:fixed;}
```

同样，要把背景图片先上传到淘宝图片空间，然后单击“锚”按钮获取网址，替换代码中的“背景图片网址”部分。

技巧4 ——取消页头与页头下模块之间的间隙

网店的页头与页头下的模块之间，默认有10个像素的间隙，如图9-86所示。在某些特殊装修的情况下，这个间隙看起来很不和谐。

图9-86

要去掉这个间隙，可以按照下面的步骤进行操作。

第1步 进入店铺装修页面，❶单击“页面装修”；❷单击“电脑页面装修”（如果是基础版或专业版可忽略该步骤，默认电脑装修），如图9-87所示。

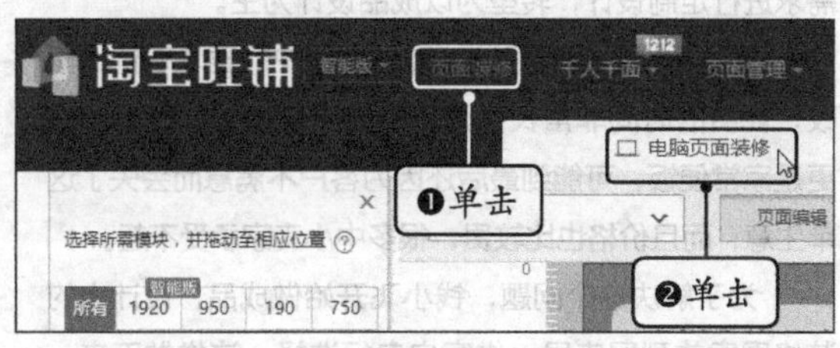

图9-87

第2步 进入店铺装修页面，❶单击“页头”选项卡；❷将“页头下边距10像素”选项设置为“关闭”；❸单击“应用到所有页面”按钮，如图9-88所示。

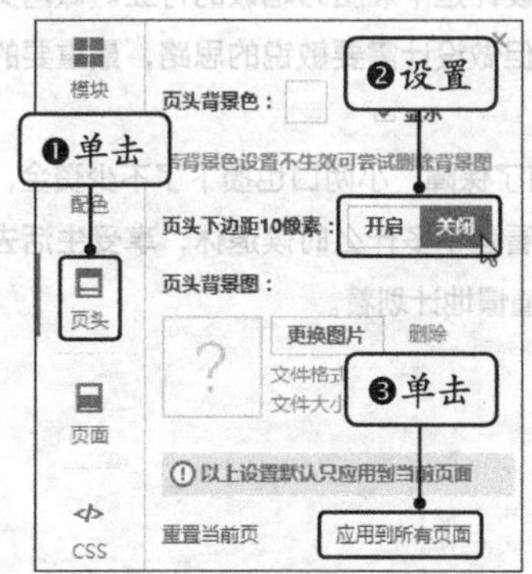

图9-88

技巧5 ——去掉自定义内容区与上面模块间的间隙

除了页头和其下的模块间有间隙外，自定义内容区也与其上的模块间存在20个像素的间隙。要去掉这20个像素的间隙，像技巧4中进行简单的设置不能达到目的，而是要使用一些代码。

进入店铺装修页面后，单击自定义内容区模块的“编辑”按钮，❶将标题设置为“不显示”；❷单击“源码”按钮◇，进入源码编辑模式；❸将HTML代码粘贴到文本框中；❹单击“确定”按钮保存，如图9-89所示。

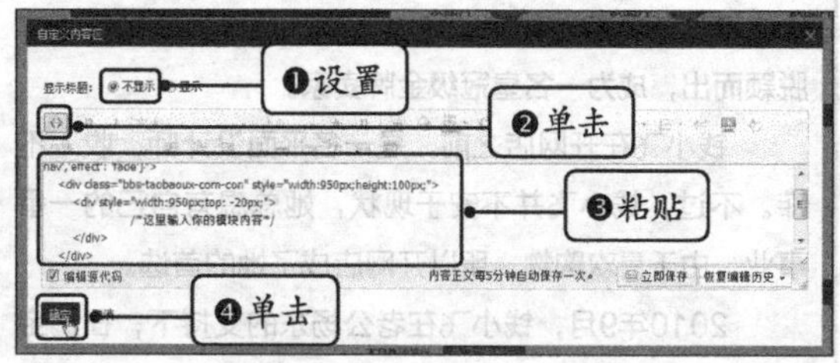

图9-89

图9-89中使用的源代码如下：

```
<div class="J_TWidget" data-widget-type="Carousel" data-widget-config="{'contentCls': 'bbs-taobaoux-com-con','navCls': 'bbs-taobaoux-com-nav','effect': 'fade'}">
    <div class="bbs-taobaoux-com-con" style="width:950px;height:100px;">
        <div style="width:950px;top: -20px;">
            /*这里输入你的模块内容*/
        </div>
    </div>
    <div class="bbs-taobaoux-com-nav" style="display:none;"></div>
</div>
```

需要说明以下几点。

- 代码中的style="width:950px;height:100px;"，其中950表示这个自定义模块宽度为950像素，100表示其高度为100像素，如果用户想自定义为其他尺寸，自己修改这两个参数即可。注意950有两处。
- “/*这里输入你的模块内容*/”这一行应用具体的内容来替代，比如一段文字公告。如果用户会使用HTML代码，还可以加入复杂的代码来实现更好的效果，如双侧图片轮播等。

开店小故事

网店装修成富翁

钱小飞，又一个从网店装修业发财致富的例子。从服装网店转型做网店装修服务店，钱小飞用了两年的时间。随后的两年时间里，钱小飞又从众多装修服务店里脱颖而出，成为一名皇冠级金牌卖家。

钱小飞在开网店之前，是一名平面设计师，收入不菲。不过，钱小飞并不安于现状，她总想有自己的一番事业，由于喜欢购物，所以开网店成了她的首选。

2010年9月，钱小飞在老公杨东的支持下，在淘宝开了一家专门卖服装的网店。“货就从姐姐那里进，姐姐在做批发生意，对我来说是个福音。”

解决了货源问题，钱小飞和杨东各自负责一部分事务。作为平面设计师的钱小飞，自然是负责网店装修，而长于电脑的杨东，则负责技术方面的工作。

因为两人各自都有工作，在网店上的精力投入有限，经营状况并不是很好。到2011年，总共也才卖出几套衣服，这让小两口有些沮丧。

意外的是，由于钱小飞在装修方面的独特设计，让她的网店显得相当独特，为网店迎来了第一笔装修生意。

一个卖家通过旺旺联系上钱小飞，想委托她设计店铺页面。感到很意外的钱小飞，不仅接下了生意，而且用心完成了装修。一个月后，委托钱小飞装修的卖家特地又联系上她，因为装修后网店就从2心升到了2钻，这个卖家觉得应该感谢钱小飞。

第一单生意的成功，让钱小飞认识到网店设计对商店人气拉动的巨大作用，这中间有着巨大的商机。当即钱小飞就和杨东作出了决定，转型做网店装修设计。2011年7月，两人从各自的公司辞职，回家专心打理起网店来。

当初委托钱小飞装修网店的卖家为她介绍来了不少生意。过了不久，网店经历了第二次转型，从按照客户需求进行定制设计，转型为以成品设计为主。

钱小飞说，定制设计，要按照客户的要求不停地修改，耗费的时间非常长，为了及时交出设计，通宵加班更是家常便饭，可能到最后还因为客户不满意而丢失了这单生意；而且价格也比较贵，很多中小卖家承受不起。

为了解决这个问题，钱小飞开始做成品，设计出的装修图案放到网店里，供客户自行选择。这样做下来，时间问题解决了，价格也下降不少，而设计是由客户自己挑选的，满意度也上去了。到2013年，钱小飞的网店已经从同行当中脱颖而出，“不用出门找生意，生意自动找上我。”

如今小两口早已月入过万，而放在网店中的成品设计也超过了90个页面。小两口为这样的成绩而骄傲，钱小飞说，设计是个靠脑力吃饭的行业。做网页什么的其实不难，但做设计需要敏锐的思路，最重要的就是创造力。

收入有了保障，小两口也攒下了不少资金，“下一步，就是看看差不多什么时候退休，享受生活去了”，钱小飞一脸憧憬地计划着。

第3部分

推广篇

从古到今，招揽顾客就是一门学问。在互联网时代，网店店主应该如何“吆喝”才能让自己的店铺广为人知？其实与从前的老方法并没有太大的区别，如打广告、搞活动、做好售后服务赚口碑等，只不过，这些活动从现实中搬到了网络里，在操作方法上可能有一些更新，但其本质仍然没有变化。只要掌握本书第三部分“推广篇”中讲解的方法，就可以让网店顾客盈门，生意更加兴隆。

开店很轻松

赚钱很简单

第10章

抓住新老客户聚人气

本章导言

客户是网店的财富。对新客户，要想方设法让他消费；对于老客户，则要千方百计让他成为回头客，如此，才能让网店的客户群越滚越大，生意才能越来越好。本章将向大家介绍如何留住新老客户，广聚人气，提升店铺销售量。

学习要点

- 给初次上门的买家留下好印象
- 掌握留住老客户的方法
- 向同行店铺学习先进经验

10.1 上门买家要“套牢”

作为卖家，应热情地对待每一位上门的顾客，尽量促成交易，无论交易成功与否，都要用良好的服务给顾客留下好的印象。

10.1.1 巧妙运用欢迎词

欢迎词可以分为两种：一种是在宝贝描述上以及店铺的公告上的静态欢迎词；另一种则是双方在交流时用的欢迎词。买家在店铺中看到喜欢的宝贝时，通常都会用阿里旺旺和卖家联系，比如“你好”“在吗”等。这第一句话怎么回答是很有讲究的。很多卖家可能会用“在呢”“你好”等应付了。其实，这是一次展示店铺形象、给买家留下好印象的机会。如回答“亲您好，欢迎光临时尚衣衣，我们是厂家正品直销，可以无理由七天退货”，则更能吸引买家的注意，如图10-1所示。

这样把网店宗旨及承诺告诉了买家，消除了买家可能存在的疑问，可以少回答好多问题。聊天开场白发个微笑的表情让买家看到会感觉很舒服。在交谈中穿插生动的表情，比生硬的文字好使多了。

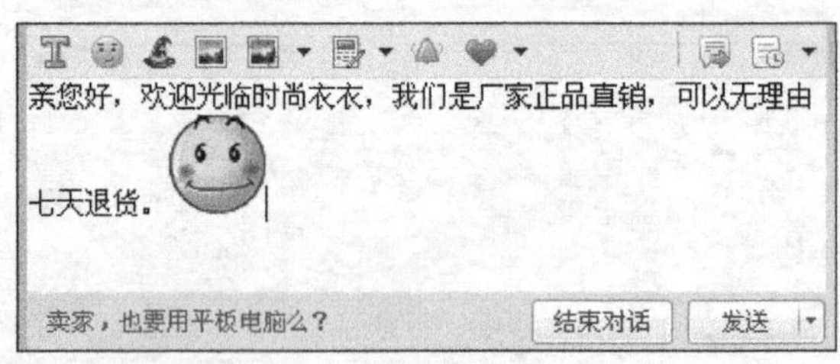

图10-1

10.1.2 主动介绍商品

卖家必须熟悉店铺的每件宝贝，当买家提出疑问时应能很流利的对答，也可以帮助买家挑选买家喜欢的宝贝，与此同时，最好能主动介绍自己的产品或者回答买家常见的问题，这样买家会觉得你比较专业。从而增加信任感，促进交易的成功。

对于有明确购买目标的买家，要根据买家对商品的了解程度进行有针对性的介绍。这里卖家就要体现出自己的专业素质，向买家详尽地介绍自己商品的功能、特点和价格等，如果你的商品符合买家的需要，就可以成功完成交易了。

对于仅有购买意向，没有明确购买目标的买家，卖家要在了解其需求后，向买家推荐符合其需求的商品，并进行简单、客观的比较，能够对买家的选择提供指导性的建议。另外，如果买家没有多少网上购物的经验，就需要卖家进行一定的指导，比如让买家了解邮寄方式、交易中需要注意的问题等。

对于有购买意向但尚未成功交易的买家，则可能是当时无心买东西，只是路过询价，了解一下这类商品的信息。遇到这类买家，也不要敷衍了事，随便打发，应正面解答商品的情况，并拿出热情、诚信的态度，因为买家也许正在考虑购买这类商品，但短期内可能不会购买。最后在买家会员名后注明他想买什么商品，未购买的障碍是什么，以便买家下次光临店铺的时候能做到心中有数。

10.1.3 理性对待侃价

在网上交易中，买卖双方是一对矛盾体，卖家希望以最高的价格成交，赚取更多的利润，而买家则是希望以最少的支出购买到最好的商品。这是一个博弈的过程，在网络沟通中，买家可能要对报出的价格提出异议，进行讨价还价。卖家不必对此感到厌烦，只需理性地对待，即可在不损害自身利益的前提下，让生意达成。

1. 买家咨询多次，但还在侃价

有研究表明，回头客的购买率为70%。对待回头客，如果处理得当，成交的可能性还是非常大的。具体而言，首先一定要给足买家面子，应该用非常真诚自然的语气与买家沟通，同时将商品的利益点介绍给买家。当然，对于一些有讨价嗜好的买家，也可以适当地在自己权限内给予让步。但让步是有技巧的，让步时一定先要死守防线，在给足买家面子的前提下毫不退缩，最后再找个台阶，以少量退步为代价达成交易，如赠送小礼品等。

卖家这时可以采用如下的语言来回复来店多次的顾客的侃价。

卖家：是啊，您以前也来过，确实非常适合您，我看得出来您也是真的喜欢它！我呢，也真心想把它卖给您，但价格上真的让我为难了。这样吧，折扣上我确实满足不了您，我跟掌柜申请一下，看能否给您一些优惠，如果真的优惠不了，也请您见谅，您看这样行吗？

卖家：是啊，您也来过好几次了，确实这款数码相机非常适合您，其实我也想做成这笔生意。只是真的很抱歉，价格上我确实不可以再给您优惠了，因为我们的价格在淘宝上已经是很便宜的了，您可以去网上查询一下。其实，您买相机最重要的还是看是否适合自己，如果便宜但不适合自己，买了反而更浪费钱，您说是吧？像这款数码相机不仅适合您，而且质量又好，保修三年，算起来更划算一些，您说是吗？

卖家：是啊，您来我们店多次了，但您这个要求我确实满足不了你。有的便宜产品虽然只有几百块钱，但是质量不好，只用一两年就有问题。而我们的产品虽然贵了几百块钱，但是绝对能保证您正常使用几年不成问题，而且我们的售后服务也有保障。

价格异议是任何一个卖家都会遇到的情形，如"太贵了""我还是想买便宜点的""我还是等价格下降时再买吧"等。遇到这种情形，如果不想降低价格的话，就必须向对方证明，店铺的商品价格是合理的，是商品价值的正确反映，使对方觉得你的商品物有所值。

2. 买家对商品满意，就是感觉价格高了

在销售中经常会碰到这样的情况：顾客说店铺的商品价格太高。这时卖家需要耐心地告诉顾客：我们店的商品和其他同类商品的区别在哪？我们的商品能带给顾客哪些增值服务？我们商品的独具的特色在哪里？能给顾客解决什么问题？要引导顾客去比较商品的价值，而不是只比较价格。这样才能让顾客觉得他买的商品是物有所值。

其实商品不一定越便宜越好，关键是适合自己。在销售时强调商品的卖点，告诉买家付太多的钱并不一定明智，但付太少的钱风险更大。付得太多，只是损失掉一点钱，但如果付的太少，有时会

损失所有的东西，因为商业平衡的规律告诉我们便宜没好货。

卖家这时可以采用如下的语言来回复顾客价格高的问题。

卖家：您好，我们以前有许多老买家也是这么说过，他们认为这个商品很好，就是价格稍微贵了点。确实如果单看标价的话会让人有这种感觉，只是我们的价格稍微高一些的原因，是因为我们的设计新颖，款式面料又很好，所以买家一般都比较喜欢，买了也会经常穿。如果买一件衣服只穿一两次就收起来，这样从价格上看反而更不划算，您说是吗？

卖家：亲，好价买好货，不要以低价买了一些次品，用不了几天就毁了，千万要慎重。您既然对我们的商品非常满意，我们的价格也不算太高，您看我们的销售记录这一个月都销售了好几百件了，可以的话您就拍下吧，拍下今天就可以发货。

卖家：确实，我承认如果单看价格的话，您有这种感觉很正常。只是我们的价格之所以会稍微高一些的原因，是因为我们在质量上确实做得很不错，我想您一定不希望买这件衣服只穿几次就变形不能穿了，那多浪费呀，您说是吗？

卖家：您说我们的商品价高，在网上基本没有比我们还低的价格了（如果确认自己的商品有价格优势的话），即使有价格比这低的，他们的商品质量也不好说。

卖家只有首先把自己的想法卖出去，才能更好地把商品卖出去。一定要让买家信任自己并主动引导买家的观念。要记住：顾客只愿意购买两件商品：一件让他有愉快的感觉；另一件则是解决的问题，这两件商品同等重要。因为“愉快的感觉”来自服务，“解决的问题”来自商品。下面是一个卖家应对顾客反映商品价格高的典型案例。

顾客：您好，有没有1T的移动硬盘？

卖家：亲！我们这有原装的移动硬盘，1T的现在有一款促销价是480元。

顾客：这个价格有点贵？

卖家：大品牌的移动硬盘价格是要贵一点儿，但算上附加值的话，就不贵了。服务您不用担心：全国联保；品质100%严格测试，抗震性强，传输稳定、返修率低；还有专用加密工具、赠送正版杀毒软件；产品都有通过国家认证，还有800免费咨询电话；在外观上面，也比较时尚，美观大方；而且现在促销，价格很实惠；相对来说，有的店销售的价格是低一点儿，但是现在市面上有很多水货和假货，如果出了问题，返修就没这么方便了。

卖家：这个是我们产品的模具，您看一下。

顾客：这个外观是要好看一些，不过你的价格能不能再便宜一点。

卖家：这款现在是促销，今天才有这个价格的，不过我看您很有诚意买，我再送您一个小礼品吧。

顾客：好的，我就拍下了。

3. 买家说同样的商品别的店铺便宜

在网上销售商品的过程中，可能会经常遇到买家说别的店铺的商品便宜之类的话。这当然是一个价格问题。但卖家必须首先分辨出他真的是认为你的商品比别的店贵，还是故意为之，以此作为砍价的借口。了解买家对你的商品的品质、服务的满意度和兴趣度，这将对成功交易有很大的帮助。

（1）认真分析买家的话语

看买家之所以认为我们的商品价格高，是在与哪家店铺的商品进行比较。如果买家拿大品牌的商品与小品牌的商品相比，就应向买家说明两者的价格是不能相提并论的，因为品牌的知名度和市场定位都不一样。

（2）不要贬低其他店铺

如果自己的商品好，那就没有必要通过诋毁别的店铺来证明；如果别的店铺比我们好，也没有必要去贬损他人。因为往往在贬低其他店铺的时候也贬低了自己在买家心目中的形象。

（3）分析自己店铺商品的优势

把本店铺商品和竞争对手的商品的各种优劣势进行详细比较，用数据、证书等直观的方式，从店铺的状况和商品的定位、包装、质量等方面向买家说明。如在质量方面，必要时可向买家出具商品获得的ISO9000等质量保证体系的证明文件。

（4）强调完善的服务

告诉买家自己店铺的高价商品背后，有着优于竞争对手的完善的服务体系，它是商家持久发展的重要保障。

（5）处理买家异议的形式比内容还要重要

处理买家问题的时候，一定要从容不迫、语气平和、语速适中，整个销售过程都要保持自信但不要自大，处理问题的专业形象与方式往往比处理问题本身还要重要。

卖家可以通过感谢买家的善意提醒将买家拉过来成为自己人，同时简单告诉买家自己店的商品与别的店的商品的差异点。

卖家这时可以采用如下语言来回复顾客买家反映别的店的价格低的问题。

卖家：是的，您刚才提到的这种情况我了解，不过还是要感谢您的善意提醒。其实一件衣服上市除了设计、工艺，还有面料、品牌形象等都会影响到价格，最主要的还会影响到服装的质量和穿起来是否舒适合身。如果一件衣服穿在身上不合适，虽然价格便宜点，可买回去穿几次就不爱穿了，这样的衣服算起来反而更贵，您说是吗？

卖家：上次有个顾客也跟我说过这个问题，不过后来还是到我们这里来买了衣服。因为他发现……因此，还是有很多地方不同，并且穿起来的感觉也不一样。

在确定买家的购买意向后，面对买家压价的要求，先要以坚定的口气和平和的态度向买家说明不降价的理由，然后根据买家的态度逐渐改变还价策略。如果买家坚持认为价格过高，客服人员还可以借助领导之力，将棘手的价格问题转移。这样买家会感觉价格的降低来之不易，产生感激的心理并决定购买。

下面是一个典型的应对买家反映别的店商品便宜的案例。

顾客：您好，这款数码单反相机究竟什么价格能卖？

卖家：真的很抱歉，按照我们店铺的规定，佳能数码相机是不打折的。因为佳能的产品在质量上从不打折，所以也很难在价格上打折。

顾客：我在批发市场看过价格，那里的老板能以3000元的价格卖给我。同样的品牌和型号，你们怎么贵了500多元呢？

卖家：其实，买东西大家都是希望买一个放心、舒心、顺心，批发市场里也不能排除个别不法个体老板将翻新的旧机或者水货以较低的价格出售，为自己牟取私利。这样做不仅损害消费者利益，还损害厂家的品牌形象。

顾客：话也不能这么讲，我查了淘宝上×××店铺的价格也比这里便宜50元。

卖家：我们店铺的赠品是高速8G的卡，而他们店铺的赠品是低速1GB的卡，这两种卡的价格相差七八十元，总的算来我们还是比他们便宜。

顾客：原来是这样。

卖家：看得出来你是诚心想买这款相机。在价格方面我做不了主，我问问店主的意见，帮你争取一下吧。

顾客：非常感谢哦。

最后销售人员从店主那里为顾客争取到了再便宜50元的价格，顾客高高兴兴地付款购买。

4. 老顾客要求价格优惠

当顾客感到满意，他才有可能回头，这个“满意”更大程度是依赖于顾客消费时的感受和体验。如果在消费过程中顾客的感受是美好的，顾客就会有重复消费的可能。卖家的最终目的是把买家对店铺和商品的信任一起卖出去，让买家成为长期支持者，形成自己的老顾客群，并且利用老顾客的介绍带来更多的新顾客。所以老顾客是店铺最好的顾客，他们在店铺的新品购买、品牌传播、市场竞争等方面都可以给店铺带来更多的支持。网店销售一定要充分利用老顾客资源，老顾客在购买人群中所占的比例直接反映该店铺的竞争力水平。如果确实不能降低价格，而老顾客还要强烈要求，为了能留住老顾客，可以对老顾客的消费行为加以回报。如可以通过会员制营销、包邮、赠送小礼品等方式来维护老顾客的忠诚。

卖家这时可以采用如下语言回复老顾客要求价格再优惠的问题。

卖家：真的很谢谢您这么长时间以来对本店的一贯厚爱与支持。作为老顾客，我想您一定知道我们的价格一直非常实在，质量上乘，售后服务等方面也都非常完善，其实这也是我店赢得很多像您这样的老顾客厚爱的重要原因。我们更希望真正对老顾客负责，这样您才会对我们的品牌更加满意，您说是吗？

卖家：谢谢您这么多年来对我们的支持，其实您也知道每个店铺打折的原因都不一样，我们更关注的是能够提供什么样品质的商品和服务给顾客，毕竟价格只是您决定购买的一部分因素，如果东西自己不喜欢的话，我想再便宜您也不会考虑，您说是吗？像您看上这款产品就非常适合您。要不我们赠送给您一个实用的小礼品吧。

5. 买多件商品要求打折

如果遇到买家买多件商品要求打折，客服人员可以首先认同对方的感受，一定要用商品的不同之处、优越性以及令人信服的质量保证等来说服买家，让买家知道物有所值。如果对方还是不依不饶，则最后可向老板申请或者做出以附加赠品等让步达成交易。一定要让对方感觉到卖家在尽力帮助他解决这个问题，并且语气要真诚、态度诚恳，这样即使最后没有对买家做出任何实质性的让步，但买家也会明白卖家确实已经尽力了。及时做进一步的沟通，能合作最好，不能合作也要给买家留下一个好的印象，使其成为以后合作的潜在买家。

卖家这时可以采用如下语言回复买多件商品要求打折的买家。

卖家：亲，我可以理解您的这种心情。如果换成我是您的话，我也会认为多买几件就应该得到一些折扣。不过这一点一定要请您多包涵，您作为我们的老顾客，一定也很清楚，我们店的商品都是实实在在的价格，所以还要请您多理解和支持我的工作。不过考虑到您的情况，这样吧，我个人送您一个很实用的赠品，您看行吗？

卖家：是的，如果我是您的话，买三件我也会希望商家给我打更多折扣，不过话又说回来，一款产品要做到这么好的质量，并且款式您又十分喜欢确实也不容易。如果商品质量不好的话，即使价格再便宜，您也可能不会考虑，您说是吗？看您诚心想要，给您免运费吧！您拍下，我们马上就发货。

10.2 不主动就没有老客户

有的卖家认为，只要自己做好了宣传工作，就可以坐等买家上门了。其实，只是宣传工作还不够，对于买家，还有很多主动性的工作可做，比如为买家添加注释，以便下次能马上回想起；对买家进行分类，以便有针对性地应对等。

10.2.1 为买家昵称添加注释

当卖家把买家添加为好友时，最好为该买家做一个注释，也就是在千牛软件中，为买家账号添加一个备注，注明一些重要信息，比如“2017.1.6购买了空气净化器”，比如“上次询问电饭锅价格但未购买”，或者“特别挑剔，容易打差评”等，这样卖家与该买家交流之前，就可以大略了解一下情况，进行有针对性的谈话，比如“上次买的空气净化器还满意吗？”或者“上次您问的电饭锅正在搞特价，比平时便宜了80元，您不妨考虑一下”，买家见卖家还记得自己，自然有种受到重视的感觉，对于卖家的游说也就不会太抵触了。

为买家添加注释的方法如下。

第1步 打开千牛软件，❶使用鼠标右键单击要添加注释的好友；❷在弹出的菜单中选择“查看资料”，如图10-2所示。

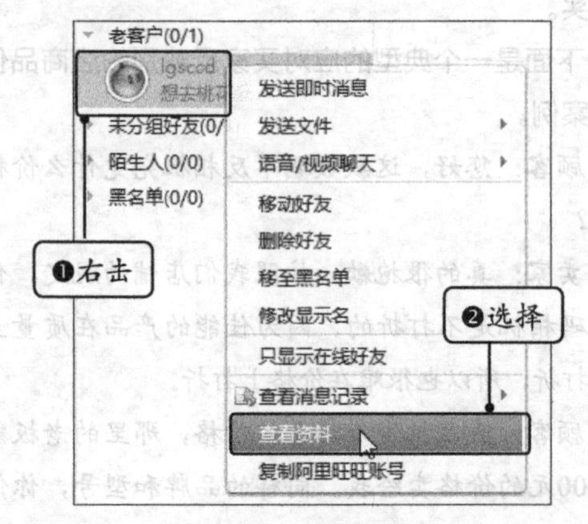

图10-2

第2步 弹出对话框，❶在“备注”文本框中输入用户注释；❷单击“确定”按钮，如图10-3所示。

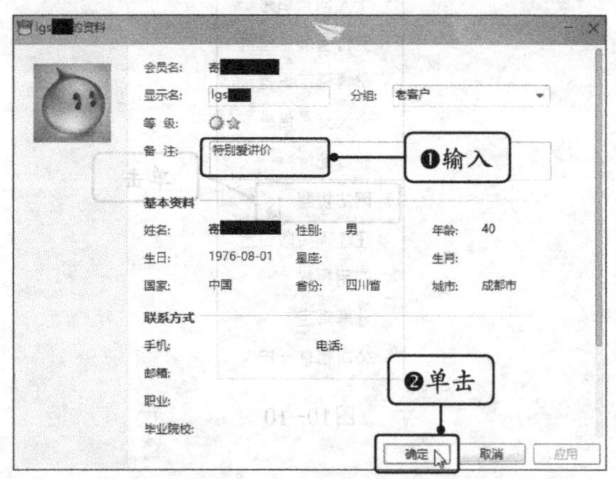

图10-3

做好注释之后，凡是有买家好友要求谈话，都可以先按照上述步骤打开该好友的资料页面，查看上一次做的注释，再进行交谈。

10.2.2　对买家进行分类

网店开张后，卖家会积累一些客户资源，通过把买家添加为好友，卖家可以将客户资源进行整理归类，以便管理。这样可以针对不同类型、不同喜好的买家，推荐不同的宝贝，这样有针对性的推荐，成功率才会高，才能进一步把客户变成回头客。

通常可将客户分为以下几种。

- 问了卖家但还没买的，归入“必须立即抓住的客户”。
- 问了卖家但发现缺货的，归入“订购商品的客户”。
- 交易成功的，归入“交易成功的客户”。
- 多次交易的买家，归入“老客户”组。
- 购买量大、需要给予优惠的，归入“高级会员”。

卖家也可以按购物的类型进行分类，比如将购书客户分为计算机类读者、经管类读者、文学类读者等。这样，当有相应类别的新书上架时，就可以利用旺旺或千牛主动联系买家，并发送相关的图书信息。

第1步 打开千牛软件，❶使用鼠标右键单击“我的买家们”进行分组；❷在弹出的菜单中选择“添加组”选项，如图10-4所示。

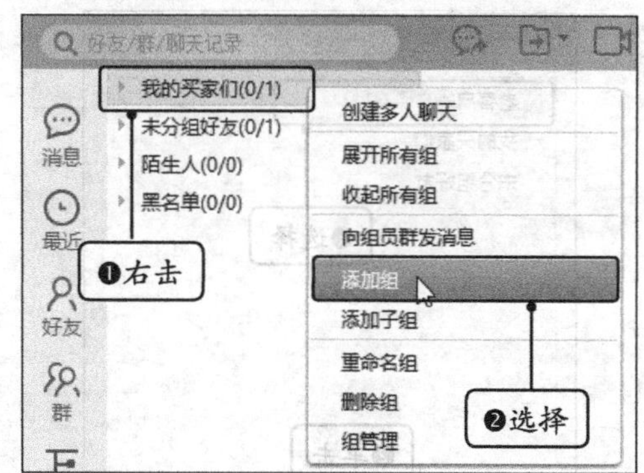

图10-4

第2步 输入新组的名称，并按下回车键，如图10-5所示。

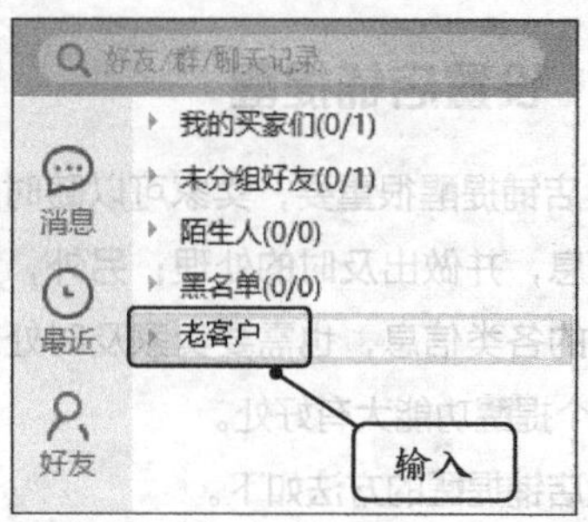

图10-5

第3步 ❶使用鼠标右键单击要移动到新建分组的好友；❷在弹出的菜单中选择“移动好友”选项，如图10-6所示。

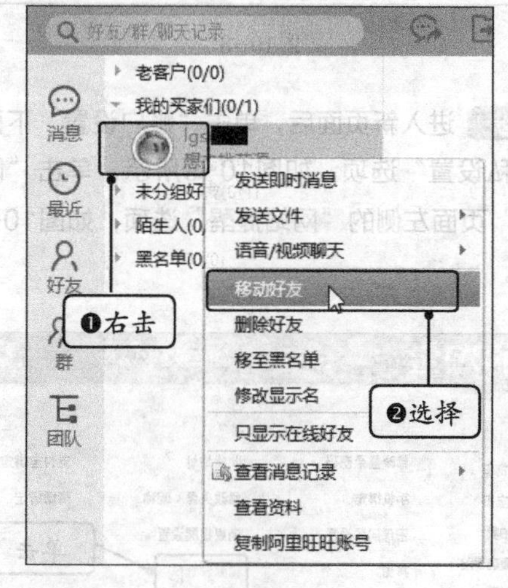

图10-6

第4步 弹出对话框，❶选择目标分组；❷单击“确定”按钮，如图10-7所示。

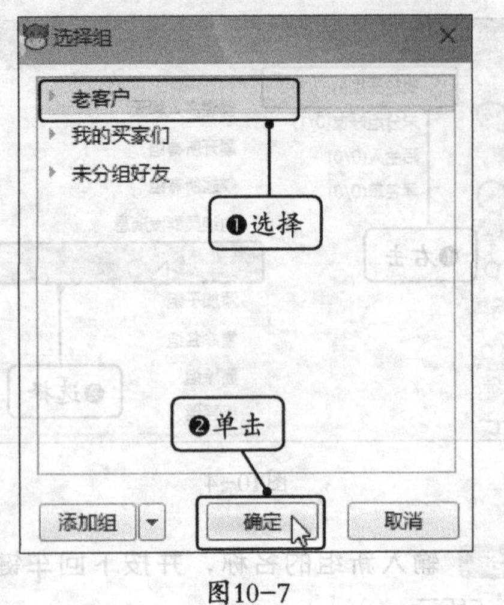

图10-7

10.2.3 设置店铺提醒

设置店铺提醒很重要，卖家可以随时查收买家发出的信息，并做出及时的处理；另外，淘宝网向卖家发出的各类信息，也需要卖家及时处理，所以设置好这个提醒功能大有好处。

设置店铺提醒的方法如下。

第1步 登录淘宝主页，单击"我的淘宝"超级链接，如图10-8所示。

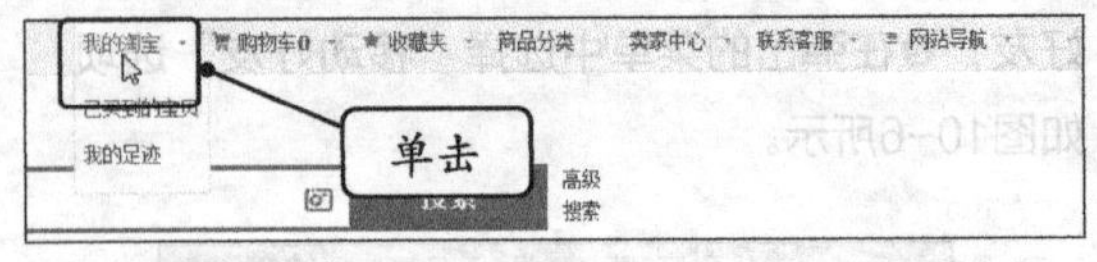

图10-8

第2步 进入新页面后，单击"账户设置"下面的"隐私设置"选项，如图10-9所示。单击"隐私设置"页面左侧的"网站提醒"选项，如图10-10所示。

我的淘宝 首页 账户设置 消息

全部功能	安全设置	个人资料	账号绑定
我的购物车	修改登录密码	收货地址	支付宝绑定
已买到宝贝	手机绑定	修改头像、昵称	微博绑定
我的拍卖	密保问题设置	消息提醒设置	
机票酒店保险	其他	隐私设置	
我的彩票			

单击

图10-9

第3步 进入新页面，❶在各种事件后选择提醒方式；❷单击"确定"按钮，如图10-11所示。

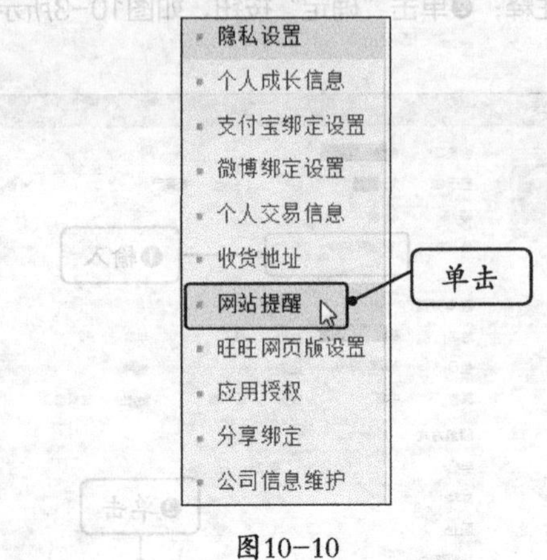

图10-10

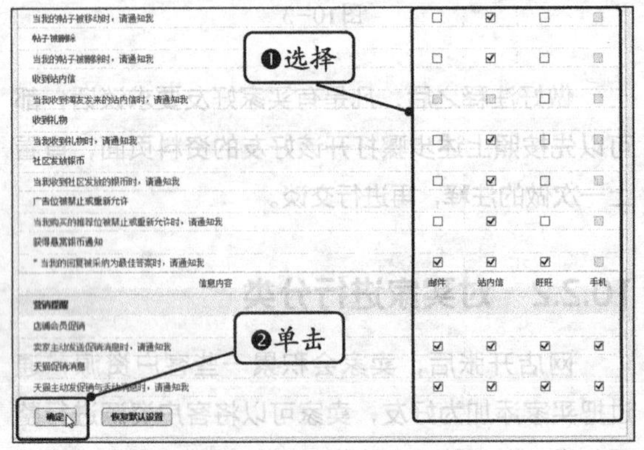

图10-11

高手支招 设置提醒时的注意事项

为了避免无意义的重复劳动，对于获得信息的四种方式不必全部设置，一般情况下设置旺旺提醒即可。对于重要的信息，为了避免漏过，也可以有选择地加上手机方式，效果也较好。

10.2.4 派发红包邀请买家

"红包"是支付宝为卖家提供的一项增值服务，是送给买家用于支付宝的虚拟优惠券。发送红包的资金将从支付宝账户中等额冻结，如在有效期内红包未被使用，冻结资金将解冻。卖家通过给买家派发"红包"可以吸引更多的买家。卖家发送"红包"具体操作步骤如下。

第1步 打开支付宝网站https://www.alipay.

com/，❶输入用户名和密码；❷单击“登录”按钮，如图10-12所示。进入新页面，单击“账户资产”选项卡，如图10-13所示。

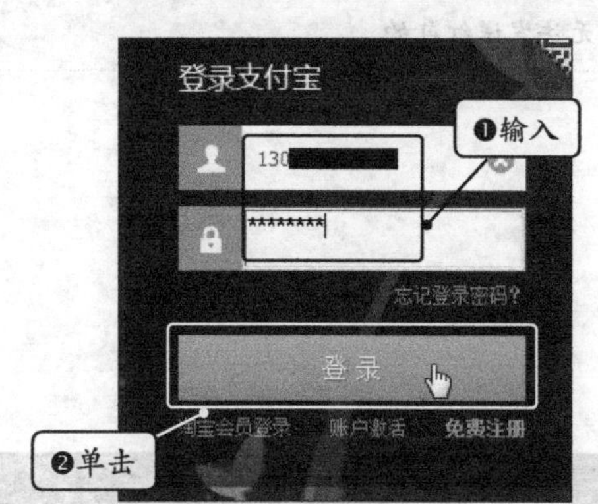

图10-12

图10-13

第2步　进入新页面，单击“红包”选项后面的“详情”按钮，如图10-14所示。选择“发红包”选项卡，如图10-15所示。

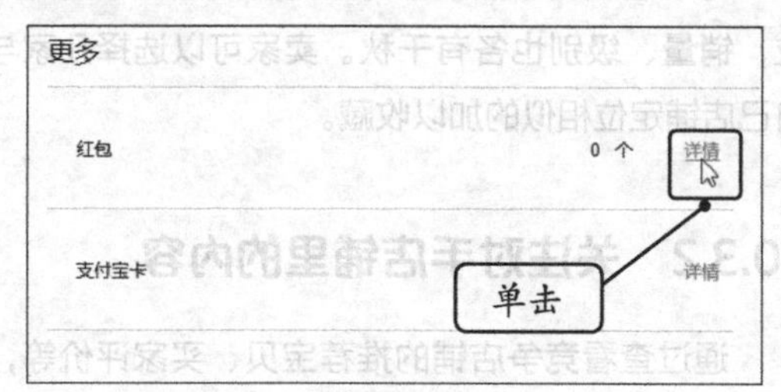

图10-14

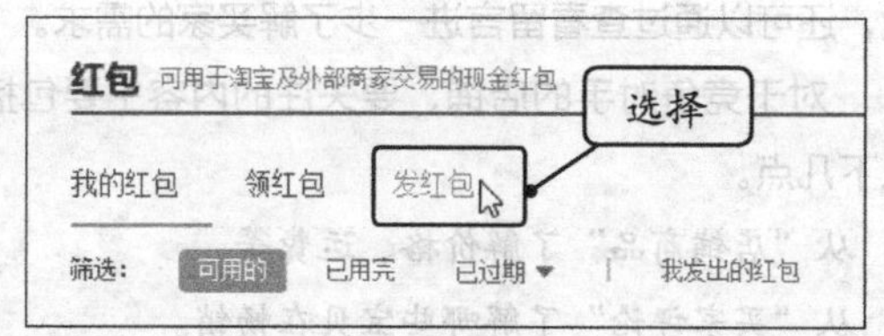

图10-15

第3步　进入新页面，❶选择红包类型；❷单击“下一步”按钮，如图10-16所示；❸输入红包接收者的支付宝账号及对应的红包面额；❹单击“下一步”按钮，如图10-17所示。

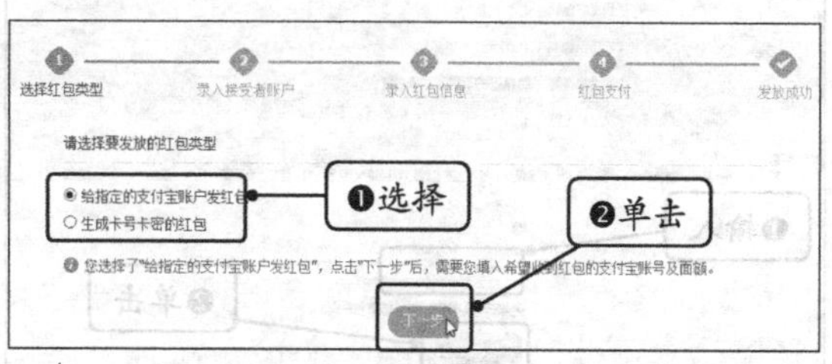

图10-16

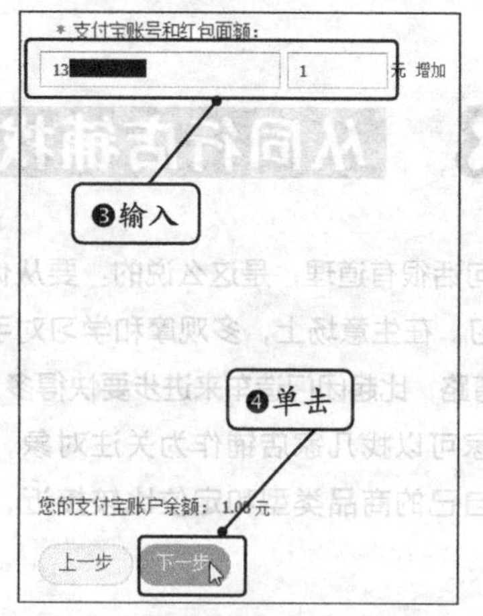

图10-17

第4步　❶选择发放红包的详细信息；❷单击“下一步”按钮，如图10-18所示。

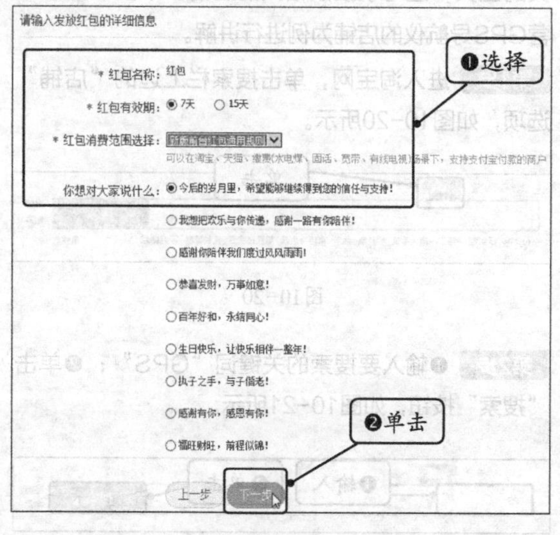

图10-18

第5步　进入确认红包信息页面，❶输入支付密码；❷单击“确认发放”按钮，红包即可发送，如图10-19所示。

请核对配置信息

红包出资账户	[illegible]
红包出资账户余额	1.08元
本次红包发放总额	1元
今天可发放的红包额度	1000元
本次发放类型	给指定的支付宝账户发红包
本次发放人数	1

❶输入 支付宝支付密码：•••••• 忘记密码?

❷单击 确认发放

图10-19

专家提点 注意支付宝账户的余额

目前红包只能使用支付宝内的余额来进行发送，不支持网上银行和快捷支付。支付宝内的余额不足的话，是无法发送红包的。

10.3 从同行店铺找情报

有句话很有道理，是这么说的：要从你的对手身上学习。在生意场上，多观摩和学习对手，会少走很多弯路，比起闭门造车来进步要快得多。

卖家可以找几家店铺作为关注对象，这些店铺要和自己的商品类型和定位比较接近，且交易量大。

10.3.1 确定关注对象

在淘宝主页的搜索栏中，不仅可以搜索想要购买的宝贝，还可以搜索相关的店铺。下面以搜索经营GPS导航仪的店铺为例进行讲解。

第1步 进入淘宝网，单击搜索栏上边的“店铺”选项，如图10-20所示。

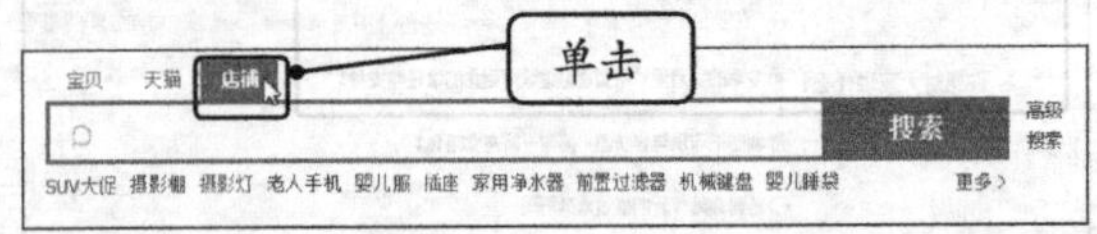

图10-20

第2步 ❶输入要搜索的关键词“GPS”；❷单击“搜索”按钮，如图10-21所示。

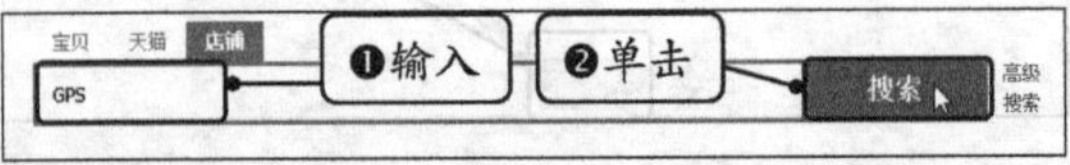

图10-21

第3步 在搜索结果页面中，会列出很多符合关键字的店铺，供用户查看，如图10-22所示。

图10-22

可以看出各个店铺都有不同的产品、不同的定位，销量、级别也各有千秋。卖家可以选择几家与自己店铺定位相似的加以收藏。

10.3.2 关注对手店铺里的内容

通过查看竞争店铺的推荐宝贝、买家评价等，卖家可以分析最近热卖的商品。如果卖家的店铺没有这些热卖的商品，那就应该抓住时机，尽快进货，还可以通过查看留言进一步了解买家的需求。

对于竞争对手的店铺，要关注的内容主要包括以下几点。

- 从“店铺商品”了解价格、运费等。
- 从“买家评论”了解哪些宝贝在畅销。
- 从“店铺留言”了解店铺中哪些宝贝缺货，而自己的店铺货源充足。
- 从“店铺公告”里了解这些店铺目前促销的手

段，从而加以吸收。

当然，除此之外，还有很多需要学习的内容，比如店铺装饰、宝贝分类、店铺推荐等，卖家可以在闲暇时仔细加以揣摩和评判，取其精华，去其糟粕，有选择性地吸收。

10.3.3 收藏竞争对手店铺

查看了对手店铺的内容，最好收藏一些对自己有帮助的店铺，以供往后查看。收藏店铺的具体操作步骤如下。

第1步 打开一个网店的主页，单击“收藏店铺”按钮，如图10-23所示。

图10-23

第2步 系统弹出对话框，提示收藏成功，如图10-24所示。

图10-24

如果卖家收藏了很多店铺，应该对这些店铺进行分类，便于查找和管理。店铺分类管理的操作步骤如下。

第1步 在淘宝网主页，❶将鼠标指针悬停在“收藏夹”选项上；❷在弹出的下拉菜单中单击“收藏的店铺”超级链接，如图10-25所示。

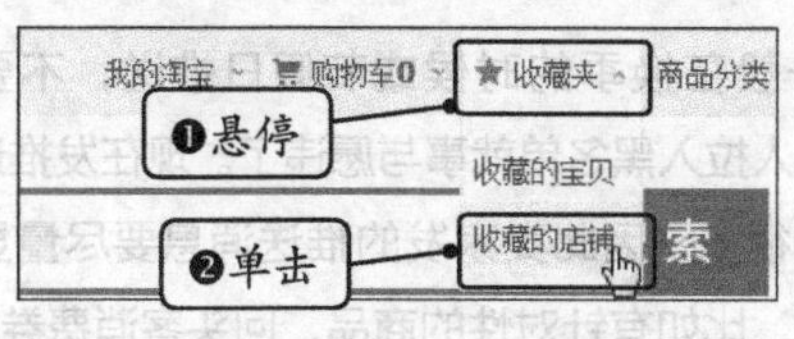

图10-25

第2步 在收藏的店铺页面，选择要分类的店铺，单击“添加标签分类”超级链接，如图10-26所示。

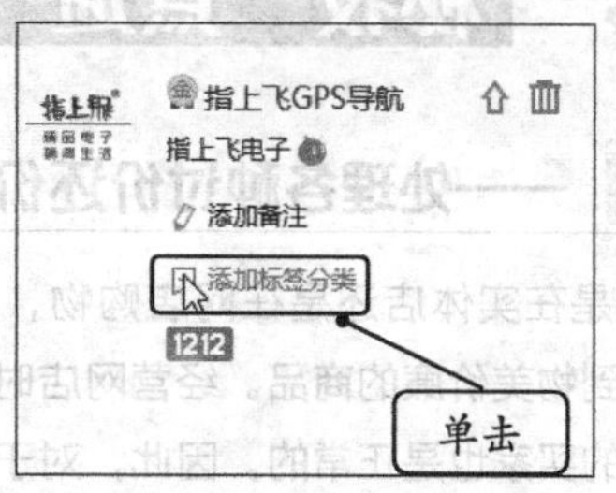

图10-26

第3步 在弹出的下拉菜单中单击“新建分类”超级链接，如图10-27所示。

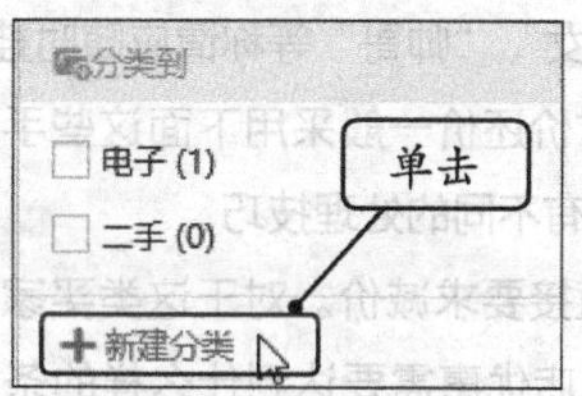

图10-27

第4步 ❶在文本框中输入新建的分类名；❷单击“创建”按钮，如图10-28所示。

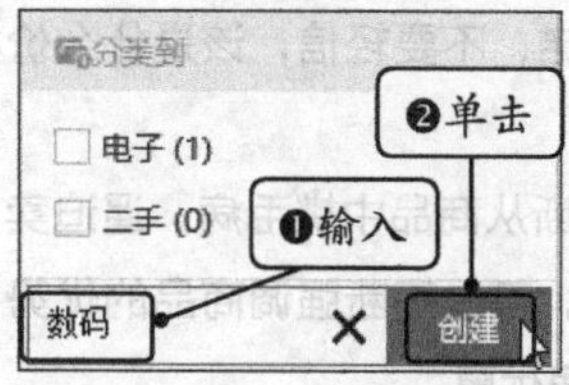

图10-28

第5步 单击新创建的分类名，即可将选中的店铺移动到该分类中，如图10-29所示。

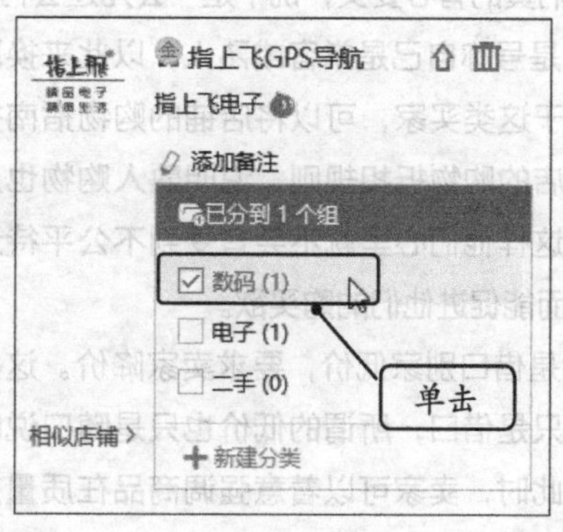

图10-29

10.4 秘技一点通

技巧1 ——处理各种讨价还价的技巧

无论是在实体店还是在网店购物，人们都希望能够买到物美价廉的商品。经营网店时遇到一些讨价还价的买家也是正常的。因此，对于这一类买家要保持平和的态度，他们愿意不厌其烦地讨价还价，说明对商品非常感兴趣，耐心处理还是有机会拿到订单的。即便生意不成仁义在，无论一番口舌努力之后，能否成交，都不要对买家恶语相加，“亲”“美女”“帅哥”等称谓应随时挂在嘴上。

买家讨价还价一般采用下面这些手段，对于这些手段，要有不同的处理技巧。

一是直接要求减价。对于这类买家，可以开面见山提出网店优惠需要达到什么样的条件，比如购物满100元包邮之类。

二是假意要大量购买，寻求所谓“试用”一件的优惠或者号称今后会带同学、亲人、好友来购买，借虚幻的购买量来迷惑卖家。对于这类买家提出的口头承诺，不要轻信，该是什么价格还是什么价格出售。

三是不断从商品中挑毛病，逼迫卖家让步。遇到这种买家，可以不断强调商品的优势，绝口不提价格方面的再优惠。

四是假装不再购买，逼卖家交出拉客回头价。如果能够保证利润，可以适当给出一些让步；如果利润本身就不多则不能让步，仍要与其礼貌告别，如果他们真的有心要买，说不定一会儿还会再来。

五是号称自己是常客或熟人，以此来换取友情价。对于这类买家，可以将店铺的购物指南抛出，强调网店的购物折扣规则，说明熟人购物也是一视同仁，这样他们心里就不会有受到不公平待遇的感觉，反而能促进他们的购买欲。

六是借口别家低价，要求卖家降价。这类说辞很可能只是借口，所谓的低价也只是随口说的一个价格，此时，卖家可以着意强调商品在质量方面的优势，让他们相信自己的商品值这个价。

总而言之，购物中讨价还价是人之常情，作为卖家应始终保持谦和的态度。买家能够想方设法地寻求低价，卖家也可以想方设法地保住自己的利润。多想办法，不要一言不合便冷言嘲讽。要知道古往今来开店做生意，往往都是那些笑脸迎人的生意人才会把生意做大。

技巧2 ——老客户的维护技巧

有研究证明：维护一个新客户的成本是一个老客户的10倍，老客户的回头率是很多商家最关心的问题。因此做好老客户营销就显得非常重要了，因为有老客户来店铺，店铺的转化率一般都比较高。老客户的维护方法有很多，以下介绍几点。

1. 成交之后赠送店铺抵用券，促进二次消费

成交之后可以赠送合理金额的店铺抵用券，在适当的时候给予提醒，这样可以有效地促成二次交易。

2. 不定期开展一些活动回馈老顾客

顾客就是上帝，不定期开展一些活动回馈老客户或赠送一些老客户专属小礼品，这样可以让老顾客感觉到自己受到了卖家的足够重视，商品哪个地方都能买，重视却不是哪个地方都能得到的。

3. 节假日短信问候

现在的社会其实就是一个人情社会，节假日的时候，卖家可以给老客户发个祝福短信，这会使买家感觉开心，当有消费需求的时候，买家自然就会想到自己的店铺。

4. 新品推送

一般在换季的时候或节假日推送，不要太频繁，被人拉入黑名单就事与愿违了。现在发推送消息的卖家很多，因此卖家发的推送消息要尽量显得与众不同，比如有针对性的商品、回头客消费券等。

5. 提升忠诚度

很多人会留言说自己是老顾客，这类顾客的忠诚度是卖家最看重的，可以采取特殊处理方式，让对方感受到自己的在意和诚信。

6. 做好后台

这个工作相对来说就比较细致了，短时间内不会见效，但坚持下去肯定会有回报的。如建立客户明细、留存客户电话资料等。

技巧3 ——用积分和会员身份抓住回头客

对于网店来说，网店的经常性顾客有着非常重要的作用，卖家在经营的过程中要有意识地培养一批这样的顾客。除了通过回访、交流等手段之外，还可以在店铺中使用积分和会员身份来抓住更多回头客。

在淘宝网中，卖家可以使用店铺商品积分服务，这样，买家在购物的同时能够获得一定的积分，当积分达到一定的数目之后，可以在店铺中换购或取得折扣优惠等。这对于经常网购的买家来说，也是很有吸引力的，他们在卖家的店铺中购物一两次之后，为了凑积分可能会有意识地经常到这个店铺中购物，从而为卖家带来更多的销量。因此，在同买家交流时，还可以将积分上的优惠拿出来，告诉买家积分促销的详情，吸引买家购买。

买家注册淘宝账号之后就成为淘宝网的会员，但他们不一定是卖家店铺的会员。虽然卖家不能在店铺中再建立一个像淘宝网一样的会员数据库和登录页面，但可以在阿里旺旺或千牛中建立一个会员组，将那些在店中多次购物的买家添加进来，修改备注名称，当他们购物时就适当给予一些优惠，或为他们提供更多的服务。久而久之，这批买家就成为经常性顾客了。

技巧4 ——巧用“包邮”提高转化率

包邮这个吸引客户的手段，相信大家都用过，基本已经成为每个店铺必备的一项促销手段。

邮费本身就是买家购买商品以外的费用，支付邮费只会增加买家购物的开支，而并不会对商品本身的品质有任何影响，所以如果能不支付，必然会省掉一小部分费用。

如果卖家包邮，快递费就需要卖家来承担，相对来说降低了卖家的利润，买家购买的产品提高了性价比，例如购买了一件100元的商品，卖家包邮，需要支付快递公司10元的快递费，这样买家购买的商品实际是100-10=90（元），感觉像是90元买到了100元的产品。因此，包邮能够让买家更倾向于购买，对于提升店铺转化率来讲是非常有利的。

包邮有几种方法，可以用来提高店铺转化率，下面分别进行讲解。

1. 普通包邮

这种包邮是最普遍的包邮手法，只要客户购买商品，就可以享受包邮的政策，一般来说，这种包邮会使用“四通一达”等性价比高的民营快递，此法需要注意选择快递公司的质量，如果只是为了便宜，造成快递时效性差与派送范围不足，从而引起过多的中差评和评分降低，就得不偿失了。

2. 满额包邮、满几件包邮

这种包邮是客户购买商品达到指定数量或者规定金额可以享受的包邮，如满百包邮免运费、两件免运费等，原理与满就送类似，配合店铺内部的关联销售，可以达到不错的效果，建议已经运营一段时间、有一定基础的店铺使用，可以达到最佳效果；到底满多少送，满几件送，店主最好先研究一下客户的客单价区间，包邮标准的限制价格最好不要超过客单价的150%，例如80%的客单价在80元左右，那包邮的标准最好是在98元、108元，而且店铺内要有相应的18元以上28元以下的产品与之配合。

如果是满几件包邮，就必须要搞清楚到底哪件商品最可能成为客户主要购买的产品。比如店铺内主要经营貂皮大衣，价格比较昂贵（基本都在千元以上），发一件貂皮大衣可能需要40元左右的运费，但是最多收客户15元，收多了客户会极度不乐意。

对于普通店铺而言（以服饰店为例），比较好的做法是：上架十几种服饰挂件、饰品、精致礼品等，进货价在5～10元区间，5元的成本，产品售价12元左右，10元的成本，产品售价20元左右，如果用户只买1个产品，则要支付10元运费，只有用户买3个及以上产品时，才可以免费邮寄，这样客户只有两个选择，要么支付10元运费，要么最低花14元再购买两个产品，一单商品的毛利增加了14－10=4（元），快递费用不变，一天发15个这样的满三件免运费商品，则为4×15×30=1800（元），每个月增加1800元的毛利，增加了销量，也会形成一些零售单，店铺整体销售额与毛利也就得到了提升。

3. 顺丰包邮

这是一种重量级的包邮方式，因为顺丰价格贵，且速度最快，服务也好，也是公认的较好的快递商。如果一个店铺打出顺丰包邮，顾客会怎样想呢?

很快收到购买的商品。

这个店主很有实力，竟然可以使用顺丰包邮。

使用顺丰快递可以避免大部分因为快递原因引起的中差评和低评分。但包邮顺丰的弊端就是成本太高，所以使用的时候一定要研究自己的客单价、毛利率，建议在店铺推广人气商品和打造爆款商品前期使用，以尽快达到销量上升的目的。店铺信誉度和知名度上去以后，就要少用了，毕竟以亏钱或拉平盈利来赚信誉的方式不能持久，除非利润率真的很高，可以覆盖过顺丰邮费还能剩下不少，才能长期持续这种包邮模式。

4. 少付费包邮

这个方式比较小众化，说简单点就是购买产品后，再多付几元就包邮，比如多付3元、5元都可以。不过这样的方式适用于那些客单价不高，又不适合包邮的产品，通常认为加5元包邮这招还不错，因为大部分人的潜意识里，邮费都是从10元到12元一单的，店主实际付出的邮费一般在6～8元（因为和快递公司签订长期协议，快递费通常就是这个价格），这样收客户5元，店主实际只需支付给快递公司1～3元的快递费。

技巧5 ——通过建立良好的网络形象来聚人气

在淘宝市场上，口碑是一种强大的营销工具。卖家为了提高自己店铺的人气和收益，获得买家的关注，就必须仔细考虑自己应该在网络上建立怎样的形象。想要建立良好的网络形象，需要做到以下几点。

1. 形象是关键

卖家需要为自己确立一个独特的形象。

2. 大胆

卖家可以使用一些令自己与众不同的东西，吸引人们的视线。突出表现自己所经营的业务的属性，因为这个属性将成为自己网络形象的重要组成部分。

3. 积极

没有人喜欢悲观主义者，积极和“一切可能”的态度才能孕育出更多的能量和想法。如果遇到麻烦的事情，也要努力去克服，因为长远来看这会提升卖家的形象。

4. 让自己的店铺变得漂亮

卖家需要确保那些看到自己店铺的人会感到开心。在店铺中放置优质的图像和顺畅的视频，可以进行一些简单的设计、简单的指南等。建立自己的专业人士形象，注重细节和用户体验。

5. 证明自己

证明自己，并花时间和买家互动，回答买家提出的问题，为买家提供卓越的服务，这种直接接触是提升形象的关键。卖家可以添加一些商品说明，确保买家对商品的知情权。卖家还可以告诉买家一些关于商品和自己的小故事，吸引客户的注意力。

6. 进行高品质的联系

卖家要积极地与同行交朋友，尤其是那些在行业内具有影响力的成功人士。建立良好的对外关系，可以促进信息的传播，获得更广泛的消息，增加潜在购买人群的数量。此外，还可以直接与同一领域内的其他专业人士进行合作。

7. 激发信任

卖家在宝贝描述中引用一些积极的评价以及感谢信，都将使买家对自己产生信任感。此外，也可以在宝贝描述中加入产品所获得的奖项及专业机构的评价等内容。

开店小故事

善用品牌提升转化率，速升三钻

小肖是一个平凡的山东农家女孩，大学毕业后，她毅然决定放弃大城市返乡创业，用乐观的心态和创新的意识，寻找一条创业的路。

从2010年3月到6月，仅仅三个月的时间，她的淘宝店快速成长为三钻。也许旁人会感到羡慕，但只有小肖才了解其中的奥妙。

2008年，小肖从大学毕业，开始在北京四处寻找工作。一番周折之后，她终于找到了一份在货运公司做销售的工作。但小肖的工作并不顺利，底薪仅仅800元，而当时房租就要900元，小肖觉得生活压力很大。经过仔细考虑，她毅然决定返乡，在家人的安排下，小肖在当地做起了收银员的工作。

“我感觉收银员的工作不能长久做下去，我必须找到值得我为之全心投入的事业。”小肖说。

2009年，小肖从网上看到很多人通过淘宝开店，她一下就被吸引住了。可是，怎样开网店，小肖对此一无所知。8月的一天，她应聘去了杭州一家淘宝网店里工作，在完全掌握网店的流程和技巧之后，2009年底，小肖学成返乡，开了一家自己的淘宝店。

“在一些二三线城市，很多人知道网络购物，但会用、敢用的人却不多，这是一个还没有开发的市场，我相信在二三线城市开网店收获会更大。”小肖分析说，她认为相比实体店来说，淘宝网店所需的资金较少，但面对的消费者更多。

向家里借了一些启动资金后，2010年3月，小肖正式为自己的店铺设计了“小肖出品”的品牌，淘宝店正式开张。

“开店后的第三天，一个江西买家拍了一件黄色T恤，成交价格25元。”当时的情况仍然历历在目，小肖说：“虽然只有25元，但是意义非凡，自己的积累终于得到了市场的回应！”

有了一单，就有两单、三单……订单渐渐多了起来。20天过去，店铺升了一钻，又过了30天，到了二钻，到5月20日的时候，店铺已经突破了三钻，离开店3个月不到。面对这样的成绩单，小肖知道自己已经找到实现梦想的路。

淘宝上已经有海量商品，如何从这些种类繁多的类目和店铺中脱颖而出呢？小肖有自己的看法，她认为，“小肖出品”不仅仅是一家店铺名，还是一个品牌。通过“小肖出品”这个品牌，让客户感受到满是笑脸的服务态度，而“出品”二字则让人联想到品质和质量的保证。“在淘宝这个大市场中，产品的质量固然重要，但服务也同等重要。”

秉承提供服务的理念，小肖面对每一个客户不仅热情，还积极帮他们找到合适的服装搭配。无论顾客胖也好、瘦也好，小肖都会帮顾客参谋，为顾客选择。

“小肖出品，如今已经成了网店的一笔无形的财富。有了自己的品牌，网店显得有实力、有档次、有风格，比起一般的店来，转化率要高得多。下一步，我将选择更多的服装品牌做代销，新品和旧品搭配，让消费者有更多的选择。”小肖一边充满信心地说，一边在电脑旁忙碌着。从产品上架下架、橱窗位设置，到加入直通车和淘宝客、导入导出数据包等，小肖都能应付自如。“淘宝客的推广能帮店里增加单品的购买量，而直通车的推广可以帮助‘小肖出品’品牌更加广为人知。”

“‘小肖出品’要塑造一种平凡中不平凡的感觉，一件普通的衣服也可以穿出精彩，一个像我这样的普通人也可以创造奇迹。”这就是小肖的信念。

第11章 大力推广让店铺增流量

本章导言

店铺开张后，不能被动地等待买家主动上门，毕竟淘宝网中有数百万卖家，很多人都经营着同类商品，竞争太大，如果不做宣传，恐怕很长时间都不会有人进店买货。为了让更多的人知道并光临店铺，卖家需要利用各种途径对店铺和商品进行营销与推广，并且卖家需要熟悉生意，参谋分析推广效果。

学习要点

- 掌握软文的写作技巧
- 掌握在淘宝论坛发帖回帖宣传店铺的技巧
- 掌握通过淘宝客推广商品的方法
- 了解使用各种互联网资源来推广店铺的方法
- 了解查看店铺数据的方法

11.1 巧用软文推广商品和店铺

顾名思义，软文是相对于硬性广告而言，由企业的市场策划人员或广告公司的文案人员来负责撰写的“文字广告”。与硬广告相比，软文之所以叫做软文，精妙之处就在于一个“软”字，它通常不以广告的面目出现，而是以散文、哲理文、温情文等形式，来带着广告呈现在读者面前，读者在被文章打动的时候，也接受了广告的宣传。

软文是一种“春风化雨”般的广告，它能让受众在不知不觉间就了解产品，它的接受度要比硬广告好得多。因此，淘宝店主们如果能写一手好软文，对自己网店的营销是大有帮助的。

11.1.1 掌握软文标题技巧

软文可以把广告包装成一篇文章的形式展现在受众的面前，从而更容易让受众通过软文来接受自己的推广信息。不是所有的软文都可以起到好的效果，因为就算正文写得再好，标题却平淡乏味，无人点击，同样起不到宣传的作用。

1. 新闻式的标题写法

新闻的标题最主要的技巧在于一针见血，不加修饰，用一句话完全的概括出内容的重点，产生一种很权威的感觉。在写推广软文时，也可以稍微借鉴一下新闻的样式，以增加权威感。

比如，“失眠的我，终于遇上了能让自己睡个好觉的空调”，一看就是宣传静音功能特别好的空调，基本没有多余的修饰；“老慢支还得靠××药”，也是以权威的口气来吸引有相关需要的读者前来阅读。

一般的新闻主要由标题、导语、主体、结尾四部分组成，其中标题占据最重要的意义，毕竟新闻是不能乱写的，所以，写推广软文标题时也需要结合一定的实际，不要想着利用夸张、曲解的方式撰写吸引人的标题，如果文不对题的话，读者会笑骂一声"标题党"，从而对文章的内容也就不看重了。用扭曲夸张的标题来取得一时的点击率是不好的，软文需要长期性和权威性，为此标题要实事求是才行。

2. 悬念式的标题写法

悬念式标题往往是很容易吸引用户点击浏览的，通过添加有吸引力的词语来使标题更加引人注目，使得用户在看到标题之时，心里产生一种"真的是这样的吗？"的想法，那么用户在不相信的时候，往往都会点击进入阅读，一查事实，这样一来就可以完全吸引用户的注意力了。当然，其内容还需要相匹配的吸引力才能加深用户对软文的印象。

比如"亲身经历的奇事""想不到还可以这样做""怪不得我不成功"以及"原来如此"之类的，当读者看到这样的标题时，就有一种忍不住点击浏览的冲动。所以，要提高软文的点击率，使用悬念式的标题是最有效的方法之一。

3. 疑问式的标题写法

标题使用疑问开头往往最能打动读者，毕竟每个读者都想知道更多，那样就可以回答别人不知道的问题，还可以满足自己的虚荣心。所以利用疑问开头的标题，如"你知道哪个方法能快速提高网站排名吗？""我可以一天把排名优化上首页，你信不信？"类似的疑问式的标题，能获取大量的点击率，对于软文推广自然就十分有利了。

4. 叙述式的标题写法

叙述式软文标题是指把软文中最主要、最新鲜的事实直接写出来，无需多加描绘，便能吸引读者的软文标题。叙述式软文标题能让读者在阅读正文前，就对软文产生阅读的兴趣。而这类标题的写作要求，则是作者需要有一定的写作实力，毕竟如果没有那样的写作功底的话，很难把叙述式标题写得出色，而标题不够吸引人则往往导致文章没有过多的点击率。但是，如果能写出一个精彩的标题，即使不用修饰词语也能使软文获取大量的点击量，这就是叙述式标题的作用了。

典型的叙述式标题是这样的："昨天我见证了医学史上的奇迹"，或者"日销三万三的微店"。叙述式的标题和新闻式的标题有一定的共同点，即两者都是直接推出最主要、最吸引人的"卖点"，而不多加无用的修饰和转折，但两者也有一定的区别。

11.1.2 软文的几种常用起头方式

"转轴拨弦三两声，未成曲调先有情"，软文的开头要写出这种效果，那就是绝妙的篇章了。也有人把文章的开头比喻成"凤头""爆竹"。凤头俊美靓丽，先声夺人，让人有一种美的享受。爆竹噼里啪啦，响得痛快，听着震撼，营造氛围。

软文开头也可以有模式借鉴，常用的写法有以下几种。

1. 开门见山

开宗明义，直奔主题，引出文中的主要人物或点出故事，或揭示题旨或点明说明的对象。用这种方式开头，一定要快速切入中心，语言朴实，绝不拖泥带水。

朱自清先生在《背影》中的开头值得借鉴："我与父亲不相见已两年余了，我最不能忘记的是他的背影。"一句话交代完，既点了题，又可以展开内文。

2. 情景导入

在开头有目的地引入或营造软文行动目标所需要的氛围、情境，以激起读者的情感体验，调动读者的阅读兴趣。用这种方法去写开头，对于渲染氛围、预热主题有直接的效果。

例如，"灯下，我正在赶写堆积如山的作业，父亲轻轻地走进我的房间，把一杯热气腾腾的姜丝可乐放到了写字台上。透过层层雾气，望着父亲离去的背影，我的眼睛湿润了，泪水不知不觉地流了下来。"

文章中心思想是表达父爱，开头先描写这个场景，温馨感人。下面讲故事就有了铺垫。如果是评论形式的软文，这种方式就更简单了，把要评论的事情简单地描述一下就可以了。

3. 引用名句或者自创经典话语

在文章的开头，精心设计一个短小、精练、扣题又意蕴丰厚的句子，引领文章的内容，凸显文章的主旨及情感。如果实在想不出来也没有关系，找个合适的名人名言、谚语、诗词等都可以，既显露了文采，又能提高软文的可读性。比如“不疯魔，不成活。成功属于偏执狂。如果不把一件事做到极致，又怎能期待他人的赞赏？……”。

这种方法开头可以引申出故事导入，将富有哲理的小故事，或者与要表达的中心思想或者段意相关的小故事直接做开头，一句话揭示道理也不失为一个容易入手的开头方式。

4. 巧用修辞

修辞的常用手法是比喻、比拟、借代、夸张、对偶、排比、设问、反问等。用这些修辞手法去写开头会非常容易，还可以演变出很多开头的方式。

比如，《翻检日子》的比喻形式开头：“日子像手中的细沙，一不留意，就纷纷从指间流逝，而且义无反顾。”

这种类型的文字，特别容易获得读者的共鸣，这就为软文推广的内容打下了基础。

11.1.3 正文布局让软文更耐看

软文布局，就是软文撰写中对素材、文字和标点符号及数字的排兵布阵，是把文章中的所有材料、作者的认识，按照软文的中心思想和行动目标，合理地排列，组合成一个完整而和谐的整体。简单来说，就是文章的结构、组织形式，也就是段落安排。

软文的布局如果做到“凤头、熊腰、豹尾”，就是一篇完美的文章。“凤头”前面讲过，就是开头新奇，“熊腰”就是中间内容详尽，“豹尾”就是结尾巧，强而有力。具体来说，软文布局要做到“秩序井然、气势连贯、高度一致、身材匀称”。

“秩序井然”，所有材料的排列次序要有先后，安排妥当。

“气势连贯”，一气呵成，不能有脱节现象，更不能离开主题。

“高度一致”，软文中提出的观点和论据要统一，不能相互矛盾。

“身材匀称”，分段内容不能过长或太短，开头要有吸引力，内容要有说服力，结尾更要具震撼力，如此才不会变成“虎头蛇尾”，头重脚轻。

下面介绍软文布局常用的八种方法。

1. 悬念式

悬念，在古典小说里称为“扣子”或“关子”，即设置疑团，不作解答，借以激发读者的阅读兴趣。通俗地说，它是在情节发展中把故事情节、人物命运推到关键处后故意岔开，不作交代，或说出一个奇怪的现象而不说原因，使读者产生急切的期盼心理，然后在适当的时机揭开谜底。要达到这种效果，需要撰写软文的时候有意识地制造悬念。

制造悬念常用以下三种形式。

设疑，这个疑问随着文章展开逐层剥开。

倒叙，将读者最感兴趣、最想关注的东西先说出来，接下来再叙述前因。

隔断，叙述头绪较多的事，当一头已经引起了读者的兴趣，正要继续了解后面的事时，突然中断，改叙另一头，这时读者还会惦记着前一头，就造成了悬念。

悬念式的布局，通常需要一个悬念式的标题，这样才能相互呼应。比如标题为“我为什么还活着？”那么正文开头可以这样写。“我三年前就应该死去了。是的，身患×××、×××和×××疾病，辗转病榻十余载的我，病情在三年前达到了顶峰，开始大口咯血……甚至于医生都不愿意接手救治了。”如此一来，读者就会对作者本该死去却还活着这一事件产生好奇，继续阅读下去。

2. 抑扬式

所谓“抑扬”，是记叙类文章写作中常用的一种技巧，可分为欲扬先抑和欲抑先扬两种情况。欲扬先抑，是先褒扬，但是不从褒扬处落笔，而是先从贬抑处落笔，“抑”是为了更好地“扬”。欲抑先扬正好相反。用这种方法可以使文章情节多变，形成鲜明对比。

一篇软文，特别是故事性软文，看完开头就知道结尾，不是好的软文。如能运用抑扬法，就能做到千折百转，避免平铺直叙，使文章产生诱人的艺术魅力。

有一本讨论“严厉对待孩子才是正确之道”

的书，其宣传文案就采取了抑扬式。文章在开头写道："这不是一本好书，它和我们社会上宣传的对待孩子的方式截然相反，它会让你变成一个'坏'家长……"，这样竭力贬低一本书的口气，在文章展开后却话锋一转，将这本书的独特之处娓娓道来，读者便了解到原来所谓的"坏"并不是真正的坏，而是不要宠溺小孩，要以适当的体罚树立起家长权威，在这种先抑后扬的布局中，接受文章作者的观点。

3. 穿插回放式

穿插回放式记叙类文章，利用思维可以超越时空的特点，以某物象或思想情感为线索，将描写的内容通过插入、回忆、倒放等方式，形成一个整体。具体操作上就是选好串起素材的线索，围绕一个中心截取组织材料。比如，一个营销沙发的软文，可以以一个小孩成长过程中，对沙发与家庭的各种温馨，组成一篇打动人心的文章。

4. 片段组合式

选择几个生动的、典型的片断，把它们有机地组合起来，共同表现一个主题。用这种方法构思的记人叙事的文章，可以在较短小的篇幅内，立体而多角度地表现人物，叙述事件，描写商品特点，烘托品牌。比如宣传某个文化沙龙的软文，可以以不同人物的口述经历，讲解他们如何在沙龙中获得知识和友谊，从而让读者也对沙龙产生立体的印象，并产生好奇心。

5. 并列式

一般写的是对象的横向的、静态的情况。各部分相互间无紧密联系，独立性强，但共同为说明主旨服务。能够省略某一部分。先后次序不那么固定。这种方法的好处是概括面广，条理性强。把一个问题从不同角度、不同侧面进行阐述。其组材形式基本上有两种：一种是围绕中心论点，平行地列出若干分论点；另一种是围绕一个论点，运用几个并列关系的论据。

比如一个营销外语教学中心的软文，可以从学校的历史、教学、师资等各方面进行并列描述，让读者全面了解教学中心，并产生认同感。当然，各方面的描述不能像硬广告一样直白，可以以多种方式和角度来进行讲解，比如从学生角度来介绍教学，从校长角度来介绍历史等。

6. 正反对比式

通过正反两种情况的对比分析来论证观点的结构形式。通篇运用对比，道理讲得更透彻、鲜明；局部运用正反对比的论据，材料更有说服力。

正反对比的写法比较简单，通常采用"事前"和"事后"的对比来加强读者的印象，这最常见的是药品保健品软文，常常使用"以前，我如何虚弱病痛，偶然使用了×××保健品后，精神如何好，身体如何壮……"之类的。不过这种形式的软文已经被滥用了，很多读者都对这种形式的软文免疫，要写好这类布局的软文相当不容易。

7. 层递式

在论证时层层深入，步步推进，一环扣一环，每部分都不能缺少。论述时，由现象到本质，由事实到道理，这是层递；提出"是什么"，再分析"为什么"，最后讲"怎么样"，也是层递；讲道理层层深入，也是层递。运用层递式结构要注意内容之间的前后逻辑关系，顺序不可随意颠倒。这种方法的好处是逻辑严密，能说明问题。

这样布局的软文，其阅读对象通常是一些比较有知识，有逻辑，文化水平较高的人，软文营销的对象也通常是一些比较理性的事物，比如书籍、教学资料等。

8. 总分总式

运用"总分总"式的文章往往开篇点题，然后在主体部分将中心论点分成几个基本上是横向展开的分论点，一一进行论证，最后在结论部分加以归纳、总结和必要的引申。运用"总分总"结构时要注意，分总之间必须有紧密的联系，分述部分要围绕总述的中心进行，总述部分应是分述部分的总纲或水到渠成的结论。

以上八种布局方式，前四种方式多用于记叙形式的软文中，后四种方式多用于议论、说明类的软文中。但是文无定式，一篇软文也有可能是几种布局方式的综合运用。

11.1.4 软文常用的几种体裁

软文的体裁并不局限于说明文、叙事文或任何一种，只要能够有效打动读者，宣传产品的体裁，都可以采用，比如诗歌、日记、书信等。

1. 日记式

如今除了学生已经很少有人写日记了，如果用这种方式去写一篇软文，特别是写与人们“衣食住行”直接相关的产品或者服务，则显得更贴近生活。

2. 诗歌式

诗歌的特点就是长短句配合韵脚，朗朗上口，容易记忆，也容易打动人心。当然，写诗歌式的软文尤其需要功力，不然容易弄出一个“口水诗”“打油诗”，显得格调低下，反而起不了宣传作用，又或者只是空口感叹，没有真情实感，让听众觉得假大空，效果自然就不好了。

3. 书信式

借用书信的布局格式，自由组织材料，这种写作体裁以“面对面”的形式交流，读者读起来特别有代入感，比如“亲爱的，你知道吗？……”，仿佛这封信是写给读者的，比起其他格式来，分外能打动人心。

4. 剧本式

剧本式布局的新颖会让软文更有趣味。不过此类软文显得不太严肃，大多只能在网络论坛、微信、博客、QQ群上传播。

5. 创编式

借用大家熟悉的神话、寓言、童话等，对之进行创造改编，注入新的内容，借来讽喻折射现实生活，这样的文章有“言在此而意在彼”的效果。网络恶搞软文也经常用这种形式，颇受欢迎。

6. 说明书

大家都比较熟悉药品说明书，它有固定的格式，按照这种布局格式，将其他服务或者类别的产品写成软文，趣味感也会十足，比如“求婚说明书”“丈夫使用指南”等。

7. 实验报告

实验报告文体也有固定格式，用这种方法与用说明书布局有同样的趣味感。

8. 自问独白式

自问独白式就像单口相声一样，全文自己问自己，中间用自白巧妙过渡。这类软文在论坛上传播效果特别好。

9. 散点式

围绕一个中心，从数个点上进行发散、铺排，每个点都有一个精美的句段，数个点连成一体就是一篇优美的软文。这种方式大多是散文形式的软文，常见于房地产类软文。这种软文一定要避免堆砌华丽的辞藻，文采太高会曲高和寡，失去软文的杀伤力（效果）。

当然，其他形式的体裁同样具有新颖性，要靠读者不断总结、实践，在此就不多列举了。总之，多练习才是成功之道。

11.1.5 软文常用的几个收尾方法

写软文，如果没有恰当的收尾，就像在高速上跑车，跑得正兴起，突然没有路了，又没有任何交代，会惹来骂声一片。软文收尾数量掌握以下几种套路，会让软文撰写“进退自如”，进可以展开，退可以收尾。

1. 自然收尾

在内容表达完结之后，不去设计含义深刻的哲理语句，不去雕琢丰富的象征形体，自然而然地收束全文。记叙性文章中，常常以事情终结作为自然收尾。

2. 首尾呼应式

结尾与开头遥相呼应，文章的开头若提出了论题或观点，中间不断展开，进行分析论证，结尾时回到开头的话题上来。这样收尾的软文多应用于议论性文章，能够让结构更完整，使得文章浑然一体，并能唤起读者心灵上的美感。

3. 点题式

文章行文中没有明确提出观点，在结尾时，要用一句或一段简短的话明确点出文章的观点，起到卒章显志、画龙点睛的作用。这种方式的结尾能够帮助读者悟出全文的深意，提升软文的品格，从而给读者留下深刻的印象。

比如周敦颐的《爱莲说》，用了大部分篇幅描写莲生长的环境、端庄的姿态，作者的目的是什么呢？读到文章结尾才明白，原来作者是借赞美莲花来歌颂君子的坚贞气节，批评追名逐利的恶浊世风。

4．名言警句式

用名言、警句、诗句收尾，要么让软文意境深远，要么揭示某种人生的真谛。它往往用三言两语表述出含义深刻、耐人寻味的哲理性或警醒性内容，使之深深地印在读者心中，起到“言已尽，意无穷”的效果。文章结尾，如果能够巧妙引用名言警句，就一定能让文章增色。古今中外，名言佳句随便百度一下，不是没有恰当的，而是需要挑选出更恰当的。

5．抒情议论式

用抒情议论的方式收尾，是要用作者心中的真情，激起读者情感的波澜，从而引起读者的共鸣，有着强烈的艺术感染力。这种结尾方式应用较广，可以用于写人、记事、描述物品的记叙性文体中，也可用于说明文、议论文的写作。

6．余味无穷式

结尾之处留白，让读者自由驰骋，纵横想象，读者可以适当补白、续写，这样的思维阅读会有令人惊奇的收获和非同寻常的深刻体验。韵味悠长的结尾除了妙手偶得之外，绝大部分都是对生活有了独特的感情后，再加以精心提炼形成的结晶。

在记叙文中，作者以独特的认识和理解，写下深刻含蓄的结语，力求意味深长，引人深思。比如李白的“孤帆远影碧空尽，惟见长江天际流”、岑参的“山回路转不见君，雪上空留马行处”。

7．请求号召法

在前文讲清楚道理的基础上，向人们提出某些请求或发出某种号召，如“让我们共同抵制公共场所吸烟的行为吧！”

8．结尾展开联想

由此及彼，由表及里，由小到大，由具体到抽象，使主题得到升华，如“谁言寸草心，报得三春晖，天下的母亲们就是这样无私和伟大。”

9．祝福式

站在第三者的角度对软文中的人或事物进行祝福，如“愿天下母亲都健康长寿！”

11.1.6　如何将推广目的植入软文

软文植入广告有两种宏观策略：第一种是“不需要太软”，用新闻报道、专访、访谈、评论等形式直接对要推广的产品或者服务进行描述或者评论，不需要隐藏，直截了当即可。

第二种需要设置“温柔陷阱”，将广告巧妙融入文章，这个目标其实很难。如果融入得太不着痕迹，有可能使读者领会不到广告的含义，如果广告强调得比较多，又会引起读者的警惕，因为目前买家对软文已经有了相当高的免疫力，就连央视春晚每年都有太多的网友在瞪着眼睛找植入广告。

因此，软文内的植入广告要掌握好火候，过多过少、过软过硬都是不适合的，掌握好这个度很重要。

下面介绍几种较为实用的植入方式。

- 将产品的信息以举例的方式展现，可以适当展开几十字，多用于平面媒体软文。
- 借用第三方身份，比如某专家称、某网站的统计数据、某人的话，一定要真实。引入的文字也不要太长，这种方式多应用于平面媒体软文。
- 以标题关键词形式植入，多应用于网络门户软文。内文中要将植入的关键词拟人化，如“高进教育机构认为……”。这类植入方式尽管没有太多地融入产品信息，但是因为关键词及内文多次带有产品、商标或者公司名称，既能传达一种理念，又能达到被百度检索收录的效果。
- 故事揭秘形式。这种方式多应用于论坛软文，开始就围绕植入的广告编故事，一切都是以这个需要植入的广告为线索展开。这种植入尽管非常容易让读者意识到是软文，但是只要故事新颖，读者还是愿意一口气看完。

- 版权信息的方式。这种方式也多用于博客软文、微博软文。这种方式最为简单实用。只需要找出潜在客户群体，找出他们感兴趣的话题、原创或者伪原创相关话题的文章，内文中不需要刻意琢磨如何植入广告，在文章结尾后加入版权信息即可。如“本文为某某机构原创，如需转载请注明出处，则阅读更多文章请访问www.××××××.com”。
- 插图及超级链接形式植入。这种方式多用于网络软文，可以结合以上五种方式灵活使用。

11.2 在淘宝论坛中宣传店铺

淘宝论坛（bbs.taobao.com）是淘宝官方设置的供淘宝用户讨论话题的公共场所。在淘宝论坛上可以通过撰写文章的方式来推广自己的店铺，完全免费。不过，淘宝论坛上一天有上千篇帖子与数不清的回帖，如何才能在这些帖子里脱颖而出，引起大家的注意呢？这就要求帖子写得好，言之有物，有理有据，能被版主评为“精华热帖”，如此一来，点击的人自然就多了，宣传的目的也就达到了。

那么，如何在淘宝论坛上写出精华帖呢？这就是本节要讲解的内容。

11.2.1 写好帖子的标题

大家在论坛浏览的时候都是根据标题来选择是否点击阅读，所以帖子的标题是非常关键的因素，一个相当有诱惑力的标题，会使你的推广工作事半功倍。

在淘宝的论坛首页中，页面上主要是社区论坛内部的热帖，可以学习这些热帖的标题，如图11-1所示。

图11-1

为了方便找到最好的帖子做参考，也可以直接点击进入社区的单个版面，单击社区板块上方的“精华热帖”超级链接，可以看到所有的精华帖子的标题，如图11-2所示。

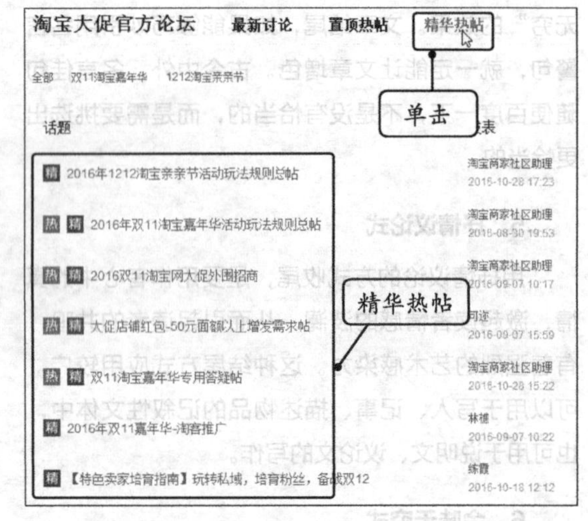

图11-2

下面是精华帖标题的一些基本特征。

（1）在淘宝社区里，一页有几十条帖子，要让潜在买家把注意力集中在自己的帖子上，就需要在帖子标题中加一些显眼的符号。

（2）当潜在买家注意到自己的帖子之后，还需要使用吸引买家眼球的引爆点。如“最牛***”“惊爆胖妞3个月减30斤……”。还需要多用一些吸引人的词语，比如：“秘密”“竟然”“惊爆”“最牛”“特别”“绝对”“100%”“意外”等，套上这些词语的帖子标题都能够大幅提高点击率。

（3）揭密很多人都不知道的东西，人们对秘密的东西总是比较感兴趣的。如“揭密5钻卖家月入

30万”“你不知道的直通车秘笈”或“店铺营销密码”等。

（4）题目可长可短，根据文章的需要而定，但最好不要太长，不要超过人的视觉接受能力，不然会让人觉得一口气念不下来，影响阅读感。

专家提点　注意写帖误区

这里应注意，撰写帖子时不要走入误区，如：

- 不按照实际，内容吹牛，标题说得吓人，纯属哗众取宠；
- 内容不实在，内容是淘宝感受，标题写的却是推广；
- 不切合主题，比如在经验居里写与淘宝无关的帖子，标题再好也没效果；
- 标题不够文明，显得很没素质。

11.2.2　写出精华帖的秘密

怎样才能写出万人瞩目的精华帖呢？下面将给大家介绍一下写出精华帖的秘密。

1. 标题新颖

大家看帖都是从标题进来的，如果标题没有选好，没有吸引力，那肯定没有多少人点击进来看。在符合内容的情况下，标题越新颖越好，但是切不可夸大事实，如：“灰指甲100%治愈”这样的标题，实际上是没有说服力的，稍有理智的人都不会相信，不仅不会相信，还会直接无视这样的帖子，甚至加以嘲讽。

2. 发帖的质量要有保证

发帖的质量要有保证，不要只追求数量而忽视了质量。帖子内容本身不宜过长或过频。如果一篇帖子过长，就很难让人从头看到尾。如果在短时间内同时发表许多帖子，就算这些帖子再好，管理员也只会在其中选一加精，其余的就浪费了，因此建议最多一天一篇。

3. 发帖的内容要精

精华帖的内容不一定要最多，内容要有主次，重点的详细写。有的帖子很长，讲了很多方面，这些大道理互联网上都有，会上网的都知道，还能成为精华帖么？

4. 帖子内容排版合理，版面整洁

帖子文章的排版一定要让浏览者看的舒服。要尽量多分一些段落，每个段落尽量不要超过10行字。不然浏览者会看得很累，并且使用大一点的字体，不要让字显得很拥挤。

有的卖家发帖子总是喜欢用不同的字体、颜色、背景色，但是这样非但不会突出自己的与众不同，反而会让看客产生视觉疲劳，不愿再看下去。所以发帖的时候就要排好版，段落清晰，字体合适，每一段有小标题可以放大字体。

5. 图文并茂

仔细观察网上的精华帖，不难发现，好的帖子往往是图片和文字组合在一起的，每段文字都配上相应的图片说明那是最好了，如果整篇很长的帖子全部是文字，不免会让浏览者觉得枯燥无味，图文并茂的更容易加精。

6. 选择板块发帖

在发帖时有个选择板块的下拉菜单，一定要选择发表版面。有的人认为不分板块会流量大一点，那就错了。帖子内容是哪一方面的就应该发在哪个板块，这样被加精的机会更大，曝光率更高。

7. 必须原创

有的帖子立意新颖，非常具有可读性，但是最终是在别处随手粘贴来的。自己没有付出努力，当然不会获得别人的认可，经验居一直在鼓励大家写原创帖，当自己付出努力后获得别人的认可，不仅得到了流量，更有一种成就感。

一定要是原创的帖子，就算是要改别人的帖子，也要有技巧地改，标题则是要完全的改，并且最好是改得比原帖更吸引人。

8. 软广告

如果帖子写的很好，吸引了很多人浏览，但是却很少有人去自己的店铺，这样的广告是失败的。实际上，可以在帖子中加入一些软广告（淘宝不允

许在帖子中直接打广告）。

一般写自己的淘宝故事的帖子都属于软广告，他们会假装“无意中”在故事里透露自己店铺的一些经营情况，吸引读者去访问自己的店铺。

9. 熟悉论坛规则

最后要熟悉论坛内部制度，以保证自己的帖子不会因为违规而被删帖，甚至受到处罚。比如不能以贬损其他产品的方式来宣传自己的产品，如果这样做，帖子无疑会被删除，知晓这一点，就不会发错误的帖子。

11.2.3 回帖顶帖让自己的帖子永远火爆

很多卖家都有发帖的经历，都想让自己的帖子流量大增，但是很多辛辛苦苦发的帖子都石沉大海没有了消息。大部分人写过的帖子基本没怎么去呵护，没去管理，这样的帖子怎么能吸引人呢？发了帖子以后，还需要不断的回复，不然帖子就会真的沉入大海了。有时候可以用自己发帖的那个账号去回帖，但是多了就不行了，那么就应该注册一两个备用的号，专门用来回帖顶帖。

卖家可以先用这些备用的账号去顶帖子，再用发主帖的那个账号去回复，时间上需要有一定的间隔。那些上万点击量的帖子都是不断地被顶帖，不断地在首页显示才获得的。一般这样的持续顶帖一个星期左右就差不多了，因为论坛中对你的帖子感兴趣的人大部分都已经看过了，他们不会重复看你的帖子。所以这时你就应该重新发另外一个类型的帖子，又吸引一批人，再次刺激他们的消费欲望。

卖家也可以回复别人的帖子来获得流量。这种方法需要抢时间，尽量抢到第一、第二的回帖位置，也就是所谓的“沙发”“板凳”。即使没有在第一时间回帖，也可以通过回复第一条评论的方式加大自己的存在感，如图11-3所示，在1楼的回复下留下自己的联系方式或网址，加大存在感。

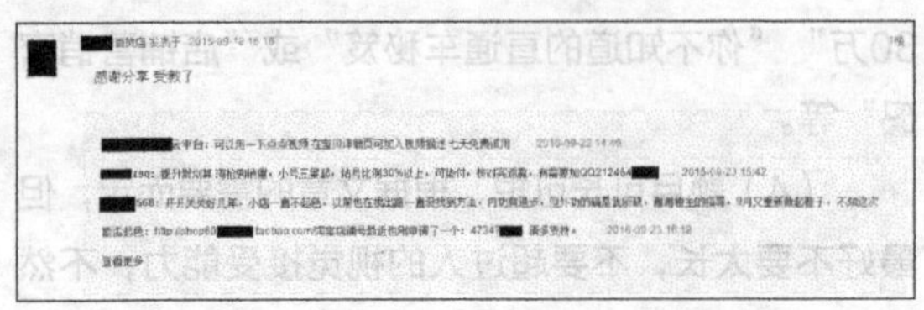

图11-3

11.2.4 在论坛高效发帖的技巧

论坛是一个热闹的地方，人流量大，也是一个很好的免费推广的场所，在发帖之前，先去帮助中心看看社区规则，什么能发，什么不能发，要做到心中有数。

首先在发表帖子的时候要找对版面，只有选择了正确的发表版面，才能让潜在客户更准确地找到自己所关注的帖子。如果选择的版面不对，帖子不但不会被加精，流量也会非常少，如图11-4所示。

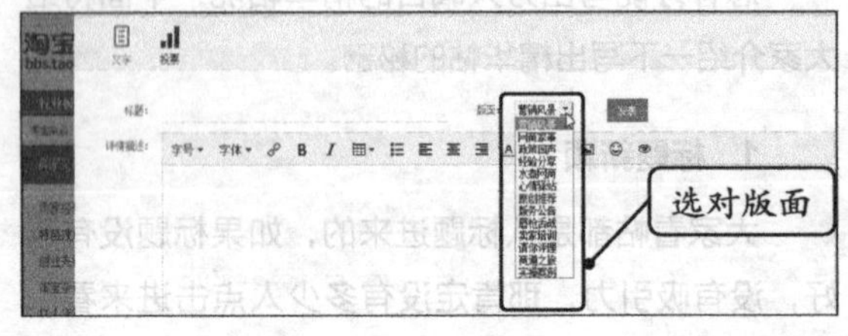

图11-4

在看帖子的时候也要认真虚心，同时也要用心回帖，回帖会带给别人浏览的机会。别人回了自己的帖子，自己也要注意再次回复，这样才能更好地维护帖子在很好的位置。如果遇到需要帮助的新手，可以适当地提供帮助，这样能够提高自己的声望。

另外，和版主以及管理员搞好关系也很重要。如果感觉自己的帖子很好，可以直接推荐给版主。版主每天都很忙，这么多帖子他们看不过来，所以自荐的这个方法是很好的。他们的旺旺显示在社区板块的右上方，随时都可以把帖子发给他们，让他们帮你看看自己的帖子是否有资格获得加精甚至置顶的机会，如图11-5所示。

图11-5

用户也可以自己申请当管理员，获得大量银币奖励来换取广告位，还可以拥有更多网店运营培训的机会，图11-6所示为社区某板块征集管理员的广告。

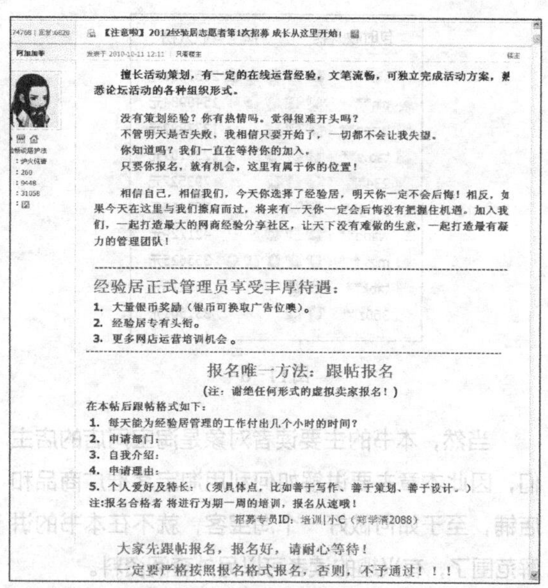

图11-6

11.3 利用淘客推广扩大影响

不少网店希望有人帮助自己推广产品，并以成交金额进行提成，返还给推广者。这种帮助网店推广商品并从中赚取佣金的人叫做“淘宝客”。淘宝客与淘宝网店是一种双赢的存在，淘宝客的蓬勃发展也促进了淘宝店铺的兴盛繁荣。利用淘宝客来推广店铺与商品是一种行之有效的网店销售模式。

11.3.1 了解淘客推广

淘宝客推广已经成为一种热门的营销手段，与其他广告形式相比，淘宝客推广具有很高的投入产出比。要掌握这一推广利器，首先要了解什么是淘宝客，以及相关的知识。

1. 什么是淘宝客推广

淘宝客推广是专为淘宝卖家提供淘宝网以外的流量和人力，帮助推广商品，成交后卖家才支付佣金报酬，这是卖家推广的新模式，其特点是成交后才需要支付佣金。淘宝卖家通过几步操作，就可以把需要推广的商品发布到淘宝客平台上，让淘宝客来推广。对于卖家来说，淘宝客推广就像聘请了一些不需要底薪的业务员，业务员越多，店铺就越有可能开拓更大的市场，图11-7所示为淘宝客推广平台http://www.alimama.com/。

图11-7

对于淘宝客来说，在网上推广商品获得佣金确实是一个不错的收入方式，如果自己没有资源、没有技术，想在网上实现收入，但又不想有太多的束缚，那么淘宝客就是一个很好的选择，在形式上淘宝客比开网店还自由，想做就做，不想做就可以休息。很多人关注淘宝客，依托淘宝联盟平台，加入淘宝客推广赚钱，一些淘宝客的收入也很可观，收入几千过万都不是难事，图11-8所示为淘宝客收入排行榜。

包时收入榜	淘宝客收入榜	
1	alip**	2053691元
2	pin**	1540984元
3	wanp**	1337882元
4	taow**	1239107元
5	234**	793527元
6	yong**	558016元
7	wang**	421729元
8	miz**	355625元
9	taok**	351218元
10	360z**	331501元

图11-8

当然，本书的主要读者对象是淘宝网店的店主们，因此本章主要讲解如何利用淘宝客推广商品和店铺，至于如何做好一个淘宝客，就不在本书的讲解范围了，有兴趣的读者可以另外查阅资料。

2. 支付给淘宝客的佣金

淘宝客每次成功销售出一件商品，都会获得淘宝店主事先设置好的佣金。对于淘宝店主来说，设置佣金时不要一味地追求高佣金而忽视产品本身的售价，而应该在商品单价和佣金之间寻找到好的平衡点。

店主可以考虑在自己的承受范围内，给予淘宝客更多的佣金，只有这样，才能激发淘宝客们推销商品的热情。图11-9所示为某店主设置的合理的佣金比例，使得参与推广的淘宝客大增。

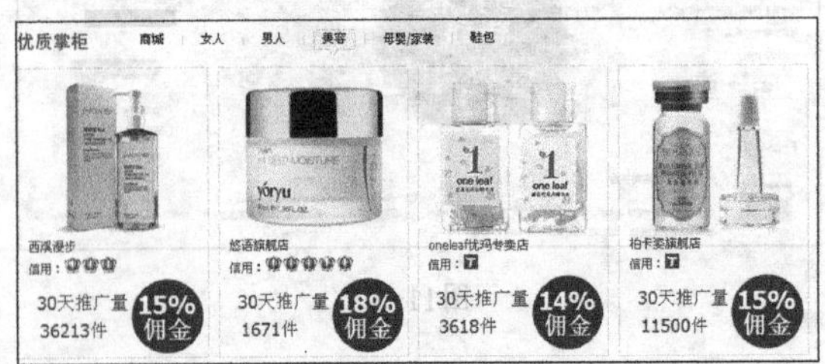

图11-9

下面介绍一些必须了解的关于佣金的知识。

- 佣金比率：是指淘宝卖家愿意为推广商品而付出的商品单价的百分比。
- 个性化佣金比率：淘宝卖家加入淘客推广后，可以在自己的店铺中最多挑选20件商品作为推广展示商品，并按照各自的情况设定不同的佣金比率，这些商品的不同的佣金比率统称为个性化佣金比率。
- 店铺佣金比率：淘宝卖家加入淘客推广后，除了设定个性化佣金比率外，还需要为店铺中其他商品另外设定一个统一的佣金比率，用来支付由推广展示商品带到店铺其他商品成交的佣金。
- 佣金：指的是该商品的单价×佣金比率；是淘宝卖家愿意为推广商品付出的推广费。尚未扣除阿里妈妈服务费。当淘客推广的交易真正通过支付宝成交后，除去阿里妈妈服务费，就是淘客的收入。

买家通过支付宝交易并确认收货时，系统会自动将应付的佣金从卖家收入中扣除，并在次日打入淘客的预期收入账户。每个月的15号都会做上一个整月的月结，月结后，正式转入淘客的收入账户。

3. 卖家如何制订合理的佣金计划

淘宝联盟提供了推广计划管理，可设置一个通用推广计划、一个工具推广计划、九个定向推广计划。

九个定向推广计划是根据店铺不同情况针对不同等级的淘客，提供不同的佣金计划，下面是佣金设置实例，这是一个以梯度式会员高佣金制度来吸引和鼓励淘宝客推广的例子。

- 通用计划佣金10%：为一般及刚加入的淘宝客提供；
- 定向12%佣金计划：月推广50笔以上者；
- 定向15%佣金计划：月推广100笔以上者；
- 定向18%佣金计划：月推广200笔以上者。

4. 淘宝卖家参加淘宝客推广的条件

淘宝卖家参加淘宝客推广要满足以下条件。

- 淘宝店铺星级在一心以上或参加消费者保障计划。
- 卖家的店铺状态是正常的。
- 卖家的店铺内，商品状态正常，并且结束时间比当前系统时间晚。

如果不满足以上条件，则是无法参加推广的。

11.3.2 参加淘客推广

加入淘客推广，就等于有了很多不付底薪的营销员工，相信很多卖家都愿意进行尝试。加入淘客推广的方法也很简单，其操作步骤如下。

第1步 进入“我是卖家”页面，单击“营销中心”栏中的“我要推广”超级链接，如图11-10所示。

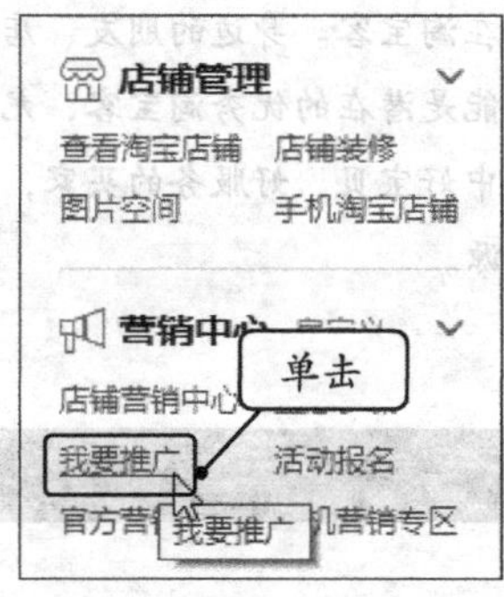

图11-10

第2步 进入“我要推广”页面，单击“开始拓展”图标，如图11-11所示。

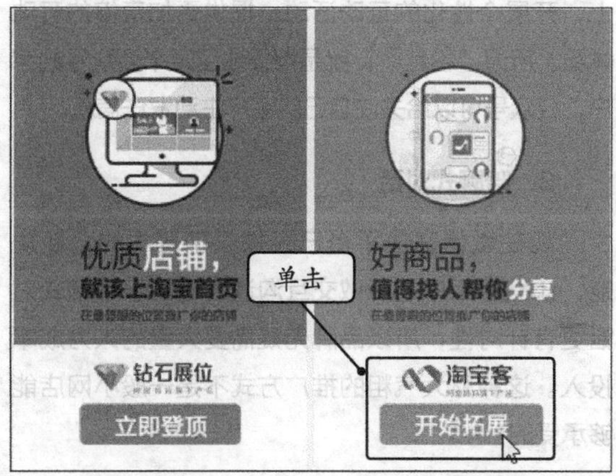

图11-11

在系统跳转的阿里妈妈页面中显示如图11-12所示的淘宝客推广首页。单击“推广计划”下面的“新建自选淘宝客计划”，设置推广的商品和佣金等信息，即可参加淘宝客推广。

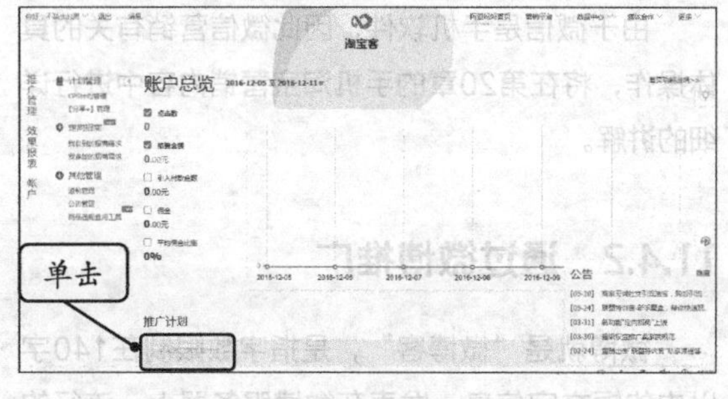

图11-12

11.3.3　卖家使用淘客推广的技巧

要让访客来，还要让网站的访客产生购买的欲望，这样才算是成功的营销推广。店主要想利用淘客将自己的宝贝推广出去，应该注意以下几个方面。

- 让淘客推广自己店铺中招牌宝贝，确保提交推广的宝贝要有成交记录和好评，这样，淘客把买家领过来，才有可能成交，而淘客也愿意挑选这样的宝贝进行推广。
- 对于需要淘客推广的宝贝，要做好薄利多销的准备。众所周知，买家买东西，肯定要货比三家。如果把进行淘客推广要支付给淘客的佣金转嫁到买家身上，则成交的可能性将大大降低。
- 将主推宝贝设置较高的佣金比率。要想吸引更多淘宝客来推广宝贝，主推宝贝的佣金比率一定不能太低，不然宝贝再好也可能会被淹没。在能接受的范围内，将更多的佣金回馈给淘宝客，才能带来更多的成交量。
- 设置合理的店铺佣金比率。店铺佣金比率是除主推宝贝外其他宝贝统一的佣金比率。可以通过衡量店铺的利润情况，设定一个合理的店铺佣金比率。有吸引力的佣金对成交有很大的促进作用。
- 要选择价格适中的产品作为提交给淘客推广的宝贝。大多数淘客不会选择价格上万元甚至几十万元的宝贝去推广，当然，如果宝贝价格在1元以下，一般也没有淘客去推广，因此这样的宝贝成交率太低。
- 佣金尽量控制在1元以上。在选择推广的产品时，不要选择佣金在1元以下的宝贝，佣金太低难以吸引淘客参加推广。
- 在提交推广宝贝到阿里妈妈时，要注意提交的图片美观清晰、简洁，并有吸引力的宝贝名称。淘客大多数选择图片进行推广，如果图片模糊不清，推广的效果肯定很差。
- 在宝贝质量、宝贝价格、宝贝佣金三者之间找到一个合适的平衡点，促成良性循环。只有在这三者之间找到一个合适的平衡点，才能让宝贝推广出去，而一旦宝贝推广出去，将促成更多的淘客推广。大多数淘客在推广时，都愿意挑选有推广成功记录的宝贝，因为这样可以保证宝贝比较受欢迎，还可以保证店主对淘客的诚信。
- 调整推广心态。即使卖家因为支付给淘宝客佣金而少赚了，也应放远眼光来看待这个问题。淘宝客带来的绝不仅仅是一个简单的买家，而是这个买家身后千千万万更多的买家和口碑。只有淘宝客和掌柜相互合作、互相信赖，才能达到双赢的目的。

■ 要挖掘潜在淘宝客。身边的朋友、店铺的每一个买家都可能是潜在的优秀淘宝客，尤其是体验过自己店铺中好宝贝、好服务的买家，将是最佳的淘宝客资源。

11.4 免费网络资源宣传面面观

通过直通车、阿里妈妈和钻石展位这些推广工具推广都是收费的。其实网上还有很多免费的推广渠道，用好了效果也不错。对于新入门的卖家来说，还没有什么利润就要投入资金做收费推广，难免会觉得有点儿入不敷出，那么，可以把重心先放在免费推广上，利用免费推广获得人气和利润后，再考虑收费推广也不迟。

11.4.1 通过微信推广

微信是近年来比较流行的一个聊天工具。虽然也是出自腾讯，但微信并不像QQ一样以文字交流为主，而是以语音交流为主，文字交流为辅，同时还加入了很多原本QQ不具备的功能，比如查找周围的微信用户、发送漂流瓶等。微信账号与QQ账号是共用的，也就是说，用户可以使用自己的QQ账号和密码来登录微信而无需重新申请新账号，这就让微信能够在QQ几亿用户的基础上进行发展，因此微信很快就火起来了。

在微信上进行营销，需要使用公众号。公众号有普通账号不具备的功能，比如可以安排客服在线交流、使用程序进行自动应答、推送营销信息给客户以及实现简单的查询、购买等功能。

目前，通过微信公众号，可以实现以下几种营销模式。

1. 活动式微信——漂流瓶

微信官方可以对漂流瓶的参数进行更改，使得合作商家推广的活动在某一时间段内抛出的“漂流瓶”数量大增，普通用户“捞”到瓶子的频率也会增加。加上“漂流瓶”模式本身可以发送不同的文字内容甚至语音小游戏，如果营销得当，也能产生不错的营销效果。这种方式是一种“撒网”式的营销，成功的关键在于营销内容是否吸引受众。

2. 互动式推送微信

将推广信息推送到“粉丝”的手机或平板电脑上，开展个性化的互动活动，提供更加直接的互动体验。所谓“粉丝”，就是指关注了某个公众号的客户，公众号可以给关注自己的客户主动发送信息。

3. 陪聊式对话

现在微信开放平台已经提供了基本的会话功能，让品牌用户之间做交互沟通，但由于陪聊式对话更有针对性，所以品牌无疑需要大量的人力成本投入。这种财大气粗的推广方式不是一般小网店能够承受的。

4. 二维码推广

在微信中，用户只需用手机扫描商家独有的二维码，就能获得一张存储于微信中的电子会员卡，可享受商家提供的会员折扣和服务。企业可以设定自己品牌的二维码，用折扣和优惠来吸引用户关注，开拓O2O营销模式。

由于微信是手机软件，因此微信营销有关的具体操作，将在第20章的手机淘宝营销内容中进行详细的讲解。

11.4.2 通过微博推广

微博就是“微博客”，是指字数限制在140字以内的短文字信息，发表在微博服务器上。流行的微博服务器有新浪微博、腾讯微博和搜狐微博等。

在微博上可以推广营销自己的店铺或产品，图11-13所示为推广亚麻籽油的微博账号，该账号属于新浪微博。

图11-13

可以看到，该账号发表了很多关于亚麻籽油的微博，并且和关注亚麻籽油的其他微博用户发送很多互动。在这个过程中，逐渐让更多的人了解了亚麻籽油。

通过微博账号不仅可以宣传、互动，还可以设计很多活动，比如转发微博赠送产品、有奖竞猜、限时抢购等。只要吸引足够多的人关注营销微博账号，就能够极大地提升店铺的知名度或商品的销售量。

高手支招 人气高的微博服务器

最火的微博服务器是新浪微博，其次是腾讯微博，再次是搜狐微博。人手足够的话，可以考虑在三个微博上都注册相同的账号来进行营销。

11.4.3 在论坛中推广

通俗点说，论坛推广就是利用论坛这个平台，企业或个人通过文字、图片、视频等方式将产品和服务的信息传递给更多的人。这样的宣传方式，可以在帮助企业培育客户忠诚度的同时，也能进行双向信息沟通。

前面讲述了利用淘宝论坛宣传店铺，除了淘宝论坛外，还有很多其他论坛，例如：网易论坛、新浪论坛、凤凰论坛、腾讯论坛等。

无论是哪一个论坛，里面都分为很多小的板块。如图11-14所示的新浪论坛中有历史、女性、体育、数码、健康、军事、娱乐、汽车和房产等板块。有着不同兴趣爱好的人会选择进入不同的板块，因此，在进行论坛推广前，卖家除了要十分了解自己的商品外，还需要琢磨透彻自己的商品应该去什么板块展开推广。

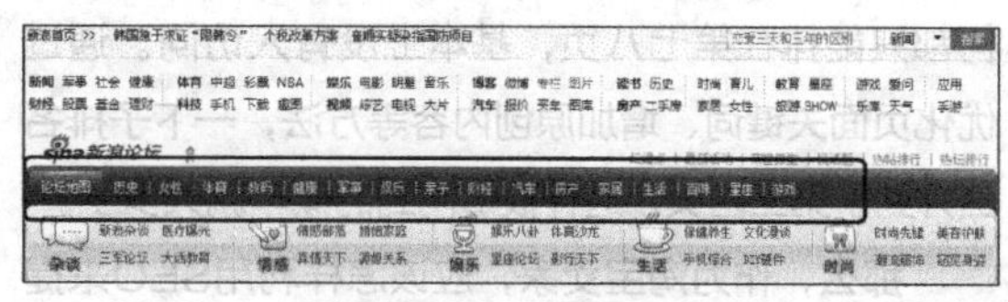

图11-14

如何知晓自己的论坛是否推广成功呢？可依据以下几方面做出判断。

- 不被删除。如果论坛里的帖子刚发送就被删除，无论帖子写得多么精妙绝伦，都相当于空谈。那么怎么才能做到不被删除呢？这就需要遵循该论坛的规则。
- 吸引眼球。无论展现内容是以文字、图片或视频的方式，都需要吸人眼球的内容。即使帖子没有被删除，但是内容不够丰满，没有吸引到读者还是在做无用功。
- 触动用户。推广的目的在于影响买家的选择和行为。如果内容只是阅读一个笑话一样的成果，笑一笑就过了，不能触动用户的神经也是失败的。
- 让帖子火起来。无论是什么论坛，都需要有人互动，才能让帖子保持热度。内容再好的帖子，也能触动大家，但就是没有人回帖也是失败的。因为帖子没有得到展示的机会，能够影响的人群有限。
- 加精或转载。如果帖子有幸被加精了，毋庸置疑，这篇帖子将会被更多人看到，而且会有相应的影响；如果还有人将帖子分享或转载出去，那就相当于帖子里的信息在无形中又被宣传了一次。

高手支招 多回别人的帖，增大被看到的机会

论坛中的借势现象仍旧存在，在认真回复别人对自己帖子的时候，也可以考虑多回别人的帖。特别是热门帖子，如果回复比较有道理，容易引起下一个阅读者的注意。以此来吸引更多目光，便于推广。

11.4.4 利用SEO获取免费流量

SEO（Search Engine Optimization）即搜索引擎优化。搜索引擎优化是专门利用搜索引擎的搜索规则来提高目前网站在有关搜索引擎内排名的方式。比方说，某网站在百度搜索结果中，无论如何都只能排在第七八页，基本上没有人访问。通过优化页面关键词、增加原创内容等方法，一下子排名上升到了第三四页，这样被访问到的概率就大多了。

那么，作为淘宝卖家，应该怎样利用SEO来提高被搜索排名呢?

1. 商品标题的优化组合

大部分买家都是通过搜索找到并购买他们想要的商品，因此做好商品标题优化，就是做好了最重要的网店推广，也是免费流量的重中之重。

为了尽可能多地增加被搜索中的概率，需要一个好的商品标题，这个标题不仅能吸引人，也能让买家一目了然地知道商品的特性，还能利于搜索关键字。

一个完整的商品标题应该包括3个部分。

- 第一部分是“商品名称”，这部分要让客户一眼就能够明白这是什么东西。
- 第二部分由一些“感官词”组成，感官词在很大程度上可以增加买家打开你的宝贝链接的兴趣。
- 第三部分是由“优化词”组成的，可以使用与产品相关的优化词来增加宝贝被搜索到的概率。

这里举一个商品标题的例子来说明，比如：“【热销万件】2017冬季新款男士短款鸭绒外套 正品羽绒服”，【热销万件】这个词会让客户产生对产品的信赖感。“鸭绒外套”“男装”“羽绒服”这三个词是优化词，它能够让潜在客户更容易找到宝贝。

在商品标题中，感官词和优化词是增加搜索量和点击量的重要组成部分，但也不是非要出现的，唯独商品名称是雷打不动的，不能缺少。

这些组合不管如何变化，商品名称这一项一定是其中的一个组成部分。因为在搜索时首先会使用到的就是商品名称关键字，在这个基础上再增加其他关键字，可以使商品在搜索时得到更多的入选机会。至于选择什么来组合最好，要靠卖家去分析市场、商品竞争激烈程度和目标消费群体的搜索习惯来最终确定，以找到最合适的组合方式。

2. 在标题中突出卖点的技巧

在网店经营中，如何能够吸引买家点击商品是一个比较重要的问题，这和商品标题的编写密切相关，如果标题比较吸引人，那么它被点击的次数就会比较多，必然会使它的购买量增加。

商品标题编写时最重要的就是要把商品最核心的卖点用精炼的语言表达出来。可以列出四五个卖点，然后选择最重要的三个卖点融入商品标题中。下面是在商品标题中突出卖点的一些技巧。

（1）标题应清晰准确

商品标题不能让人产生误解，应该准确而且清晰，让买家能够在一扫而过的时间内轻松读懂。

（2）标题的充分利用

淘宝规定宝贝的标题最长不能超过60个字节，也就是30个汉字，在组合理想的情况下，包含越多的关键字，被搜索到的概率就越大。

（3）价格信号

价格是每个买家关注的内容之一，也是最能直接刺激买家，形成购买行为的因素。所以，如果店里的宝贝具备一定的价格优势，或是正在进行优惠促销活动，如“特价”“清仓特卖”“仅售××元”“包邮”“买一赠一”等，完全可以用简短有力的词在标题中注明。

（4）售后服务

因在网上不能面对面交易，不能看到实物，对于某些宝贝，许多买家不愿意选择网上购物，因此，如果能提供有特色的售后服务，例如“无条件换货”“包邮”“全国联保”等，这些都可以在标题中明确地注明。

（5）卖品超高的成交记录

如果在一段时间内，店中某件商品销量较高，可以在标题中注明“爆款”“月销上千”“明星推荐”等文字，善用这些能够调动人情绪的词语，对店铺的生意是很有帮助的。这样会令买家在有购买意向时，极大降低对此商品的后顾之忧。

（6）适当分割以利于阅读

如果长度为30个字的标题一点儿都不分割，

会使整个标题看上去一塌糊涂，比如"包邮2017夏季新款雪纺连衣裙女修身长裙短袖半身裙包臀"，这么多字没有一个标点符号，完全不分割，虽然有利于增加被搜索到的概率，但是会让买家看得很辛苦甚至厌烦，所以，少量而必要的断句是应该的。最好使用空格符号或半角分割标题。如"包邮2017夏季新款/雪纺连衣裙女/修身长裙/短袖半身裙包臀"。

11.4.5　用店铺登录到导航网站

和搜索引擎网站不同，导航网站将收集到的网址分门别类，形成一种"树"状结构后，呈现给用户，用户在使用导航网站时，通过一次又一次地选择类别以及子类别来找到导航网站推荐的网址。

现在国内有大量的网址导航类站点，如hao123等。在这些网址导航类站点做上链接，也能带来大量的流量，不过现在想登录像hao123这种流量特别大的站点并不是件容易的事。如图11-15所示，将店铺登录在网址之家hao123上。

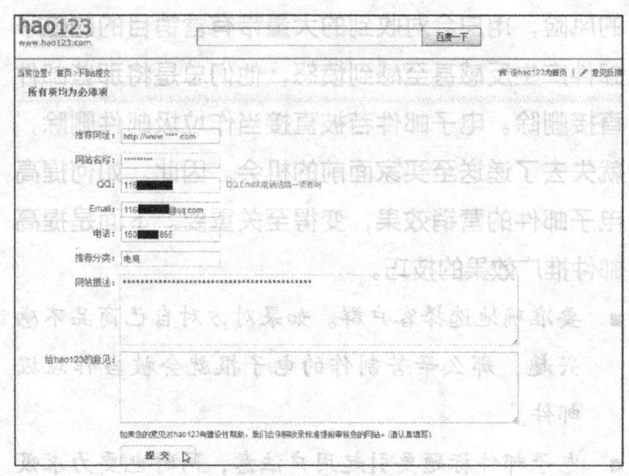

图11-15

11.4.6　通过QQ签名进行宣传

经常上网的人对QQ肯定不会陌生，QQ是一个很好的宣传途径，QQ上加了好多的同学、朋友，在聊天的同时宣传一下网店，既增进了感情，又宣传了网店，一举两得。另外，还可以多加几个QQ群，群里的人气可是很旺的，在群里聊开的同时介绍一下网店，会大大提高网店的浏览量。

除此之外，充分利用QQ空间，先好好装扮一下自己的QQ空间，把商品图片传到QQ相册里面，这样当别人访问自己的QQ空间的时候，看到QQ相册里有那么好看的东西，就会对卖家的商品感兴趣。另外，制作一个包含有网店商品的动态签名档，传到QQ相册里，把这个签名档设置为QQ空间的签名档，这样当卖家在别人的QQ空间留言或回复留言的时候，别人就会第一眼看到该签名档，同时也看到小店的宝贝了，图11-16所示为利用QQ签名推广最新旅游信息。

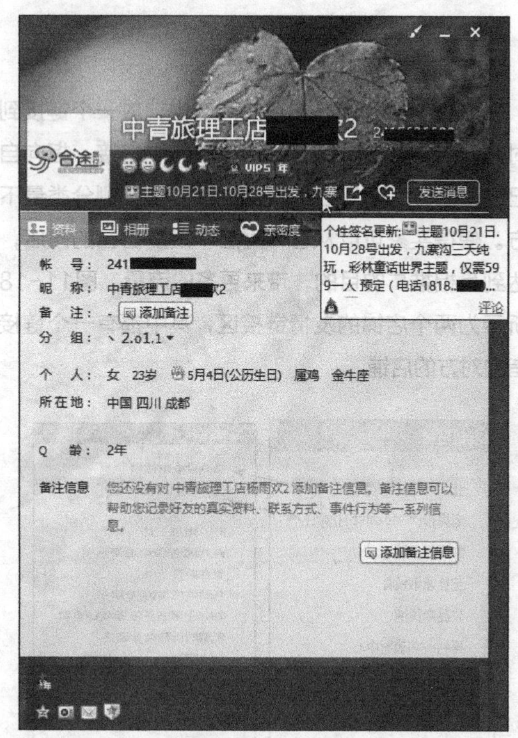

图11-16

11.4.7　在QQ空间中推广

QQ空间是QQ用户撰写日志的地方。在QQ空间中，不仅可以输入文字，还可以嵌入图片和音乐，于是有人想到，在QQ空间中放上自己网店中的产品，这样也可以成为一个宣传的窗口，来访问QQ空间的用户有可能会对商品感兴趣，从而到网店中进行购买，图11-17所示就是一个利用QQ空间进行产品推广的例子。

图11-17

11.4.8 互换友情链接

友情链接是指在自己的网店中，放一个链接到对方网店；同时对方的网店也放一个链接，指向自己的网店。淘宝网店的友情链接位于左侧分类最下方。使得买家可以从合作网店中发现自己的网店，达到互相推广的目的，带来更多的流量。图11-18所示为两个店铺的友情链接区，其中都有一个链接指向对方的店铺。

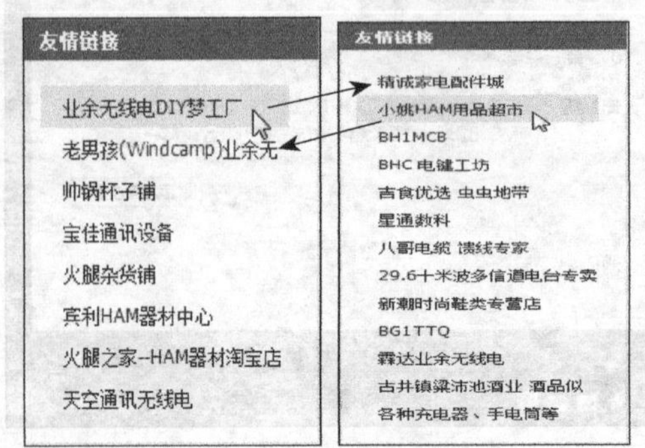

图11-18

11.4.9 电子邮件推广

在网络时代，每个人都拥有自己的电子邮件，利用电子邮件也是准确而迅速的广告宣传手段。

相比其他网络营销手法，电子邮件营销速度非常快。搜索引擎优化需要几个月，甚至几年的努力，才能充分发挥效果。博客营销更是需要时间，以及大量的文章。而电子邮件营销只要有邮件数据库在手，发送邮件后，几小时之内就会看到效果，产生订单，图11-19所示为利用电子邮件推广商品。

图11-19

电子邮件营销具有很强的定向性，可以针对特定的人群发送特定的邮件。首先，根据需要将客户按行业或地域等方面进行分类。然后，针对目标客户进行电子邮件群发，使宣传一步到位。

以电子邮件为主要的推广手段，常用的方法包括电子刊物、会员通信、专业服务商的电子邮件广告等。

越来越多的企业开始采用电子邮件的营销方式。然而，盲目地推行电子邮件营销却存在着巨大的风险，用户会对收到的大量带有营销目的的电子邮件产生反感甚至感到愤怒，他们总是将那些邮件直接删除。电子邮件若被直接当作垃圾邮件删除，就失去了递送至买家面前的机会。因此，如何提高电子邮件的营销效果，变得至关重要。下面是提高邮件推广效果的技巧。

- 要准确地选择客户群。如果对方对自己商品不感兴趣，那么辛苦制作的电子报就会被当作垃圾邮件。
- 电子邮件标题要引起用户注意，同时也要力求吸引人，简单明了，不要欺骗人。内容方面，最好用HTML格式，排版一定要清晰。如果广告目的是促销或活动，那么标题最好带免费、大奖等字眼，虽然老套，但却是屡试不爽的。
- 简洁明了、突出重点。许多客户在浏览营销邮件时都是一目十行，因此，自己的电子邮件只有几秒的时间来决定能否吸引他们的注意力。保持简洁明了、重点明确是一个有效的方法。一带而过，可立即拉近与客户的距离，而对客户来说，过多的废话实在是多余。

- 店铺标志。在每次发送营销邮件时，也要借机树立店铺的品牌形象。将店铺标志置入每封电子邮件中是一种有效的方法。最好是将标志固定在同一位置，可以是顶部的显眼处。
- 运用不同颜色来强调重点。在决定使用某种颜色时，应优先考虑使用基准色。持续使用一种基准色是突出店铺品牌形象的关键。运用不同颜色来高亮显示邮件正文中重要的内容，能帮助浏览者更轻松地抓住重点。
- 不要频繁发送邮件。长时间不发生邮件固然会让客户忘记，但天天发邮件，却会让客户产生疲劳感，甚至产生厌恶感，再也不去打开广告邮件，甚至再也不来光顾自己的网店了。

11.5 通过数据分析推广效果

网上可以查看店铺数据的工具有很多，继“淘宝指数”“数据魔方”等工具下线后，“生意参谋”被广泛使用。通过生意参谋对店铺数据和访问进行解读，帮助卖家快速掌握买家动向，从而能够有目的地对店铺商品进行优化。

11.5.1 进入生意参谋

生意参谋是商家统一数据产品平台，集数据作战室、装修分析、市场行情、来源分析、竞争情报等数据产品于一体。打开生意参谋的方法有两个：通过网址输入进入和通过淘宝后台直接进入。

1. 通过网址进入生意参谋

通过网址进入生意参谋后台的好处在于未经过淘宝，直接进入生意参谋中去，具体操作步骤如下。

第1步 进入生意参谋的网站，根据提示，在相应的位置输入淘宝账号和密码；单击“登录”按钮，如图11-20所示。

图11-20

第2步 在“生意参谋”页面上端有：“首页”“实时直播”“经营分析”“市场行情”“自助取数”“专题工具”“数据学院”等几个板块，如图11-21所示。

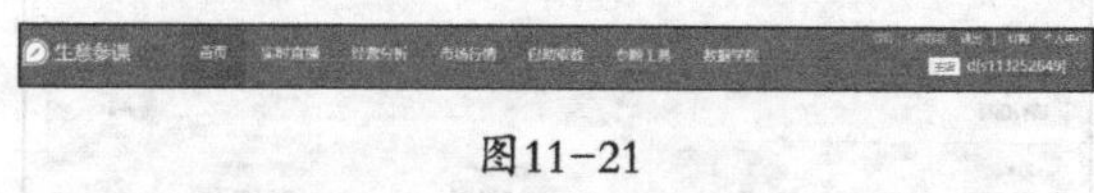

图11-21

2. 通过淘宝后台进入生意参谋

除了上述方法，用户还可直接在淘宝卖家中心打开生意参谋，方法如下。

第1步 打开登录淘宝账号后，❶单击“卖家中心”选项卡；❷在弹出的文本框里单击“出售中的宝贝”超级链接，如图11-22所示。

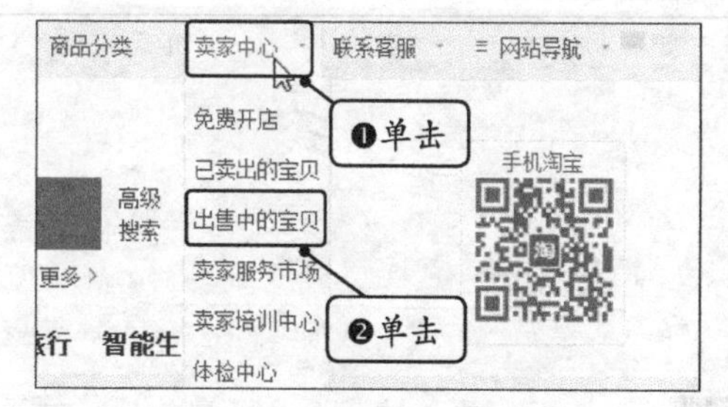

图11-22

第2步 如图11-23所示，找到营销中心，单击“生意参谋”即可打开生意参谋。

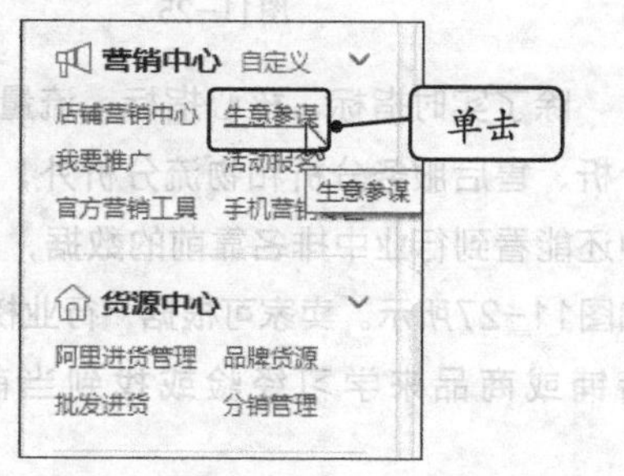

图11-23

根据生意参谋提供的各种数据，店主可以了解自己店铺的大致经营状况。

11.5.2 通过生意参谋查看自己的店铺经营数据

通过首页展示的是今日指标，能看到某一天的访客数、支付金额等信息，如图11-24所示。

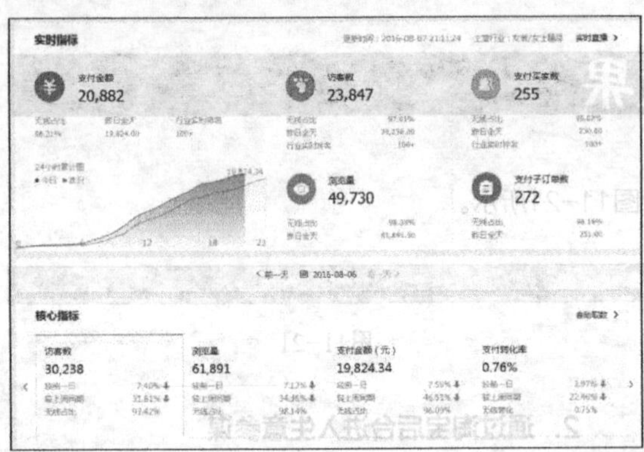

图11-24

首页中还有最近30天日均数据，其中包括自己店铺的数据、同行同层平均的访客数和同行同层优秀的访客数，如图11-25所示。

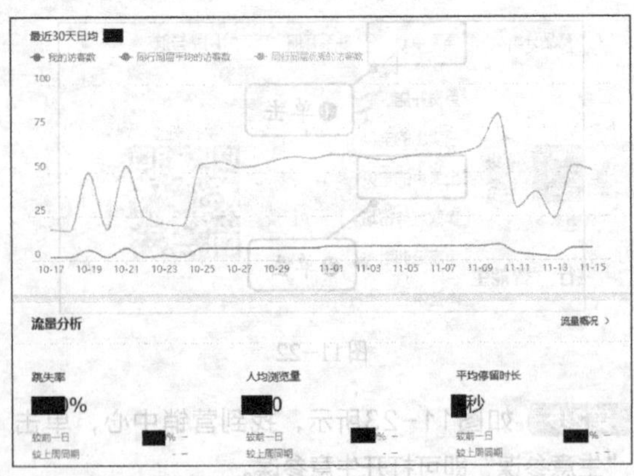

图11-25

除了实时指标、核心指标、流量分析、商品分析、售后服务分析和物流分析外，从生意参谋中还能看到行业中排名靠前的数据，如图11-26和图11-27所示。卖家可根据“行业榜单TOP5”店铺或商品来学习经验或找到当前火热的关键词。

行业榜单TOP5 流量店铺榜 热销商品榜 市场行情 >

名次	店铺信息	流量指数
1	森马官方旗舰店	840,355
2	优衣库官方旗舰店	756,297
3	JackJones官方旗舰店	749,937
4	美特斯邦威官方网店	702,386
5	GXG官方旗舰店	649,346

统计周期：2016-11-08 至 2016-11-15

主营行业：男装

图11-26

行业榜单TOP5 流量店铺榜 热销商品榜 市场行情 >

名次	商品信息	支付子订单数
1	罗蒙羽绒服 男士轻薄羽绒短款修身立领韩版潮	120,018
2	弹力花花公子牛仔裤男秋冬款修身直筒商务休	101,286
3	秋冬款修身男士牛仔裤男冬季弹力小脚裤青少	86,036
4	秋季潮男裤学生小脚冬季青年男士休闲裤男修	77,225
5	森马加厚羽绒服男2016冬季新款男士保暖短款	74,973

统计周期：2016-11-08 至 2016-11-15

主营行业：男装

图11-27

通过生意参谋还能看到店铺实时流量，便于优化店铺的装修分析商品数据，商品对应分析的引导支付转化率，让卖家看到自己店铺里的商品分类是否合理，更让卖家清楚的比较货源，以此选择最优货源等。

11.6 秘技一点通

技巧1 ——三则软文标题实例分析

软文的标题起到一种表达中心思想，吸引读者眼球的作用，其重要性是不言而喻的。下面就一起来分析一下三则软文标题，总结其成功与失败之处。

一则关于痔疮药的软文标题是这样的："留下你的10块钱也留下你的痔疮"，这则标题成功凸出了该药便宜有效的特点，干净利落，没有拖泥带水。相信这种药肯定还有很多卖点，但是标题只强调了一点，如果正文开头或收尾再点一下题，呼应一下标题，则效果会更好。

一则关于骨病胶囊的外国软文标题是这样的："8000万人骨里插刀"，这个标题形象地指出了骨病人群的痛苦，"骨里插刀"的比喻很容易引起病人及家属的共鸣，从而产生阅读下去的欲望。

2013年3月14日在北京《京华时报》上的酒鬼酒广告标题是这样的："酒鬼酒之工艺，兼收并蓄集大成者。"这是一则不成功的标题，为何？因为标题表达的意思不够清楚，读者看了之后，也不了解这工艺究竟有什么不同，而且就算是工艺集大成，酒本身又怎样呢？是更加回味无穷还是更加香醇浓烈？没有这些直观的、触及人心的描述，很难打动读者，使之产生继续阅读的愿望。

技巧2 ——一篇软文的解析

前面讲解了很多关于软文的写作技巧，下面就一起来看看一篇完整的软文的例子，以对软文进行分析和讲解。

妈妈减肥

其实，妈妈不算特别胖的人。不知道为什么，听爸爸说是爱美，妈妈决定减肥，还约定让爸爸和我监督。担心减肥产品有副作用，妈妈决定通过少吃饭来减肥。

妈妈是说话算话的人。决定减肥后，真的开始少吃饭了。两周下来，妈妈觉得受不了。她说太饿了，不过既然约定让我和爸爸来监督，我就得负起责任来。每次吃饭，我只准她吃两碗饭，并且每碗都必须在5分钟内吃完，以免她多吃菜来弥补。

说实话，妈妈只是身材稍微有些发胖，用她的话说毕竟也是"奔四"的人了。妈妈在银行工作，如果穿上职业装还是挺漂亮的。随着减肥计划的推进，妈妈的精神好像越来越差，我和爸爸觉得有可能是饿的，于是劝她放弃减肥。因为我知道，在饿的时候，非常难受，一点儿精神都没有，什么事情都懒得做，就想吃东西。

妈妈正好找个台阶下，减肥到此结束。可是，一周后，妈妈突然再次当着我和爸爸的面宣布，重新开始减肥。原来，妈妈听同事说纤美减肥茶和雅莱减肥饼干对于减肥来讲非常有效，最主要的据说这是人民大会堂的营养保健师、营养学专家国敏元教授发明的，配方都是纯天然的，没有任何副作用。

为此，我和爸爸还专门上网查了查，发现没有负面报道，在一些论坛上还有很多网友的留言赞扬。这种减肥产品提倡的是全营养减肥法，说白了就是减肥的同时不减少营养。这下，爸爸和我都放心了。

也不知道那个雅莱饼干是什么成分，妈妈晚上只要吃一小包，再喝一杯纤美减肥茶，她竟然不用吃晚饭，而且直到第二天早上都不会饿，看起来也很精神。

不知不觉两个月过去了，妈妈竟然瘦了20斤！妈妈穿上了衣柜里她结婚前买的名牌牛仔裤，从来没有当着我的面夸过妈妈漂亮的爸爸这次连说"好漂亮"。

妈妈减肥成功，我和爸爸商量给妈妈颁发一个家庭最佳行动奖。不过，妈妈减肥成功了，下一个减肥的应该是爸爸，其实他才是家里最胖的人。

编辑点评：文字朴实、字里行间透露着女儿对妈妈深深的爱。妈妈减肥的曲折经历有一定的故事性，弥补了文字表达上的不足，结尾延伸到爸爸最应该减肥，语言风趣、幽默。

这篇软文有以下四个方面值得学习。

- 以一个小学生的角度，描述妈妈减肥的故事，充满童趣，能增加可信度和说服力。
- 这类文章的读者往往都是那些关心子女教育的中年女性，而中年女性大多偏胖，因此可以说寻找目标客户的方法很巧妙，也很精准。
- 文章收尾形式非常特别，以编辑点评的形式收尾，软文的隐蔽性很强。
- 本文的广告分别以“妈妈同事告知”“爸爸查不到负面报道”以及“网友留言”，分三次植入产品名称、优势、效果，软文的“软”体现得恰到好处。

技巧3 ——寻找优质QQ群做营销推广

QQ群是多人交流、互动及时和低成本操作的营销推广方式，对于淘宝卖家来说并不陌生。很多卖家每天加很多群，打完广告被踢，又加很多群，乐此不疲。如果一开始进入的群组就不适合营销，后续再多的交流技巧也是无济于事。这里告诉大家几个寻找优质QQ群的技巧。

查找QQ群最常见的方法是通过QQ面板，这个方法的好处是可以根据卖家的产品来找。假如商品是减肥方面的，可在搜索栏里输入“减肥”，关于减肥二字的群组就一一呈现在眼前，卖家再根据群信息考虑加入。

除了通过以上方法找群，还可以在QQ群的官网上找到相关的群组，这个方法不仅是查找目标群，也可以管理QQ群组，如图11-28所示。

图11-28

查找QQ群的方法还包括在论坛、贴吧或是行业性的网站查找。这些地方一般会有相关的QQ群留下，不免也是一个好方法。

直接在搜索引擎上查找，通过关键词的搜索也可以找到目标群。

目标群组找到后，卖家可能会发现，相同行业的群有成百上千个，那么，采取什么样的方法才能更好地判断是否适合加入这个群呢？

同样行业的群组，有的成员是2000的满员，已经有了1783名成员；另一个群同样是2000的满员，可是只有300多名成员。应该选择哪个呢？毋庸置疑，肯定选择成员多的那一个，更多的成员才能给卖家带来更多的信息。

还有一个重点是群的活跃度。成员人数相差不大的群，会发现有的一分钟能刷上几十条消息，也有的半天时间无人冒泡，这就体现了群的活跃度。建议卖家尽量把时间花在活跃度较高的群里，活跃度较低说明很多人已经屏蔽了群消息，也没有足够的凝聚力。

技巧4 ——如何寻找日志/博客的话题

日志/博客一般发表在QQ空间或者新浪、搜狐的博客空间上，热门的日志/博客的日浏览量可上千，名人的日浏览量更是可以上十万、百万，因此日志/博客是很多网店店主喜欢的营销工具之一，有意思的日志和博客文章能够为网店带来难以估量的访问量和购买率。

不过，很多网店店主准备动笔时，却发现无话可说，不知道写什么好。有的店主就干脆转载他人的热门日志或博客，这样也能带来一些人气，但效果比起原创来差得很远。因为热门的日志/博客的原作者的网址总是排在搜索引擎的前面，而转载的排在后面。一个不出名的博客的转载地址，更是排在三五页之后去了，很难被搜索者看到。

因此，只有原创的话题，才能在被搜索到相关关键词时，占据搜索结果的靠前位置，被人点击的概率才会大。能够促进网店产品销售的话题，一般来说无非就是三类：自己或身边人的故事；公司的创业、经营故事，或办公室日常故事；产品动态和信息。

但是，很多店主在写了一段时间博客后，又发现了新的问题：自己的故事也好，身边人的故事也好，公司的故事也好，产品动态也好，通通写了个遍，已经写无可写了，再也想不出新话题了，怎么办？

其实要找话题并不难，只是店主们缺乏一种发散性的提示。如果能够随时查看最新的网络新闻，就能够激发灵感，对于创造新的话题有很大的帮助。

通过在百度新闻订阅（http://newsalert.baidu.com/）页面，即可订阅与自己网店产品或行业相关的新闻。

访问百度新闻订阅页面后，可以看见有两种订阅方式，一种是关键词订阅，另一种是分类新闻订阅。两者的区别是，关键词订阅是由订阅者自己设定关键词，一旦有新闻包含关键词，就会发送到订阅者的邮箱；分类新闻订阅则是按照订阅者设定的类型，将相关的新闻按时发送到订阅者的邮箱。

在订阅关键词新闻时，输入与行业或产品相关的关键词，把关键词位置设置成“新闻全文”，而不是“新闻标题”，因为新闻标题中包含的关键词有限，再设置邮箱地址和发送时间等进行订阅，如图11-29所示。在订阅分类新闻时，设置好新闻类型，再设置好其他信息即可进行订阅，如图11-30所示。

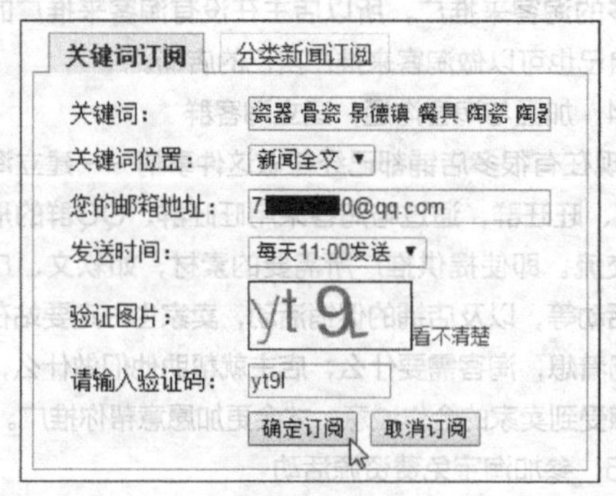

图11-29

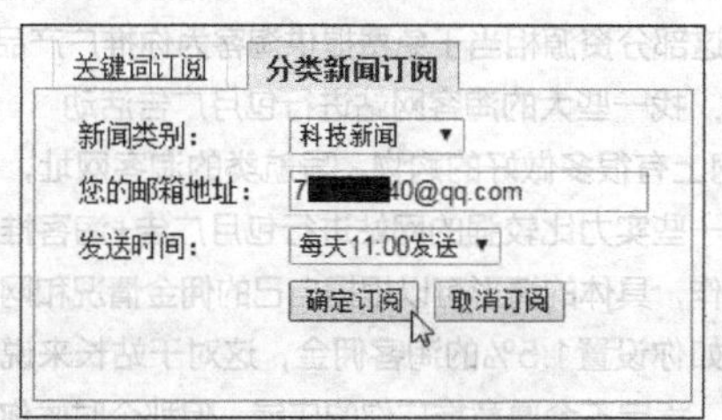

图11-30

店主要每天坚持阅读订阅的新闻，在新闻中收集素材，再结合行业、公司和产品进行再原创，就相对比较容易了。比如出售瓷器的店主，在订阅的新闻中看到关于刀具的新闻，也许会灵机一动，联想到高科技的“陶瓷刀”，就可以写出一篇关于陶瓷前沿科技在生活中应用的原创日志或博客来。

如果一篇原创博客文章，只发布在一个博客网站，其利用率未免太小。店主应该在多个博客网站分别注册，同时发布一样的博客文章，这样才能更容易被搜索引擎搜索到，从而被更多的人看到。下面就列出一些比较热门的博客网站。

新浪博客

腾讯博客

网易博客

搜狐博客

阿里巴巴网商博客

天涯博客

技巧55 ——微博推广网店的几个实用技巧

微博是一个不错的产品、店铺推广平台，只要关注者（俗称“粉丝”）够多，再加上经营得当，就能够给自己的网店或产品带来惊人的流量和销量。

不过，一个新手的微博是没有什么人关注的，自然也谈不上推广什么了。那么，怎样快速增加自己的“粉丝”，又该发布什么微博内容来做广告才合适呢？

（1）把微博的头像设置成漂亮女性，性别也设置为女，在不用发微博的情况下就可以获得粉丝，但是只使用这个方法粉丝增加的速度会非常缓慢。

（2）互粉。主动去关注别人，那么别人看到一个美女关注自己，很多情况下也会礼貌性地关注回去。这样就增加了自己的粉丝。

（3）在微博内容上下功夫，发一些语录、笑话来获得大家的青睐，如果有原创的幽默内容最好。大家都喜欢幽默的人，原创的幽默文会被很多人转发，自己的粉丝也会因此而疯长。

（4）加一些微博QQ群，大家通过QQ群的交流，然后推广自己的微博，起到增加粉丝的效果。

（5）拥有了一定数量的粉丝之后，就可以通过的微博来推广自己的网店和商品了。营销和推广的时候一定要注意：灵活地发布自己的广告，不要全部发广告，要站在用户的角度考虑、分析，然后发一些幽默搞笑的视频和图片文章，会吸引更多粉丝来围脖。

开店小故事

丝巾店女老板的淘客推广自述

大众对丝巾的需求量并不像对上衣裤子、鞋子袜子那么大。作为一家专门销售丝巾的网店的老板，王女士一度为打开产品知名度，提升销售量伤透了脑筋。

王女士也亲自在网上做过一些营销推广工作，效果虽然有一些，但总的来说和付出的劳动量相比还是太小，直到王女士听说了"淘客"推广。

王女士登录阿里妈妈网站，尝试着建立了几个淘客项目，一开始效果并不好，但王女士敏锐地认识到淘客推广的优势——无需底薪，淘客基数大。她坚信，只要推广得法，一定能吸引很多淘客来推广自己的丝巾。

经过大半年的摸索，王女士终于掌握了一些淘客推广的方法和技巧，丝巾的销售量出现了突飞猛进的增长。王女士非常高兴，在网上写下了关于淘客推广的心得。

做淘客推广，不管是小店还是皇冠店，都在愁着没有淘宝客愿意推怎么办？如何才能让淘客帮我们更多推广呢？产品的因素这里就不多说了，比如高佣金、高信誉之类，我们现在来讲讲，如何吸引淘客推广你的产品。

1. 奖励吸引淘客推广

除了设置店铺的佣金，店主还可另外再做一些淘客活动，比如每月推广前三，奖励多少钱。在得到佣金之外，还有现金给予奖励，对于一些淘客来说，这是非常有吸引力的。那么，如何举办淘客活动呢？

（1）先策划好活动内容，比如设置淘客的奖励，可推广100笔奖励100元等，如果不懂可以到淘客联盟去学习一下其他卖家是如何做的。

（2）活动时间以一段时间为限，比如一个月，时间不要太长，但也不要太短，一个月是最佳时间。

（3）活动策划做好后，就需要发布活动帖子，帖子去哪发呢？首先到淘客联盟里面发帖，那里是淘客聚集地，接下来可以到一些淘客论坛、社区发帖，只要能让淘客看到帖子的地方尽量多发。

（4）活动截止后，一定要公布获奖名单，活动是为了吸引更多的淘客来为你推广，活动结束后，如果卖家没有发放对淘客的奖励，淘客会对卖家的信誉度大打折扣，就可能不会愿意继续推广。如果大家不知道如何做活动的话，可以到淘宝联盟里面看看其他店铺的活动。

2. 打造爆款产品，设置高佣金吸引淘客推广

如何在众多的商品中脱颖而出呢？如何让淘客推广你的产品呢？首先卖家在做淘客推广前，需要包装产品、推广、促销、把一些爆款产品做好人气，只有产品的销量提高了，淘客才会更加愿意推广，淘客都有从众心理，让他知道推广你的产品一定是没错的，做好产品的包装推广后，接下来你可以把这些爆款单品设置成超高佣金，比如店铺设5%佣金，某款单品佣金设到高达20%，就当赔本赚流量，当流量从某店铺进入后，也会带动其他产品的销量，从而冲抵赔出的佣金，同时，由于单品的销量提高，会带动更多的淘客推广，对于提高店铺流量而言是很有帮助的。

3. 店主自己做淘客

我相信现在有很多卖家是在用淘宝客推广的，自己也是有做淘客的，但这样有什么意义呢？很简单，你的产品只有不断地推广出去，才会有更多的淘客愿意来推广你的产品，比如，你设置了10%的佣金，之后你利用硬广告，或者你自己用了其他推广方式把这个产品的推广做上去了，做到淘宝客排行榜里面，这个时候才能吸引到淘客来推广你的产品，也只有这样你的产品才会吸引更多的淘客来推广，所以店主在没有淘客来推广的时候，自己也可以做淘客来推广自己的店铺。

4. 加强与淘客沟通，建立淘客群

现在有很多店铺都已经在做这件事情——建立淘客QQ群、旺旺群，通过与淘客采用旺旺群、QQ群的形式进行交流。即使提供推广所需要的素材，如软文、广告图、活动等，以及店铺的促销活动，卖家也一定要站在淘客立场着想，淘客需要什么，店主就帮助他们做什么，让淘客感受到卖家的合作诚意，才会更加愿意帮你推广。

5. 参加淘宝免费资源活动

每周淘客招商群里都会发布招商信息，大家一定要充分利用这部分资源，每周按时提交资源素材到后台去报名，这部分资源相当于免费提供淘客为你推广产品。

6. 找一些大的淘客网站进行包月广告活动

网上有很多做好的购物、导航类的淘客网址，你可以选择一些实力比较强的网站进行包月广告+淘客推广的方式合作，具体的情形可以根据自己的佣金情况和网站谈判，比如你设置1.5%的淘客佣金，这对于站长来说是非常少的，肯定不会愿意推广你的店铺，但那个时候你可以让站长给你一个好的广告位，一个月500~1000元包月租下，再加上淘客的佣金，我相信很多站长都会愿意的。此方法也就相当于给一个销售人员发工资，是底薪+提成的操作方式。当然，这个推广方式并不是适合每一个店铺，得看自己店铺的综合实力是否能承受，如果没办法承受，最好不要这样做，还是老实地多找一些淘客来推广吧。

第12章 营销促销打造皇冠店铺

本章导言

看着淘宝上那么多的钻石店甚至皇冠店，再看看自己店铺可怜的交易额、信誉度，是不是感觉差距太大呢？其实，读者只要能够学习到本章的营销手段，以及配合淘宝进行各种店铺宝贝促销活动的方法，也能够将自己的店铺和宝贝推广出去，创下骄人的销售业绩。

学习要点

- 了解网络营销的常用手段
- 掌握网店促销的几种形式
- 掌握淘宝官方促销活动的使用方法
- 掌握天猫双11、双12和年货节的参加规则

12.1 网络营销的几种常用手段

自从2000年之后，网络在中国普及，网上的商业也随之发展开来，伴随商业一起发展的，是网络营销这个新生的事物。借助网络迅速、发散、匿名等特点，网络营销也展现出与传统营销全然不同的面目。那么，作为网店店主，应该掌握哪些常用的营销手段呢？

12.1.1 事件营销

事件营销是以网络为传播平台，通过精心策划、实施可以让公众直接参与并享受乐趣的事件，并通过这样的事件达到吸引或转移公众注意力，改善、增进与公众的关系，塑造企业或产品的良好形象，以谋求企业或产品长久、持续发展的营销传播活动。

成功的企业网络营销事件都具备哪些特征呢？

- 事件内容的刺激性。必须要吸引网民与媒体。
- 事件角色的另类性。事件的创意是最关键的。
- 事件传播的需求性。会给客户带来什么样的影响是你必须考虑的。
- 事件本质的利益性。事件营销本身是双赢的产物，那么我们的利益是需要提前估算的。
- 事件的真实性。无论做什么事件营销，事件本身必须是真实的，可以是自然形成的，也可以是特意安排制造的。但是必须要保障其真实性。

网络事件的分类，总共可以归纳为两种类型：自发性和操作性。自发性的网络事件有百变小胖、贾君鹏你妈叫你回家吃饭、犀利哥等，它们都是网络舆论自发形成的事件。而操作性的网络事件有联想红本女、奥巴马女郎、凤姐等。这些都被认为是人为操作形成的。这就是本质的区别。

对于自发性事件，如果反应迅速，可以搭一下“顺风车”，比如刘慈欣的小说《三体》火了之后，淘宝上就有人卖“二向箔”（小说里的一种武器），虽然几近搞笑，但确实为这个店铺带来了不少流量。

对于操作性事件，越劲爆、越吸引人眼球，效

果越好。不过也要注意不能违反现行法律法规。要操作一个事件，不仅需要一个专业团队，还需要按照以下步骤分解进行。

（1）根据被炒作对象特点作出策划方案。

（2）选择适合的论坛（博客、视频站）发帖。

（3）付费给网站管理员，请他照顾话题（推荐或置顶）。

（4）抛出易于流传的言论，引诱网民自发传播。

（5）雇佣网络水军唱双簧，引发争议，从而成为热点。

（6）雇佣网络水军，加大转载与传播数量。

（7）撰写新闻评论进行谴责性或质疑性报道。

（8）期待大量媒体跟进报道。

（9）爆料内幕。

（10）维护形象。

由此可见，操作一个事件需要大量的人手和资金，以及对火候、后果等预判要很准确才能做到，不然就有可能出现虎头蛇尾，或者超出控制的问题，反而达不到预期效果。对于淘宝中小卖家来说，能及时跟随各种事件（不管是自发的还是操作的）炒作自己的店铺，提高知名度和流量，就是成功的事件营销了。

12.1.2 口碑营销

口碑营销实际上早已有之，地方特产、老字号厂家商铺及企业的品牌战略等，其中都包含有口碑营销的因素，网络营销则是互联网兴起以后才有的一种网上商务活动，它逐步由门户广告营销、搜索广告营销发展到网络口碑营销。

由口碑营销与网络营销有机结合起来的网络口碑营销，旨在应用互联网的信息传播技术与平台，通过买家以文字、图片和视频等媒体为载体的口碑信息，其中包括企业与买家之间的互动信息，为企业营销开辟新的通道，获取新的效益。

简单地说，就是整合各种网络营销方法，包括新闻、博客、微博、论坛、IM、WIKI、圈群、贴吧、百科、问答等在内的十几种网络传播形式与手段综合有效利用，合力形成独具成效、全面网络覆盖、信息迅速扩散的网络创新整合传播模式。

口碑之所以能成为强大的营销工具，很大程度上是缘于它所具有的“病毒式营销效应”。人们喜欢交谈，不管是讲自己的故事还是讲别人的故事。研究发现，一个对产品或服务有正面体验的买家，会将他的故事告诉至少5个朋友；如果是负面体验的话，他会告诉至少11个买家。而那些听到故事的人又会再告诉5～11个人，依此类推。故事呈几何级数迅速传播，最终在很短的时间内传播给大量听众，类似于病毒传播机制。这就是口碑的魅力所在。

对于淘宝中小卖家而言，要策划一个全方位的口碑营销显然有点儿困难。不过，通过微信、来往、人人网等工具，实现一传十、十传百的口碑推广还是容易的，也可以将产品提供给有影响力的博客写手、网络名人试用，让他们写一写心得体会，这样他们的粉丝也能口口相传，将产品推广开来。

网店“蓝X数码”的老板，就是在某音响论坛上长期经营自己的形象，以热情、专业、诚信赢取了论坛网友的信任，不仅老坛友长期在他的网店里购买音响器材，而且还带动亲朋好友购买，当有新坛友发帖询问哪里可以买到靠谱的音响器材时，老坛友们就纷纷把他的网店推荐出去，很快网店就升级成了双皇冠，这就是口碑营销的效果。

12.1.3 免费策略营销

西方谚语说：“天下没有免费的午餐”，说明万事皆有代价。正因为如此，人们一旦遇到免费的东西，往往就忍不住有种想占为己有的冲动，因为免费难得啊。

免费策略营销有两个层面：一是用户接受免费物品或服务后，很容易变成忠实用户；二是用户可以毫无心理压力地向其他人宣传这个网店或网站，因为反正是免费的，不会被人觉得是拿了什么回扣或好处才推荐，这样推荐者、被推荐者都容易接受，网店或网站也就容易得到推广。

现在很多网店都有免费的礼物赠送给买家。比如某出售渔具的网店，以前日交易量约在10单，后来老板在一次性超过20元的交易中都加入了免费礼品，如鱼钩、鱼线、浮漂等，结果很多买家收到后纷纷留言表示惊喜，不少买家就此成为网店的忠实买家，网店的交易量也节节攀升，很快就达到了日交易量近30单的水平。

免费的东西可以包括以下几种形式。

1. 文字

文字是最容易实现的免费形式，当然，不是什么样的文字都可以吸引用户，关键是文字要有价值。比如为什么盗版小说网站屡禁不止，且流量非常高，原因就是这些免费文字对于用户有致命的诱惑。

2. 软件

软件行业是免费策略运用得最早，也最彻底的一个行业。现在的收费软件，基本上都有免费试用期，少则七天，多则半年；或者推出免费和收费两个不同的版本，免费版的功能简化一些，若想使用完整版，则需要交费。

3. 实物

信用卡公司最喜欢用此方法，现在不管到哪家银行办理信用卡，基本上都会送客户一份礼品。而且各大银行之间为了争夺用户，送的礼也越来越大，一百元以下的礼品，对用户基本上已经没有多少诱惑力了。

4. 虚拟物品

实物的成本比较大，一般企业是负担不起的。而相对来说虚拟物品成本就低多了，所以通过提供免费虚拟产品来吸引用户，是一个性价比较高的选择。虚拟物品是诸如Q币、游戏点卡之类的对特定人群有一定价值但其实成本不高的东西。

5. 服务

相对于产品来说，服务更容易打动用户。服务是一种人和人之间的互动，比起物品来，这种互动更能让人体会到商家或企业的诚意。

6. 资源

好的资源可以帮助用户节省时间、精力，让用户受益，但是获得好资源，往往都要付出不菲的代价。如果可以得到免费的资源，想必会让用户记忆深刻。很多网站提供各行业的免费PPT模板、Excel表格给访客下载，采用的就是本策略。

12.1.4 饥饿营销

饥饿营销是指商品提供者有意调低产量，以期达到调控供求关系，制造供不应求“假象”，维持商品较高售价和利润率的营销策略。

商家往往采取大量广告促销宣传，勾起买家的购买欲，然后采取小批量出售的手段，让用户苦苦等待，蜂拥抢购，其结果是更加提高了买家的购买欲，有利其产品提价销售或为未来大量销售奠定客户基础。

饥饿营销的开展步骤是怎样的呢？下面我们就来介绍。

（1）饥饿营销策划围绕的产品本身一定要好。做营销的产品和或者服务本身质量要过硬，品牌要靠得住，口碑要好。否则大众买回去以后发现上当了，会招来骂声一片，导致后期销量骤降。

（2）做好线上线下的宣传造势，制造产品话题，制造产品的期待，让产品本身就能带有某些话题性。

（3）产品要具有大众性。提供的产品或者服务要具备大众性，而不是高度专业领域里的产品，这样，大众参与的积极性才更高，也才能参与进来。

（4）做有利益的引导、促销宣传等。比如某手机买一送一（送一指的是送一个电话保护套、屏幕贴膜之类的），总之，用户一定要通过产品得到某种额外利益。

（5）控制销量。所谓的控制销量，制作出来的供不应求的表象，让大众疯狂抢购，实际上只是控制公布出来的数字，暗地的出货量可能会比公布的出货量要高。

（6）灵活与调整。饥饿营销要灵活应变，并能随时根据实际市场情况来调整方式。买家的欲望会受到市场各种因素的影响，从而产生不断的变化，消费行为也会发生不规则的变动，感情转移、冲动购买也是常有之事。因此，密切监控市场动向，提高快速反应的机动性，是重中之重。

（7）从品牌支持、培训支持、物流支持、广告宣传支持、营销策略支持、区域保护支持等方面完善服务体系，以做到人性化服务。

苹果公司最擅长饥饿营销。苹果公司经常宣传

"产能不足"，造成人为断货，反而让更多的人急于买到一款苹果手机或平板电脑，甚至不少人去各地苹果商店加价预订，或者去黄牛那里高价购买，这都是"饥饿营销"导致的。当然，这一切都是建立的苹果产品质量过硬的基础上的，如果随便哪个山寨手机都要搞饥饿营销，恐怕会变成无人问津的闹剧。

小米手机也是饥饿营销的成功案例之一，其操作手法也是先大规模宣传，等争议充分展开，吊起大众好奇心后，再慢慢出货，其效果十分明显，甚至出现了有人求购预订号码的情况。小米手机的质量固然比不上苹果，但其卖点在于"性价比高"，也同样能够吸引大众的关注。

对于淘宝网店的店主来说，要做饥饿营销推广，首先要找到宝贝的卖点，然后要找到能够大规模宣传的渠道，在宣传的时候还要注意始终保持大众的关注，这一点殊为不易。饥饿营销的要求较高，然而做好了，其回报是相当惊人的。

当然，也有利用大众好奇心进行"信息饥饿营销"的案例。比如某女装网店"粉红×××"，就是在"淘宝论坛"中用了一个神秘而又漂亮的模特，结果迅速引起广大淘友的好奇，通过对模特本人身份的猜想及争论，达到了吸引眼球的效果，造成网店访问量急剧飙升，原本一个毫不起眼的网店，销售量迅速攀升到当年同类网店第七名。

12.1.5 借力营销

借力营销指借助于外力或别人的优势资源实现自己制定的营销目标或是营销效果。现在很多公司都采用借力营销方法。比如将产品外包给专业的营销团队公司、产品包装品牌输出公司、企业咨询顾问公司，都是企业需要借的力。

借力营销总的来说有以下三种。

1. 借品牌

有效借助已有知名品牌，可以快速提升自身的品牌知名度和影响力。

2. 借用户

借助别人已有的用户进行宣传。

3. 借渠道

借助别人已有的渠道进行宣传。

作为淘宝店主来说，借力营销是一个不错的选择，无论是借到品牌、用户还是渠道，都会对自己的品牌或宝贝有较大的宣传效果。当然，也要和付出的代价一起来综合考虑。

笔者的一个朋友是做服装网店的，夫妻两个打理网店，奈何新店铺无人问津，生意一直不好。后来笔者推荐他们参加折800的活动，当天一款上衣就卖出了700多件，连带店内其他商品的销售也出现了一个小高潮，不仅如此，很多买家还从此成为固定客户，这让小两口高兴得合不拢嘴。

像折800这样具有广泛用户群资源的网站还有很多，比如"什么值得买""值不值得买"等，参加这些网站组织的销售活动，能够利用其庞大的用户群，快速有效地提升网店的销售量和信誉度，这也是常见的借力营销手段之一。

12.1.6 网络营销必备的8项基本技能

很多人开始意识到网络营销的重要性，从事的人也越来越多，但是大部分还处于初级水平。要成为一个合格的网络营销人员，必须具备以下几项基本技能。

1. 写作能力

这里的写作能力不是要求文章有多么优雅、多么华丽，而是能够将产品和文字结合起来，激发用户购买产品的欲望。在互联网这个信息快餐时代，浏览量大的文章一定不是文学性强的，而是大白话的小说，能够把文字表述清楚明白就已经足够。

2. 广博的知识

现在的网络营销是一个多方面全方位的整合营销时代，那就要对新闻、市场、营销、社会学、公关广告等有所了解。平常的时候多收集行业资料，关注热点，关注时事，以备今后使用。

3. 资源整合与使用

资源是网络营销行业一个重要的枢纽，也是推动成功的关键因素。资源包含信息、服务、知识、人脉、资金等多种，虽然现在有很多人把钱放到资源的第一位，而其实这几点是同一个位置的，缺一不可。当这些资源准备充分后，要整合起来统一使用，才会看到结果的爆发。

4. 沟通和协作能力

一个内向的人做营销是不行的，一定要具备沟通和协作的能力。好在有很多人在实际场合中羞于开口，但在网络上却可以放开来讲话，这样的人适合到线上平台去发挥。线上平台有IM、论坛、博客、贴吧、专栏等，做好了也可以起到“扬长避短”的效果。

5. 与时俱进的意识

互联网的发展是迅速的，所以与时俱进是必不可少的。要随时关注网络上的热点，善于从每个热点中发现可以营销的机会。也要随时关注网络上的新技术，一旦出现新技术就可以考虑该技术能否为自己所用。比如现在流行的P2P技术，可否用来做广告？这都是可以考虑的。

6. 良好的心理素质

做网络推广是一件枯燥的事情，所以心态是稳步发展的基石。很多人看到复杂的过程就会退缩，被巨大的任务量压倒。其实网络营销操作过程是简单的，面对庞大的任务量，最好的办法就是分解到每周、每天、每小时，按部就班完成即可。

7. 思考和总结

做任何事情都是一样的，一定要有一个总结，整理出一个属于自己的思路。不思考、不总结的人注定是走不长、走不远的。

8. 执行与积累

其实任何行业都一样，没有执行力一切都是空谈。不断的操作，关注数据变化，分析后再操作。日复一日、年复一年都要这样，这个量的积累一定会有质的飞越。学习是没有速成的，通过学习他人的经验，可以让自己少走一段弯路。路走得越稳，成功的希望就会越大。

12.2 店内促销组合拳

为什么别人的网店开得红红火火，自己网店的销量却一直上不去？排除宣传的原因，最大的可能是没有搞好促销。逛过商店的人都知道，喊“跳楼大减价”、喊“买一送二”，喊“限时打折”等口号的柜台前，总是比较热闹，这就是实体店常用的促销手段。

淘宝官方为广大卖家推出了便利实用的各种促销套餐，让用户可以自由选择一种或多种产品来搭配销售，实现店铺的盈利最大化。不过，这都是需要付费的。

满就送、限时打折、搭配套餐以及店铺优惠卷的购买方法基本一样，只需在“卖家中心下”，单击“营销中心”栏目中的“店铺营销中心”超级链接，如图12-1所示，继而选择右侧中的促销活动。

在系统跳转的页面中单击“马上订购”按钮即可，如图12-2所示。

图12-1

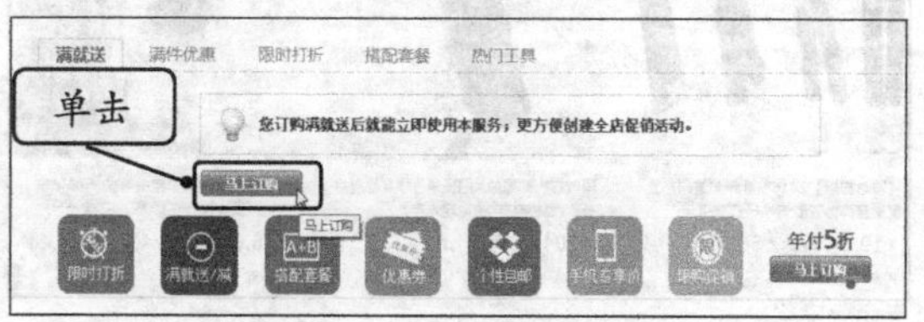

图12-2

12.2.1 宝贝搭配套餐

搭配套餐是将几种卖家店铺中销售的宝贝组合

在一起设置成套餐来进行捆绑销售，这样可以让买家一次性购买更多的商品。从而提升店铺的销售业绩，增加商品曝光力度，节约人力成本，如图12-3所示。

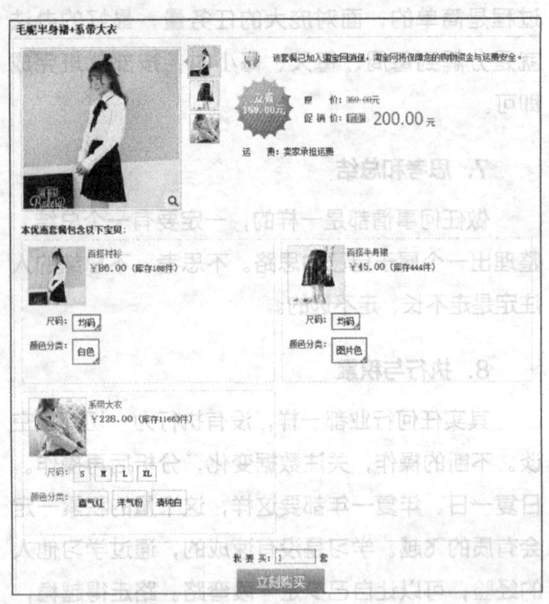

图12-3

12.2.2 宝贝限时打折

“限时打折”是淘宝提供给卖家的一种店铺促销工具，订购此工具的卖家可以在自己店铺中选择一定数量的商品，在一定时间内以低于市场价进行促销活动。活动期间，买家可以在商品搜索页面根据“限时打折”这个筛选条件找到所有正在打折中的商品，如图12-4所示。

图12-4

12.2.3 宝贝满就送

“满就送”功能是基于旺铺的一种促销功能，它给卖家提供了一个店铺营销平台，让所有设置了满就送的宝贝自动实现促销，如图12-5所示。

图12-5

比如出售一款蓝牙耳机，进行了满200送U盘的活动，那么买家在购买此商品后，系统会自动进行该优惠活动，不用卖家手动进行操作，从而通过这个营销平台带给卖家更多的流量。

12.2.4 店铺优惠券

顾名思义，店铺优惠卷是一种虚拟电子现金券，如图12-6所示。它是淘宝在卖家开通营销套餐或会员关系管理后的一种促销工具，当有买家购买定制该功能的宝贝以后，会自动获得相应的优惠卷，在以后进行购物时，可以享受一定额度的优惠。

图12-6

通过发放优惠券，能够促进客户再次到自己店铺中购买，从而有效地将新客户转化成老客户，提高店铺的销量。

12.3 关注淘宝官方促销活动

淘宝会推出一些促销活动，它们极大地增加了整个淘宝的销售量，由于效果显著，有的促销活动已经成为淘宝旗下独立的网站或板块。下面就来看看那些可以帮助新手卖家快速成长的活动。

12.3.1 淘宝聚划算

淘宝聚划算最开始是淘宝论坛搞的一个独立板块，用以聚拢一些卖家不时进行团购活动。后来发展为阿里巴巴集团旗下的团购网站，如图12-7所示。

图12-7

淘宝聚划算官方公布的数据显示：其交易额远远超过其余所有团购网站交易额的总和，用户流量非常大，因此有兴趣的卖家可以在其官网首页进行报名，参加团购活动，为自己的店铺在短时间内带来大批的用户。

聚划算目前还是免费的，且可参加的类型有商品团、品牌团、聚名品、聚新品和竞拍团几种，如图12-8所示。每一种类型的招商对象和素材提交都不一样，商家可结合自己商品的特点决定加入符合自己类型的聚划算活动。

图12-8

某厨具网店在9月2日参加聚划算活动，报了8000套厨房套刀。9月2日当天，店铺流量达78310，9月3日与4日也分别有23694和38516的流量，是平时流量的15倍左右。厨房套刀第一天就卖出了5000套，剩下的3000套也在4日下午售罄。由于网店在活动前就对老客户进行了通知，这次活动中，共有300多套是由老客户购买的。这说明聚划算活动不仅能够快速提高销量，还对老客户的维护有一定的作用。

12.3.2 淘宝免费试用

在淘宝门户中，开辟了一个免费试用页面，所有买家都可以通过此页面进行商品的免费试用，而且是完全免费。因此每天都有为数众多的买家等候在电脑前抢购试用商品，人气火爆。如果卖家条件允许，可以在官网首页进行申请，其规则如图12-9所示，当然，前提是拥有充足的货源，不能出现任何问题，否则以后就很难参加此项活动了。

图12-9

专家提点 新卖家参加试用活动要谨慎

免费试用活动需要一定的经济条件支持，因为售出的产品都是免费提供的，需要自己支付产品的成本价格，因此不建议新开店铺的卖家参加。

某化妆品网店老板，上了一款价值588元的新品后，过了一段时间，收藏只有13个，购买仅有1个。老板对比了直通车与钻石展位后，决定还是参加免费试用活动。一个月后，收藏人气2500，月销量155笔，通过免费试用活动的带动，比同样时间上架的商品高出5倍，店铺销售额增长3倍，让老板大赚一笔。

12.3.3 淘金币换购

淘金币是淘宝网的虚拟积分。所有在淘宝交易的买家都可以得到数量不等的淘金币，当积累到一定数量后，可以进行抽奖或者购买卖家提供的商品，如图12-10所示。淘金币也可以兑换、抽奖得到免费的商品或者现金红包，或进行线上线下商家的积分兑入。

图12-10

对于卖家而言，可以通过参加兑换活动的买家不断浏览自己提供的商品而得到相应的流量。此活动可以店铺营销中心进行申请（https://seller-taojinbi.taobao.com）。

某乐器网店把店铺中一款滞销的百余元的低档吉他设置了淘金币抵30%，并预先在所有渠道中作了宣传。活动三天时间内，这款吉他卖出80多件，由于每个买家用的淘金币数量不一，平均算下来每件吉他分摊了26%的淘金币，理论损失约为40元（按成本价算的话，其实只损失10元左右），但此次活动带动店铺内其他乐器销售共盈利3000余元，拉平了亏损，周转了资金，而且增加店铺收藏500多个，商品收藏800多个，三个月内不少收藏者都进行了购买，总的来说，这次淘金币营销效果是不错的。

12.3.4 淘宝秒杀

秒杀是一种抢购活动，参加秒杀的宝贝价格远低于正常价，但数量不多，因此往往活动一开始的几秒内，宝贝就被抢完了，所以叫做“秒杀”。卖家参加此活动也可以为自己的店铺短时间内带来很大的流量。

以前的秒杀活动没有独立的活动页面，只有通过“淘宝帮派”进行在线申请。在淘帮派下线后，秒杀活动不再由官方提供，而是卖家自己在发布商品时设置。目前最新版本的发布商品页面已没有设置秒杀商品，需要设置秒杀商品的卖家需回到旧版。如图12-11所示，❶在发布商品页面中勾选“秒杀商品”后面的“电脑用户”“手机用户”；❷单击“发布”按钮。

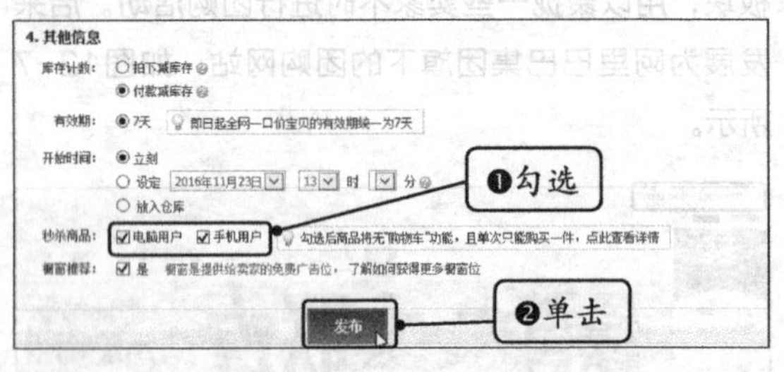

图12-11

专家提点 秒杀商品中的电脑用户和手机用户

如果只选“手机用户”，则只能在“手机客户端”上购物，且每次只能购买一件商品，电脑上会提示“WAP秒杀订单不允许在PC流程中下单”。

如果只选“电脑用户”，则只能在电脑上进行购买，且每次只能购买一件商品，无“购物车”功能，且手机端上会提示“不支持购买”。

如果“电脑、手机端”都选，则可以在“电脑端”或“手机客户端”中购买商品，但是，都只能购买一件。

小桃的女装店最近设置了一次秒杀活动，不过事后小桃唉声叹气，表示亏了。原来小桃为了让秒杀的价格足够“震撼”，将一款中档上衣的价格设置得极低，结果秒杀倒是很成功，50件上衣一扫而空，但是附加销售量的利润抵不上秒杀的损失，只能寄希望于回头客再次购买慢慢把损失补齐。小桃最后总结：秒杀的价格低于平均水平就可以了，不能低到白送的程度，否则最后是亏还是赚，都很难说。

12.3.5 淘宝直通车活动

淘宝直通车是为淘宝卖家量身定制的、按点击付费的营销工具，直通车广告每被点击一次，卖家会付给淘宝一定的广告费用，没有点击则不付费用。

淘宝直通车具有广告位极佳、广告针对性强和按效果付费三大优势。这也是目前绝大部分大卖家都在使用的一个工具，因为它能够实实在在地带来流量和成交，能立刻看到效果，很多卖家都喜欢使用它，图12-12和图12-13都是直通车的展示位。

图12-12

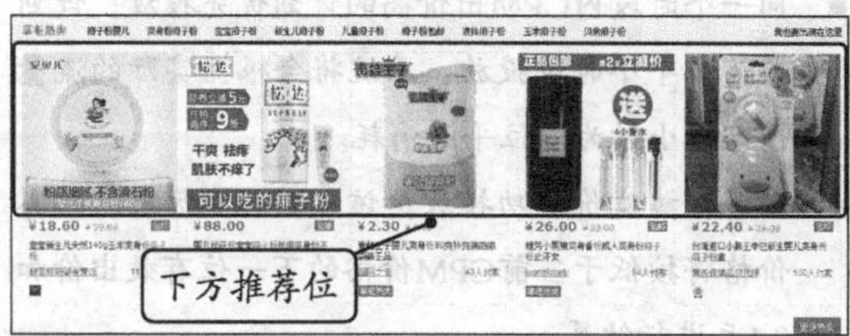

图12-13

具体说来，直通车的优势有以下几个方面。

- 被直通车推广的商品，只要想来淘宝买这种商品的人就能看到，大大提高了商品的曝光率，带来更多的潜在客户。
- 只有想买这种商品的人才能看到该广告，给该商品页面带来的点击都是有购买意向的点击，带来的客户都是有购买意向的买家。
- 直通车能给整个店铺带来人气，虽然卖家推广的是单个商品，但很多买家都会进入店铺里去看，一个点击带来的可能是几个成交，这种整体连锁反应，是直通车推广的最大优势，店铺人气也会逐渐提高。
- 可以参加更多的淘宝促销活动，参加后会有不定期的直通车用户专享促销活动，加入直通车后，可以报名各种促销活动。
- 在展示位上免费展示，买家点击才付费，自由设置日消费限额、投放时间、投放地域，有效控制花销，合理掌控自己的成本。强大的防恶意点击技术，系统24小时不间断运行，保证点击真实有效。
- 免费参加直通车培训，并且有优秀直通车小二指点优化方案，迅速掌握直通车推广技巧。

对有经济条件的卖家而言，可以通过参加直通车活动带来可观的流量。用户可通过淘宝店铺营销中心的“我要推广”参加此活动，如图12-14和图12-15所示。

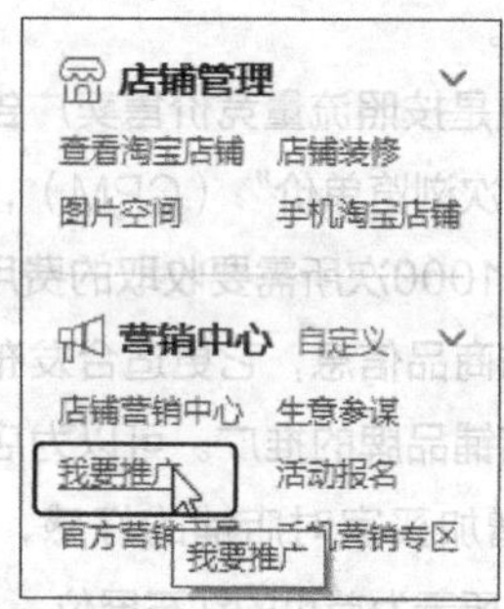

图12-14

图12-15

小王夫妻经营着一个泳装夫妻店，因为二人都有工作，只有闲暇时间管理店铺。属于小卖家自行经营，没有太大的资金后盾，一直没有考虑直通车的投放。但是小王发现随着夏季的临近，泳装这个类目火热起来的同时竞争度也越来越高。所以小王把店里的一款商品做了直通车推广，此商品在类目中价格偏高，同款价格也差不多，所以在价格方面没有优势可言。所以小王考虑到关键词，他在删除质量分低且无点击的关键词的同时，也删除了展现量极高而点击量低的关键词。通过淘宝排行榜、生意参谋等渠道找到并添加高质量分、高点击率的关键词。经过反复测试，此商品的质量得分明显高了起来。在相同出价的前提下，质量分越高，排名越靠前，展现率也就越高。因此，在做直通车活动时，关键词的选取也是十分重要的，它决定了卖家花的钱是否能带来最大的收益。

12.3.6 钻石展位活动

“钻石展位”是淘宝图片类广告位自动竞价平台，是专为有更高信息发布需求的卖家量身定制的产品。精选了淘宝最优质的展示位置，通过竞价排序，按照展现计费。性价比高，更适于店铺、品牌及爆款的推广。

钻石展位是按照流量竞价售卖广告位的，计费单位是“每千次浏览单价”（CPM），即广告所在的页面被打开1000次所需要收取的费用。钻石展位不仅适合发布商品信息，它更适合发布店铺促销、店铺活动、店铺品牌的推广。可以为店铺带来充裕流量，同时增加买家对店铺的好感，增强买家黏度，图12-16所示为首页的钻石展位。

图12-16

首页流量巨大，对于资金雄厚的大卖家来说，放在首页可以带来巨大的流量，从而带来更多的买家。也可以考虑在各个频道的首页购买钻石展位，当然要选择和自己的宝贝同类的频道，如图12-17所示垂直频道首页的钻石展示位。

图12-17

钻石展位是一个非常显眼和重要的推广平台，那么钻石展位有哪些使用规则呢?

- 系统每天21点后自动提交计划进行竞价投放。
- 系统会提供过去7天被竞价的数据给商家查看。
- 系统每天15点后从商家的消费账户冻结计划第二天的预算；每天凌晨自动结算返回消费账户计划前一天的消耗余额。
- 在15点之前调整计划的基本信息。具体内容包括：CPM出价、日预算、展示图片、开始结束日期、时段等信息。修改完成后，需要等到次日才能生效。
- 投放中如果没有足够金额，系统自动停止投放。因为金额不足而停止投放的计划，在该计划还在投放期内的前提下，允许商家继续充值恢复投放。
- 展示图片将会被随机轮播显示。
- 可以随时充值消费账户，充值使用的支付宝为淘宝账户绑定的支付宝。
- 如果有特殊情况可提交客服人员，可能存在允许用户当天强行终止投放中计划的情况。
- 同一个时段内CPM出价高的计划优先投放；计划分为多个小时段投放，系统将会根据实际的流量情况以小时为单位平滑消耗。
- 若计划被竞价成功投放，该计划的实际投放结算价格将按低于当前CPM价格的下一位有效出价加0.1元进行结算。

只有充分了解钻石展位的规则之后，才能有效的加以利用，从而提高广告效果。

在哪里能买到“钻石展位”这个推广工具呢?在营销中心“我要推广”里面就能开通钻石展位，如图12-18和图12-19所示。

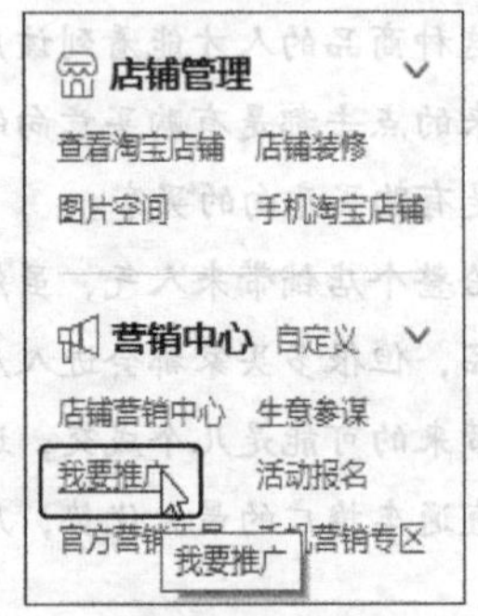

图12-18

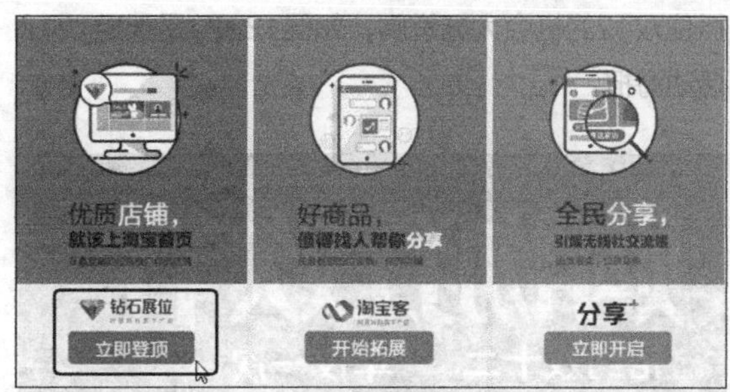

图12-19

一个经营家纺的淘宝店铺经分析得出四件套的销售旺季是在每年的8月中旬以后开始至12月底，根据地域、人群、性别等分析得出四件套喜好度人群集中在18至29岁的年轻女士，占比主要集中在江苏、福建、安徽等沿海地区。经过多次测试找到高点击、高转化的优秀推广图片，结合创意文案进行钻石展位投放。该店铺的销量在11月的时候刷新纪录，达到一个巅峰值，是一次成功的钻石展位投放。经过该例分析得出，钻石展位需要结合店铺整体运营计划来明确投放的目的，且在投放前就要做好投放计划，进行多次测试，便于找到最佳方案。

12.3.7 天猫双11活动

双11活动指的是每年11月11日的网络促销日。在这一天，许多网络商家会进行大规模促销活动。双11活动在2009年11月11日开始，最早的出发点仅仅是想做一个属于淘宝商城的节日，目的是扩大淘宝的影响力。结果在第一年的时候，双11活动就创造了意想不到的成绩。时至今日，双11活动不仅仅是电商消费节的代名词，对非网购商城和线下商城也产生了较大的影响。

根据阿里官方数据，2016年的双11活动从2016年11月11日0点0分开始，截止到当日18点55分36秒，活动交易额正式突破1000亿元，创造了全新纪录。由此可见天猫双11活动的影响力之大，图12-20所示为双11的宣传海报。

如图12-21所示，天猫双11活动报名分为招商海选报名、公告海选结果、商品申报、素材招商和活动开始五个阶段。

图12-20

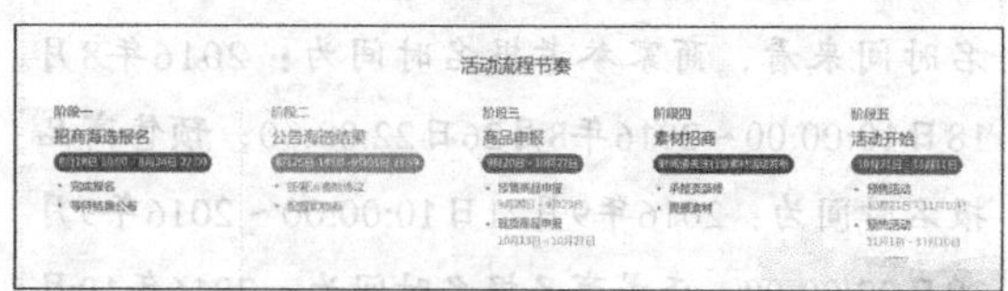

图12-21

只要是天猫的卖家就能加入双11活动中去吗？并不是。天猫双11活动对商家有一定的条件和规则，下面是2016年“天猫双11全球狂欢节”的招商条件。

- 天猫商家须满足《天猫营销活动基准规则》；天猫国际平台的商家须满足《天猫国际营销活动基准规则》。
- 商家同意自愿提供全店铺商品用于满足“双11购物券”及“卖家版运费险”的活动规则（特殊商品除外），本款合作条件之详情请见本规则“招商要求”第五条、第六条。
- 双十一活动商家还需满足所在类目单独制定的2016双11招商规则。
- 天猫国际平台商家需同时满足天猫国际平台关于“天猫双11全球狂欢节”的活动的相关招商要求。
- 天猫会根据双11活动的整体策略，优先选择与可以更好地为消费者服务的商家（优选条件包括但不限于品牌知名度、活动契合度、消费者需求、开店时长、诚信经营情况、是否提供运费险保障等）进行合作；天猫与商家之间的选择是双向的，未形成一致意见之前，任何一方均有权自主决定是否与对方开展合作。

- 商家同意天猫可基于对双11品牌的整体管理与维护，不时采用诚信经营管控（包括但不限于降级、警告、清退等）等治理措施；商家同意遵守天猫根据2016双11的实际情况制定的各类2016双11活动管理细则。

除了需要符合招商条件外，参加天猫双11活动的卖家还需要符合商品申报规则、商家包邮要求、商家发货要求、运费险要求等。

专家提点 不要错过报名时间

天猫双11活动分为预售商品和正式商品，活动时间也有活动预热和正式活动之分。从2016年的报名时间来看，商家参考报名时间为：2016年8月18日10:00:00～2016年8月26日22:00:00；预售商品报名时间为：2016年9月21日10:00:00～2016年9月30日22:00:00；正式商品报名时间为：2016年10月14日10:00:00～2016年10月29日22:00:00；活动预热时间为：2016年11月1日00:00:00～2016年11月10日23:59:59；正式活动时间为：2016年11月11日00:00:00～2016年11月11日23:59:59。

由此可见，天猫双11活动的报名时间和活动时间不一样，卖家在报名前的几个月就应该关注这方面的信息，避免错过报名时间。

很多人认为天猫上能创造佳绩的应该只有服装或是食品等大众消费行业，对于一些用户面较窄的商品，在天猫双11活动中可能表现不佳。然而，在2015年的天猫双11中，装修行业的晨阳水漆仅在双11当天就取得“1小时500万，12小时破千万，销售额达3105万元”的佳绩，截至11月12日零点，晨阳水漆最终突破3000万元的销售额。因此，天猫双11对于一些大众使用率较低的商品可能也是机会。有条件的商家应积极参加这类活动，促进商品的销量。

12.3.8 天猫1212营销

天猫1212是每年的12月12日，天猫在当天推出网购盛宴，将延续“全民疯抢”的活动，简称双12。天猫商家如果在双11活动时已经取得不错的成绩，可再接再厉，借助双12再创辉煌；如果在双11因为没有做好充分的工作导致效果不佳，仍旧可以抓住双12的机会大施拳脚，如图12-22是天猫1212活动海报。

图12-22

每一年1212的主题都不一样，2016年主题为“1212天猫年终盛典”。因为主题不一，规则也在发生变化，因此每年的具体招商规则可能存在差异，建议商家仔细阅读该年度的规则。下面以2016年的招商规则为主，介绍参加天猫1212的规则。

如图12-23所示，2016年天猫1212活动共分为：商家报名、商品报名、活动预热和正式活动四个环节，商家可在活动开始之前就关注这方面的信息，以免错过报名时间，错失良机。

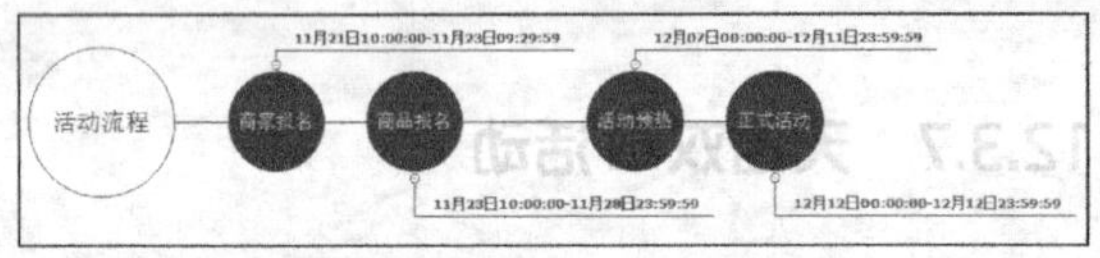

图12-23

专家提点 天猫贷款资金扶持政策

网商银行为支持天猫商家备战“1212天猫年终盛典”，推出天猫贷款资金扶持政策：

首次使用天猫贷款的新客户享受提前收款服务首笔免服务费，首笔提前收款的额度5万元封顶；随借随还、先息后本、每月等额，多种还款方式，灵活便捷；大促备货资金专属优惠方案及更多金融服务产品。需要注意的是，以上扶持政策不适用天猫国际商家。

1. 商家准入规则

- 满足《天猫营销活动基准规则》；天猫国际商家需满足《天猫国际营销活动基准规则》。
- 天猫会根据活动的整体策略，优先选择与可以更好地为消费者服务的商家（优选条件包括但不限于品牌知名度、活动契合度、消费者需求、开店时长、诚信经营情况、是否提供运费险保障等）进行合作；天猫与商家之间的选择是双向的，未形成一致意见之前，任何一方均有权自主决定是否与对方开展合作。

- 商家同意天猫可基于对1212品牌的整体管理与维护，不时采用诚信经营管控（包括但不限于降级、警告、清退等）等治理措施。商家同意遵守“1212天猫年终盛典”招商规则及天猫根据2016年1212的实际情况制定的各类活动管理细则，这也是天猫选择商家作为1212合作伙伴的必要条件。

2. 商品价格条件

- 参加2016年“1212天猫年终盛典”的商品须进入价格申报系统进行申报，正式商品申报时间为2016年11月23日10:00:00～2016年11月28日23:59:59，过期则申报入口关闭。
- 参加2016年“1212天猫年终盛典”的商品正式活动的销售价格，必须小于或等于该商品2016年11月12日00:00:00～2016年12月11日23:59:59期间于天猫平台达成的最低真实成交价，部分类目（黄金首饰（新）、铂金/PT（新）、K金首饰、部分美妆）除外。
- 为确保活动的公正性、履行对消费者的商品价格承诺、提升消费者的购物体验，2016年“1212天猫年终盛典”正式活动结束后15天（2016年12月13日00:00:00～2016年12月27日23:59:59）为“1212天猫年终盛典”活动商品价格保护期；在此期间，参加过2016年“1212天猫年终盛典”的活动商品，其销售价格不得低于正式活动价格，部分类目除外。

除上述准入规则和商品价格条件外，参加天猫1212的商家还必须满足商家包邮要求、三年质保服务要求、破损保障服务、商家发货要求和其他一些要求。如图12-24所示是天猫1212营销中的店铺须知，仅供参考，因为每年的要求都不一样，但也不会相差太多。

小张经营的是一个小饰品天猫店，由于店里商品单价本身就不高，利润较低，不能像其他店铺一样进行打折促销。在小张看来，自己这种商品单价过低的天猫店，可能无缘1212了。但是销量一直走下坡路的情况，还是让小张决定参加2016年的1212。

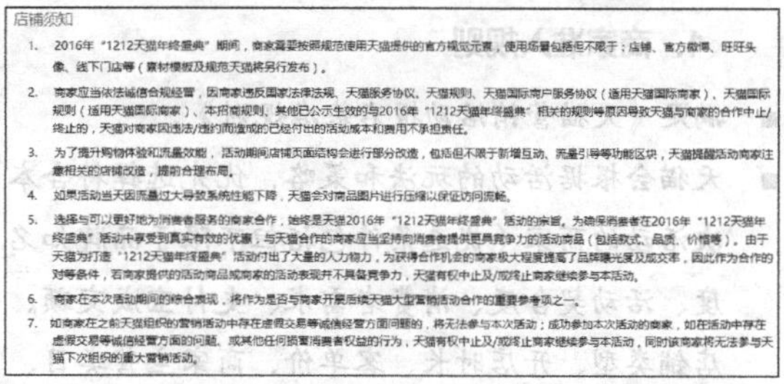

店铺须知

1. 2016年“1212天猫年终盛典”期间，商家需要按照规范使用天猫提供的官方视觉元素，使用场景包括但不限于：店铺、官方微博、旺旺头像、线下门店等（素材模板及规范天猫将另行发布）。
2. 商家应当依法诚信合规经营，因商家违反国家法律法规、天猫服务协议、天猫规则、天猫国际商户服务协议（适用天猫国际商家）、天猫国际规则（适用天猫国际商家）、本招商规则、其他已公示生效的与2016年“1212天猫年终盛典”相关的规则等原因导致天猫与商家的合作中止/终止的，天猫对商家因违法/违约而造成的已经付出的活动成本和费用不承担责任。
3. 为了提升购物体验和流量效能，活动期间店铺页面结构会进行部分改造，包括但不限于新增互动、流量引导等功能区块，天猫提醒活动商家注意相关的店铺改造，提前合理布局。
4. 如果活动当天因流量过大导致系统性能下降，天猫会对商品图片进行压缩以保证访问流畅。
5. 选择与可以更好地为消费者服务的商家合作，始终是天猫2016年“1212天猫年终盛典”活动的宗旨。为确保消费者在2016年“1212天猫年终盛典”活动中享受到真实有效的优惠，与天猫合作的商家应当坚持向消费者提供更具竞争力的活动商品（包括款式、品质、价格等）。由于天猫为打造“1212天猫年终盛典”活动付出了大量的人力物力，为获得合作机会的商家极大程度提高了品牌曝光度及成交率，因此作为合作的对等条件，若商家提供的活动商品或商家的活动表现并不具备竞争力，天猫有权中止及/或终止商家继续参与本活动。
6. 商家在本次活动期间的综合表现，将作为是否与商家开展后续天猫大型营销活动合作的重要参考项之一。
7. 如商家在之前天猫组织的营销活动中存在虚假交易等诚信经营方面问题的，将无法参与本次活动；成功参加本次活动的商家，如在活动中存在虚假交易等诚信经营方面的问题、或其他任何损害消费者权益的行为，天猫有权中止及/或终止商家继续参与本活动，同时该商家将无法参与天猫下次组织的重大营销活动。

图12-24

对于销售策略，小张决定走送礼路线，利用买多送礼的套餐加大买家的购买欲望，用一部分利润来吸引买家；除此之外，他还在节前就主动回访老客户，促进销量；在微信、微博等平台上传播活动信息；同时也将自己的主图和文案进行了修改，成功地吸引了新客户。经过一番整改，小张的店铺终于在2016年1212活动中取得了不错的成绩，活动结束后，不但一部分老顾客增加了购买频率，也让很多新买家变成了老顾客，店铺里的一些较受欢迎的单品销量在1212后更上一层楼，并带动了店里其他单品的销量。

12.3.9 天猫年货节

年货节是基于双11和1212后的第三个节日。和前两个节不一样的是，年货节的举办更多加入劳动人民的元素。年货节的主题在促进农民土特产销量的同时，也能让在城市里生活的居民买到家乡特产，解一份乡愁；另一方面，更是促进快递员的业绩，挣足了钱好过年。

换句话说，年货节给农民增加收入的同时，也便捷地解决了城市人购买年货问题，可谓是双赢。在2016年1月的年货节上，阿里公布阿里年货节的销量为：5天卖出21亿件商品。可见年货节的举办非常成功，图12-25所示为天猫年货节的海报。

图12-25

每年的年货节的规则都会发生变化，这里以2015年天猫年货节为例，详细介绍天猫年货节报名规则。

1. 商家准入规则

- 满足《天猫营销活动报名基准规则》。
- 天猫会根据活动的玩法和策略，优先选择符合本次活动的商家（优选条件包括但不限于品牌知名度、活动契合度、消费者需求、支付宝成交额、店铺类型、开店时长、客单价、商家主营类目、商业综合排名、诚信经营情况等）。

2. 价格管理规则

- 参加“天猫年货节”的食品类商品销售价格必须小于或等于自2014年12月13日00:00:00至2015年1月11日23:59:59期间的天猫成交最低价。
- 参加“天猫年货节”的数码电器类、大家电类商品价格必须小于或等于自2014年12月13日00:00:00至2015年1月26日23:59:59期间的天猫成交最低价。
- 参加“天猫年货节”的其他类目商品销售价格必须小于或等于自2014年12月13日00:00:00至2015年1月14日23:59:59期间的天猫成交最低价。
- 以上规则部分类目（充值、合约机、通信、黄金、铂金、图书类目）除外。

3. 报名时间

报名时间分为商家报名时间和商品报名时间。

（1）商家报名时间

- 食品类商家于12月18日14:00:00至12月22日11:59:59在商家中心进行报名。
- 数码电器类、大家电类商家于12月29日10:00:00至2015年1月6日23:59:59在商家中心进行报名。
- 服饰类商家于12月25日10:00:00至12月29日23:59:59在商家中心进行报名。
- 其他类目商家于12月19日14:00:00至12月22日11:59:59在商家中心进行报名。

（2）商品申报时间

参加“天猫年货节”的活动商品须进入“天猫年货节价格申报”进行申报。

- 食品类商家于12月23日10:00:00至12月30日23:59:59在商家中心报名。
- 数码电器、大家电商家于2015年1月9日10:00:00至1月14日23:59:59在商家中心报名。
- 服饰类商家于12月31日10:00:00至2015年1月6日23:59:59在商家中心报名。
- 其他类目商家于12月23日10:00:00至12月30日23:59:59在商家中心报名。

商家在报名“天猫年货节”时，不仅需遵循以上规定，还需要遵循商家包邮要求、商家发货时间、其他招商要求和相关营销工具的规定。商家报名可通过“天猫商家中心”中的“官方活动报名”完成。

某新开张的农场品天猫店以出售陕西特产为主，营销活动举办的较少，平时销量一般，年终前店主听说年货节能增加店铺销量，于是报名参加。让店主意想不到的是，置办年货的人群较广，很多企业都来店铺里购买大量的特产为员工发放过年福利；也有个人为家里置办年货的情况。如此一来，这个店铺仅仅是年货节的销量就已超过平时几个月的销量。由此可见，年货节能为农产品、服装等年货类目带来大卖特卖的机会。

12.3.10 淘宝直播营销

2016年，最火热的词汇非“直播”莫属，各大直播网站兴起的同时，淘宝也开始走直播路线了。不同于其他直播平台，淘宝直播更直接的成为和买家进一步交流的媒介。只要主播引导得当，通过淘宝直播，在直播期间店铺的流量是相当可观的；主播和观众的互动，也在拉近小卖家和买家的距离，买家可从主播的语言、动作和形态对商品做出更进一步的评论。相比以前电商冷冰冰的图片，淘宝直播使商品都“活”了过来，各种服务细节的讲述，更是给镜头前的买家吃了定心丸，加大成交率。

直播那么好，人人都可以参与吗？图12-26是淘宝官方对卖家开通淘宝直播的资质和规则要求，符合图中活动规则的天猫、淘宝卖家均可报名参加直播，对商家类型没有限制。

卖家可在商家直播功能开通淘宝直播，操作如下。

第1步 ❶在浏览器中访问yingxiao.taobao.com，进入淘宝官方营销活动中心；❷在搜索栏里输入“直播”；❸单击“搜索”按钮，如图12-27所示。

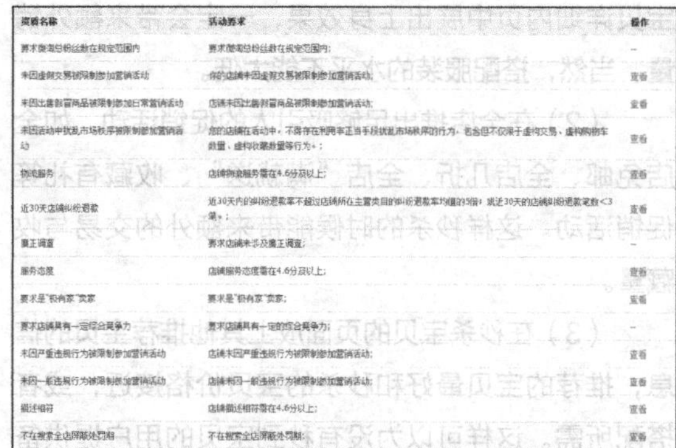

资质名称	活动要求	操作
要求微淘总粉丝数在规定范围内	要求微淘总粉丝数在规定范围内;	—
未因虚假交易被限制参加营销活动	你的店铺未因虚假交易被限制参加营销活动;	查看
未因出售假冒商品被限制参加日常营销活动	店铺未因出售假冒商品被限制参加营销活动;	查看
未因活动中扰乱市场秩序被限制参加营销活动	您的店铺在活动中，不得存在利用非正当手段扰乱市场秩序的行为，包含但不仅限于虚构交易、虚构购物车数量、虚构收藏数量等行为。;	查看
物流服务	店铺物流服务需在4.6分及以上;	查看
近30天店铺纠纷退款	近30天内的纠纷退款率不超过店铺所在主营类目的纠纷退款率均值的5倍，或近30天的店铺纠纷退款笔数<3笔。;	查看
廉正调查	要求店铺未涉及廉正调查;	—
服务态度	店铺服务态度需在4.6分及以上;	查看
要求是"极有家"卖家	要求是"极有家"卖家;	查看
要求店铺具有一定综合竞争力	要求店铺具有一定的综合竞争力;	—
未因严重违规行为被限制参加营销活动	店铺未因严重违规行为被限制参加营销活动;	查看
未因一般违规行为被限制参加营销活动	店铺未因一般违规行为被限制参加营销活动;	查看
描述相符	店铺描述相符需在4.6分以上;	查看
不在搜索全店屏蔽处罚期	不在搜索全店屏蔽处罚期;	查看

图12-26

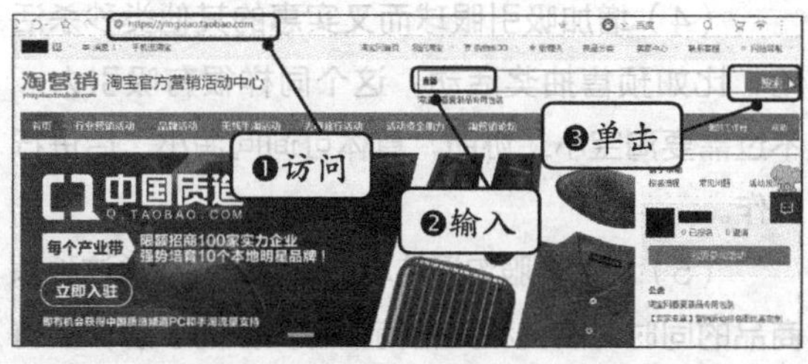

图12-27

第2步 在系统跳转的页面中单击“微淘商家”超级链接，如图12-28所示。

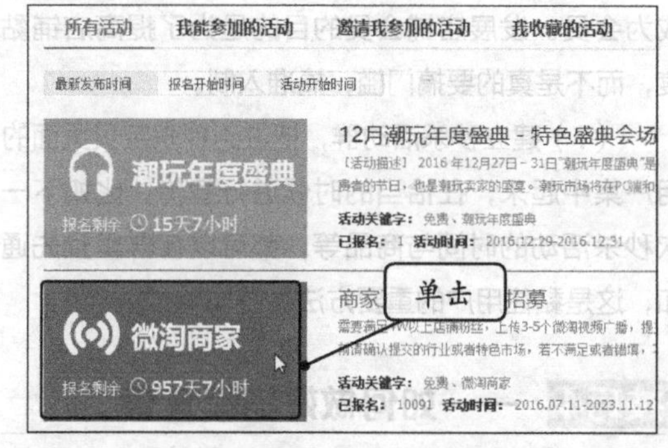

图12-28

第3步 系统跳转“商家直播功能开通招募”页面，满足如图12-29中条件的商家即可在该页面开通淘宝直播。

图12-29

数据显示，目前淘宝平台每天直播场次近5000场，有超过40%的消费者会在观看直播的过程中访问相关店铺。在双12当天，不仅直播观看峰值超越了双11，用户观看时长也有所提升。

男神奶爸吴尊2016年5月28日晚间20:00登上淘宝直播推荐知名奶粉品牌“惠氏启赋”产品，结果60分钟的直播，达成超过120万元人民币的交易量；柳岩直播10分钟就卖出了2万件核桃、4500件柠檬片、2000多件面膜和太阳镜等。除了明星之外，一名“村红”也通过淘宝直播在5秒的时间内卖了4万个土鸡蛋。直播，值得店主们关注与加入。

12.4 秘技一点通

技巧1 ——去哪了解并参加淘宝的营销活动

淘宝的营销活动可以说是每天都有。那么，面对这么多的营销活动，该怎样去选择和报名参加呢？

原来，淘宝有一个专门的营销活动网页“淘营销”，页面上集中了所有的淘宝活动，卖家可以选择适合自己的来参加。需要注意的是，参加活动之前要读懂该活动的规则，一定不要违反，不然会受到惩罚，以后还会难以加入该活动。比如，参加一个限时打五折的活动，规定卖家必须在现有价格上打折，那么卖家就不要先把商品价格调高，然后再来参加打折，耍这种小手段一经发现，后果就会很严重。

技巧2 ——做好秒杀活动的诀窍

秒杀是淘宝常见的一种促销方式，那作为一个卖家到底怎么才能做好秒杀活动呢?

（1）既然是秒杀，价格当然是越低越好。一个没有价格优势的商品是无法吸引买家疯抢的。所以一定要参考其他店铺的价格，不要求做到行业最低，至少要做到同类商品价格最低，尽量不要亏本卖。

（2）选择的商品要适合季节。比如中秋节前拿月饼做秒杀，关注度会很高，而如果拿棉袄在夏季秒杀，估计没有多少买家会感兴趣的。

（3）秒杀的商品应是比较受欢迎的一类，也就是购买人群基数大的商品，很难想象没有人需要的商品能让大家去疯抢。即使价格很低，买家也会因为其用处不大而没有兴趣参加秒杀。

（4）做好商品的库存准备，千万不要因为货源的原因导致店铺信用受到损害。秒杀的商品最好是店铺货源充足的商品，秒杀的数量不宜过多也不宜过少，如果商品在1秒内秒完下架，会有很多买家认为这是在作弊。因此，秒杀的数量最好能维持1分钟抢拍，这里需要说明的是，单位时间秒杀的数量取决于价格设置，价格过低则1分钟内秒杀的数量就会很大，卖家很难承受。

技巧3 ——提高店铺的黏性，发挥秒杀的作用

之所以能够实现“秒”杀，就因为秒杀商品的价格远低于市场价，才能吸引买家抢购。秒杀的目的其实是为了增加店铺流量、销量和信誉度，秒杀商品本身是不赚钱甚至亏钱的。那么，如何充分利用秒杀商品，将其利益最大化呢？最理想的方式莫过于提高秒杀商品页面的黏性，以及店铺的黏性，让秒杀商品带动其他商品的销售，让秒杀用户成为回头客，这样不仅能挽回损失，还能增长客户量。

那么如何提高秒杀商品页面黏度以及店铺黏度呢？这里向卖家介绍几招。

（1）为秒杀宝贝量身订做促销套餐，参加秒杀的店铺最好购买“搭配套餐”工具，比如参加秒杀的是裙子，那就为这条裙子搭配好一套服装，在宝贝详细内页中展出上身效果，一定会带来额外销量。当然，搭配服装的水平不能太低。

（2）在全店推出足够吸引人的促销活动，如全店免邮、全店几折、全店“满就送”、收藏有礼等促销活动。这样秒杀的时候能带来额外的交易与收藏量。

（3）在秒杀宝贝的页面放上其他推荐宝贝的信息，推荐的宝贝最好和秒杀的宝贝价格接近，或者搭配所需。这样可以为没有秒到宝贝的用户提供备选，也为秒到宝贝的用户提供额外选择。

（4）增加吸引眼球而又实惠的其他类秒杀活动，比如预售抽奖活动，这个同样很有吸引力。不过需要淘宝小二协助，具体可询问淘小二后进行操作。

（5）培训客服沟通技巧，让买家能在关注秒杀商品的同时对店铺和其他商品有更多的了解，会有一定概率促成买家购买额外的商品。

（6）推介自己的店铺会员制，甚至可以要求购买秒杀宝贝必须是店铺会员、帮派会员等，但成为店铺会员门槛必须低，不能要求消费几百元才能成为会员。发展店铺会员的目的是为了提高店铺黏度，而不是真的要搞门槛，搞准入制。

（7）建立秒杀活动群，把进到秒杀宝贝页面的用户集中起来，在恰当的时候进行宣传，比如下一次秒杀活动的时间与商品等，都可以在群里预先通知，这是黏住用户的重要方法。

技巧4 ——如何做好搭配套餐

如何才能很好地利用搭配套餐呢?

（1）从橱窗推荐的商品中选择，逐一使用套餐，因为这些是买家最容易看到的商品。

（2）先排序商品销量，从销量最好的商品开始设置搭配套餐。这个最关键，选择什么样的商品进行搭配，关系到店里所有商品的整体销售，要让销量好的商品带动其他滞销的商品，还要让销量好的商品搭配新品进行推广。

（3）要选择有关联性的产品来做搭配套餐的活动，这样才能达到事半功倍的效果，比如选择衣服+裤子、打印机+油墨等，相互搭配关联性强的产品。

（4）选择多少商品搭配也很重要，一般情况下

搭配一个，也可多搭配一些。如选择一个热卖商品并搭配一些不好卖的商品可以增加后者的流量。

（5）合理设置搭配套餐的价格，让买家产生购物冲击力，关于这点大家可以根据自己的商品利润来看，原则是搭得多优惠得多。让买家感觉到实惠和实用，遵循这两个原则很重要。

技巧5 ——无物不可借来营销

在互联网高度发达的今天，营销几乎被做到了极致。借用各种元素来推广产品的做法屡见不鲜，有借温馨感情营销的，有借奋发精神营销的，有借高尚理念营销的，有借严谨态度营销的，可以说，无物不可借来营销。

很是热闹了一阵的“锤子手机”，则别出心裁，借“情怀”来营销手机。罗永浩原来是新东方英语教育机构的老师，能言善侃，很有名气。这一下突然宣布要做手机，让很多人都大跌眼镜：这跨界跨得有点大啊。

老罗也秉承他一贯的风格，大肆宣传他的产品、团队、福利，天价办公椅、百万年薪招人、PM2.5补贴……用他自己的话来说，就是要做“最有情怀”的手机。而关注老罗手机的，大多数都是理工科宅男，正受着加班的折磨、老板的剥削，一听说老罗建立了这样一个具有“悲天悯人”情怀的公司，不由得生起了知己之感，不少人立刻变成了“锤子粉”。

而冷眼旁观的人都知道：一个公司能不能做出好手机，和这个公司有没有情怀关系不大。苹果、三星、索尼等公司好像也没怎么宣传情怀，做出的手机照样风靡全球；老罗草创的新公司没有一丝技术底蕴，想要做出一流手机，不是靠情怀能弥补的，于是很多人纷纷调侃说老罗这不是卖手机，而是在“卖情怀”。

老罗多次制造话题，吊足了网民的胃口，使得锤子手机发布这一事件在当今这样海量信息的世界里得以持续发酵，让网民和媒体对于锤子手机始终保持高度的关注，并产生了极大的期许。最后在手机面世时，遭到了网友的疯抢，一度出现了供不应求的局面。

这是一个成功的营销案例。从这个案例中我们可以学到很多东西，其中最核心的一点就是：即便是与店铺或产品风马牛不相关的东西，也可以想办法拿来为产品做营销。

借这个思路，可以看到在网店的营销中有很多东西可以像“情怀”一样包装后推销出去，在他人接受这些东西的时候，也就顺带接受了我们的网店和产品。比如：出售陶笛的网店，可以宣传自己的产品“坚持纯手工制作，带着故乡的原风景，温暖而有爱”；出售山货的店主，可以宣称自己“崇尚自由，狂放不羁，所以效法陶渊明，于南山下悠然自得”；一个户外用品店的老板可以说自己“浪迹天涯，四海为家，拥有一颗徐霞客的心”，诸如此类。总之，就是要把一些与众不同的思想或风格用来包装自己或产品，让买家看了后产生崇敬、感动、温馨或同情等感觉，从而不知不觉接受产品。

开店小故事

"骂人"骂出来的口碑营销

在淘宝上，有人因商品好卖，成为当红店主，有人因样貌美丽打扮入时，成为众MM买家模仿追捧的对象。近日，在淘宝上发生一件有趣的事，有一位卖家H先生靠独特的"骂人"而蹿红网络，许多人因好奇慕名而来，反而让网店生意越做越火。这个奇特而又成功的口碑营销，引起了商家们的深思。

H先生的淘宝店在2010年8月开张，主营体育用品，从几元的乒乓球，到几百元的球拍等都有。H先生一个人进货、拍照、打包、发货，小心翼翼地维护着店铺的"100%好评"。2011年3月，小店信誉已达三钻级别。

H先生收到的第一个中评，是一位买家买了一盒乒乓球，说乒乓球"不圆"。"乒乓球是批量进货的，是同一个厂家的一批产品，已经卖出几百盒，买家中不乏资深乒乓球爱好者，反馈一直都很好。这是第一次有人说乒乓球'不圆'。"H先生自认倒霉，打电话恳求买家，但对方不接受退货。

坚持了几个月的"100%好评"化为乌有，H先生十分委屈，便开始在回应中炮轰买家："乒乓球不圆，这么多买家买了都没发现？不知道你是怎么衡量圆的？如果你是拿肥皂泡来比，那我的乒乓球确实不够圆，不过比肥皂泡还圆的乒乓球现在只有外星人能生产。"

过了几天，H先生意外地发现自己的这则回复被一个买家发到了论坛上，跟帖中很多人表示，"这个老板有性格，去他店里围观一下。"H先生看到这里，灵机一动，决定干脆走"嬉笑怒骂"路线，一则可以声讨某些无理的买家，二则可以用这种风格提高知名度。

H先生随后就对店里的无理中差评进行了尖刻而又幽默的回应，这些评论少则几十字，多则几百字，有时借改编流行歌曲的歌词来反击，有时用经典古诗来诉苦，他甚至模拟出孙悟空与猪八戒的对话，表达卖家遭遇无理买家时的辛酸与无奈。网友看完这些回复后纷纷感叹，称店主"太搞笑了""妙语如珠"。犀利的中差评解释成了店铺中一道亮丽的风景。很多好事者甚至花钱买H先生一骂。

慢慢地，一传十，十传百，很多论坛里都有人发帖在讲H先生的事。H先生走红了，生意也跟着火爆起来。有不少网友慕名而来，进行"强势围观"，在留言表示支持的同时，也顺便买点东西，网店的营业额较以前提高了三分之一强。由于店铺关注度高，其他的卖家甚至花钱在H先生的网店上增加友情链接。

如今，H先生的店铺已经扩大到五位员工，并租下了一栋二层小楼做办公室兼仓库。H先生说："一个好的营销创意就能让生意迈上一个台阶，我准备好好在这方面充一下电，为店铺正经做一些营销推广。当然，目前的'骂人'口碑营销我也不会放弃的，会一直坚持下去。"

第4部分

管理篇

网店虽小，但也要好好管理。物流、客服、财务等方面出现问题，都可能让财产损失，收益减少。因此，店主要精心打理店铺，才能做到开源节流、提高员工工作效率，提高顾客满意度，从而让网店盈利增加。本书第四部分“管理篇”详细讲解了网店人、事、物的管理方法，是店主们不可多得的一手资料。

开店很轻松
赚钱很简单

第13章 精打细算选物流

本章导言

网购的实物商品，一般都要通过邮寄的方式送达买家手中，因此邮寄是最重要的商品交流渠道。作为网店店主，应详细了解各种邮寄方式，之后才能根据自身需要选择合适的快递公司。本章将介绍包装商品、选择快递公司以及跟踪物流进度的方法。

学习要点

- 掌握包装商品的方法
- 了解常见的发货方式
- 选择适合自己的物流
- 掌握跟踪物流进度的方法

13.1 小包装有大回报

买家下单后，卖家就要把宝贝包装好，准备通过物流发送出去，最后安然无恙地送达到买家手里。

包装说起来好像很简单，其实里面还是大有学问的，如何包装才结实，如何包装才省钱，卖家都要一一去了解。

13.1.1 包装宝贝的一般性原则

作为一个成功的卖家，衡量的指标之一就体现在包装细节上。当你和别的卖家产品同质化时，包装是否具有鲜明的特色就是取得成功的关键了。在包装产品时要注意两点：完整性和超值性。

1. 包装的健壮性

所谓健壮性，就是宝贝经过良好的包装，在长途跋涉后，最后送至买家手中时，包装仍然保持完整不变形（软包装可不考虑变形问题），没有任何开口裂缝，宝贝没有任何损坏，数量上没有任何缺失，如图13-1所示。

图13-1

2. 包装的美观性

包装的美观性主要体现在内包装上。当用户打开外包装，发现自己的宝贝居然是随便用塑料袋或报纸等东西包起来的，可能会有很不好的感受，觉得卖家不用心包装而造成负面的评价。反过来说，内包装精巧的宝贝必然能博得买家的喜爱，从而感受到卖家在经营上的用心，如图13-2所示。

图13-2

13.1.2 常用的包装方法

一般商品根据包装方法的不同，来选择不同的包装材料，常见的包装材料主要有纸箱、编织袋、泡泡纸、牛皮纸以及内部的填充物等。

纸箱是使用比较普遍的包装方式，其优点是安全性强，可以有效地保护物品，而且可以适当添加填充物对运输过程中的外部冲击产生缓冲作用，缺点是增加了货物重量，运费也会相应增加。

编织袋适用于各种不怕挤压与冲击的商品，优点是成本低、重量轻，可以节省一点运费，缺点是对物品的保护性比较差，只能用来包装质地柔软耐压耐摔的商品。

泡泡纸（袋）不但价格较低、重量较轻，还可以比较好地防止挤压，对物品的保护性相对比较强。适用于包装一些本身具有硬盒包装的商品，如数码产品等。另外，泡泡纸也可以配合纸箱进行双重包装，加大商品的运输安全系数。

牛皮纸多用于包装书籍等本身不容易被挤压或摔坏的商品，可以有效防止商品在运输过程中的磨损，图13-3所示为几种不同的包装材料。

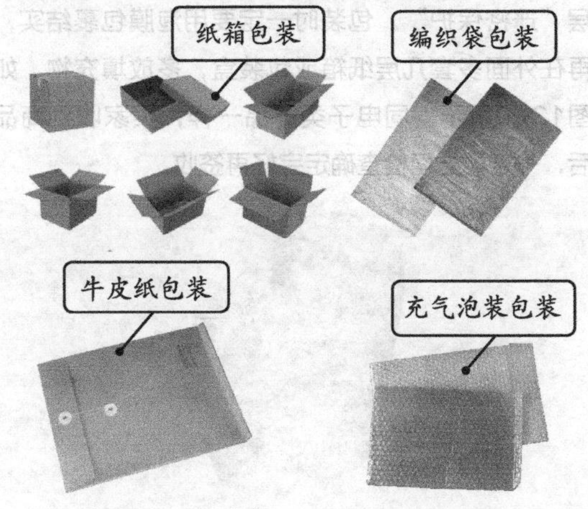

图13-3

对于使用纸箱包装的商品，一般内部会添加填充物，以缓解运输过程中的挤压或冲击，填充物可以因地制宜来选择，常用的填充物主要有泡沫、废报纸等。另外，对于一些商品，在包装时需要考虑防水与防潮因素，如服饰、数码产品、未密封的食品等，这类商品在包装后，可以采用胶带对包装口进行密封。

13.1.3 不同宝贝的包装方式

当买家拿到商品时，最先看到的是包装，所以要给买家留一个非常好的印象，减少他们挑毛病的机会，那就首先包装好商品。美观大方、细致入微的包装不但能够保护商品安全到达，而且能够赢得买家的信任，甚至赢得买家的心。下面介绍一下几种常见的商品包装方法。

1. 礼品饰品类

礼品饰品类商品一定要用包装盒、包装袋或纸箱来包装。可以去当地的包装盒、包装袋批发市场看看，也可以在网上批发。使用纸箱包装时一定要有填充物，这样才能把礼品固定在纸箱里。还可以附上一些祝福形式的小卡片，有时还可以写一些关于此饰品的说明和传说，让一个小小的饰品显得更有故事和内涵，如图13-4所示。

图13-4

2. 衣服、床上用品等纺织类

如果是衣服，可以用布袋或无纺布包装。淘宝上有专卖布袋的店，大小不一，价格也不一，如果家里有废弃的布料，也可以自己制作布袋。在包装的时候，一定要在布袋里再包一层塑料袋，因为布袋容易进水和损坏，容易弄脏了宝贝。也可以使用快递专用加厚塑料袋，这个可以在网上买，价格不贵，普通大小的一个3～7角不等，特点是防水，强度高，用来邮寄纺织品确实是个不错的选择，经济实惠，方便安全，如图13-5所示。

图13-5

3. 电子产品类

电子产品是价值较高的产品，如果汁机、吸尘器等，因此包装很讲究。在货物比较轻的情况下可以用纸箱，但纸箱的质量一定要好。包装时一定要用充气泡袋包裹结实，再在外面多套几层纸箱或包装盒，多放填充物。并且请买家收到商品后，务必当面检查确定完好再签收，因为电子产品的价格一般来说比较高，如果出现差错则是比较麻烦的事，图13-6所示为采用纸箱包装的电子类产品。

图13-6

4. 易碎品的包装

易碎品包装一直是一个难点。易碎品包括瓷器、玻璃饰品、CD、茶具、字画、工艺笔等。易碎品外包装应具有一定的抗压强度和抗戳穿强度，可以保护易碎品在正常的运输条件下完好无损。对于这类产品，包装时要多用些报纸、泡沫塑料或者泡绵、泡沫网，这些东西重量轻，而且可以缓和撞击。另外，一般易碎怕压的东西四周都应用泡沫类填充物充分的填充，如果有易碎物品标签就将之贴上，箱子四周写上“碎物品勿压、勿摔”，以提醒工人在装卸货过程中避免损坏，图13-7所示为易碎物品标签。

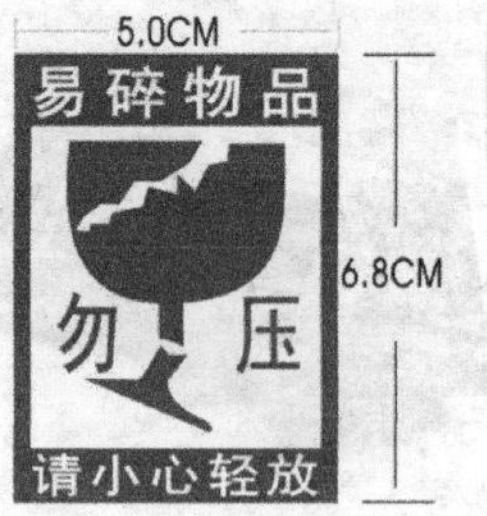

图13-7

5. 书刊类

书刊类商品的具体包装过程可以这样进行。

- 用塑料袋套好，以免理货或者包装的时候弄脏，同时也能起到防潮的作用。
- 用较厚的铜版纸（如楼盘广告纸）做第二层包装，以避免书籍在运输过程中被损坏。
- 如外层用牛皮纸进行包装，则要用胶带进行捆扎，如图13-8所示。

图13-8

- 如打算用印刷品方式邮寄，用胶带封好边与角后，要在包装上留出贴邮票、盖章的空间；包裹邮寄方式则要用胶带全部封好，不留一丝缝隙。

6. 数码产品

数码类产品更加“娇贵”，这类产品需要多层“严密保护”。包装时一定要用泡膜包裹结实，再在外面多套几层纸箱或包装盒，多放填充物，如图13-9所示。同电子类产品一样，买家收到商品后，一定要当面检查确定完好再签收。

图13-9

7. 食品

易碎食品、罐装食物宜用纸盒或纸箱包装。在邮寄食品前，一定要确认买家的具体位置、联系方式，了解运送到达所需的时间，这是因为食品有保质期，而且还与温度和包装等因素有关，为防止食品运送时间过长导致变质，最好使用快递发送食品。

专家提点 怎样发送生鲜食品

发送生鲜食品，如生鱼片、鲜牡蛎等，应该用泡沫塑料箱子运送，使用冰袋垫底，中间放上包裹在塑料袋中的食品，上面再压上冰袋。快递一般使用“次日达”航空快递，一般来说，买家收到快递时，冰还没有化完。不过次日达快递运费相对来说就比较贵了，好在能购买生鲜食品的买家大概也不会在乎多付一点邮费。

8. 香水等液体类产品

香水、化妆品大部分是霜状、乳状、水质，多为玻璃瓶包装，因为玻璃的稳定性比塑料好，化妆品不易变质。但这一类货物也一直是查得最严的，所以，除了包装结实，确保不易破碎外，防止渗漏也是很重要的。最好是先找一些棉花来把瓶口处包严，用胶带扎紧，用泡沫将瓶子的全身包起来，防止洒漏。再包一层塑料袋作最后的保障，即使漏出来也会被棉花吸住，不会漏出污染到别人的包裹。

9. 钢琴、陶瓷、工艺品

钢琴、陶瓷、工艺品等偏重或贵重的物品可采用木箱包装。美国、加拿大、澳大利亚、新西兰等国，对未经过加工的原木包装有严格的规定，必须在原出口国进行熏蒸，并出示承认的熏蒸证，进口国方可接受货物进口。否则，罚款或将货物退回原出口国。这是为了防止从国外带来本国没有的动植物病菌，从而造成严重的生态灾难。

卖家按上述方法，针对不同的商品，采用不同的包装方法，这样既能保证商品在包装运输途中的安全，也能尽量减少在商品包装中的支出。

13.2 淘宝开店的主要发货方式

包装好宝贝之后，就可以发货了。发货的方式有好几种，各有特点。对于卖家来说，要了解它们的优缺点，才能在实际使用中扬长避短。

国内物流大体可分为邮政、快递公司、物流托运三种，国外物流，发出国主要通过国际快递，发回国的话，如果有亲朋帮忙，可以使用国际快递，但如果是在B2C网站代购商品发货回国，则只能通过转运公司发回来。下面将详细进行讲解。

13.2.1 国内发货方式1——四通八达的邮政运输

几乎每个卖家都有使用邮局发货的经历，有的卖家认为邮局平邮价格一点儿也不便宜，有的卖家就认为邮局平邮非常便宜，而且商品的安全指数也高。事实上，在邮局发货有很多小窍门，如果店主掌握了，那么就可以省下不少钱，如果没有学会，那可能真的比快递还贵。下面介绍几种常见的邮政业务。

1. 平邮

平邮是比较常见的一种邮寄方式。平邮的速度很慢，但价格非常便宜，所以一般不急需、追求经济实惠的买家都会选择它。

平邮不上门取件，需要卖家去邮局发，发的时候要向邮局买张绿色的平邮单，填写好以后贴在包裹上即可。邮局的包装材料比较好，但是价格比较贵，如果卖的东西可以赚很多钱，当然无所谓，否则也可以自备包装，省下一些钱。平邮首重是500克，超过就续费。

邮资包括以下几项。

（1）挂号费：3元，全国统一，一定收取。

（2）保价费：可以选择不保价，不保价的包裹不收取保价费。

（3）回执费：可以不要回执服务，不用回执的包裹不收取回执费。

（4）资费：视距离远近每千克资费不同。商品包装的包裹纸箱、布袋、包装胶带等，邮局的纸箱、布袋等是要收费的。也可以自己找纸箱，缝制布袋进行包装，但是必须符合规定。

每个包裹都有单号，可根据单号查询投递状况。如果邮寄时进行保价，在包裹丢失后可以按保价金额进行赔偿；如果邮寄时没有进行保价，在包裹丢失后最高不超过邮费的两倍进行赔偿。

2. 快递包裹

快递包裹是中国邮政为适应社会经济发展，满足用户需求，于2001年8月1日在全国范围内开办的一项业务，它以快于普通包裹的速度、低于特快专递包裹的资费，为物品运输提供了一种全新的选择。但用户在使用后，普遍反映最好少用快递包裹，速度并不比平邮快，价格很可能比快递贵。

3. EMS

EMS就是邮政特快专递服务，是中国邮政的一个服务产品，主要是采取空运方式，加快快递速度。一般来说，根据地区远近，1~4天到达。安全可靠，送货上门，寄达时间比前两种方式都要快，运费也是这三种方式里最高的，比较适合买家对于收到商品有较高的时间要求或是国际商务的派送。

EMS业务在海关、航空等部门均享有优先处理权，它以高速度、高质量为用户传递国际、国内紧急信函、文件资料、金融票据、商品货样等各类文件资料和物品。

EMS适用范围为中国大陆地区，按中国邮政EMS快递标准执行，即包裹重量在500克以内收12元或20元，超过部分每递增500克按所在地区的不同收费标准而有所不同。

优点：时间快，可以上网查询，送货上门，安全有保障。

缺点：收费贵，部分地区邮局人员派送物件前不先打电话联系收件人，有可能导致收件人不在指定地点而耽误时间。

4. E邮宝

“E邮宝”是中国速递服务公司与支付宝最新打造的一款国内经济型速递业务，专为中国个人电子商务所设计，采用全程陆运模式，其价格较普通EMS有大幅度下降，大致为EMS的一半，但其享有的中转环境和服务与EMS几乎完全相同，而且一些空运中的禁运品将可能被E邮宝接受。“E邮宝”的发货地目前已开通九大省市，送达区域覆盖全国。双方合作之后，目前在阿里巴巴和淘宝以及外部千余家网店用户可轻松选用EMS标准服务（简称E-EMS）和E邮宝作为物流形式。2009年已经采用全程空运模式了，液体、膏状物体才采用陆运模式。

优点：便宜，到达国内任何范围，运输时间快，只比EMS慢1天左右，可以邮寄航空禁寄品，派送上门，网上下定单，有邮局工作人员上门取件。

缺点：部分地区还没有开通此项目。

如果邮寄地点是别的快递公司不能到达的地区，强烈推荐使用E邮宝。

5. 邮政小包

中国邮政小包又称为“中国邮政航空小包”，是一项经济实惠的国际快件服务项目。邮政小包包括两种服务：中国邮政挂号、中国邮政平邮。可寄达全球各个邮政网点。它是作为电子商务卖家提供的又一个服务全面、价格合理的邮递方案。

优点：相对于DHL、UPS、FedEx、TNT等，具有价格实惠的特点；可寄送范围广，除极少数国家和地区外，可寄达全球各地；挂号后可在官网上全程跟踪信息，掉包率低。

缺点：运输时间长（例如，从中国到欧美地区需要20~30天的时间）；运输产品类型有限；如果没有缴纳挂号费，则无法动态跟踪，可能为售后带来麻烦；价格虽然相对便宜，但是变化较大。

专家提点 邮政小包的挂号费和清关费

邮政小包需缴纳每件8元的挂号费，出关时不会产生关税或清关费用，只可能在目的地国家进口时产生关税，具体关税金额根据各个国家的规定而定。

13.2.2 国内发货方式2——方便经济的快递公司

在网上开店的卖家，一般会与快递公司打交道，而且有很大一部分网店店家都在用这种运输方式。市场上主要的快递公司有顺丰快递、宅急送、圆通快递、申通快递、全一快递、中通快递等。

其中，顺丰快递是龙头企业，服务多，质量上乘，速度快，送达区域广，不过价格也比较贵。比如顺丰的跨省快递价格一般在20元左右，而其余的快递费用一般在10~12元。当然，顺丰的服务也是有口皆碑的，比如顺丰推出的当日到、次日到等服务，别的快递就很难做到，当然价格也是超级贵。

其他几家快递公司，总体来说区别不大，在价格、速度、服务和送达区域上，没有本质的区别。不过，即使是同一家快递公司，在不同地区的表现也是不一样的，这和具体的业务人员的素质有关，因此可能存在甲地的A公司好、B公司差，而乙地B公司好、A公司差的情况。

那么，面对这么多快递公司，该怎样选择呢？下面有几项是需要卖家注意的。

- 安全度：无论用什么运输方式，都要考虑安全方面的问题。因为不管是买方或是卖方，都希望通过一种很安全的运输方式把货送到手上。如果安全性不能保障的话，那么一连串的问题都将困扰着卖家，所以在选择快递公司的时候，一定要选择一个安全性较高的公司进行合作。
- 诚信度：选择诚信度高的快递公司，能够让卖家更有安全的保障，能让买卖双方都放心使用。选择快递公司的时候，首先可以在网上先看看当地网民的评价。
- 价格：对于卖家来说，找到一家合适的快递公司也不容易。价格如果比较便宜的话，将省下一笔不小的开支，特别是对新开店的卖家而言，可以有效缓解资金紧张。但不要一味地追求价格低廉的快递公司，至少要在保证安全和诚信的基础上才能考虑。如果前面两点都无法保障的话，将为自己带来无数的麻烦，仅仅贪图价格便宜是得不偿失的。

所以大家一定要多试用几家快递公司，多打几次交道，才能看出来到底哪家的服务好，价格更便宜。这样才能让店铺的利润更为可观。

专家提点 快递公司与邮局对比

用户可供选择的普通快递公司多达数十家，最常用的有顺丰、申通、圆通、中通、韵达、天天、宅急送、中诚等。下面介绍快递公司和邮局对比的优势。

- 上门取货随叫随到，而且比邮局下班晚。
- 速度一般和EMS差不多，甚至比EMS快。
- 一般是1千克起步而不是EMS的500克。
- 快递对于检查比较松，一般不需要检查。
- 寄的量越多就越能砍价。
- 服务态度比邮局好，业务员和公司都能提供比较好的服务。
- 单子、包装不用钱。

13.2.3 国内发货方式3——便宜但不方便的托运公司

如果店主们要发出的宝贝数量比较多，重量比较大，平邮或特快专递会非常贵，这时不妨考虑使用客车运输商品。买家如果离卖家不远，可以使用短途客车托运货物，但是，这种客车一般会要求寄送方先付运费。店主一定要及时通知收货方收货，并且在货物上写好电话和姓名。大件物品可使用铁路托运。

1. 汽车托运

运费可以到付，也可以现付。货物到了之后可能会再向收货方收1~2元的卸货费。一般的汽车托运不需要保价，当然，有条件的话最好是保价，一般是千分之四的保价费。收货人的电话最好能写两个：一个是手机；另一个是固定电话。确保能接到电话通知。

2. 铁路托运

铁路托运一般价格比较便宜，速度相对快递来说要慢一些，只要通火车的地方都可以送达。托运费用可在火车站托运部门的价格表上查到。包装好之后，一般不会打开检查，但会提醒用户，不允许寄送液体之类的东西，万一被发现会拒送。运费需要现付，对于卖家来说不太方便，因为无法事先和买家确定运费的金额。

3. 物流公司

物流公司如佳吉、华宇等，他们的发货方式和其他托运站不太一样，托运站一般是点对点的；但物流公司不同，一般只转运到一个城市中的几个固定地点，客户需要上门去自提，如果要求送货上门，则还要收取不菲的上门费。物流速度很慢，中转次数很多，因此货物必须包装得很牢固，常用的方式是打木箱。

13.2.4 三种国内送货方式的选择

对于一个淘宝卖家而言，该如何选择适合自己的送货方式呢？一般来说有以下几个方面需要考虑。

- 包裹大小：对于普通卖家而言，包裹一般都不太大，也不太重，因此快递是最好的选择，价格适中，速度也快；对于大型货物，如钢琴、摩托车等，则要考虑使用物流，运费较便宜；对于较重但体积不是很大的包裹，则应考虑汽车托运或铁路托运。
- 送达时限：对于某些对送达时间有严格要求的货物，如海鲜等，则应使用顺丰等快递的“当天件”服务，能在24小时内到达，但收费相对略贵。
- 送达地区：快递并非覆盖全国，有的偏远地区快递到达不了。卖家在检查收货目的地时，如果看到不熟悉的地名，或者经济不发达的地区时，有必要事先查询快递是否能够到达该地。如不能到达，则应选择EMS或平邮。

淘宝网购绝大部分商品邮寄方式是快递，EMS和平邮占一小部分，物流最少。

13.2.5 国际快递一览

当卖家的宝贝被境外买家购买时，就需要发送国际快递了。现在发国际快递的方式主要有DHL、UPS、TNT、FedEx、EMS、国际专线、代理公司等几种。下面分别来介绍这几种方式。

- DHL

DHL专业为客户提供国际快递、空运、海运、公路和铁路运输，契约物流和国际邮件服务，由220多个国家及地区，全球275000名员工构成。DHL是Deutsche Post DHL的一部分。该集团在2010年中获得了超过51亿欧元的收入。如果想更详细了解DHL，可以登录DHL中文网站。也可以拨打客户服务热线800-810-8000（免费），手机用户拨打400-810-8000。

- UPS

UPS最初作为一家信使公司，于1907年在美国成立，现已成长为一家年营业额达数百亿美元的全球性的公司，致力于以支持全球商业发展为目标。如今的UPS，或者称为联合包裹服务公司，是一家全球性的公司。UPS是世界上最大的快递承运商与包裹递送公司，同时也是专业的运输、物流、资本与电子商务服务的提供者。每天，UPS都在世界上200多个国家和地域管理着物流、资金流与信息流。

UPS的全国免费客服电话800-820-8388，手机用户拨打400-820-8388。

- FedEx

FedEx，即联邦快递，隶属于美国联邦快递集团（FedEx Corp.），是集团快递运输业务的中坚力量。

联邦快递集团为遍及全球的买家和企业提供涵盖运输、电子商务和商业运作等一系列的全面服务。作为一个久负盛名的企业品牌，联邦快递集团通过相互竞争和协调管理的运营模式，提供了一套综合的商务应用解决方案，使其年收入高达320亿美元。

联邦快递为全球超过220个国家及地区提供快捷、可靠的快递服务。联邦快递设有环球航空及陆运网络，通常只需一至两个工作日，就能迅速运送时限紧迫的货件，而且确保准时送达。

如果想更详细了解FeDex，可以登录FeDex中文网站。

联邦快递客户服务热线800-988-1888，手机用户请拨打400-886-1888。

- TNT

TNT集团是全球领先的快递邮政服务供应商，为企业和个人客户提供全方位的快递和邮政服务。总部位于荷兰阿姆斯特丹。TNT拥有约160000名员工，分布在200多个国家和地区。2010年，TNT连续第四年当选道琼斯可持续发展指数（DJSI）评估的“行业超级领袖”。TNT集团服务热线号码为800-820-9868，手机用户请拨打400-820-9868。

- EMS

EMS是中国速递服务公司（为中国邮政集团公司直属全资公司）的简称，主要经营国际、国内EMS特快专递业务，是中国速递服务的最早供应商，也是目前中国速递行业的最大运营商和领导者。公司拥有员工20000多人，EMS业务通达全球200多个国家和地区以及国内近2000个城市。

EMS还具备领先的信息处理能力。建立了以国内300多个城市为核心的信息处理平台，与万国邮政联盟（UPU）查询系统链接，可实现EMS邮件的全球跟踪查询。建立了以网站（www.ems.com.cn）、短信（10665185）、客服电话（11185）三位一体的实时信息查询系统。EMS网站的登录地址www.ems.com.cn，服务热线号码为11185。

■ 国际专线快递

顾名思义，国际专线只能实现几个国家或者地区的快递服务，如中东专线、日本佐川急便、韩国三友、法国航空等。

发送国际专线快递的方法与发国内快递相似，首先去快递网上找到联络电话，然后拨打该电话，让服务人员上门取件即可。

专家提点 通过国际快递的代理商发送更省钱

国际快递对于散客基本上没有什么折扣，如果卖家发得不多的话，邮费会很贵。卖家可以找到当地的国际快递代理公司，通过代理公司发件，这样就会便宜不少。因为代理公司的走货量大，与国际快递公司签订了折扣协议。

13.2.6 几种国际快递的比较

各种国际快递各有其优缺点，比如有的价格低，有的适合某个地区，有的清关速度快。下面就具体来看看。

1. EMS国际快递

EMS国际快递是中国邮政推出的全球特快专递服务。其优点是折扣低、物美价廉，任何体积的货物都按照重量计算，对于出售体积大重量轻的商家来说是个很不错的选择。EMS与四大国际快递相比，有一定的价格优势。清关能力强，对货物的出口限制较少。其他公司限制运行的物品都能运送，如食品、保健品、化妆品、名牌的仿包箱、服装、鞋子以及各种特殊商品等。

EMS还有一个非常好的好处是免费提供退件服务，当你的货物被当地海关退回时，免收退件费。

不过，其缺点也明显，除了美国、日本、澳大利亚、韩国外，其他国家或地区的快递速度都不是很快，查询网站更新信息也很滞后。

2. 国际四大快递——DHL/UPS/FEDEX/TNT

选择国际四大快递的一般都是货品价值高、要求也高的货物。

适合北美地区、时效好的是UPS/FEDEX；适合欧洲的是DHL；TNT的强势地区是西欧国家。这些大公司在当地都有自己的公司来派送，不仅安全，而且时间可以保证。

专家提点 偏远地区附加费

各位卖家在选择这些国际快递公司时，有一个费用要特别注意，那就是偏远地区附加费。如果你的买家在一个很偏僻的地方，譬如乡下，需要的偏远附加费就更高了。所以卖家寄东西前，最好根据买家的邮编，查询下是否偏远，如果偏远了，及时跟买家联系，说明情况，要么由买家支付附加费，要么换其他物流方式。

3. 其他专线快递——中美快递、中澳快递、中东快递、中欧专线

除了以上的知名快递公司，也有不少快递公司结合当地的物流供应商，推出专线，例如中美快递、中澳快递、中东快递、中欧专线等。以三态速递的中美专线为例，它就是先把邮件快递到美国，然后利用当地的邮政局来派送。

这些专线的最大优势是，有些地区会比那些国际快递巨头便宜，但是在时效性及安全方面就不如了。

13.2.7 国外发国内：转运公司

有的卖家在国外有亲朋，可以方便地从海外购买商品回国内，因此在淘宝上开设了海外代购店，为国内买家代购一些质量不错、价格优惠的商品。这类卖家的货物可以让亲朋通过国际快递发回国。

但另一种代购，是在国外B2C网站上购物，比如在亚马逊美国或者乐天购物，再发回国内，则需要转运公司进行转运，而不能使用国际快递。因为国外的B2C网站一般只提供该国国内的快递，不提供跨国快递，因此需要先将商品发送到在该国有收货地址的转运公司，再由转运公司发回国内，最后通过国内快递发送到指定收货人手里。在这个过程中，转运公司负责收货、跨国运输和国内发货，其

服务质量占据重要的地位。

大家最常用的转运公司有不少，特点也有所不同，比如有的公司运费低，有的公司在免税州有收货地址，有的公司清关快等，下面就一起来了解。

（1）同舟快递。

同舟的系统做得比较简单，易操作，回国所用的代理运输公司是UCS，费用是4+4，即首磅4美元，续重4美元。同舟的客服在美国，如果用户的单有问题，客服通常会打IP电话回国给用户，服务还算不错，但在QQ上比较难联系。

同舟提供2个转运地址，即CA（加利福尼亚州）和 OR（俄勒冈州，有手续费）。CA路线比较成熟，从CA回国，有AB口岸供用户选择，A口岸是上海，B口岸是重庆（也有走过云南和天津的，但是较少），如果回国物品为大件，怕被收关税建议走同舟CA的B口岸回国，只是时间比A口岸长2~3天。

待用户提交订单后，网站工作人员处理时间通常为1天半，还算比较及时。

（2）天翼快递。

天翼和同舟都是较为成熟稳定的转运公司，所用系统一样，都是自动入仓，只要用户购物地址填写正确，网站会自动入仓，在用户的账号页面显示有货到库，无需手动添加。新人试用较为方便。回国运费也是4+4。

天翼有三个仓库：CA、OR（免税州，有手续费）、DE（得克萨斯州，在美国东部，无手续费，单价为4.5+4.5）。

CA回国也可以选择清关口岸，有天津、上海和有重庆。

DE只能从上海清关。

OR，尽量少用，手续费较高，当然，如果用户购物时，其他地址都有高额的税，那只能用OR了。

（3）百通物流。

百通转运算后起之秀，价格也为4+4，汇率相对较低，也是自动入仓。处理时常为一天半，较为及时。但百通只有天津清关。

百通的2个州地址为NJ（新泽西州）和DE（DE有手续费，4.5美元/磅）。

使用新泽西州的收货地址，在服装、鞋帽、保健品、奶粉、零食上都免销售税，可以多使用，而且这类产品被税可能性基本很小。

（4）GELS（斑马物流）。

GLES算高端转运公司了，价格很贵，要收取押金。首磅9美元，续磅普通3美元，保健品/食品3.5美元，化妆品4美元，满4磅首磅减3美元，其他服务合并及加固收费0.3美元/磅，拆分8.99美元/单。OR需要另收1美元/磅手续费。

（5）Soondaa。

Soodaa是比较新的转运公司，仅有NY（纽约）地址，但是单价便宜，3.5+3.5，客服服务不错，回国速度尚可接受，大概8天。不是自动入库，货物从官网发货后，提供运单后，需要用户自己手动去提交到库预警，通知Soondaa有货到，才能手动入库。

对于新手来说，可能用这种手动提交预警到货的方式不太习惯，因为需要用户自行填写发货网站的所有信息，包快网站名、发货地址，可能很多人不太知道这些地址，这里可以随便填一下，但是网站的发货单号一定要填对。假如忘记去提交到货预警，可能货就一直压在转运公司，因为Soodaa不知道这是谁的货。

（6）贝海国际速递。

价格很便宜，3.5+3，5磅以上包裹，3美元/磅，全美一共有三个货仓，一周12个航班。海关有转运公司经理驻班。

表13-1列出了上述几个转运公司的主要优缺点。

表13-1

公司名称	优点	缺点
同舟快递	① 自动入仓，不需要用户提交网络表单进行提醒 ② 价格中等 ③ 合箱和分箱免费	① 只有CA和OR两个仓库 ② 汇率较高
天翼快递	① 自动入仓 ② 价格中等 ③ 有CA、OR、DE三个仓库 ④ 合箱和分箱免费	汇率偏高

续表

公司名称	优点	缺点
百通物流	① 自动入仓 ② 价格合理中等，汇率便宜 ③ 提供的两个仓库都在美国东部，如果所购物品网站的发货仓库在东部，可以走百通的东部仓 ④ 合箱免费	① 只有NJ和DE两个仓库 ② 只能从天津清关
GELS	① 提供澳洲、韩国、美国四个州的转运地址 ② 全自助操作安全放心，掉件/掉包极少发生	费用昂贵，白金会员押金要1000美元
Soondaa	① 价格便宜 ② 分箱和合箱免费 ③ NY在东部，如果买米糊或者GYM的衣服可以选择Soondaa的地址	只有NY地址供参考，NY地址对很多电商网站都收税。对新手不友好，需要用户自己提交到货预警。不接受Abercrombie＆Fitch及旗下子公司的转运订单
贝海国际速递	① 价格便宜 ② 加固免费	没有合箱服务，只有原箱转运和随机拆箱两种服务

其实转运公司很多，这里提到的是一些较常用的，开设海外代购店的卖家可以参考。

13.3 物流公司的选择与交涉省钱技巧

开网店，每天都要邮寄货物给买家，虽说邮寄费用一般都是买家承担，但如果质量相同，价格一样的情况下，相信买家会选择邮费更低的商品进行购买，可见降低了运费将使自己的商品更具竞争力。

生意好的卖家，除开销售额不算，单一个月的邮费，保守估计都得花上两三千，相当于一个实体店铺门面的月租了。因此，选择合适的送货方式非常重要，可以为卖家省下不少资金。

13.3.1 如何选择好的快递公司

选择好的快递公司才能保证自己日常的经营活动更顺畅，因为如果只顾费用低而选择一些不负责的小公司的话，那么卖家的商品在运输途中出问题的可能性就会很大，最终造成买家不满意而流失，因此，选择一两家好的快递公司非常重要。选择的原则大致包括以下几方面。

1. 看评价

选择快递公司的时候，首先可以在网上先看看其他网友的评价，对选择有基本的帮助。网上有各种各样的针对快递服务的调查，如阿里巴巴物流论坛就提供了一个国内快递公司评价板块，用户可以在这里查看各地快递公司的用户反映的情况。

2. 看规模

在查看快递公司信誉的时候，大家应该选择至少两家以上的快递物流公司来进行比较，看其在全国的网点规模覆盖率如何，因为这直接影响到我们的营业范围。而如果是同城，则建议找一些本地的快递公司，优点就是同城速度极快，而且价格有很大的下降空间。

3. 看特点

依照快递公司的特性来选择快递，例如申通快递走江浙沪效率很好，那如果自己的商品都是发到那个范围就可以考虑。DHL则有“限时特派”这样的紧急快递业务；中国邮政EMS则具有最大的地域送达优势。

专家提点 快递的地域性

有的卖家反映说某些快递不如网上说得那么好，其实这要看具体情况。一个快递的公司的网点遍布全国，可以说素质参差不齐，在某些地区表现好，在另一些地区表现不一定就好。因此，最好的方法是在找到固定的快递物流公司以后，与负责自己区域的业务人员搞好关系，这样可以在自己发货和收货时，得到更好的服务。

13.3.2 如何节省宝贝物流费用

如何最大限度地节省快递费用，相信是每一位淘宝卖家都随时在考虑的问题。的确，网店利润的增长和物流费用的降低是息息相关的。不过这其实不难，大家可以从以下几个方面来考虑开源节流。

1. 多联系几家快递公司

不同快递公司的资费标准各不相同，一般来说，收费越高的快递公司，货物运输速度也就越快。很多卖家在选择快递公司发货时，往往习惯选择一个快递公司，这样不但无法了解到其他快递公司价格进行参照与对比，而且由于所选快递不存在竞争，在运费上也不会让步太多。

选择多家快递公司还有一个好处就是，在发货时可以同时联系多家快递业务员上门取件，故意让快递业务员知道存在竞争，有些情况下，快递业务员之间的价格竞争，最终受益的就是发货人。

专家提点 电子面单

电子面单，指的是使用不干胶热敏纸按照物流公司的规定要求打印客户收派件信息的面单。也称为热敏纸快递标签、经济型面单、二维码面单等。传统纸质面单因为存在价格高、信息录入效率低、信息安全隐患等劣势，电子面单问世后受到广大卖家的喜爱。

卖家如果单量较大，可向快递公司申请电子面单。电子面单具有效率高、成本低、消费者隐私信息安全等特点。

2. 不要贪图便宜

有些小的快递公司确实便宜，甚至听说过到达江浙沪只收6元。但这样的公司肯定是联盟性质的小公司，寄送时间慢、包裹丢失、晚到等情况时有发生，有时还查询不到快递信息。所以，还是在各大快递公司中选择价格方面最有优势的一家比较好。

3. 大宗物品采用火车托运

火车托运价格很低，而且速度也较快。全国范围内根据到站不同价格不同，从1.0～3.0元/千克都有，最低收费1元，可以去火车站买一份火车托运价格表来具体查询。

高手支招 E邮宝是不错的选择

选择“E邮宝”也是节省物流费不错的方法，这是中国速递服务公司与支付宝联合推出的国内经济型速递业务，采用全程陆运模式，其价格较普通EMS有大幅度下降，但其享有的中转环境和服务与EMS几乎完全相同，而且一些空运中的禁运品也可被E邮宝接受，可以说性价比很高。

13.3.3 如何与快递公司签订优惠合同

与快递公司签订优惠合同，能够省下不少邮费。快递公司对于大客户的折扣还是比较宽松的，当有淘宝卖家要求签订优惠合同时，一般都会答应。

快递公司的优惠合同一般都是月结协议，也就是一个月结算一次，量大从优。优惠合同既可以同快递公司正式签订，也可以和负责自己片区的快递员协商。快递员主要靠接快递业务赚钱（送快递一般只有一元钱一件，是他们工资的小头，而接一单快递一般有3～8元收入），因此对于发送大量快递的客户是相当渴求的，卖家不必担心快递员会不遵守协议。

13.3.4 如何办理快递退赔

在通过快递公司发货过程中，有时候可能会遇到运输时丢失或损坏货物，这种情况一般不多见，但如果卖家遇到，那么就应该联系快递公司协商赔偿或解决方案，同时也应当给买家一个良好的解决方式（比如立即重发，或者退款等），不能因为快递的原因而延误买家的交易。

快递退赔一般有两种情况。

1. 运输过程中货物损坏

通常来说，如果快递公司在运输过程中损坏商品，那么买家是无论如何也不可以签收的，因为一旦买家签收，就意味着快递公司已经完成本次运输，不再担负任何责任，因此对于易碎类商品，卖家在销售前有必要告知买家要先验货，如损坏拒绝签收，这样就可以与快递公司协商赔偿问题。

视不同情况，与快递协商赔偿是件非常费时费力的事情，如果发货方没有对商品进行保价的话，那么最终争取到的赔付金额也不会太多，通常对于没有保价的商品，赔付是根据运费的倍数来计算的，而这个赔偿数额可能远远低于商品价值。由于快递公司丢失或损坏货物的概率非常低，因而多数卖家在发货时，一般都没有必要对商品进行保价，而一旦出现货物损坏的情况，也只能尽力与快递公司周旋，争取到尽可能多的赔付金额。

有些快递或物流公司对运输过程中的商品损坏是不予赔偿的，如玻璃制品等，这时卖家在发货时就需要进行加固包装，在最大限度上防止运输过程中出现商品损坏。而对于一些价值较高的贵重易碎物品，通常建议对商品进行保价。

2. 运输过程中货物丢失

运输过程中丢失货物的情况比较少见，一旦丢失货物，那么买家也就无法收到货物了，这时卖家一方面需要与快递公司协商解决；另一方面需要为买家补货或者以其他方式处理。

货物丢失的赔偿，也根据是否保价而决定，如果没有保价的话，那么快递公司的赔偿方法有两种，一种是按照运费倍率赔偿，另一种是根据商品价值来酌情赔偿，但是最终不论采取哪种赔偿方式，可能也不足以抵付商品的价值，而且快递公司的赔付流程相当烦琐，也会耽搁卖家的更多精力。一般来说，如果商品本身价值不是太高，不值得花费太多精力用于赔付时，只要快递公司能给一个合理的赔付就可以考虑解决；但如果商品价值较高，而且快递公司赔付太低的话，就可以考虑通过法律等手段来解决。

总之，为了避免商品在运输过程中出现不可预料的问题，卖家在选择快递公司时，应该选择规模较大、口碑较好的快递公司，而不能为了低价选择小快递公司来发货，否则，一旦出现损坏或丢失等情况，就因小失大了。

13.4 随时跟踪物流进度

通过任意一种物流发货后，都会留下一份发货单，在买家收到货物并确认之前，卖家必须将发货单保存好，以便于处理发货后期出现的纠纷。而且一般发货后，买家都会关心发货进度，在买家不方便查看时，卖家就可以通过发货单号来跟踪货物的运输进度并告知买家。

13.4.1 在线跟踪物流进度

目前基本所有物流都提供了在线跟踪运输进度的服务，当用户通过快递公司发货后，可以登录快递公司网站方便地跟踪货物运输进度。

通过快递公司发货后，可以从发货单中获取到货单号，不同快递公司，其单号位置可能略有不同，但一般都位于快递单上方的条码位置或快递单下方突出位置，图13-10所示为韵达快递单的样式。

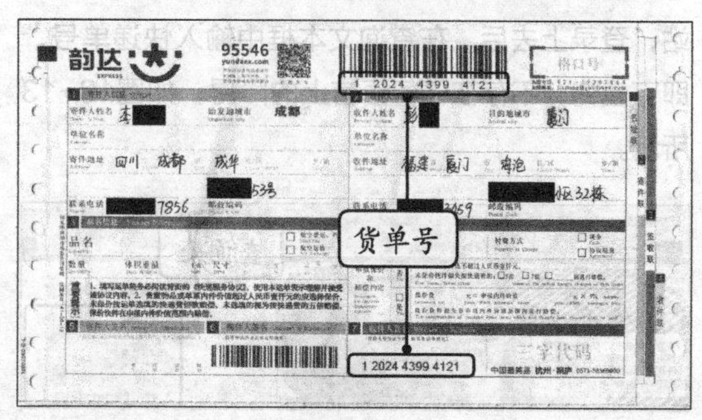

图13-10

有了快递单以后，就可以登录对应的网站跟踪运输进度，下面以在线跟踪申通快递单为例进行介绍，其具体操作方法如下。

第1步 登录申通快递网站www.sto.cn，❶在“快件查询”文本框中输入货单号；❷单击“查询”按钮，如图13-11所示。

图13-11

第2步 系统跳转新页面，显示该快递的详细进度，如图13-12所示。

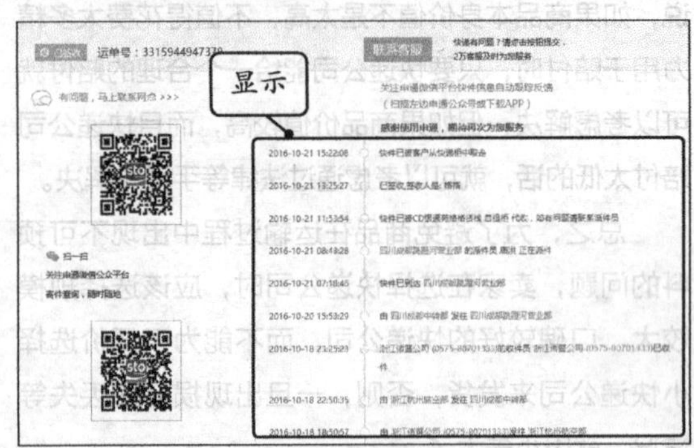

图13-12

对于国际快递进度的查询，可能很多卖家都不熟悉，也许会认为自己不懂英文，发送和查询都会有困难。其实在全球一体化的今天，这些都不成问题。前面已经提到过，国际快递都有相应的中文网站，登录上去后，在查询文本框中输入快递单号，即可查询，不存在任何语言上的障碍，如图13-13所示。

图13-13

而查询结果反馈也很快，如图13-14所示。

从图13-14中可以看到，快递的位置信息是英文的，不过这无关紧要，只要能看到签收信息，就知道快递已经被妥投了。如果卖家确实很想知道这些英文地名，可以将之复制下来，到百度翻译网站，将之翻译为中文即可。

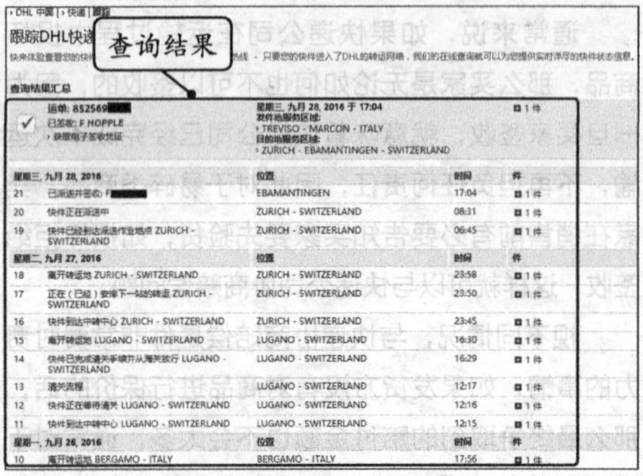

图13-14

> **专家提点 原单号与转单号**
>
> 通过国际快递的代理公司发货的话，代理会给客户一个快递单号，这个单号称为“原单号”，不过包裹在运送途中，运单的号码会改变，新的单号称为“转单号”，这个转单号也会由代理公司告知给客户，以供客户查询进度。其实大部分快递使用原单号也可以查询，不过转单号的信息要比原单号提前一些，也有部分必须使用转单号查询。

13.4.2 通过百度秒查各家物流进度

百度网站提供了很多有用的服务，其中一项是可以在其页面上直接查询各家快递的物流进度，而无需先登录到快递公司的网站上。

第1步 登录百度网站，❶在文本框中输入“快递查询”；❷单击“百度一下”，如图13-15所示。

图13-15

第2步 ❶单击发送快递的公司（这里以韵达为例）；❷输入快递单号；❸单击“查询”按钮，如图13-16所示。

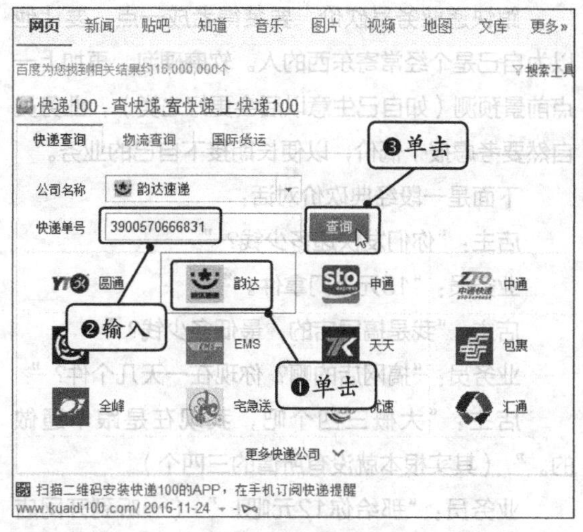

图13-16

第3步 立刻就可以看到查询结果，如图13-17所示。

在百度的这个网页上，不仅能搜索国内快递，还可以搜索大宗物流以及国际快递，只需单击图13-17中的“物流查询”或“国际货运”选项卡即可进入相应页面进行查询。

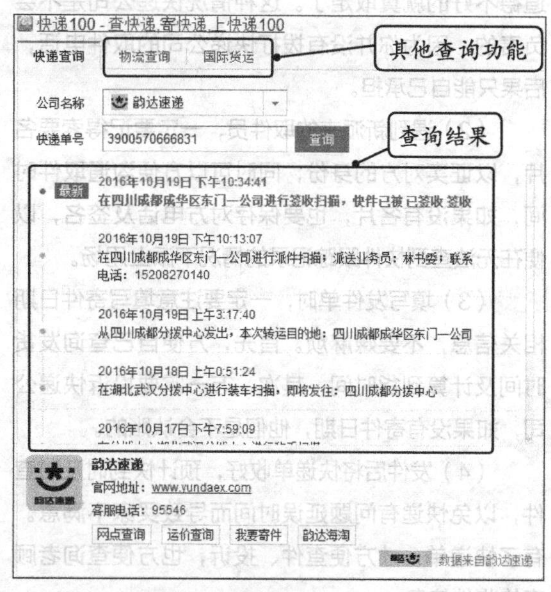

图13-17

13.5 秘技一点通

技巧1 ——包装细节决定成败

了解商品的包装方式后，卖家还应该注意不同商品包装时的一些注意事项，因为有时商品包装对于买家收到货后的影响也是非常重要的。对商品包装时，主要应当注意以下细节。

- 无特殊需要，不建议将商品的价格标签放入包装箱内。因为有些买家购买商品是用于送礼的，或者直接作为礼物发货给朋友。这类买家一般是不愿意让对方知道礼物的价格以及购买地点的，将价格标签放入包装箱内会弄巧成拙。
- 对于使用比较复杂的商品，如果在给买家的包裹中有针对性地写一些提醒资料，比如不同质地的衣服洗涤、收纳，个别数码类商品的使用注意等，会让买家觉得卖家服务很周到，进而发展成为老顾客，甚至会带来新的买家。
- 不管卖家销售什么商品，在包装时，都应该使包装干净整洁，太过破烂的包装不但会让买家收货时对货物是否损坏产生怀疑，而且对商品的质量、买家的服务都会产生疑虑。因此应谨慎使用旧包装箱。
- 条件具备的话，可以在包装内附赠一些小卡片、小饰品或其他礼物，这会让买家产生商品超值的感觉，而且得到意外的礼物，买家对卖家的好感度也会增加。

总而言之，在包装商品时，应尽量从买家角度来考虑，并且要对所谓的“暴力快递”有所预防，包装一定要够结实，在此基础上力求美观。

技巧2 ——收发快递避免麻烦的技巧

卖家每天都要发送很多快递，也会接收一些快递（买家的退换货）。那么，在收发快递时，应该注意哪些问题呢?

（1）卖家通知快递取件时，一定要拨打快递公司的电话，不要直接联系快递人员取件。因为快递人员流动性很大，也许上次他还属于这家快递公司，这一次就未必在这家公司干了。万一快递人员已经不属于这家快递，打电话直接让他来取件的风险就很大了。道德好的会告知说自己已经辞职了，道德不好的就真取走了。这种情况快递公司是不会负责的，因为你并没有拨打快递公司的取件电话，后果只能自己承担。

（2）遇到新派来的取件员，一定要记得索要名片，以证实对方的身份，同时可以方便沟通取件时间，如果没有名片，也要保存对方电话及签名，以便在无法查到快件跟踪记录的情况下派上用场。

（3）填写发件单时，一定要注意填写寄件日期相关信息，不要嫌麻烦。首先，方便自己查询发货时间及计算到货时间，其次，万一需要投诉快递公司，如果没有寄件日期，他们是不会认账的。

（4）发件后将快递单收好，预计快到时及时查件，以免快递有问题延误时间而导致买家不满意。有了快递单，才方便查件、投诉，也方便查询老顾客的收件信息。

（5）收快递把握一条就可以了：一定要在拆开前检查快件有无被拆封的痕迹，有则拒收。如果没有，一定要在取件员在场的情况下打开包装验货，之后再签收。

技巧3 ——与快递公司讲价的实战参考

目前基本所有快递公司都是可以灵活讲价的，不过要想成功降低快递费用，还需要了解一些与快递公司讲价的技巧，下面介绍常用的一些讲价方法，卖家可根据实际情况作为参考。

- 直接找快递业务员讲价，而不要找快递公司客服或前台人员讲价。
- 在讲价过程中，适当夸张自己的发货量，因为如果发货量较大的话，业务员为了稳定业务，一般会在价格上有一定的让步。
- 用其他快递公司价格对比，在讲价时可以和业务员谈及其他快递公司要低多少，即使是虚构，也要表现出很真实的样子，一般还是可以讲下一定价格的。
- 掌握讲价幅度，如同日常购物砍价，假如15元的快递费用，想讲到12元，那么要和业务员先砍到10元，这样即使对方不同意，但最终可能就以12元的折中价成交。

跟快递业务员砍价，要装得老成一点，要让他以为自己是个经常寄东西的人。软磨硬泡，再加上一点前景预测（如自己生意以后会更好之类），业务员自然要考虑报个低价，以便长期接下自己的业务。

下面是一段经典砍价对话：

店主："你们发快递多少钱？"

业务员："15元上门拿件。"

店主："我是搞网店的，最低多少钱？"

业务员："搞网店的啊？你现在一天几个件？"

店主："大概三四个吧，我现在是跟申通做的。"（其实根本就没有所谓的三四个）

业务员："那给你12元吧！"（一听到开网店多少肯定会给你便宜点的）

店主："不是吧，这么贵啊？"

业务员："那他们给你多少？"

店主："8元。"

业务员："那你全走我的我也能发这个价钱。"

店主："对嘛，一般都是这个价钱的，我现在暂时还发他们的，我先发几个看看你们速度怎么样，可以的话我以后全部都走你们。"

业务员："好，以后有件给我打电话吧。"

这样就可以了，砍价其实就是这么简单。当然砍价切记要合理，不然业务员即使答应了，也不会好好服务的。

技巧4 ——这样发送贵重物品更安全

如果卖家的网店是经营珠宝、数码产品等贵重商品的，那么发送快递时就要特别小心。这是因为快递人员素质良莠不齐，有的快递人员擅自盗取、更换快递包裹内的贵重商品，最终让卖家有苦说不出，因为一般情况下快递公司是不会全额赔付的。

那么，在发送贵重物品时，怎样才能更安全呢？

（1）挑选信誉比较好的、规模比较大的公司。注意不要使用那些所谓的代理公司。用EMS就是EMS，不要用那些EMS的代理（国际快递除外）。

（2）运单填写时，千万不要写货物名称，比如是手机的话，则不要写"手机"，写"设备"即可。

（3）如果包装盒有空间的话，一定要填实，不要让物品在盒内晃动，以免被有经验的快递人员听出来里面是什么。同时要用封箱带将纸箱缝隙封死，防盗又防水。

（4）一定要保价。保价时间清楚保费是多少，用的是哪家保险公司等。如果不保价一般不会得到满意的赔偿。

（5）通知买家一定要开箱检查后再签字确认。如果签了字再检查，那就算是去打官司也是输定了。如果对方以公司规定为理由，不肯开箱，那么就让买家挑包装的毛病，这里瘪了，那里胶带松开了，然后要求开箱检查。

技巧5 ——国外发货的省钱秘诀

往国外发货的方式主要包括中国邮政的EMS、国际快递公司、国际空运。下面介绍国际快递的省钱秘诀。

（1）EMS国际快递给代理公司的折扣一般在年初会比较低，而到了年末会比较高。在同一时间不同城市的折扣可能不一样。如北京的EMS能打5折。有些懂行的EMS代理公司会把货物拉到另外一个城市去发，虽然时间会延迟两三天，但价格却优惠不少。

（2）EMS国际快递并不一定要收首重。在有些城市，只要单件货物超过10千克，就不需要收取首重了。甚至单件货没有超过10千克，只要总的货物超过10千克，有时也能享受这种待遇。这一点非常重要，可以大大减少快递费用。

（3）EMS国际快递是按照货物实重来收费的，而DHL、TNT、UPS和联邦等国际四大快递公司是将实重与体积重量（1立方米=200千克）相比较，哪个重就按哪个来收费，也就是说，假如某货物体积为2立方米，其重量超过400千克，则按实际重量收费，如重量低于400千克，则按400千克收费。建议快递非常重而体积又小的货物，用DHL、UPS等发货；如果是非常轻的而体积又大的货物，用EMS发货。

（4）发货不能直接找国际快递公司，要找它们的代理发。可以在淘宝上找，在淘宝上找的一般都可以用支付宝，比较有保障。

（5）发EMS国际快递可以用自己的纸箱。如果货物多的话，一定要使用大的纸箱，最好一个箱子能装完。如果用的箱子小，导致货物要装很多箱的话，就要被多收几次首重了，因为一般每一个箱子是要算一次首重的，除非能找到不需要首重的EMS代理或货物达到一定的量。

（6）发国际快递不能一次发太多货，否则很容易被目的地国的海关认为是商品，从而征收关税。如果要发的货确实很多，可以让买家想办法多找几个到达城市的市内地址来发货，卖家分别发到同一个城市的不同地址，这样被征税的可能性就小多了。卖家还可以把货物分几天发，一天发一些。

（7）国际货运包括快递、空运和海运。价格方面，一般来说海运是最便宜的，快递是最贵的。空运是不送货上门的，快递是送货上门的。

（8）货物分为普货和外国名牌货物。普货是指产地在中国的普通牌子货物，普货的国际快递运费一般要比外国名牌货物的国际快递运费便宜不少。另外，普货被外国海关查收关税的概率也要比外国名牌货物被查收的概率小很多。

（9）国际四大快递各有各的优势。有些是寄到西欧的价格有优势，有些是寄到东欧的价格有优势，有些是寄到东南亚的价格有优势，有些是清关有优势，有些是速度有保证。在发货前，一定要了解清楚。

开店小故事

网店与快递签约合作，年省万余元运费

5月4日早上，家住广西省北海市区的网店老板刘星像往日一样，在9:00左右打开自家的电脑，开始了忙碌的一天：包装产品，在网络上与客户交流，更新维护网页，打电话叫邮政速递物流公司上门收件……

快到中午时，上门取件的快递员小张告诉刘星说，公司决定小幅上涨快递费用，请各位网店店主谅解并做好准备。为什么涨价？对于这个问题，小张显然已经回答了多次，他很流利地说，为应对部分线路人力、操作及运输成本增长过快的压力，公司对部分线路快件价格进行小幅调整，平均调幅2%～4%。其原因有三个：一是成品油涨价；二是新修订的《快递市场管理办法》实行了，市场更规范，但成本也更高了；三是由于通货膨胀，人力费用、公司开销等也随着上涨，快递费用不随着上涨的话，公司将毫无盈利甚至亏本。

小张告诉刘星，像他这样发货较多的卖家，可以考虑与公司签约合作，签约后，快递成本要比未签约客户低一些，长期下来能省下不少钱。

送走小张，刘星连忙跟北海市的几家快递公司轮流打电话，不仅核实了涨价的事，还询问了各家公司的签约快递价格。经过比较，刘星最终选择了与邮政EMS和圆通快递签约。签约前，EMS单价价格为22元，圆通单价价格为12元，签约后，EMS降为14元，圆通降为8元，这样的价格让刘星感到比较满意。

到了六月初，刘星计算了一下上月发货量，总发快递178笔，其中EMS 115笔，圆通快递63笔，总共花费2114元。如果不签约，将花费3286元。签约后节省快递费用1172元。刘星估计，随着自己网店业务量的增长，发的快递逐渐增多，一年下来邮费可节约接近两万元。

第14章 用完善售后服务换取五星评价

本章导言

售后服务是整个商品销售过程的重点之一。好的售后服务会带给买家舒适的购物体验，可能使这些买家成为忠实客户，以后经常购买自己店铺内的商品。售后不仅仅是简单的维修与退换货，而是涉及很多方面，诸如避免交易纠纷，处理中差评等，本章将详细进行讲解。

学习要点

- 加入常见保障服务
- 了解淘宝的信用体系
- 做好售前工作，增加销售量
- 做好售后工作，创造回头客
- 妥善处理中差评

14.1 各种保障服务让买家更放心

从2011年1月1日开始，淘宝规定所有卖家必须签署“消费者保障服务协议”，这样既能保障商品和服务质量、提高信誉，也能促进销售量。在日常网购中，7天无理由退换服务已经相当普及，运费险也被买卖双方逐步采用，这些都是让买家放心消费的有力保障。

14.1.1 了解并加入“消费者保障服务”

“消费者保障服务”（以下简称消保）是淘宝网针对买家所提供的一项购物保障服务。淘宝网中的卖家可根据个人意愿来加入消保，为买家提供由淘宝网公证与保障的售后服务。根据商品类型的不同，消保又分为多种情况，分别是以下这些。

- 商品如实描述：指卖家所在店铺中商品的描述信息是与商品本身所相符的，没有不符合商品实际或言过其实的描述。如果卖家未能履行该项承诺，则淘宝网有权对由于卖家违反该项承诺而导致利益受损的买家进行先行赔付。
- 7天无理由退换服务：指卖家能够针对销售出的商品为买家提供7天内无理由退换货服务。加入该服务后，当买家购买了支持“7天无理由退换货”的商品，在签收货物后7天内，若因买家主观原因不愿完成本次交易，卖家有义务向买家提供退换货服务，如果卖家拒绝提供，那么买家可以向淘宝网投诉卖家并获得相应的赔偿。
- 假一赔三：加入该服务后，如果卖家销售给买家的商品与描述严重不符，或者销售假冒伪劣商品，那么买家可以在认定商品为假货的前提下，要求卖家三倍赔偿。
- 虚拟物品闪电发货：该服务仅针对虚拟类商品，如充值卡、虚拟充值货币等，加入了该服务的卖家，必须迅速发货，如果在交易过程中没有及时发货，那么买家就可以对其投诉并获得相应的赔偿。
- 数码与家电30天维修服务：该服务仅针对经营数码电器类的卖家，当买家购买商品后30天内，卖家应向买家无条件提供免费维修服务，否则买家有权向淘宝网投诉，淘宝网将根据情况来使用卖家的保证金对买家进行赔偿。

- 正品保障服务：该服务针对所有销售品牌商品的卖家，确保买家所购买的商品为品牌正品，如果交易后的商品不是正品，那么买家可以向淘宝网投诉并获得相应的赔偿。

加入消保都需要交纳一定的保障金。根据商品种类的不同，在加入消保时需要支付的保障金也会有所差别，大部分商品保证金为1000元，但也有部分商品高于或低于1000元，淘宝会不时调整具体的金额。表14-1所示为部分保证金大于与小于1000元的商品类别。

表14-1 单位：元

店铺类目	保证金额	店铺类目	保证金额
品牌手表/流行手表	2000	数码相机/摄像机/图形冲印	2000
床上用品/靠垫/窗帘/布艺	500	手机	2000
家用电器/保健器械	2000	彩妆/香水/护肤/美体	2000
居家日用/厨房餐饮/装饰/工艺品	500	笔记本电脑	2000
家具/家具定制/宜家代购	2000	汽车/配件/改装/摩托/自行车b	2000
玩具/动漫/模型/卡通	500	饰品/流行首饰/时尚饰品	500
珠宝/钻石/翡翠/黄金	2000	书籍/杂志/报纸	300
电玩/配件/游戏/攻略	2000	MP3\MP4\iPod\录音笔	2000

加入消保后，有以下好处。

- 在商品上加上特殊标记，并有独立的筛选功能，让商品可以马上被买家找到。
- 拥有相关服务标记的商品，可信度高，买家更容易接受。
- 为提高交易质量，淘宝网单品单店推荐活动只针对消保卖家开放。
- 淘宝网橱窗推荐位规则针对消保卖家有更多奖励。
- 淘宝网抵价券促销活动只针对消保卖家开放。
- 淘宝网其他服务优惠活动会优先针对消保卖家开放。

专家提点 关于消保的保证金

消保的保证金被冻结在支付宝里面，以后退出消保或者关闭店铺时，还可以将这笔保证金解冻收回。

在初次申请店铺的时候，已经填写并签署了“消费者保障服务”协议，因此默认开通了“消费者保障服务”。但要进行正常使用，还需要向淘宝支付押金，其具体操作步骤如下。

第1步 在“卖家中心”列表中单击“消费者保障服务”超级链接，如图14-1所示。

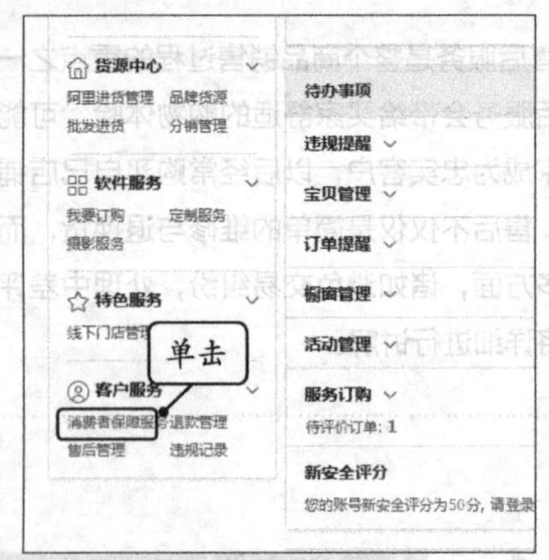

图14-1

第2步 单击保证金界面的“缴纳”按钮，如图14-2所示。

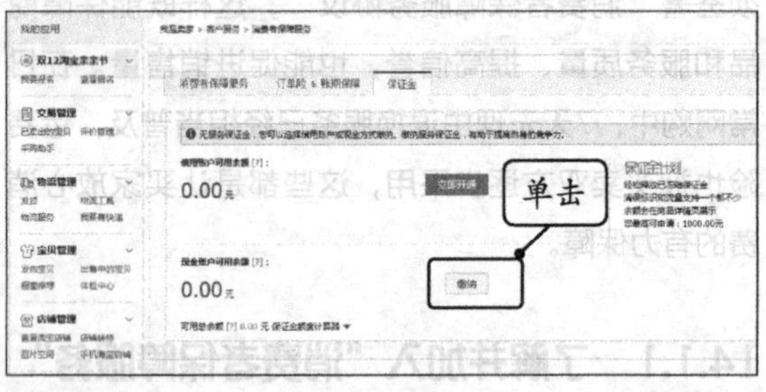

图14-2

第3步 打开新页面，❶输入支付宝支付密码；❷单击“确定”按钮，成功加入消费者保障服务，如图14-3所示。

专家提点 注意支付宝里的余额

提交保证金时，必须保证支付宝中有足够的余额。支付成功以后，大家就可以在消费者保障服务栏目下，申请各种特色服务，只要符合要求，即可成功开通。

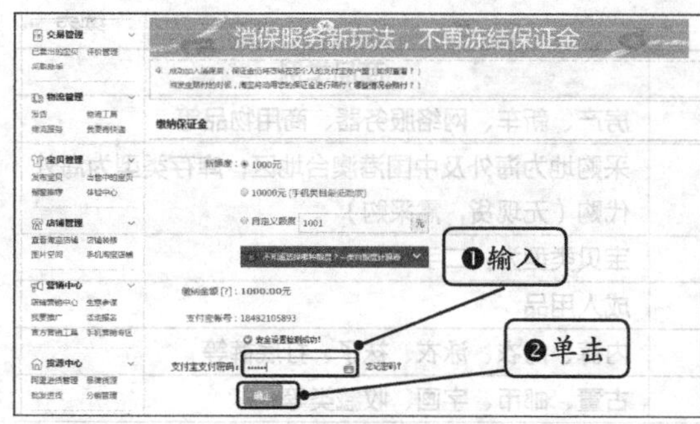

图14-3

14.1.2　了解并加入“7天无理由退换货”

2014年3月新修订的《消费者权益保护保护法》正式生效，法律支持网购商品在到货之日起7日内无理由退换货。消费者的网购“后悔权”得到法律认可。

如果卖家已参加“消费者保障服务”并承诺提供“7天无理由退换货”服务。在商品完好的前提下，淘宝网允许买家按规定对其已购买的特定商品进行退换。在货物签收的7天内，若因买家主观原因不愿完成本次交易，卖家有义务向买家提供退货。若卖家未履行该义务，买家有权按照规定向淘宝发起对该卖家的维权，并申请“7天无理由退换货”服务。

7天无理由退换货的责任范围：

- 买家在收货后因不满意而希望退换。
- 因质量问题产生的退换货，所有邮费由卖家承担。质量问题被界定为货品破损或残缺。
- 非商品质量问题的退换货，包邮商品需要买家承担退货邮费，非包邮商品需要买家承担发货和退货邮费。
- 退换货要求商品具备收到时完整的外包装，相关附（配）件齐全，（若有）要求吊牌完整等；购买物品被洗过、穿过、人为破坏或标牌拆卸的不与退换；所有预定或订制特殊尺码的不与退换。

专家提点　7天时间的界定

如果有准确的签收时间，以该时间以后的168小时为7天；如果签收时间仅有日期，以该日期后的第二天零时起计算，满168小时为7天。对于退换货商品，买家应在规定的时间内发回（以物流签收运单显示时间为准），否则需要买家与卖家协商处理办法。

卖家发布的商品属于支持“7天无理由退换货”服务的范围内，就必须提供售后服务。若买家向卖家提出“7天无理由退换货”，卖家需积极响应，并主动协商，经双方自愿友好地达成退货退款协议。如果卖家违反承诺，淘宝的处置权包括以下几点。

- 当淘宝判定卖家未履行其“7天无理由退换货”服务，即视为卖家违规，淘宝有权给予卖家相应处罚。
- 如买家提出“7天无理由退换货”的申请时，交易尚未成功，卖家必须做好售后服务；在卖家拒绝履行“7天无理由退换货”承诺的情况下，淘宝有完全的权利按照协议约定和淘宝规则进行处理。
- 如买家提出“7天无理由退换货”的申请发生于买家已单击“确认收货”，交易成功付款完毕后，或发生于货款因支付宝服务付款流程中的到期强制打款规定而被强制打款后，在卖家拒绝履行“7天无理由退换货”的承诺的情况下，淘宝有完全的权利依其独立判断使用保证金强制卖家履行其承诺。
- 卖家需在收到买家退回商品之日起七日内退款给买家，未按时退款的，淘宝有权直接操作退款给买家。

“7天无理由退换货”服务商品品类划分如表14-2所示。

表14-2

分类	类型	商品举例
默认不支持“7天无理由退换货”	消费者定作的，定制类商品	个性定制、设计服务（要求属性为：定制）
	鲜活易腐类商品	鲜花绿植、水产肉类、新鲜蔬果、宠物
	在线下载或者消费者拆封的音像制品、计算机软件等数字化商品	网游、话费、数字阅读、网络服务
	交付的报纸、期刊、图书	订阅的报纸、期刊、图书
	服务性质的商品	本地生活、服务市场等，如家政服务、翻译服务等
	个人闲置类商品	一级类目为：自用闲置转让

续表

分类	类型	商品举例
可选支持“7天无理由退换货”	非生活消费品，如商业用途类商品	房产、新车、网络服务器、商用物品等
	代购服务商品	采购地为海外及中国港澳台地区，库存类型为海外代购（无现货，需采购）
	二手类商品	宝贝类型为：二手
	成人用品，除有包装的保险套外	成人用品
	贴身衣物	内裤、内衣、泳衣、袜子、打底裤等
	古董孤品类	古董、邮币、字画、收藏类等
	食品保健品类	食品（含婴幼儿食品、零食、冲饮、酒类、粮油米面、干货、调味品）、保健品（含中药、膳食营养补充剂）、宠物医疗用品等
	贵重珠宝饰品类	珠宝、钻石、翡翠、黄金等
	家具、家电类商品	家具、大家电（电视、空调、冰箱）等
必须支持“7天无理由退换货”	除以上十五类商品外的所有品类，均须支持“7天无理由退换货”	服装服饰、数码产品及配件、家纺居家日用、化妆品、婴童用品（除食品）等

只要加入退换服务，在商品发布时，系统会根据商品品类和属性自动打标签并显示，如图14-4所示。

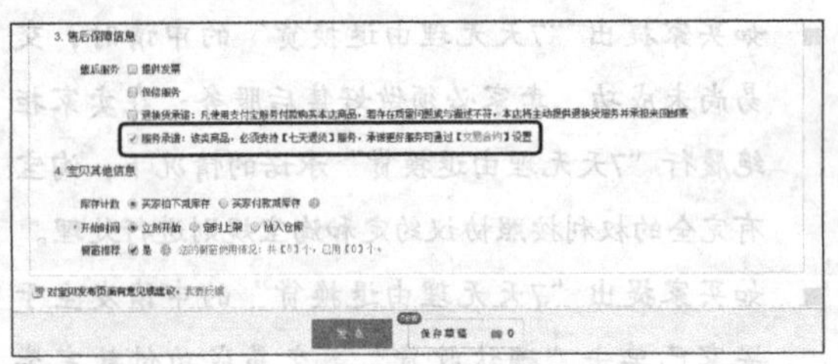

图14-4

加入“7天无理由退换货”较为简便，卖家只需要在消费者保障服务列表中单击“加入”按钮即可，如图14-5所示。

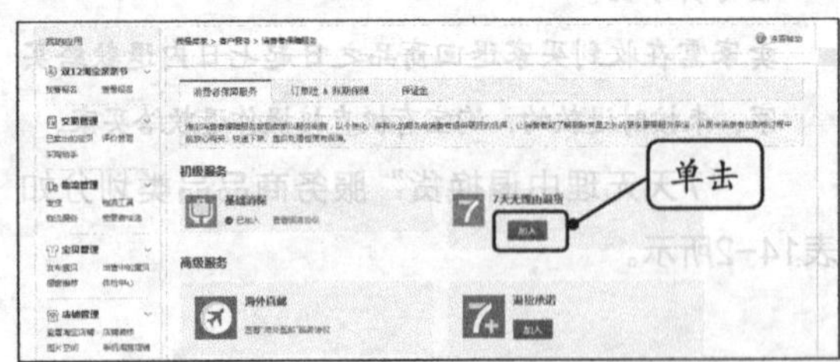

图14-5

对于必须支持“7天无理由退换货”服务的商品，在宝贝详情页、搜索结果页、LIST页面统一浮现七天退货标识，便于买家辨识。支持七天退货服务的标示如图14-6所示。“退货承诺”是高于“7天无理由退换货”的服务，卖家可以通过交易合约自行设置8天（含）以上服务，其标示如图14-7所示。

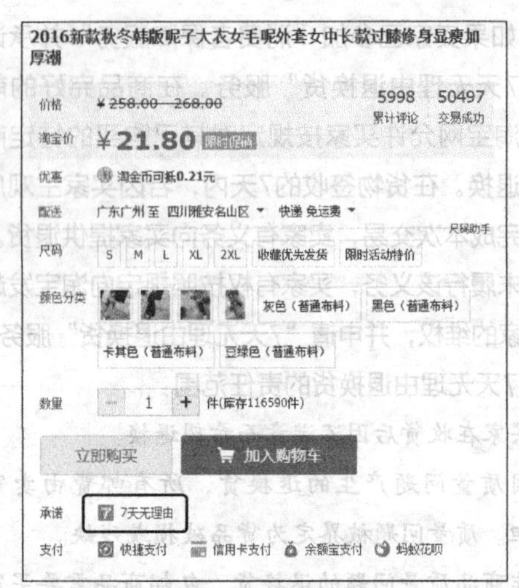

图14-6

图14-7

如果商品性质不支持“7天无理由退换货”，在买家下单页面会有提醒，如图14-8所示。

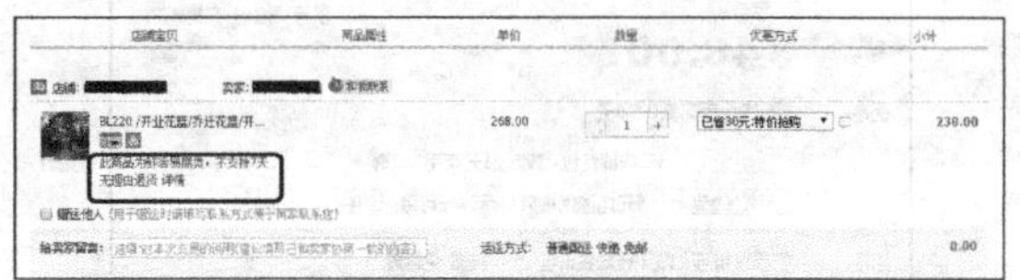

图14-8

14.1.3 了解并加入“运费险”

运费险也称为退货运费险，是网购买卖双方在交易未结束前，买家发起退货请求时，由保险公司对退货产生的单程运费提供保险的服务。分为运费险（买方）和运费险（卖方）两个类别。

运费险仅针对淘宝网支持7天无理由退换货的商品，买方可在购买商品时选择投保。如果发生退货，经过理赔申请审核，保险公司将按约定对买方的退货运费进行赔付；卖家也可以为买家投保运费险。运费险（卖方）是指在买卖双方产生退货请求时，保险公司对由于退货产生的单程运费提供保险的服务。由于快递公司造成的商品损坏进而发生的退货，不在运费险的承保范围内。

运费险的保费较低，买家支付一般不超过1.2元，且投保十分便捷，只需要在购物时勾选运费险选项，就可与货款一同支付。理赔时，根据买家收货与卖家的退货地之间的距离，最高可获得18元的赔付。理赔无需举证，只要买卖双方同意退货，卖家在线确认收到货后72小时内，保险公司按约定理赔到买家的支付宝账户。

对淘宝卖家而言，购买该保险可以增强购买方的信心，提升服务品质并促使交易达成。卖家不能进行选择性投保。加入运费险后，每笔交易都会扣除相应的保费。在卖家填写物流单号发货时，系统会自动从支付宝账户扣费用。保费的数额根据以往的风险率决定，风险率越高，收取的保费越高。

专家提点 风险率

保险公司根据卖家以往三个月的交易及退货情况厘定风险率。在风险率与保费价格的阶梯排列中，当风险率低于1%时保费不超过0.3元，风险率为8%时保费为1元，风险率为16%时保费为2元，依次递增。如果卖家的风险率超过保险公司厘定的风险临界点，投保协议将暂停。

卖家加入运费险的步骤如下。

第1步 在卖家中心的“客户服务”列表中单击“消费者保障服务”超级链接，如图14-9所示。

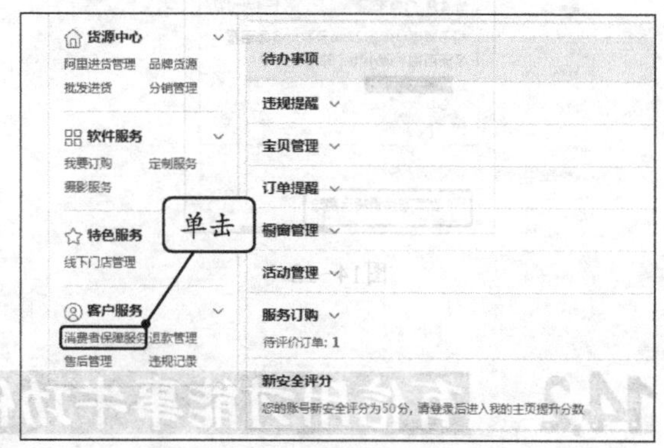

图14-9

第2步 在新页面中找到“卖家运费险”，单击“管理”按钮，如图14-10所示。

图14-10

第3步 在新页面中单击“我要加入”按钮，如图14-11所示。

图14-11

在加入运费险后，在商品展示页面会增加相关标识，如图14-12、图14-13所示。

图14-12

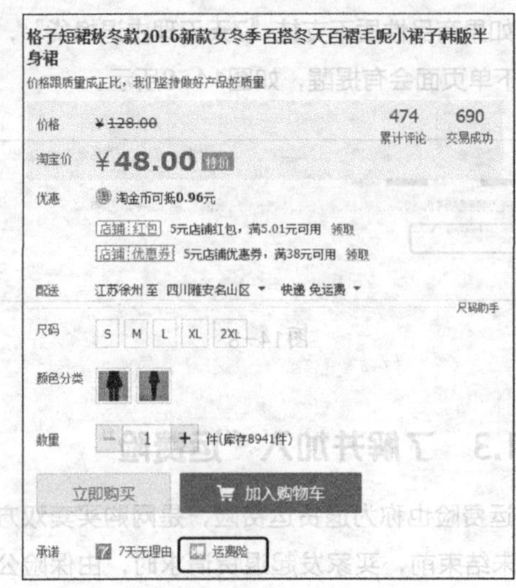

图14-13

14.2 有信用才能事半功倍

在网店销售商品过程中，我们的目的不仅仅是赚取当前卖出商品的利润，还要赚取每个买家的好评以逐步提高自己的信用等级。在淘宝网中，卖家的信用等级越高，就间接说明购买的人群越多，所销售商品的质量越好。

对于刚开店的卖家来说，通过交易来赚取好评，往往比赚取眼前的利润更加重要，只要慢慢将信誉等级提高，那么后面的人气也会越来越高。

14.2.1 了解淘宝网的信用体系

由于网上交易过程中，买卖双方无法见面交易，而且买家在购买商品时也无法看到商品的实物，因而买家在选择商品时，只能参考卖家之前的销售记录以及交易买家给予的评价，这在一定程度上能够客观反映出卖家的经营诚信、商品质量等。

1. 信用评价

淘宝网中针对买卖双方都提供了信用评价制度，也就是当一次交易完成后，交易双方均可以根据交易的满意程度给对方好评、中评或差评，其中每个好评将会使卖家的信用增加一分，中评不加分，差评则会扣掉一分。随着交易数目的不断增加，买家满意度的不断提高，卖家将获得的信用积分也会越来越高，这一点对于卖家尤为重要，来自买家的信用评价可以体现出卖家的历史交易情况，以及买家的满意度等，而其他买家在购买时，通过卖家信用就可以客观了解到卖家与买家的交易情况并决定是否购买。

一般来说，如果买家给予了好评，那么说明卖家的商品质量、服务态度都比较放心，但如果给予了中评或差评，则说明卖家针对某个或多个买家的交易存在欠缺，这可能指商品质量、服务态度或者发货进度等。

2. 信用等级

信用等级是按照卖家所获得的信用积分来划分的，淘宝网将卖家信用划分为4个级别，分别是心卖家、钻石卖家、皇冠卖家以及金冠卖家，其中每个级别又划分为若干等级，当卖家信用积分达到一定数目后，信用等级就会自动提升一个级别，图14-14所示为不同的信用等级以及所需信用积分示意图。

卖家的信用等级是需要不断通过发生好评的交易而逐渐产生的，如进行了4个交易并都获得好评，那么信用等级将升为1星。同样，如果累计发生了251笔交易并且全部获得好评，信用等级就可以提升为1钻，以此类推。随着信用等级的不断提升，每上升一个等级需要的积分也就越多，如升到皇冠卖家需要发生10001笔交易，并且每笔交易均需获得好评。

积分	积分
4分-10分	10001分-20000分
11分-40分	20001分-50000分
41分-90分	50001分-100000分
91分-150分	100001分-200000分
151分-250分	200001分-500000分
251分-500分	500001分－1000000分
501分-1000分	1000001分－2000000分
1001分-2000分	2000001分－5000000分
2001分-5000分	5000001分-10000000分
5001分-10000分	10000001分以上

图14-14

卖家的信用等级会体现在店铺以及商品页面中，当买家进入店铺或打开商品页面后，在店铺信息区域中就能够直观地看到卖家的信用积分与信用等级，如图14-15所示。

图14-15

3. 店铺动态评分

店铺动态评分是淘宝网针对卖家提供的另一项信用与服务评分制度，买家在购买商品后，进行信用评价的同时，也可以根据商品情况与卖家服务情况进行动态评分，其他买家在购买商品时，就可以通过动态评分来了解买家的商品情况以及服务态度，如图14-16所示。

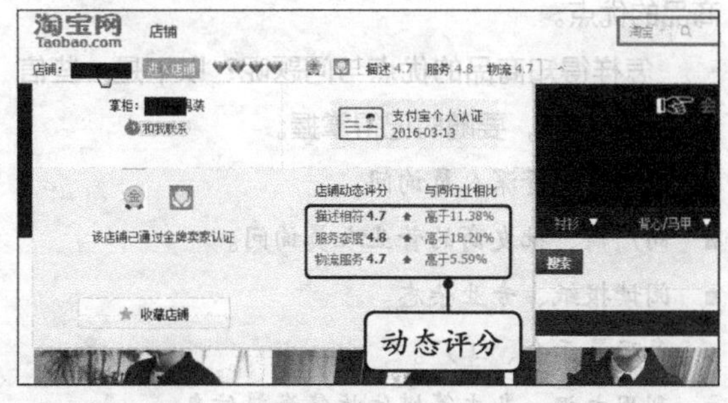

图14-16

淘宝网针对卖家的动态评分有三项，分别是"描述相符""服务态度"以及"发货速度"，每项最高分为5分，最低分为0分，当买家购买商品后，可以根据具体情况来对卖家进行动态评分，而卖家最终的分值，为所有买家评分的综合分值，并体现在店铺信息区域，由于每一次交易的不同，因此可能获得来自买家的分值也不同，因此店铺动态评分也会根据交易而变化。

高手支招 如何显示动态评分

将鼠标指针移动到店铺左上方的旺旺图标处，即可自动打开动态评分板块。

14.2.2 卖家信用对销售的影响

卖家信用用于客观真实地反映卖家的历史交易情况以及参与购买的买家满意程度，便于其他买家在购买时作为参考，卖家信用等级的高低，也就客观反映了卖家的诚信度与商品的保障性，信用等级越高，也就越容易获取新买家的信任，这也是为什么信用高的店铺生意都比较好的重要原因。

这里要涉及一个信用率的问题，所谓信用率，就是在发生的交易当中，获得好评的交易占有的比重，譬如卖家一共发生了100笔交易，其中99项为好评，1项为差评，那么好评率就是99%，也就表明在与卖家交易的100位买家中，有99位买家是满意的，那么其他买家在查看卖家信用后，就会因为买家满意度较高而决定购买商品，如图14-17所示。

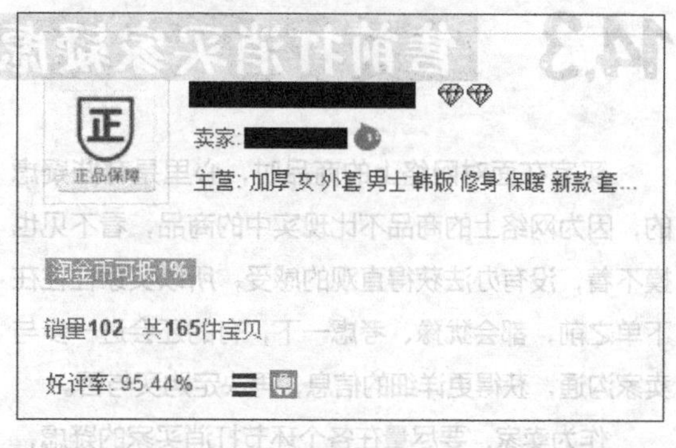

图14-17

另外，中评与差评所产生的影响，并不仅仅是信用积分，而是很大程度上关乎着买家的信任程度。买家在购买商品时，往往在查看卖家信用后，即使卖家信用很高，也可能会因为一个差评而放弃购买，因为差评体现了卖家商品的某种不足之处，严重降低买家的信任度。

因此，对于卖家来说，在商品销售过程中，除了考虑销售利润外，信用积分也是必须要考虑的，需要本着每个交易都获得好评的心态来经营店铺，这样才能使网店生意越做越大，购买人群越来越多。很多新开店的卖家，往往都是不赚利润赚信用，甚至赔钱赚信用的原因也就在这里。

14.2.3 打造5星信用等级

在交易后，买家会做出何种评价，往往会根据交易情况来决定，如商品质量、卖家服务态度、收货速度等，只要买家对商品满意，一般都会给予卖家好评，反之，如果买家对商品或卖家的一些服务不满意，那么就很有可能得到一个中评或差评。

作为卖家，有必要了解哪些因素会导致买家给予中差评，并认真分析与解决这些可能出现的因素，才能确保每一笔交易都获得好评。就目前网络交易来看，影响买家好评的因素主要有以下几个方面。

- 商品因素：这是影响评价最主要的因素，如商品与描述不符、商品质量较差，或者卖家提供的商品服务存在欠缺等，买家和卖家交易的目的，就是为了购买商品，如果所购买的商品无法使得买家满意，那么就很难获得买家的好评。因此，卖家在销售商品时，最好能够如实对商品进行描述，以及向买家详细说明商品的各种情况。
- 卖家服务态度：卖家针对买家提供的服务态度，有可能也会影响买家的评价，作为卖家，我们其实就是售货员，当有买家咨询或购买时，应该为买家提供最优秀完善的服务，在交流过程中，一定要注意言辞。一般来说，不是过分计较的买家，只要对商品满意，是不会因为卖家的态度而给予差评的。
- 买家收货时间：当买家购买商品后，接下来的过程就是等待收货，而作为卖家，在收到买家订单后，也应该及时发货。目前物流公司的发货时间一般为2～4天，当遇到一些特殊情况延误发货或者其他因素导致买家等待较长时间才收到货时，一些买家也可能不会给予卖家好评，但这类情况往往是由于物流所引起的，我们可以通过和买家交流而让买家更改评价。

上面只是介绍了影响买家好评的常见因素，对于不同的商品或者一些不可预料的情况，也可能会影响到买家的评价，这就需要卖家根据自己商品的实际情况来进行分析并解决，使得每一笔交易都能够获得买家的好评。而且在一些退换货交易中，也可以在自己的能力范围内做到让买家更加满意，使得不成功的交易也能够获得买家的好评。

14.3 售前打消买家疑虑有妙招

买家在面对网络上的商品时，心里是有些疑虑的，因为网络上的商品不比现实中的商品，看不见也摸不着，没有办法获得直观的感受，所以买家往往在下单之前，都会犹豫、考虑一下，有的还会进一步与卖家沟通，获得更详细的信息，再决定购买与否。

作为卖家，要尽量在各个环节打消买家的疑虑，促进买家购买，这就需要用到下面讲解的一些方法。

14.3.1 介绍商品要客观

在介绍商品的时候，必须针对商品本身的特点及商品的缺点，客观地向买家解释并做推荐。所以，要让买家了解商品的缺点，并努力让买家知道商品的优点。

怎样得知商品的优点与问题呢？以下是一些信息来源的渠道，要随时记得掌握。

- 向本店的资深人员询问。
- 向厂商、批发商的营业人员询问。
- 阅读报纸、专业杂志。
- 参观展示会、工厂。
- 利用电视、杂志等媒体收集资料信息。
- 亲自试穿、试吃、试用看一看。

在介绍商品的时候，虽然本来应该尽量避免触及商品缺点，但如果因此而造成买家事后抱怨，反而会失去信用，得到差评也就在所难免了。在淘宝里也有卖家因为商品质量问题得到差评，有些是特价商品造成的。所以，在卖这类商品时，首先要坦诚地让买家了解到商品的缺点，努力让买家知道商品的其他优点，先说缺点、再说优点，这样会更容易被买家接受。

在介绍商品时，切莫夸大其词地介绍自己的商品，介绍与事实不符，最后失去信用也失去了买家。介绍自己产品时，可以强调一下："东西虽然是次了些，但是功能齐全，拥有其他产品没有的特色"等。这样介绍收到的效果是完全不相同。

14.3.2　打消买家心中的顾虑

网络购物的缺点也就是买家所疑虑的方面，如针对交易网站的疑虑、针对卖家信用的疑虑、针对商品质量的疑虑、针对货币支付的疑虑、针对物流运输的疑虑、针对售后服务的疑虑等，只要卖家在上架商品时，多写上一句话就可以消除大部分的疑虑。还有些疑虑的打消是需要在经营店铺的其他工作中解决的，比如针对商品质量的疑虑，这就需要使用商品的细节图片等。

1．打消买家对售后的疑虑

在市场竞争越来越激烈的今天，随着买家消费观念的变化，买家不管是在实体店中购物还是在网店中购物，都已经开始重视售后服务。但是实体店铺的真实存在性很容易消除买家的这个疑虑，因为实体店铺的地理位置固定，轻易不会搬家，当买家需要售后服务时，直接来店铺中就可以了。

但是网络店铺的虚拟性导致了买家有看不见、摸不着的感觉，于是买家往往对卖家做出的售后承诺不抱太大的信任。所以，对网店卖家来说，消除买家对售后问题的疑虑是重中之重。

解决售后问题主要可以分为两个阶段：第一阶段就是售前将售后信息告知买家，增强其购买的信心；第二阶段是产生售后问题时的处理，采取有吸引力的售后保证措施，避免产生纠纷，并利用好的售后服务手段提升买家的黏度。

售前将信息告知买家的方式主要有两种：第一种就是在商品描述页面中或店铺其他地方将售后信息公布出来，如可以加入7天无理由退换货之类，或者写一个买家须知，站在买家的角度上，把所有的问题都写上去并赋予答案，让买家产生信任感。如图14-18所示，店铺的商品描述页面中有关于售后问题的信息公布，这是一个更直观的使用漫画的形式告诉买家15天无理由退换货，买家看到这样的信息自然就打消疑虑了。

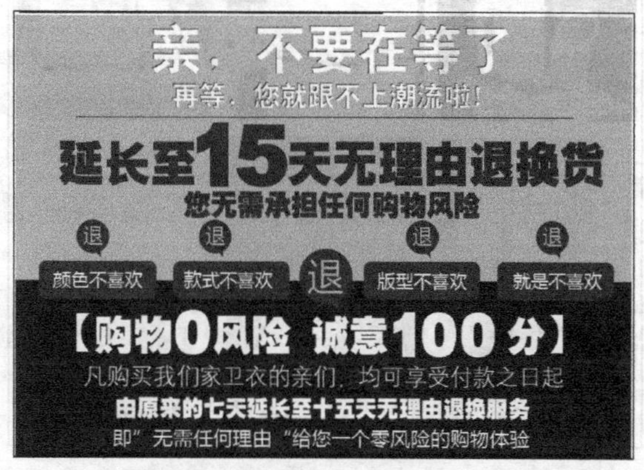

图14-18

第二种就是在沟通的时候将售后信息直接告知买家，大部分买家在决定购买一件商品前总会有一些疑虑，一般会通过旺旺向卖家咨询。在这个过程中，要向买家传达店铺的售后信息，买家会更容易接受。比如下面的沟通就比较好。

"亲，您放心好了，如果您收到货有问题的话，就及时联系我们，本店的宝贝都是包退包换的，如果是质量问题，来回的运费我们出，有任何问题都可以解决的。"

2．打消买家对包装的疑虑

在实体店铺和网络店铺购物的体验是完全不同的，体验形式的不同导致了买家满意度的差异非常大。

网络店铺和实体店铺的不同点有很多，但是买家在网络店铺中购物时会遇到一个在实体店铺购物时从未遇到的大问题，那就是物流问题，买家在实体店铺中购物时可以一手交钱一手取货，而在网络店铺中则不行，需要通过一定时间的物流运输，买家才能最终拿到商品，而在这一段时间内商品损坏和丢失的风险是很大的，所以会有很多的买家对这一环节极不放心。

有鉴于此，一些聪明的卖家就在商品描述页面中加入了关于包装的说明，如图14-19所示。在图中，卖家很清楚地告知了商品的包装过程和防压抗震包装设计，有了这幅图片，相信可以打消很多买家关于商品遭受挤压变形方面的疑问了。

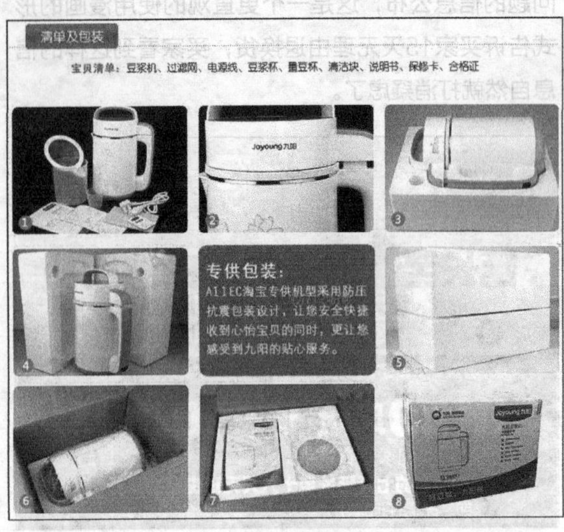

图14-19

产品包装得好，能给客户带来良好的购物体验，对网店的生意是有百利而无一害的。在淘宝论坛有这么一则帖子，讲一个买家在淘宝金冠店购买了一大堆的婴儿用品和洗衣液，由于金冠店包装简陋，导致洗衣液泄漏，污染了全部的婴儿用品，价值400多元的奶粉、玻璃奶瓶等物品全部不能再使用。

这个帖子目前引来了众多淘宝网友的热议，有人甚至怀疑这家金冠店是刷出来的。这家店的信誉达到了金冠，名副其实的大卖家，包装却不细心，也难怪别人会怀疑这家店铺刷信用的想法。金冠信誉虽很牛，但如果用户体验做不好，生意照样难长久。

经营一个网店，需要做的细节有很多，虽然不可能每一件都做到并做好，但是为了自己的生意还是要努力。也许这些细节工作产生的效果并不明显，但是相信当用户把越来越多的细节工作在第一时间做好，生意也就会在不知不觉中好起来。

有些卖家也困惑，觉得自己的店铺跟其他店铺没什么区别，图片也不差，服务态度也很好，也一直在做直通车，但是生意却有很大的差别，可能原因就出在很多细节工作并没有做到位。

3. 打消买家对物流的疑虑

选择一家可以令买家和自己都放心的物流公司，既可以选择卖家所在地口碑和服务最好的物流公司，也可以直接使用淘宝网推荐的物流公司。

目前国内各物流公司的服务质量参差不齐，在全国范围内很难说出到底哪家公司更好。选择一家可以合作的物流公司最简单的也是最有保障的方法有两个：一个是以快递公司出发点去寻找，也就是在当地选择口碑最好的一家来进行合作，我们可以通过身边的朋友、同城的卖家、淘宝社区得到物流公司的口碑信息；如果对口碑信息把握不准，我们也可以把收件员作为出发点去寻找，也就是通过对比收件员的服务质量来寻找更加合适的物流公司，具体方法就是多联系几家物流公司的收件员，在他们当中选择一个沟通的最好的进行合作，目前国内物流公司的网店数量、运输时间、费用、丢损概率都差不多，所以以收件员的服务质量作为选择依据也不失为一个好办法。

淘宝网推荐物流也可以成为大家的首选，目前与淘宝网有签约的合作物流有几十家，其中包括中国邮政、中通速递，宅急送、圆通快递、韵达快运、联邦快运、天天快递、汇通快运、顺风速运、申通E物流、港中能达等。使用推荐物流的好处大概有以下几种。

- 网上直连物流公司。不用打电话也可快速联系物流公司，真正实现网上操作。
- 价格更优惠。可以使用协议最低价和物流公司进行结算。
- 赔付条件更优惠。淘宝与物流公司协议了非常优惠的服务条款。
- 赔付处理更及时。淘宝会监控并督促物流公司对投诉和索赔的处理。
- 订单跟踪更快捷。使用推荐物流网上下单，您的商品跟踪信息链接会放在您的物流订单详情页面，买家和卖家都可以方便地查看。
- 可享受批量发货功能。可以一次性将多条物流订单发送给物流公司，让卖家下单更快捷。
- 可享受批量处理功能。使用推荐物流发货的交易，可以一次性地将多笔交易确认为“卖家已发货”状态。
- 可享受旺旺在线客服的尊贵服务。物流公司在线客服，即时回复卖家的咨询，解答卖家的疑惑。
- 日发货量超百票，特别的定制服务。

高手支招　如何选择淘宝网推荐的物流

在卖家决定使用淘宝网推荐的物流时，建议选择规模较大，管理正规的公司。比如最老牌的中国邮政，网络购物采用的服务大致有平邮包裹、快递包裹、E邮宝、EMS特快专递等。经过了市场化竞争，顺丰、申通、韵达、圆通、中通等物流企业迅速成长壮大，其价格已经可以根据包裹量的增加而得到优惠，服务水平也有了很大的提升。

卖家在商品描述页面，不妨加入关于运费信息的公告，如图14-20所示，这是用图表的形式公告的运费信息，看起来更直观，能更好地把这些信息传达给买家，这张表里明确写明了4个信息：运送方式、配送范围、首件费用和续件费用。这样的信息公示的优点就在于信息的传达很准确，买家也就更容易接受从而消除疑虑。

邮费表（EMS首重和续重为0.5kg）

快递	中通		圆通		韵达		申通		EMS		顺丰	
到达地区	首重	续重	首重	续重	首重	续重	首重	续重	首重	续重	首重	续重
广东省内	7	2	9	2	8	2	9	2	17	5	13	4
江苏 浙江 上海	8	5	9	5	9	5	9	5	17	9	22	13
安徽 福建 广西 江西 湖南 湖北	8	5	10	5	10	5	10	5	17	9		12
北京 天津 河南 山东 河北	9	7	12	8	11	7	12	8	17	11		14
海南 四川 重庆 云南 贵州 陕西 山西	10	7	12	8	11	7	13	8	17	12		12
黑龙江 内蒙古 吉林 辽宁	14	9	15	9	15	9	16	9	17	12	24	20
青海 宁夏 甘肃	16	13	19	12	16	11	18	12	17	12		
新疆 西藏	18	17	20	10	18	15	19	18	17	12	26	24

图14-20

卖家也可以把与寄送时间、物流公司等相关的信息放入商品描述页面里，告知买家，典型的做法如图14-21所示。

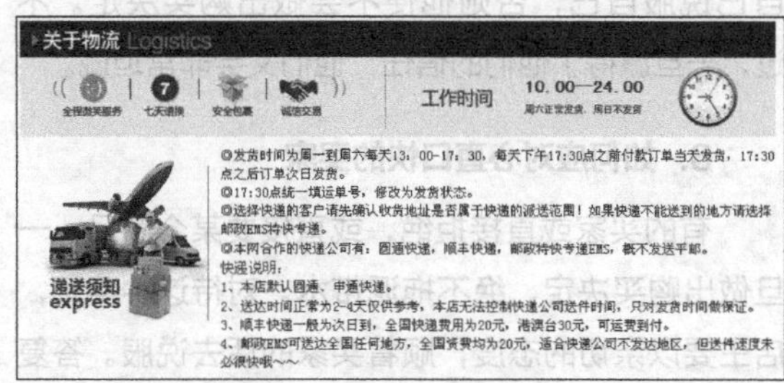

图14-21

有时即使卖家做的再好，也避免不了出现物流纠纷。那么物流出现问题后，卖家应该怎样与各方面沟通，才能得到一个较好的结果呢？

- 首先要注意心态问题，经常发货，物流出现问题在所难免，要有这个心理准备。出现问题也没什么大不了的，与快递公司协商解决问题就可以了。好多卖家不能以一个平和的心态来对待问题，老觉得物流公司矮自己一等，用盛气凌人的态度来对待快递人员，这会有什么好结果呢？也许快递人员不敢得罪卖家，但消极不合作的情绪难免就会产生，最终损失的还是卖家的利益。
- 第二注意买家方面。一般买家都会问几天能收到货，现在的快递基本上全国范围内是2～4天到货，偏远一点的要4～5天，同城的是今天发明天到。面对买家的询问，可以这样回答：一般是3～5个工作日收到，因为快递周末派件都不是很积极的，给自己最大的余地，不要把自己逼得一点儿意外的时间都没有，那就太被动了，要知道快递晚点的可能性是很大的，时间说长点，一是给买家一个心理准备，二是晚到的话自己也不至于太被动，三是提前到的话买家会很高兴。
- 第三注意物流方面，跟物流方面谈好出现问题后怎么解决，遵循平等合作和谐的原则。晚到的情况怎么解决，磕碰碎裂的情况怎么解决，态度不好怎么解决，最好达成文字协议，这样出现问题时都按协议来更可靠。
- 让快递人员帮忙，因为快递人员比较熟悉公司具体运作，而且他们自己的公司到底哪个方面出问题，他们也比较容易知道内情，方便追回货物。所以说要把心态放平，才能得到快递人员的帮助。
- 建议向买家提供两种以上解决方案（退款或重寄等）以供选择，这样可以有效改善买家的感受，提高解决问题的效率。

14.3.3　以“诚心”换来买家的“耐心”

用耐心、真心、诚心打动买家是卖家的服务宗旨，从每一位买家出发，对经营中每一个细节加以放大，有针对性的提供最佳服务。

卖家每天都要接触不同的买家，只有用丰富的专业知识才能灵活应对，热情为他们介绍商品，只有用耐心、真心、诚心才能打动买家，成为买家的朋友。每次与买家交流的机会都应该珍惜，都应该把握住，一点点的失误就可能让我们与买家失之交臂，因此我们不能错过每一次机会，把自己掌握的商品信息传达给每一位买家，只有这样才能提高我们的营业额。

店主一定要把耐心、真心、诚心倡导作为服务宗旨，这是搞好客户关系和维持良好的客户关系的基础。

对于一些新手卖家来说，有人询问价格、颜色、款式、材料等或把自己加为好友的时候，往往很开心，总想着有生意了。其实很多买家有比较的，网购和实体店购物是一样的，他们都会作比较，在网上进行查找，到这家问问那家问问，最后才能决定买哪一家的商品，这种情况很普遍也很正常。所以有人问只是表明他对这件商品或者这一类的商品感兴趣，千万不要以为他问问就一定会买。所以作为卖家心态要平和、沉着冷静、细心、耐心、诚心。

帮助买家，这也是新卖家要做到的，尽量的满足买家的需求。注意，这里说的是尽量，不是一味的满足买家。对于提出无理要求的买家的要求可以不予理睬，其实作为买家总想以最低价格得到最好的商品以及服务，当收到一些需求时，一定要记得心态要平和、沉着冷静，不要以另一种目光态度对待。一定要记得和气生财，做生意讲的就是和气，即使别人提出的要求不合理，也不要和客户争辩。

用耐心、真心、诚心打动买家，认真热情、细心周到的服务，可以让买家感到温暖愉悦，使他们再次光顾。

始终坚持买家至上的原则，以百分百的细心、耐心做好每一笔交易，让每一位上门买家都有宾至如归的感觉，开心愉快的购物，这样创造回头客的概率就会增加，同时会带来更多的效益。

14.3.4 应对不同买家要用“巧劲”

网上开店做生意，必须要先了解买家，才能更好的服务买家，买家受性别、年龄、性格等因素的影响，对相同的商品的反映也不相同。因此，店主应该因人而异地对待买家。

1. 如何应对外向型的买家

外向型买家一般做事情都很有自信，凡事亲力亲为，不喜欢他人干涉。如果他意识到做某件事是正确的，那他就会比较积极爽快地去做。遇到果断型的买家，对待性格外向的买家要赞成其想法和意见，不要争论，要善于运用诱导法将其说服。在向他们推荐商品或服务时，要让他们有时间讲话，研究他们的目标与需要，注意倾听他们心声。

2. 如何应对随和型的买家

这一类买家总体来看性格开朗，容易相处，内心防线较弱。他们容易被说服，这类买家表面上是不喜欢拒绝别人的，所以要耐心地和他们交流。

3. 如何应对优柔寡断型的买家

有的买家在店主解释说明后，仍然优柔寡断，迟迟不能做出购买决定。对于这一类买家，店主要极具耐心并多角度地强调商品的特征。在说服过程中，店主要做到有根有据、有说服力。

4. 如何应对精打细算型的买家

喜欢精打细算是这类型买家最大的特征。买东西老嫌贵，还特别喜欢侃价。应对这种买家，跟他套交情是最佳做法：首先应该热情地向他打招呼，赞美他，并且要提醒他已经占到了便宜，适当时候还可以倒一下苦水，让他不好意思再开口要折扣。

5. 如何应对稳重的买家

个性稳重的买家是比较精明的。他们注意细节，思考缜密，决定迟缓并且个性沉稳，不急躁。对于这种类型的买家，无论如何一定要想办法让他自己说服自己，否则他便不会做出购买决定。不过，一旦赢得了他们的信任，他们又会非常坦诚。

6. 如何应对心直口快的买家

有的买家或直接拒绝，或直接要某个商品，一旦做出购买决定，绝不拖泥带水。对待这种买家，店主要以亲切的态度，顺着买家的话去说服。答复速度尽量快些，介绍商品时，只需说明重点，不必详细说明每个细节。

7. 如何应对慢性子的买家

这种买家正好与“急性子”相反。如果碰到“慢性子”的买家，千万不能心急，只有耐心回答他的问题才能赢得赞赏。

8．如何应对挑剔型的买家

喜欢挑剔的买家，往往对于店主介绍的真实情况，认为是言过其实，总是持不信任的态度。对待这种买家，店主不应该反感，更不能带“气”来反驳买家，而要耐心地倾听，这是最佳的办法。

而对于难缠的客户，并不是要“对抗”，而是消除、解决和合作，并将最难缠的客户转换为最忠实的客户。客户的难缠，不管有没有道理，若能从难缠中仔细深入检讨，通常可发现一些不足之处。客户在难缠过程中所提出来的建议，也许可直接采用，也许需经修改或转化才可采用，但也能对网店的销售和提升有益。

对待不同性格的买家，应采取不同的接待和应对方法，只有这样，才能博得买家的信赖。

14.3.5　了解买家找卖家沟通的目的

买家在看上一件商品后，往往还要和卖家进行沟通。不要小看阿里旺旺中短短的几句话，它决定着一单生意的成败，更决定着是否能培养起一个回头客。

买家找卖家沟通，表面上看起来好像都是询问商品细节，其实，只要卖家仔细体会，就能感受到买家潜在的目的：有的的确就是询问细节，有的则是犹豫不决需要卖家来说服他，还有的是想杀价压价，甚至有找卖家聊天打发时间的。针对这么多不同目的的交流，卖家要采取不同的方法进行处理。

1．针对直接询问的买家

这样的买家一般都是已经看中了商品，找卖家沟通只是为了确定货源、价格及运费，针对他们的问题，一定要以最快的速度回答，并且要清楚明白，不能含糊不清，不可拖拉时间，如果是性急的买家可能就会因此而流失了。当然也有一些问得特别细致的买家，想在买之前把产品的颜色、特点等了解清楚一点，这时候就更需要耐心而详细的向他介绍他所看中的产品的特点了，不能因为买家询问的问题太多而爱理不理，这样子的卖家让买家产生一种受到轻视的感觉，从而放弃购买。

2．针对正在考虑中的买家

不要看轻了这一类买家，他们一般都是潜在的客户。而且这类买家当中很可能有大客户，他们有可能是需要得多，因此需要细致地了解产品。因为不是着急要货，所以他们一般把产品的每一个细节都问的很清楚详细，这时卖家就不能只求效率了，一定要慎重回答他们的问题，如果一时答复不了，可以请买家稍等，或跟他约定选个明确的时间再一一进行详细的解答。

3．针对压价的买家

这类压价的买家还可分为两小类。

第一类是习惯性压价，这一类的买家在生活中已经养成了买东西还价的习惯，所以不管店里是否公布了“已为最低价，恕不还价”，都会一定程度的压价。针对他们的压价，卖家一定要耐心解释，如果在没有亏损的情况下稍微降低一些价位，让他们心理上得到一种满足、一种成就感，这笔单子就成交了。

第二类就是在网上搜到了价位更低的同款产品，却仍然到价格略高的卖家的店里购买。这可能是因为卖家的产品图片更好看，也可能是对卖家比较信任，还有可能是对方的运费设置得不合理，产品价格加上运费并不便宜。对于这种压价，卖家只能向买家耐心解释并说明这款产品的市场价位是多高，本店的价位没办法再降低的原因。当然，如果卖家愿意用略微的亏本换回一个信用值的话，也不是不可以。

4．针对第一次在网上购物的买家

第一次在网上购物的买家最怕的就是受骗，而且因为没有经验，所以很多购物支付货款的过程都不是很了解，在拍下东西之后，往往在付款时会有很多不懂的地方，此时一般都会向卖家询问怎么办。这时卖家一定要耐心解答，如果卖家也有不清楚的地方，要和买家一起想办法解决，让买家觉得卖家“够意思”，这样的好印象就会促使买家变成常客、回头客。

在付款之后，卖家一定要及时发货，告诉买家几天之内收到货，在跟这种第一次购物的买家交易的时候最好能适当送些小礼物作为留念。这样买家会觉得很贴心，也很放心，以后再有需要的话第一反应就是到这个让人放心又愉快的店里购物。

5. **针对闲聊的淘友**

这一类的淘友要么是来讨经验的，要么是觉得卖家人不错，想聊聊天的。卖家不要认为这是在耽误时间，这一类的淘友很可能成为以后的客户。卖家现在付出时间和精力和他们聊天，虽然没有立即的收益，但只要双方交上了朋友，变成客户就是迟早的事。

所以，如果不是特别忙的话，一定要非常真诚地同淘友聊聊天。如果比较忙，也可以向对方说明，一般都会得到谅解的。切记不要一发现对方不购物就马上找借口中断聊天，这样太生硬了，对方下不来台，朋友自然也就没得做了。

6. **针对淘宝论坛回帖及店铺留言的淘友**

一般回帖及留言的淘友都是对卖家店铺比较认同的，回帖留言都代表了对卖家的支持和认可，在时间允许的情况下最好一一发旺旺消息表示感谢。在这个过程当中一般都会得到他们的再次回复，而你也可以自然而然的和他交上朋友，在以后有什么活动或是好消息时，及时告诉他们，一般都不会遭到他们的拒绝，甚至有些还会成为你的客户呢。

14.4 售后成功留住买家有方法

网店有没有良好的售后保证，是决定一个买家做不做回头客的重要因素之一。

有的卖家简单地把售后理解为维修和退换货，这种看法并不全面。其实售后包括很多方面，如心态、沟通、回访等，只有将方方面面都照顾到了，才能留住买家。

14.4.1 网店售后服务的具体事项

网店的售后服务与实体店相比，略有差异，主要在于网店与买家的交流主要通过网络或电话进行，因此沟通效率不如面对面的交谈。网店的售后服务主要包括以下内容。

1. **树立售后服务的观念**

售后服务是整个商品销售过程的重点之一。好的售后服务会带给买家非常好的购物体验，可能使这些买家成为店铺的忠实用户，以后经常购买店铺内的商品。

做好售后服务，首先要树立正确的售后服务观念。服务观念是长期培养的一种个人（或者店铺）的魅力，卖家都应该建立一种“真诚为客户服务”的观念。

服务有时很难做到让所有买家百分之百满意。但只要在“真诚为客户服务”的指导下，问心无愧地做好售后服务，相信一定会得到回报的。

卖家应该重视和充分把握与买家交流的每一次机会，因为每一次交流都是一次难得的建立感情、增进了解、增强信任的机会，买家也会把他们认为很好的店铺推荐给更多的朋友。

2. **交易后及时沟通**

所谓交易后沟通，是指客人在付款之后所进行的沟通，主要通过旺旺、电话、站内信等方式进行沟通，也可以通过电子邮件、手机短信等方式进行沟通。主动进行售后沟通，是指提升客户购物体验，提升客户满意度和忠诚度的法宝。砍掉主动售后沟通，就等于砍掉了老买家，砍掉了卖家可持续增长的利润来源。当买家因为不满意而找上门来的时候，沟通变得很被动，沟通成功的概率也大大降低，即使通过沟通解决了评价问题，但客户的购物体验很难变好。

3. **发货后告知买家已发货**

买家付完款，货没到手，心里难免有牵挂，什么时候能发货？什么时候能收到？对一些新买家而言，难免会担心，会不会被忽悠？发货后卖家可以把发货日期、快递公司、快递单号、预计到达时间、签收注意事项等告知买家，让买家放心的同时，也体现了卖家的专业。可以参考如下的实例。

您好：

感谢您购买了本店的×××商品，×××

型号，希望您能够喜欢，如果有任何问题可以和我联系。我的旺旺号××××××，电话号码×××××××××××。

本商品已经在××××时间发货，运单号是××××，请注意查收。

谢谢您购买小店的商品，期待您的下次惠顾！

店家：××××

日期：××××/××/××

4. 随时跟踪物流信息

在预计该到货的时间，主动和买家进行沟通，体现卖家的责任心和专业度，出现状况及时解释、处理，消除买家疑虑，避免之后因问题给店铺中差评。买家付款后，要尽快发货并通知买家，商品寄出后，要随时跟踪包裹去向，如有意外要尽快查明原因，并和买家解释说明。

5. 买家签收主动回访

买家签收后，第一时间主动进行回访，主动收集客户意见，遇到客户不满的情况及时道歉、及时解释、及时处理，在危机爆发前化解，进一步提升客户购物体验，并提升客户满意度和忠诚度。

6. 交易结束如实评价

评价是买卖双方对于一笔交易最终的看法，也是以后可能想要购买的潜在买家作为参考的一个重要因素。好的信用会让买家放心购买，差的评价往往让买家望而却步。交易结束要及时做出评价，信用至关重要，不论买家还是卖家都很在意自己的信用度，及时在完成交易后做出评价，会让其他买家看到自己信用度的变化。

评价还有一个很重要的解释功能，如果买家对商品做出了错误的不公正的评价，卖家可以在评价下面及时做出正确合理的解释，防止其他买家因为错误的评价产生错误的理解。

7. 处理退换货要认真快捷

商品寄出前，最好认真检查一遍，千万不要发出残次品，也不要发错货。如果因运输而造成商品损坏或其他确实是商品本身问题买家要求退换货时，也应痛快的答应买家要求，说不定这个买家以后会成为店铺的忠实客户。

买家要求退换货的情况大致分为四种，处理方式各有不同，因篇幅较长，将在下一小节里专门进行讲解。

8. 妥善处理买家的投诉

有时即使卖家做得再好，也难免会出现疏漏，出现客户不满而导致买家投诉，甚至出现交易纠纷。

买家的投诉是五花八门、千奇百怪的，有时候其理由甚至很牵强，这就需要卖家有一根粗大的神经和一个宽广的胸怀，来面对这些投诉。

如果交易中需要退换货，但买卖双方协商没有解决，那么任意一方就可以向淘宝网投诉对方，之后淘宝网工作人员将介入并与双方协调解决。

一般来说，在交易过程中以买家投诉卖家居多，而买家多是在双方协商未果的情况下才会向淘宝网投诉卖家的，首先买家会发出投诉请求，并提供相应的证据，如商品图片、旺旺聊天记录等，而淘宝网客服在接受投诉后，一般会通过邮件方式来联系卖家。

卖家在收到投诉通知后，就需要根据实际情况来进行处理了，如果确实属于自己的退换货范围，那么应当积极退换货并联系买家撤诉，因为如果自己强行不予退换的话，那么淘宝工作人员会根据情况来处理强制退款或予以卖家不同程度的处分，对于网店卖家来说，因为一次交易而换取一定的处分，是非常不值得的。

当然，如果确实属于买家责任，那么卖家可以向淘宝工作人员提供有力的证据，来证明自己不予退换的理由，只要证据充分，工作人员也会公平处理的。

在与买家交涉的过程中，还有很多需要注意的地方，将在后面一节的内容中进行详细的讲解。

9. 管理买家资料

随着信誉的增长，买家越来越多，那么管理买家资料也是很重要的。卖家们应该好好地总结买家群体的特征，因为只有全面了解到买家情况，才能确保进的货正好是买家喜欢的商品，店铺才能更好地发展。卖家还应建立买家的资料库，及时记录每个成交交易的买家的各种联系方式。

10. 定期联系买家，并发展潜在的忠实买家

交易接受后，要定期给买家发送有针对性、买家感兴趣的电子邮件和旺旺消息，把忠实买家设定为VIP客户，在店铺内制定出相应的优惠政策。定期回访买家，用打电话、旺旺或者电子邮件的方式关心客户，建立起良好的客户关系，同时也可以从客户那里得到很好的意见和建议。

14.4.2 认真对待退换货

卖家网上开店，所出售的商品都是经过自己精心挑选的，为了生存和发展当然不会在商品质量上马虎。不过实际经营过程中，也会时常碰到因为物流或其他问题带来的退换货问题。如何处理将直接关系到网店声誉。下面根据不同的退货现象加以说明。

1. 质量问题

质量出现问题，对于店主们来说就是“硬伤”，无话可说，当然都是无条件退货。不仅如此，由于质量问题还给买家制造了来回运输货物的麻烦，可能还会导致买家索赔。

所以，在实际经营过程中，一定要严格把好商品质量关，不能厚此薄彼。但是有时也可能是因为运输途中的损坏，那么在销售这类比较“脆弱”的商品时，一定要在商品资料里详细写清楚，注明可能的情况，不至于遇到了问题才措手不及，如图14-22所示。

•售后服务•

1.因运输原因造成的货物损坏，我们负责重发或是退款(可能需要你提供破损图片，并且有快递公司或是货运公司作证）

2.确系货物的质量问题，我方负责退换，并承担相关的费用。

3.客户主观的觉得质量不好或是其他原因想退货的，来回的运费客户自行承担。

4.退货的客户要对退回来货品的运输安全负责（发过去时我们也是要负责的，是吧）

5.关于收货：收货时请尽量先检查才签收，不行的话可签字后请快递员稍等，您当面查下货有问题的话请马上联系我们。

图14-22

2. 规格问题

所谓规格，也就是俗称的大小和尺寸问题，尤其像出售衣服、鞋子等商品时，常常会遇到买家收到货物后抱怨尺寸有偏差，长短有出入等情况，如果买家因为此类问题要求退货，也在情理之中。因此，为避免此类问题，一定要在商品介绍中详细标注出相关的尺寸大小，如图14-23所示。

注：衬衫领带为搭配拍摄 喜欢可到店里选购

面料	进口高档纯棉	里料	聚酯纤维

尺寸参考

基本号型（身高）	尺码	胸围	袖长	肩宽	衣长
170/88A	M	116	62	48.5	62
175/92A	L	121	63	51	65
180/96A	XL	126	64	53	67
185/100A	XXL	131	66	55	68

图14-23

专家提点 关于详细商品信息

详细的商品信息不仅包括尺寸、重量和功能等，还要包括各种细节。比如对于服饰类商品而言，诸如衣长是多少，其中是否包括领口长度，胸围及腰围又是多少，帽子是否可脱卸等参数，最好都能明示出来。这样可以尽量减少买家以“没有具体说明”的借口来退换商品。

3. 喜好问题

买家因为不喜欢商品而要求退货也是一个常见的情况。喜好问题存在很大的主观色彩，很难用一定的规则来界定。但是无论是什么原因，事先和买家朋友们积极沟通都是非常重要的，尽可能达到全面的互相理解，不至于出现误解而导致退货问题。

一般情况下在商品描述页面都要注明，如果由于个人喜好问题，比如觉得这件衣服不好而不是质量等原因而要求退货的，一概不予接受（也可以是让买家承担邮费的情况下退货）。

高手支招 不退货，买家给差评怎么办

如果在商品信息中已经注明了这种情况不予退货，那么当卖家恶意给差评的时候，卖家可以向淘宝小二提供证据，只要能够证明，即可撤销当前恶意差评。

4. 实物与照片的分歧

一般商品都会通过一些后期处理软件进行效果处理，这的确能让自己的宝贝看上去清新靓丽，比较起来更能吸引买家的眼球；但卖家同时也要考虑到，过度的使用后期处理方法，比如曝光过度等，就必然会出现照片与实物相差较大的问题。

这种情况下，当买家拿到货物以后，会觉得受到欺骗而要求退货，甚至会给出差评，对卖家来说得不偿失。因此在处理商品效果时，要注意把握一个尺度，不能将商品原来的面貌都掩盖掉了。

14.4.3 用平和心态处理买家投诉

任何卖家都不可能让买家100% 满意，都会发生买家投诉的问题。处理客户投诉是倾听他们的不满，不断纠正卖家自己的失误，维护卖家信誉的补救方法。通常情况下，当出现被投诉的情况时，可以按照下面的方法来处理。

- 保持服务的热情：凡出现买家投诉情况，多数态度不友善，但不管买家态度多么不好，作为卖家来说都应该热情周到，以礼相待。这样就可以舒缓买家的愤怒情绪，减少双方的对立态度。
- 认真倾听：面对买家的投诉，卖家首先要以谦卑的态度认真倾听，并详实记录。买家言谈间更不要插话，要让买家把想说的一口气说出，买家把想说的说出了，买家内心的火气也就消了一半，这样就便于下一步解决具体问题。
- 和颜道歉：听完买家的倾诉，要真诚的向买家道歉，道歉要恰当，不是无原则的道歉。道歉的目的一则为了承担责任，二则为了消除买家的"火气"。
- 分析投诉：根据买家的叙述分析其投诉属于哪一方面，比如是质量问题、服务问题、使用问题，还是价格问题等，更要从买家口述中分析买家投诉的要求，同时分析买家的要求是否合理。
- 解决投诉：根据买家的投诉内容和投诉分析，依据自己网店事先公布的售后服务内容，以及和买家在达成交易前的沟通，来决定选择经济赔偿、以旧换新、产品赔偿等。
- 跟踪服务：根据调查显示90%的买家会因为上次的不满意而不再购买本公司的产品，而且还会将上次的事件传出去，这样就导致很多买家不会光顾。如果做好了跟踪服务，那么买家还会感觉这家网店还不错，可能会成为回头客。

无论责任在哪方，只要能通过买卖双方交流与协商解决的问题，尽量不必向淘宝网申诉，申诉的结果一般都以责任方妥协告终，但需要卖家在申诉中耗费大量的时间和精力。

面对不满甚至是愤怒的买家，卖家要把握以下几点，以消除买家的不满，化解交易纠纷。

- 换位思考。如"我们很理解您的心情"。
- 真诚道歉。如"给您造成这种情况，我们真的很抱歉"。
- 安抚买家。如"请放心，我们会尽快处理的"。
- 合理解释。如"事情是这样的……"。
- 提出方案。如"我们为您提供如下解决方案……"。
- 争取谅解。如"给您带来麻烦还请您多多体谅"。

大卖家总在抱怨，客户爆满的时候，根本没有人力提供售后沟通。事实上，解决方法有两种：一是在装修店铺方面下功夫，让店铺和产品页面具有很强的"沟通功能"，引导更多买家自助购物，减少售前和售中沟通，让更多客服资源转移到售后沟通；二是增加客服人员或者应用先进的呼叫中心，提升客户接待能力。

14.4.4 服务好老买家，留住回头客

一门生意的好坏主要取决于新买家的消费和老买家的重复消费。据统计，开发一个新买家的成本要比留住一个老买家的成本高4倍。可见，老买家的数量在一定程度上决定了生意的好坏，决定了生意的稳定性。所以要想留住回头客，就要采取各种办法。

1. 建立会员制度

为了吸引新客户，留住老客户， 开通店铺的VIP会员制度是一个很好的方式 ，卖家能够提高交易转化率带来更多生意，老买家还能享受折扣优惠，可谓是双方受益。

对于网店来说，会员制度的建立是非常有必要的，能够帮助卖家更好地牵制住买家，为防止买家流失做出有效的预防。但是不同网店有不同的情况，一般在会员制的消费额度上根据网店里的商品价格而定。会员制度出台前，掌柜要仔细衡量，在抓住买家的同时，也要考虑经济上的收益。如图14-24所示，某店将会员分为高级VIP、金卡VIP和至尊VIP三个档次，既能获得利润保证，又能针对不同消费能力的买家给予相应的优惠。

会员档次分的越多越细，买家得到的优惠幅度就会越大。在吸引回头客的同时，也是激励买家网购的方法。会员细则的说明以简单为好，毕竟买家

的时间有限，过于复杂的条款会让买家产生厌烦情绪。一般情况下，会员制越早建立越好，即便是刚刚开店，让买家感受到卖家的用心、恒心和长远规划，有助于树立卖家的诚信形象。有些卖家对于会员制比较“粗线条”，来者皆是客，只要买过就是会员，一律打折，这也是一种方法。不管会员制是划分层次还是“一刀切”，都是由网店的商品特点决定的，也和卖家的销售策略有一定的联系。

图14-24

2. 定期举办优惠活动

不管是实体店还是网点，定期举办优惠活动是必不可少的。哪怕是一本时尚美容杂志，都会有较为固定的节奏。网点的优惠活动也会受到实体店的影响，有浓重的节日情结。一年的头尾是春节和元旦，年中有五一、十一、中秋，另外再加上一些国外的节日，几乎每月卖家都会有特价优惠活动的借口。没有节日就是以店庆为由头，总之，网店定期筹办优惠活动还是很有吸引力的。

- 时间上要富余，定出提前的时间段，因为节日前的快递总是很紧张，卖家要极力将活动提前，并将快递紧张的情况告知买家，让买家提前下单。
- 有时间段，不能长时间都在优惠，否则，会让买家有倦怠感，对于打折没有感觉，长期下去，买家会认为打折是理所当然的。一旦没有优惠就会认为卖家涨价了。
- 优惠活动要应景，根据网店具体商品有原则的挑选特价商品，畅销和滞销的商品要混搭，不要一味推出滞销商品特价优惠。

3. 给老买家设置不同的折扣

网店要生存和发展，必须创造利润，而网店的利润来自买家的消费。网店的利润来源主要有两部分：一类是新客户；另一类是网店原有的买家，已经购买过网店的产品，使用后感到满意，愿意连续购买产品的买家。

据统计，很多皇冠店铺回头客超过60%。越来越多的卖家在留住回头客上下功夫，并取得了不俗的成绩。设置买家级别的好处类似于会员卡，买家在逛店铺时，在店铺首页会显示相应的折扣，并享有卖家“参与折扣”的商品的折扣优惠。

卖家可以使用“会员管理”功能，使用该功能可以设置会员级别，为老买家设置折扣价，使用起来非常方便。

专家提点 轻松打开“会员管理”功能

用户在淘宝首页单击“卖家中心”超级链接，然后用鼠标指针指向“全部卖家服务”下拉菜单，在菜单中指向“客户关系管理”选项，再在弹出的菜单中单击“会员管理”选项，即可使用“会员管理”功能。

14.5 淡定处理中差评

买家每成功交易一次，就可以对商品作一次信用评价。评价分为“好评”“中评”和“差评”三类，每种评价对应一个信用积分，“好评”加一分，“中评”不加分，“差评”扣一分。买家店铺的等级全靠好评加分累积起来，等级越高，越容易受到买家信任。

因此可以说，评价就是店铺的生命，因为没有哪个买家愿意去一个充满了中差评的店铺购物。但是，要说一个店铺完全不收到中差评，那也是不可能的。对于中差评，要进行事前预防，事后弥补。

14.5.1 了解中差评产生的原因

网店经营中，难免碰到一些急躁的买家，在卖家还没有做出反映之前就产生抱怨，给了个差评。在销售的过程中，如果不能正确处理买家的抱怨，那么将给店铺带来极大的负面影响。因为一个不满意的买家可能会把他的不满意告诉给他身边的很多亲朋好友，并且给店铺一个差评，其破坏力是不可低估的。一定要积极地回应买家的抱怨，适当地对买家做出解释，消除买家的不满，让他们传播店铺的好名声，而不是负面的消息。

作为卖家，莫名其妙得到一个差评，不仅扣分还会觉得冤屈。在看到有差评时，要心平气和地看看是什么原因造成的。一般差评有如下几种情况。

一是心急的买家抱怨物流速度慢。

二是对客服人员的服务态度不满意。例如，有些客服人员总是一味地介绍自己的产品，根本不去了解买家的偏好和需求，同时对买家所提出的问题也不能给予满意的答复，或在销售的过程中，出现轻视买家、不信任买家的现象。

三是买家对产品的质量和性能不满意。出现这种抱怨的原因很可能是因为广告夸大了产品的价值功能，结果当买家见到实际产品时，发现与广告不符，由此产生了不满。

如果是卖家的过错，要想办法去弥补，即使是运输过程出了问题，也不要让买家完全承担。但是往往就是有些人抓住卖家这种心理，利用差评要挟，特别是新手卖家，一定要注意。如果遇到以差评要挟的，一定要找到有力证据，与这样的买家斗争到底，坚决维护自己的利益。

如果卖家在第一时间承担了错误，买家就会感觉到卖家是有责任心的，气就会消下去大半。如果卖家又在第一时间拿出处理问题的方案，大多数买家就会用商量的口吻来讨论。

买家中有没有贪小便宜的人呢？当然会有，但一定是极少数。聪明的卖家在遇到差评时，首先想到的是：第一，买家的意见里有没有值得自己改进的地方？如果有，早改比晚改好；第二，能不能用这样的机会，向潜在的买家表明自己对待错误的责任和出色的售后服务管理制度。这样做，就会扩大自己的关注度。

一般情况下买家都是很好的。尽量和买家沟通好，如果认为买家提出的问题可以通过换货解决，那就尽量换货。如果买家提出的要求，换货也解决不了，那就退货。

14.5.2 如何避免买家的中差评

买家给卖家中差评的原因很多，把握好商品的质量，不断提高服务水平，努力做好以下几个方面，就可以最大限度的消除中差评。

1. 严把商品质量关

“以质量求生存”不是一句口号，而是关系卖家在网上能否长期生存和发展。网上竞争是非常激烈的，但任何时候卖家的商品质量都不能太次，否则就很难在网上立足。这就要求卖家在进货的时候一定要把好关。在进货时宁愿进货价格高点，也要选质量好的。在做宝贝描述的时候，切不可急于卖出宝贝而夸大对宝贝的宣传，从而酿成恶果。在发货的时候再检查一下，保证发给买家的是一个非常完美的高质量的商品。

2. 关于色差问题

现在有很多卖家，往往喜欢利用杂志、网站或者厂家提供的模特图片，而不去拍实物图，造成图片失真，以致买家收到货后，给出“照片是天使实物是垃圾”之类的差评。买家在网上买东西，是看不到实物的，所以图片就是买家判断商品优劣的重要依据，所以一定要是实物图，并且实物图要和商品尽量接近，商品描述要是全面客观的。那么给差评的机会就会很少。

3. 商品包装要仔细完好

商品卖出以后，首先要包装好，一个认真仔细的包装会让买家在拿到货后有了一个很好的感觉。有的时候好的包装可以避免很多退换货的环节，还会为卖家的评价增光添彩。

4. 良好的售后服务

不要认为商品发出去了，就万事大吉了。如果快递发出去好几天，买家都没来确认。这种情况下，可能有两种原因。第一是买家还没有收到东西，第二是买家收到了还没有来得及确认。如果是第一点，应该根据快递发货时间推算，如果到了时间买家还没来确认，这时就应该联系买家是否收到货了。这么做也不是为了让买家快点来确认，而是看看发出去的东西是不是有问题，买家是否真的收到，对于自己来说，这样可以做到心里有数。即使收到了不确认，但至少也知道这个商品是否快递到了，对于买家来说，也会让他们觉得售后服务做的很好，他是被重视的。

5. 对待买家要热情

卖家有的时候会遇到一个人接待几个买家甚至十几个买家同时咨询的情况，感觉忙不过来，这个时候要说明情况，不要不回复或者很晚才回复买家，让买家等很久，这都是不礼貌的，是对买家的不尊重，要从增加人员等方面解决这个问题。

6. 勇于面对评价

如果收到买家的中评或差评，也不要生气，不要去埋怨买家。要先看看自己哪里做的不好，才产生这样的评价。主动和买家进行沟通协调，不要推卸责任，如果真的是自己的过失造成的，要勇于承担责任，并真诚的道歉。如果遇到中评或者差评，是可以取消的，这就要看怎么和买家进行沟通的了，如果不是特别大的问题，要真诚的道歉，相信买家也会被你的真诚打动，也许这个评价就可以取消呢。

7. 分析买家类别，区别对待

预防中差评的最好办法，就是不把产品卖给那些喜欢给人中差评的买家。卖家的好评离不开买家，因此，在交易前最好查看一下买家的信用度，买家对别人的评价以及别人对买家的评价。再综合各类买家的不同特点来区分对待。下面就来分析一下有哪几类买家。

（1）新手买家。这类买家往往第一次来网上购物，买卖信用都为零。他看上了店铺的商品，但对网络交易还很陌生，对卖家缺乏信任。这类买家需要卖家有足够的耐心去引导。在购买前，不妨多与他沟通，能让他产生信任是很重要的。这类买家最大的缺点就是发货后不及时确认货款，不给评价，或者不联系卖家随便给中差评等。

怎样确认是新买家呢，一般看注册时间、信用等级，或通过聊天来了解。对于这类买家，要多引导，通过言语沟通建立信任，事先解释清楚需要买家配合的环节，达成共识才能愉快交易。因为这一类的买家多半还是好买家，他也有可能成为忠实买家。

（2）特别挑剔的买家。对这类买家要注意看一下其买家好评率，以及别的卖家对他的评价。这类买家多是完美主义者，喜欢鸡蛋里挑骨头，收到商品后，如果没有达到他的期望值，就有可能给个中评或差评。

对于这类买家，建议要具体问题具体分析，并尽可能的做好服务，展示自己商品和服务的优点。其次还要正确评估自己的商品与服务是否与他的期望一致。如果不一致，购买前要诚信沟通，说明清楚，买家理解接受，达成一致再成交。切忌为了马上促成生意，尚未沟通清楚就交易。

（3）喜欢给中评的买家。这类买家，以为中评就等于好评，本来可以给好评的，偏要给个中评，认为自己是在“鞭策”和“鼓励”卖家，其实这样的买家并没有理解好评对卖家的重要性。如果碰上这样的买家，无法沟通的情况下，还是不要交易的好。

（4）很会杀价的买家。这类买家其实大部分还是好买家，只是用最少的钱买到最心仪的宝贝是每个买家都想的。遇到这类买家最好要先看一下其买家的信誉度，如果有中差评就要注意了，要看一下中差评里的评价内容。遇到这类买家最好能够赠送其一些小礼品，买家收到商品的同时，必定心怀感激，给以大大的好评。当然另一方面也要综合考虑一下自己能否满足对方，如果满足不了就不要勉强交易。

此外，在发货的时候送给客户一个小礼物，给客户一个意外的惊喜，往往会收到客户的“手下留情”，毕竟人非草木，买家往往也会宽容卖家的不足之处。

不满意的买家不仅会停止购买，而且会迅速破坏店铺的形象。研究表明，买家向其他人抱怨不满的频率要比向他人讲述愉快经历的频率高出三倍。反过来说，有效地处理抱怨能提高买家的忠诚度及店铺的形象。根据一项研究，如果抱怨能得到迅速处理的话，95%抱怨者还会和店铺做生意。而且，抱怨得到满意解决的买家平均会向五个人讲述他们受到的良好待遇。

14.5.3 引导买家修改中评和差评

中差评是开网店不可避免出现的情况。不过，很多中差评都是误会引起的，跟买家沟通后都能得到修改。

当卖家收到中差评时，千万不应盲目抱怨甚至投诉买家。这样只会激怒对方，使问题没有解决的余地。正确的做法是：先冷静客观地分析一下情况，如果自己确实有过错，应诚恳地向买家道歉，承认工作上的过失，达成一致意见后，卖家可以提出自己的要求，如"我有个小小的请求，您能否为我修改一下评价？真的很感谢您为我们提了很好的建议和意见，希望以后多多合作！"通常买家也不会因为一点小事伤了和气，一般都会同意修改评价。如果买家不知道如何修改评价，卖家可以把修改评价的方法告诉买家。

不过，如果买家不愿意对评价进行修改，也要保持理性的态度，有少数几个中差评也是可以理解的。

14.6 秘技一点通

技巧1 ——如何让买家收到货后及时确认并评价

在买家付款时，货款其实并没有进入卖家的账户，而是从买家的支付宝里划出，冻结起来，直到买家收到货物，并认为没有问题后，才会进行付款确认，确认后货款才会划入卖家的支付宝账户。

对于卖家来说，资金周转是至关重要的，交易越快完成，货款也就越快回笼，因此，卖家总希望买家收到货后能及时确认付款。然而有些情况下，买家迟迟不确认，这就需要卖家去敦促。下面介绍怎样才能让买家收到货后及时确认并评价。

第一，成功交易后跟客户再次核对货物的情况。这非常重要，应该将客户要的款式、什么码、什么色，全部记下来，一个客户一个表，连同地址联系方式也记上。客户的地址和联系方式都是之前他们在系统里填好的。如果是新手买家，地址有可能填错或不齐全，联系电话有可能是手机已停机之类的，所以货物和收件地址、电话等一定要跟买家确认。

第二，确认订单无误后，给客户一个温馨提示，可以将它做成快捷用语，如"你付款后我们会安排发货，中间出现什么问题，我们会第一时间联系你。收到宝贝后如有什么问题，请在24小时之内联系我们。如宝贝没什么问题，麻烦请及时确认和好评，因本店批发需要大量的资金周转，最后祝我们合作愉快！"

第三，将最近几天交易后但还没到货的订单查询一下到件情况。如果快递公司的网站记录显示当天已经在派发件，可以留言给这个买家，留言也同样做成快捷用语，可以这样写："我们已经帮你查过了，你今天会收到宝贝，请注意留意一下，欢迎再来本店。"有的买家是当时就在线的，有的是不在线的，在线的话，他们肯定会回复，并说一声谢谢，觉得你的服务很周到，很关心他。这些在线的客户，一般收到货后也会通知卖家一声。这时，你可以问一下你的客户，收到宝贝有什么问题。如果客户说没什么问题，你可以趁热打铁说，如果宝贝没什么问题，麻烦你帮我确认并好评，谢谢你的支持。

技巧2 ——让买家成为自己店铺的义务推销员

一个聪明的卖家，不仅能把自己的商品推销出去，还能让买家成为忠实的义务推销员，帮助自己推销商品。俗话说："一传十，十传百。"一旦买家成为推销员，产品的美誉度和知名度就能直线上升，也可省下一大笔广告费。更重要的是，难能可贵的人气，这些都是无价之宝。

让买家成为推销员必须做到以下三点。

必须从买家利益出发，以优良的商品质量、良好的信誉、一流的服务赢得买家，树立良好的品牌形象。

必须搞好同买家的关系，为买家提供多元化服务，让买家有宾至如归的感觉。买家在购买商品的同时，还购买了比商品更重要的东西——情感、尊重等，而这部分是服务带来的。同时，买家成为推销员之后，又营造了新的消费潜力点，因为每位买家周围都有新的买家，他们会有意无意地向别人推销他认可的商品。

在让买家成为推销员时，还可以给买家一定比例的报酬，或者一定程度的折扣，这样买家就会更加卖力地为自己推销商品。这是一种很强大的力量，对于网店销售指标的提升一定会发挥巨大作用。

值得注意的是，当客户向自己推荐了新客户以后，无论生意成功与否，都要对老客户表示感谢，这是最起码的礼貌，也让老客户知道自己的努力没有被忽略，不然老客户就会觉得灰心，从而渐渐失去推荐的动力。

技巧3 ——如何制作售后服务卡

在产品包装中放上售后服务卡，可以为买家带来不错的体验，因为售后服务卡中一般包含两大部分：一是退换货表；二是店铺宣传内容。在退换货表中，包含退换货的原因、换货尺码、退换地址等。在店铺宣传内容中，可以敦请买家及早确认收货并好评，也可以讲解一下店铺的经营精神，还可以搞“打好评，返现金”的活动等。下面就给出两张售后服务卡的范例。

图14-25所示为某服装网店售后服务卡的一面，内容为退换货表。

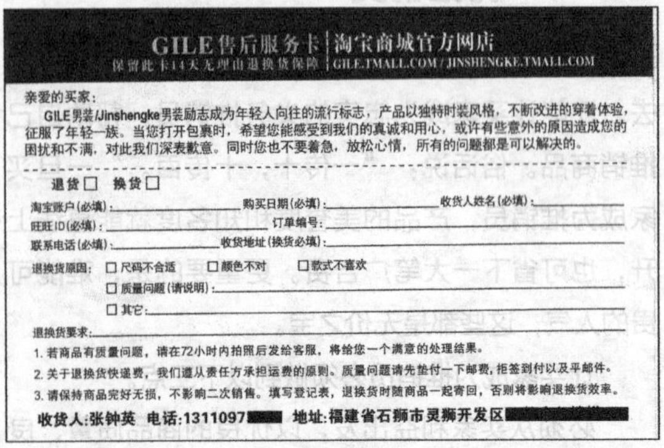

GILE售后服务卡 | 淘宝商城官方网店
保留此卡14天无理由退换货保障 | GILE.TMALL.COM / JINSHENGKE.TMALL.COM

亲爱的买家：

GILE男装/Jinshengke男装励志成为年轻人向往的流行标志，产品以独特时装风格，不断改进的穿着体验，征服了年轻一族。当您打开包裹时，希望您能感受到我们的真诚和用心，或许有些意外的原因造成您的困扰和不满，对此我们深表歉意。同时您也不要着急，放松心情，所有的问题都是可以解决的。

退货☐ 换货☐

淘宝账户(必填)：______ 购买日期(必填)：______ 收货人姓名(必填)：______

旺旺ID(必填)：______ 订单编号：______

联系电话(必填)：______ 收货地址(换货必填)：______

退换货原因：☐尺码不合适 ☐颜色不对 ☐款式不喜欢

☐质量问题(请说明)：______

☐其它：______

退换货要求：______

1. 若商品有质量问题，请在72小时内拍照后发给客服，将给您一个满意的处理结果。
2. 关于退换货快递费，我们遵从责任方承担运费的原则。质量问题请先垫付一下邮费，拒签到付以及平邮件。
3. 请保持商品完好无损，不影响二次销售。填写登记表，退换货时随商品一起寄回，否则将影响退换货效率。

收货人:张钟英 电话:1311097■■■■ 地址:福建省石狮市灵狮开发区■■■■

图14-25

图14-26所示为该服务卡的另一面，内容为写评价，中大奖，买家看了这页内容，大多数会及时按照要求进行评价，以期得奖。

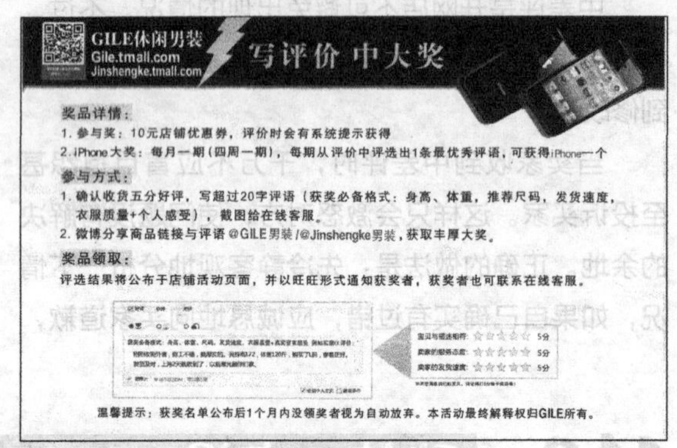

图14-26

图14-27所示为某皮制品网店的售后服务卡的一面，内容为退换货表。

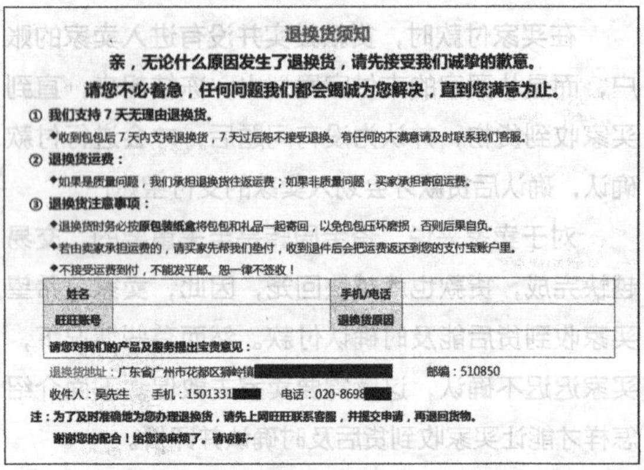

退换货须知

亲，无论什么原因发生了退换货，请先接受我们诚挚的歉意。

请您不必着急，任何问题我们都会竭诚为您解决，直到您满意为止。

① 我们支持7天无理由退换货。

◆收到包包后7天内支持退换货，7天过后恕不接受退换。有任何的不满意请及时联系我们客服。

② 退换货运费：

◆如果是质量问题，我们承担退换货往返运费；如果非质量问题，买家承担寄回运费。

③ 退换货注意事项：

◆退换货时务必按原包装纸盒将包包和礼品一起寄回，以免包包压坏磨损，否则后果自负。

◆若由卖家承担运费的，请买家先帮我们垫付，收到退件后会把运费返还到您的支付宝账户里。

◆不接受运费到付，不能发平邮。恕一律不签收！

姓名		手机/电话	
旺旺账号		退换货原因	
请您对我们的产品及服务提出宝贵意见：			

退换货地址：广东省广州市花都区狮岭镇■■■■ 邮编：510850

收件人：吴先生 手机：1501331■■■■ 电话：020-8698■■■■

注：为了及时准确地为您办理退换货，请先上网旺旺联系客服，并提交申请，再退回货物。

谢谢您的配合！给您添麻烦了。请谅解~

图14-27

图14-28所示为皮制品网店售后服务卡的另一面，内容为发货单，供买家核对货物与清单是否相符。

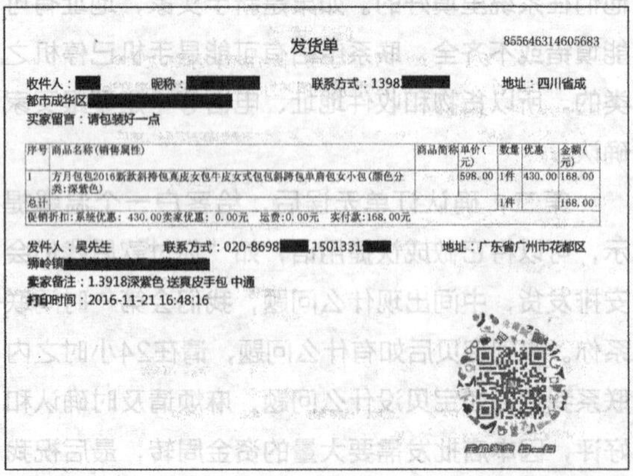

发货单　855646314605683

收件人：■■ 昵称：■■■■ 联系方式：1398■■■■ 地址：四川省成都市成华区■■■■

买家留言：请包装好一点

序号	商品名称(销售属性)	商品简称	单价(元)	数量	优惠	金额(元)
1	方月包包2016新款斜挎包真皮女包牛皮女式包包斜跨包单肩包女小包(颜色分类:深紫色)		598.00	1件	430.00	168.00
总计				1件		168.00
促销折扣:系统优惠：430.00卖家优惠：0.00元　运费:0.00元　实付款:168.00元						

发件人：吴先生 联系方式：020-8698■■■■,1501331■■■■ 地址：广东省广州市花都区狮岭镇■■■■

卖家备注：1.3918深紫色 送真皮手包 中通

打印时间：2016-11-21 16:48:16

图14-28

技巧4 ——利用优惠促进售中成交的常用语句

其实，售中售后优惠成交法是向买家提供优惠条件来促成交易的一种成交方法。这种方法主要是利用买家购买商品的求利心理，通过销售让利，促使买家成交。

在使用优惠成交法时，客服人员要注意如下几点。

（1）一定要知道客户最需要的是什么优惠。是价格上的优惠，还是售后服务上的优惠、其他产品购买上的优惠。

（2）让买家感觉他是特别的，优惠只针对他一个人，让买家感觉到自己很尊贵、很不一般。

（3）千万不要随便给予优惠，否则买家会提出更进一步的要求，直到自己不能接受的底线。

（4）表现出自己的权力有限，需要向上面请示："对不起，在我的处理权限内，我只能给你这个价格。"然后再话锋一转，"不过，因为您是老客户，我可以向掌柜请示一下，给你些额外的优惠。但我们这种优惠很难得到，我也只能尽力而为。"这样买家的期望值不会太高，即使得不到优惠，他也会感到你已经尽力而为，不会责怪你。

例如，常用的优惠成交法用语如下。

"这种图书如果您订购超过5本，我可以给您按8折结账。"

"国庆期间，我们的女装商品买二送一，过了国庆可就不打折了。"

"如果购买金额在100元以上，免快递费。"

"这双女鞋399元，可以免费赠送您一双价值68元的凉鞋。"

"我们的真皮皮鞋您在今天拍下付款8折优惠。"

"今年是我们店庆5周年，全场6折，还有礼品相送。现在买是最合适不过的了。"

正确的使用优惠成交法，利用买家的求利心理，可以吸引并招揽买家，有利于创造良好的成交气氛。增强买家的购买欲望，同时融洽了买卖双方的人际关系，有利于双方长期合作。

优惠成交法的缺点也不是没有，通过给买家让利来促成交易，必将导致销售成本上升。若没有把握好让利的尺度，还会减少销售收益。此外，采用优惠成交法，有时会让买家误以为优惠产品是次品而不予信任，从而丧失购买的信心，不利于促成交易。

在明确优惠成交法的优缺点后，可以把握尺度进行使用。

技巧5 ——退换货的邮费处理

退换货是常有的事，在关于商品退换货过程中产生的运费负担上，提供以下建议供广大卖家参考。

- 出于卖家原因：这类情况包括卖家在发货时发错商品，如尺码、型号、规格错误等，这时一般需要买家来承担退换货过程中产生的所有运费。
- 由于物流原因：如在物流运输过程中出现商品污损、损坏或丢失等情况，退换货时运费也应该由卖家先承担，而最终这些费用的支出，可以和物流公司协商索赔。
- 出于买家原因：这类情况包括买家选购商品失误导致的错误，如购买服饰尺码选择错误等，或者买家收到货后，对商品进行使用或影响了商品的完整性，那么这时一般需要买家来承担退换货过程中的运费。

运费险极大地方便了退换货的邮费处理。卖家可以赠送运费险给买家，这样万一因为卖家的原因发生退换货，买家垫付的运费就不需要卖家支付了。当然，这适合那些退换率较高的商品，如衣服、瓷器之类。

不论出于何种原因的退换货，卖家必须以理性的心态来对待，当买家提出退换货请求后，需要认真分析退换货的原因以及给出良好的解决方案。在不断销售商品过程中，偶尔遇到退换货的买家是很正常的，只要认真分析原因，尽可能避免出现退换货的情况就可以了。

开店小故事

从100%好评中解脱出来

100%好评的店，在淘宝上不是没有，但很少。相信做过网店的卖家都知道，维护100%好评所花费的心力是相当巨大的，那不时出现的中差评，耗费了卖家大量的精力、金钱甚至尊严，才能变为好评。

其实，100%好评真的那么重要吗？不是的，与其花费巨大的代价去维护，不如坦然接受那少数的中差评，把主要精力放在宣传和管理上，也许更能为网店带来生机。下面就是一位经营保健品的淘宝卖家的心路历程，大家可以一起来看看她是如何从失落100%好评中走出来，变得更加成熟的。

第一次收到差评，我真是伤心极了。这个买家买了我的保健品后，吃了一半要求退货，但我没有答应，因为保健品本身并没有问题，一旦拆封，就不能再次出售了，因此我就拒绝了她的退货要求。

果不其然，随后就收到买家的差评，说吃了保健品上吐下泻，看病花了多少多少钱。没有办法，我只能向她赔礼道歉，并同意退货退款，只要她改了差评。可是对方不同意，我又提出请她到医院检查，如果是商品的问题，由我承担责任和医疗费用，可对方是铁了心不改评价，没有同意我的提议。万般无奈下，我向淘宝投诉恶意差评，但淘小二以“涉及商品效果等问题的评价，淘宝尊重和维持买家的评价”为由，判定我的投诉无效，于是这个差评就这么钉死在评价栏里。

因为这个差评，我难过得好几天没吃下饭。开网店之前，我从没有这么低三下四地向谁道歉过，更别说因为不是自己的错误而道歉。这个买家明明就是退货不成，用恶评来报复我，淘宝也不分青红皂白地支持这样的买家，真是太气人了！最可恶的是，这个差评毁了我店里100%的好评，这种感觉，就好像辛辛苦苦修好了一栋大房子，被人一下子推倒了一样！

那段时间，我真的是过激了，只要感觉买家多问两句，就怀疑买家不好说话，或者怀疑买家是来搞事的，于是就不肯卖东西了，因为这个，得罪了很多买家，生意也少做了很多，网店生意一度陷入低潮。

闺蜜知道这个事情后，劝了我很多。她也开了个淘宝店，对于100%好评的事，她并不像我这么执着。她告诉我，淘宝保护和尊重买家的评价自由，对卖家也是有利的。因为淘宝确实无法判断买家涉及商品效果的问题是否说的是真话。如果买家连购物后根据自己感受自由评价的权利都没有了，那么还有谁愿意在淘宝购物呢？这对我们卖家也没有好处。偶尔遇到一两个竞争对手捣乱，或毫不讲理的买家给差评，也是很正常的事，在淘宝上谁没有遇到过呢？因为得了一个差评怀疑每个客人，岂不是因噎废食、自断财路吗？

听了闺蜜的劝，我也打开了心结，开始尝试用一种积极乐观的心态来对待买家，有时候有个别中差评，积极跟客人沟通后也都改过来了，个别无法沟通解决的，我也会在评价后面真诚地给出解释，使其他买家明白事情的原委，让中差评的负面影响减到最小。”

世上没有完美的事情，就是太阳里面也还有黑子。当事物完美的时候固然可以欣然接受，当它不完美的时候，也不要觉得惋惜。不必为了脆弱的100%好评，而付出不相称的努力和尊严，这样做其实没有必要。

第15章 打造专业客服团队把网店做大做强

本章导言

在淘宝店还是个小店时，通常老板兼任客服，在淘宝店做大以后，需要三四个甚至更多的客服人员来与顾客进行售前售后沟通。客服是一个店铺必不可少的组成部分，好的客服能够极大地增加顾客的购买欲。

学习要点

- 了解客服必须掌握的基础知识
- 了解客服应具有的服务态度
- 了解客服与买家沟通的技巧
- 掌握调动员工积极性的方法
- 掌握打造优秀网络销售团队的方法

15.1 必须知晓的客服基础知识

一个好的客服必然非常了解本店的产品，不仅如此，还应该了解网购各方面的知识，这样才能解答好顾客的疑问。

15.1.1 商品专业知识

商品专业知识是一个客服应该具备的最基本的知识。如果连卖的商品有什么特点都不清楚，买家的疑问得不到解答，他是不会下单进行购买的。

客服需要了解的商品专业知识不仅包括商品本身，还应该包括商品周边的一些知识。

- 商品知识：客服应当对商品的种类、材质、尺寸、用途、注意事项等都有所了解，最好还应当了解行业的有关知识、商品的使用方法、修理方法等。
- 商品周边知识：商品可能会适合部分人群，但不一定适合所有的人。如衣服，不同的年龄生活习惯以及不同的需要，适合于不同的衣服款式；比如有些玩具不适合太小的婴儿。这些情况都需要客服人员有基本的了解。

15.1.2 网站交易规则

网站的交易规则也是客服需要重点掌握的技能，不然既无法自行操作交易，也无法指导淘宝新买家。

- 淘宝交易规则：客服应该把自己放在一个买家的角度来了解交易规则，以便更好地把握自己的交易尺度。有的买家可能第一次在淘宝交易，不知道该如何操作，这时客服除了要指点买家去查看淘宝的交易规则，有些细节上还需要指导买家如何操作。此外，客服人员还要学会查看交易详情，了解如何付款、修改价格、关闭交易、申请退款等。
- 支付宝的流程和规则：了解支付宝交易的原则和时间规则，可以指导顾客通过支付宝完成交易、查看支付宝交易的状况、更改现在的交易状况等。

15.1.3 付款知识

现在网上交易一般通过支付宝和银行付款方式进行。银行付款一般建议同银行转账，可以网上银行付款、柜台汇款，同城可以通过ATM机完成汇款。

客服应该建议顾客尽量采用支付宝方式完成交易，如果顾客因为各种原因拒绝使用支付宝交易，需要判断顾客确实是不方便还是有其他考虑，如果顾客有其他考虑，应该尽可能打消顾客的顾虑，促成支付宝完成交易。

15.1.4 物流知识

一个好的客服应该对商品的物流状况了如指掌，才能够回答买家关于运费、速度等问题，并且还能自行处理如查询、索赔等状况，这就需要掌握以下一些物流知识。

- 了解不同物流方式的价格：如何计价、价格的还价余地等。
- 了解不同物流方式的速度。
- 了解不同物流方式的联系方式，在手边准备一份各个物流公司的电话，同时了解如何查询各个物流方式的网点情况。
- 了解不同物流方式如何办理查询。
- 了解不同物流方式的包裹撤回、地址更改、状态查询、保价、问题件退回、代收货款、索赔的处理等。

15.1.5 电脑网络知识

客服还需要一定的电脑知识与网络知识。一个仅仅只会用电脑的客服，还说不上完全称职，这是因为很多买家不仅对网购不熟悉，对电脑与网络也不熟（也包括对网购熟悉但不熟悉电脑网络的买家），他们在购买、付款时，如果遇到电脑与网络的问题，还需要客服远程指导他们进行解决。

客服并不需要很高深的电脑与网络知识，但对于常见的浏览器、插件、阿里旺旺、支付宝等相关的问题要熟悉。除此之外，还要熟练掌握一种输入法、会使用Word和Excel软件、会发送电子邮件、会使用搜索引擎以及熟悉Windows，如果商品中包含大量英文单词（如海外代购的商品），还要求客服有一定的英语基础。

15.2 态度端正才能做得专业

坐在办公室里通过聊天软件与客户沟通，接受客户的询价等，这是网店客服要做的基本工作。在与买家的沟通中，对买家保持谦和友好的态度是非常重要的。

15.2.1 热诚是对买家最好的欢迎

当迎接买家时，哪怕只是一声轻轻的问候，也要送上一个微笑的表情，虽然说网上与买家交流看不见对方，但言语之间买家可以感受到客服的诚意。多用些旺旺表情，并说“欢迎光临”“感谢您的惠顾”等用语，用热诚来打动买家。

15.2.2 保持积极态度，树立顾客永远是对的的理念

当卖出的商品有问题时，无论是买家的错还是快递公司的问题，都应该及时解决，而不是采用回避、推脱之类的解决方法。要积极主动与买家沟通。对买家的不满要积极反映；尽量让买家觉得自己是受重视的；尽快处理买家反馈意见。让买家感受到尊重与重视；能补最好尽快给买家补发货过去。除了与买家之间的金钱交易之外，更应该让买家感觉到购物的乐趣。

15.2.3 礼貌待客，多说“谢谢”

礼貌待客，让买家真正感受到“上帝”的尊重，买家询问之前先来一句“欢迎光临，请多多关照”或“欢迎光临，请问有什么可以帮忙吗”。诚心致意，会让人有一种亲切感。并且可以先培养一下感情，这样买家心理抵抗力就会减弱或者消失。有时买家只是随便到店里看看，客服人员也要诚心的感谢人家，说声：“感谢光临本店”。

15.2.4 坚守诚信

网络购物虽然方便快捷，但唯一的缺陷就是看

不到、摸不着。买家面对网上商品难免会有疑虑和戒心，所以对买家必须要用一颗诚挚的心，像对待朋友一样。诚实的回答买家的疑问，诚实的告诉买家商品的优缺点，诚实的向买家推荐商品。

15.2.5　凡事留有余地

在与买家交流中，不要用“肯定、保证、绝对”等字眼，这不等于售出的产品是次品，也不表示对买家不负责任的行为，而是不让买家有失望的感觉。因为每个人在购买商品的时候都会有一种期望，如果保证不了买家的期望，最后就会变成买家的失望。如已卖出的商品在运输过程中，我们能保证快递公司不会误期吗？不会被损坏吗？为了不让买家失望，最好不要轻易说“肯定”“保证”。可以用“尽量”“争取”“努力”等，多给买家一点真诚，也给自己留有一点余地。

15.2.6　处处为顾客着想，用诚心打动顾客

让买家满意，重要一点体现在真正为买家着想。这也是人人知道的技巧。但是请您自问：“我真的做到了吗？”如果客服真能站在顾客角度，就会发现有很多不能理解的都理解了，有很多不能接受的要求也接受了。处处站在对方的立场，想买家所想，把自己变成一个买家助手。

15.2.7　了解买家需求，多听买家声音

当买家上门时，需要先问清楚买家的意图，需要什么样的商品，是送人还是自用，是送给什么人样的人等。了解清楚买家的情况，才能仔细对买家定位，了解买家属于哪一种消费者，如学生、白领等。尽量了解买家的需求与期待，努力做到只介绍对的，不介绍贵的商品给买家。做到以客为尊，满足买家需求，才能走向成功。

当买家表现出犹豫不决或不明白的时候，也应该先问清楚买家困惑的内容是什么，是哪个问题不清楚。如果买家表述也不清楚，客服人员可以把自己的理解告诉买家，问问是不是理解对了，然后针对买家的疑惑给予解答。

15.2.8　要有足够的耐心与热情

常常会遇到一些买家，喜欢打破砂锅问到底。这时客服人员就需要耐心热情的回复，会给买家以信任感，不要表现出不耐烦。即使买家不买，也要说声“欢迎下次光临”。如果服务好，这次不成下次买家有可能还会回来的。在彼此能够接受的范围内可以适当让一点，如果确实不行，也应该婉转的回绝。如说“真的很抱歉，没能让您满意，我会争取努力改进”，或者引导买家换个角度来看这件商品，让他感觉货有所值，就不会太在意价格了。卖家也可以建议买家先货比三家。总之，要让买家感觉自己的态度是热情真诚的。

15.2.9　坦诚介绍商品的优点与缺点

在介绍商品时，切莫夸大其词来介绍自己的商品，介绍与事实不符，最后失去信用，也会失去买家。

商品的优点固然要大力（但不夸张）介绍，但对于商品的一些不足之处，也要向买家说清楚，让买家在拥有足够的知情权的情况下，自己来判断是否购买。这样，既可以避免买家事后不满意退货，也可以让买家感受到卖家的坦诚，从而更加信任卖家的人品。

15.3　与买家沟通的基本技巧

沟通与交流是一种社会行为，是每时每刻发生在人们生活和工作中的事情。客户服务是一种技巧性较强的工作，作为网店的客服人员，更是需要掌握，并不断完善与客户沟通的技巧。

15.3.1　使用礼貌有活力的沟通语言

态度是个非常有力的武器，当客服人员真诚地把买家的最佳利益放在心上时，买家自然会以积极的购买决定来回应。而良好的沟通能力是非常重要

的，沟通过程中客服人员怎样回答是很关键的。

看看下面的例子，来感受一下不同说法的效果。

“您”和“MM您”比较，前者正规客气，后者比较亲切。

“不行”和“真的不好意思哦”，“嗯”和“好的没问题”。都是前者生硬，后者比较有人情味。

“不接受见面交易”和“不好意思我平时很忙，可能没有时间和你见面交易，请你理解”，相信大家都会认为后一种语气更能让人接受。

高手支招 “亲”

在淘宝上，很多卖家都称呼买家为“亲”，已经形成一种风潮了。称呼买家“亲”，可以迅速拉近双方的心理距离，营造更温馨和谐的谈话气氛。需要注意的是，年纪大的买家可能对“亲”不太适应，如果已经确知对方是中老年人，应谨慎使用这个称呼。

15.3.2 遇到问题多检讨自己少责怪对方

遇到问题的时候，先想想自己有什么做的不到的地方，诚恳地向买家检讨自己的不足，不要上来先指责买家。如有些内容明明写了，可是买家没有看到，这时不要光指责买家不好好看商品说明，而是应该反省没有及时提醒买家。

当遇到不理解买家想法的时候，应该多站在对方的立场上考虑，换位思考永远是一个合格的客服应该做到的。要知道绝大多数买家并不是无理取闹，他确实是遇到了某个问题才会找卖家要求解释，客服要在理解这一点的基础上与买家沟通，才能获得较好的效果。

15.3.3 表达不同意见时尊重对方立场

当遇到不理解买家想法的时候，不妨多问问买家是怎么想的，然后把自己放在买家的角度去体会对方的心境。

如果不同意买家的意见，也不要生硬地表示否定，而要巧妙地以“您说得很有道理，不过有时候还会有这样的情况出现……”，或者“确实有您说的那样的情况，只是非常罕见，一般来说……”这样的表达法来进行否定，才不会让买家产生反感。

专家提点 任何人都不喜欢被否定

一个人提出看法时，不仅仅是表达看法本身，而且还是他自我人格的一种外在表现。所以，如果看法遭到否定时，意味着他的自我遭到了或轻或重的损害，而任何人都不喜欢这种损害。所以客服不要生硬地否定买家的看法，否则买家会感到不快。

15.3.4 认真倾听，再做判断和推荐

有时买家常常会用一个没头没尾的问题来开头，如“我送朋友送哪个好”，或者“这个好不好”，不要着急去回复他的问题，而是先问问买家是什么情况，需要什么样的东西。

这样的顾客一般已经在网店里研究了半天，进入某种状态之后，才会以这样的问题来开头，客服可以耐心请他说出原委，再帮忙参考。

15.3.5 保持相同的谈话方式

对于不同的买家，应该尽量用和他们相同的谈话方式来交谈。如果对方是个年轻的妈妈，给孩子选商品，应该表现站在母亲的立场，考虑孩子的需要，用比较成熟的语气来表述，这样更能得到买家的信赖；如果买家是个比较追求潮流的青年，可以用“亲”这样的称呼来称呼他；如果买家急于询问商品信息，就应该以简短的语言进行介绍。买家遇上与自己说话风格相似的客服，就能够一下拉近双方的距离，从而增加购买商品的可能性。

15.3.6 经常对买家表示感谢

当买家及时完成付款，或者很痛快地达成交易，客服人员都应该衷心对买家表示感谢，感谢他为自己节约了时间，感谢他给了自己一个愉快的交易过程。

感谢不要太少，但也不要太滥，太滥容易让人觉得这样的感谢流于形式。感谢时最好说明感谢的原因，这样的效果要比单纯地说“谢谢”要好得多，因为这样可以让买家明白卖家究竟在感谢他的什么行为，比如“谢谢您，这么爽快就付款了！”或者“多谢，您真是通情达理！”

专家提点　用感谢来强化买家的行为

感谢买家的具体行为，可以强化买家使用这种行为的习惯，让买家下次保持同样的行为。比如这次因为爽快付款而被感谢的买家，下次就很可能又会表现出爽快付款的行为，这样其实是有利于卖家的。

15.3.7　坚持自己的原则

在销售过程中，会经常遇到讨价还价的买家，这时应当坚持自己的原则。如果作为商家在定制价格的时候已经决定不再议价，那么就应该向要求议价的买家明确表示这个原则。随便妥协，不仅有损盈利，还会给买家留下“下次还可以讲价”的印象，以后就麻烦了。

15.4　调动员工积极性的有效手段

如何调动员工的积极性，增强店铺的凝聚力?这是店铺面临的急需解决的一个实际问题，也是店铺领导工作中的一个难点。

调动员工的积极性是一个老生常谈的话题了。很多店主都有不同的方法，但是其目的只有一个，只要员工的积极性得到了提高，他们就是店铺的高效润滑剂，工作效率将会大大提高。

15.4.1　明确员工的职责

第一，如果员工不明白自己的工作内容，或者说忽略了一些他们认为不重要的工作，那么就造成了工作成果不能按照预期实现。而不良的工作成果给了员工消极的反馈，因此他们积极性降低。一个整天都不知道自己工作目的的人，会有多大的热情投入到工作中去呢?店主应该时常向员工明确他们的工作内容和职责，以确保他们能按照正确的方法做事情，而不是按照他们的习惯做事。

第二，工作内容和工作职责其实是不一样的。大多数管理者只喜欢向员工明确工作内容，而不明确工作职责。当员工只明确工作内容，他们会认为自己仅仅是一个执行者，没有什么成就感；而通过沟通，让他们为自己的工作职责努力，那么他们会认识到自己工作的价值，进而能从工作价值中获得激励。

15.4.2　多些认可和赞美

当员工完成某项任务时，最需要得到的是店主对其工作的认可。店主的认可是一个秘密武器，但认可的数量很关键，如果用得太多，价值将会减少。如果只在某些特殊场合和少有的成就时使用，效果就会增加。对于员工来说，得到店主的表扬和肯定就是最大的精神奖励，这可以增加员工的工作积极性，强化员工的良好行为。

赞美也是认可员工的一种形式。一般的店主大都吝于称赞员工，有些人甚至认为没有必要。其实，称赞员工惠而不费，可以让员工心情愉悦，工作效率提高，但前提仍然是不要用得太滥。

15.4.3　赏罚要分明

古人御下，讲究“恩威并重”，做到恩威并重，部下就会对上级又感激又敬畏，不但办事效率提高，而且还变得忠诚可靠。其实，古今同理，今天对待下属，也要做到恩威并重，才是最好。

恩从奖赏而来，威从处罚而来。赏罚分明，就可以做到既有恩，又有威。恩让下属忠诚，威让下属服从。这些流传几千年的方法，用在网店中，也一样有效。

如果店主该赏不赏，就会挫伤员工的积极性；该罚不罚，就会让员工对公司纪律失去畏惧感，两者都是非常有害的。因此不论网店也罢，实体店也罢，都要做到赏罚分明。

15.4.4　多与员工沟通

很多管理者都是高高在上，发号施令，和员工缺乏足够的沟通。其实，要员工做好事情，不但要告诉他们怎么做，而应该告诉他们这么做能得到的好处，让他们从心里愿意去做这些事。

不太忙的时候，可以和员工聊聊工作之外的事情，关心一下员工有没有生活上的困难，要和员工成为朋友。但是，这也要有个度，不要成为过于亲密的朋友，以免出现因私废公的情况。

15.4.5 强化激励

强化激励也可以称为竞争激励，使员工之间形成一种竞争意识。员工总有一种在竞争中成为优胜者的心理。可以组织各种形式的竞争比赛来激发员工的热情，创造一种比学赶超的竞争环境和气氛。凭借这种竞争，来统一全体员工的思想、信念和意识，调动员工的积极性。

15.4.6 给员工更多的自由空间

不管是机器还是人，工作久了都需要休息，特别是年轻人。因此，只要不影响工作，休息的时间可以适当延长。只有尊重别人，别人才会尊重你，员工也不例外。一个人得到老板的尊重，那他会更专心地为老板工作。

15.4.7 给予一对一的指导

指导意味着员工的发展，而店主花费的仅仅是时间，但传递给员工的信息却是店主非常在乎他们。很多时候，对于员工来说，上级能教给自己多少工作技巧还在其次，而上级究竟有多关注自己显得更加重要。认为自己受到重视的员工，往往在工作中表现出更大的主动性，更愿意挑起重担。

15.4.8 以团队活动增强团队意识

不定期的聚会活动可以增强团队的凝聚力和团队精神，从而会对工作环境产生影响，营造一个积极向上的工作氛围。如中秋节前夕的晚会、元旦前的野餐、重阳节的爬山、员工的生日聚餐、团队庆功会等，这些都可以成功地将员工聚到一起度过快乐的时光。同时，最好再将这些活动通过图片展示、DV摄制等手段保留下来，放在网站上，让这些美好的回忆成为永恒，时刻给员工温馨的体验与团队归属的激励。

15.5 打造优秀的网络销售团队

当网店销售规模达到一定程度，仅凭店主一个人很吃力，而又无法继续扩张的时候，再想扩大经营时会有点力不从心，这时候就需要组建一个网络销售团队。在专门的网络销售团队中，有分工明确的客服人员、库房管理人员、财务出纳人员、采购人员等。

15.5.1 寻找合适的客服

客服主要负责回复留言、收发邮件、联系买家、到账查款、信用评价这些烦琐的日常工作。所以第一个应该增加的职位是客户服务。客服人员最好是细致、耐心、机灵的女孩，最基本的要求是普通话要标准、打字速度要快，反应灵敏。

客服人员首先需要掌握的就是熟悉产品，如果可以的话，尽量多教客服点东西，当店主不在的时候，客服可以独当一面。

15.5.2 确定客服人员薪水待遇

客服人员的薪水一定要与销售额或销售量挂钩，千万不能是固定的工资，否则员工肯定没有积极性，而且很容易觉得收入和工作强度不成比例，万一掌握店铺的资料，辞职后成为竞争对手，那真的很危险。客服人员的合理薪水应该包括底薪+提成+奖励–处罚。

底薪需要根据各地的消费水平来定，因为某地消费水平最能反映当地的经济发展情况。所以，各位卖家在聘客服前要仔细了解一下当地的经济情况，把当地常见的服务行业的工资标准都了解一下。这样做的目的是不要亏待了客服人员。卖家肯定都知道，客服这项工作是最烦琐的，所以薪水不能定太少，太少了没有人愿意干，但是底薪又不能定太高，太高了人会容易产生惰性，要定一个合适的底薪。

不要只针对个人销售额进行提成。如果有两个以上客服的话，单一按个人销售额提成，她们会各忙各的，很难会推心置腹的互相帮助。当一个客服出现问题时，另一个客服会置之不理。

15.5.3　商品拍照登录人员

在网店达到一定规模后，商品众多时，店主应该把主要精力放在进货上，至于拍照、描述、登录最好也找个有网页设计基础的人来做。第一可以保证页面制作美观专业，第二可以增加推广力度。任何职位工资都要与业绩挂钩，这个职位的提成也可以用网上拍下商品的数量，或商品的浏览量来计算。

15.5.4　财务人员

业务做到一定程度，最好注册一个公司。这样可以开发票，给一些可以报销的买家带来方便。最关键的是可以接公司的业务，做到公对公。在信誉方面也给买家更大的保障。

财务是一个关键性的职位，夫妻当然最好，或父母、兄弟姐妹等。起码要懂财务知识，如果可能的话去考个会计上岗证，最好找兼职的专业会计来做账。财务工作主要是管账，记录银行往来账、核查客户服务人员的往来银行账，还可以兼任后勤工作，如采购办公用品。

15.5.5　采购人员

网店商品的采购一般是店主自己做，也可以用自己的亲戚帮忙进货。很多店主都不愿意用外人做采购，第一怕进货时吃回扣，第二怕采购员自己出去单干。不过，如果采购量确实很大，而自己又没有亲戚可帮，也可以招聘专门的采购人员，一般可以用下面两种人。

第一是随遇而安型，这种人一般没有什么太大的野心，对生活也没有太多要求。可以跟着干很久，一直都是个帮手，没有自己创业的魄力。缺点是进取心不强，另外，可能会贪小便宜吃点回扣，只要不太过分，完全可以采用，因为老话说“水至清则无鱼”。

第二种是豪爽型，这种人可能胸怀大志，野心不小，但是为人正直，不贪小便宜，而且进取心强，主动性很高。缺点是不安于现状，容易跳槽，干不了一年半载可能就会离职。

15.5.6　奖罚分明

卖家最头疼的可能就是客服对于网上店铺信誉度并不是很关心，所以在售后服务方面并不是很积极，有时也会因为态度不好得罪买家，最好制定一些奖罚措施。如全年无中差评奖，只要客服人员出售的商品全年都是好评，则给予适当的奖励。对于得到差评的客服，要给予处罚。当然有一点要注意，要先分析原因，仔细听客服的解释，再以店主的身份跟顾客联系，只要事实弄清楚就好办了，如果的确是客服的过错，那么必罚无疑，罚一次全体客服都会引以为戒。还有就是处罚和奖励的额度一定要提前拟好，打印出来贴在客服的工作间里显眼的位置。

15.5.7　设立投诉专线

设一个专门用于投诉的电话，这个专线最好是店主本人的手机号，这样做的话，既可以监督客服工作，又可以服务买家。

投诉专线的象征意义大于其现实意义。客服知道这个投诉专线的存在，才会兢兢业业地工作，不敢玩忽职守。一个沉默的投诉专线，才是店主需要的，但切不可因为专线沉默，就去取消它。

15.6　秘技一点通

技巧1　——培训新手客服四招

网店客服是网店交易中重要的角色，如何帮助这些职场新兵迅速进入角色，让他们为网店创造更大的价值至关重要。怎样培训新员工的呢？有如下几点需要注意。

1. 制定标准化制度

样板即根据各项标准要求所做出来的模板，是员工日常工作的参照物。店主可以按各种工作标准做出样子来，如每一步流程怎么走，工作中所遵循的规则等。以最直观的方式让客服新手明白什么是正确的，如何去操作。

在标准化的制度下，只要店主依规定执行，不放任，客服们便会自觉的在为他们划定的圈子内施展所长。

2. 协助带领员工一起做

协同即带领、陪同员工完成各项工作。店主按工作标准做出样板后，要亲自和被培训者按样板要求共同完成各项工作，包括如何与客户沟通、如何收款、如何发货等。这样一方面使客服人员更理解制度标准中的内容，另一方面可以帮助新手解决初次工作遇到的困难和心理障碍。

3. 工作流程中跟踪指点

观察即通过对其工作的全过程进行观察，以了解客服在工作中的优缺点。经过前两个步骤，被培训者已具备一定的操作技能，这时应该让客服独立完成每一项流程。这时，店长也应当站在客服旁边，进行观察记录，对做得不足的地方及时指出来，做得好的地方进行肯定和表扬。

4. 强化记忆，打造凝聚力

强化即按照样板标准坚持做下去，最终形成习惯。强化是一个长期的过程，必须逼迫客服不断坚持去做，而且要根据样板标准做出考核指标，没达到标准的要进行处罚。久而久之，客服就养成了谨慎细致的态度。

技巧2 ——怎样招到合适的客服人员

随着网店数量越来越大，网店的管理营销已不是靠店主单打独斗能够应付的，许多网店开始寻找专门的网店管理人员，从而催生了一个职业——网店客服。然而，由于网店客服还属于新工种，相关的职业培训和就业市场都没有建立。那么，怎样才能招到合适的客服人员呢？

一般来说，网店客服的工作很杂，也比较枯燥，因此招一个出色的客服不是很容易。招聘客服人员，首先是打字速度要快，这个条件招聘的时候需要把关。其次要有耐心和亲和力。亲和力在线上和线下的表现方式是不一样的。有些人在线下可能给人感觉很冷漠，但线上却表现出了另一面。

不能用功利心太强的人。急功近利的人会不择手段地去成交一切可能成交的单子，但对网店造成的不良影响却是不容低估的。这种人也是留不住的，哪天自己羽翼丰满了，就会另择高枝或是另立门户了。

另外，找客服是比较考眼力的。一般客服就是找家庭条件别太好的，为人内敛些的，做事仔细耐心点的，工作经验不用太多。

技巧3 ——缓解客服人员压力的技巧

压力是一把双刃剑，合理的压力能够促使人不断地进步。但如果压力太大，就会带来很大的负面影响，甚至于引发一些严重的身心疾病。这就要求客服人员，将压力控制在一个适度的水平上。

有些客服人员反映，现在的工作越来越没有清晰的目标，越来越茫乱，不知道自己要做些什么。每个人每天都来回处理一些没有尽头的乱七八糟的事情。压力具有感染性，任何由于压力而导致工作出现问题的员工都可能给同事、上司、下级增加压力，管理人员的压力会不自觉地使一线客服人员感到压力。

对于一线客服人员来讲，其所从事的工作大多属于枯燥和重复的劳动。对他们来说，几乎随时都存在压力。目前，网店客服人员很大一部分都是20来岁的年轻人。很多员工对工作的认识还不是很成熟，又加上年轻，初入职场，情绪不是很稳定。在提供服务的过程中，在买家期望不断增长的前提下，客服人员不仅要严格遵守店铺的各项工作规章、制度及流程，还必须通过不断的培训来熟悉各种新产品。同时不得不面对大量的卖家投诉甚至是无理的骚扰。所有这些都会给很多客服人员带来很大的压力。

作为一名店主，首要工作是创造一种轻松愉悦的工作氛围，调动和协调组织内外的各种资源，通过客服团队的高效工作，实现店铺的目标。既然在工作生活中，压力是挥之不去的，压力带来的负面影响如此之大，那就应该去正视和面对。压力管理需要理性、技巧和方法。那么怎样来帮助客服人员缓解压力呢?建议从以下几方面着手进行。

1. 创建良好的工作环境

在服务区域，摆放一些绿色植物；保证良好的通风，充足的光线、适宜的湿度和室内温度；提供舒适的座椅，宽敞的休息室、会议室；及时地维修或置换有故障的办公设备，如耳麦、电脑、键盘、鼠标等。

2. 明晰的工作职责

通过工作分析，制定明晰的工作说明书，确定员工的工作职责和权利，避免由于职责不清而引发组织内的冲突。

3. 通过制定相应的策略，帮助员工缓解压力

制定完善的绩效管理制度、工作流程，并及时给员工提供相应的培训、指导和反馈。通过培训，提高全体员工对压力管理的认识，使其掌握一定的压力管理技巧。同时，还应当为员工提供适当的运动设施、定期体检，从长远出发来提高员工的整体健康水平。

4. 提升服务人员技能

通过有针对性的培训，帮助和提升服务管理人员及一线人员对其角色的认知，掌握必要的工作技巧，如时间管理、有效沟通、团队建设、员工激励、授权、辅导等多方面的技能。

5. 为服务人员提供职业生涯规划

通过职业生涯规划，帮助员工客观地认识自己，抛弃不切实际的期望值或太高的目标，使员工站在最合适的定位上，处于一个最佳的平衡状态。这样员工既不会因为定位过高而面临过度压力，也不会因为定位过低而面临匮乏压力。

6. 团队及文化建设

通过团队及文化建设，不仅能够有效地提高员工的凝聚力，而且可以创造出一种轻松、上进的工作氛围，使员工在努力实现自我目标的同时，有力地促进组织目标的实现。如集体活动、聚会及文体活动的组织等。

7. 顺畅的信息传递渠道

通过加强与客服人员的沟通，及时了解客服人员的心声，如定期与员工之间沟通，或设立意见箱等。

通过压力管理，不仅能够有效地为客服人员减轻压力，更增加了员工的凝聚力、核心力，拉近客服人员和店铺之间的距离，促进员工满意度和客户满意度的提高，有效地提升店铺的服务水准，树立服务品牌。

技巧4 ——如何避免客服人员跳槽

网店客服是网店交易中重要的角色，如何帮助这些职场新兵迅速进入角色，让他们为网店创造更大的价值至关重要。怎样培训新员工的呢，有如下几点需要注意。

有统计数据显示，网店流失的员工很大一部分是客服人员。客服人员往往在三四个月的时候流失的概率最高。常见的状况是这样的：新员工到了某网店，先接受一些制度、流程的培训，就开始上岗实习。并且因为客服的门槛较低，比较容易上手，很多人在工作一段时间后，就会有自己当老板的想法；再加上客服劳动强度大，工作比较复杂，这样很容易造成客服人员的流失。

1. 实施人性化管理

客服这个工作是比较辛苦的，整天对着电脑，跟不同的各种各样的人通过网络沟通，这也是个“伤神劳人”的事情。作为掌柜或者老板，应该尽量对客服员工好一点，不要过于限制他们的“工作自由”，比如一边听音乐一边为买家服务等。

2. 根据绩效提升客服人员的收入

对于客服人员来讲，收入才是最真实的。要真正地实行收入和能力挂钩的工资制度，等他们真正做到较高交易额的时候，店主要舍得兑现当初的提成承诺，不要食言，否则最容易引发劳资纠纷，以及员工跳槽。

绩效考核制度必不可少，要给员工制定出工作标准，让他们知道什么可为，什么不可为，做得好的自然会被嘉奖，这样有利于提高工作绩效。

技巧5 ——做好老板的学问

要成为一个好老板，就要和蔼可亲，只有这样，才会得到员工的支持。首先要把自己摆正位置，在管理的原则上要真正为员工服务，只有这样才会得到员工的认可，让他们把公司当成自己的，达到赢利赚钱的目的。一般较好的是下面两种。

第一种：为人谦和，容易沟通，重情重义型，是儒家学说的典范。与员工兄弟姐妹相称，以德服人。员工往往发自内心的把工作做好。当然这也和自己的性情相关，不是谁都能达到这种高度的。

第二种：身先士卒，赏罚分明，说一不二型，坚定的法家拥护者，以法制赢天下。制定严格的纪律并且主动遵守，该赏则赏，该罚必罚。虽然严厉了一点，但是新的员工也容易溶入体制，不怕人员流动。但是大事上还是要宽泛一些。

开店小故事

网店“金牌客服”月入两万

随着电商的高速发展，网店内的分工也出现了细化，店主总管大局，客服、财务各司其职，甚至在客服中间，也出现了售前和售后的细分。随着这些工作的专业化，其薪酬也水涨船高，一些做得好的客服甚至月入过万。

网店客服其实是一个很有“钱”景的工作。有些店主将客服收入与销售绩效挂起钩来，充分调动了客服的积极性，最后形成了一个双赢的局面：客服在获得了高收入的同时，店主也赚得盆满钵满。

小冬在做网店客服之前，在一家数码产品公司做客服，负责处理顾客的询问，以及接洽维修。工作之余，小冬就在电脑旁聊天发帖，练就了高速打字的本事。

在数码产品公司做了一年多以后，在一个朋友的推荐下，小冬被一家大型网店录用了，工作仍然是客服，但是工作内容和他曾经做过的客服却不大相同。

每天上午8:30，小冬准时坐在公司电脑旁，打开“阿里旺旺”，开始“聊天”。买家的聊天对话框接二连三地弹出来，小冬往往要同时处理四五十个对话框的“攻击”。买家发来的内容大多数是询问产品细节，也有部分是要求售后服务。小冬早就背熟了网店的产品细节，回答起来十分顺溜，对于售后的要求，小冬也酌情进行处理。这种同时面对数十人的高速交流，要一直持续到中午才会稍微缓下来一点。

小冬平均一天能成功卖出五六十个产品，每天的提成都在四五百元。像小冬这样的客服还有很多，不过，并不是所有人都有他那样的高收入。在一些网店中，也有那种不提成的客服，工资是固定的。

“我觉得自己满幸运的。”小冬说，自己在数码产品公司积累了售前售后服务经验，又练出了打字速度，正好符合网店的需求，“其他客服都没有我的收入高，有的是因为经验不足，不能说服顾客购买；有的是因为打字不快，顾客等久了，就找别家网店去了。”

被问到以后的规划时，小冬说道：“我准备向客服经理方向发展。我已经买了不少管理方面的书籍来学习。客服这个工作，收入是不错，但我并不满足，我想看看自己能不能做得更好一点。”

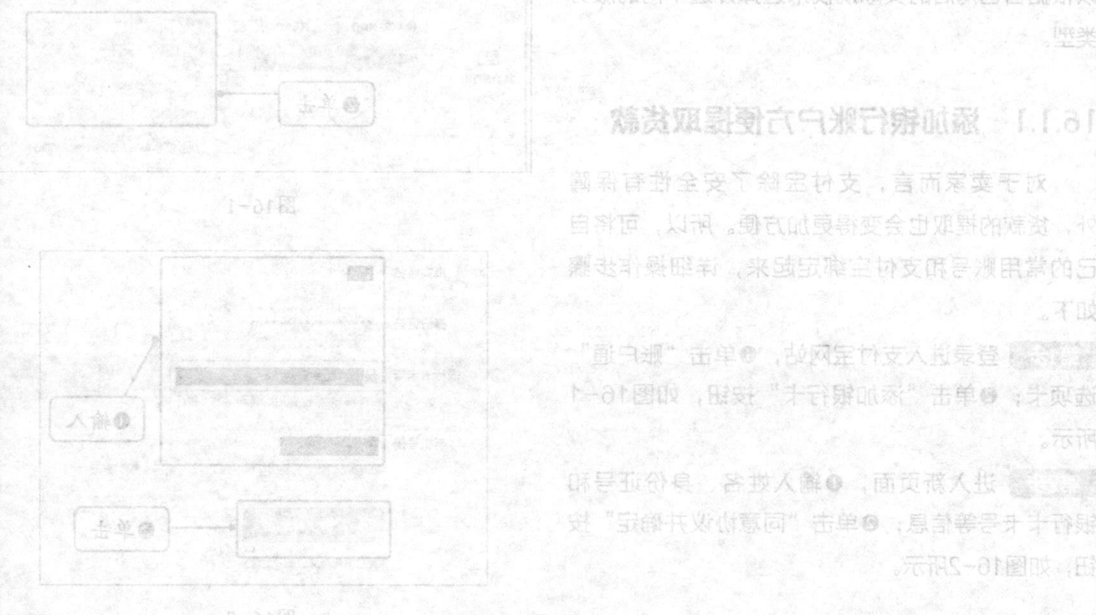

第16章 优化网店财务管理让经营更省心

本章导言

网店交易过程中，卖家将会涉及针对网店资金的各种管理，只有把店铺的资金账目管理的井井有条，才能清晰地掌握网店的利润、开支以及销售状况，从而为后面的店铺经营制定出合理的规划。本章就专门讲解关于支付宝管理和操作，以及淘宝钱款操作等方面的财务知识。

学习要点

- 掌握管理支付宝的方法
- 掌握在支付宝查看并提取货款的方法
- 掌握淘宝退款的方法
- 掌握网店进销存管理表的制作方法

16.1 管好自己的网上钱包——支付宝

支付宝的相关管理操作其实是比较简单的，主要是完成一些银行账号与支付宝的关联、开通一些便利的服务以及申请一些安全保护等。淘宝卖家可以根据自己网店的实际规模来选择开通不同的服务类型。

16.1.1 添加银行账户方便提取货款

对于卖家而言，支付宝除了安全性有保障外，货款的提取也会变得更加方便。所以，可将自己的常用账号和支付宝绑定起来，详细操作步骤如下。

第1步 登录进入支付宝网站，❶单击“账户通”选项卡；❷单击“添加银行卡”按钮，如图16-1所示。

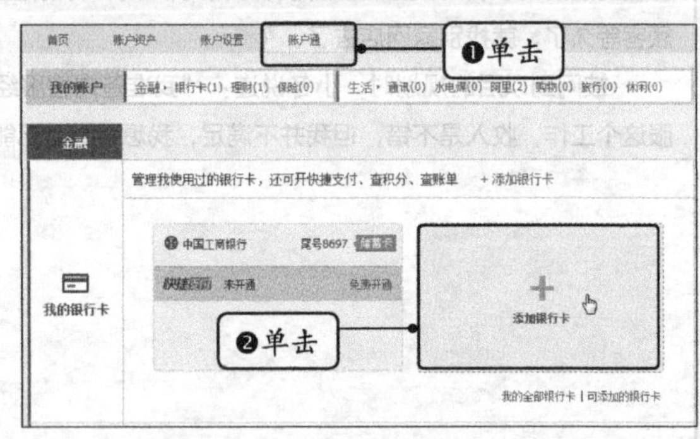

图16-1

第2步 进入新页面，❶输入姓名、身份证号和银行卡卡号等信息；❷单击“同意协议并确定”按钮，如图16-2所示。

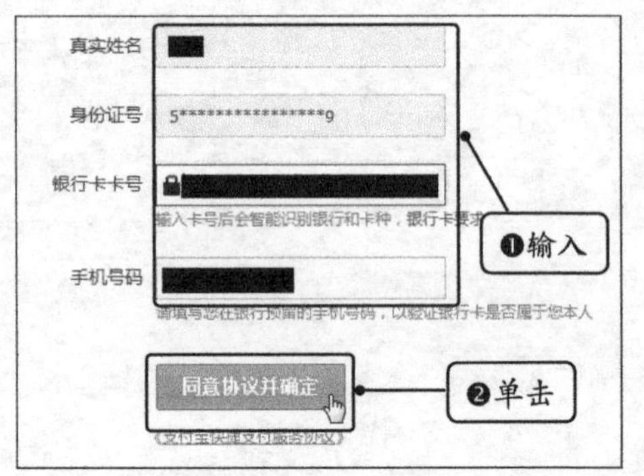

图16-2

专家提点 如何将钱款提到别人的支付宝账户

这里的银行卡开户名必须要和支付宝认证时的真实姓名一致，否则是无法进行提现操作的。如果用户打算将钱提现到其他人办理的银行卡，可以单独再以他人姓名注册一个支付宝账户并绑定该银行卡。然后将当前支付宝款项直接转到新注册的支付宝中，再通过新注册的支付宝进行提现操作。

店铺经营过程中，支付宝的使用频率会很大。一般性的购物、买家购物的货款，都会通过支付宝来进行交易、保存，同时一些缴费功能也都可以通过支付宝来进行操作。

16.1.2 查看支付宝中的款项

卖家通过淘宝卖出东西以后，货款会自动存入支付宝账户，卖家可以通过打开支付宝来进行查看。

第1步 进入淘宝"卖家中心"，单击网页底部的"支付宝"超级链接，如图16-3所示。

图16-3

第2步 自动打开并登录进入支付宝网站，单击上方的"交易记录"选项卡，会显示更详细的交易收支情况，如图16-4所示。

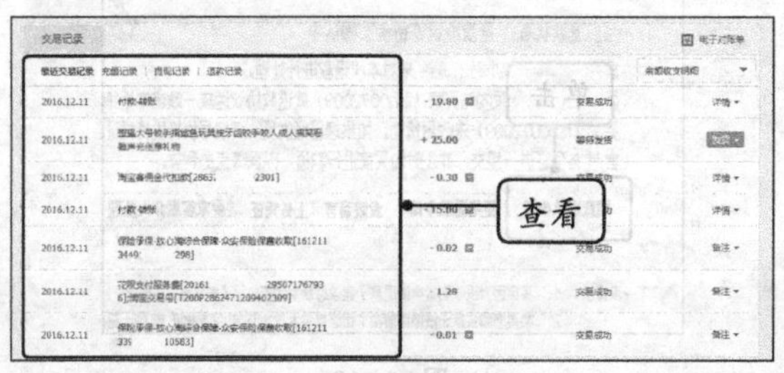

图16-4

16.1.3 从支付宝中提现

一般情况下，当交易现金过多，支付宝的余额也会越来越多，为了资金的安全，这个时候就可以考虑提现，将支付宝的资金安全转移到银行卡上。

第1步 打开自己的支付宝账户，这里显示了当前支付宝的余额，如果需要提取，单击"提现"按钮，如图16-5所示。

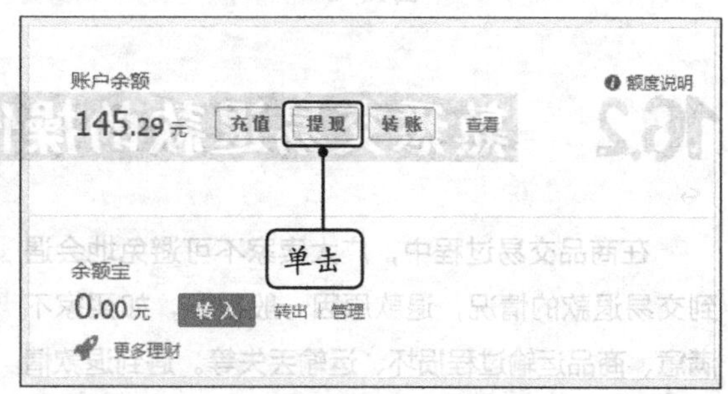

图16-5

第2步 打开提现页面，❶设置提现银行、提现金额等信息；❷单击"下一步"按钮，如图16-6所示。

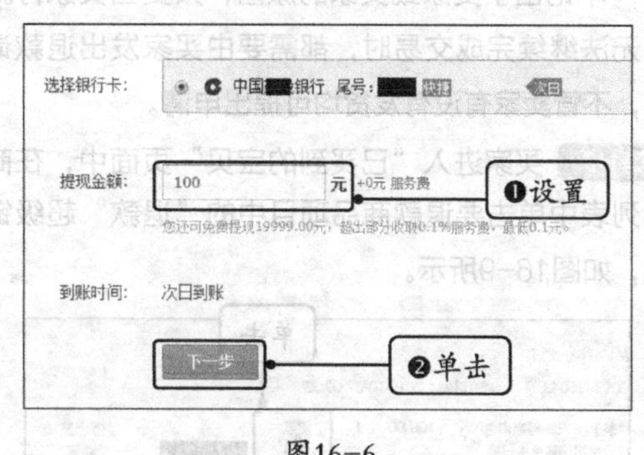

图16-6

第3步 ❶输入支付宝支付密码；❷单击"确认提现"按钮，如图16-7所示。

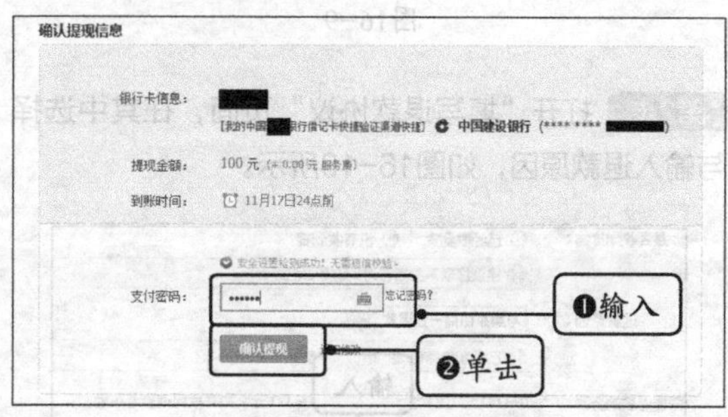

图16-7

第4步 等待银行处理，支付宝会在次日内将提款金额转到卖家的银行卡中，如图16-8所示。

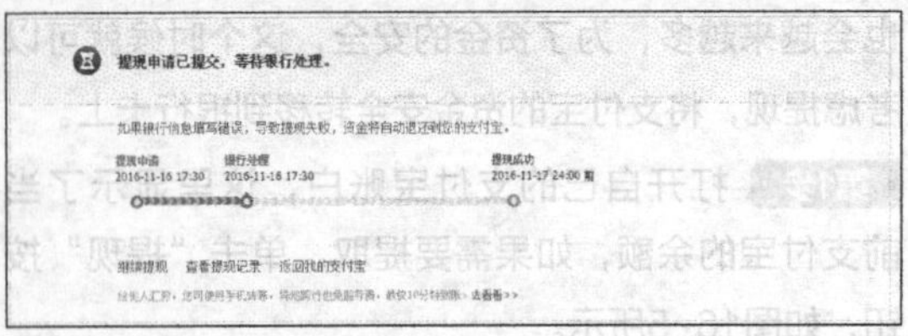

图16-8

专家提点 快速提款要付费

支付宝提款一般是24小时到账，如果要采用2小时到账的快速提款，则要付2%的手续费，手续费少于2元的按2元计算，高于25元的按25元计算。

16.2 熟悉交易退款的操作

在商品交易过程中，广大卖家不可避免地会遇到交易退款的情况，退款原因一般很多，如买家不满意、商品运输过程损坏、运输丢失等。遇到退款情况时，作为卖家，我们应当在积极处理商品事宜的同时，对于无法弥补的交易，就应该退款给卖家。

16.2.1 买家申请退款的过程

不论出于卖家或买家的原因，只要当买家付款后无法继续完成交易时，都需要由买家发出退款请求，不管卖家有没有发货均可提出申请。

第1步 买家进入“已买到的宝贝”页面中，在商品列表中单击要退款商品项目中的“退款”超级链接，如图16-9所示。

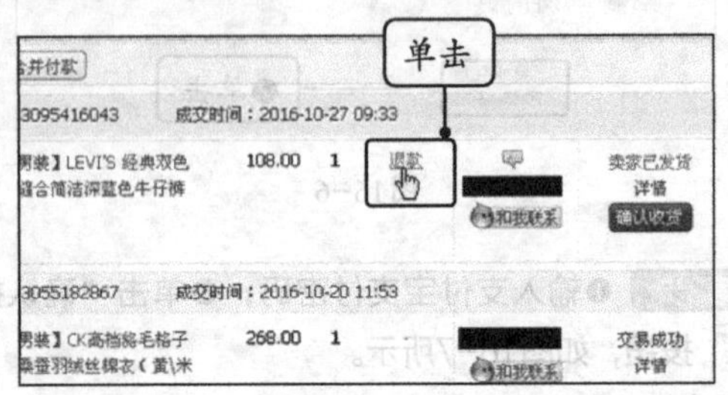

图16-9

第2步 打开“填写退款协议”页面，在其中选择与输入退款原因，如图16-10所示。

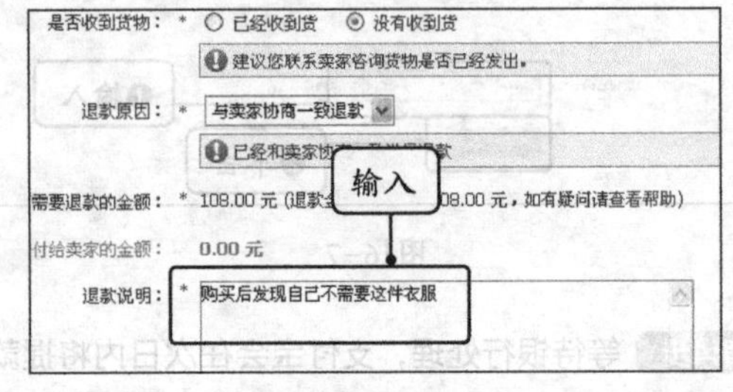

图16-10

第3步 在下方单击“立即申请退款”按钮，然后等待卖家确认退款，如图16-11所示。

图16-11

16.2.2 卖家退款给买家的过程

当买家退款后，买家一般会主动联系卖家并由卖家确认后，才能成功退款。另外，如果卖家已经登录阿里旺旺，那么当买家发出退款请求后，旺旺会弹出消息框提醒卖家，并且卖家进入“已卖出的宝贝”页面后，可以看到商品状态显示为“退款中”。

如果此次退款已经经过双方协商并同意，那么卖家就可以确认退款给买家了，其具体操作方法如下。

第1步 进入卖家中心的“已卖出的宝贝”页面，单击“同意退款申请”按钮，如图16-12所示。

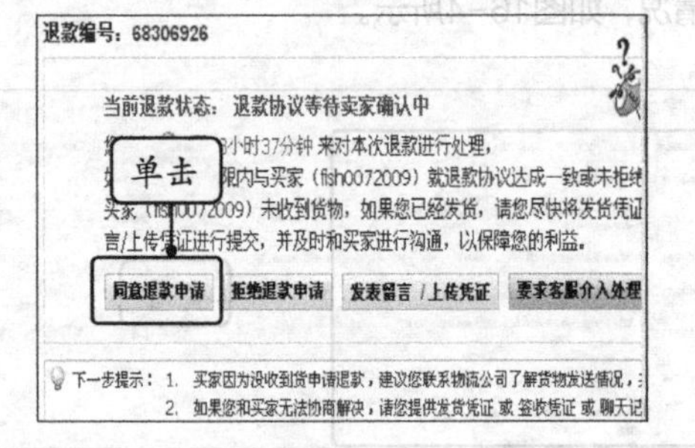

图16-12

第2步 在接着打开的页面中显示退款信息，确认无误后，❶选择“同意买家的退款协议”单选项；❷输入支付宝支付密码；❸单击“同意退款协议”按钮，如图16-13所示。

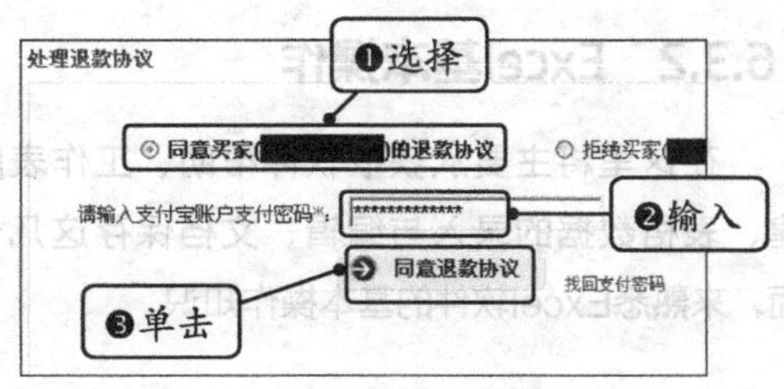

图16-13

第3步 弹出提示框，要求卖家确认退款操作，单击“确定”按钮，如图16-14所示。

图16-14

第4步 稍等片刻，提示卖家退款成功，此时买家支付宝账户即会收到相应的退款金额，如图16-15所示。

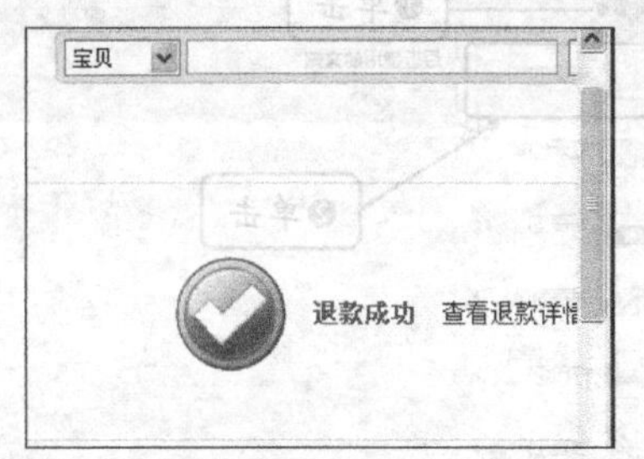

图16-15

16.2.3　退货退款时尊重对方立场

新卖家可能对退款感到很不习惯，其实在网上交易中，退款、关闭交易等都是很常见的，甚至说买卖双方有纠纷，请淘小二介入进行仲裁，都不是什么罕见的事，作为卖家，要有接受这些麻烦的心理准备。

除开那些存心捣乱的买家以外，其实大多数买家要求退货退款，基本上都是因为对买到的商品不满意导致的。当然，有的买家比较苛刻，有的买家比较宽容，这就导致同一批商品，总有人觉得不满意而要求退货退款的情况发生。

当买家向卖家表达不同的意见时，卖家要体谅和理解买家，从态度和语言上给予肯定，这样买家能觉得他的想法得到了接受和理解，觉得卖家能够站在他的角度思考问题，同样，他也会试图站在卖家的角度来考虑。

这样一来，也许原本就要退款的买家，可能就不再要求退款，而即使仍然坚持退款的买家，也不会和这个卖家成为仇人，反而可能觉得卖家服务态度好，下次又来购物也不一定。总之，“多个朋友多条路，少个敌人少堵墙”，只要尊重对方，总归不会有坏的结果。

16.3　使用Excel管理网店

Excel是Office办公套装软件的一个重要的组成部分，它可以进行各种数据处理、统计分析和辅助决策操作，也可以根据需求进行二次开发。它被广泛地应用于生产管理、统计、财经和金融等领域。当然，拿来管理网店销售也非常适合。

16.3.1　认识Excel工作界面

通过“开始”菜单即可启动Excel主界面，如图16-16所示。主界面主要包括标题栏、菜单栏、功能区、滚动条、工作区、数据编辑区、状态栏等。

图16-16中（1）~（14）解释如下。

（1）Office按钮。

单击此按钮会弹出一个下拉菜单，其中包括常用的文件管理操作命令，比如新建、打开、保存、另存为、打印、发送、关闭等命令。

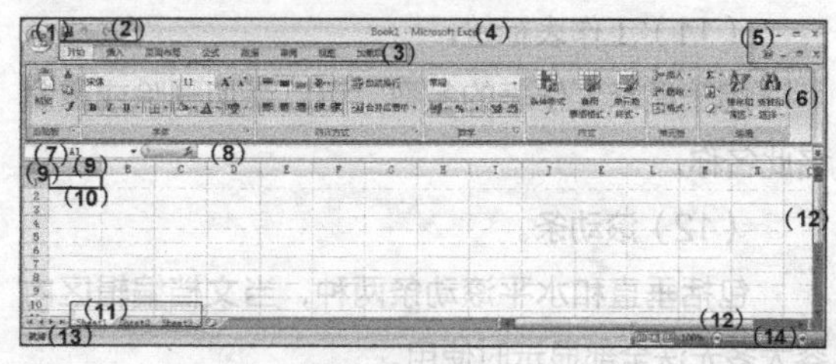

图16-16

（2）快速访问工具栏。

顾名思义，此工具栏就是方便用户操作而设立的。默认情况下只有“保存、撤销和恢复”3个常用操作项，但是用户可以单击右边的按钮进入添加。

（3）功能菜单选项。

默认状态下仅显示“开始”“插入”“页面布局”“公式”“数据”“审阅”“视图”“加载项”这8个项目。当用户在某种状态下会自动激活其他功能菜单。

（4）标题栏。

用于显示窗口名称和当前正在编辑的文档名称。双击标题栏可以最大化或还原窗口、拖动标题栏则可自由移动当前窗口的位置。

（5）窗口控制按钮。

主要是对当前编辑窗口的大小进行调节，比如最大化、最小化、还原及关闭操作等。这是所有窗口操作时都会带有的按钮。

（6）功能区。

功能区能让用户快速找到完成某一任务所需要的命令。用户选择不同的功能菜单，则会在“功能区”显示出具体的按钮和命令。

（7）名称框。

当用户选择某一个单元格后，即会在名称框中显示出该单元格的列标和行号。

（8）编辑栏。

用于显示当前活动单元格中的内容或正在编辑单元格中的内容。

（9）行列标号。

就是一组代表行或列的数字编号或字母。其中行标号的范围为1～65536，列标号范围为A～IV。

（10）文档编辑区。

窗口中最大的一块表格区域即是文档编辑区，用于编辑和显示工作表内容。

（11）工作表标签。

用于显示工作表的名称，可以添加删除或重命名此名称。

（12）滚动条。

包括垂直和水平滚动条两种，当文档编辑区内容太多无法全部显示时使用。

（13）状态栏。

显示操作过程中的状态信息。

（14）窗口视图控制区。

用于在不同编辑视图之间的切换，同时可对编辑区内容的显示比例作调整。

16.3.2 Excel基本操作

在这里将主要从获取软件帮助、工作表的创建、表格数据的录入与编辑、文档保存这几个方面，来熟悉Excel软件的基本操作知识。

1. 新建工作簿并输入数据

当要在Excel中开始录入各种各样的数据时，新建一个工作簿来专门存放当然是第一步骤。而且Excel也自带有非常丰富的表格模板，可以根据自己表格内容的需要灵活选择，而且也可利用Microsoft Office Online连线下载更多精彩的工作簿模板文件。下面就来看看新建工作簿的相关操作。

第1步 ❶单击Office按钮；❷单击“新建”命令，如图16-17所示。

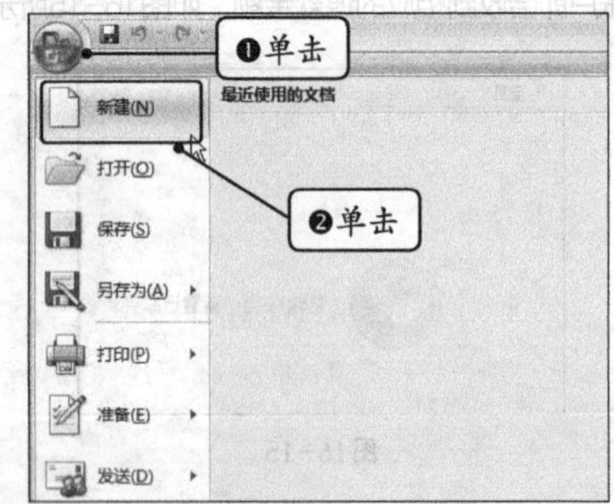

图16-17

第2步 ❶选择新建模板类型；❷选择模板样式；❸单击“创建”按钮，如图16-18所示。

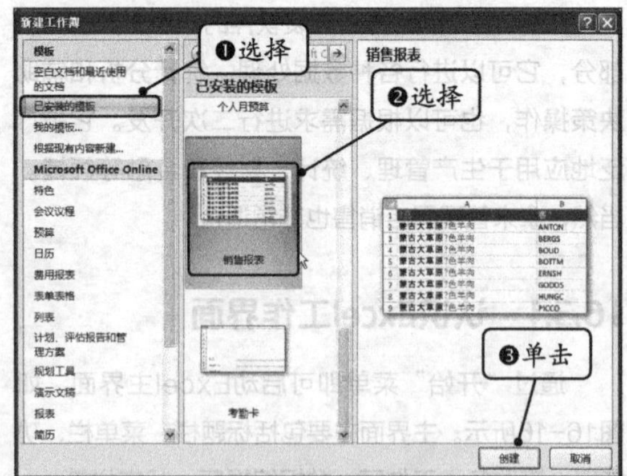

图16-18

第3步 打开新的工作簿，单击单元格，即可在该单元格中输入数据，如图16-19所示。

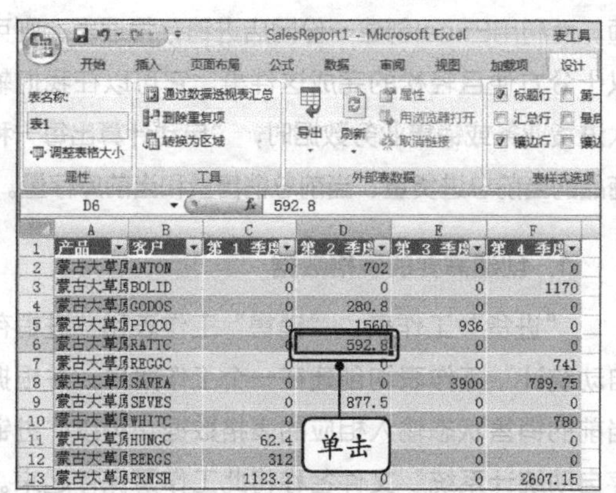

图16-19

第4步 单击工作表标题可切换到其他工作表，如图16-20所示。

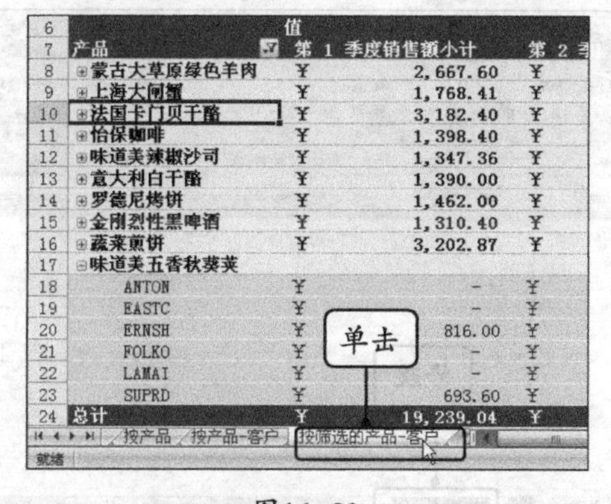

图16-20

2. 录入特殊的表格数据

一般的数字录入比较简单，直接从键盘输入即可，但输入编号、分数、百分数、货币数据等较为特殊的数据时，该如何录入呢？其实，主要是设置好单元格的数据输入格式即可。相关操作步骤如下。

第1步 ❶右击单元格；❷选择“设置单元格格式”命令，如图16-21所示。

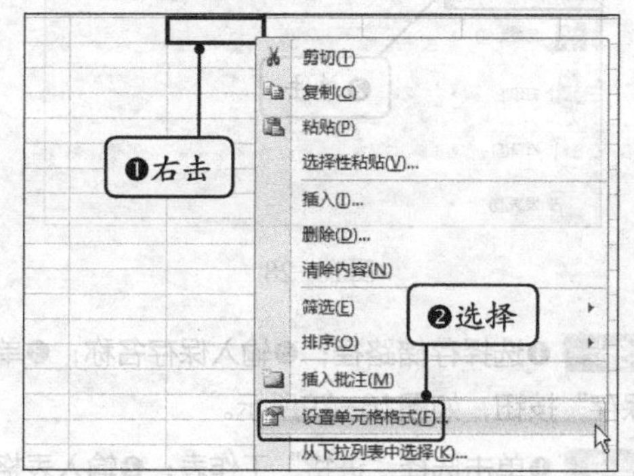

图16-21

第2步 ❶打开“设置单元格格式”对话框，选择数据类别；❷设置属性，如图16-22所示。

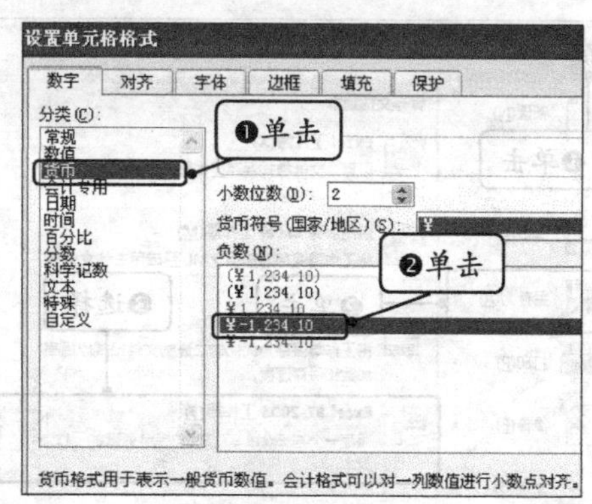

图16-22

第3步 返回文档编辑区，输入数字后即会自动转换为货币数据，如图16-23所示。

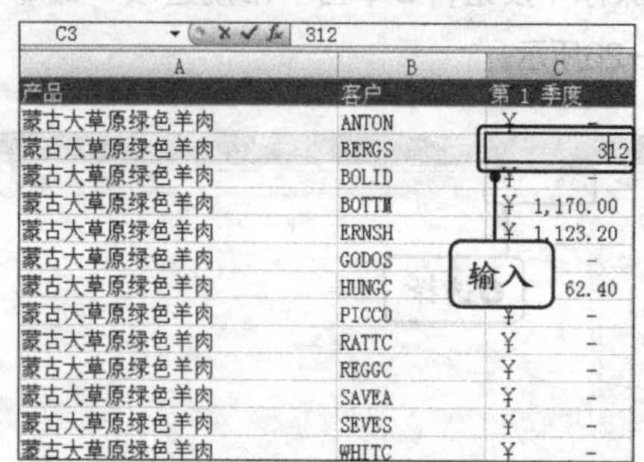

图16-23

第4步 按上述方法定义小数数据，仅保留一位，如图16-24所示。

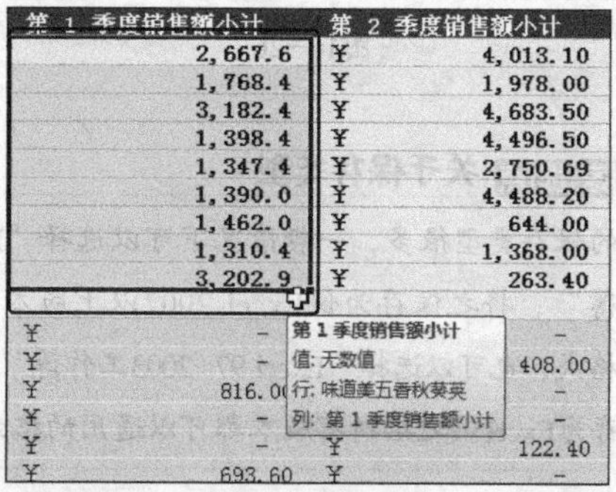

图16-24

3. 工作簿的保存

当编辑完工作簿之后，还需要将之保存起来。保存操作步骤如下。

第1步 ❶单击Office按钮；❷单击选择“另存为”；❸选择一个保存类型，如图16-25所示。

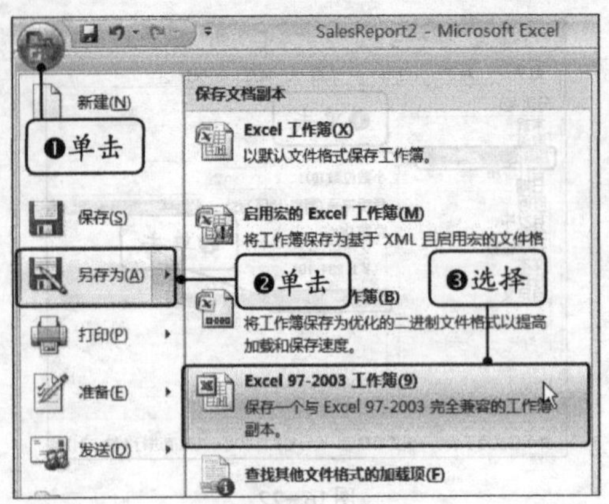

图16-25

第2步 ❶选择保存路径；❷输入保存名称；❸单击“保存”按钮；❹单击“常规选项”命令，如图16-26所示。

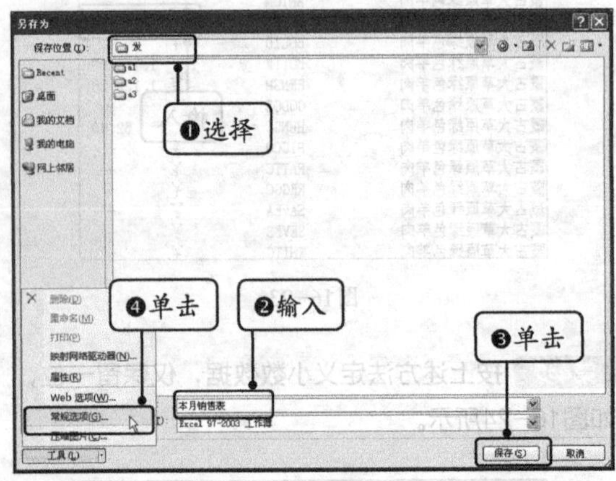

图16-26

专家提点 关于保存类型

文件的保存类型很多，一般情况下可以选择“Excel工作簿”，将之保存为仅Excel 2007以上版本才支持的格式，也可以选择“Excel 97-2003工作簿”，将之保存为Excel 97之后所有版本都可以通用的格式。

16.3.3 制作网店进销存管理表

当网店经营达到一定规模后，每天的商品管理、财务状态统计等工作就逐渐多起来。如果手工进行数据查找、登记、计算、汇总工作，将非常麻烦。而利用Excel创建一份网店进销存管理表，则可以十分方便且轻松的完成这件事。它可以在我们输入进货业务或销售业务数据时，“自动计算出每一种商品的当前总进货量、当前总销售量和当前库存量。

1. 创建需要的表格数据

“进货”工作表、“销售”工作表和“进销存自动统计”工作表均创建在一个工作簿内，并根据当前的销售状态输入相应的表格数据，再以“进销存自动统计系统”文件名称将此工作簿保存起来。相关操作步骤如下。

第1步 新建一张空工作簿，双击修改3张工作表的名称，如图16-27所示。

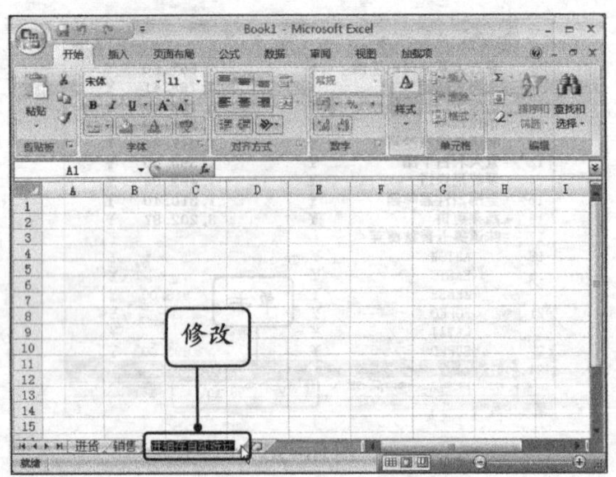

图16-27

第2步 ❶单击Office按钮；❷单击“保存”命令，如图16-28所示。

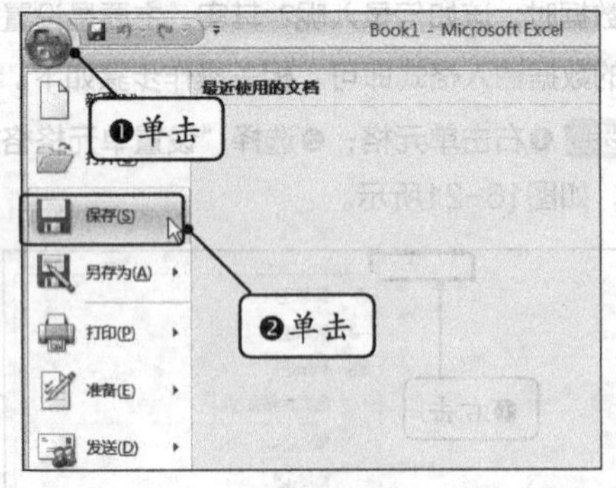

图16-28

第3步 ❶选择存储路径；❷输入保存名称；❸单击“保存”按钮，如图16-29所示。

第4步 ❶单击选择“进货”工作表；❷输入表格数据，如图16-30所示。

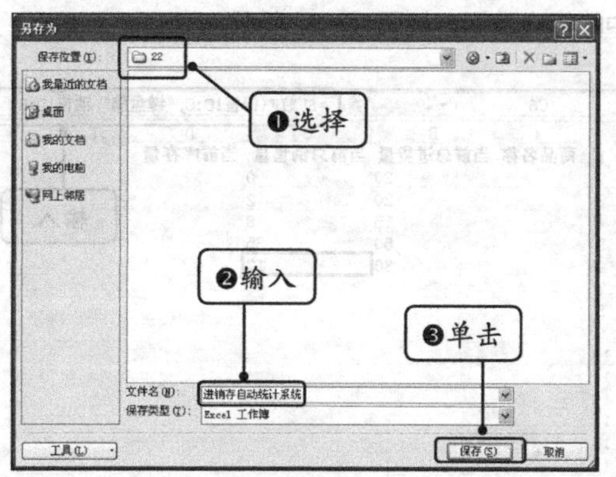

图16-29

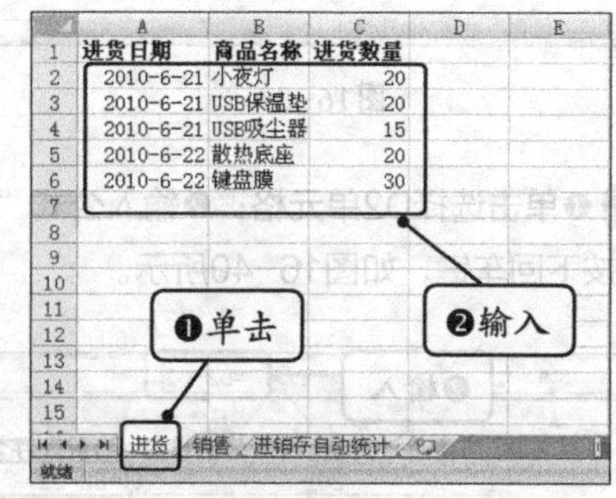

进货日期	商品名称	进货数量
2010-6-21	小夜灯	20
2010-6-21	USB保温垫	20
2010-6-21	USB吸尘器	15
2010-6-22	散热底座	20
2010-6-22	键盘膜	30

图16-30

第5步 ❶单击选择“销售”工作表；❷输入表格数据，如图16-31所示。

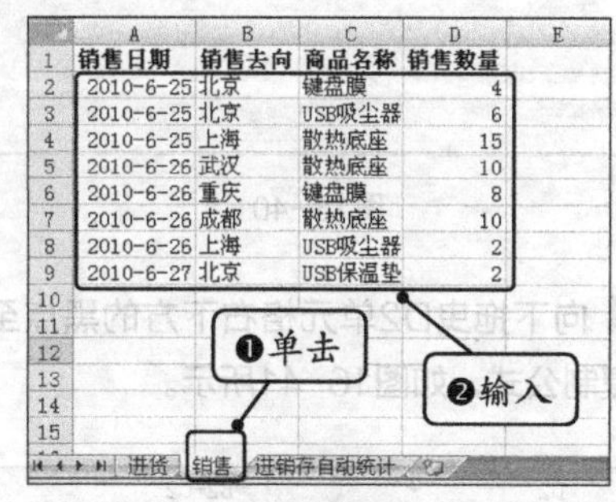

销售日期	销售去向	商品名称	销售数量
2010-6-25	北京	键盘膜	4
2010-6-25	北京	USB吸尘器	6
2010-6-25	上海	散热底座	15
2010-6-26	武汉	散热底座	10
2010-6-26	重庆	键盘膜	8
2010-6-26	成都	散热底座	10
2010-6-26	上海	USB吸尘器	2
2010-6-27	北京	USB保温垫	2

图16-31

第6步 ❶单击选择“进销存自动统计”工作表；❷输入要统计的表头（数据标题），如图16-32所示。

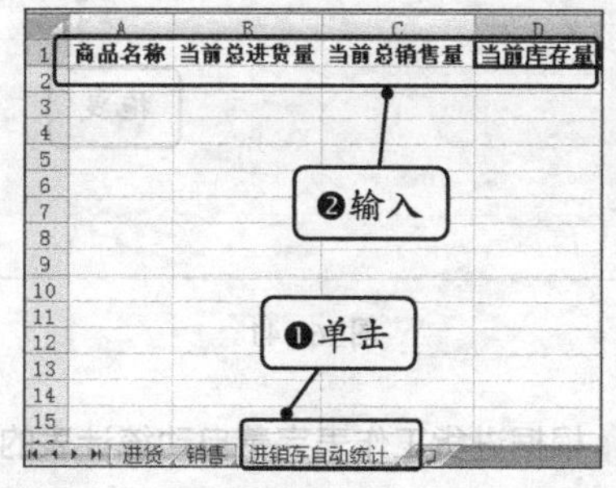

图16-32

2. 定义统计公式

有了表格的原始数据后，接下来的工作就是在自动统计工作表中定义出统计公式，让各个表格的数据变化能够联动起来，实现自动统计功能。相关操作步骤如下。

第1步 ❶单击选择B2单元格；❷输入如图16-33所示公式，按下回车键。

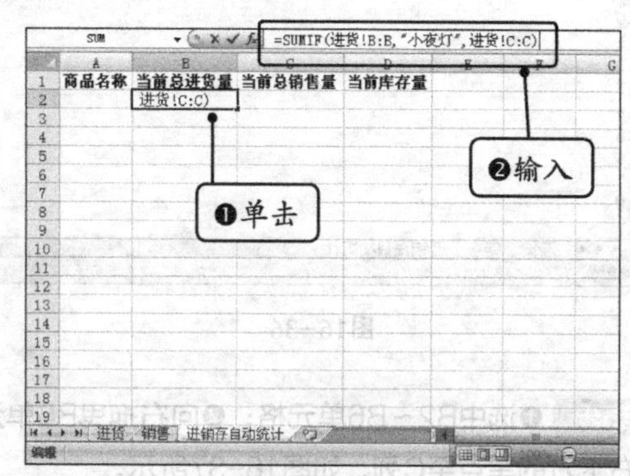

图16-33

第2步 向下拖曳B2单元格右下方的黑点至B6单元格，复制公式，如图16-34所示。

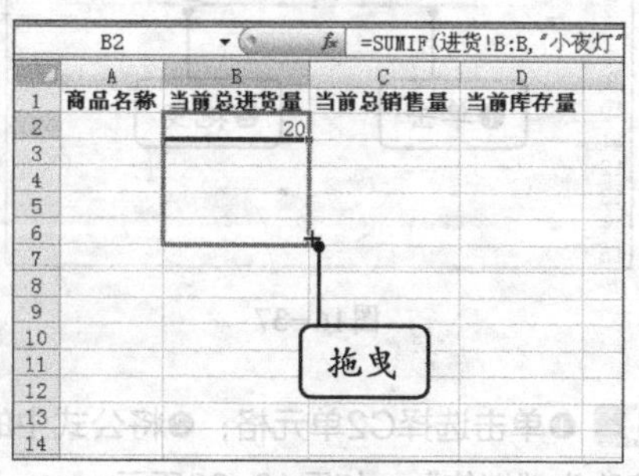

图16-34

第3步 ❶单击选择B3单元格；❷修改“小夜灯”为“USB保温垫”，如图16-35所示。

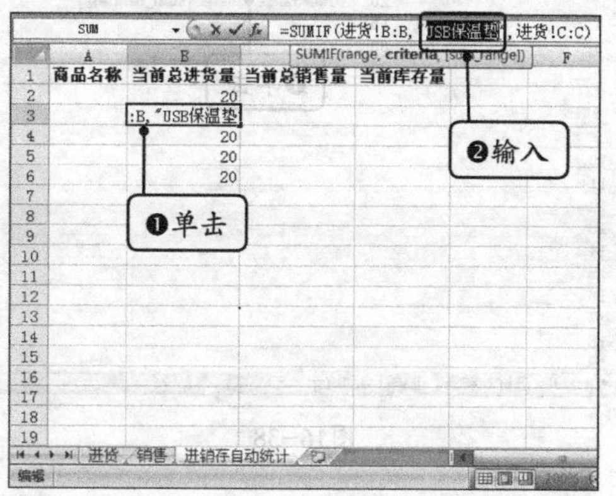

图16-35

第4步 同样方法修改B4～B6单元格，修改依据为“进货”工作表商品名称，如图16-36所示。

图16-36

第5步 ❶选中B2～B6单元格；❷向右拖曳B6单元格右下方的黑点至C列，如图16-37所示。

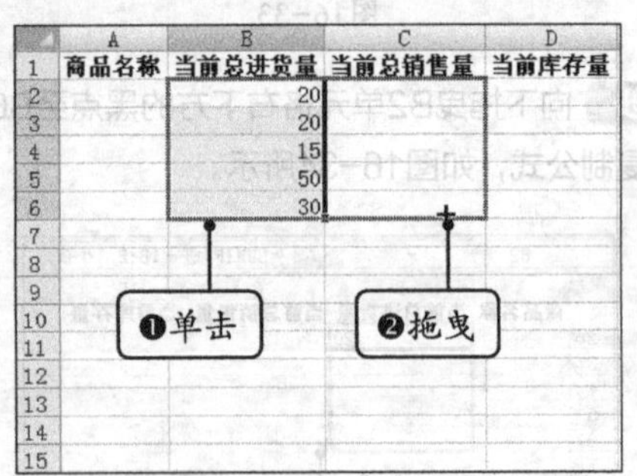

图16-37

第6步 ❶单击选择C2单元格；❷将公式中的“进货”修改为“销售”，如图16-38所示。

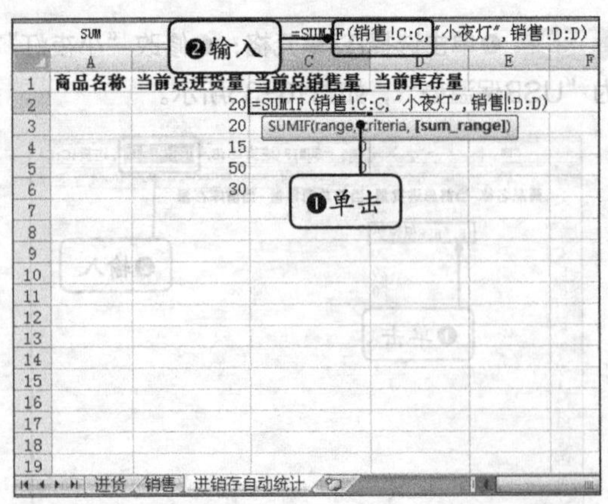

图16-38

第7步 用同样方法依次修改C3～C6单元格公式中的相应数据，如图16-39所示。

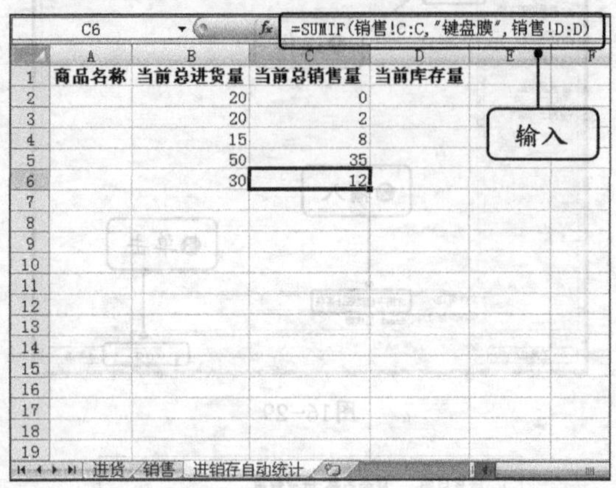

图16-39

第8步 ❶单击选择D2单元格；❷输入公式“=B2-C2”，按下回车键，如图16-40所示。

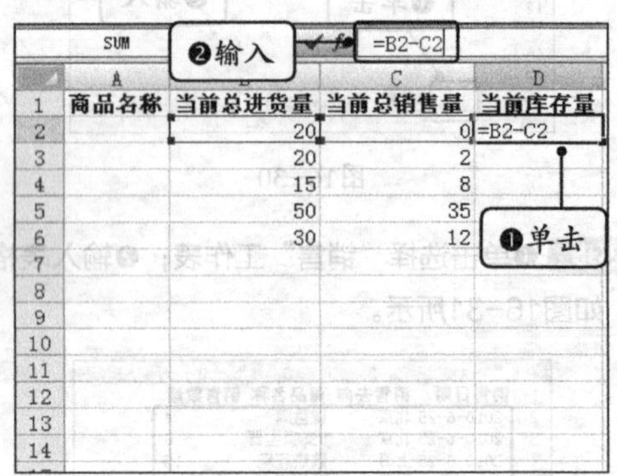

图16-40

第9步 向下拖曳D2单元格右下方的黑点至D6单元格，复制公式，如图16-41所示。

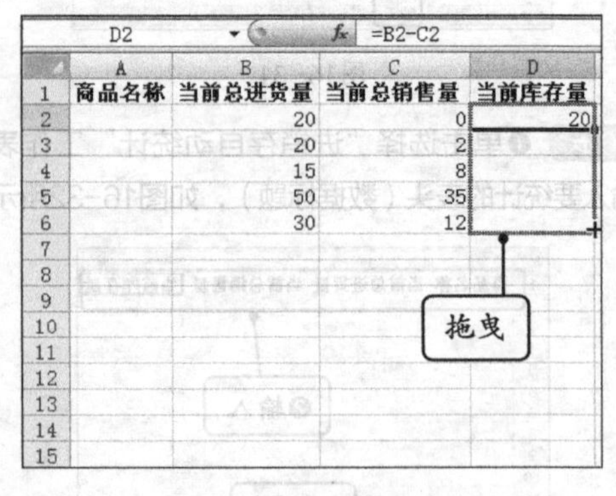

图16-41

第10步 根据进货工作表完善自动统计表的商品名称项，如图16-42所示。

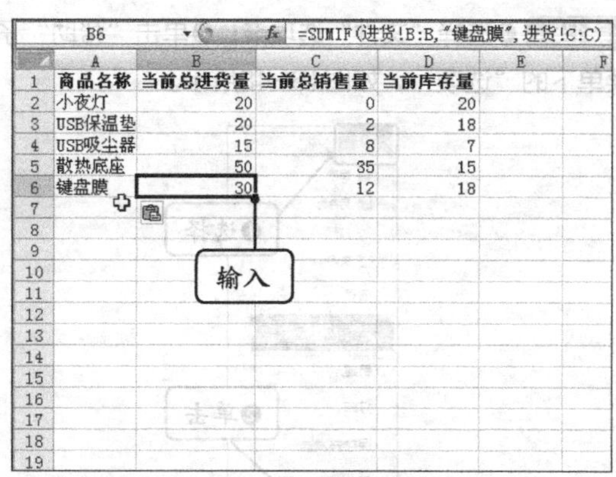
B6　=SUMIF(进货!B:B,"键盘膜",进货!C:C)

	A	B	C	D
1	商品名称	当前总进货量	当前总销售量	当前库存量
2	小夜灯	20	0	20
3	USB保温垫	20	2	18
4	USB吸尘器	15	8	7
5	散热底座	50	35	15
6	键盘膜	30	12	18

图16-42

专家提点　日常应用提示

如果新购入"进货"工作表中没有列举的新货品，需要按照上面所述方法在"进货"工作表和"进销存自动统计"工作表中增设相应的商品名称及其取数公式，公式设置还是按照前面所描述的方法，采取复制加修改的方法最快捷。

16.4 秘技一点通

技巧1 ——快速且免费地从支付宝中提现

自2016年10月12日起，支付宝规定个人用户享有2万元基础免费提现额度，对于超出该额度的提现收取0.1%的服务费。但个人和企业卖家对该条款可以豁免。支付宝提现一般是24小时到账，要在2小时内到账，则需多支付2%的手续费，那么还有没有更快的免费提现方法呢？答案是有的。

用手机支付宝提现就完全免费，而且到账时间只要10分钟。这是支付宝为了力推手机端移动支付而施行的策略。要使用手机支付宝提现，按照提示进行操作即可。当然前提是手机上安装好支付宝软件，并用相同的账户登录进入之后，才可以实现。

技巧2 ——为Excel文档加上密码

为Excel文档加上密码，可以防止资料被其他人偷窥，即使是被黑客窃取了文档，对方仍束手无策，因为没有密码无法打开文件。

第1步 ❶在Excel中单击"文件"菜单；❷单击"信息"选项；❸单击"保护工作簿"下拉菜单；❹单击"用密码进行加密"选项，如图16-43所示。

第2步 ❶输入密码；❷单击"确定"按钮，如图16-44所示。

第3步 ❶再次输入密码；❷单击"确定"按钮，如图16-45所示。

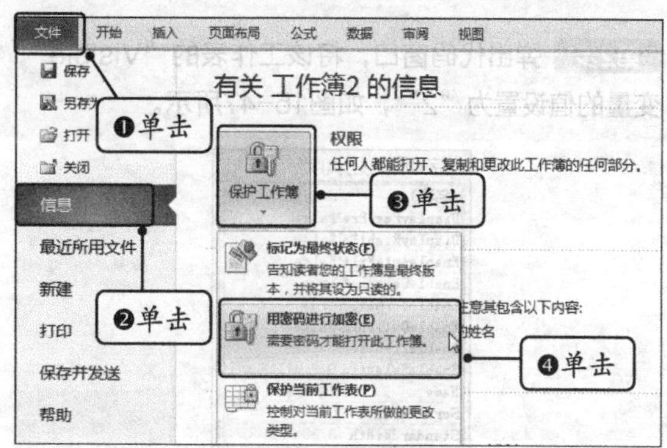

图16-43

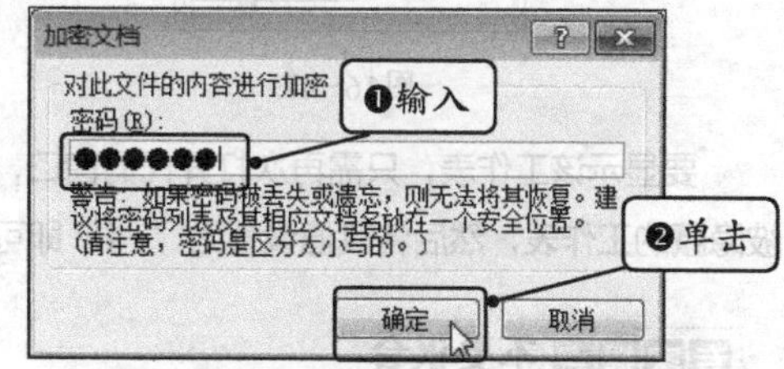

图16-44

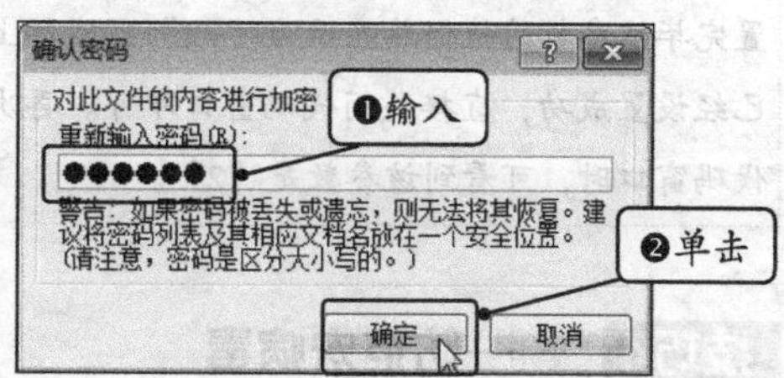

图16-45

这样，在打开这个加密的Excel文档之前，必须要输入正确的密码，否则无法打开它。

技巧3 ——隐藏Excel工作表

使用Excel时，可能不希望其中某个工作表被其他人看见，比如工资表或客户联系表等，可将之隐藏。

第1步 ❶右击要隐藏的工作表；❷单击"查看代码"命令，如图16-46所示。

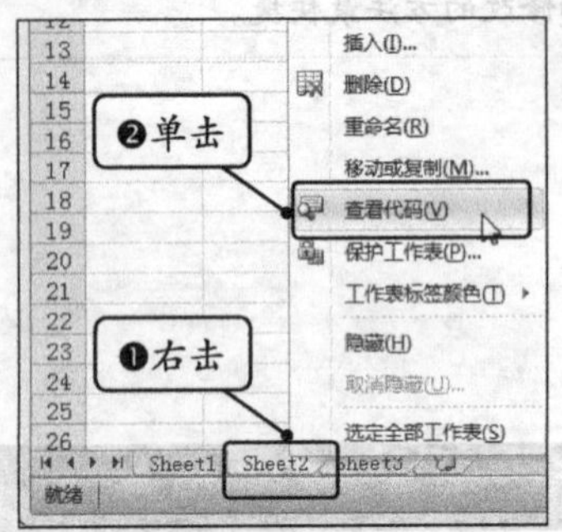

图16-46

第2步 弹出代码窗口，将该工作表的"Visible"变量的值设置为"2"，如图16-47所示。

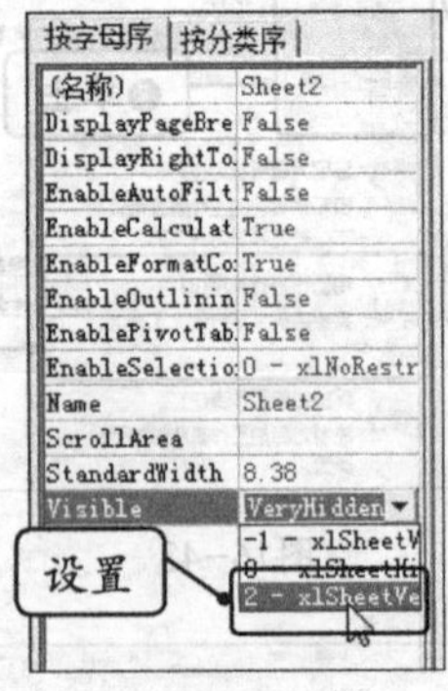

图16-47

要显示该工作表，只需再次打开代码窗口，选择被隐藏的工作表，然后将其值设置为"-1"即可。

专家提点 不要误会

在设置变量的值为"2"时，用户可能会注意到设置完毕该参数的值仍然显示为"-1"，实际上此时已经设置成功，直接关闭代码窗口即可。再次打开代码窗口时，可看到该参数是"2"。

技巧4 ——防范宏病毒

普通用户很少会用到宏，然而Excel的宏功能是默认开启的，这就为宏病毒留下了可乘之机，因此，将宏功能关掉，可以有效地防范宏病毒。

第1步 ❶选择"文件"选项卡；❷单击"帮助"子菜单下的"选项"，如图16-48所示。

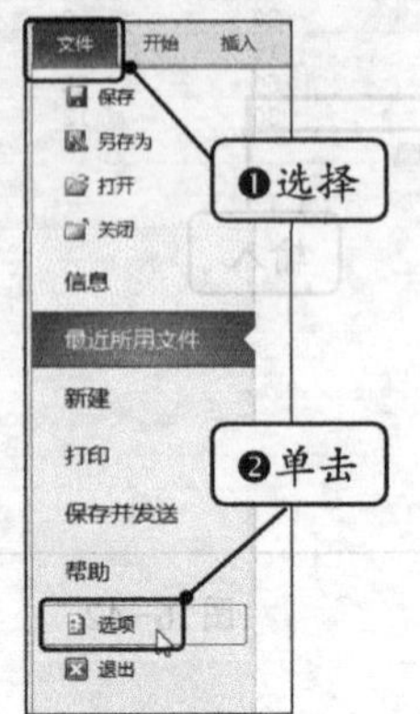

图16-48

第2步 ❶单击"信任中心"选项；❷单击"信任中心设置"按钮，如图16-49所示。

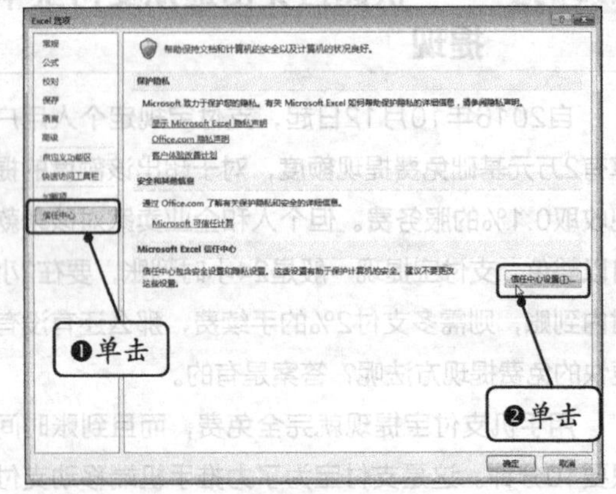

图16-49

第3步 ❶单击"宏设置"选项；❷单击"禁用所有宏，并发出通知"单选项；❸单击"确定"按钮，如图16-50所示。

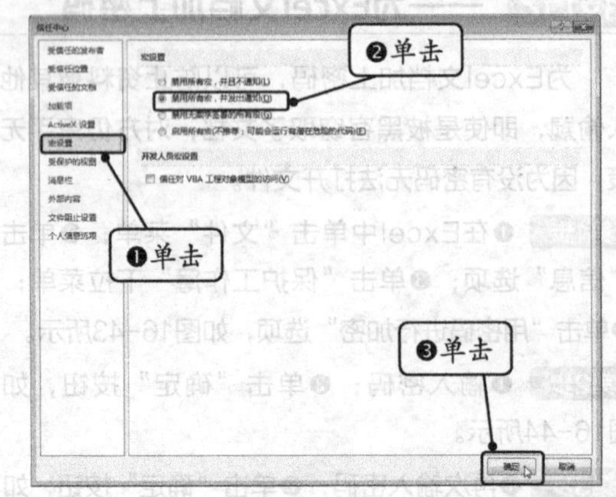

图16-50

技巧5 ——找回丢失的Excel文件

有时候Excel文件会因为误操作，或者病毒的原因，被删除掉，可以用EasyRecovery软件将之恢复，不仅是Excel文件，各种被删除的文件都可以被恢复。

EasyRecovery是著名的数据恢复产品，包括磁盘诊断、数据恢复、文件修复、E-mail 修复等磁盘诊断和修复方案。

第1步 ❶单击“数据恢复”按钮；❷单击“删除恢复”按钮，如图16-51所示。

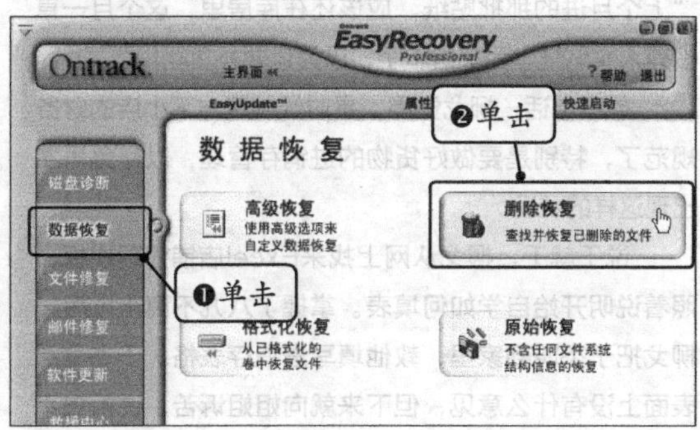

图16-51

第2步 单击“确定”按钮，如图16-52所示。

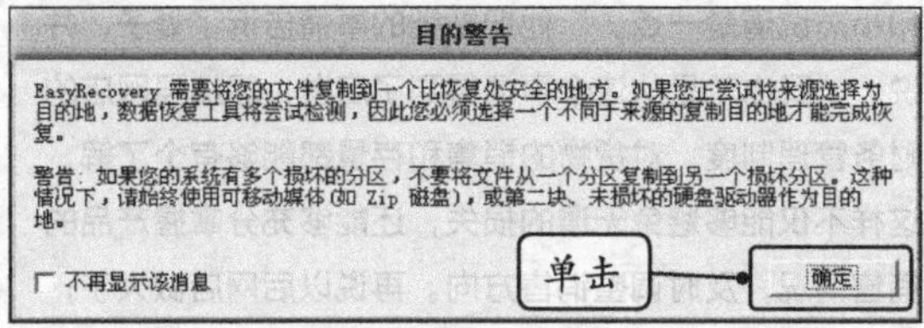

图16-52

第3步 ❶选择要恢复数据所在的磁盘分区；❷单击“下一步”按钮，如图16-53所示。

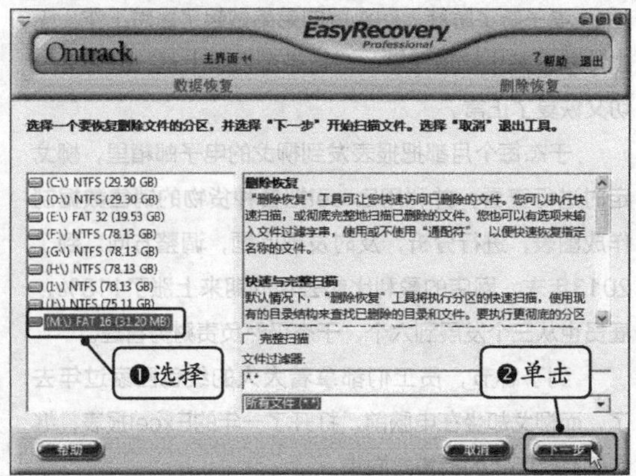

图16-53

第4步 ❶选择要恢复的文件；❷单击“下一步”按钮，如图16-54所示。

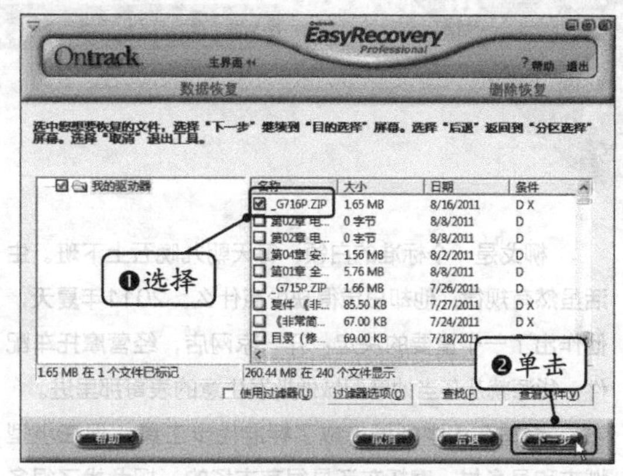

图16-54

第5步 ❶单击“浏览”按钮；❷选择恢复后数据的存放位置；❸单击“确定”按钮；❹单击“下一步”按钮，如图16-55所示。

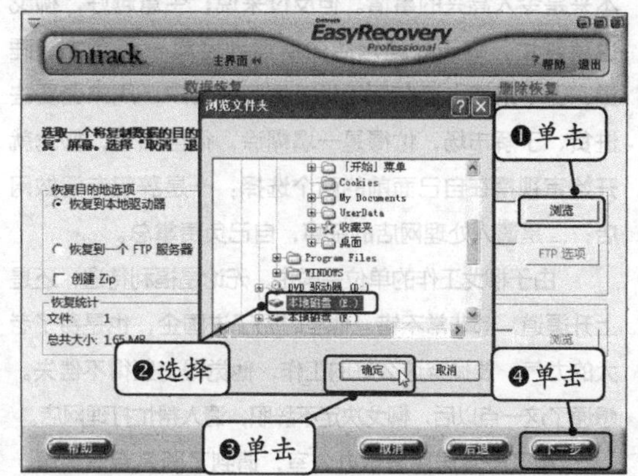

图16-55

第6步 查看恢复结果后，单击“完成”按钮，如图16-56所示。

图16-56

开店小故事

优化网店财务，好处多多

柳戈是一个标准的白领，每天朝九晚五上下班。生活虽然有规律，他却总觉得缺少点什么。2011年夏天，他作出了一个重要的决定：开一家网店，经营摩托车配件，货源就从在当地摩配城做批发生意的表哥那里进。

汽车在大中型城市成了标准代步工具，但在小型城市和县乡村，摩托车还是很有市场的。柳戈找了很多小城市和周边县市的当地论坛发帖做广告，随着他的努力，网店渐渐地有了知名度，生意也越来越好。

2012年伊始，柳戈发现自己陷入了一个不大不小的麻烦当中。原来，网店的生意已经上了一个台阶，这本来是令人高兴的事情。但反过来说，生意越好，柳戈也就越忙，每天处理网店的事情到凌晨一两点才能睡觉，上下班路上还在用手机千牛回复客户，周末更要去进货、了解市场，忙得是一塌糊涂。很自然地，柳戈就开始审视摆在自己面前的两个选择：一是辞职专门做网店；二是请人处理网店的杂事，自己负责掌总。

由于柳戈工作的单位是国企，无论是福利待遇，还是上升渠道，都非常不错。他当时为了进国企，也是费了老大的力气，要抛弃这么好的工作，他觉得有些得不偿失。想通了这一点以后，柳戈决定不辞职，请人帮忙打理网店。

租了一套居民房做办公室，请到了两名专职客服，正好柳戈的小舅子于杰赋闲在家，于是本着肥水不流外人田的想法，柳戈把小舅子请来管理进货、发货，以及办公室的一切杂务。

小心翼翼地磨合了半年后，一切都很好，客服的工作上了手，小舅子于杰也基本摸清了工作职责。柳戈除了周日跑跑市场以外，就是网上发发帖子，宣传一下网店。虽然支付了工资、房租和办公费用，但随着网店生意进一步红火，收入没有下降多少，更重要的是，柳戈有了闲暇，能够陪陪妻子和女儿，看望一下父母。

随着办公室步入正轨，柳戈逐渐放了权，具体事务大部分都交给了于杰处理。有一天于杰又要请款，准备去摩配城进一批贴纸、护胸棒和防盗器。柳戈刚要答应，突然想起贴纸上个月才进了一批，数量还不少，难道就卖完了？按说贴纸这种东西，销量也就一般，都是买家买其他配件时，顺便买一两张贴纸用来凑单，批量购买的很少，不可能卖得这么快。

于是柳戈询问了一下于杰：“上个月不是才进了一批贴纸？那批贴纸是什么样式？这么受欢迎？”

于杰听了姐夫的话，才想起有这么回事，说道：“上个月进的那批贴纸，应该还在库房里，这个月一直没有人买贴纸，我都给忘了，以为还要补货呢！”

放下电话，柳戈觉得，是时候制定一下小店的财务规范了，特别是要做好货物的进销存管理，以避免再次出现这样的状况。

说干就干，柳戈从网上找来Excel店铺管理模板，照着说明开始自学如何填表。掌握了八九不离十以后，柳戈把于杰叫到家里，教他填写进销存表格。于杰虽然表面上没有什么意见，但下来就向姐姐诉苦，说姐夫不相信他的管理，闹着要辞职。

柳戈的妻子回家就和丈夫说了弟弟的想法。柳戈拍着自己的脑袋，连说：“是我工作没做到家！我应该和小杰说清楚一点。”他把贴纸的事情告诉了妻子，并说：“我也就是从这个事情得到了启发，想加强网店的财务管理制度，对货物的销售和存量都能够有个了解，这样不仅能够避免无谓的损失，还能够充分掌握产品的销售情况，及时调整销售方向。再说以后网店做大了，没有一个规范的财务管理，迟早要出乱子。而且，小杰现在学习财务管理，对他的将来只有好处没有坏处，以后即便是我不开网店了，他凭着这些年的管理经验，也不愁找不到工作。”

妻子听了解释，回头就向弟弟做起了思想工作。于杰冷静下来也就想通了，不再带着情绪上班，办公室一切又恢复了正常。

于杰每个月都把报表发到柳戈的电子邮箱里，柳戈定时进行查看，并利用Excel把各种货物的销售数据制作成图表，进行分析，及时发现问题，调整方向。到了2013年末，网店的盈利比起去年同期来上涨了118%，雇员也从三个发展到六个，于杰仍然负责财务管理。

到了春节，员工们都拿着大大的红包回家过年去了，而柳戈却坐在电脑前，打开了一年的Excel报表，继续研究起明年的销售方向来。

第5部分

安全篇

“辛辛苦苦好几年，一夜回到解放前”，谁都不愿意让这样的悲剧发生在自己身上。如果店主们不注重网店的安全问题，就有可能被骗或被盗，最终导致巨大的财产损失。与其亡羊补牢，不如未雨绸缪，店主们可从本书第五部分“安全篇”中了解保护账号、网银和电脑安全的常见方法，打造一条属于自己的牢固的“金融防线”，不给任何骗子、黑客可乘之机。

开店很轻松

赚钱很简单

第17章 没有安全神马都是浮云

本章导言

在网络交易愈发发达的今天，安全问题也浮出水面，一批网络骗子横行于互联网，对网络交易安全性构成了很大威胁。对刚开网店的店主来说，这些骗术威胁很大，给很多店主都造成了不小的损失。因此，卖家在开好网店的同时，也要学会保护自己的账号与资金的安全。

学习要点

- 掌握保管淘宝账号的方法
- 掌握保障支付宝账号安全的方法
- 掌握保障在线网银安全的方法
- 掌握使用软件和系统设置来增强电脑安全性的方法

17.1 妥善保管淘宝账号

卖家登录店铺离不开淘宝网账号，对店铺进行各种管理操作也离不开淘宝网账号。登录淘宝网之后，虽然不能进行支付宝支付操作，但是却可以直接查看支付宝交易及其余额。如果是销售虚拟类商品，登录之后还能直接看到这些商品的卡号和密码。因而，在开店过程中淘宝网账号的安全不容忽视。本节将为大家介绍如何为淘宝账号设置密码保护以及修改、找回密码的方法。

17.1.1 设置密码保护

为防止密码被盗或发生不小心忘记密码的情况，卖家非常有必要为淘宝密码设置密码保护，一来可以保护自己的淘宝网账号，二来即使是自己忘记了密码，也能够再找回来。

第1步 登录淘宝网并单击“我的淘宝”超级链接，如图17-1所示。

第2步 在新页面中，单击“账户设置”超级链接，如图17-2所示。

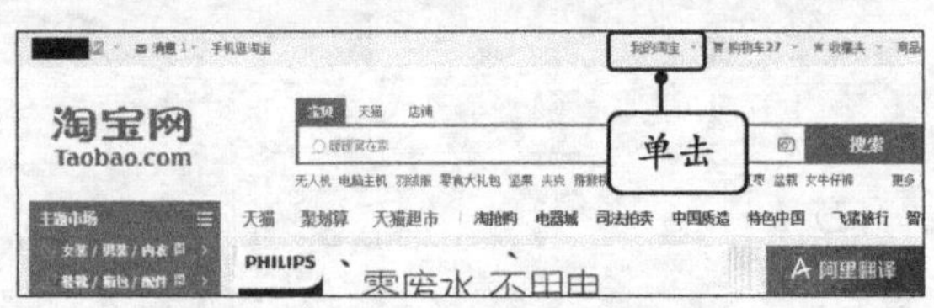

图17-1

图17-2

第3步 进入新页面，单击“密保问题”一栏的“设置”超级链接，如图17-3所示。

第4步 弹出对话框，单击“验证短信+验证支付密码”后的“立即添加”按钮，如图17-4所示。

第5步 单击“点此免费获取”按钮，如图17-5所示。

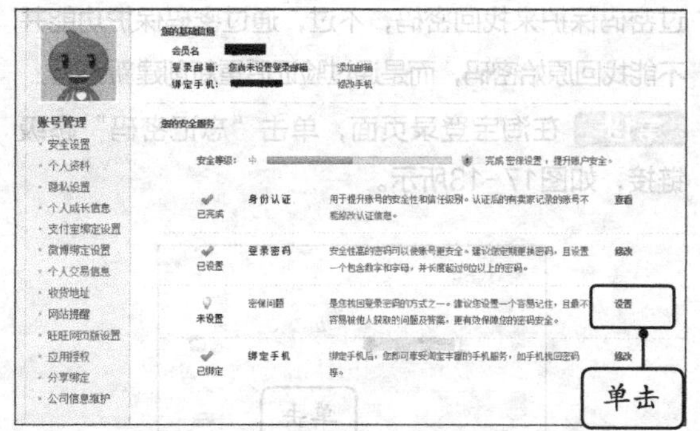

图17-3

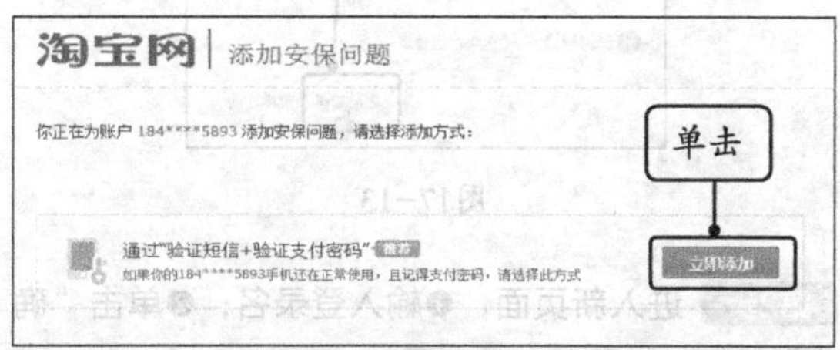

图17-4

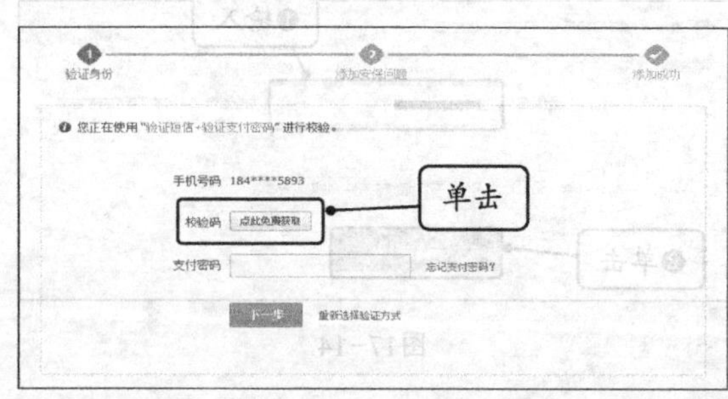

图17-5

第6步 ❶将接收到的校验码和支付密码输入页面相应位置；❷单击“下一步”按钮，如图17-6所示。

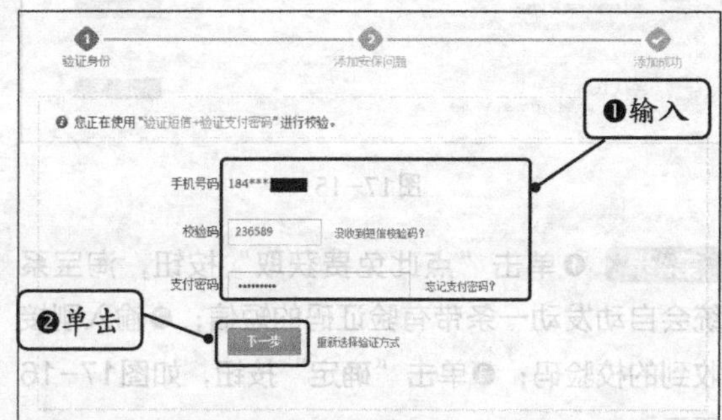

图17-6

第7步 进入新页面，❶设置密保问题和答案；❷单击“确定”按钮，如图17-7所示。

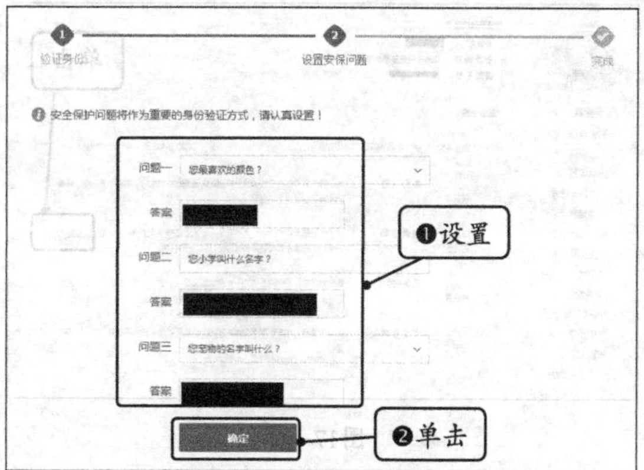

图17-7

第8步 稍等片刻，在打开的页面中会告知用户设置成功。

高手支招 安全问题设置刻不容缓

为了安全起见，在注册淘宝会员并通过实名认证后，就应该立即设置密码保护问题，然后再开张店铺。当采用安全问题保护时，必须要牢记自己所选的问题以及所设置的答案，如果随便填写，则容易遗忘，会为以后找回密码带来很大的麻烦。

17.1.2 修改密码

如果卖家经常在不同的电脑中登录网店，那么为了账号安全，最好定期对登录密码进行修改。修改密码时，需要先输入原来的密码，如果忘记了原密码，则需要通过密码保护找回密码才能修改。

第1步 在我的淘宝中，单击“账户设置”超级链接，如图17-8所示。

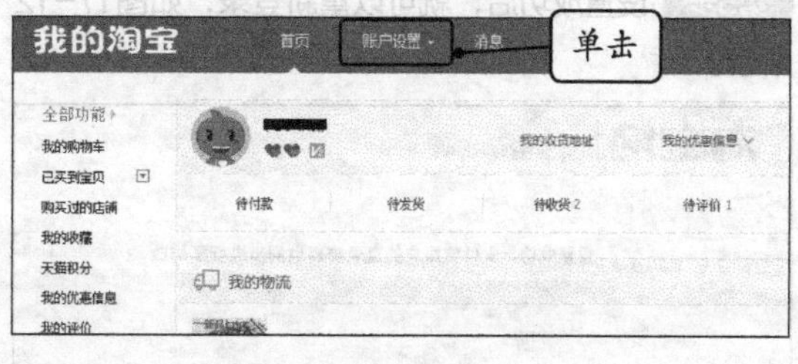

图17-8

第2步 进入新页面，单击“登录密码”一栏的“修改”超级链接，如图17-9所示。

第3步 ❶输入旧密码；❷单击“下一步”按钮，如图17-10所示。

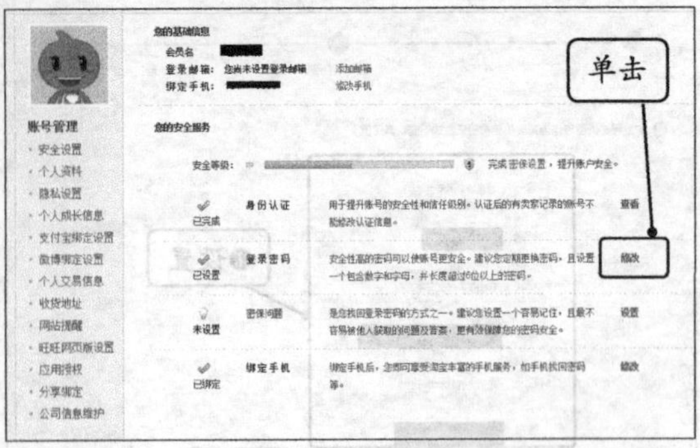

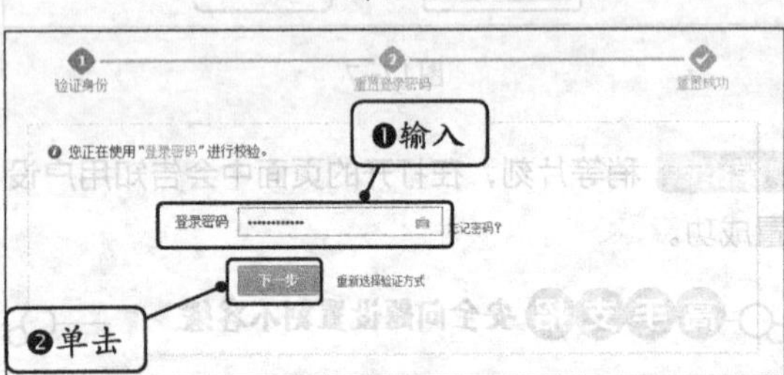

图17-9

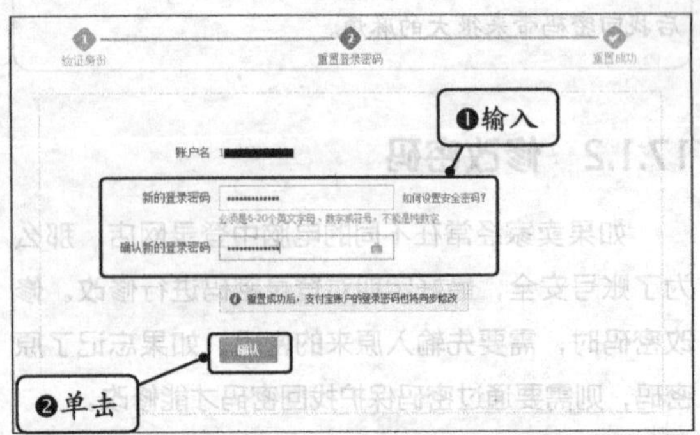

图17-10

第4步 在新页面中，❶输入新密码，并再次输入进行确认；❷单击“确认”按钮，如图17-11所示。

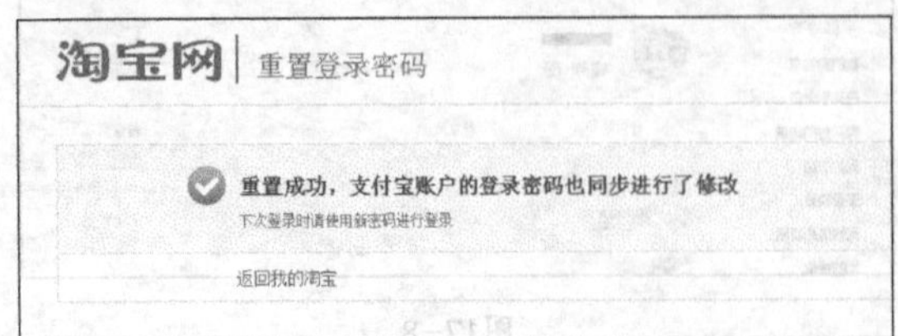

图17-11

第5步 设置成功后，就可以重新登录，如图17-12所示。

图17-12

17.1.3 找回密码

设置了密码保护之后，如果忘记了密码，可以通过密码保护来找回密码，不过，通过密码保护功能并不能找回原始密码，而是通过验证后重新创建新密码。

第1步 在淘宝登录页面，单击“忘记密码”超级链接，如图17-13所示。

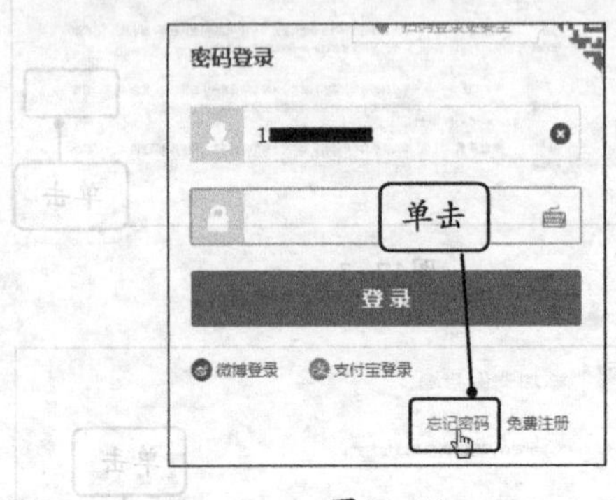

图17-13

第2步 进入新页面，❶输入登录名；❷单击“确定”按钮，如图17-14所示。

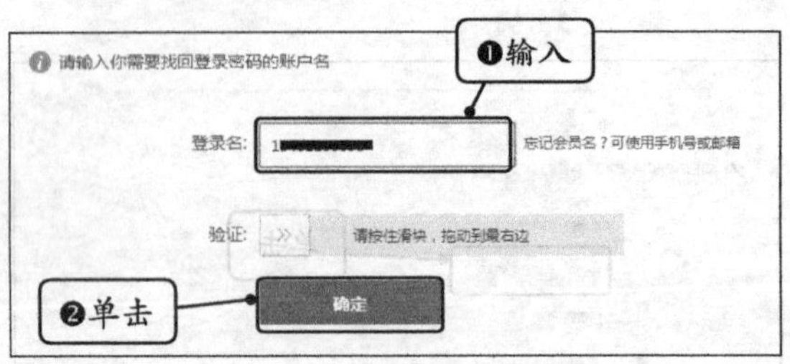

图17-14

第3步 在新页面的“通过手机验证码”处，单击“立即验证”按钮，如图17-15所示。

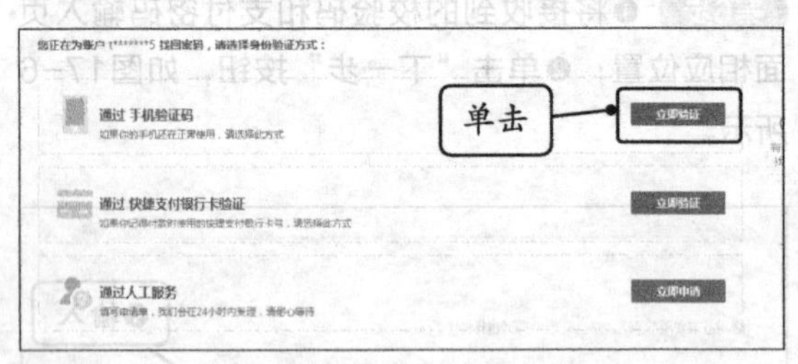

图17-15

第4步 ❶单击“点此免费获取”按钮，淘宝系统会自动发动一条带有验证码的短信；❷输入刚接收到的校验码；❸单击“确定”按钮，如图17-16所示。

第5步 在新页面，❶重新输入登录密码，并再次输入进行确认；❷单击“确定”按钮后即可修改成功，如图17-17所示。

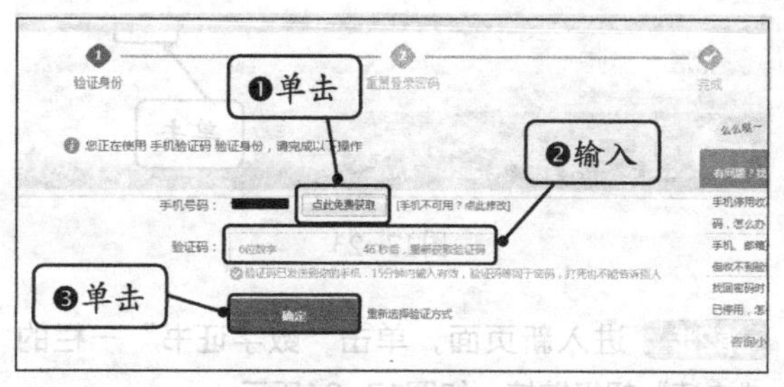

图17-16

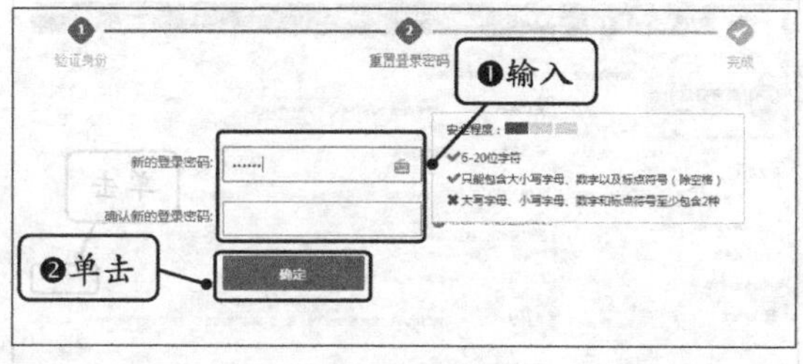

图17-17

专家提点　密保问题重置密码的使用条件

通过密保问题重置密码，只会在淘宝账号未绑定手机的情况下才会出现。如果已经绑定手机，则要求用户通过手机来重置密码，而不会出现其他方式。

17.2 保障支付宝账号安全

支付宝是淘宝网的资金交易平台，淘宝网各种交易的资金转接都是通过支付宝来完成的。对于卖家来说，更是经常要使用支付宝，因此，必须重视支付宝账号的安全，其密码一旦忘记或被盗，轻则影响支付和交易，重则导致财产流失。

17.2.1 修改支付宝密码

有的卖家可能经常在不同的地方登录支付宝并使用支付宝进行收付款操作，为了支付宝账户的安全，建议这一类卖家要定期对支付宝密码进行修改。支付宝的密码包括登录密码和支付密码，登录密码用于登录支付宝查看账户，进行支付、收款、提现等操作时还需要支付密码。我们在开通支付宝时分别设置了这两个密码，在使用支付宝的过程中，这两个密码是可以随时更改的，其具体操作方法如下。

第1步 登录进入支付宝，单击“账户设置”超级链接，如图17-18所示。

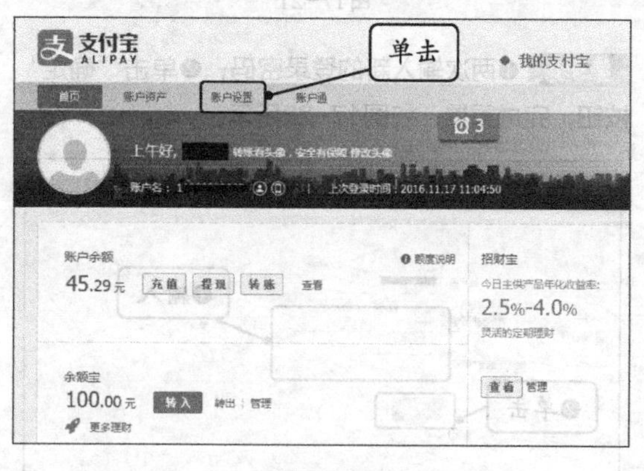

图17-18

第2步 进入新页面，单击“支付密码”一栏的“重置”超级链接，如图17-19所示。

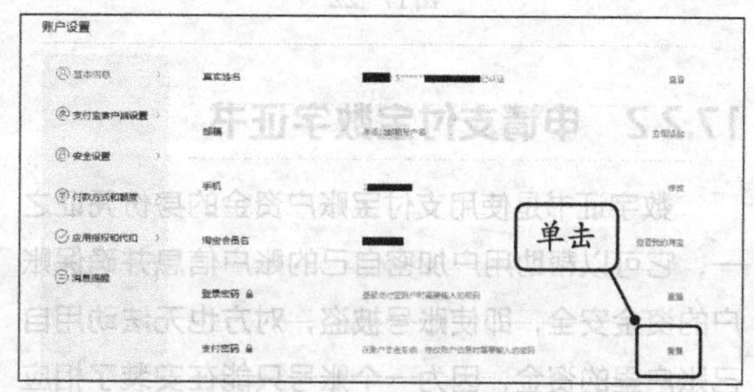

图17-19

第3步 在新页面，指向“我记得原支付密码”一栏，单击“立即重置”按钮，如图17-20所示。

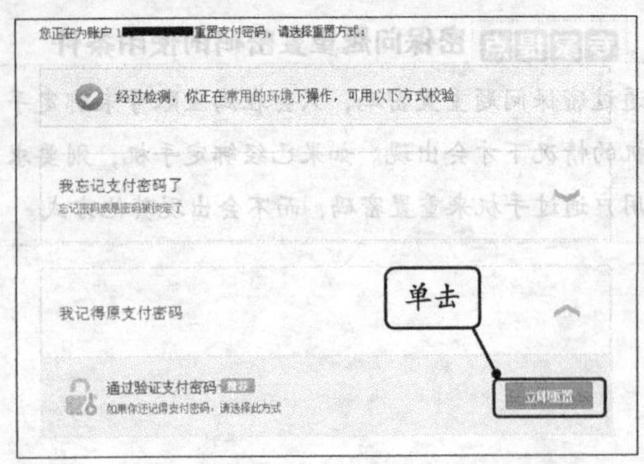

图17-20

第4步 ❶输入原支付密码；❷单击“下一步”按钮，如图17-21所示。

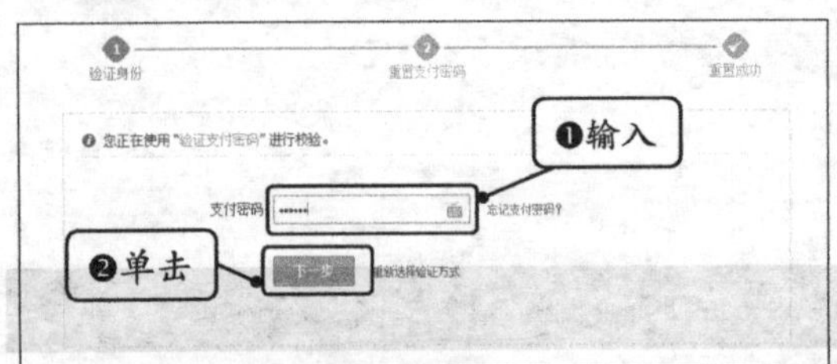

图17-21

第5步 ❶两次输入新的登录密码；❷单击“确定”按钮，完成重置，如图17-22所示。

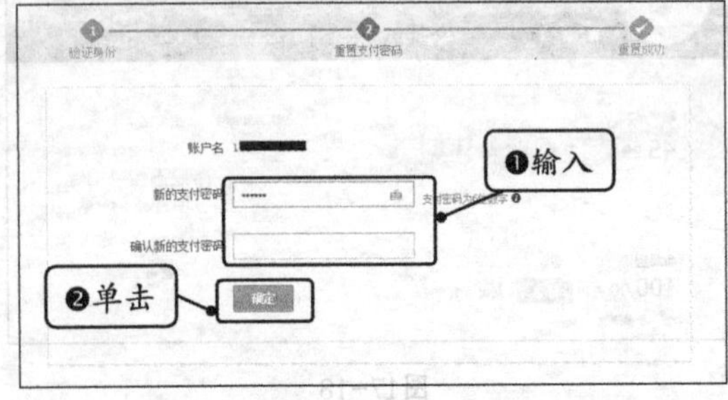

图17-22

17.2.2 申请支付宝数字证书

数字证书是使用支付宝账户资金的身份凭证之一，它可以帮助用户加密自己的账户信息并确保账户的资金安全，即使账号被盗，对方也无法动用自己账户里的资金，因为一个账号只能在安装了相应数字证书的电脑上进行资金操作，除非电脑一并被盗，否则就不用担心资金安全。

第1步 登录支付宝，单击“安全中心”，如图17-23所示。

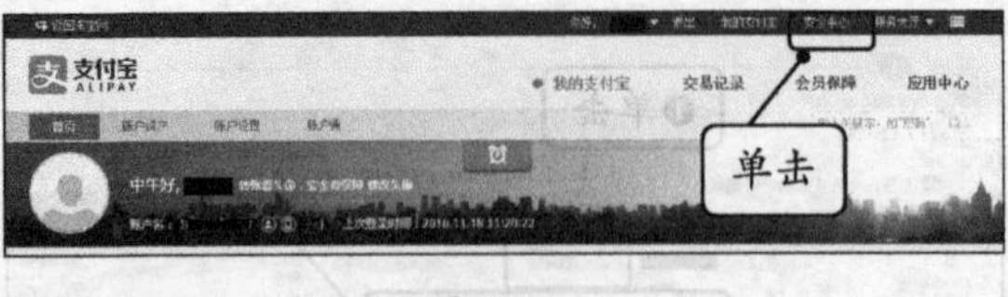

图17-23

第2步 进入新页面，单击“数字证书”一栏的“申请”超级链接，如图17-24所示。

图17-24

第3步 在新页面，单击“申请数字证书”按钮，如图17-25所示。

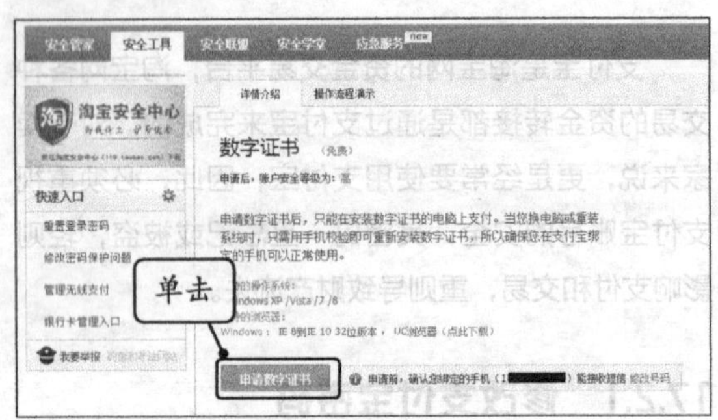

图17-25

第4步 进入新页面，❶输入身份证号码等信息；❷单击“提交”按钮，如图17-26所示。

图17-26

第5步 进入新页面，❶输入手机上接收到的验证码；❷单击“确定”按钮，如图17-27所示。

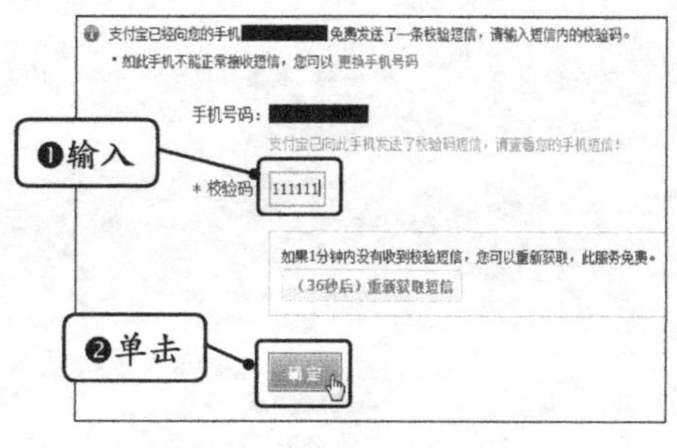

图17-27

第6步 片刻后，系统提示安装成功，如图17-28所示。

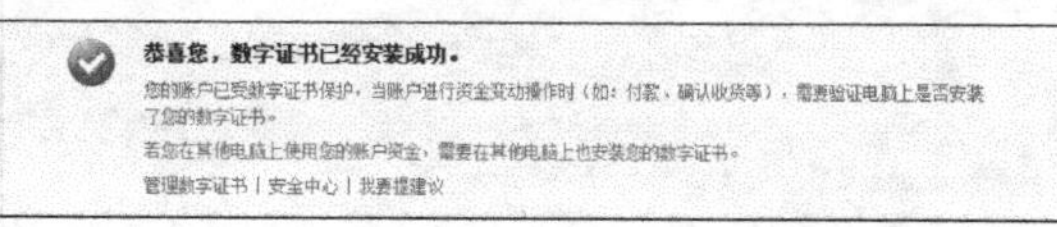

图17-28

17.3 捍卫在线网银的安全

在网上交易过程中，无论是付款、提现还是充值到支付宝，都要通过网上银行来完成。网上银行账户的安全可以说是开网店最基本的要求。下面就来看看如何保障网上银行账户的安全。

17.3.1 使用银行的加密U盘

网上银行账户的安全主要体现在付款和转账的安全上，目前各大银行都推出了一系列安全措施保障付款时账户的安全，其中最常见的就是加密U盘，也叫U盾，如图17-29所示。

图17-29

U盾是目前各大银行推出的一种提供加密服务的硬件，其外观和常见的U盘相似，其中存储了账户关联的加密信息。当客户在网上银行付款时，必须将U盾插入电脑中，并正确输入U盾密码才能获取证书，实现付款，如图17-30所示。

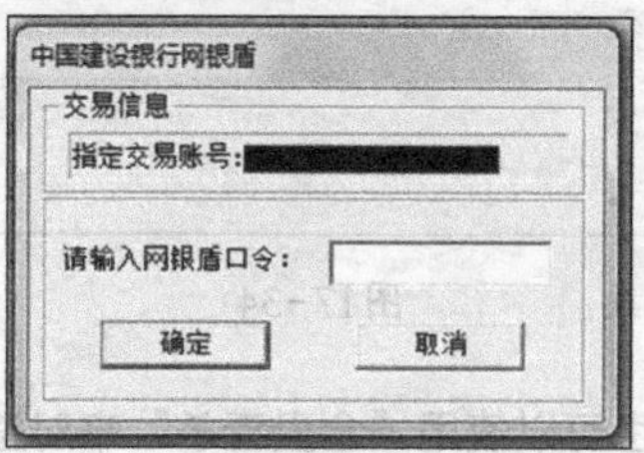

图17-30

U盾可以说是目前最安全的加密方式。即使用户的银行账户被他人盗取，如果他没有U盾及U盾密码都无法对账户中的资金进行操作。同样，如果不慎遗失了U盾，也将无法对账户进行操作，只能去银行柜台补办。

17.3.2 辅助使用数字证书

银行依用户的有效证件，如银行卡号、身份证号码等为依据，生成一个数字证书文件，配合用户自定义的用户名和密码使用以提高安全性。因其成本低，使用方便，因此被众多银行使用，有需要的用户可以直接向银行柜台申请。

数字证书实际上是一个软件，必须安装在用户的电脑上才能起到安全保护的作用。

除了数字证书以外，银行还提供了诸如交易短信通知、邮件提醒、手机银行等便捷的网银服务，网银用户可以充分利用银行的这些服务来掌握自己的财务消费状态，起到跟踪防范的作用。

17.3.3 使用账号保护软件

网络游戏账号、即时通信账号、网上理财账号等个人敏感信息，都可以使用专门的账号保护软件来加强保护。“360安全卫士”“360游戏保险箱”等都是常见的保护软件。

以“360安全卫士”为例，它可以在很多网站下载，它的安装也很简单，使用更简单——无须特别设置，安装完成后，淘宝账号、支付宝页面都会受到保护，如图17-31所示。

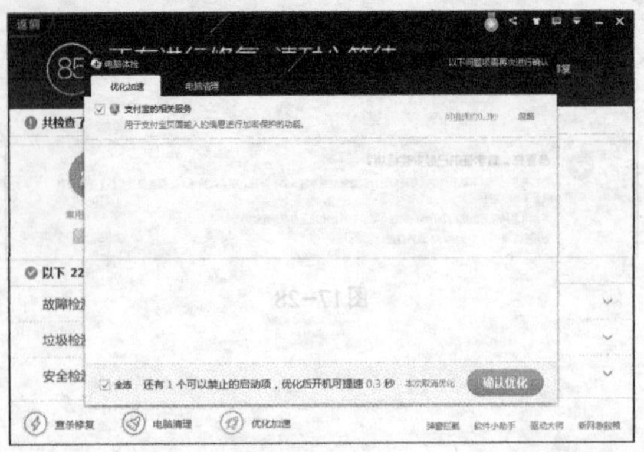

图17-31

17.4 打造坚固的电脑防线

仅仅靠账号保护软件还不够，最有效的防范电脑病毒木马盗窃账号信息的方法还是安装专门的安全防护软件。另外，还需要在电脑上做一些安全设置，提高对“身边窃贼”的防护能力。

17.4.1 用“金山毒霸11”查杀潜在病毒

“金山毒霸11”是金山公司推出的一款免费的云安全杀毒软件。它具有查杀率高、资源占用少、升级迅速等特点。下面来介绍它的使用方法。

第1步 打开毒霸，指向“病毒查杀”右下方的三角形图标，在弹出的选项框中单击“闪电查杀”选项，如图17-32所示。

图17-32

第2步 等待金山毒霸扫描系统发现风险，如图17-33所示。

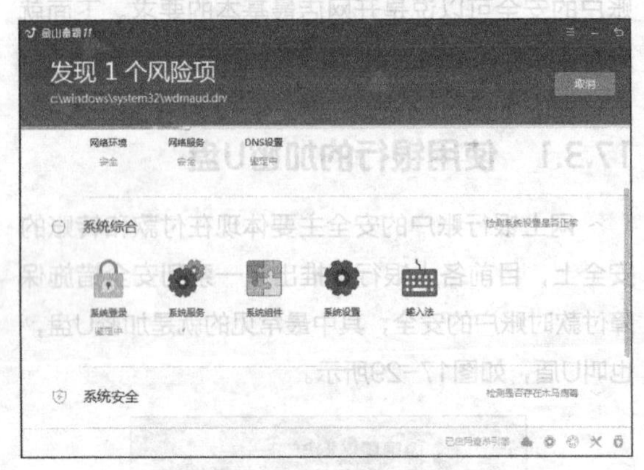

图17-33

第3步 扫描完毕后，单击“立即处理”按钮，如图17-34所示。

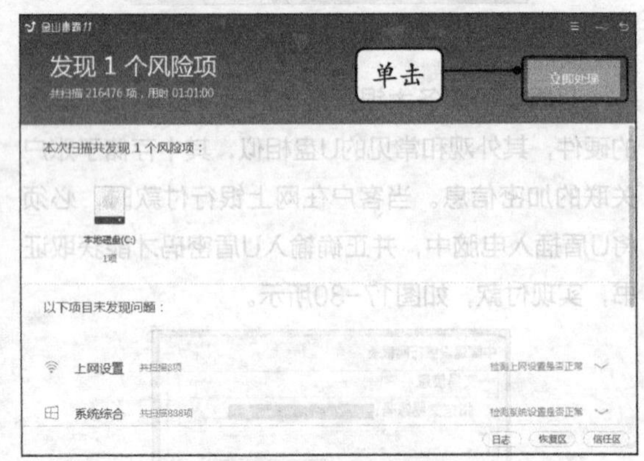

图17-34

用户也可以使用“全盘查杀”来对整个硬盘进行扫描和杀毒，不过花费的时间可能会比较久；也可以使用“自定义查杀”（如图17-32所示界面的左下角）功能来对指定的文件夹或文件进行扫描或查杀，这种方法多用于检查从网络上下载的文件或文件夹是否带毒。

17.4.2 启用密码杜绝他人使用自己的电脑

为了防止别有居心的人趁自己不在电脑旁时，偷偷使用自己的电脑，在电脑中安装什么木马程序，以盗取自己的各种账号，有必要对电脑设置开机密码，可以保证电脑在关机状态下，没有密码无法开机；还可以保证电脑在开机并锁屏的状态下，没有密码无法进入桌面，这样就杜绝了电脑被盗用的可能。

第1步 ❶单击“开始”按钮；❷单击“控制面板”选项，如图17-35所示。

图17-35

第2步 打开控制面板后，单击“用户账户和家庭安全”文字链接，如图17-36所示。

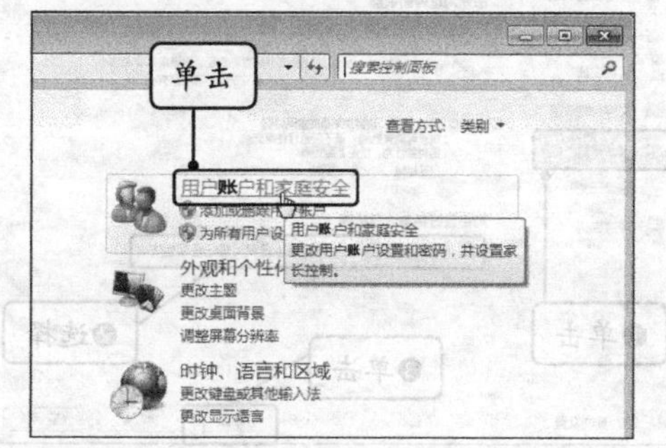

图17-36

第3步 单击“更改Windows密码”文字链接，如图17-37所示。

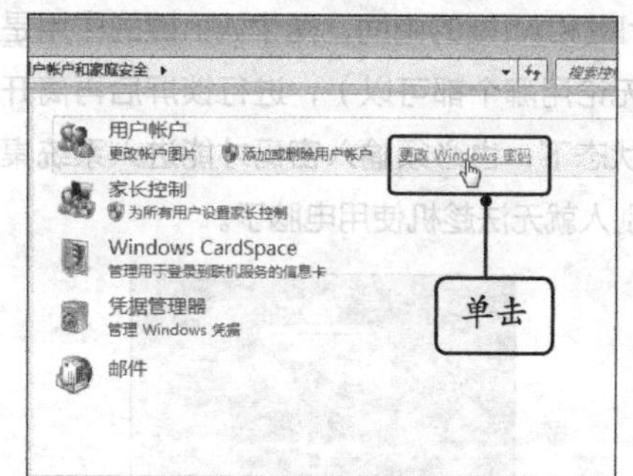

图17-37

第4步 单击“为您的账户创建密码”文字链接，如图17-38所示。

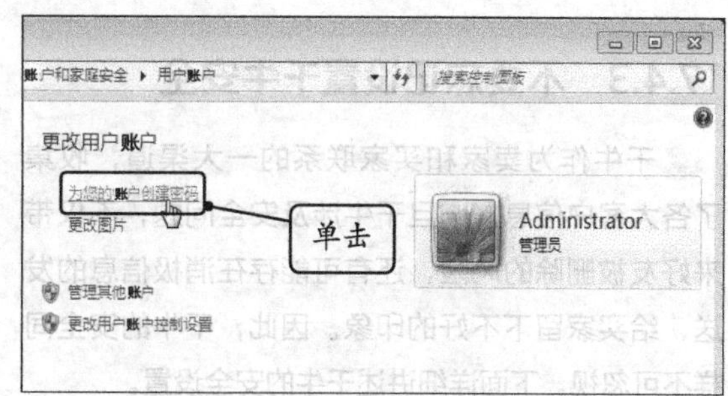

图17-38

第5步 ❶输入密码；❷单击“创建密码”按钮，如图17-39所示。

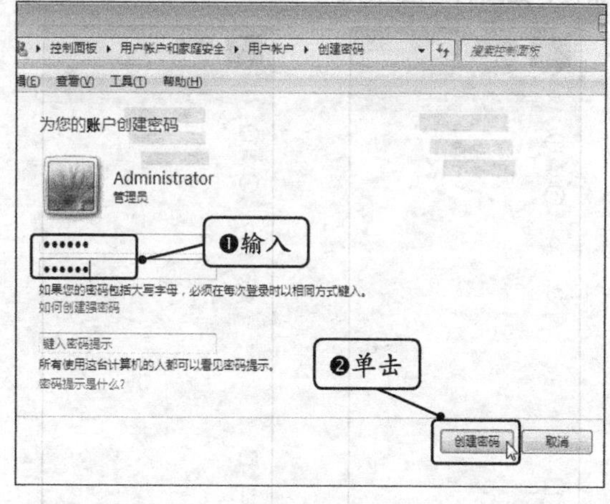

图17-39

账户密码创建成功后，每当开机时，就会出现如图17-40所示的界面，要求输入密码才能进入操作系统的桌面。

当用户开着电脑，但又要暂时离开时，可以按下“Win+L”组合键（Win键就是键盘最底层那一行印着小窗口的两个按键，一般情况下，其位置是在Ctrl键和Alt键的中间，两个Win键的作用是一样的，无论用哪个都可以），进行锁屏后再离开。在锁屏状态下，也必须输入密码才能进入系统桌面，这样别人就无法趁机使用电脑了。

图17-40

17.4.3 不要忘记设置千牛安全

千牛作为卖家和买家联系的一大渠道，收集了各大客户信息。一旦千牛涉及安全问题，不仅带来好友被删除的风险，还有可能存在消极信息的发送，给买家留下不好的印象。因此，千牛的安全同样不可忽视。下面详细讲述千牛的安全设置。

第1步 登录千牛后台，单击左下角“更多”选项卡，如图17-41所示。

第2步 在弹出的文本框里单击“安全中心”超级链接，如图17-42所示。

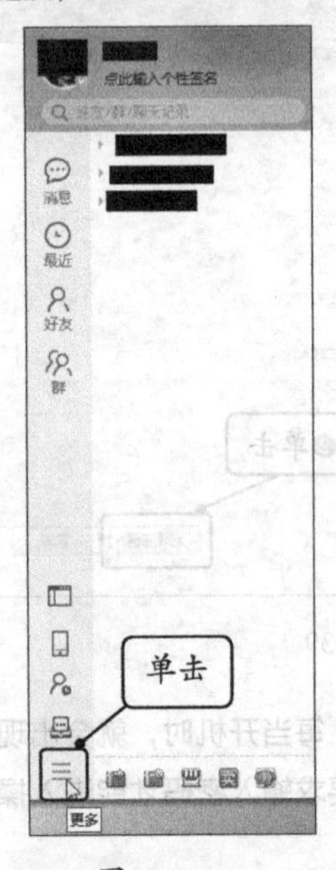

图17-41

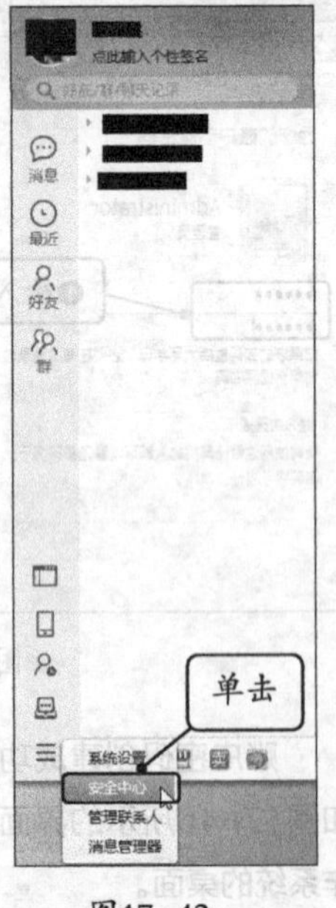

图17-42

第3步 在系统跳转的新页面里，❶单击“防骚扰设置”选项卡；❷设置各种防骚扰信息；❸单击“确定”按钮保存，如图17-43所示。

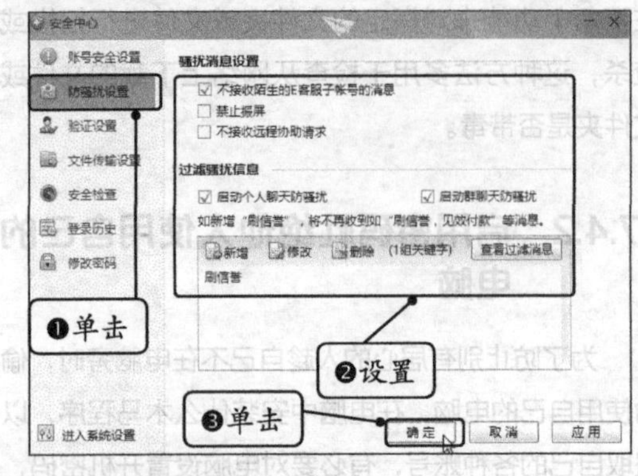

图17-43

第4步 ❶单击“文件传输设置”选项卡；❷设置文件保存位置和危险文件提醒；❸单击“确定”按钮保存，如图17-44所示。

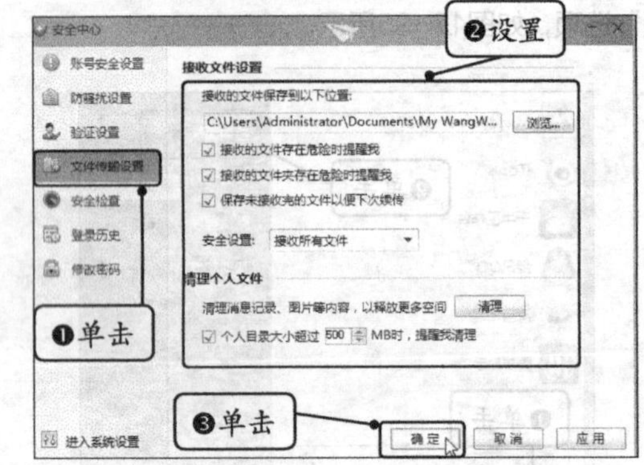

图17-44

第5步 ❶单击“安全检查”选项卡；❷选择“启动阿里旺旺钓鱼木马检查”；❸单击“确定”按钮保存，如图17-45所示。

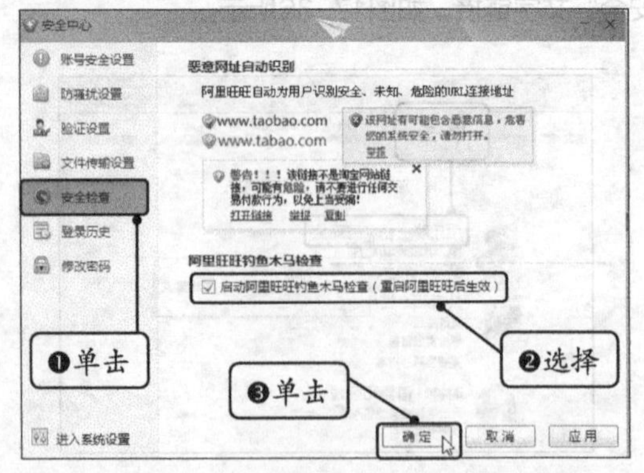

图17-45

第6步 ❶单击“登录历史”选项卡；❷查看近期旺旺登录历史，若有异常及时修改密码，如图17-46所示。

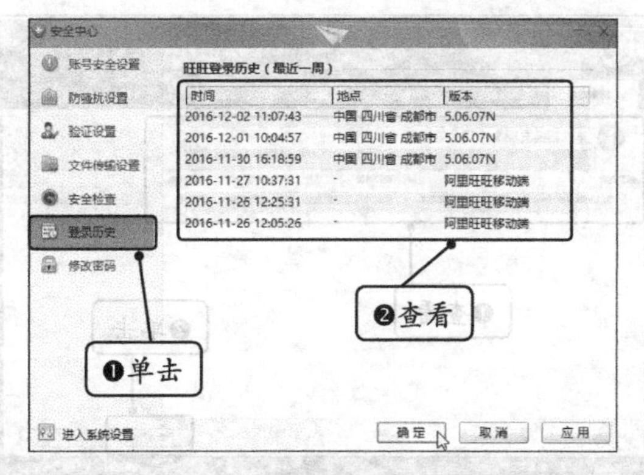

图17-46

专家提点　千牛安全设置

千牛安全中心还可以对账号进行安全设置，设置密保问题；进行验证设置，在陌生人发送好友请求时，是否需要验证；进行修改密码，避免被盗账号。

17.5　秘技一点通

技巧1　——如何防止密码被盗

密码被盗有很多原因。有的是电脑中了木马病毒被盗，有的是因为密码被人猜出来，或者穷举出来了……不管原因有多少，只需要按照下面几个规则来使用电脑，就会大大减少密码被盗的可能性。

（1）设置安全密码，尽量设置长密码。设置便于记忆的长密码，可以使用完整的短语，而非单个的单词或数字作为密码，因为密码越长，则被破解的可能性就越小。

（2）输入密码时建议用复制＋粘贴的方式，这样可以防止被记键木马程序跟踪。

（3）建议定期更改密码，并做好书面记录，以免自己忘记。

（4）不同账户设置不同的密码，以免一个账户被盗造成其他账户同时被盗。

（5）不要轻易将身份证、营业执照及其复印件、公章等相关证明材料提供给他人，以免被利用去骗取密码。

（6）通过软键盘输入密码。软键盘也叫虚拟键盘，用户在输入密码时，先打开软键盘，然后用鼠标选择相应的字母输入，这样就可以避免木马记录击键。

技巧2　——使用代码检测杀毒软件是否正常工作

安装了杀毒软件之后，如何才能知道该软件究竟有无效果呢？总不能真的去下载一个带病毒的文件来测试，那样太危险了。

欧洲计算机防病毒协会开发出一段病毒测试代码。这段代码本身并无任何危害，但可以被所有合格的杀毒软件检测到，也就是说，如果杀毒软件不能及时检测到该代码，则可以断定该杀毒软件工作异常，或者性能不行。以下是代码：

```
X5O!P%@AP[4\PZX54(P^)7CC)7}$EICAR-STANDARD-ANTIVIRUS-TEST-FILE!$H+H*
```

如果读者觉得这段代码输入太麻烦，可以到百度搜索“EICAR 病毒测试代码”，然后在结果中复制代码进行测试。

第1步　❶在桌面空白处右击鼠标；❷单击“新建”命令；❸单击“文本文档”命令，如图17-47所示。

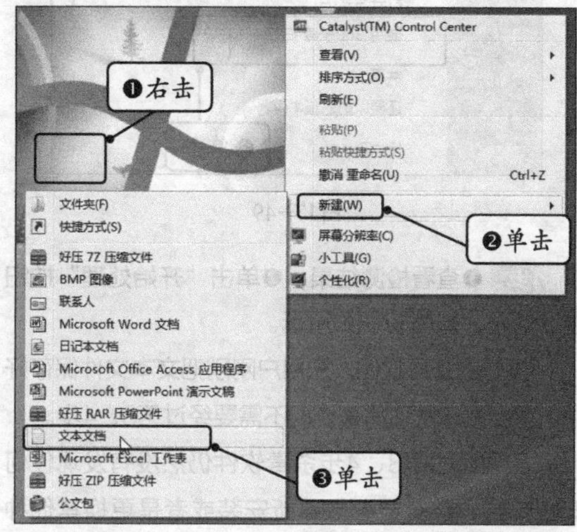

图17-47

第2步 ❶双击桌面新建的文本文档图标；❷输入测试代码；❸单击“关闭”按钮；❹单击“保存”按钮，如图17-48所示。

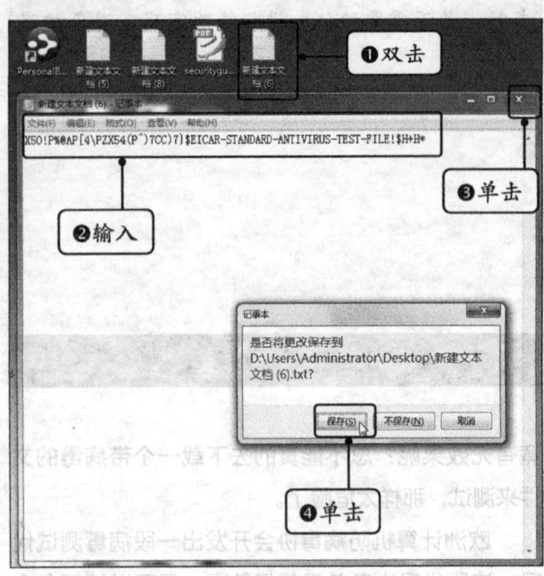

图17-48

第3步 ❶右击该文本文档；❷单击“使用360杀毒扫描”命令，如图17-49所示。

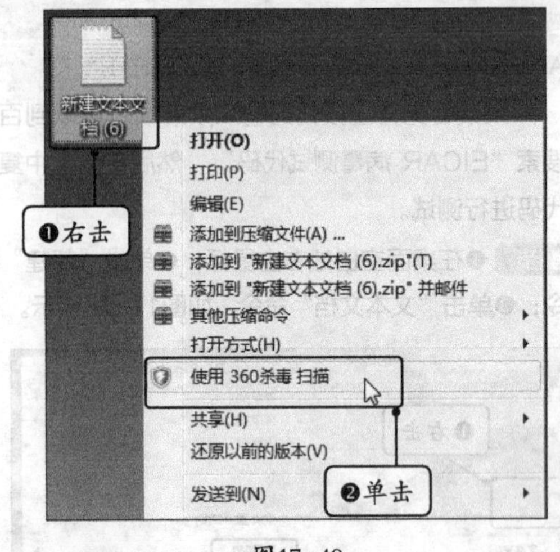

图17-49

第4步 ❶查看检测结果；❷单击“开始处理”按钮进行处理。如图17-50所示。

灵敏的杀毒软件，在用户刚刚把文本文件保存好时，就会提示发现病毒，而不需要经过第3、4步。

如果经过第3、4步杀毒软件仍然没有发现任何安全威胁，那就要考虑重新安装或者是更换其他种类的杀毒软件了。

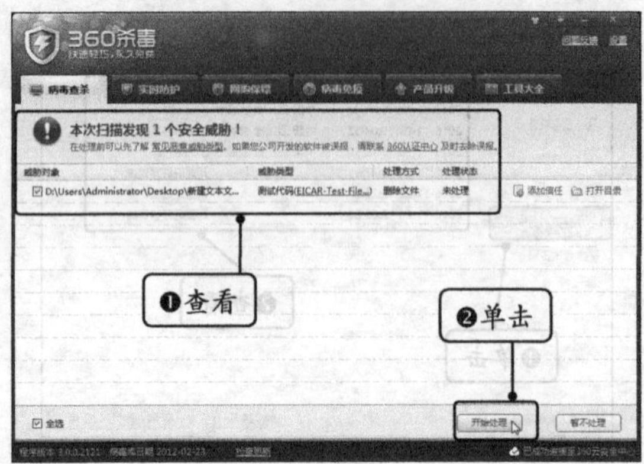

图17-50

技巧3 ——在线查杀文件内的病毒

在经营网店时，虽然说尽量不要接收陌生人传来的文件，但对于朋友、同事等人传来的文件，却是一定要接收的，但这些文件均应先经过杀毒软件查杀病毒后再打开。考虑到电脑上只能安装一个杀毒软件，有时会出现漏杀的情况，此时可利用网络上的在线查杀网站提供的数十个杀毒引擎，来检测文件是否带毒。

访问VirSCAN网站，然后在线提交需要检测的文件，即可利用数十款杀毒引擎以及最新病毒库来检测。

第1步 打开网站首页，单击“浏览”按钮，如图17-51所示。

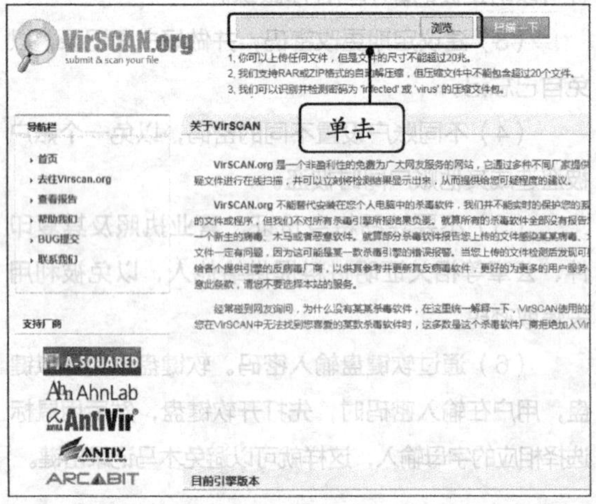

图17-51

第2步 ❶选择要检测的文件；❷单击“打开”按钮，如图17-52所示。

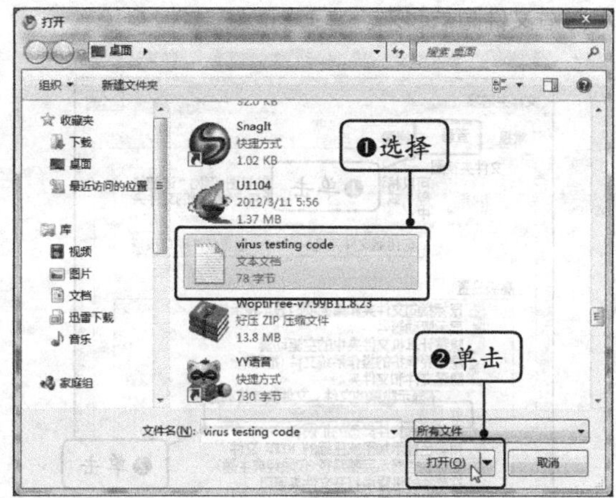

图17-52

第3步 单击"扫描一下"按钮，如图17-53所示。

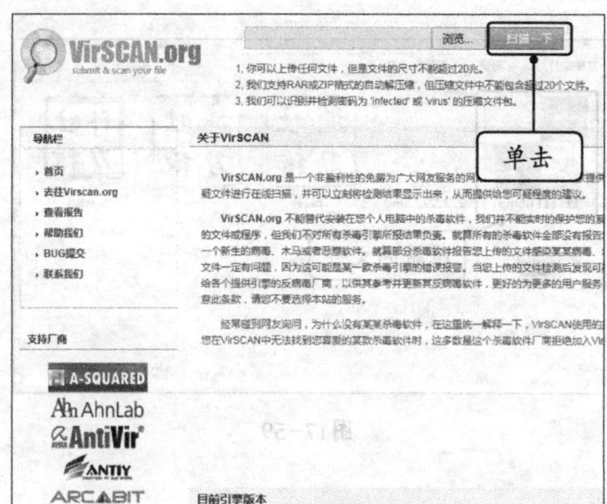

图17-53

第4步 查杀完毕，查看查杀结果，如图17-54所示。

扫描结果					
安全					
软件名称	引擎版本	病毒库版本	病毒库时间	扫描结果	扫描耗时
ANTIVIR	1.9.2.0	1.9.159.0	7.12.138.154	没有发现病毒	23
AVAST!	161205-1	4.7.4	2016-12-05	没有发现病毒	18
AVG	2109/13037	10.0.1405	2016-12-05	没有发现病毒	1
ArcaVir	1.0	2011	2014-05-30	没有发现病毒	8
Authentium	4.6.5	5.3.14	2013-12-01	没有发现病毒	1
Baidu Antivirus	2.0.1.0	4.1.3.52192	2.0.1.0	没有发现病毒	13
Bitdefender	7.55879	7.90123	2015-01-16	没有发现病毒	1
ClamAV	22667	0.97.5	2016-12-06	没有发现病毒	1
Comodo	15023	5.1	2016-12-04	没有发现病毒	3
Dr.Web	5.0.2.3300	5.0.1.1	2016-12-07	没有发现病毒	43

图17-54

如果有多个文件（不多于20个）要检测，用户可以将这些文件压缩成一个RAR文件，一次性上传进行检测。

技巧4 ——将重要文件隐藏起来

将重要文件设置为"隐藏"属性，就可不在文件夹中显示出来，从而达到保护文件的目的。当然，这一招对于高手是无效的，但对一般人来说足够了，而且整个操作非常简单，适合新手使用。

第1步 ❶右击要设置属性的文件；❷单击"属性"命令，如图17-55所示。

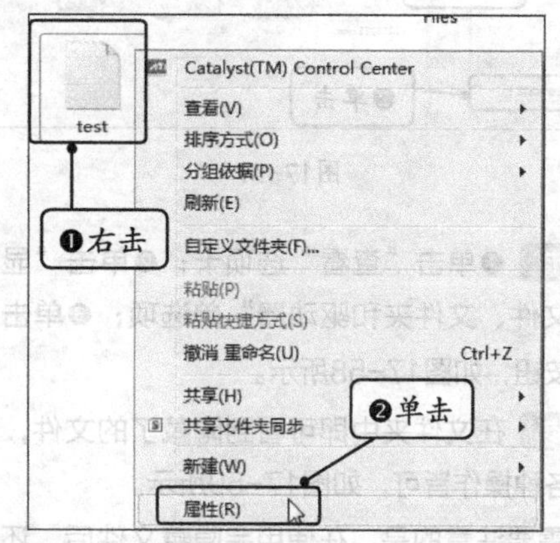

图17-55

第2步 ❶单击"隐藏"复选框；❷单击"确定"按钮，如图17-56所示。

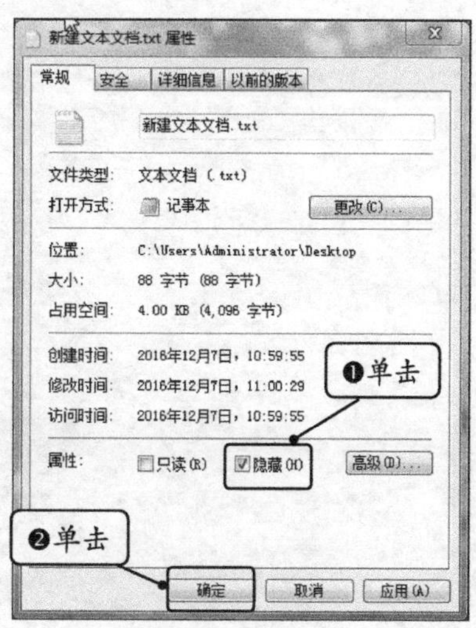

图17-56

这个方法也可以用来隐藏文件夹。

技巧5 ——查看隐藏的文件

将文件设置为“隐藏”属性后，在文件夹中就不显示了，那么作为用户自己又该怎样查看和使用这些隐藏了的文件呢？其实只要做一点简单的操作，就可以将隐藏的文件显示出来。

第1步 进入放有隐藏文件的文件夹中，❶单击“组织”菜单；❷单击“文件和搜索选项”命令，如图17-57所示。

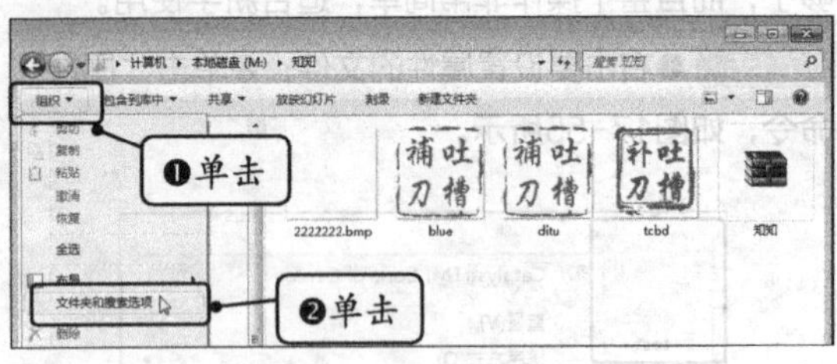

图17-57

第2步 ❶单击“查看”选项卡；❷单击“显示隐藏的文件、文件夹和驱动器”单选项；❸单击“确定”按钮，如图17-58所示。

第3步 在文件夹中即可看到隐藏了的文件，对之进行各种操作皆可，如图17-59所示。

需要注意的是，在使用完隐藏文件后，还需要在第3步所示界面中，重新设置“不显示隐藏的文件、文件夹或驱动器”并单击“确定”按钮，再次将隐藏文件隐藏起来。

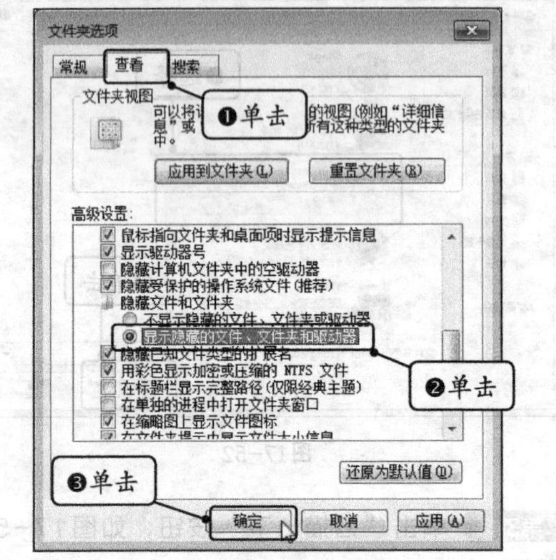

图17-58

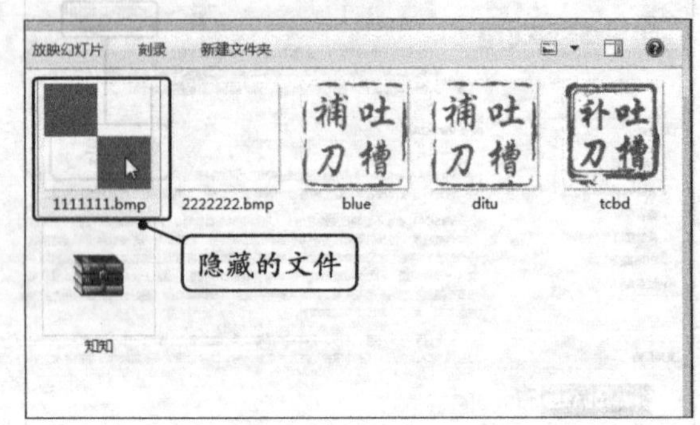

图17-59

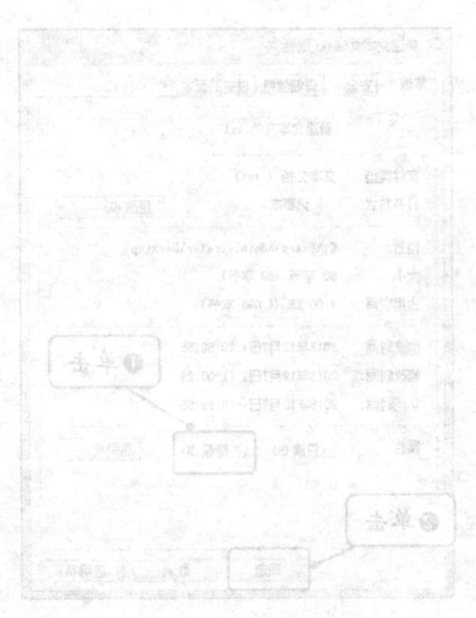

开店小故事

资深店主险遭网银诈骗

某日，在微博上，赵先生通过网上升级U盾差点造成损失的案例引起网友关注。

赵先生是一家大型网店的店主，已经成立了公司，拥有员工20余人。

4月14日，赵先生意外地收到一条短信，内容是“尊敬的客户，本行网络系统升级，请于本日15:00前升级您的U盾，否则您的U盾将无法使用。升级网址如下”，随后附上一个网址。

担心生意受到影响，赵先生赶忙登录短信上的网站，一看正是开户行的官网页面，就放心地输入了账号密码，并按提示插入U盾。奇怪的是，试了五六次，一直登录不进去，每次都提示密码错误。

正不知道怎么办时，赵先生的手机响了，一个自称是“银行客服”的女声提示赵先生，升级方式不对，并告诉了他“正确”的步骤，赵先生按照“客服”的要求，把自己的账户、密码告诉了对方。

放下手机后，赵先生总觉得哪里有点别扭的感觉。突然，赵先生想起自己看过的一篇文章，介绍说一般银行的客服电话都是五位数，不是五位数就很可能有问题。赵先生赶紧翻出来电记录，一看之下大吃一惊，原来刚才的“客服”电话号码为普通的手机号码，受骗了!

赵先生马上打电话给开户行，被告知遭遇诈骗后，赵先生立刻让银行冻结了自己的账户，以免钱被盗转。

由于赵先生及时冻结了账户，因此资金没有受到损失。不过，其他人就未必有此好运了。警方表示，最近接到很多报案，都是因为“升级”操作导致资金被窃。随着网络金融越来越发达，网络犯罪的花样也层出不穷。用户想要不受骗上当，一定要提高警惕，绝对不要把账号密码告诉任何人；也不要轻信任何来历不明的短信和电子邮件，一切操作要到真正的官方网站上进行。

第18章

身为卖家不得不防的网上陷阱

本章导言

骗子是一个古老的职业，然而也是一个自我更新能力很强的职业。随着电子商业的兴起，网上也出现了很多骗子，他们针对网店店主，设计了很多骗局，一度让不少新手卖家损失惨重。其实，要避免被骗很简单，看完本章的内容，再加上一点点的谨慎，相信没有什么骗局能骗到本书的读者了。

学习要点

- 了解常见的网上骗术
- 了解针对经营虚拟商品的骗术
- 掌握常见的卖家自保手段

18.1 常见的网上骗术

随着网络信息技术的发展和电子商务的普及，网上购物与销售给我们带来了实实在在的方便。无论在家里、办公室，还是在旅途中，只要能够上网，我们就可以销售商品或购买宝贝，但是随之而来的诈骗、诚信问题已经成为网上购物发展的一个阻碍。如何保证网上交易的安全呢？这是越来越多的人关心的问题，其实只要知道一些基本技巧，有足够的安全防范意识，就不用再为安全问题而感到担心。

18.1.1 防“宝贝链接”钓鱼

骗子经常从网上发来假的宝贝链接，让卖家去点击，从而跳转到假的淘宝站，并要求卖家输入淘宝用户名和密码，麻痹大意的卖家就有可能上当。

一般骗子用“我想买你的东西，你的这个商品链接怎么打不开？”作为开场白，然后发过来一个和淘宝链接类似的网址，如图18-1所示。注意看上面这个链接的最前面，在旺旺窗口里面，会有个橙黄色的“？”，这表示是不安全的链接。

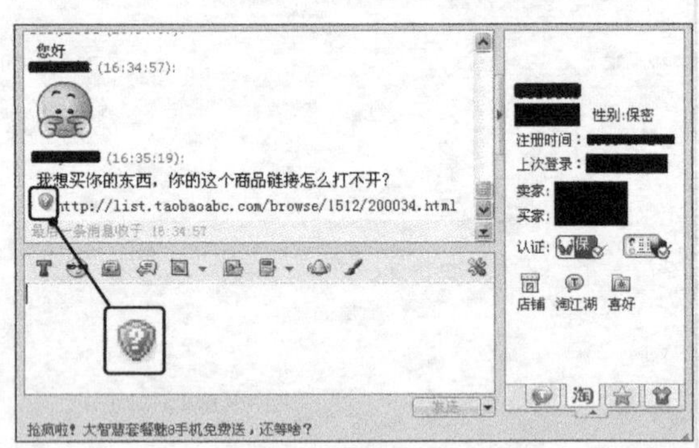

图18-1

当把光标移动到这个链接上面，有个明显的警告提醒“阿里旺旺无法确定该链接的安全性”，如图18-2所示。

如果卖家打开链接，会进入一个淘宝会员登录的页面，千万不要在这个页面输入账户名和密码，避免账号密码被盗取。

其实，辨别是否是真的宝贝链接，有一个很简便的方法，阿里旺旺或者千牛在显示正确的宝贝链接时，都会同时显示出该宝贝的主图以及简单的描述，如图18-3所示。没有这种图和描述的一定是假链接（但有也不一定是真链接，可能是骗子直接发来的图）。

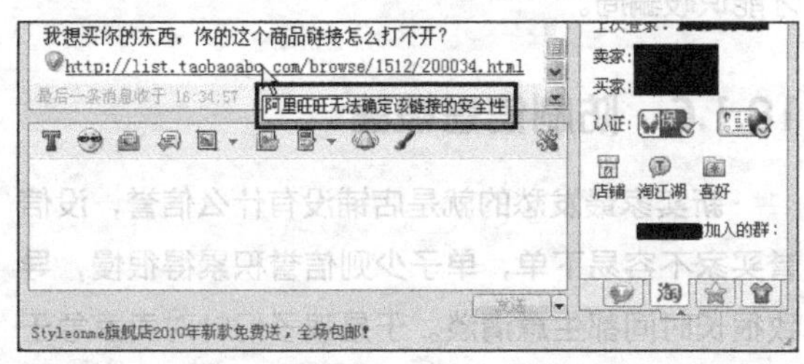

图18－2

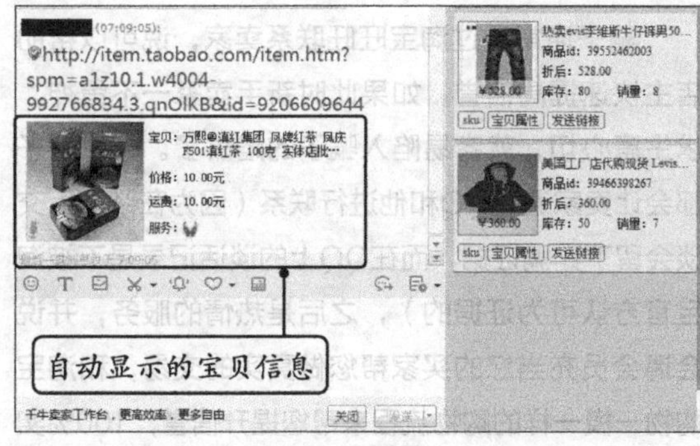

图18－3

18.1.2 防假淘宝客服

买家在网上购物后，或者卖家在发货后，被所谓的卖家客服人员，以订单失效、激活验证码等理由骗取银行卡号和密码、支付宝账号和密码、手机短信验证码等信息，将受害人银行卡的现金转走。

因此，在淘宝网等网站购物后，要注意查看自己的订单，不要相信陌生的客服电话，即使听起来非常真实，也要认真核实，自行登录账户查看，不要相信对方、不要让对方进行远程操作，更不要告诉对方自己的银行卡号、密码以及支付宝账号和密码。

真正的淘宝和支付宝客服人员在联系淘宝用户时（不管是买家还是卖家），是不会索要您的密码信息的。当对方试图询问密码等安全信息时，就要提高警惕，坚决不要透露。

骗子冒充客服有两种形式。

1. 电话假客服

有些卖家非常相信搜索引擎，认为搜索引擎上显示该号码为“淘宝客服电话”就是真的，其实不然，有些搜索引擎只要给钱，就能放上很多虚假信息，骗子会花钱将假客服号码登记到搜索引擎上，让目标上当；卖家也会莫名地接到0571开头的电话，那些“客服”会用各种方法威胁诱导，让卖家提供手机校验码、银行卡信息、个人信息或者给他人转账。

2. 旺旺假客服

一般骗子会拍下大量的虚拟商品，或者其他商品，不付款却催促卖家发货，如果卖家不发货，就威胁卖家说投诉他，随后就有号称是淘宝客服的旺旺来告之卖家被投诉了，让卖家发货。卖家情急之下，就可能会按照假客服的指示填写私密信息，从而上当。

18.1.3 防第三方聊天工具

所谓的第三方聊天工具，就是指除淘宝官方出品的旺旺和千牛之外的任何聊天工具。由于旺旺和千牛有一定的过滤假冒网址的作用，购物安全性较高，因此很多骗子想方设法引诱目标转移到诸如QQ、微信等聊天工具上进行交谈，在交谈时下手进行欺骗。

最常见的是发送带有木马的文件给受害者，对方打开文件后，电脑就中了木马，会把淘宝、支付宝和网银的密码账号都发送给骗子，最终造成巨大的经济损失。

也有的是利用第三方聊天软件不过滤虚假淘宝网址的情况，发送所谓的“钓鱼”网址给受害者，让受害者到假的淘宝站购物，造成信息泄露。

针对此类信息，广大卖家务必高度警惕，绝对不要去非旺旺或千牛的聊天软件上进行沟通，至于具体的防骗要点有两点。

- 莫轻信任何人及任何理由，坚持使用旺旺或千牛进行沟通，拒绝使用其他聊天软件进行购物交流。
- 谨慎接收任何人通过旺旺、QQ等发送的任何文件，以防被木马攻击。万不得已要接收时，应该在接收后立即使用杀毒软件进行检查，如报警则切勿打开该文件。

18.1.4 防直接转账汇款

此类骗术的相同特点：卖方会以各种借口拒绝

使用支付宝（如电脑中毒，用不了支付宝；产品是走私的，防止被抓等），要求买家使用汇款、转账等方式支付。

一旦买家听信骗子的话，使用银行汇款，就中了骗子的圈套，收款不发货。

这种诈骗方式多针对买家，但卖家也不可不知，因为很多卖家也在阿里巴巴批量进货，此时作为卖家说不定也会遇上这样的陷阱。

还有一种骗术是汇款添0型：应该汇款68元，可是骗子只汇款0.68元，卖家在网上交易查询时，如果不注意就真的看成68元了，然后就给骗子发了货；另一种是合伙骗局，主要为销量大的卖家量身定制，也就是使用两个不同的用户名同时买价格相同的商品，在不同时间通知卖家已经汇款。其实，只汇款一个，大意的卖家看到银行有了钱就发货了；还有一种，那就是明明没有汇款，但是却发信息给卖家说已经汇款，有卖家实在太忙，有可能会在没查账的情况下就把货发了，最后发现财货两空。

专家提点 尽量使用支付宝

支付宝起到了保障买家权益的作用，如果绕过支付宝，使用银行汇款或转账的支付方式，买家的权益就得不到任何保障。淘宝购物一定要使用支付宝，坚决拒绝卖家提出的其他任何付款方式。

18.1.5 防邮件短信钓鱼

骗子留言给卖家，说要买某件宝贝，但自己没有支付宝，希望卖家把银行汇款账号连同宝贝的链接发到他的邮箱里。如果卖家发送了邮件，一天或者两天后，卖家邮箱里便多了这样一封信，标题是：有一笔跨行支付等待您收款。信件里会有一个链接，表示是某银行的网站。如果点击链接过去，看到的也许就是跟各大银行网银几乎一模一样的页面。陷阱在哪里呢？就在要激活所谓银联功能的地方，包括开卡地选择、卡号、密码、用户名、身份证号码输入，一旦输入了这些信息，不用说，账户里的资金肯定会被席卷一空。

识破骗局关键点：第一，发来这封邮件的地址一般是个普通注册邮箱，也许是163的，也许是126的，而真正的银行邮件是不会采用这些公众邮箱的，一般都是独有的邮件地址。第二，假冒网站里若干安全链接是无效的。因为假冒的网站是不能使用该行的https的。卖家遇上这样的情况要多观察，才能识破骗局。

18.1.6 防刷信誉被骗

新卖家最发愁的就是店铺没有什么信誉，没信誉买家不容易下单，单子少则信誉积累得很慢，导致很长时间都生意清淡。于是骗子们针对卖家急于提高信誉的心理，设计了“刷信誉”的骗局，骗取卖家的金钱。

骗子通常通过淘宝旺旺联系卖家，说可以帮助店主快速提高信誉，如果此时新手卖家一不留神，求生意心切，就容易陷入骗子的陷阱了。一般骗子都会让卖家通过QQ和他进行联系（因为在旺旺上交谈会留下诈骗证据，而在QQ上的谈话记录是不被淘宝官方认可为证据的），之后是热情的服务，并说会请会员充当您的买家帮您做真实的交易，和淘宝购物一模一样的购物流程来帮您提升信誉，100%实物交易记录，而且每条评语都不一样的！卖家一般都以为，还有支付宝这道屏障，是不会出问题的。

卖家按照骗子的要求，预先给骗子的支付宝支付了200元，骗子如约拍下了卖家店里一件200元的商品。很快，骗子确认收货，等于又将支付宝中的金额还给了卖家，还给出了好评，一笔虚拟交易就这样完成了。

看到店铺的信誉度就这样得到了提高，卖家会觉得这种方式挺不错的。没想到，第二天，卖家就接到淘宝网客服的电话，才知道骗子投诉了自己，说没有发货。由于手中没有发货单，无法提供发货单号，卖家无法为自己辩解。而且由于做贼心虚，不敢跟客服说事实情，只能推说正在准备发货，最后损失了200元的货物才了结此事。

还有所谓的“互刷信誉”平台，也就是让卖家们在平台里存上一定的钱，然后互相发布刷信誉的任务。最开始卖家小心翼翼地存上一点点钱到平台里，然后发布一两个小额任务来试试，这个时候一切正常，过了一段时间，卖家就放开了胆子，存入更多的钱，希望尽快把信誉刷上去。

如果卖家因为什么原因需要把平台里的资金提取出来，这个时候平台就以“恶意提款”的借口，直接把卖家的账号给封了，卖家联系客服，客服也不理，这笔不大不小的钱就石沉大海了，即使报警也没有用，因为老手骗子一般不会骗取超过2000元人民币的钱款，而少于2000元又无法立案侦查。

专家提点　淘宝严禁刷信誉

刷信誉本质上是一种作弊行为，淘宝严厉禁止刷信誉，一旦被发现，会给予相应的惩罚，并且因为刷信誉被骗，淘宝也不会进行调查，一切苦果只能由卖家来品尝。

18.2　针对虚拟卖家的骗术

在线话费充值、虚拟货币出售等没有实物的商品称为“虚拟商品”，这类商品的共同点就是发货收货几乎都是自动的，一旦发出去，几乎就不可能再追回来。

骗子们针对虚拟卖家，发明了不少骗局，新手卖家很容易上当，但由于被骗额度不大，往往就在几十元到几百元之间，报警也没有用。因此最好提前了解一下这些骗局，以免上当。

18.2.1　防手动充值

很多卖家为了挣信誉，都在小店里挂了个自动代充话费的软件。只要买家拍下话费并付款后，软件就会自动从卖家的账户里扣除相应的费用，转到买家指定的电话号码中去，这就完成了一个正常的自动充值交易。

骗子会直接找到卖家，声称已经付款，但没有收到话费，要求卖家手工为他充值。卖家一般会边和对方交流，边进行核实。此时骗子会通过技术手段发过来一个以假乱真的“系统通知”，如图18-4所示。

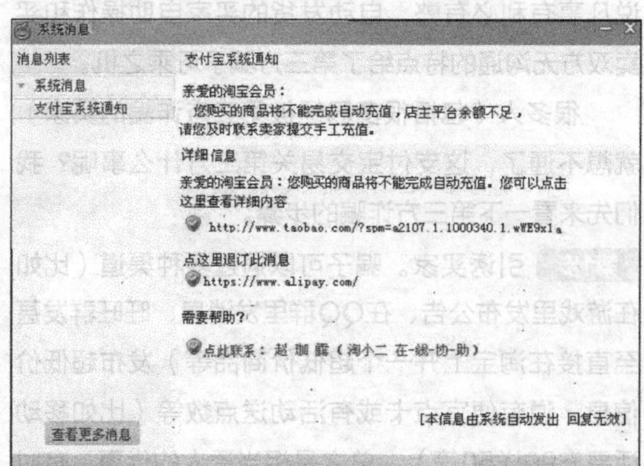

图18-4

看到这个“通知”，新手卖家一般就相信了，或者慌神了，再加上骗子在一旁不停地催促和威胁，卖家就稀里糊涂地往骗子指定的号码里充了值。随即骗子就会消失得无影无踪。等卖家冷静下来查看交易记录，才发现买家虽然拍下了单子，但根本没有充值，单子还处在“待付款”的状态。

因此，一定要记住，不管对方怎么催促怎么威胁，一定要以自己的交易记录为准，对方发来的图片、链接，以及很及时地出现的“系统通知”都靠不住。没付款，就不发货，什么条件都不要讲。

18.2.2　防忙中出乱

新手卖家由于没有经验，在同时处理多个买家的询问时往往手忙脚乱，这个时候就容易被骗子趁虚而入。

骗子常用的手段是：两三个骗子一起与虚拟卖家进行联系，打字速度极快，还不断发送振屏，不断打电话，让卖家手忙脚乱，根本没有时间去思考和检查对方是否付款，就给骗子给发货了，其实对方根本没有付款。

卖家要记住的是，发货的唯一依据就是对方已付款，因此发货以前一定要检查交易单的状态，千万不要忙里出乱，更不要慌张，一定稳住阵脚。

18.2.3　防恶意差评，动态评分给低分

明明充值成功，骗子却声称未收到货，要求退款。经卖家于供应商处再三确认，确定已经充值成功。可骗子依然声称未收到，还威胁要提交到淘宝去维权。此时有些卖家就想到反正只有五十元、一百元，不如破财免灾了，就与骗子妥协，再次给

骗子充值，或者退骗子的款。

如果卖家不妥协，骗子其实也是无计可施的，只好给交易打上差评，所有动态评分给最低分。由于新店铺交易量本来就少，还挂一些差评，非常影响生意，于是又有部分卖家妥协了，退钱给骗子，让他改成好评。

但是妥协真的能换来平安吗？退一步真的能海阔天空吗？其实不见得。骗子们都是有交流的，一旦知道某个卖家容易妥协，很快就有大批骗子蜂拥而上，纷纷施展各种骗术，逼迫卖家一次又一次地出血。因此妥协只是权宜之计，斩断骗子的念想才是长久之策。

如何斩断骗子的念想呢？那就是绝对不妥协，申诉到底。对于恶意评价，卖家可以向淘宝官方提供发货证据，只要证据完整可信，淘宝一般就会撤销恶意评价。对于这种“又臭又硬”的卖家，骗子们过一段时间就会失去兴趣，转而寻找其他更容易得手的目标。

卖家也要有心理准备，所谓人在江湖漂，哪能不挨刀，遇上骗子是不可避免的，被打上几个中差评是在所难免的，不必太过介怀，放眼看看同行，哪家不挂几个中差评呢？人家不一样在做生意吗？

专家提点 春节行骗高峰期

骗子们往往利用春节淘小二放假的时间进行诈骗，这样淘小二就无法及时介入纠纷，骗子们的恶意差评术更容易得逞。

18.2.4 防大额订单

大额订单是飞来横财，前提是它是真的。但生活中哪有那么多天上掉馅饼的事？大额订单来到面前，切勿被它冲昏头脑，牢记一定不要被利润所引诱而答应骗子直接汇款的要求，要走淘宝支付宝的正规渠道进行交易，才能保障自己的资金安全。

大额订单的骗局通常是这样进行的：

骗子询问要买某宝贝，数量上比较大，问卖家有没有足够的货，然后借此机会和卖家聊上一会，麻痹卖家的神经。

当一切谈妥后，要付款时，骗子就会说，自己没有网银也没有支付宝，只能通过银行汇款，要求卖家提供一个银行账号给他，卖家通常就把账号给了骗子。

骗子会发来消息说：“我可以给您汇款，不过必须要到银联在线填写下担保单，这样我才放心汇款。”新手卖家一想也合理啊，对方怕汇了款自己不发货，签个担保单也属于正常要求（其实银联压根就没有什么担保单业务）。于是卖家打开骗子发来的链接地址，进入“中国银联无卡支付交易处理平台”网站（当然是假的），根据里面的提示下载一个控件，用以显示验证码。

其实这个控件就是木马程序，一旦安装它就会窃取卖家电脑上的资料，包括支付宝、网银等信息，所有的账号都会遭到无情的血洗。

结论就是：不要被大额订单冲昏了头脑，一定要走正规渠道完成交易。

专家提点 为什么杀毒软件检测不到这个木马程序

一般卖家的电脑上都安装了杀毒软件，非常安全，因此不会想到这个所谓的控件就是木马程序。其实这些木马程序都是经过特别设计的，加入了“防杀机制”，在一段时间内，不会被杀毒程序识别出来，足够它完成盗窃信息的举动。因此最好的方法是不要轻易下载并运行控件，尤其是陌生人提供的网站上的控件。当然也不要因此就否定杀毒软件的作用，杀毒软件对于绝大多数病毒和木马还是有效的。

18.2.5 防第三方诈骗

自动发货的商品的确方便了买卖双方，但俗话说凡事有利必有弊，自动发货的买家自助操作和买卖双方无沟通的特点给了第三方骗子可乘之机。

很多人（包括很多已经被第三方诈骗的买家）就想不通了，这支付宝交易关第三方什么事呢？我们先来看一下第三方诈骗的步骤。

第1步 引诱买家。骗子可以通过多种渠道（比如在游戏里发布公告、在QQ群里发消息、旺旺群发甚至直接在淘宝上开一个超低价商品等）发布超低价信息，说有便宜点卡或有活动送点数等（比如移动话费充90送50等），总之是相当诱人的优惠，有时还会加上一些时间限制，比如今天是最后一天等，必然会吸引到一些想得到优惠的买家。

第2步 瞒天过海。当骗子吸引到买家后，会千方百计引诱买家去拍某一件自动发货商品（该商品和店铺与骗子完全无关），并说明要按他说的方法操作而不是正常的按商品描述里的使用方法操作，其理由也是层出不穷。比如买家买QQ点，如果按照骗子的要求输入了骗子的QQ号，而不是按照页面上的说明输入自己的QQ号，那就等于是把QQ点充给骗子了。也有的骗子明明在广告里卖游戏点卡，却给买家一个话费充值商品的链接，并以各种理由欺骗买家拍下。

第3步 偷梁换柱。买家买下商品后，骗子会给出与商品描述中不符的使用方法，比如买游戏卡却指引对方到中移动的网页上去充值，当然是不成的，于是骗子就有借口要去买家的卡号和密码，说是帮忙核实，而一旦拿到卡号密码，骗子就得逞了。也有的骗子告诉买家，必须到某网站去充值才能获得优惠，其实该网站是个钓鱼网站，目的就是为了获得买家的卡号密码。

接下来不用说，得到卡密的骗子马上就人间蒸发了，买家再也找不到他们。于是愤怒的买家就向卖家申请退款，莫名其妙的卖家当然不肯退款，于是买家们就向淘宝告状说卖家和骗子是一伙的，要求淘宝惩处卖家。其实整个过程里卖家是最不知情的一个，他的虚拟宝贝被骗子利用了，而他从头到尾一点都不清楚。

面对气势汹汹的买家，卖家几乎是有口难辩，说不清楚自己是不是骗子的同党。虽然最后淘宝肯定会判定卖家是无辜的，但毕竟这样的事情会占用卖家大量的精力，甚至会招来不明真相的买家的恶意攻击（比如买宝贝给差评）。

这样的第三方诈骗，卖家只能反复在宝贝页面以大红字体进行提醒，告知买家正确的使用方法以及常见的第三方诈骗术，如果这样买家都还要上当，那就不是卖家的责任了。

18.3 卖家常用自保手段

面对层出不穷的骗术，卖家也要掌握一些常用的自保手段，毕竟害人之心不可有，防人之心不可无。掌握好自保手段，才能更好地开店，为大众服务，为自己赚钱。

18.3.1 防被利用规则

严格按淘宝规则进行操作，不要去钻淘宝的空子，往往别人会钻你的空子！例如赠品问题、包邮问题、天猫发票问题等。

典型的“包邮”问题是这样的，以前很多淘宝卖家在促销时，简单地提一句“全国包邮”，其实全国的邮费哪能一样呢？比如新疆、西藏、内蒙古等地区，邮费显然要高不少。本来促销产品就是微利甚至微亏着在做，如果还要赔上邮费，就得不偿失了，比如一个四五元包邮的手机支架，如果客户拍一百个甚至更多到新西内去，店主是发货还是不发货呢？

于是后来店主们纷纷修改了“全国包邮”的说法，改为“全国大部分地区包邮”，并将高邮费地区单独列出来，这样就避免了被有些人利用规则来敲诈的事件发生。

18.3.2 防木马病毒盗号

电脑里一旦运行了木马病毒，那就等于是将所有信息双手奉送给了骗子。骗子固然是想尽一切方法让卖家中招，常见的方法是发送带毒文件让卖家打开，发送带毒图片（比如所谓的付款证明）让卖家查看，欺骗卖家去某网站下载控件等。而这些操作都有一个共同点，即必须要卖家在自己的电脑上打开这些文件，才会中毒。

因此，卖家可以恪守一个基本点，即绝对不要接受买家发来的文件，不要查看从旺旺窗口之外发来的图片，不要访问买家发来的链接，总之，不要让木马病毒获得任何执行机会，就能最大限度地保障电脑信息安全。

18.3.3 防双号诈骗

骗子利用两个相似的账号进行行骗，比如用账号为lucky108，拍下商品并用支付宝付款，然后用另一个叫lucky1o8（注意中间那个是字母o，不是数字0）的买家会用旺旺给卖家留言："已经付款，请把货发到某地址处。"卖家一看的确已经付款，就按照旺旺留言的地址发货。几天以后原买家lucky108告诉卖家还没有收到货，卖家仔细检查并查询邮局才发现，lucky108和lucky1o8的地址并不一样，是两个完全不同的账号，尽管账号名称很像。按照淘宝规定，卖家只得再次发货，或者给骗子退款。

这个骗局的另外一种方式是：一个骗子在店铺里放了一件和某卖家店铺里一样的一些商品，有人找骗子买东西，骗子就发卖家的链接叫买家拍，结果买家也不知道这件商品是另外一个店铺的，直接就拍下付款，这个时候骗子马上注册一个与该买家名字很接近的账号来找上卖家，叫卖家把商品发到骗子自己的地址，如果卖家没发觉账号的差异，按照骗子的提示发了货，就被骗了。

应对这类骗术的方法是卖家发货之前一定要核对付款人在淘宝里的地址，发现不符要及时联系买家，而且不能直接在旺旺里联系，要从交易单上单击买家的账号，打开旺旺窗口进行联系，这样才能保证是在和真正的买家交流。

18.3.4 防说丢货少货

丢货少货是一个很常见的诈骗方法，也很容易得手。骗子通常是在卖家店里买上几样不同的东西（这样如果打差评的话就是几个差评，对卖家威胁很大），收到货物之后，告诉买家少发了一件衣服之类，要求卖家重发或退钱。

很多卖家因为每天要发很多货，难以记住特定的包裹情况，拿不准是不是真的少发了货物，又担心买家给几个差评，再加上损失也就几十元，于是只好自认倒霉，补发商品或者给卖家退款。如此一来，骗子就得逞了。

其实，只要平时做好记录工作，这样的诈骗就可以防范。所谓的记录工作，也就是每件商品的重量、包装盒的重量、整个包裹的重量、快递公司的称重记录等。如果买家说少发了货，那么可以把几件货物的重量以及包装的重量相加，并与快递公司的称重记录相比较，如果相差很小（如几克十几克），则可认为自己并没有少发货，可以把这些证据发给买家看，如果对方还是坚持说少发了货，那么就让他给差评，卖家去向淘宝官方申诉，只要证据充足，一般来说还是能够取消恶评的。

18.3.5 网银被盗后如何处理

通常在受害者发现网银被盗时，账户里的钱已经被席卷一空了。不要着急抱怨后悔，先要做好下面几件事。

- 报警。不管数额多少，先去报警。虽然不一定能追回损失，但如果人人被盗后都报警，相信坏人的犯罪成本就会高很多，以后犯罪率也会有所降低。假如都抱着"报警也没有用"或"报警太麻烦"的想法而不去报警的话，只会让坏人越来越猖狂，网店的大环境就会越来越坏。况且万一破了案，能追回来一部分钱财也不无小补。
- 去柜台修改网银密码。一定要及时去银行柜台修改网银密码，因为自己的电脑已经中了木马病毒，在上面修改密码是没有任何作用的，对方立刻就能知道新的密码。
- 为电脑彻底杀毒。用最新病毒库的杀毒软件将电脑彻底杀毒，根据具体情况的不同，耗时可能有所区别，有的甚至可能要花十几小时来杀毒。不要因为不耐烦就终止杀毒，否则下次受损的还是自己的钱包。最好的方法是彻底格式化系统分区，重装操作系统和杀毒软件，然后再全盘杀毒。注意在重装系统和杀毒软件之前，都不要打开其他分区进行浏览，因为很多病毒只要打开，感染分区就会自动执行，而此时没有安装杀毒软件，系统又会再次感染上病毒。

18.3.6 与买家有争执时如何处理

有的买家比较挑剔，对宝贝的颜色、细节要求甚高，往往在拿到宝贝后，会找卖家扯皮，要求退换货，理由不外乎是颜色和页面上看见的有偏差、走线不好、布料质量不满意等，都是一些比较主观的理由。

如果卖家不想妥协，势必要和买家起争执。不过争执也是有技巧的，不要生硬地拒绝买家，更不要和买家恶言相向，须知和气方能生财，尽量和买家协商解决之道，就算最终谈不拢，也应该客客气气地结束交谈，并做好被打差评、被投诉的心理准备。

18.4 秘技一点通

技巧1 ——怎样辨别真假淘小二

伪装成淘宝小二、天猫小二或支付宝小二是骗子们常用的手段之一。那么，有没有快捷方便的方法来辨别出真假小二呢？答案是有的。真正的淘宝官方工作人员的旺旺号有个共同特点，也就是在聊天窗口的右边，旺旺名称下方有个橙色的标识，写着“阿里巴巴集团淘宝小二”或者“阿里巴巴集团支付宝小二”等，如图18-5所示。

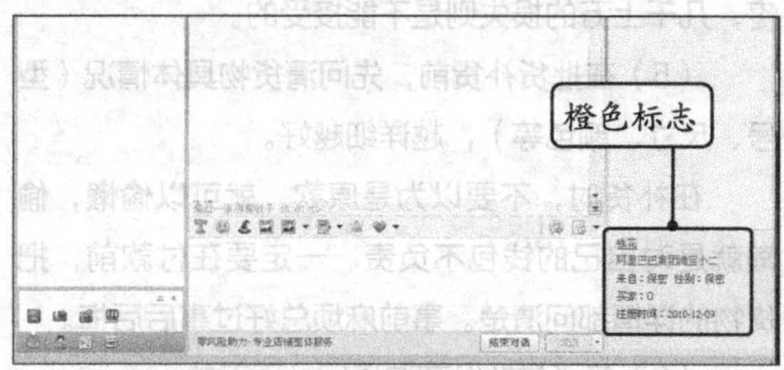

图18-5

骗子的旺旺号是没有这个橙色标识的，所以骗子通常在旺旺号的昵称上做文章，把昵称改为什么“淘小二145号”，“支付宝小二6231号”之类的，欺骗新手卖家。

也有骗子打电话给卖家，冒充阿里巴巴官方的客服人员。其实只要背熟了阿里巴巴的官方客服电话号码，就不会被骗了。只要来电显示的号码不对，不管对方怎么说，直接挂电话就可以了。

阿里巴巴官方客服的通讯录如图18-6所示。

看上去好像号码挺多，其实作为卖家而言，只要记住“淘宝集市消费者热线”以及“淘宝集市商家热线”两个号码就可以了。

技巧2 ——同城交易防骗

有的骗子专门找同城的卖家下手，一般是拍下东西后，上门找卖家拿货。拿到货以后，马上申请退款。由于是当面交易，没有任何快递单据可以查询，因此卖家拿不出证据证明买家已经取了货，最后只能自认倒霉，赔钱了事。

阿里巴巴

	电话	传真
中国站	400-800-1688（具体分机请点此查看） **点此联系客服**	0571-88157872转888
国际站	400-600-2688（售前） 400-826-1688（售后）	0571-88157803
日文站	0571-88158166	0571-88157808
阿里金融	0571-86656600	

淘宝网

	电话	传真
淘宝集市消费者热线	0571-88158198 **点此联系客服**	
淘宝集市商家热线	0571-88157858 **点此联系客服**	

Tmall.com天猫

	电话
天猫（原淘宝商城）	400-860-8608

淘宝联盟 alimama.com

	电话
淘宝联盟	0571-85028080

支付宝 新版支付宝正式启用！

	电话	传真
支付宝	95188 **点此联系客服**	0571-88157868

图18-6

有鉴于此，卖家在同城交易时一定要让对方写收条，摁指纹。因为仅仅有收条是没用的，骗子可以说是卖家自己写的，只有摁了指纹的收条，骗子才无可抵赖。

技巧3 ——阿里巴巴批发进货防骗技巧

对于经营实物而言，到厂家或是批发市场实地拿货是最好的方式了，价格优惠不说，还能看到样品，也几乎没有受骗之虞。但毕竟淘宝上大多数的卖家，所在地区不满足这种条件，于是网上进货就成了他们自然的选择。

网上进货只要做好了保障工作，同样能做出极好的利润。阿里巴巴网站给了淘宝卖家最好的进货平台，但也成了骗子狩猎的场地。到阿里巴巴进货，尤其是到“小额批发市场进货”，如何才能避免受骗，请注意以下几条。

（1）尽量找诚信通会员交易。

阿里巴巴上的诚信通是要收取一定费用的，一般正规的大商家，诚心要做网上交易的话，通常都会申请。申请后，阿里巴巴会进行核实，如果已核实，在该公司或个人的供应图片介绍后会出现“已核实”的标识，也就是阿里巴巴证明了这个商家的存在，至少在一定程度上是一种保障。

诚信通指数的作用就相当于淘宝上的“好评”，所以在可能的情况下，挑选诚信通指数高的会员也是不错的选择。但请相信：“诚信通”只是大家相信这家公司的必要条件，绝非“充分条件”。淘宝上炒作信誉升上去的假钻石、假皇冠有很多，诚信通的指数也并非绝对干净。当然，不能认为所有没有诚信通的会员都是骗子，毕竟不刷信誉的还是占大多数。只是，同非诚信通会员交易，一定要更小心。

（2）务必使用支付宝交易。

阿里巴巴是绝对支持“支付宝”的，因此在阿里巴巴进货时，务必使用“支付宝”交易，而且必须是“货到付款”。批发商通常都特别能忽悠，作为进货的买家，必须坚定自己的立场，无论怎么说都不能答应直接汇款。供货方不愿意使用支付宝，有这两种情况，一是对方肯定有问题，二是对方不愿意分担交易风险，可能他没有骗卖家，但如果发货过程中出了意外，那么主动权可就不在买家这里了，因为钱已经落到供货方手里，拿不拿得出来赔偿只能看他良心。

（3）一定要看样。

这点同样非常重要，不要太相信网络和漂亮图片。只要看看淘宝帖子“图片是天使、实物是垃圾”，相信卖家们就会对漂亮图片的兴趣大减。

关于有些批发商不同意看货，存在这么几种可能。

- 对方一定是骗人的，所以不敢让人看样。
- 对方可能不是骗子，但是他的生意很大，不在乎这个小小的订单。既然不在乎，进货者又能指望他提供什么样的好服务呢？

其实就大多数正规批发商来看，他们对于生意是非常看重的，只要是有意向合作，不是明显来捣乱，都会非常配合。看样是非常正常的，不会有批发商觉得奇怪，合作多年的伙伴拿到新货都必须看样，何况是网络这种虚拟的、不能见到实物的交易。

但是也请理解：有的批发商在对方提出要少量看样时，一般会提高价格，这个是合理的，这部分多出的款项，通常在大量补货时，也会退还。

（4）无论合作第几次，都不要一次批太多货。

“一会好、二回差、三回不见人”这样的例子在现实社会中都在不断上演，在网络上就更容易出现了。所以，为了保险起见，不要一次性批太大款项的货。对于小卖家来说，几百元的损失已经很心疼，几千上万的损失则是不能接受的。

（5）在批货补货前，先问清货物具体情况（型号、尺寸、颜色等），越详细越好。

在补货时，不要以为是原款，就可以偷懒，偷懒就是对自己的钱包不负责。一定要在付款前，把货物的详情都问清楚。事前麻烦总好过事后后悔。

（6）务必与批发商沟通后，再下单。

在决定下单前，务必同批发商沟通，要多联系，多问问题。如果怕问的不对路，不如直接说“我是新手”，然后什么都问，对方也会理解的。

技巧4 ——如何辨别网上代销行骗

最近发现，有不少骗子用品牌商品和低价商品为诱饵，免费招代理，等卖家上架他的产品后，他们用马甲账号轮番到卖家网店里拍下商品。

卖家一看有生意了，自然要去骗子那里下单付款，让他们发货。结果骗子用假发货、假快递单号来蒙骗卖家。新手店主们还暗暗高兴一开店生意就这么好，几天下来就卖掉几千元。

还没高兴多久，“顾客”一个个说没收到货，要退款，卖家一调查才发现快递单是假的。而进货那边，骗子要求卖家直接打款，没通过淘宝，钱款肯定是退不回来的。

对于这样的骗局，简单来说，防范方法就是：不走淘宝支付宝渠道的，一律不考虑。除此之外，骗子的网站上也还是有迹可寻的。

（1）骗子的网站上，全是一大堆各种大品牌，而且都申明是正品，这就一定要注意，肯定有问题。大品牌管理都很严格，一个商家不可能同时代理这么多品牌。如果是大品牌，然后价格又低得惊人，就更有问题了。

（2）一开店就涌来很多生意，一定要小心。没那么好做的生意，小心是供货方的马甲，企图欺骗自己多进货。其实只要想想，如果一开店就有这么好的生意，那大家就都发财了，这是不可能的，如此一来就不会被蒙蔽理智。

（3）首次交易，一定要供货方提供一个他们的淘宝店地址，需要什么货，要能到他们店里拍，走淘宝交易流程。等自己的客户收到货了，才跟他最终确认。如果对方没有淘宝店的，至少要能使用“支付宝担宝交易”。不明白什么是支付宝担宝交易的，请在百度搜索一下。切记不要直接给对方打款，不然出了问题是拿不回钱的。对方如果执意要直接打款，那可以说百分之百是骗子。

（4）骗子基本上都是玩“空手道”的，手上一般都没有货。所以，卖家可以先自己买一件回来看看。一来可以试一下对方，二来可以看一下产品质量如何。千万不要舍不得这点小钱，不然被骗了后悔就晚了。

技巧5 ——小心手机新骗术

大家都熟知木马、病毒文件的危害性，一旦接收打开安装了，那肯定就会给自己造成很大的损失。

随着智能手机应用的普及，现在骗子也都盯上了手机淘宝卖家，发送各种欺诈链接或木马文件，偷盗卖家的账号信息，已经有多位卖家被骗，造成的损失还不少。

骗子先是冒充正常购物的买家，以各种名义索要卖家的手机号码，在手机上发给他所谓的“购买清单”。

要到手机号以后，骗子通过手机短信发一个下载链接给卖家，如图18-7所示。这是因为在手机短信上无法鉴别该链接是否安全，而在旺旺上就可以，所以技术水平较低的骗子只能在手机上做文章。

图18-7

如果卖家打开短信上的链接，会提示下载在网盘上保存的文件，如图18-8所示。

图18-8

如果卖家打开了骗子的文件，自己在手机登录过的账号密码会被骗子窃取，支付宝甚至银行卡内的钱款都可能被盗。这样造成的损失往往都是很大的，而且也很难挽回。

因此，一旦看见要传送“清单、调查表、报价表、库存表、商品图片”的买家，马上就要提起警惕来，如果对方执意要手机号码来传文件，更是千万要小心。

开店小故事

新手卖家现身说法

淘宝卖家“高山花环”（应要求隐去真实ID）是一个今年才入行的新手，虽然才短短的几个月，但也遇上了不少骗局，本着广而告之，让更多卖家识破骗子的想法，高山花环在网上写下了如下的新手防骗心得。

我是2014年3月份注册淘宝，4月份开的店，期间一边学习，一边操作，其中的辛苦不必言说。今天，我想结合我自己和一些朋友的亲身经历说三个方面的问题。给新卖家们提个醒。

（1）不要轻信“账户资金冻结”，被骗子远程操控划走资金。

这是我亲身经历的一件事（因为是新手，当初没有截图保留证据）。刚开店时，产品上架时间不长，大概也就一个来小时吧，旺旺消息就显示来了三个买家。一个买家看中了这款鞋子，另一个看中了那款，反正三个买家都很中意我的宝贝。虽然弄得手忙脚乱，不过心里很兴奋：“刚上架产品，就有人喜欢我的宝贝，淘宝赚钱很容易哦。”过了一会儿，有个买家说“往你的支付宝里打款打不进去”，与此同时，旺旺上有个账号发来消息显示：因为违规发布产品，你的淘宝资金账户被永久冻结，如需解冻，请往账号中打入2000元解冻资金”，以及“远程协助帮您解冻资金账号”等。

假如你是一个新卖家，遇到这种情况，千万不要着急。进入淘宝官方客服，确定一下你的资金情况。客服会告诉你，你的资金情况正常。记住：淘宝账号信息千万不能告诉别人。信息就是一把钥匙，把钥匙都给了别人，里边的东西不就可以随便取了吗?

（2）选择合作商家，一定要到正规网站，通过阿里旺旺交流确定。

大部分的小卖家，尤其是以前没有接触过淘宝的卖家，刚开店，为了降低风险，大都会选择一件代发。我的一位朋友，在网上看中了一款产品，通过QQ聊天的方式确定做对方的代理。在交过1500元代理费后，对方发过来一堆图片，等他费心费力地把图片放到店铺里，回头再找厂商时，却再也联系不上了，才知道上当，既浪费了好多精力，又遭受了经济损失。

根据我的了解（可能不够全面），阿里巴巴批发网上的好多卖家都是零费用代理，有的厂家收取代理费，也只是象征性的，一般后期会返还。作为新手卖家，一定要多问，多联系，再付诸行动。

（3）不要盲目“刷信誉”，防止被骗。

我的小店开业一个多月了，客流量不多，交易量也不多，但是联系刷信誉的商户却不少。基本每天都有2~3个。有的通过旺旺直接推销，有的假装拍下我的宝贝，在交易详情里发广告，还有的是通过熟人联系的，我的一位网友就被骗了300元。

我的经验是：小店新开张，交易量并不是主要的，因为咱是新手，需要学习的东西太多了，先把自己该做的事做好，这里主要指的是宝贝品质、宝贝标题优化、宝贝图片、宝贝介绍等，等把这些做得差不多了，再考虑店铺推广的问题。

以上三点，是我自己的亲身体会，希望对一些新手朋友有帮助，帮助大家减少损失。也希望我们共同努力，加油！在淘宝这方交易平台上尽快找到自己的一席之地。

第6部分

手机淘宝篇

智能手机是现代人的生活“标配”，很多原本只能在电脑上进行的活动，现在在手机上也能轻松完成，比如网购。手机购物是一个巨大的市场，店主们不应错过。手机版淘宝店的设置、装修与推广与电脑版淘宝店有较大的区别，店主们可以从本书第六部分“手机淘宝篇”中学习到详细的操作方法，将自己的手机版淘宝店做好做强，抢占“手机一族”客源。

开店很轻松

赚钱很简单

第19章 让生意“淘”不出手心

本章导言

如今手机上网已经成了人们的生活娱乐之一，而手机购物也随之迅猛的发展起来。敏锐的淘宝网店店主们纷纷意识到手机淘宝店的重要性，一个好的手机淘宝店，带来的宝贝销售量不可小觑。本章就专门讲解设置手机网店页面，以及各种手机网店活动的方法，还介绍了一些进阶的设计原则和技巧。

学习要点

- 了解手机淘宝和手机淘宝店
- 掌握设置手机淘宝店首页的方法
- 掌握设置手机店铺专享及优惠措施的方法

19.1 手机淘宝的基本概况

从2013年开始，整个无线互联网的增长呈现越来越快的加速形式，规模已经超过PC（台式机）上网。目前，固定台式机上网用户约有4.5亿，2015年年底手机互联网用户已超过6.2亿。网民的上网设备明显向手机端集中，手机成为拉动网民规模的增长的主要因素。如何抓住手机购物买家，增长无线网店销售量，成为大小互联网商家重点关注的问题。

19.1.1 什么是手机淘宝

现在的互联网有两大接入口，一个是电脑，另一个是手机。2008年2月淘宝网正式推出手机版，开启了移动端网购模式。与电报相比，手机有着无可比拟的便携优势。随着智能手机不断发展和高速无线网络（3G、4G和热点）的普及，互联网用户在线时间被大大延长，手机用户实现了随时随地上网，充分利用了碎片时间，填补了电脑端上网的不足。

近年来，无线购物已经成为人们的新习惯，消费高峰出现了“多频次”的特点。比如睡前消费、通勤消费、工间消费、课间消费逐渐成为新的购物潮流，甚至妈妈群体从凌晨四五点就已经开始用手机浏览婴幼用品。据统计，2016年“双11”全球狂欢节中，无线交易占比高达81.87%。

很显然，要抓住这部分买家，必须要重视手机淘宝。淘宝网为每个店铺都提供了手机网店设置页面，这个页面在手机上有两种大体相似的展示形式。一种是通过手机浏览器进行浏览，如图19-1所示。另一种是通过淘宝网开发的“手机淘宝”软件进行浏览，如图19-2所示。可以看到，同一个店铺的显示效果略有不同。

当然，大体上都是在页面最上面显示网店名称、Logo以及信用等信息，然后在下面的部分显示宝贝列表。

读者可能要问，手机淘宝不就是把淘宝店换一个小一些的界面，让手机用户可以浏览和购买，就完事了吗？和台式电脑上的淘宝店有什么本质上的区别呢？其实，这样的看法是不正确的，手机淘宝店和PC端淘宝店有着很多深刻的区别。

图19-1

图19-2

- 买家不同。买家不同，整个手机淘宝的数据就不同，就拿连衣裙这个关键词来说，很可能手机用户购买的大部分是200元左右的连衣裙，而PC端则是在100元左右，那么在排序原则上，手机淘宝的搜索排名会偏向200元左右的产品。
- 售前相关因素。售前相关因素有非常多，比如，PC端用户购买时与旺旺客服联系较多，所以相关客服的因素会影响用户体验、影响转化率，进而影响搜索排名；而手机淘宝用户较少咨询客服，原因可能是手机打字不如在PC上方便。由此看出售前因素对两种用户的影响程度是不一样的。
- 搜索结果页展示方式。搜索结果页展示不同，宝贝影响点击的效果就不同。相对PC来说，手机淘宝用户很少再对结果进行二次排序，大部分是按照默认的顺序进行浏览，因此手机淘宝的搜索排名对浏览和销售的影响比PC高。
- 页面视觉相关。PC和手机淘宝在宝贝详情页面上的浏览时间，访问深度因为不同的环境和结构以及带来的效果有很大的区别。比如，在PC上浏览宝贝时，在详情页面上放置有同类宝贝或推荐宝贝等相关链接，买家可以跳转到那些链接的页面进行浏览，而在手机淘宝上则因为画面较小的缘故，很难放置过多内容，基本没有相关产品推荐等链接，因此访问深度远小于在PC端。

其实，即使在手机端，因为手机设备的区别，消费群体和搜索结果可能也有所不同。众所周知，智能机两大阵营为iPhone和安卓，使用iPhone手机的买家，消费意愿和能力要高于使用安卓手机的买家。用户使用不同手机登录手机淘宝，看到的类目活动、展示位和推广图都可能是不同的内容，在搜索结果、详情展示页和一些内容的共享上，都出现了或多或少的差异。因此，手机淘宝店并不是PC端淘宝店的简单复制，而是有着一定区别的销售渠道。

19.1.2 手机淘宝与电脑淘宝的关系：竞争or促进

移动端电子商务是电子信息化时代高速发展的必然趋势，应用手机淘宝就是紧跟时代步伐。在推广手机淘宝的初期，为了促使买家积极使用，手机淘宝可以设置专享价、优惠券。比如，在手机端的下单，下单完成后可在电脑端完成付款。但直接在电脑端下单就不能享受手机优惠券。通过这些促销活动，确实起到了吸引人气的作用。在这一时期，手机淘宝和电脑淘宝存在一定的竞争关系。又比如，在手机端进行的淘金币发放就比电脑端多一些。然而随着时间的推移，手机淘宝逐渐被买卖双方接受，手机淘宝的优惠力度也变得越来越小。

近年来手机淘宝取得了极大的发展，发生在无线端的交易数量已经超过了电脑端。买家在使用手机淘宝不难发现，手机中的宝贝详情设置可以与电脑端不一样。卖家主推的促销活动可能也不尽相同。手机端或电脑端搜索宝贝及店铺时，展现的顺序不一样。在电脑端搜索排名第一的宝贝，在手机端也许会排名靠后。手机淘宝似乎更愿意以一种较为独立的姿态呈现在大家面前。这时，手机端淘宝对电脑端而言竞争的关系就不太明显了。

手机淘宝实际上是使买家与消费、卖家和商品更近了。随着移动端网络的日益普及，买家使用手机是非常碎片化的时间，甚至有一些咨询，有一些浏览性为主的驱动，而PC还是坐在电脑前面任务驱动的模式。现在的手机用户随时都能浏览网页，简单地扫描二维码就能看到较为详实的商品信息，网购变得更加便捷了。在实体店看到某件商品后，部分买家逐渐习惯了拿出手机进行比价。这样的习惯在无形中促进网络交易。与此同时，卖家在逐渐习惯了在手机端随时与买家保存联系，及时提供信息交流。方便、快捷手机已经成为链接买家与商家更好的桥梁。

对于淘宝卖家而言，不能简单将手机淘宝和电脑淘宝对立起来。进行电子商务交易，产品、服务、信誉和品牌才是根本，通过买卖货物满足各自需求的核心没有变化。对卖家而言，顺势而为，发展好手机网店，才是最佳选择。

19.2 手机淘宝店铺的设置

要开设手机淘宝店铺，可以登录到淘宝后进行设置。由于手机的屏幕相对PC显示器来说太小，而且输入文字也不如PC上方便等因素，因此在设置手机网店时，有很多和PC网店不同的地方。下面就一起来看看如何设置手机网店。

19.2.1 手机店铺的设置基础

在我的淘宝中，可以方便地为自己开通手机移动店铺，只需简单的设置手机店铺信息即可，下面来看具体的方法。

第1步 进入“卖家中心”，在“店铺管理”栏目下单击“手机淘宝店铺”选项，如图19-3所示。

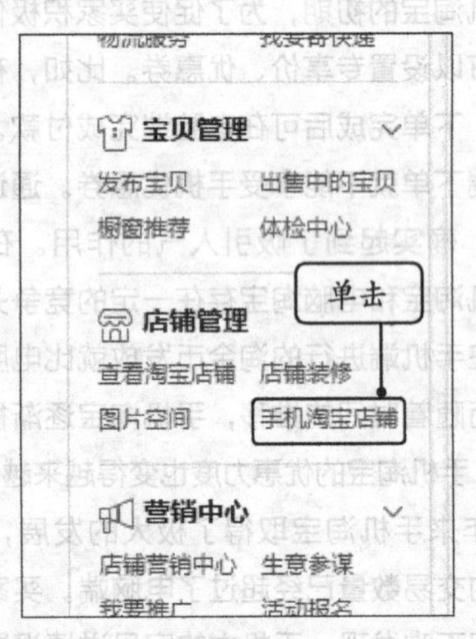

图19-3

第2步 单击“无线店铺”下的“立即装修”按钮，如图19-4所示。

图19-4

第3步 单击“装修手机淘宝店铺”的“店铺首页”选项，如图19-5所示。

图19-5

第4步 首次设置网店，需要新建一个首页，单击“新增页面”，如图19-6所示。

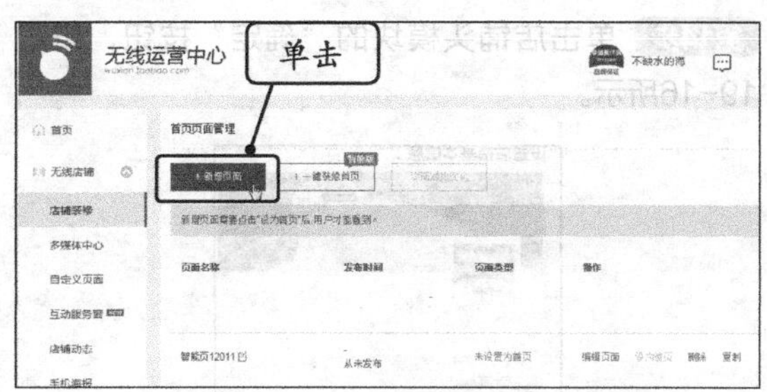

图19-6

第5步 弹出对话框，❶输入页面名称；❷单击"确定"按钮，如图19-7所示。

图19-7

第6步 新页面建好后，单击"编辑页面"超级链接，如图19-8所示。

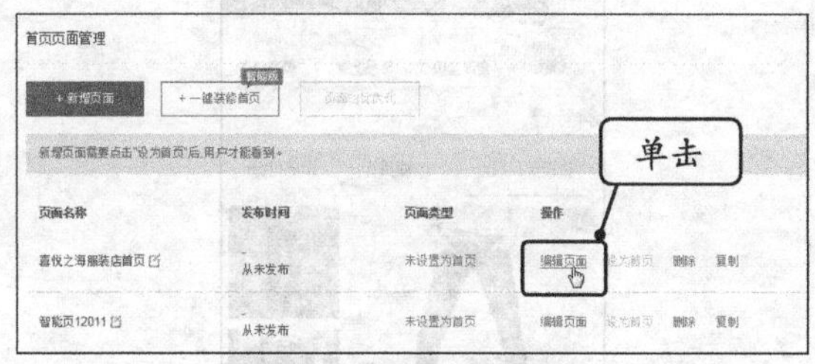

图19-8

第7步 转到新页面，左边窗格中可以选择页面类型，中间窗格是预览和选择页面，右边是编辑模块，❶选中店铺头模块；❷右边出现编辑模块，单击图标以设置店招，如图19-9所示。

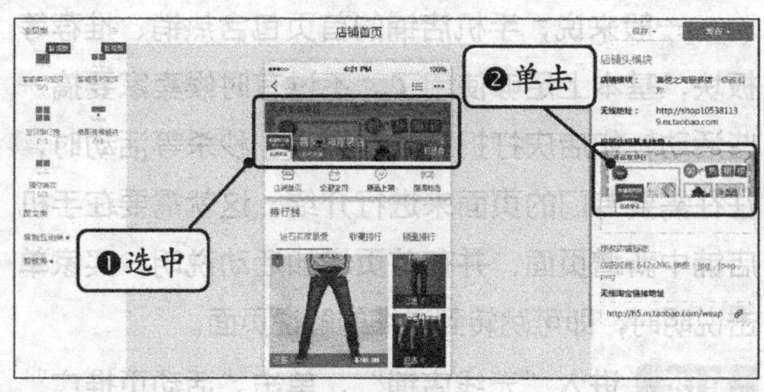

图19-9

专家提点 宝贝类页面的三个排列方式

如果页面设置为"宝贝类"页面，则有三个宝贝排列方式可以选择，分别是单列、双列和列表，用户可以拖动任何一个到中间的预览窗格中，即可生效。

第8步 弹出"图片小工具"对话框，在图片空间中选择已经上传好的店招，如图19-10所示。

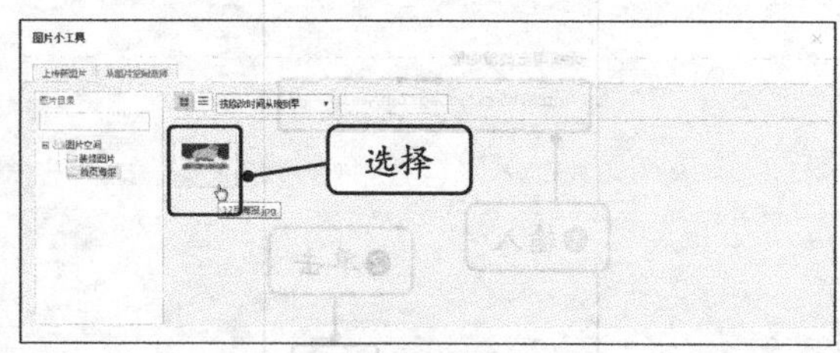

图19-10

专家提点 手机店招的尺寸

手机店招的尺寸为640×200（宽×高），可以大于这个尺寸，可以在随后的步骤中进行剪辑。因此略大于此尺寸可以在剪辑后使用，但如果尺寸过大的话，剪辑出来肯定会影响效果。

第9步 进入新页面，❶对图片进行必要的裁剪；❷单击"上传"按钮，如图19-11所示。

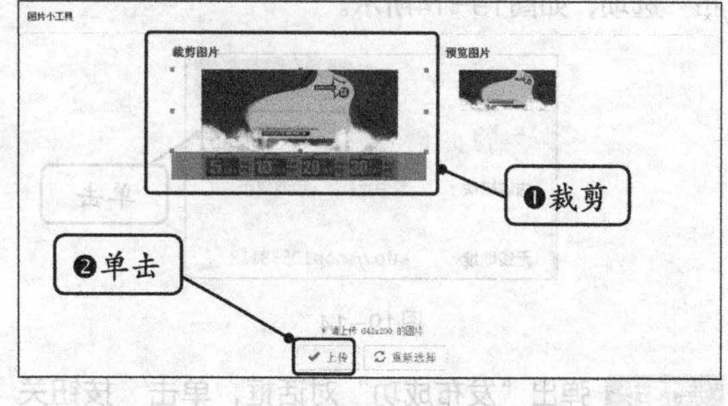

图19-11

第10步 返回上个页面，可看到店招和店标的配合效果，❶输入店招指向的页面（一般是指向自己店铺的首页，也可以指向店内的某些活动宣传页面）；❷单击"确定"按钮，如图19-12所示。

第11步 将鼠标指针悬浮在"保存"按钮的小三角位置，在弹出的菜单中单击"保存"选项，如图19-13所示。

图19-12

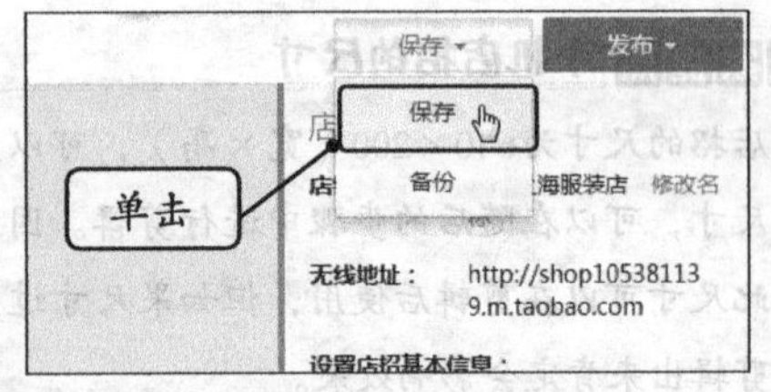

图19-13

第12步 保存成功后，将鼠标指针悬浮在“发布”按钮的小三角位置，在弹出的菜单中单击“立即发布”选项，如图19-14所示。

图19-14

第13步 弹出“发布成功”对话框，单击×按钮关闭对话框，如图19-15所示。

图19-15

第14步 单击店铺头模块的“确定”按钮，如图19-16所示。

图19-16

第15步 在手机上查看设置效果，如图19-17所示。

图19-17

19.2.2 设置手机店铺首页之外的页面

一般来说，手机店铺的首页包含热销、推荐等板块，基本上足够使用了。不过有时候卖家要搞一些活动，如店庆打折、限时热卖、秒杀等活动时，往往需要专门的页面来进行介绍。这就需要在手机店铺中新增页面，并在首页增加活动说明，买家单击说明时，即可跳转到详细的解说页面。

第1步 进入“无线店铺”，单击“活动页推广”按钮，如图19-18所示。

图19-18

第2步 进入页面管理界面，单击"新建页面"按钮，如图19-19所示。

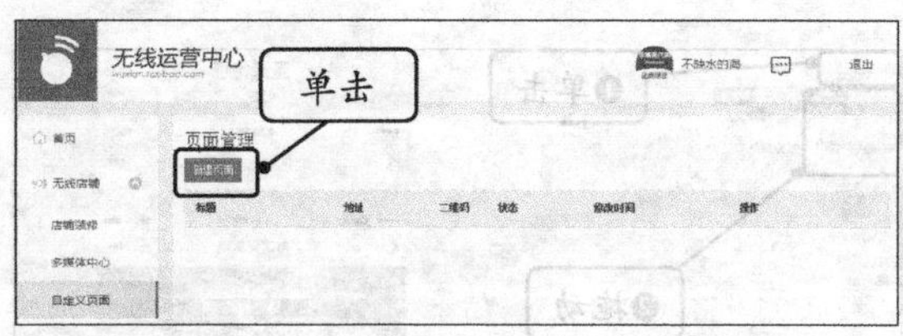

图19-19

第3步 在弹出的对话框中，❶输入新建页面的名称；❷单击"确定"按钮，如图19-20所示。

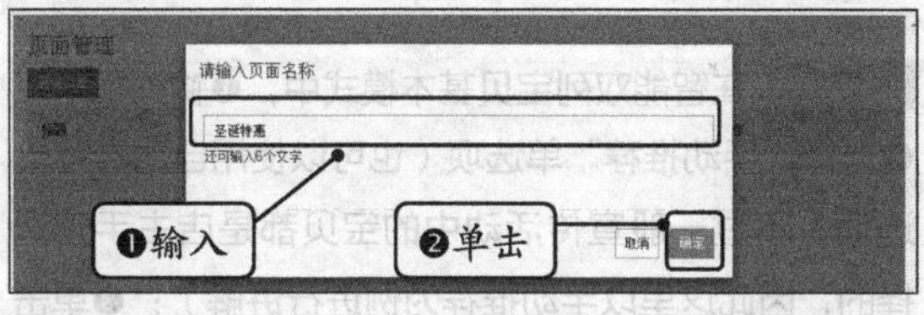

图19-20

第4步 进入新页面，单击新建页面的"编辑"超级链接，如图19-21所示。

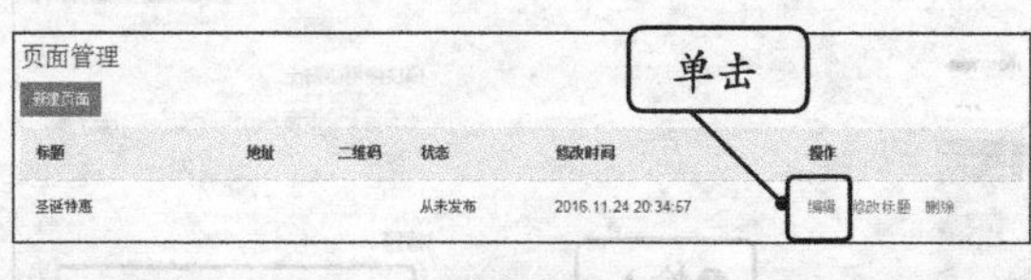

图19-21

第5步 进入新页面，❶选中"自定义页面活动头图"模块；❷右边出现编辑模块，单击"活动头图片"选框，如图19-22所示。

第6步 弹出"图片小工具"对话框，在图片空间中选择已经上传好的图片，如图19-23所示。

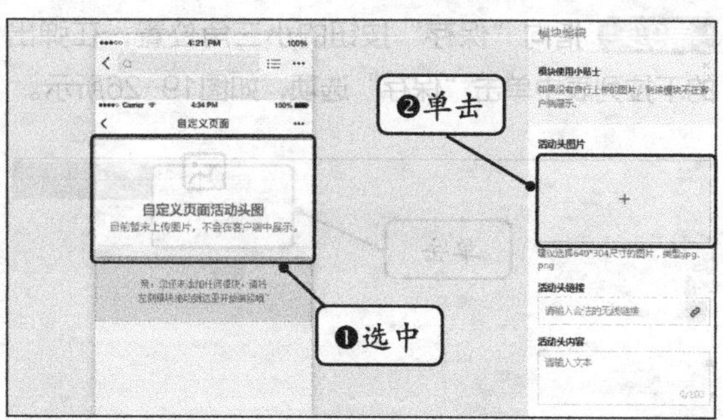

图19-22

图19-23

第7步 进入新页面，❶对图片进行必要的裁剪；❷单击"上传"按钮，如图19-24所示。

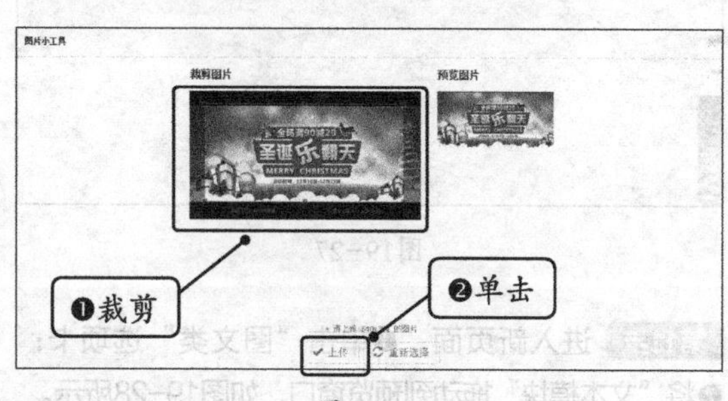

图19-24

第8步 返回上个页面，单击"确定"按钮，如图19-25所示。

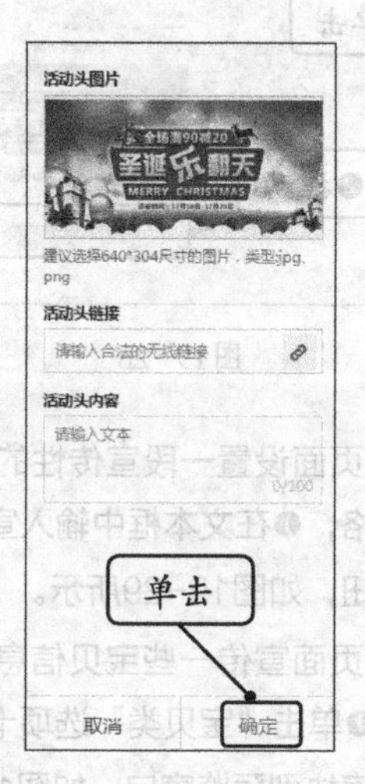

图19-25

第9步 指向“保存”按钮的小三角位置，在弹出的下拉列表中单击“保存”选项，如图19-26所示。

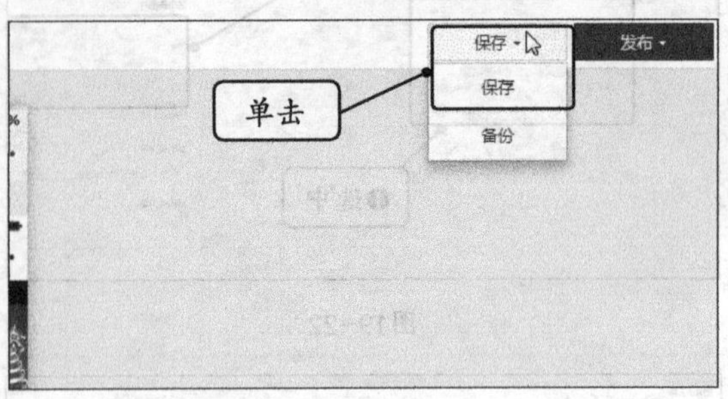

图19-26

第10步 保存成功后，鼠标指针指向“发布”按钮的小三角位置，在自动弹出的下拉列表中单击“立即发布”选项，如图19-27所示。

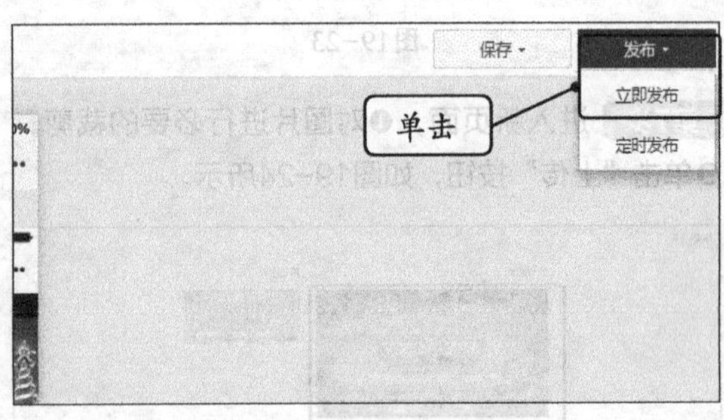

图19-27

第11步 进入新页面，❶单击“图文类”选项卡；❷将“文本模块”拖动到预览窗口，如图19-28所示。

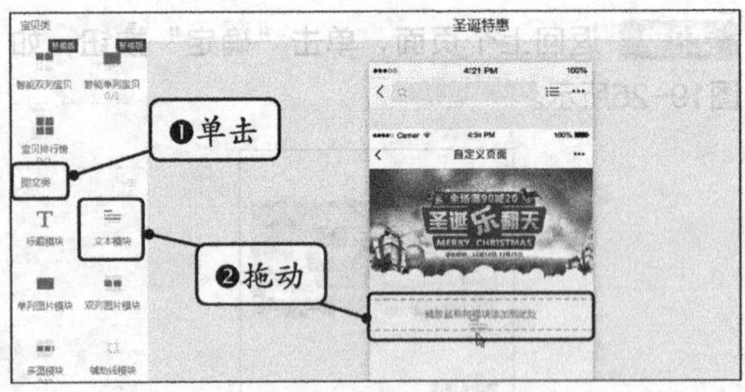

图19-28

第12步 为新页面设置一段宣传性的文字，页面右边出现编辑窗格，❶在文本框中输入宣传文字；❷单击“确定”按钮，如图19-29所示。

第13步 在此页面宣传一些宝贝信息，可以在新增宝贝类模块，❶单击“宝贝类”选项卡；❷拖动“智能双列宝贝”模块到预览窗口，如图19-30所示。

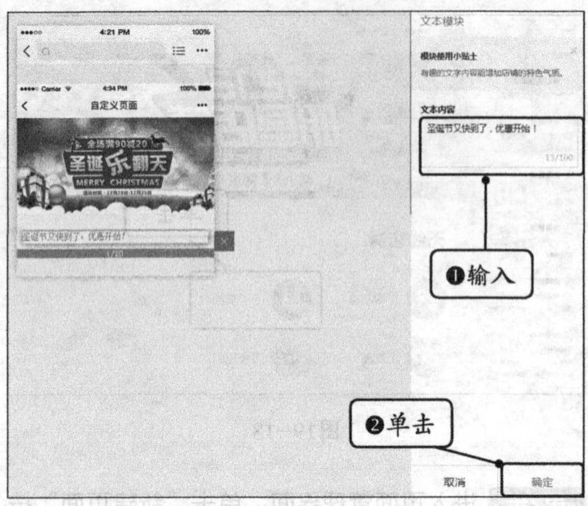

图19-29

图19-30

第14步 在智能双列宝贝基本模式中，❶输入标题；❷选择“手动推荐”单选项（也可以使用自动推荐单选项，不过一般宣传活动中的宝贝都是店主手工选择的，因此这里以手动推荐为例进行讲解）；❸单击“+”按钮添加推荐宝贝，如图19-31所示。

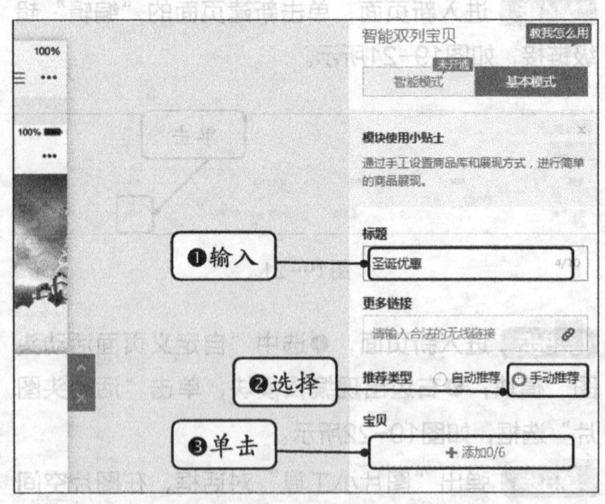

图19-31

第15步 弹出对话框，❶选择要推荐的宝贝；❷单击"完成"按钮，如图19-32所示。

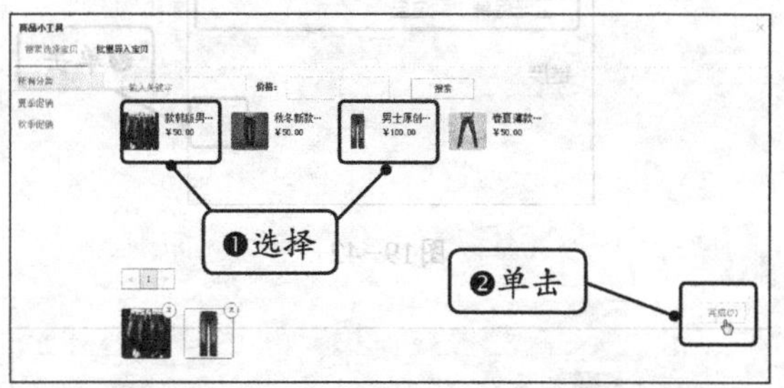

图19-32

第16步 返回上一个页面，单击"确定"按钮，如图19-33所示。

图19-33

第17步 还要为页面添加一个返回首页的超级链接，方便买家浏览完本页后返回首页，❶单击"图文类"选项卡；❷拖动"标题模块"到预览窗口的底部，如图19-34所示。

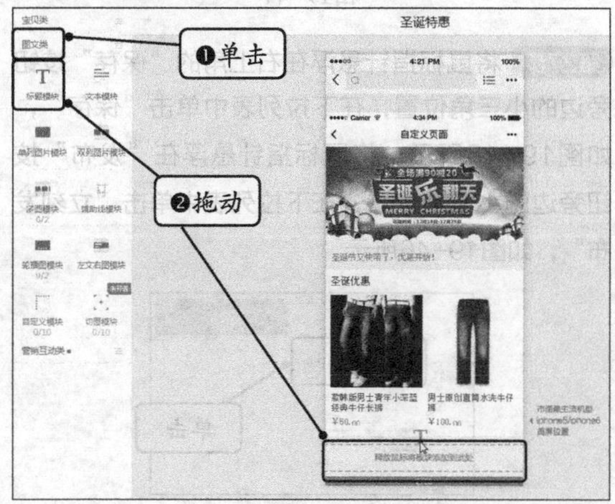

图19-34

第18步 出现标题模块编辑窗，❶输入"返回首页"之类的提示文字；❷单击🔗按钮以指定链接地址，如图19-35所示。

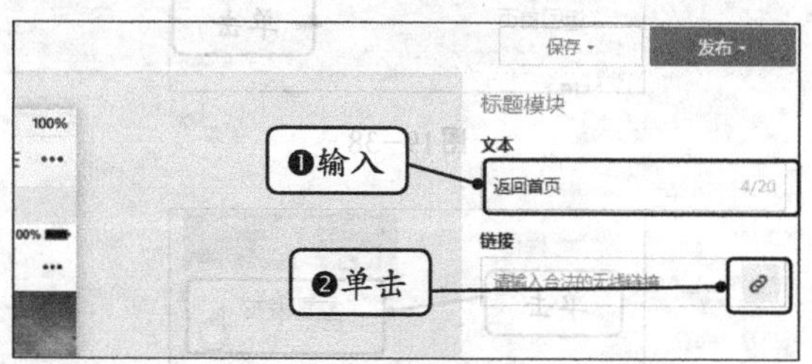

图19-35

第19步 弹出"链接小工具"对话框，单击"店铺首页"后面的"选择链接"超级链接，如图19-36所示。

图19-36

第20步 返回上一页后，单击"确定"按钮，如图19-37所示。

图19-37

第21步 ❶将鼠标指针悬浮在右上角的"保存"按钮旁边的小三角位置，在下拉列表中单击"保存"按钮，如图19-38所示；❷将鼠标指针悬浮在"发布"按钮旁边的小三角位置，在下拉列表中单击"立刻发布"按钮，如图19-39所示。

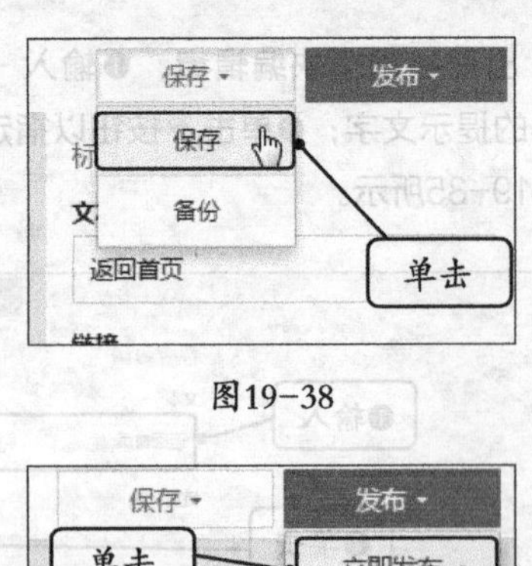

图19-38

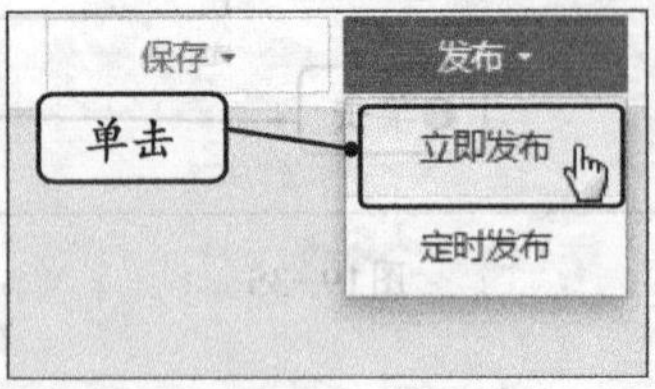

图19-39

第22步 返回上一个页面，在“店铺装修”中单击“店铺首页”，如图19-40所示。接下来要在首页中建立一个跳转到新建页面中的超级链接。

图19-40

第23步 ❶单击“图文类”按钮；❷拖动“标题模块”到预览窗口，如图19-41所示。

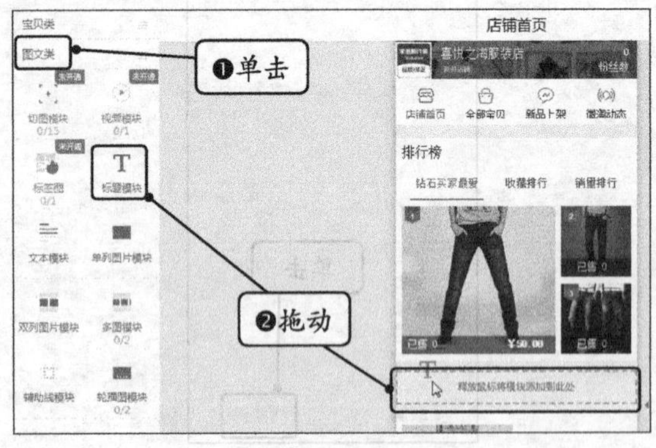

图19-41

第24步 ❶在右侧标题模块输入宣传活动的文本；❷单击🔗按钮，如图19-42所示。

第25步 回到上一个页面，❶单击“自定义页面”选项卡；❷单击新建页面后的“复制短链”超级链接，如图19-43所示。

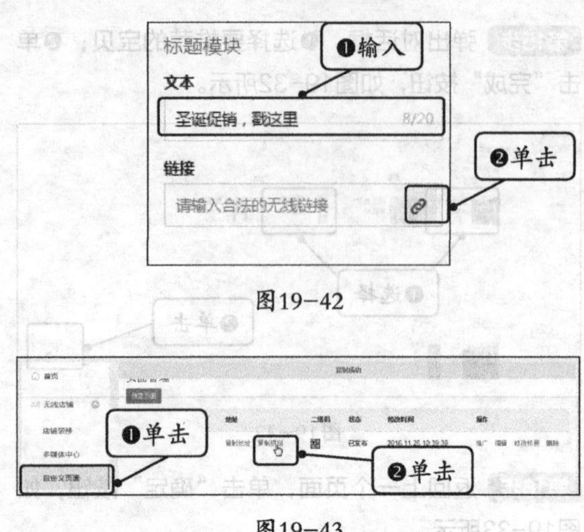

图19-42

图19-43

第26步 回到店铺首页的标题模块，❶将短链接粘贴到链接位置；❷单击“确定”按钮，如图19-44所示。

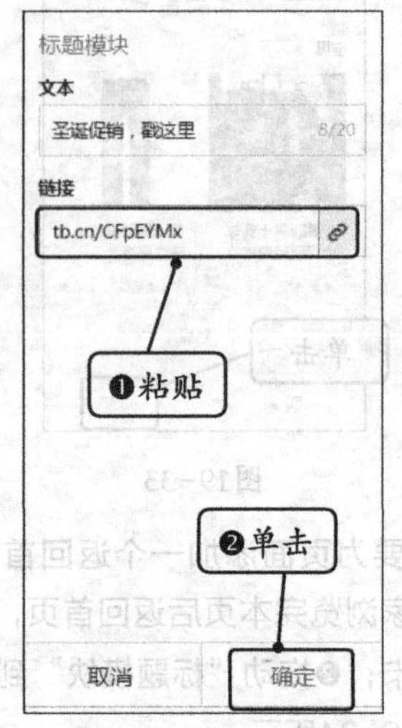

图19-44

第27步 将鼠标指针悬浮在右上角的“保存”按钮旁边的小三角位置，在下拉列表中单击“保存”，如图19-45所示；将鼠标指针悬浮在“发布”按钮旁边的小三角位置，在下拉列表中单击“立刻发布”，如图19-46所示。

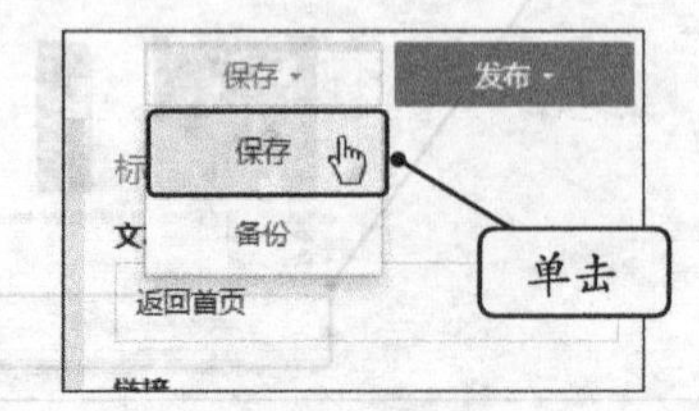

图19-45

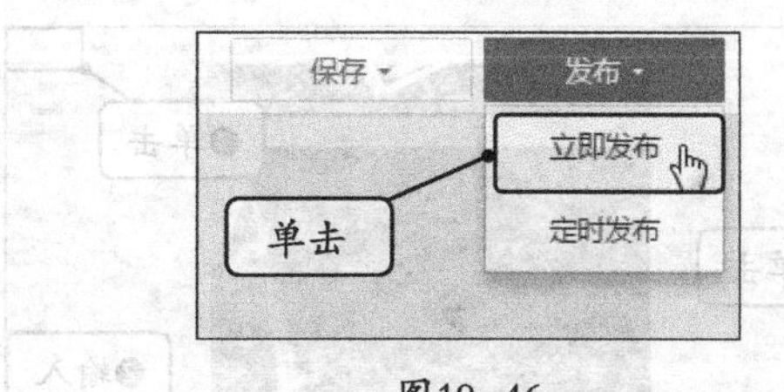

图19-46

买家用手机访问网店的话，就会看到首页有相关的活动宣传文字，如图19-47所示，单击即可进入新建的页面，如图19-48所示。

图19-47

图19-48

专家提点 为什么设置跳转链接要用标题模块而不用文本模块

如果想让买家点击一段文字就能立即跳转到其他页面，就要使用能指定超级链接的模块，比如标题模块。使用文本模块只能显示文字，不能附带任何超级链接。

19.2.3 制作手机端宝贝详情页

如果不制作手机端宝贝详情页，那么买家通过手机查看宝贝详情时，淘宝网站会自动抓取PC端详情页的内容，经过简单的编辑发送到手机浏览器上。这样浏览的缺点是显而易见的，一个是PC端宝贝详情页的容量过大，发送到手机上会耗去买家很多手机流量；另一个是PC端宝贝详情页可以求全求精，但手机端详情页却不一样，要求内容简洁、直接，把卖点高效地传达给买家，促进购买。

有鉴于此，专门为宝贝制作手机详情页是很有必要的。制作的方法很简单，在淘宝中就可以完成。

第1步 进入手机淘宝店铺，单击"详情装修"，如图19-49所示。

图19-49

第2步 单击"宝贝详情管理"超级链接，如图19-50所示。

图19-50

第3步 在宝贝管理页面，单击关联手机模板的“编辑”超级链接，如图19-51所示。

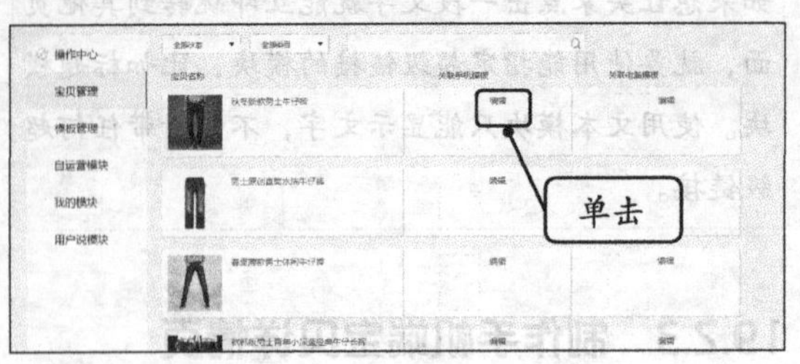

图19-51

第4步 在新页面中，单击“图片添加”选项，如图19-52所示。

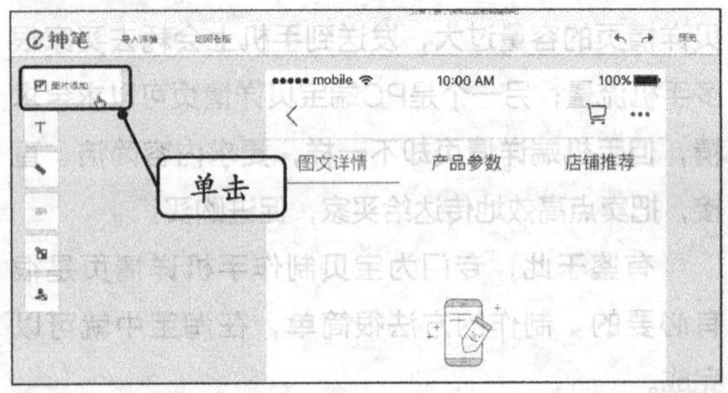

图19-52

第5步 弹出对话框，❶在图片空间中选择要加入的图片；❷单击“插入”按钮，如图19-53所示。

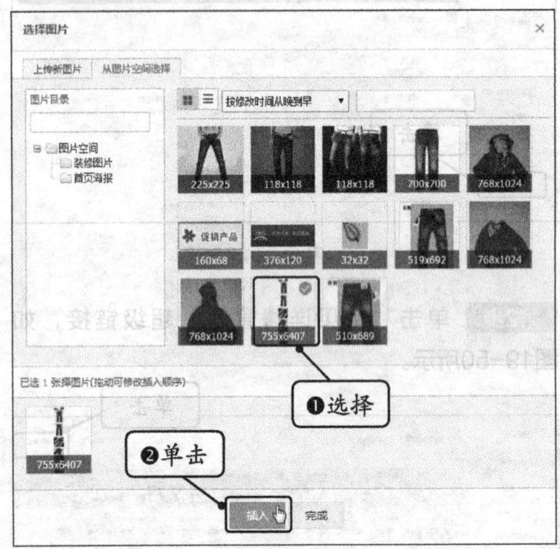

图19-53

第6步 ❶单击“文字添加”选项；❷输入描述文字；❸单击“保存”按钮，如图19-54所示。

图19-54

19.2.4　手机端码上淘

码上淘是基于手机淘宝，通过扫描二维码、条形码的方式参与淘宝官方活动或者商家发起的各种营销服务。对于卖家而言，码上淘是渠道推广的有效方式。可以将二维码展示在宣传海报、商品包装、物流包裹等位置。通过一段时间用户的扫码累积，还可以对二维码进行分析，以得到更多的消费信息。通过宝贝创建二维码的步骤如下。

第1步 进入手机淘宝店铺，单击“码上淘”的“进入后台”超级链接，如图19-55所示。

图19-55

第2步 单击“创建二维码”栏下的“通过宝贝创建”选项，如图19-56所示。

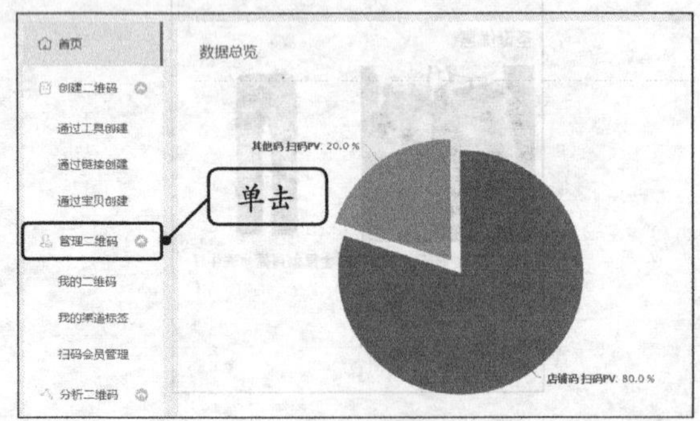

图19-56

第3步 进入新页面，❶选择需要生产二维码的宝贝；❷单击“下一步”按钮，如图19-57所示。

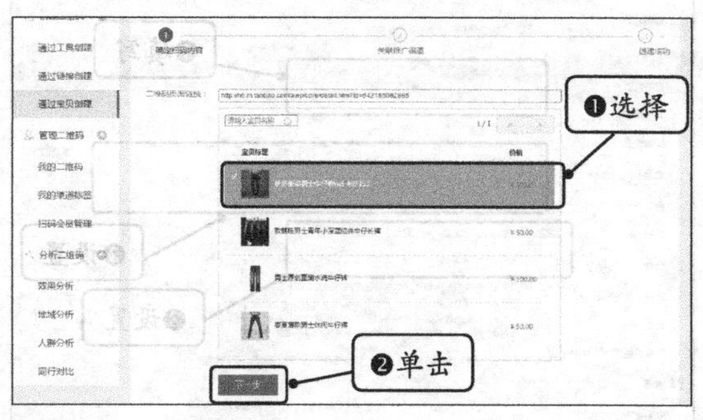

图19-57

第4步 在新页面中，❶为宝贝选择推广渠道的标签，对应生产不同的二维码；❷单击“下一步”按钮，如图19-58所示。

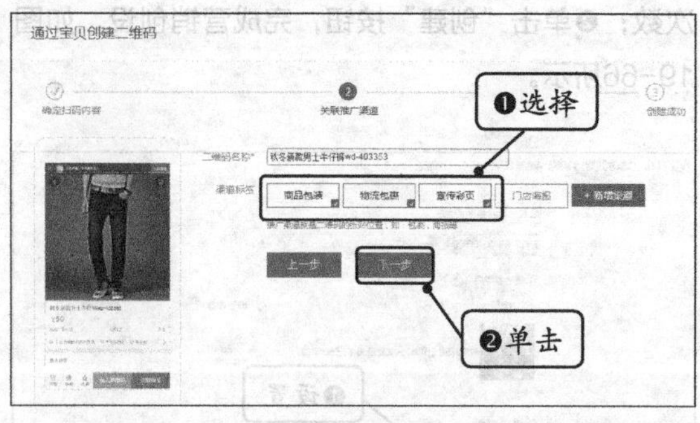

图19-58

第5步 系统会自动创建相应的二维码。单击“下载”按钮，保存这些二维码可以在手机、微信、微博等位置进行分享，或制作成货单、贴纸等，如图19-59所示。

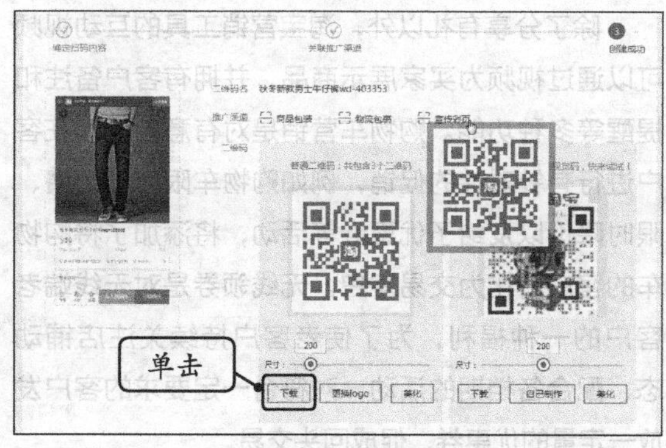

图19-59

二维码不仅可以传递商品的基本信息、物流信息，自动链接到店铺或商品页面，通过扫码还可以快速确认收货、评价物流。任何下单的买家在扫码的同时将自动被淘宝系统添加为店铺的关注粉丝。通过店主的设置，买家可能会领取到店铺的优惠券。

在卖家的码上淘后台中，可以对扫码二维码的有关信息进行分析，例如对扫码量、访客数、成交笔数、扫码地域和扫码人群等的分析。掌握这些数据可以帮助店主更有针对性地展开营销活动。

19.2.5 设置分享有礼

为宝贝设置分享有礼是店主激励到店的买家分享宝贝到社交媒体，吸引用户提升转化率的营销手段。具体的步骤如下。

第1步 进入手机淘宝，在营销工具中单击“分享有礼”超级链接，如图19-60所示。

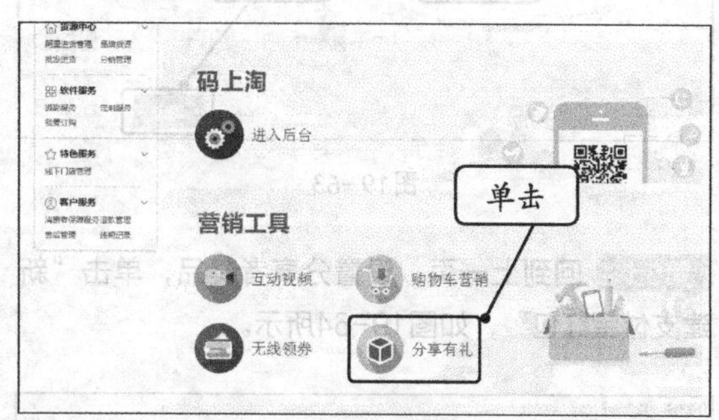

图19-60

第2步 在新页面中单击“马上创建”按钮，如图19-61所示。

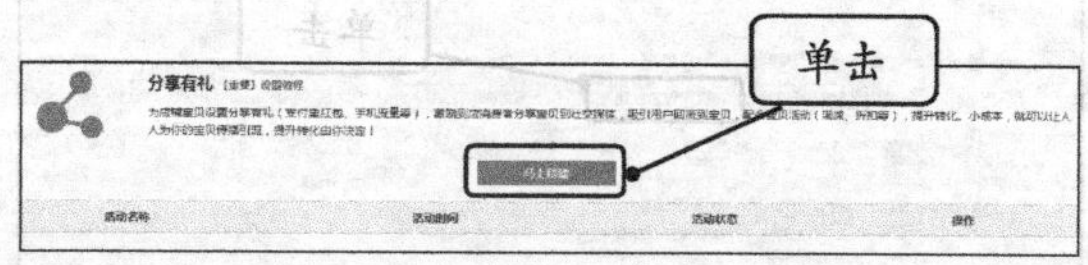

图19-61

第3步 在新页面中，❶填写活动名称；❷设定活动时间；❸单击“请选择商品”超级链接，如图19-62所示。

第4步 在宝贝页面，❶勾选要参与活动的宝贝；❷单击“确定”按钮，如图19-63所示。

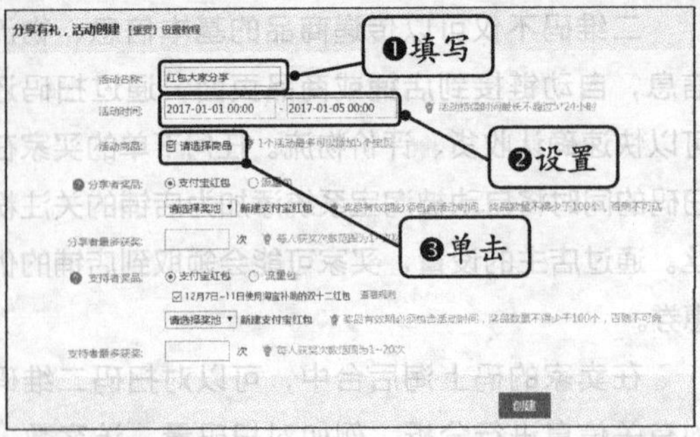

图19-62

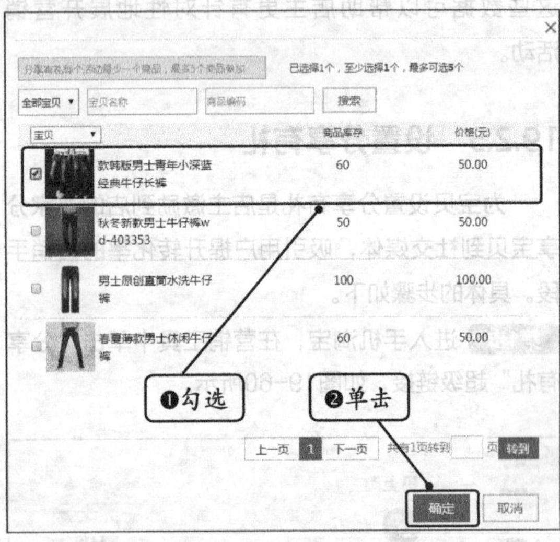

图19-63

第5步 回到上一页，设置分享者奖品，单击“新建支付宝红包”，如图19-64所示。

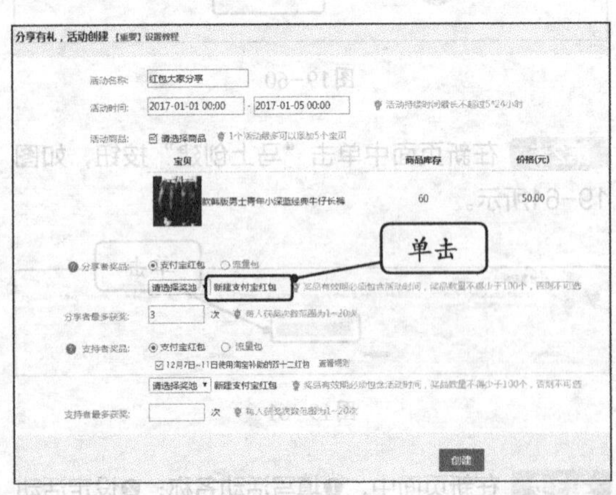

图19-64

第6步 进入客户关系管理界面，❶填写名称；❷设置红包金额及个数；❸设置活动时间；❹单击“确认创建”按钮，如图19-65所示。

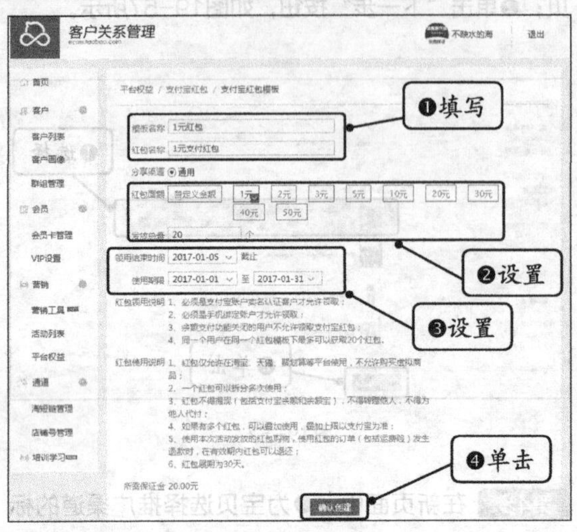

图19-65

第7步 回到上一页面，❶设置分享者最多获奖次数；❷单击“创建”按钮，完成营销创设，如图19-66所示。

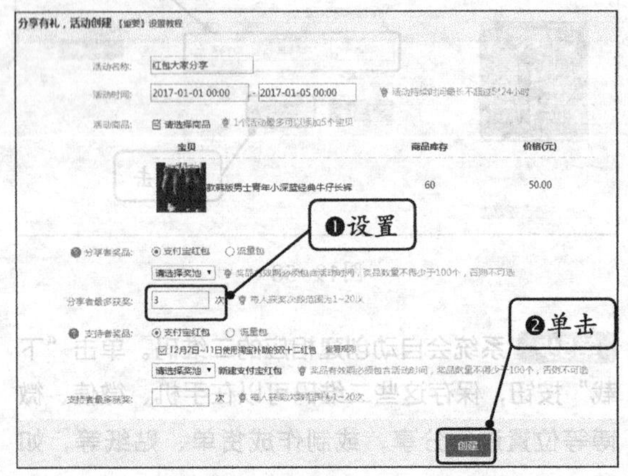

图19-66

除了分享有礼以外，淘宝营销工具的互动视频可以通过视频为买家展示商品，并拥有客户备注和提醒等多种功能。购物车营销是对有意向的潜在客户进行有针对性的促销，例如购物车限时送话费、限时降价以及给予优惠券等活动，将添加了将购物车的客户转化为交易客户。无线领券是对无线端老客户的一种福利，为了使老客户持续关注店铺动态、配合各档期的活动，对符合一定要求的客户发放一定量的优惠券，促成回头交易。

19.3 秘技一点通

技巧1 ——提升手机端成交量六招

由于智能手机越来越普及，而人们的生活节奏也越来越快，很多人都利用上下班路上、用餐等"碎片"时间来进行手机购物，如此一来，网店手机端也就显得越来越重要。

那么，如何提高网店手机端的成交量呢？下面介绍非常管用的四招。

（1）增加无线端的成交占比。可以用客服引导买家去线端下单，这是最直接、最简单的办法，提高无线端占比，可以增加无线端的优惠政策，比如无线端的特价和无线端的直通车流量。

（2）设置无线端的手机专享价。有很多人设置专享价的时候只设置1～2元，其实无线端的专享价不仅可以把流量有效地导到无线，而且在无线端搜索的时候，专享价的标示也能有效地提高点击率，而且专享价的折扣力度还能提高转化率。

（3）参加无线直通车。无线端直通车的点击率和转化率远远高于PC端的数值，但点击单价远远低于PC。

（4）按照统计，详情页最好做6屏，一是因为考虑流量，二是太多页面会耗去访客的耐心。6屏足够把一个商品的卖点交代清楚了，多了反而画蛇添足，要记得无线端和PC端是不一样的，在PC端，可以很方便地同时打开多个浏览器页面进行浏览，用户可以在等待一个详情页加载的时候，去另外的页面浏览；而在无线端，一般都是线性浏览，访客会按照详情页→店铺→详情页→店铺这样的路线来浏览，因此详情页太长的话，加载时间也会很长，很多时候访客就直接返回上一页，这样就失去了一个成交的机会。

技巧2 ——如何设计小流量页面

最新的统计显示，使用手机上网的用户总数达到10.2亿户，对移动电话用户的渗透率达77.3%。4G用户总数达到7.14亿户，2G和3G用户稳步向4G转换的趋势明显。尽管如此，国人的手机流量仍显不足，近一半人的手机套餐流量一月不到300MB。

由于手机用户的流量不是很充沛，所以，做手机网店装修的时候，一定要符合用户的浏览习惯，不要让他们浏览多余的信息。据统计，在无线端，一个用户从流量到购买成交，平均需要花费流量53MB，因此，在做手机端图片时，尽量不要做过大的图，在保证清晰度的情况下，尽量为图片"减肥"，一个宝贝的手机端图片最好总量控制在1.5MB以下，图片仅支持JPG、GIF、PNG格式，图片宽度为480～620像素、高度不大于960像素；在图片上添加文字时，中文字体不小于30号字，文字不宜过多。而且，每个详情页只能增加一个音频，时长不超过30秒、大小不超过200KB。

技巧3 ——怎样装修手机网店的二级页面

手机店铺装修，首页装修的目标是减少跳失率，增加转化率，增加访问深度。很多卖家觉得尽可能地把宝贝通过各种图片或文字展现出来就可以增加访问深度。实际上，增加访问深度关键点是页面各个环节之间的跳转难易度要符合卖家的需求，因此，卖家在装修店铺首页时，一定要设置好二级页面。

虽然无线端也可以采取关联销售的营销方式，但重点不在于关联，而是在于对销售页面的管理。如果从店铺首页Banner（横幅广告）跳转到二级页面，那么这个二级页面的产品需匹配特定的节日元素或店铺相关专题，这种关联指的是页面之间、产品之间的关联。无线端的二级页面在设计上需要更加精心，卖家可以把互补性的二级页面放一起，增强互补性，减少替代性，增加成交订单量。如果说首页起到了分流作用，那二级页面的功能就是促进转化，要做到这点不仅需要装修，更需要运营。

技巧4 ——手机网店六大板块装修要诀

要做好手机端首页装修，还需要在宝贝模块、店铺首焦、左文右图、mini Banner、标题模块以及文本模块这六大板块上下足工夫。

要注意的是，宝贝模块支持的最大数量为6个。店铺首焦上，如果店铺属于活动较多的情况，可以用首焦推活动，如果店铺属于产品少或产品多、流量少的情况，首先应链接到最核心的产品。左文右图最直观的展现方式为细Banner，起到分流、公告（优惠券的领取、信息展示）、产品专区的作用。mini Banner为首页装修的经典模块，主要起到分类、引流的作用。如果将mini Banner直接链接到分类页面的话，系统默认按照新品排序展示，降低买家的购买欲望，进而影响到店铺转化率。建议如果店铺流量大、产品多，可以将做好的二级页面直接链接到各种活动，如果是中小型的店铺，可以直接链接到衬衫专区、连衣裙专区等产品页面，节省访客的浏览时间。标题模块的主要功能是做页面功能及模块解释，文字本身可添加链接，但要注意控制字数。文本模块属于纯文字模块，适合在做活动注解或描述文案时使用。卖家可以在首页中添加特定的文字说明，每个模块字符上限为50个。

此外，卖家要根据店铺的调性及具体需求来进行模块的设置。如在宝贝模块添加宝贝的时候，对于先放哪个宝贝后放哪个宝贝这样的问题要慎重考虑。

技巧5 ——手机网店宝贝类模块内容的取舍

宝贝类模块里包含着单列宝贝、双列宝贝、宝贝排行和搭配套餐4个工具。

（1）单列宝贝。单列宝贝的模块只能够使用一次，在使用中可以添加6个宝贝和链接，宝贝的主图是直接调用PC端的主图，不可以人为进行设置，模块的使用大小不受限制。因为直接调用PC端的主图，在手机端里显示出来过大，所以一般不推荐使用这个模块。

（2）双列宝贝。双列宝贝不受模块的使用限制，我们可以手动添加宝贝标题、增加链接、自动推荐，可以通过价格和关键词、排序规则、类目来筛选宝贝，手动推荐则根据自己的主打宝贝来优先选择。但是宝贝图片也是直接调取PC端的，不能够进行人为的设置。这个模块主要是用来做同类产品的展现，让买家在购物时进行对比。

（3）宝贝排行。宝贝排行是自动调取PC端高销量、高人气的宝贝，不能人为地进行设置。如果PC端热销宝贝比较多，可以使用这个模块，如果没有销量建议不要使用。

（4）搭配套餐。这个模块也是不能够人为设置的，只能够自动调取PC端的数据，也就是调取PC端里使用官方的搭配关联生成的套餐，所以这个模块没什么可多说的。

开店小故事

手机开店的故事

伍德芳是一个忙碌的母亲，要带孩子，要上班，还要照顾自己的化妆品网店。众所周知的是，网店上的化妆品假货太多，所以她的网店销量一直不是很好。

有了孩子以后，奶粉、尿不湿……家里的开销又增加一大笔，本来家庭收入就不够高，这一下生活更加拮据起来。伍德芳做梦都在想办法增加收入。

去年4月，她无意间看到有个朋友在微信圈发的产品图片介绍，朋友和熟人纷纷购买，她就留上了心，天天观察朋友的操作，看了一个月，觉得有点心得了，就开始动手为自己的网店创建了手机版。“反正也不用多出什么费用，店铺还是那个店铺，不过增加了客户接触面。”伍德芳说。

一开始，她的手机网店都是在微信圈内宣传，全靠一些朋友和熟人在浏览和购买，不管关系远近，伍德芳总是站在对方的立场上考虑，帮助对方确定肤质，选择产品，她这种认真负责的态度感染了朋友们，后来朋友又介绍客户，慢慢积累成一个固定又庞大的客户群，给她带来了不菲的收入。

“手机店和PC网店的做法不一样，朋友都是出于信任，或者抹不开面子，才买你的产品。所以对手机网店来说，个人的信誉尤其重要。一旦卖有问题的产品，不但失去了生意，也会失去朋友。”伍德芳说。

如今，伍德芳辞去了工作，在家全职做手机网店——当然也要照顾孩子。朋友们都很羡慕她，“说我轻轻松松，在家吹着空调就把钱赚了，其实，手机店这事儿，不是他们想象得那么容易。”伍德芳说，“由于成天低头看手机，颈椎都出问题了，一活动就疼，咔擦咔擦的声音很吓人，做了好多次理疗，也只能控制住病情；还有拇指长期打字，关节也受不了，有时候又红又肿，后来才知道有蓝牙键盘，买了一个接到手机上，用键盘打字，拇指的病情才慢慢好转。”

尽管有这么多不足为外人道的辛苦，可是伍德芳也感到很欣慰，因为她赚到了远比上班多得多的薪酬，还认识了很多朋友。被问及下一步有什么计划时，伍德芳说：“我发现，赚钱最多的还是批发商，等我积攒够了资金，准备去批发市场试试水。”

第20章

手机淘宝的推广及引流

本章导言

按照上一章介绍的内容建立了手机网店之后，即可按照本章的内容来对手机网店进行推广、营销和管理。首先要使用二维码推广手机网店，为网店带来流量后，要掌握将流量转化为购买的方法；另外，使用手机千牛和微信来管理、推广店铺也是本章重点讲解的内容。

学习要点

- 掌握使用二维码宣传网店的方法
- 掌握手机网店流量的转化方法
- 掌握使用千牛软件手机版来管理网店的方法
- 掌握使用微信来推广和营销网店的方法

20.1 巧用二维码提升手机淘宝转化率

二维码是一种正方形的编码，看上去杂乱无章，实际上蕴含着一条不长的信息，这条信息可以是任何含义，可以是网址，也可以是字符等。图20-1所示是一种实心的二维码，图20-2所示是空心的二维码，空心二维码中间可以添加一些其他信息，如店标等。

图20-1

图20-2

二维码是一种非常方便的推广工具，它既可以印刷在宣传品上，也可以喷涂在墙上，还可以在电视、电脑屏幕中进行发布。

要获取二维码中的信息非常简单，只需在智能手机上安装识别二维码的软件，然后运行该软件，再用手机摄像头对着二维码进行拍摄，如图20-3所示。软件会自动将二维码包含的信息转换为文字，如图20-4所示。如果这段文字是网址的话，单击它就可以直接在手机里进行访问了，如图20-5所示。

图20-3

图20-4　　图20-5

专家提点　哪些手机软件可以解析二维码

很多软件都具有解析二维码的功能，常见的有淘宝手机客户端、码尚淘、我查查、UC浏览器、快拍二维码等。

20.1.1　创建自己的专属二维码

那么，如何把网址转换成二维码，以便宣传呢？首先来看手机淘宝店，在编辑并发布一个页面后，淘宝会自动生成该页面网址的二维码，要查看该二维码，只需进入手机店铺装修界面，将鼠标指针悬停在“二维码”栏下的图标上，即可弹出二维码图片，如图20-6所示。要复制二维码图片，可在图片上单击鼠标右键，在弹出的快捷菜单上单击“图片另存为”选项，如图20-7所示。

图20-6

随后弹出一个保存文件的对话框，在里面指定图片的保存路径即可。

图20-7

专家提点　首页之外的页面的二维码

除首页之外，其他每个页面都有各自的二维码，显示方法同首页。不过一般都是直接发布首页的二维码，有些活动页面的二维码也可以直接发布。

有的卖家可能想要生成PC端店铺地址的二维码，可以到网上的在线二维码生成网站上制作，方法如下。

第1步　用浏览器登录网站“cli.im”，❶在文本框中输入自己网店的网址；❷拖动滑块将二维码大小设置为最大；❸单击“生成二维码”按钮，如图20-8所示。

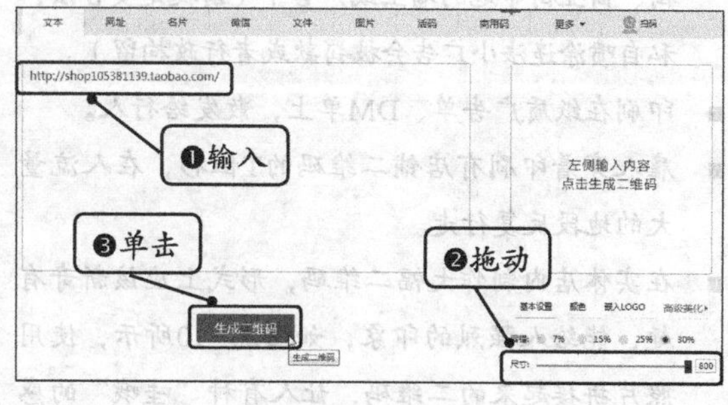

图20-8

第2步　生成二维码之后，单击“下载”按钮，如图20-9所示。

图20-9

第3步 保存下载下来的二维码图片到指定文件夹即可。

专家提点 为什么要将二维码图片设置为最大

将二维码图片设置为最大有两个好处：一是可以提高其容错率到30%左右，这样将图片喷涂到墙上，即使有小部分不清楚仍然能够还原成文字；二是大图片在印刷、显示时都比小图片要清晰。

用户也可以单击“插入Logo”选项，将自己的店铺Logo插入二维码的中间，这样更能给受众深刻的印象。图片下边还可以加上店铺的名称，或者活动的名称，或者一条简短的宣传语等，这样可以传达出更多的信息。

20.1.2 二维码的宣传方法

二维码的宣传方法有很多种，可以印刷、喷涂、显示到多种载体上，其形式也有很多变化，可以改变颜色，甚至可以用其他东西来堆砌而成，比如乐高玩具。下面就来看看一些常见的宣传方法。

- 喷涂在人流量大的地点，如地铁站、公交站、步行街、商业街等地的墙上或广告中（前提是要合法，私自喷涂违法小广告会被罚款或者行政拘留）。
- 印刷在纸质广告单、DM单上，散发给行人。
- 雇人穿着印刷有店铺二维码的T恤衫，在人流量大的地段反复行走。
- 在实体店内制作大幅二维码，形式上应该新奇有趣，能给人强烈的印象，如图20-10所示，使用照片拼接起来的二维码，让人有种“哇哦”的感觉，会忍不住拿起手机来扫描。
- 将二维码放在能引起人扫描欲望的图片上，比如“维多利亚的秘密”内衣广告就将二维码放在模特图片的胸部，据悉绝大部分的男性受众都扫描了该二维码。

图20-10

本书的读者也可以推陈出新，发挥想象力，制造出各种各样引人注意的二维码宣传方式，当然，一定不要乱贴乱涂，影响市容。

20.1.3 二维码的应用方式

淘宝买家通过手机上的二维码识别软件，扫描卖家发布的淘宝二维码，可以直接找到卖家的促销活动、店铺首页、宝贝单品等，免去输入网址、关键词搜索的麻烦。

淘宝卖家可以将二维码印刷到包裹中的宣传物上（如优惠券、宣传册），随包裹发给买家，吸引买家通过二维码进入店铺进行二次购买，还可以在PC店铺和商品详情页中贴出二维码，使买家可以在手机中快速收藏，随时随地光顾店铺，卖家还可以考虑在平面媒体上（如杂志和报纸）发布带有二维码的促销活动。对于有能力大卖家，还可以在自己的商品上贴上相应的二维码，如图20-11所示。

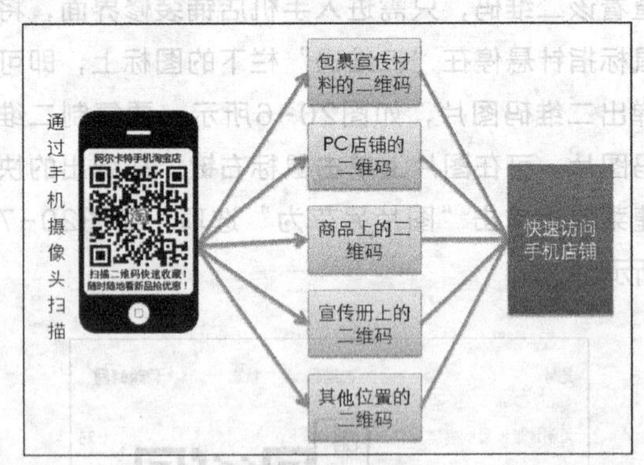

图20-11

20.2 手机网店流量结构及转化

所谓“流量”，是指一个手机网店被浏览的次数。流量越高，说明网店在吸引关注这方面做得越好。但流量本身是带不来利润的，店主们还要分析流量的来源和构成，针对访问者的习惯来调整网店的结构，增加访问者停留的时间，最终增加宝贝的销售量。

20.2.1 手机网店流量从哪里来

淘宝流量来源主要分为两种：站内流量和站外流量。

淘宝站内流量是指从淘宝网站上通过一定方式（如搜索宝贝、进入某活动的宣传页面等）进入自己网店的流量，这对所有淘宝店主而言都是主要渠道；淘宝站外流量，也就是除淘宝网以外的所有互联网上直接访问自己网店的流量，这类流量主要来源于广告。

流量主要分为免费流量和收费流量，获取流量最重要的方式就是推广。推广主要分为两种：站内推广（免费+付款）、站外推广（免费+付费）。

1. 站内推广方式

（1）免费推广

- 网店与实体店；
- 帮派、社区和淘吧；
- 搜索和类目导航：产品标题、宝贝描述和类目导航的相关性。

（2）付费推广

- 淘宝直通车；
- 淘宝客；
- 钻石展位；
- 发帖回帖：淘宝论坛、掌柜说；
- 群软件工具：旺旺群、QQ群、邮件群发工具。

（3）通过活动来推广

- 购买帮派广告位；
- 参加淘宝各类主题活动（中秋、国庆等）；
- 一元拍、荷兰拍；
- 超级买家秀或者买家分享；
- 秒杀；
- 团购。

2. 站外推广

（1）免费推广

- 搜索引擎：用百度、网易、Google搜索有关本店产品的帖子，进行发帖、回帖、问答推广；
- 微博网站推广：在新浪、腾讯、开心网、蘑菇街、人人网等知名网站建立账号推广，注册、发帖、吸引人气、发布产品图片和链接，进行长期发布更新推广；
- 间接推广：在各地的地方城市网站二手买卖市场、财经、跳蚤市场里发布信息，增加店铺曝光率。

（2）收费推广

- 直接联系站长买广告位，选择大流量且和本产品相联系的网站；
- 通过广告交易平台买流量，如买阿里妈妈广告位；
- 在搜索引擎上买竞价关键词广告，在国内，大家都在使用的搜索引擎广告有：百度竞价排名、谷歌竞价广告、有道竞价广告、搜狗搜索引擎等。
- 通过流量站购买弹窗流量。

对于初始阶段的店铺来说，付费流量占比可以维持在25%～35%，通过付费流量的导入来测试市场，磨合团队，但不宜盲目扩张；对于扩张阶段的店铺来说，付费流量占比可以维持在35%～45%，这个阶段大流量的导入是为了重拳出击，快速占领市场；对于稳定阶段的店铺来说，付费流量占比可以维持在20%～30%，这个阶段，合理的流量结构才是销售与利润最大化的一个必要条件。

20.2.2 流量来了如何转化

有很多店铺的手机流量都超过店铺的60%，这么好的流量，应该说业绩都会有一个很大的提升，但实际上销量仍然平平，究其原因，在于转化率太低。流量虽然大，但是转化为购买行为的很少，销售量自然上不去。

有了流量是成功的第一步，要把流量转化为购买是第二步。那么，手机店铺要作一些什么样的改变，才能提高转化率呢？

1. 标题关键词

手机端显示的内容远比PC端要少，所以一个能体现自己产品特性和卖点的标题，就显得很重要。在设置标题时候，可以加入一些主要的词，同时也可以加入产品的特点词，这里就不需要像PC端那样都是为了搜索而加入更多的搜索热词，手机端的标题更多是为了转化服务，加入产品的卖点元素才是王道。

图20-12上面是销售量很好的宝贝，下面则是销售量很差的宝贝，读者可以看看，两个宝贝的标题有什么区别。

图20-12

很明显，销量上千的宝贝，标题中加入了卖点词汇，如“打底”“秋季”和“修身”，这几个词汇准确地描述了宝贝的功用和使用季节；而销量不足100的宝贝，其标题仅仅是对产品本身特点的描述，卖点词汇则只有“修身”，两者的效果是有很大区别的。

2. 橱窗图片

在PC端网店的橱窗图片中，尽量整洁而唯美，但在手机端，则建议能把图片做到更加细致，主图适当放上一些产品的促销信息，后面几张图能体现一些产品特点。

很多人习惯了淘宝原来的干净的橱窗，但是在手机端因为展示空间有限，所以图片上的信息，也成为促进买家下单购买的一个关键因素。如图20-13所示，在主图的空白中加入了“秒杀”“200斤可穿”等描述词汇，促进了买家下单的决心，也就是提高了流量转化率。

图20-13

3. 宝贝详情页

优化好宝贝详情页，才能增加买家的购买欲望。很多店铺图省事，没有为宝贝制作手机端详情页，而是把PC端的手机描述缩小当做手机端描述，直接导致整个描述要很长，图片过大，加载时间也太长，很多用户等不及就不看了。这样对于转化率来说是极其不利的。

那么，一个好的宝贝详情页，该是怎样的呢？一般来说，宝贝详情页应该有六屏，如图20-14所示。

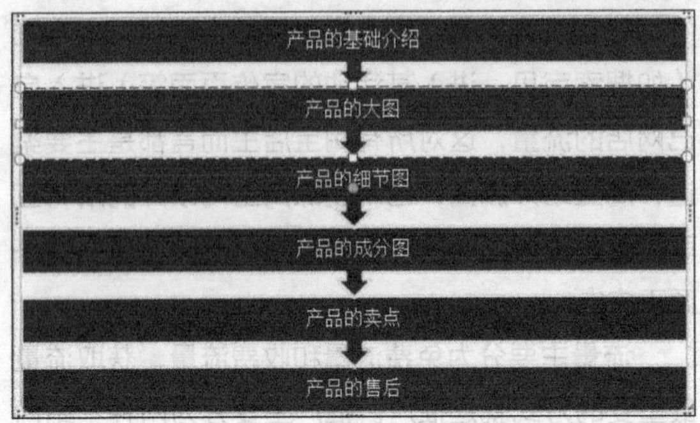

图20-14

按这样的布局来设置手机端详情页的话，就能有效减少页面加载时间，展示起来也比较快，同时也让买家少花费手机流量，买家可以在较短时间内就取得关于宝贝的关键信息，从而判断是否适合自己的需要。反过来说，如果页面冗长，重点不突出，买家看了一会儿不得要领，很可能直接就跳转到别的页面去了，那么这一页的转化率自然就很低了。

4. 产品的活动

在活动页面展示的淘金币和手机专享等活动越多，客户购买的机会越大，因为淘金币对于很多淘宝账号来说都有积存，热别是女性买家，很多时候拍下没有使用淘金币，而为了淘金币重复拍很多次的买家不在少数。

除了淘金币和手机专享，一些店铺活动也更加吸引买家的购买。

5. 商品的评价

手机淘宝在宝贝详细的第一页只是展示了一个评价，这个评价是一个关键，很多买家为了节省流量，直接就看这么一个评价，来决定购买与否。所以在手机端，能排名第一的评价一定要做好，如图20-15所示。

这里可以说一下排名第一的评价需要的要素：

- 买家的旺旺级别；
- 产品的相关性；
- 物流的相关性；
- 客服的服务态度；
- 买家的对产品的想法。

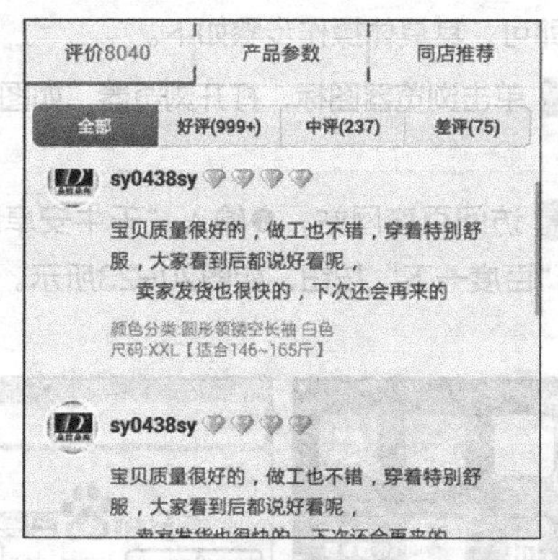

图20-15

6. 其他因素

产品的销量，包邮，以及收藏等特惠信息和客服的反应时间，对产品的了解程度等，都是影响购买率的因素。

认真做好店铺的手机端，最重要的是做好每一个细节。手机端现在还处于爆发期，只要认真研究，就会有一个很好的效果。

20.3 使用千牛软件手机版移动管理手机店铺

很多淘宝小卖家最感到苦恼的就是，自己必须随时随地驻守在电脑前，等候上门的买家来询问交流，就连外出办个事，都要紧赶慢赶，生怕离开电脑前太久，错过了生意。

其实在智能手机这么发达的今天，这一切都已经不成问题了。淘宝官方已经发布了千牛手机版，分为iPhone版和安卓版。利用千牛手机版，店主们即使外出大半天，也没有问题，可以通过千牛软件，在手机上看到店铺的各项信息，管理店铺的交易，还能及时和买家进行联系，解答买家们的疑问。

20.3.1 千牛手机版有哪些功能

前面已经讲解过千牛的PC版了。那么，作为手机版的千牛，又有什么功能和特点呢?

- 阿里旺旺卖家版：支持手机和电脑同时登录，联系人和聊天记录与电脑千牛无缝云同步。
- 卖家工作台：提供店铺关键信息提醒，以及商品、交易、数据等常用操作的快捷入口。
- 消息中心：商品消息、订单消息、退款消息、官方公告等，第一时间推送到手机。
- 插件定制：在工作台里，可以安装\卸载插件，包括量子恒道、促销管理、数据报表以及数据魔方等。

20.3.2 如何在智能手机上安装千牛软件

根据操作系统划分，最流行的两大手机系统为iPhone和安卓。它们安装的方法有所不同。下面分别进行讲解。

1. 在iPhone上安装

在iPhone上安装千牛，只需进入苹果商店，找到千牛软件进行下载，输入密码即可，其具体操作步骤如下。

第1步 单击App Store图标，进入苹果商店，如图20-16所示。

第2步 单击“搜索”按钮，如图20-17所示。

图20-16　　图20-17

第3步 ❶输入“千牛”；❷单击“搜索”按钮，如图20-18所示。

第4步 单击下载图标，开始下载，如图20-19所示。

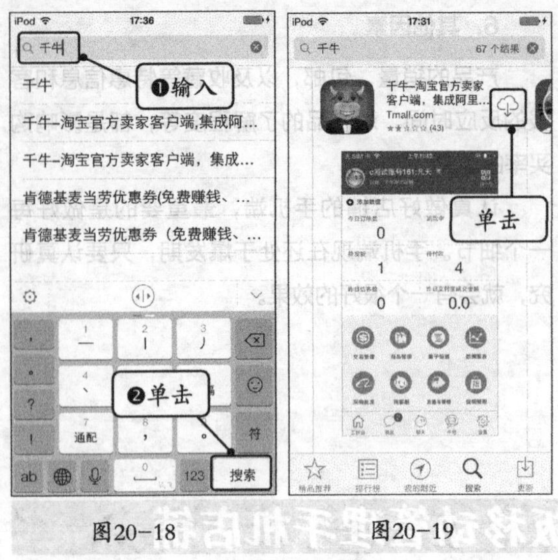

图20-18　　图20-19

第5步 下载完毕后，在桌面上单击千牛图标，即可打开千牛软件，如图20-20所示。

第6步 ❶输入用户名和密码；❷选择“记住密码”和“同时登录阿里旺旺”复选框；❸单击“登录”按钮，如图20-21所示。

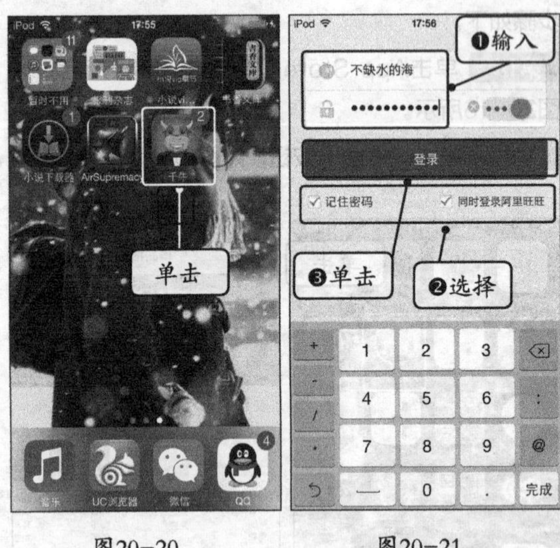

图20-20　　图20-21

专家提点 初次下载时会要求输入密码

如果用户是初次下载千牛软件，会弹出窗口要求用户输入App Store的密码。本例中已经不是初次下载，所以没有弹出密码窗口。App Store的密码是指用户初次使用苹果手机时，系统要求用户申请的账号和密码。

2. 在安卓手机上安装

在安卓手机上安装千牛也很简单，下载到手机上安装即可，其具体操作步骤如下。

第1步 单击浏览器图标，打开浏览器，如图20-22所示。

第2步 访问百度网站，❶输入“千牛安卓版”；❷单击“百度一下”按钮，如图20-23所示。

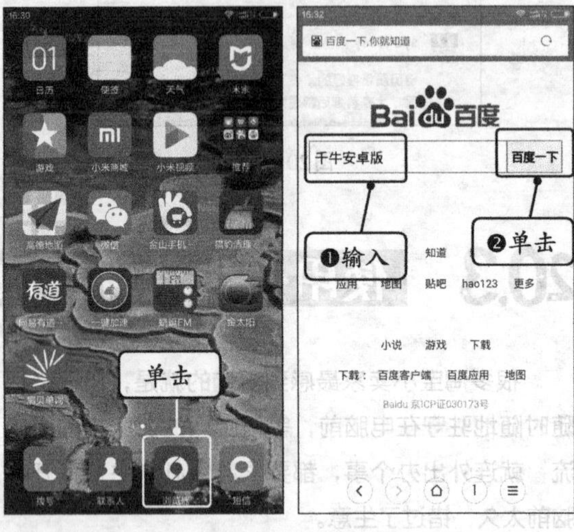

图20-22　　图20-23

第3步 进入搜索结果页面，单击“下载”按钮，如图20-24所示。

第4步 单击“普通下载”按钮，如图20-25所示。

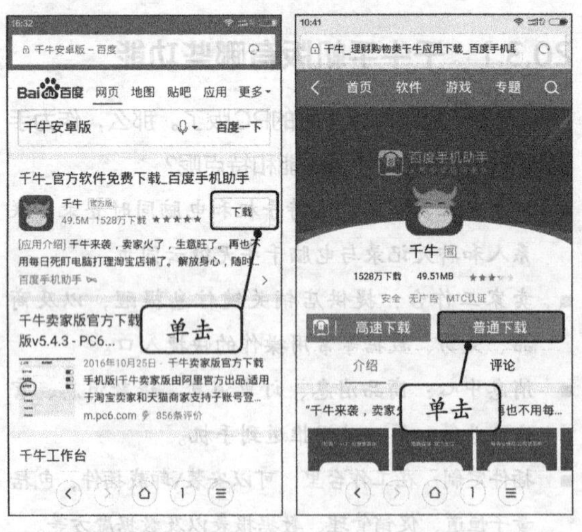

图20-24　　图20-25

第5步 单击“确定”按钮，如图20-26所示。

第6步 下载完毕后，单击“安装”按钮，如图20-27所示。

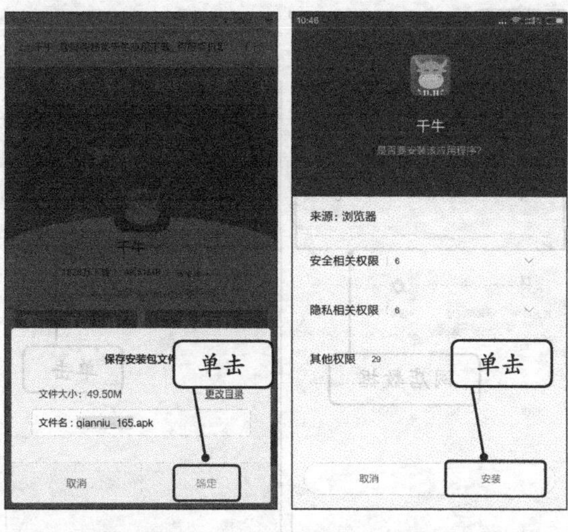

图20-26　　图20-27

第7步 等待自动安装，如图20-28所示。

第8步 千牛安装完成，如图20-29所示。

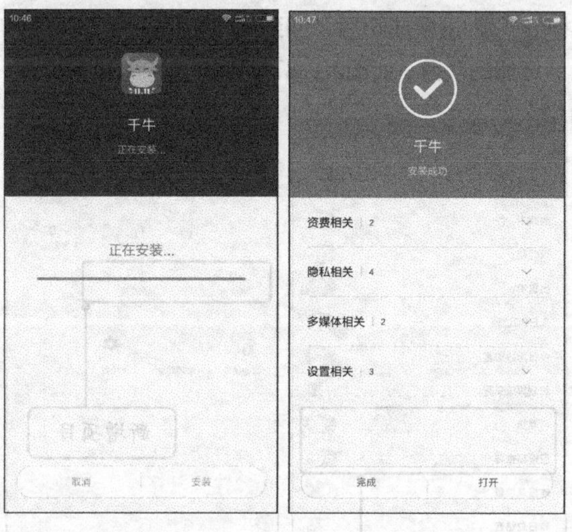

图20-28　　图20-29

第9步 到手机软件列表，单击“千牛”图标即可运行，如图20-30所示。

> **高手支招　安卓手机安装软件的另外一种方法**
>
> 安卓手机用户也可以先把软件下载到电脑上，然后使用数据线将手机与电脑连接起来，并将手机设置为存储器状态，之后会在电脑中出现一个新的驱动器，这就是手机的存储卡。将软件复制到其中，然后断开手机与电脑的连接，在手机的文件浏览器中找到软件并运行，即可开始安装。

图20-30

如前所述，千牛手机版分为iPhone版和安卓版。两个版本的功能、界面和操作基本上一样。下面就以iPhone版千年为例进行讲解。

20.3.3　使用千牛软件与客户联系

千牛手机版包含有阿里旺旺的功能，可以和买家进行实时沟通，当买家通过阿里旺旺向卖家发送信息时，卖家的手机会弹出提示，单击该提示即可打开千牛软件，或者也可以直接单击千牛软件图标。

第1步 当买家发来消息时，手机会响起“叮咚”的提示音，并显示提示信息，如图20-31所示。

第2步 ❶单击“消息”选项；❷单击买家发来的新消息，如图20-32所示。

图20-31　　图20-32

第3步 进入聊天页面，❶输入聊天内容；❷单击“发送”按钮，即可把自己的消息发动给对方，如图20-33所示。

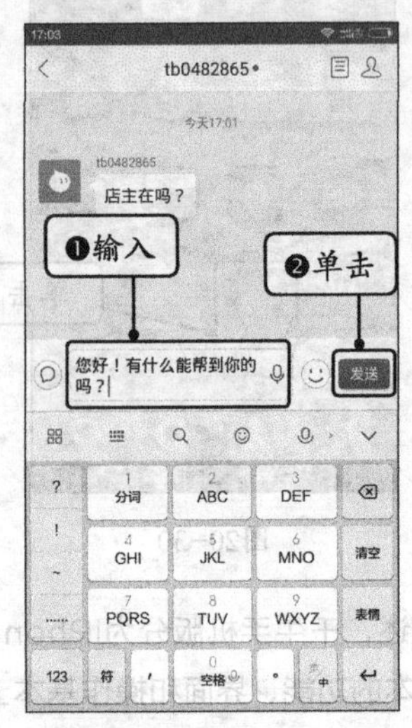

图20-33

专家提点 如果错过了提示

有时候听见手机响起了提示音，掏出手机来看时，发现提示已经自动消失了（提示一般只显示两三秒就会消失），也不确定是不是千牛上有买家发来了消息。其实，在iPhone和安卓手机中都会有提示。在iPhone中，如果一个软件有新消息，那么该软件右上方会有一个红圈白底的数字，数字表示着有多少条未读消息。如图20-31中，千牛软件右上方有个❶，这表示有未读的新消息，只需单击打开来浏览即可。在安卓手机中，可以将屏幕顶端菜单拉下来查看相应的提示。

20.3.4 使用千牛软件查看网店数据

使用千牛软件，可以在手机上查看网店的数据，让店主能够随时随地掌握店铺动态，做到心中有数。使用千牛软件查看网店数据的方法很简单，登录进入之后，默认显示的工作台页面就可以看到店里的各种数据，如今日订单数、退款中、待付款等，如图20-34所示。

需要注意的是，工作台页面只能显示6项数据，而数据总类有26项。用户可以对要显示的项目进行定制，方法如下。

第1步 单击“添加数据”选项，如图20-35所示。

图20-34　图20-35

第2步 选择要显示的数据项目，如图20-36所示。

第3步 设置成功后，回到工作台页面，可以看到新增加的项目，如图20-37所示。

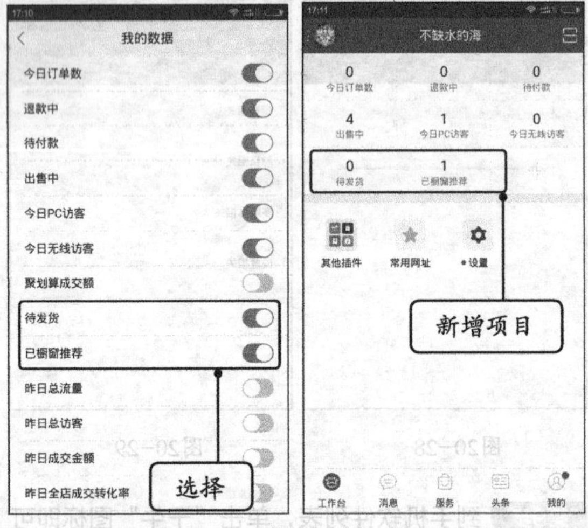

图20-36　图20-37

20.3.5 为千牛软件安装插件实现新功能

千牛软件可以通过安装插件来实现新功能。插件显示在工作台页面的下半部分，如图20-38所示。

插件也可以实现安装和卸载，方便店主定制适合自己使用的功能，其具体操作如下。

第1步 单击“设置”按钮，如图20-38所示。

第2步 ❶单击选项可以查看插件详情；❷选择需要添加的插件，单击“添加”按钮，如图20-39所示。

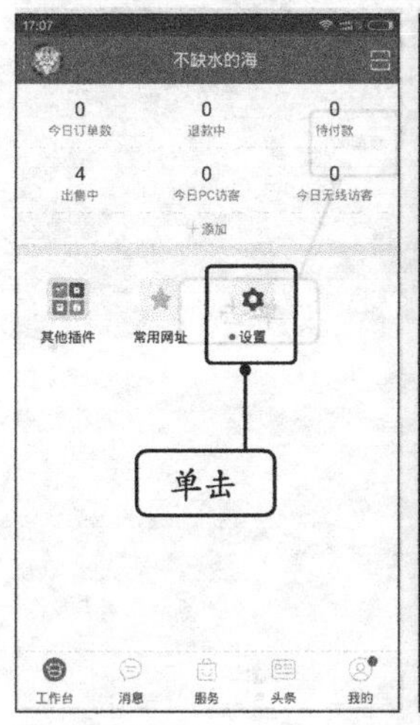

图20-38

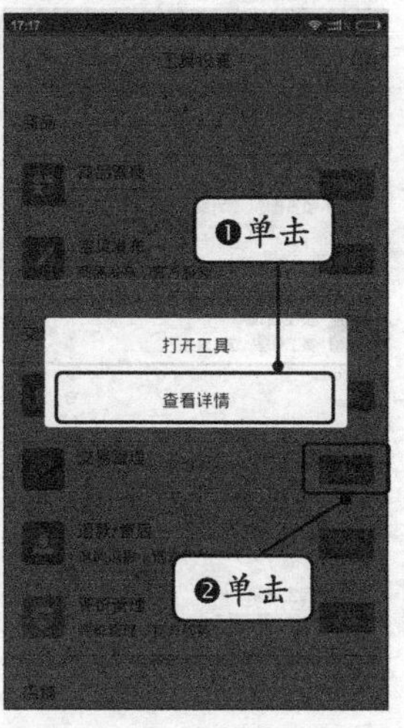

图20-39

第3步 设置成功后，回到工作台页面，可以看到新增加的插件，如图20-40所示。

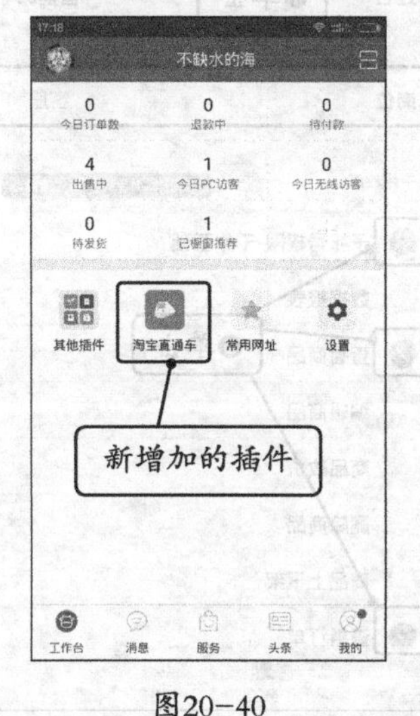

图20-40

20.3.6 为员工设置子账号来负责不同的业务

小店做大后，店主忙不过来，通常要请一些员工来分担工作，比如，最常见的就是请一些员工来做客服。那么，这些员工怎么才能获得权限来管理店内事务呢？这可以通过在千牛软件中为员工设置子账号来实现。下面就以设置一个不涉及钱款操作的售前客服子账号为例进行讲解。

第1步 在电脑上访问“子账号”页面，单击“管理我的子账号”按钮，如图20-41所示。

图20-41

第2步 弹出对话框，❶选择“我已阅读并同意子账号基础版服务协议”复选框；❷单击“确定”按钮，如图20-42所示。

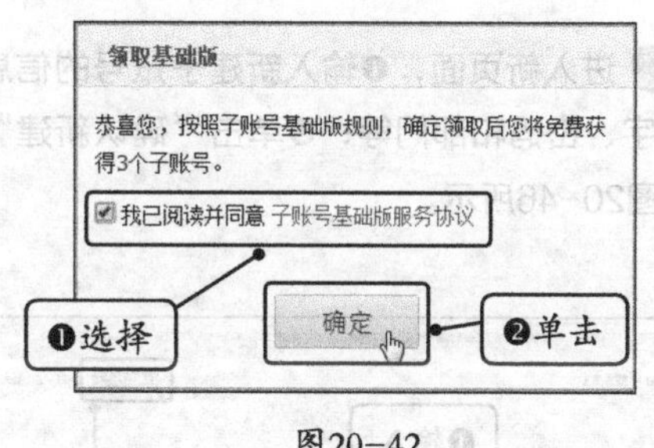

图20-42

第3步 进入新页面，单击“新建员工”按钮，如图20-43所示。

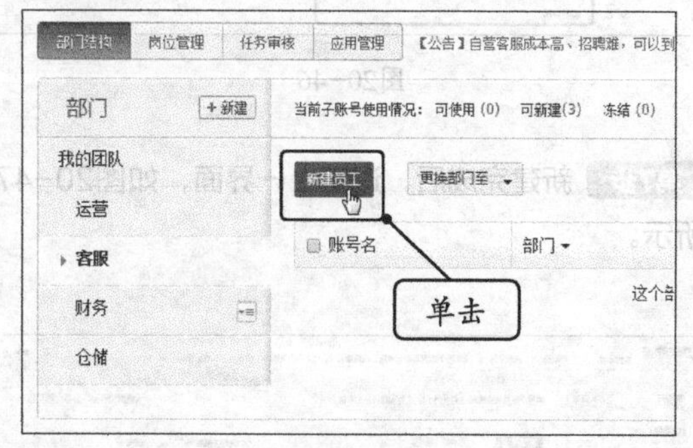

图20-43

第4步 询问是否要将新建的子账号绑定员工的手机号，由于售前客服子账号不涉及钱款操作，因此这里单击“不绑定，继续访问页面”超级链接，如图20-44所示。

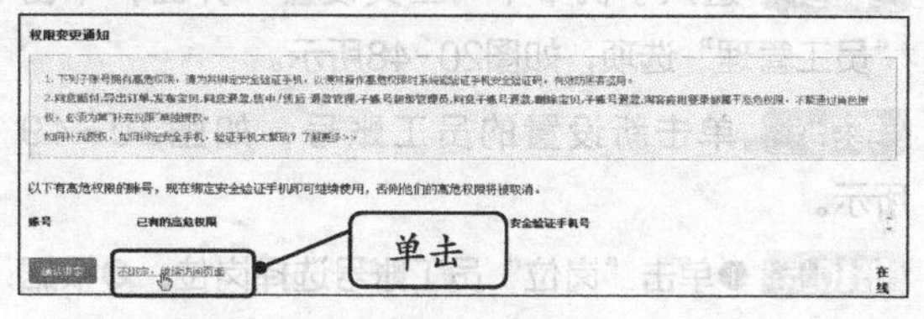

图20-44

第5步 弹出对话框，提示如不绑定手机号，该子账号将无法操作钱款、退款等操作，这里仍然单击“不绑定，继续访问页面”超级链接，如图20-45所示。

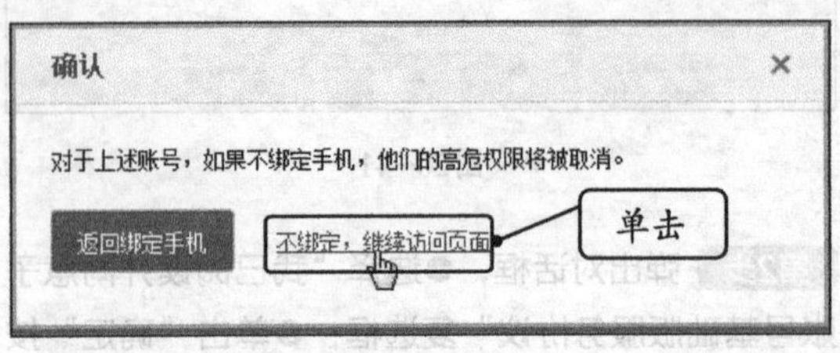

图20-45

第6步 进入新页面，❶输入新建子账号的信息，包括名字、密码和部门等；❷单击“确认新建”按钮，如图20-46所示。

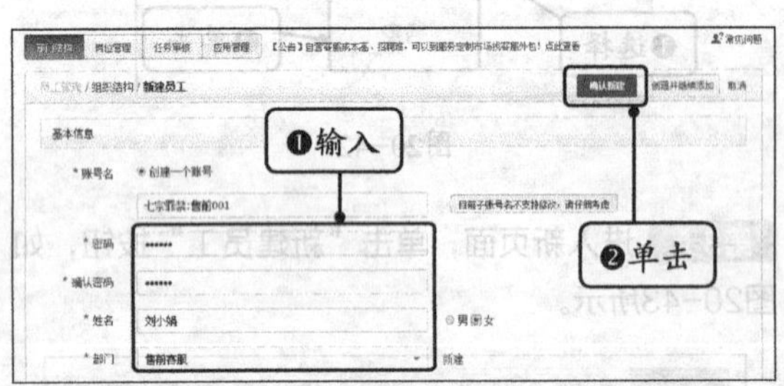

图20-46

第7步 新建完成后，返回上一界面，如图20-47所示。

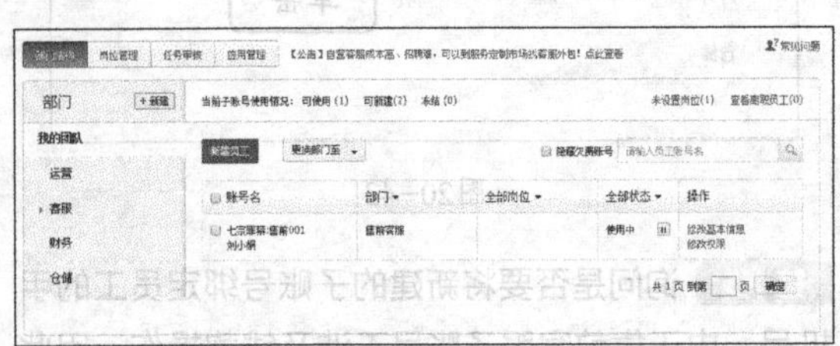

图20-47

第8步 进入手机千牛“工具设置”界面，单击“员工管理”选项，如图20-48所示。

第9步 单击新设置的员工账号，如图20-49所示。

第10步 ❶单击“岗位”员工账号选择岗位；❷根据需要为员工授予必要的权限，如图20-50所示。

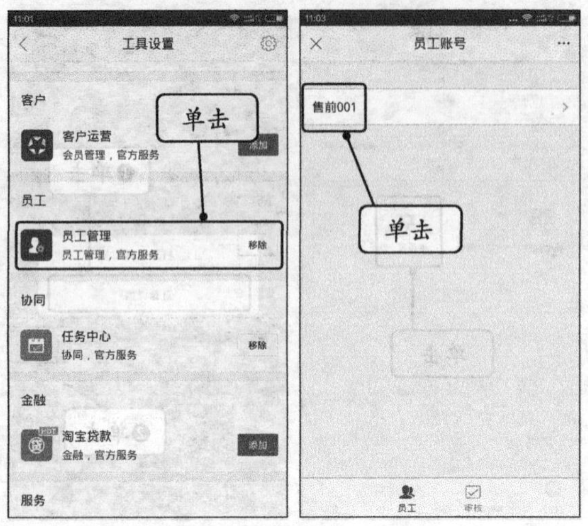

图20-48　　图20-49

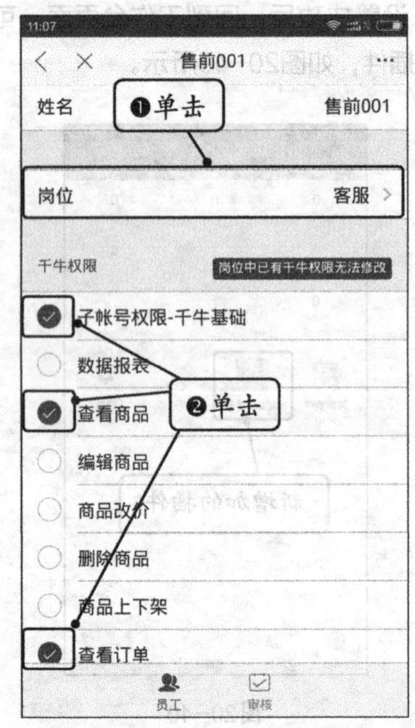

图20-50

专家提点 子账号绑定手机的原因

由于一些子账号分管的事务比较重要，如果被心怀不轨的员工利用，很可能会给店主造成严重的经济损失，或者信誉损失，比如偷偷转走营业款，内外勾结泄露店主经营信息等。为了防止这样严重的情况出现，涉及敏感的操作需要经过特别的授权，要求经过绑定员工手机号码的子账号才能操作，这样，万一出了什么问题，也方便警方根据电话号码进行追查。

20.4 通过微信推广店铺

微信已经成为最流行的聊天软件之一，快要赶超同门师兄QQ了。由于微信用户众多，不少人也在上面发现了商机，最常见的就是通过微信的各种功能来营销自己的店铺，也有的人通过申请微信的公共账号来为店铺提供售前、售后服务等。总之，微信是一个很有潜力的营销平台，值得店主们花时间和精力来打造微信推广账号。

20.4.1 微信营销需要哪些基础条件

微信营销并不是随便建一个账号，就能把自己的店铺和产品宣传得人尽皆知的。做微信营销，首先要具备以下几个条件。

- 好友数量：微信上要有一定的微信好友，如果只有几十个，是无法做微信营销的，前期至少要有200个，必须还是高质量的好友，才能产生一定的效果；当然也可以通过后期的一些努力增加微信好友。
- 好友印象：微信上营销，印象很重要。因为微信上大多数的生意都是先从身边的朋友开始，如果朋友对自己都不认可、都不支持，很难说会有什么发展。
- 社会资源：对于刚刚毕业的大学生来说，社会资源比较少，但是对于那些已经工作几年的人来说，则有一定的社会人脉资源，对微信营销会起着非常重要的作用，因为这些人脉都是社会的主流，有钱，有一定地位，能够得到他们的支持，会取得一个很好的效果。
- 文案功底：微信营销都是靠文字打动人，如果不会用文字描述，只发图片，根本无法打动别人。一个好的产品，需要更好的文字去支撑它，这样才有生命力。如卖衣服的朋友，直接将衣服图片和衣服的颜色、款式、码数放上去，效果一定不好。如果经常这样做，朋友都会厌烦的。所以，做微信营销，必须有一定的文字功底，至少要把产品描述清楚，如果能够再加上一些有情趣的文字，就更容易获得认可了。
- 营销能力：营销能力也是一个不可小视的因素。小米手机为什么能成功，就是小米营销部门能力强。会揣摩客户的需求，能想出新颖可行的营销方法，才能够在芸芸众生中脱颖而出，赚到属于自己的一桶金。

20.4.2 注册有代表性的ID

微信可以通过手机注册，也可以直接使用QQ号登录。初次登录后，要求用户为自己设置一个纯字母和数字组成的微信账号，用于登录以及供别人查找添加好友。

店主们不要随随便便地设置这个账号，要知道这个账号对店铺来说，就像商标一样，自己不注册，搞不好就被别人注册了。因此这个账号一定要有代表性，让人一看就大致明白店铺的经营范围，举例来说，店主网名叫“果果”，主营服装，那么账号可以设置为“GuoguoCloth”；网名叫“天涯”，主营食品，那么账号可以叫“TianyaFood”。不用担心微信上的受众看不懂英语，现在用智能机的玩家普遍文化水平都在高中以上，几个简单的英语单词难不倒他们。

除了微信账号以外，还可以给自己设置一个中文名，这个中文名可以和微信账号相呼应，比如“果果服装网店”“天涯美食网店”等，这就更加能让人一目了然。因此，取好微信账号和中文名，是微信营销的一个良好的开端。

专家提点 微信账号和中文名的修改

微信账号注册后，如果不满意还可以修改一次，注意仅仅只能修改一次，要谨慎使用。中文名则可以无限制修改。当然最好不要经常修改，不然会让好友们感到迷惑，有时候甚至认不出自己，这会对营销造成严重的不良影响。

20.4.3 使用二维码来推广微信账号

前面已经讲解过二维码的应用。其实，微信也支持二维码推广。网店店主可以生成自己的微信二维码，其他人只要使用微信扫描该二维码，就可以添加店主为好友，非常方便。

生成微信二维码的操作步骤如下。

第1步 进入微信后，❶单击“我”按钮；❷单击自己的微信号所在的一栏，如图20-51所示。

第2步 单击“我的二维码”一栏，如图20-52所示。

图20-51　　图20-52

第3步 即可看到生成的二维码，如图20-53所示。

图20-53

高手支招 如何保存此二维码

怎样将这个二维码保存为图片，并传送到电脑上呢？在iPhone手机上，可以同时按住电源键和Home键，手机会发出“咔嚓”一声，图片就被保存在相册里了。在安卓手机上，可以在安装截屏软件后，对二维码页面进行截屏并保存。保存好以后，用数据线连接到电脑，将相册里的截屏图片复制到电脑上即可。

20.4.4 使用“附近的人”来营销

“附近的人”是微信2011年8月3日推出的LBS社交功能，通过该功能，用户可以找到自己所在地理位置附近同样开启本功能的人。正是此项功能的推出带来了微信用户数量的第一次大爆发。

专家提点 什么是LBS

LBS就是基于位置的服务（Location Based Service），它是通过电信移动运营商的无线电通信网络（如GSM网、CDMA网）或外部定位方式（如GPS）获取移动终端用户的位置信息，并根据位置信息为用户提供相应服务的一种增值业务。

签名栏是腾讯产品的一大特色，用户可以随时在签名栏里更新自己的状态，自然也可以输入广告，如图20-54所示。但只有用户的联系人或者好友才能看到。而微信中基于LBS的功能“附近的人”便可以使更多陌生人看到广告。

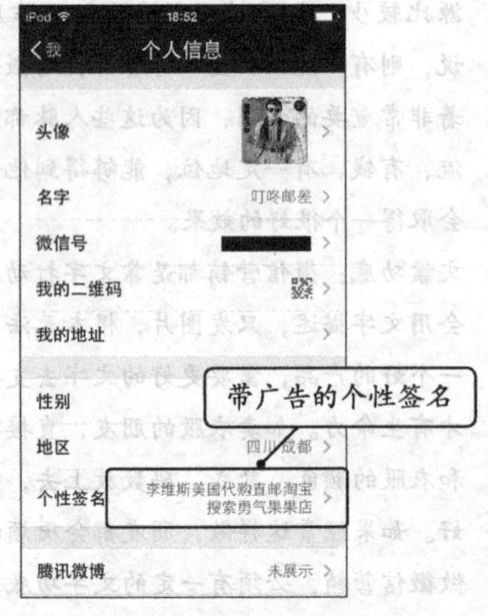

图20-54

要打开“附近的人”功能，❶可在微信中单击“发现”按钮；❷单击“附近的人”一栏，如图20-55所示。即可显示出附近1000米之内的打开了“附近的人”功能的微信用户，如图20-56所示。

图20-55　　图20-56

用户通过“附近的人”找到的身边微信用户中，除了显示用户名等基本信息，还会显示用户签名栏的内容。倘若营销人员在人流最旺盛的地方后台24小时运行微信，如果“附近的人”使用者足够多，随着微信用户数量的上升，营销人员可以利用这个免费广告位进行包括用户分组、地域控制在内的精准消息推送，最终实现高到达率的推广，除此之外，用户也可以利用这个免费的广告位为自己做宣传，甚至是打广告。

比如K5便利店新店开张时，利用微信“附近的人”功能，成功把开业酬宾信息推送给附近的潜在客户。此次K5便利店利用微信签名栏营销对新店进行推广，活动相当成功。对于网店店主而言，把周围的微信用户发展为客户也是一个很好的途径，由于距离近，买家可上门自挑自取，省下邮费既可优惠买家，也可让自己多赚。

用户可以用微信“摇一摇”将自己的地理位置信息暴露给周边1000米范围内的“微友”，同时也可以搜索到对方，双方打招呼聊天，交换彼此身份信息，从而迅速形成一个社交网络。商家也可以利用这一特点，在展览馆、社区、商圈、学校等特定商品对应人群点举办各种促销活动时，可以利用微信的“附近的人”功能，使用“打招呼”即时推送促销信息，以引起“微友”的围观。

20.4.5 使用“摇一摇”来营销

微信摇一摇是微信推出的一个随机交友应用，通过摇手机或单击按钮模拟摇一摇，可以匹配到同一时段触发该功能的微信用户，从而增强用户间的互动和微信黏度。只要“摇一摇”手机，就能找到在同一时间摇手机的人。

进入“摇一摇”界面很简单，❶在微信中单击“发现”按钮；❷单击“摇一摇”一栏，如图20-57所示，进入“摇一摇”界面后，弹出“请注意”提示对话框；❸单击“我知道了”按钮，如图20-58所示，之后晃动手机，就可以看到其他地方同时在摇手机的人，如图20-59所示。

图20-57　　图20-58

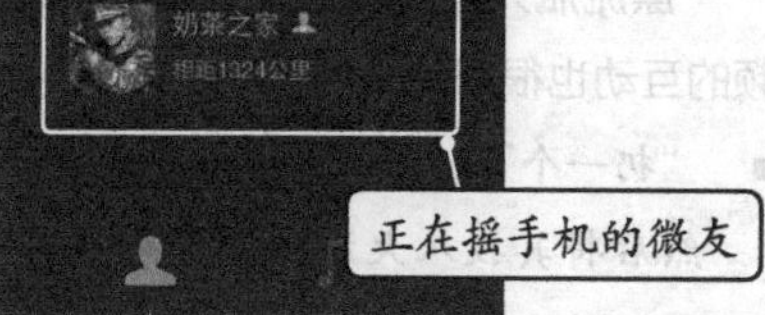

图20-59

单击搜索出来的用户，再单击“打招呼”按钮即可向对方发送一段简短的文字，可以是广告，也可以请对方加自己为好友。

“摇一摇”是微信最独特也是最强大的交友方式。只要是在同一时间摇动手机的微信用户，不论在地球哪一个角落，都可以通过这个功能认识彼此，非常强大。微信摇一摇可带来的广告曝光度非常惊人，之所以这么讲，是因为如果店主不停地摇，别人也在摇，无疑就增加了广告的曝光度。

2016年10月1日国庆节当天，沁园蛋糕发起了为祖国庆生日的微信“摇一摇”活动，用户只需在指定的门店和时间打开微信“摇一摇”，摇动手机便有机会获得沁园蛋糕的打折卡。为此，沁园蛋糕特别设置了官方微信号，只要在活动现场通过微信摇动手机，关注这一官方微信号并成功打招呼，便可获得赢取礼品。通过摇一摇添加沁园蛋糕微信号的微友非常多，此次活动相当成功。

作为移动互联网社交应用工具，微信最初的社交群体是以手机通信录等为代表的熟人强关系社交圈。后来，微信又逐渐把社交圈扩展到陌生人层面，相继推出了“摇一摇”和基于LBS的“附近的人”等功能，以拓展弱关系链（即陌生人）。微信的系统插件也打通了QQ邮箱、微博好友等通道，让用户获得了更多的沟通和交流方式，最终形成一个庞杂的社交网络。

对于个人社交而言，微信作为一个社交平台拉近了人与人之间的关系，使用户在维护既有的强关系链的基础上，同时也可以拓展自己的弱关系链，用“摇一摇”“附近的人”等功能可以结交新朋友，认识陌生人，扩大自己的交际面。这里面就存在很多打广告、做宣传的机会，对淘宝店主来说，是一个值得多多发掘的功能。

20.4.6 使用“漂流瓶”来营销

漂流瓶只是随机地推送信息，文字、语音或视频的互动也很简单，下面是它的主要功能和玩法。

- “扔一个”，用户可以选择发布语音或者文字，然后将其投入大海中，如果有其他用户“捞”到，则可以展开对话。
- “捡一个”，顾名思义是从大海中用户投放的无数个漂流瓶中“捞”起一个来，“捞”到后也可以和对方展开对话，但是，每个用户每天只有20次捡漂流瓶的机会。

对于商家来说，主要利用“扔一个”功能来发送广告。其操作步骤如下。

❶在微信中单击“发现”按钮；❷单击“漂流瓶”一栏，如图20-60所示，进入“漂流瓶”界面；❸单击“扔一个”按钮，如图20-61所示；❹输入广告内容（可以是语音也可以是文字），❺单击“扔出去”按钮即可，如图20-62所示。

图20-60 图20-61

图20-62

微信官方可以更改漂流瓶的参数，使得合作商家推广的活动在某一时间段内抛出的“漂流瓶”数量大增，微信用户“捞”到的频率也会增加。加上“漂流瓶”允许发送不同的文字和语音内容，可以产生不错的营销效果。这种语音的模式会让用户觉得更加真实，但是要注意，如果只是纯粹的广告语，是会引起用户反感的。

微信“漂流瓶”具有简单易上手的特点，这让商家看到了“扔”与“捡”互动之间的营销效应。简而言之，就是用户比较喜欢把自己的心事漂流出去，而捡到瓶子的人也愿意回应。俗话说，“一个巴掌拍不响”，当双方互动的时候，营销也就随之而来了。

例如，招商银行在其信用卡中心微信平台上，已经能够实现用户办理信用卡申请、账单查询、个人资料修改等大多数信用卡业务，并发送用户的交易信息。据了解，招商银行的订户数超过一百万，每天用户产生的消息量以十万计。

这里重点提一下招商银行的爱心漂流瓶活动。活动期间，微信用户用“漂流瓶”功能捡到招商银行的漂流瓶，回复之后招商银行便会通过“小积分，微慈善”平台为自闭症儿童提供帮助。根据观察，在展开活动期间，每捡十次漂流瓶便基本上有一次会捡到招行的爱心漂流瓶。不过，漂流瓶存在内容重复的不足，如果可提供更加多样化的灵活信息，用户的参与度会更高。为了这次活动，招行专门通过微信官方调整了漂流瓶的参数，让用户“捞到”招行漂流瓶的概率大大增加。这也给很多企业提供了参考：营销方式多种多样，关键看自己怎么来创新，怎么来掌握，做出最合适自己品牌和营销目标的方案来。

对于中小网店店主来说，可能无法像招行一样，让微信官方修改参数来配合自己开展互动，不过，通过漂流瓶，可以把店主对家人的祝福、许愿、企业产品信息、服务信息、医院介绍以及其他能想到的都漂流出去。也可以利用热点话题、近期趣闻、爱心事情、幽默文字等容易吸引眼球的信息。其他板块也可以发一些经典笑话、情感短语等，可任意组织内容，从而能诱导别人进入自己的网店。店主们可以充分发挥想象力，如果利用得好的话，漂流瓶也可以是网店推广的利器。

20.4.7　使用公共账号来营销与服务

微信公众平台开放的微信公众账号，真正是无门槛的平台。每个人都可以用QQ号码打造自己的微信公众账号，并在微信平台上与特定群体进行文字、图片、语音等的全方位沟通和互动。

微信公众账号可以通过后台的用户分组和地域控制，实现精准的消息推送。普通公众账号可以群发文字、图片、语音三个类别的内容，认证的账号则有更高的权限，不仅能推送单条图文信息，还能推送专题信息。而且，在推送的防打扰方面，微信的推送已经取消了声音提醒，以把私人信息和内容消息区分开。

通过一对一的关注和推送，微信公众平台可以向“粉丝”推送包括新闻资讯、产品信息、最新活动等信息，甚至能够完成包括咨询、客服等功能，成为一个称职的CRM系统。可以说，微信公众平台的上线，提供了一个基于过亿微信用户的移动网站。通过发布公众账号二维码，让微信用户随手订阅公众平台账号，然后通过用户分组和地域控制，平台可以实现精准的消息推送，直指目标用户。接下来则是借助个人关注页和朋友圈，实现品牌的扩散式传播。

图20-63是某银行信用卡的公共账号，在上面可以实现账单查询、额度查询等功能。图20-64是某比特币交易网站的公共账号，在上面可以实现行情查询、货币交易等操作。图20-65是某网站的公共账号，该账号会不时将新文章推送给订阅用户，还能接受用户简单的指令，做出一些反应。

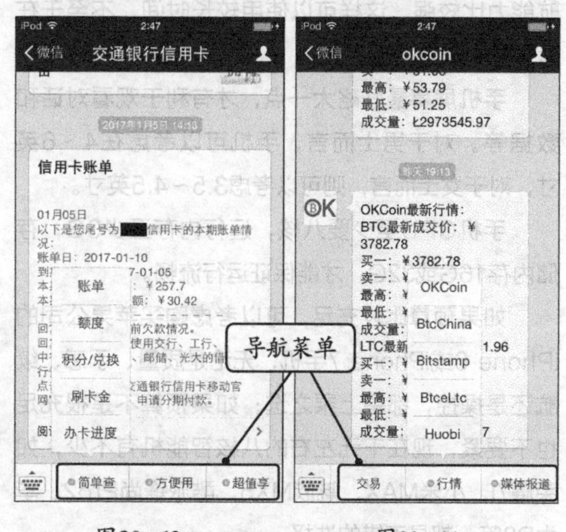

图20-63　图20-64

可以看到，公共账号可以有自己定制的导航菜单（在界面底部），单击菜单，可以弹出几个选项，能够执行一些特别的功能，如查询、交易等。

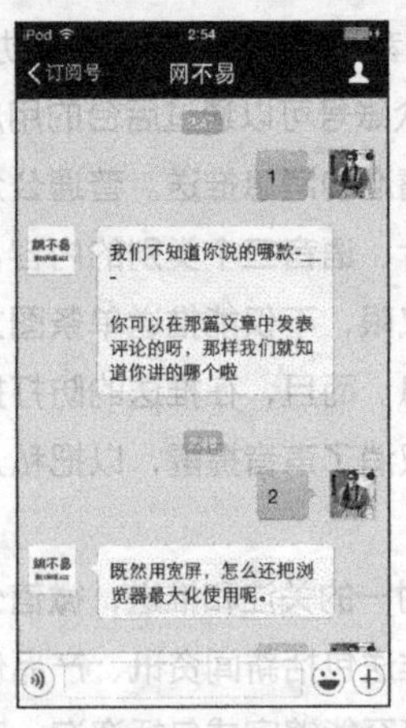

图20-65

微信公众账号分为两种类型，分别是订阅号和服务号。服务号底部可以有导航菜单，而订阅号底部则没有导航菜单。订阅号每天可以群发一次信息，服务号一个月只能群发四次信息。运营主体为个人时，只能申请订阅号；运营主体为公司、机构时，可以申请服务号。服务号的功能更丰富，更适合营销，店主有条件的话，尽量申请服务号。

申请公共账号可以到https://mp.weixin.qq.com/网站，单击右上角的“立即注册”超级链接，根据提示一步一步填入信息即可申请。

不同于微博，微信作为纯粹的沟通工具，商家、媒体和明星与用户之间的对话是私密性的，不会公之于众，因此亲密度更高，完全可以做一些真正满足用户个性化需求的内容推送。微信公众平台信息的到达率是100%，还可以实现用户分组、地域控制在内的精准消息推送。这似乎正是营销人员欢呼雀跃的地方：只需把精力花在更好的文案策划上，而不用不胜其烦地进行推广运营。如此一来，微信公众平台上的粉丝质量要远远高于微博粉丝，只要控制好发送频次与发送的内容质量，将会获得意想不到的营销效果。

20.5 秘技一点通

技巧1 ——如何挑选适合开淘宝网店的智能手机

要运行千牛、微信等手机软件，必须要准备一款性能中上的智能手机，最好电池容量比较大，续航能力比较强，这样可以使用较长时间，不至于在紧要关头缺电关机了。

手机屏幕最好略大一点，才有利于观看对话和数据等。对于男士而言，手机可以考虑在4～6英寸，对于女士而言，则可以考虑3.5～4.5英寸。

手机CPU至少要八核，运行内存至少3G，存储内存16G或32G，才能保证运行流畅。

如果预算比较充足，可以考虑购买苹果公司的iPhone 6或iPhone 7手机，无论是质量、手感、续航还是操控，都是上乘之选；如果预算不是很充足也不要紧，现在千元左右的八核智能机有不少，如荣耀7i、小米MAX、魅族MX5、酷派锋尚Pro2、华为P8等，都是不错的选择。

技巧2 ——用什么手机卡实现移动上网

使用智能手机，就是为了移动上网。那么，选用什么手机卡来上网比较好呢?

现在的手机卡分为2G、3G和4G，2G上网用最普通GSM手机卡就可以实现，速度最高只有十几KB；3G上网速度较快，联通3G可达600KB，与很多有线宽带不相上下；4G上网可达2.5MB以上，其网络普及率正稳步提高。

店主最好使用3G或4G手机卡。3G手机卡分为联通3G（WCDMA）、移动3G（TD-SCDMA）和电信3G（CDMA2000）。4G手机可以向下兼容3G卡。千万不要为了省事，使用GSM手机卡上网，那样不仅贵，而且速度慢得让人无法忍受，对于淘宝店主而言，这样的速度完全无法应付生意。

如果是购买安卓手机，则可以考虑双卡双待类型的。比如GSM+WCDMA双插槽，GSM插槽可以插店主原来的手机卡，WCDMA则插专门用于上网的联通4G卡。酷派cool1就是一款性价比不错的GSM+WCDMA双卡双待手机，想换智能机的店主们不妨关注一下。

淘宝上有不少能上网的3G手机卡出售，有一些是每月固定资费，流量也是固定的，也有一些是用多少算多少，比如1MB一毛钱。店主可以根据自己的使用习惯来购买。

技巧3 ——安卓手机截屏的技巧

手机截屏是一个经常性的操作，比如保存屏幕上的二维码图片，或者看见感兴趣的手机网店页面，都可以直接截屏，将屏幕画面保存为图片。

iPhone手机截屏，其操作很简单，前面讲过，同时按住Home键和电源键，扬声器发出“咔嚓”一声截屏就成功了。可是安卓手机就没有这么方便，必须安装截屏软件才能截图。首先用手机访问百度搜索引擎www.baidu.com，搜索关键词“No Root Screenshot It”，并单击第一个搜索结果里的“进入下载”按钮，按照20.3.2讲解的方法进行下载并安装。

安装好之后，单击No Root Screenshot It图标，打开设置界面，将屏幕截图延迟设置为“2秒”，然后将保存目录设置好，如图20-66所示，最后回到图20-67所示设置界面顶部，按下“Hide screenshot button”命令，返回桌面，可以看到桌面多了一个机器人图标，这个图标可以随便移动，如图20-68所示。

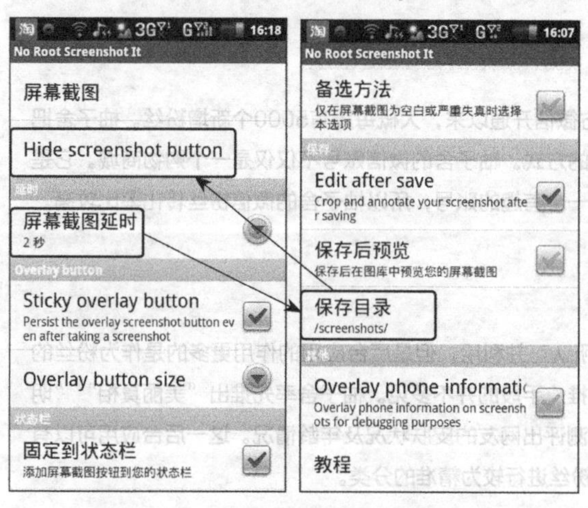

图20-66　　图20-67

无论运行什么程序，这个机器人图标都会出现在屏幕上。只要单击这个图标，2秒后就可以听到“咔嚓”一声，弹出处理选项，单击“保存”按钮就可以将图片保存到预设的目录中，如图20-69所示。

如果觉得这个机器人图标不好看，可以采用摇动截屏的方法来保存屏幕图片。进入No Root Screenshot It的设置界面，单击“晃动来截取屏幕”复选框，如图20-70所示，然后在“摇晃强度”下拉菜单中选择强度，如图20-71所示。强度小，则轻轻摇晃就能触发截屏，强度大，则需要使劲摇晃手机。

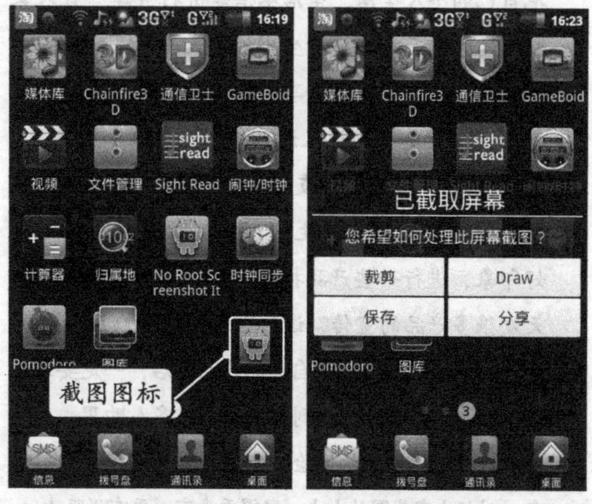

图20-68　　图20-69

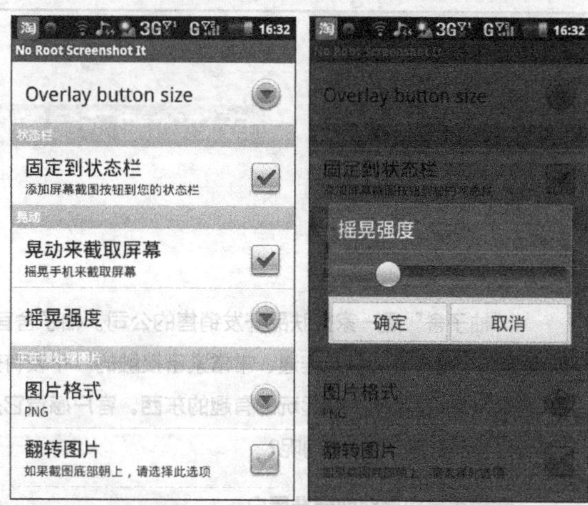

图20-70　　图20-71

有的读者可能会问，为什么要设置屏幕截图延时为2秒呢？这是因为有些屏幕图像必须要经过操作才能出现，而且稍纵即逝，要抓到这样的屏幕界面，就要预先设置好延迟时间，当截图开始后，马上进行操作，在延时时间内到达需要的界面，然后自动开始截屏。当然也可以设置更长的延时，以便进行更复杂的操作。

技巧4 ——微信的营销诀窍

微信营销，其实在最初的时候是一种关系营销，从身边的朋友开始宣传和推广，宣传方式不能太死板，不同的情况有不同的营销诀窍。

- 个人品牌：微信上的朋友，不管是认识的，还是不认识的，熟悉的还是陌生的，首先要让这些朋友知道自己是怎么一个人。做销售首先要把自己推销出去。所以在微信上不要只发产品的宣传内容，还要把自己的个人生活、生活感悟等进行分享，让人家知道网络后面是一个活生生的人，而不是一台冷冰冰的赚钱机器。注意分享的东西必须是正面的、积极的，由此建立起让人认可的个人形象和品牌。

- 情感策略：当微信好友们知道了自己是一个怎么样的人，并对自己产生好感后，就可以利用这种好印象，进行一些产品推销，要循序渐进，不要一天发很多产品的宣传，这样很容易让受众反感。
- 分享战术：当朋友购买自己的产品之后，一定要马上分享出去，让其他人看到原来有这么多人购买，并且还有一个不错的购物体验。分享的时候可以把订单信息、对话内容截图放上去，显得更真实，更有说服力。
- 强推战术：这个方法要慎用，只能对比较好的朋友，以开玩笑的方式进行销售。特别注意一定要掌握好一个度，不要太强求，适可而止。
- 显示存在感：在朋友圈里，要让好友们知道自己的存在，比如好友发了一些不错的内容或信息，要及时给予评论，如果不知道评论什么，至少也要点一个赞。其实发微信的朋友，无非是想知道有多少人是在关注他，如果有人经常和他互动，他自然会对这个人产生好感，也就更容易接受这个人的推销。
- 感恩：不管是哪个朋友买了，买了多少，都要进行公开的感谢。因为一个懂得感恩的人，才能得到别人的尊重和持续的帮助。

开店小故事

成功的柚子舍微信营销

“柚子舍”是一家护肤品开发销售的公司。柚子舍官方微信开通以来，大概每周有5000个新增粉丝。柚子舍把微信当做跟用户之间快速连通、常常紧密接触的一个较有效的方式。柚子舍的微信账号不仅仅是一个购物商城。它是可以和客户一起互动、一起玩的有趣的东西。客户感觉它是一个有趣的账号，所以柚子舍的微信粉丝转化率比较高。那么，柚子舍是如何成功的呢？

利用后台应用获取精准用户

后台应用对微信的重要性已经被较多的微信公众账号所认可并利用，但是后台应用的作用更多的是作为粉丝的常规互动（如自动问答机器人程序），而利用后台应用作为推广手段的并不多见。柚子舍率先推出“美丽真相”“明星脸”两个与美容护肤相关的测试，可以通过微信的互动，测评出网友的皮肤状况及年龄情况。这一后台应用可以有效地吸引女性用户，并且根据科学的人脸分析，可以对微信粉丝进行较为精准的分类。

利用活动分类激活用户

大部分品牌微信均以活动刺激用户，以此激活粉丝，进而实现粉丝的二次转化。然而随着微信公众账号的增多，用户为单个微信公众账号所分配的时间越来越少，频繁且较为复杂的微信活动会增加掉粉的概率。柚子舍发起的活动，形式较为简单，同时根据不同的用户发布对应的活动，这种方式可以降低掉粉，同时精准，能够提升转化率。

除此之外，柚子舍还有一个项目是“美丽之夏”，只要订阅用户下载或者在微信里面关注柚子舍，发一张图片，并且女性指数超过80分，柚子舍就免费赠送该用户价值800元的套装。这是一个皮肤检测软件，能够识别出用户的皮肤是男性皮肤还是女性皮肤，有特别的计算公式，能够计算出皮肤年龄是多少。目前分为7种，准确度超过8成。

主动营销替代机器营销

如果使用程序自动回复或者直接发布促销信息，就失去了微信强互动的功能，而花费太多的人力成本在微信上进行互动回复，显然也不现实。柚子舍的互动形式，主要以匹配精准用户的话题询问，配合客服专业引导，实现主动互动与被动引导两方面的结合，既避免了单纯的机器营销，又避免了浪费大量人力成本，是一个值得借鉴的典范。